Microeconomics

レヴィット ミクロ 経済学

基礎編

スティーヴン・レヴィット
オースタン・グールズビー
チャド・サイヴァーソン [著]

安田洋祐 [監訳]　高遠裕子 [訳]

東洋経済新報社

オースタンから

何年も前に出会った憧れの少女に．結婚してくれてありがとう．

スティーヴンから

愛しの妻，ジェニーに．愛と感謝をこめて．

チャドから

妻のジェナと3人の子どもたち——クレア，アダム，ヴィクトリアに．愛をこめて．

3人から

シカゴ大学に．そこは，ただ経済学を学ぶだけではなく，日々，実践する場である．シカゴ大学がなければ，経済学の世界もわれわれも，今とはまるで違っていただろう．

Original Title:

MICROECONOMICS

by Austan Goolsbee, Steven Levitt, and Chad Syverson

First published in the United States by Worth Publishers
Copyright © 2013 by Worth Publishers
All rights reserved.

Japanese translation published by arrangement with
Worth Publishers, a division of Bedford, Freeman and
Worth Publishers LLC through The English Agency
(Japan) LTD.

監訳者序文

　ミクロ経済学に待望の中級テキストが刊行された！　スティーヴン・レヴィット，オースタン・グールズビー，チャド・サイヴァーソンという，シカゴ大学が誇る三人のスター教授たちによる *Microeconomics*（Worth Publishers, 2013）である．本書『レヴィット ミクロ経済学』はその邦訳で，原書が700ページ以上の大ボリュームのため，読者の使いやすさを配慮して基礎編と発展編の2冊に分けて刊行することにした．

　『レヴィット ミクロ経済学』の最大の特徴は，初学者でもこれ一冊で「使えるミクロ経済学」がマスターできることにある．経済学の前提知識が無くても，独学で中級レベルのミクロ経済学の使い方をきちんと身につけることができるように，随所で工夫がされている．もちろん，初学者だけでなく，入門書では物足りない読者や中級テキストに挫折してしまった学生が，ミクロ経済学をきちんと学び直すのにもぴったりだ．ミクロ経済学の理論をビジネスに活かしたいと考えている社会人，ビジネススクールの学生にも強くお薦めしたい．

　実は，ミクロ経済学の分野では，定評ある初級の入門書はすでに何冊も出版されている．特に，洋書はどれも記述が丁寧で，マンキュー，スティグリッツ，クルーグマンなどに代表されるように，文字どおりゼロから学べるテキストが充実している．こうした良書の共通点は，ほとんど数式を使わず，身近なケースをたくさん用いて，鍵となる考え方を繰り返しわかりやすく説明していることにある．しかし，本書と同じ中級レベルのテキストになると，途端に理論重視で無味乾燥な内容になり，詳しい説明もなく，数式や小難しい（ように見える）概念が次から次へと出てくることが珍しくない．さらに，そこで登場する数理的なテクニックが，どのような形で経済学の実践に役に立つのかを示す，具体的な実例が紹介されることもほとんどない．

これでは，苦労してまで中級レベルの内容を勉強しようとするモチベーションが湧きにくいだろうし，せっかくコアとなる理論を身につけても宝の持ち腐れになってしまう．事例が豊富で数式がほとんどない初級テキストと，数式ばかりで事例のない中級テキストとのギャップを埋めるテキストが，長らく求められていたのである．

　本書は，まさにこの初級と中級のギャップを埋める，画期的な中級テキストとなっている．類書でほとんど触れられていない，現実の事例や理論の使い方については，「理論とデータ」「応用」のセクションで，様々な実証研究やデータなどを取り上げることでカバーしている．さらに「ヤバい経済学」のセクションがあるおかげで，常識はずれな経済学の活用法を知ることができると同時に読み物としても楽しめる，というのも他のテキストにはない大きな魅力だろう．では，中級テキスト最大の泣きどころとも言える，数学の多用についてはどうだろうか．残念ながら，入門から一歩進んだ本格的なミクロ経済学をマスターするためには，数式やグラフの理解は欠かすことができない．なぜかと言うと，入門書でおなじみの「言葉による説明」だけでは，内容が漠然としすぎていて，具体的な個々の問題に対して答えを導くことが難しいからだ．そのため，本文をパラパラと眺めれば明らかなように，本書でも数式やグラフはかなり頻繁に登場する．ただし，式の展開やグラフの意味などが懇切丁寧に説明されているので，数学が苦手な人でも心配することはない．途中のプロセスを一切省略することなく，ここまで細かく手を抜かずに，数学について解説した経済学の中級テキストはなかなかない．この非常に丁寧でわかりやすい数学の説明の仕方こそが，独学で「使えるミクロ経済学」の修得を可能にする，本書最大のカラクリと言えるだろう．

　余談ではあるが，数式を使いながらわかりやすさも損なわず，「かゆいところに手が届く」書き方になっている要因は，著者の一人であるスティーヴン・レヴィット教授が学生時代に数学を苦手としていたからではないだろうか．彼の代表作『ヤバい経済学（増補改訂版）』によると，大学時代に一つしか数学の授業を取らなかったレヴィットは，MIT（マサチューセッツ工科大学）博士課程の最初の授業で隣に座った学生に，学部レベルで知っておくべき初歩的な数式の記号の意味を聞いて周囲を驚かせたらしい．当時のクラス

メートで本書の共著者でもあるオースタン・グールズビー教授によると，周りは彼を見限り「あいつ，おしまいだな」などと囃していたという（そこからレヴィットは独自の道を切り開き，ノーベル賞の登竜門と言われるジョン・ベイツ・クラーク賞を受賞するほどのスター経済学者となるのだから，人生は面白い！）．自身の体験を通じて，数学の苦手な学生がどこでつまずくのかを熟知していたレヴィット教授だからこそ，先回りして，読者のかゆいところに手を差し伸べることができたのかもしれない．

　さて，本書『レヴィット ミクロ経済学』は，昨年すでに原書の第2版が刊行されている．新版では新たに「第13章　要素市場」が追加されたほか，細かいアップデートが行われた．ただし，この第13章は，初版の第5章の一部の内容を移して1章分に拡張したものであり，見た目ほど大きな変更ではない．書籍全体を通じて，初版から大きく内容が変わっている点も特に見当たらない．なお，原文の意味や説明がわかりにくいところは，訳出の際に，こちらで読みやすいように少しだけ修正を加えてある．最新版の邦訳でないことを気にされる方がいるかもしれないが，ぜひ安心して本書を読み進めていただきたい．

　最後に，本書の翻訳作業を引き受けてくださった翻訳家の高遠裕子氏と，編集作業でお世話になった東洋経済新報社の矢作知子氏に感謝したい．お二人のお陰で，中級レベルであるにもかかわらず，非常に読みやすいテキストとして本書を完成させることができた．高遠氏による，堅苦しさを感じない自然な日本語で訳出された『レヴィット ミクロ経済学』を手に，ぜひ一人でも多くの方に「使えるミクロ経済学」のマスターを目指してもらいたい．本書を読了すれば，きっと世界が今までとは違うように見えるはず！

　2017年3月
　　　　　　　大阪大学大学院経済学研究科准教授　安田　洋祐

序　文

　ミクロ経済学は経済学の根幹を成すもので，経済学のあらゆる学派・分野に共通する基本的な知識で構成されている．ミクロ経済学はすこぶる役に立つものでもあって，企業や政府，そして個人が効率的な意思決定をするのに欠かせないツールを提供してくれる．ミクロ経済学の厳密性と有用性は，必ずや学生を惹きつけ，わくわくさせるはずであり，教科書はそれを後押しするものでなければならない，とわれわれは考えている．

なぜ本書なのか

　本書の執筆にあたって目指したことが1つある．学生1人ひとりが，経済学の原理を学ぶだけにとどまらず，経済学者のように経済分析ツールを使いこなし，現実社会に応用できるようになってもらいたい．そのための手助けをしたいのだ．

　われわれは中級ミクロ経済学の主要な教科書に目を通したうえで，それらとは違うものをつくりたいと考えた．現在主流の教科書は，学生がミクロ経済学に対して抱いている2つの疑問に答えられていない．すなわち，個人や企業は理論どおりに行動しているのか，そもそもミクロ経済学の理論は現実に使えるのか，という疑問である．これらの疑問に対する答えを本書で探っていく．順番にみていこう．

個人や企業は理論どおりに行動しているか

　ミクロ経済学の既存の教科書は，どれも標準的なツールと経済学の理論を提示し，事例を紹介している．だが，学生の素朴な疑問に答えることはなく，理論は正しいと頭から信じることを学生に期待している．理論が具体的

にどう現実に応用できるのかが必ずしも効果的に示されていないのである.

さらに,現在主流の教科書は,応用ミクロ経済学の分野で急速に存在感を高めている実証研究に十分に追いついていない.理論を説明するだけでなく,その活用法を示し,それを支える現実のデータを提供するミクロ経済学の教科書があれば,学部やビジネススクールの学生も納得するのではないだろうか.われわれは,「理論とデータ」や「応用」のセクションを通じて,経済学者が現実のデータをどう活用して理論を検証しているかに注目しながら,理論の背後にある現実に迫っていく.本書では,こうした実証的側面を取り入れることによって,ミクロ経済理論で現実の行動を説明できることをしばしば意外な形で示し,理論のどの部分を修正する必要があるかをあきらかにする.

ミクロ経済学は現実に使えるのか

中級ミクロ経済学といえば抽象的で理論的なものである,といった見方が幅を利かせている.学生にはかなりの努力が求められるので,自分たちが学ぶことがなぜ役に立つのか,どう役に立つのかを知っておいてしかるべきだろう.それがわかっていないと,学ぶ意欲も湧いてこないというものだ.

ミクロ経済学の既存の教科書では,役に立つかどうかは二の次になっているが,われわれは「使える経済学」の教科書を書きたいと考えた.正しく使えば,経済学はすこぶる役に立つ学問である.ビジネスに役立つのはもちろん,政策に生かすこともできるし,日常生活でも使うことができる.本書は,ミクロ経済学の理論と研究で,日常の出来事や市場の性格,企業戦略,政府の政策がどう説明できるのかをあきらかにすることで,ツールを身につけ,使いこなす方法を教示していく.

もう1つ言っておくべきことがある.理論と現実を結びつけ,ミクロ経済学がいかに使えるかを示すという目標も,不完全で不正確な説明や,曖昧で退屈で味気ない書き方では叶えられない.われわれは,経済学的に考えることがいかに優美かつ強力で,役に立ち,現実に使えるかをわかりやすく伝えるため,現在進行形の目立つ実例,時に奇抜とも思える実例を取り上げ,明確な文体で記述するという方法をとるよう心がけた(奇抜な実例の一部は,

スティーヴン・レヴィットが担当した「ヤバい経済学」というコラムに収めてある).

われわれ共著者のこと

われわれ三人は長年の友人である．中級ミクロ経済学の教科書を共同で執筆すると決めたとき，重要かつ実際的で多様な見方を持ち込みたいと考えた．三人はそれぞれ経済学部とビジネススクールで教えるかたわら，ミクロ経済学の実証研究に積極的に取り組んでいる．実証研究のさまざまな分野に軸足を置いていることで，過去20年間に検証され，洗練されてきた基本的な理論の根拠を示すことができる．教育と研究の成果を盛り込んだ本書の理論と応用は，他の教科書とは一線を画すものになったと自負している．

学部やビジネススクールで教える利点は他にもある．われわれが相手にしているのは，高い授業料に見合わない講義には容赦のない学生である．前述のように，学生は理論がどう使えるかを知りたがっている．われわれはこうした学生を念頭に本書を執筆した．

ミクロ経済理論をどう現実に結びつけるか

入念に検討された本書の構成に沿って学習を進めていけば，経済学の基本原理を理解し，それを応用して強力で明快な経済分析ツールを使いこなせるようになる．とくに事例の選択には時間をかけ，ごく一般的な事象に独自の視点を提供する事例や，学生にとって有意義かつタイムリーで広く関心のある事例を選ぶよう心がけた．

以下の3つのセクションでは，ミクロ経済学の理論を現実に結びつけ，目の前の現象を理解するうえで理論がいかに有用であるかを示す．

1. **理論とデータ**では，経済研究を簡潔に紹介し，実例を用いて理論の背後にある現実をあきらかにする．データの収集・分析が容易になった結果，ミクロ経済学では急激な変化が起きている．現在，ミクロ経済学の

主要な研究では，ミクロ経済理論の根本は押さえつつ，データ，フィールドないし研究室での実験，そして実証に重きが置かれている．理論はつねに検証されるものだが，本書ではその成果を紹介する．

　具体的には，以下のような事例を取り上げる．ゴルファーの後方屈折型労働供給曲線（第5章），新薬の潜在市場を決定する（第9章），サウスウエスト航空参入の脅威に対する既存の航空会社の反応（第12章），盗難車追跡システムの正の外部性（第16章）．

2. **応用**は各章に配され，消費者や生産者がミクロ経済理論を実際の意思決定に生かす方法を論じる．さまざまな出所のデータを活用しながら，理論をどう生かすかを示していく．

　以下のような事例を取り上げる．ミクロ経済学を学んで賢くネットオークション（第1章），米国製造業の技術変化（第6章），映画会社は赤字確実の映画をなぜつくるのか（第7章），市場支配力なしに価格差別はできないと思い知らされたプライスライン（第10章），サッカーの混合戦略（第12章）．

3. **ヤバい経済学**　軽い読み物の「ヤバい経済学」は，一般的な事象だけでなく，経済学の範疇に入らないとされる事象も経済的に分析できることを意外な形で示す．経済的センスを身につけてもらうのが，その狙いだ．単行本の『ヤバい経済学』〔スティーヴン・レヴィット，スティーヴン・ダブナーの共著，望月衛訳，増補改訂版，東洋経済新報社，2007年〕で，経済学とは身のまわりのあらゆる事象を扱う学問であることを示したが，本書の「ヤバい経済学」のエッセイを読めば，常識はずれの出来事を理解するのにもミクロ経済理論が使えることがわかるだろう．

　以下のような事例を取り上げる．トーマス・スウェイツのトースター（第1章），動物もセールがお好き（第5章），インドの漁師が携帯電話を手放せないわけ（第6章），シークレットではなかったヴィクトリア・シークレットの価格差別（第10章），文字どおり世界の果てで経済理論を検証する（第17章）．

序文　ix

ミクロ経済学をわかりやすく学ぶための工夫

　経済学の教科書のわかりやすさには2つの要素が求められるが，本書はどちらも取り入れるよう工夫した．

■ 第1に，議論の厳密性や深さを損なうことなく，**読みやすくわかりやすい文章**を書くよう心がけた．強力で高度な理論だからといって，抽象的で乾いた文体で書いたり，難解な言葉を使ったりする必要はない．
■ 平易な文章でわかりやすく説明するのと同じくらい重要なのが，**わかりやすいグラフ**で視覚に訴えることだ．カラーを使い，簡潔に表示し，詳しい解説をつけることで，文章による説明を補い，より深く理解できるように配慮した．

ミクロ経済学への理解を深めてもらうための工夫

　中級ミクロ経済学は難易度が高く，理論をしっかり頭に入れ，さまざまな状況に応用するのは簡単ではないが，以下の練習問題やエッセイが参考になるはずだ．

1.　練習問題「**解いてみよう**」　閲読者やフォーカス・グループの参加者，試験的に講義を行った教師から繰り返し聞かされたのは，学生は学んだ知識をどう生かして問題を解けばいいかがわからない，という声だった．各章の本文中に，「解いてみよう」と題する練習問題を設けた．これらの細かい練習問題を粘り強く最後まで解いていけば，経済学のツールや分析を駆使して1つの問題を考え抜き，答えを導き出すプロセスをたどることができる．解答では，問題で何が求められているのかを正確に分析し，必要なツールを見極め，それらのツールを使って段階的に正解にたどり着く模範例を示した．「解いてみよう」の問題は，各章末の演習問題と関連づけられており，これを解いておけば，章末の演習問題はもちろん，小テストや試験にも十分対応できるようになる．

2. エッセイ「**これで合格**」は，学生が陥りやすい落とし穴を指摘し，ミクロ経済理論の微妙でむずかしい点をうまく切り抜ける助けになるものだ．宿題やテストでよく出されるトピックについての実用的なアドバイスになっている．具体例としては，所得効果，代替効果に関して覚えておくべきシンプルなルール (第5章)，これは価格差別と言えるのか (第10章)，チェックの方法 (第12章) などがある．

3. 章末の「**まとめ**」と「**問題**」各章のおわりには，その章で学んだことを振り返り，身につくように「まとめ」，「復習問題」，「演習問題」を配した．すべての復習問題と一部の演習問題の解答は巻末に掲載しており，解答のある問題には＊印をつけている〔本訳書では省略．https://store.toyokeizai.net/books/9874492314951 に掲載予定〕．

　本文中の「解いてみよう」と演習問題との関連性にも注意を払った．「解いてみよう」をしっかりやっておけば，演習問題は難なく解けるはずだ．それぞれの問題が，その章で扱った範囲の理解度を試すものになっているかどうか，大学の教師に徹底的に点検してもらったことを付け加えておきたい．

数学をどう扱うか

　数学は経済分析の強力なツールであり，学生にはこれを自在に使いこなせるようにスキルを身につけてもらいたい．多様な学生の要請に応えて，各自にあった数学のスキルを生かし経済分析ができるよう後押しする教科書をつくったつもりだ．本書は幅広い用途に応じたものであり，副教材と併用すれば，標準的な代数と幾何だけを使う学習と，微分を取り入れた学習のどちらも可能である．

　わかりやすい文章とグラフには，簡潔かつ網羅的で順を追った説明がつけてある．数式の各段階でなぜ，どうしてそうなるかが懇切丁寧に説明してあり，数学が苦手な学生にも，数式を使いこなせれば経済分析が容易になることがわかってもらえるはずだ．本文中では代数と幾何しか使っていないが，補論とネット上に公開している補論で微分を解説することで，理論や練習問

題，応用に微分を取り入れることが可能になっている．

微分を使う読者へ

　ミクロ経済学の一部のツールは微分を取り入れると使い勝手がよくなるため，「使える」教科書をつくるにあたって，ある程度，微分を採用することにした．どの程度取り入れるか，どう提示するかがむずかしい点だった．講義で微分を使っている教師と話し合うなかで，既存の教科書での微分の扱われ方に不満が多いことがわかった．理由はさまざまで，扱いが多すぎる，あるいは少なすぎるといったものから，微分が前面に出すぎて経済学そのものがわかりにくくなっているとか，微分を経済理論に取り込みすぎている，あるいは微分と経済理論がしっくり馴染んでいないといった不満もあった．本書の方向性を決めるうえで，微分の扱いをどうするかはむずかしい課題の1つだった．最終的にたどり着いた答えは，多くの人にとって「ちょうどいい」ものになったと自負している．

　微分は「補論」として扱うことにしたが，本文と同様に語りかけるような文体で直観に訴える書き方を心がけた．補論でも事例を取り上げ，「解いてみよう」の問題を収録しているが，これらは，代数をもとにした本文中のものとほぼ同じである．そうすることで，微分を使った分析が代数を使った分析を補強するものであることを示す．学んだことを実際に試して身につけてもらうために，補論には微分を使わなければ解けない問題を収録してある．適度に微分を使う講義向けに，別に本書では5つの補論を用意した．より広範に微分を活用したい読者には，別にネット上で10の補論を公開している．

　本文の記述と補論の記述を関連づけるために，本文に「注」をつけている．この注は，適切な補論を参照するよう注意を促し，概念を理解するために微分をどう使えばいいのか具体的に説明したものである．この注を読んで微分に慣れ，使いこなせるようになってもらいたい．

　以下は，本書またはネット上で公開している補論のリストである．ネット上の補論はすべて以下のサイトで閲覧できる．

http://macmillanhighered.com/launchpad/gls2e.

xii 序文

本書に収録されている微分に関する補論

第4章 効用最大化および支出最小化の微分

第5章 所得効果および代替効果の微分

第6章 費用最小化の微分

第7章 企業の費用構造の微分

第9章 利潤最大化の微分

ネット上で公開している微分に関する補論〔英語のみ〕

第2章 均衡と弾力性の微分

第3章 消費者余剰と生産者余剰の微分

第4章 効用関数の微分

第5章 需要の微分

第6章 生産関数と投入需要の微分

第7章 企業の費用構造拡大の微分

第8章 長期競争均衡の微分

第10章 価格戦略の微分

第11章 クールノー競争と差別化されたベルトラン競争の均衡の微分

第12章 ゲーム理論の混合戦略の数学

数学の復習の補論

基礎的な代数であれ微分であれ，中級ミクロ経済学を学ぶほとんどの学生にとって，数学の復習は役に立つはずだ．巻末につけた補論〔本訳書では省略〕では，本書全体をとおして使われる数学をおさらいできるようになっている．

本書の構成（各章の概要）

以下では，とくに注目されるテーマや他の教科書とは異なる点をあげながら，各章の概要を説明していこう．第1章から第11章までが本書の核心部分であり，ほとんどの教師が講義で使うことになるだろう．残りの第12章

序文　xiii

から第17章までは，それぞれ個別に活用することができる．

第1部　基礎概念

第1章　ミクロ経済学の冒険

冒頭には，導入部として短い章を配した．ミクロ経済学に興味と関心を持ってもらうために，身近な飲料であるコーヒーを取り上げ，コーヒー豆を栽培する生産者とコーヒーを購入する消費者の立場から市場について考える．「応用」，「理論とデータ」の各セクションと，コラムの「ヤバい経済学」を通して，ミクロ経済学のツールが，経済学やビジネスを学ぶうえだけでなく，日常生活においてもすこぶる役に立つものであることをあきらかにする．

第2章　需要と供給

第2章と第3章では，需要と供給を深く掘り下げることで，しっかりとした土台をつくる．そのうえで消費者行動と生産者行動をみていく．需要・供給モデルは単純ながら強力なモデルであり，既存の教科書では基本的なモデルを提示し，応用は別に論じられるのが一般的である．だが，最初にモデルのあらゆる側面を提示するほうが理に適っていると考えられる．われわれは（そして，試験的に本書を使った人たちは），この方法を講義に取り入れて成果をあげている．

　第2章ではまず，需要と供給の基本的なモデルを示す．特筆すべきは，「需要・供給モデルを支える主な仮定」の小節であり，ミクロ経済理論を構築し，説明するうえでの留意点を具体的に示している．

第3章　需要と供給のツールを使って市場を分析する

第3章では，需要・供給モデルを活用して，消費者余剰および生産者余剰，価格規制および数量規制，税金および補助金などを幅広く分析する．これらの概念を早いうちに紹介し，より完璧な説明をしておけば，コース全体をとおして無理なく活用できると考えられる．第3章で取り上げるトピックは融通がきくように挿入されているので，必ずしもすべてに目を通す必要はない．自分で選択してもらいたい．

第2部　消費と生産

第4章　消費者行動　　膨大な数の商品やサービスが手に入るとき，何をどれだけ消費するかを消費者はどうやって決めているのだろうか．決定的に重要な本章では，まず一節を設けて，消費者行動に関する想定を明確に打ち出す．現場の教師が試した結果，学生にとってこの方法がきわめて効果的であることが明らかになっている．本章では，効用理論や消費者の予算制約といった概念も，明快だが厳密な形で紹介する．

第5章　個人の需要と市場の需要　　本章では，消費者の選好から市場の需要曲線を導出する方法を示す．5.3節の「価格変化に対する消費者の需要量の変化を，所得効果と代替効果に分解する」では，学生がむずかしいと感じることの多いこのテーマを，細心の注意を払いながら説明していく．豊富な応用事例を示し，避けるべき落とし穴を論じることで，このテーマが身近で興味深いものになる．

第6章　生産者行動　　どの投入物をどう組み合わせて生産するのか，企業はどのように決めているのだろうか．また，この決定が生産費用にどう影響しているのだろうか．本章では，消費者の章と同じように，最初に「企業の生産行動に関する単純化した想定」を明確に打ち出す．章の後半では，一節をまるまる使って，企業の長期的な生産性に技術変化が果たす役割について論じる．学生にとっては，いくつもの応用事例が「生きた教材」になる．（「ヤバい経済学」のコラムでは，携帯電話によってインドの漁師の生産者行動がいかに変わったかを取り上げている）．

第7章　費用　　費用曲線は，企業の生産水準に応じて費用が変化する様子を描いたものであり，市場の供給曲線を導出するうえで重要である．機会費用とサンクコスト（埋没費用）はわかりづらい概念なので，冒頭でこれらの概念の区別と意思決定に果たすそれぞれの役割について丁寧に説明する．スポーツジムの会員の種別と利用頻度の関係，映画会社が赤字覚悟で映画を制作する理由など，本章で取り上げる実例は学生にとって身近な話題であり，

わかりづらいとされる概念への理解が深まるはずだ.

第3部　市場と価格

第8章　競争市場における供給　　本章から市場構造に関する記述が始まる. 競争市場がどのように機能しているかを説明するため, テキサス州の電力業界, マサチューセッツ州ボストンやノースダコタ州ファーゴの住宅市場など, 現実の産業を取り上げる. 事業から撤退すべきか否かの判断は, 学生が混乱しやすいトピックであるが, これを注意深く明快に, 粘り強く説明していく.

第9章　市場の支配力と独占　　本章ではまず, 市場支配力の源泉と, こうした支配力が企業の生産と価格決定に与える影響について包括的に論じる. 市場支配力を持つ企業が利潤を最大化する決定に至るプロセスを3段階に分けて考えることで, 理解しやすくなる. マシュマロ製造のダーキー・ムーアやソーダ製造のドクター・ブラウンなど, 独占に近い企業を例にして, 独占的市場支配力の概念を現実に即して考える. また, サウスウエスト航空が運賃を引き下げて路線を拡大した例など, 豊富な事例を取り上げることで, 学生の興味をさらに引くものになっている.

第10章　市場の支配力と価格戦略　　本章はきわめて現実に近く, 有用な章であり, とくに企業で働いている人たちに訴えるはずである. 企業が価格支配力を活用できる多様な状況を包括的に取り上げ, それぞれの状況で有効な価格戦略を明快に論じる. 学生にとってとりわけ有用なのが, 図10.1の「価格戦略の概観」と, 「活用できる場合」と題した教育的な項目であり, 価格戦略を有効に活用するために, 市場や顧客について企業が最初に把握すべきことを説明している.

第11章　不完全競争　　本章では, 寡占企業および独占的競争企業に注目する. これらの企業は, 完全競争企業や独占企業とは異なり, 利潤を最大化しようとする競争相手の行動や戦略を考慮しなければならない. さまざまな

不完全競争モデルを理解してもらうため，各節の冒頭で「モデルの想定」を設け，モデルにあてはまる条件を列挙している．

第12章　ゲーム理論　ゲーム理論のツールは，企業間の戦略的相互作用を説明し，市場への影響を予測するために活用される．本書ではチェック法を使ってゲームを単純化し，ナッシュ均衡と支配／被支配戦略が一目でわかるようにしているので，ゲーム理論の分析は理解しやすいはずだ．サッカーのペナルティーキックにはじまり，有名人のワインづくり，航空会社の新規参入への対応，映画の「博士の異常な愛情」にいたるまで豊富な話題は，ゲーム理論がビジネスだけでなく日常の意思決定に役立つことを示している．

第4部　基礎から応用へ

第13章　投資，時間，保険　長期のリスクや不確実性の役割を理解すると，個人や企業は，投資や保険についてより良い経済判断ができるようになる．企業や消費者が日々直面する多くの意思決定において，現在費用，将来価値，時間，不確実性が大きな役割を果たしていることを明確に論じる．これらのテーマを1つの章にまとめて簡潔に論じている点が，本書の閲読者に高く評価された．

第14章　一般均衡　本章では，一国の経済が効率的に機能するための条件について分析する．一般均衡の概念は，需要・供給の枠組みの延長線上で直観的に説明できる．具体例として，教員の質の低下や，住宅市場と労働市場の相互作用を取り上げる．交換，投入，生産効率の関係についても説明をくわえ，それらを厚生経済学の定理につなげる．

第15章　情報の非対称性　これまでの章で市場が効率的に機能するのに必要な条件をみたのに続いて，本章では市場が効率的に機能しない状況に注目する．本章では，取引の関係者間で情報が等しく共有されない場合に，市場が歪むことをあきらかにする．ここでも自動車保険から不動産取引，海賊

に至るまで幅広い事例を取り上げることで，ミクロ経済学で学ぶ概念が生活のさまざまな分野で役立つことを示していく．

第16章　外部性と公共財　本章でも，引き続き市場の失敗を考察する．取引が買い手でも売り手でもない人々に影響を与える場合，市場に何が起きるのか．逆に，ある財の便益が同時に多くの人々に共有される場合，何が起きるのかに注目する．本章を読めば，なぜ外部性が起きるのか，どうすれば解決できるのかがわかるはずだ（排出権取引やコースの定理について取り上げている）．公共財に関する記述では，消防署の建設が火災を誘発しかねない理由をあきらかにする．

第17章　行動経済学と実験経済学　近年の行動経済学の台頭は，従来のミクロ経済学に疑問を投げかけている．行動経済学は，人間が既存の理論どおりに行動しないのではないかと考えている．この疑問に関して，中級ミクロ経済学の教科書はむずかしい立場に置かれる．行動経済学を信奉すれば，教科書で学んだ手法を軽視することになりかねないからだ．

　行動経済学について述べた本章では，不合理な世界で合理的に考える方法を示す．誰かが経済的に不合理な決定をすれば，他の市場参加者はその不合理に乗じて自分に有利になるよう行動する（どういう状況で間違いを犯しやすいかを示す）．

閲読者への謝辞

　下記の本書の閲読者，フォーカス・グループの参加者，その他のコンサルタントの提言やアドバイスに感謝する〔氏名のアルファベット順〕．

Senyo Adjibolosoo, *Point Loma Nazarene University*
David Anderson, *Centre College*
Anthony Andrews, *Governors State University*
Georgeanne Artz, *Iowa State University*
Kevin Beckwith, *Salem State University*

Scott Benson, *Idaho State University*
Tibor Besedes, *Georgia Institute of Technology*
Volodymyr Bilotkach, *Newcastle University*
David Black, *University of Delaware*
Victor Brajer, *California State University–Fullerton*
John Brock, *University of Colorado–Colorado Springs*
Keith Brouhle, *Grinnell College*
Bruce Brown, *California State Polytechnic University–Pomona*
Byron Brown, *Michigan State University*
Donald Bumpass, *Sam Houston State University*
Paul Byrne, *Washburn University*
Benjamin Campbell, *The Ohio State University*
Bolong Cao, *Ohio University*
Shawn Carter, *Jacksonville State University*
Fwu-Ranq Chang, *Indiana University–Bloomington*
Joni Charles, *Texas State University–San Marcos*
Ron Cheung, *Oberlin College*
Marcelo Clerici-Arias, *Stanford University*
John Crooker, *University of Central Missouri*
Carl Davidson, *Michigan State University*
Harold Elder, *University of Alabama*
Tisha Emerson, *Baylor University*
Michael Enz, *Framingham State University*
Brent Evans, *Mississippi State University*
Haldun Evrenk, *Boston University*
Li Feng, *Texas State University*
Chris Ferguson, *University of Wisconsin–Stout*
Gary Fournier, *Florida State University*
Craig Gallet, *California State University–Sacramento*
Linda Ghent, *Eastern Illinois University*
Alex Gialanella, *Manhattanville College*
Lisa Giddings, *University of Wisconsin–La Crosse*
Kirk Gifford, *Brigham Young University*
Darrell Glaser, *United States Naval Academy*
Tuncer Gocmen, *Shepherd University*
Jacob Goldston, *University of South Carolina*

Julie Gonzalez, *University of California–Santa Cruz*
Darren Grant, *Sam Houston State University*
Chiara Gratton-Lavoie, *California State University–Fullerton*
Thomas Grennes, *North Carolina State University*
Philip Grossman, *Monash University*
Steffen Habermalz, *Northwestern University*
Jennifer Hafer, *University of Arkansas*
James Halteman, *Wheaton College*
David Hammes, *University of Hawaii at Hilo*
Mehdi Haririan, *Bloomsburg University*
Daniel J. Henderson, *University of Alabama*
Paul Hettler, *California University of Pennsylvania*
Tia Hilmer, *San Diego State University*
Gary Hoover, *University of Alabama*
Jack Hou, *California State University–Long Beach*
Greg Hunter, *California State University–Pomona*
Christos A. Ioannou, *University of Southampton*
Miren Ivankovic, *Anderson University*
Olena Ivus, *Queen's University*
Michael Jerison, *State University of New York–Albany*
Bruce K. Johnson, *Centre College*
Daniel Johnson, *Colorado College*
Leo Kahane, *Providence College*
Raja Kali, *University of Arkansas*
Pari Kasliwal, *California StateUniversity–Long Beach*
John W. Keating, *University of Kansas*
Russell Kellogg, *University of Colorado–Denver*
Chris Kennedy, *George Mason University*
Rashid Khan, *McMaster University*
Vasilios D. Kosteas, *Cleveland State University*
Carsten Lange, *California State Polytechnic University*, *Pomona*
Jeffrey Larrimore, *Georgetown University*
Sang Lee, *Southeastern Louisiana University*
Daniel Lin, *American University*
Qihong Liu, *University of Oklahoma*
Jeffrey Livingston, *Bentley University*

xx　序文

Kristina Lybecker, *Colorado College*
Guangyu Ma, *State University of New York–Buffalo*
Teny Maghakian, *University of California–Merced*
Arindam Mandal, *Siena College*
Justin Marion, *University of California–Santa Cruz*
Timothy Mathews, *Kennesaw State University*
Ata Mazaheri, *University of Toronto–Scarborough*
John McArthur, *Wofford College*
Naranchimeg Mijid, *Central Connecticut State University*
Lijia Mo, *Kansas State University*
Myra Moore, *University of Georgia*
Tamah Morant, *North Carolina State University*
Thayer Morrill, *North Carolina State University*
Felix Munoz-Garcia, *Washington State University*
Kathryn Nantz, *Fairfield University*
Pascal Ngoboka, *University of Wisconsin–River Falls*
Hong V. Nguyen, *University of Scranton*
Michael Nieswiadomy, *University of North Texas*
Matthew J. Notowidigdo, *The University of Chicago*
Constantin Ogloblin, *Georgia Southern University*
Alex Olbrecht, *Ramapo College of New Jersey*
Heather O'Neill, *Ursinus College*
June O'Neill, *Baruch College, City University of New York*
Patrick O'Neill, *University of North Dakota*
Alexei Orlov, *Radford University*
Lydia Ortega, *San Jose State University*
Emily Oster, *The University of Chicago*
Orgul Ozturk, *University of South Carolina*
Alexandre Padilla, *Metropolitan State University of Denver*
James Payne, *University of South Florida*
Anita Alves Pena, *Colorado State University*
Marie Petkus, *Centre College*
Jeremy Petranka, *University of North Carolina–Chapel Hill*
Barry Pfitzner, *Randolph-Macon College*
Brennan Platt, *Brigham Young University*
James Prieger, *Pepperdine University*

序文　xxi

Samuel Raisanen, *Central Michigan University*
Rati Ram, *Illinois State University*
Ryan Ratcliff, *University of San Diego*
Marie Rekkas, *Simon Fraser University*
Michael Reksulak, *Georgia Southern University*
Malcolm Robinson, *Thomas More College*
Juliette Roddy, *University of Michigan–Dearborn*
Brian Rosario, *American River College*
Nicholas Rupp, *East Carolina University*
Robert Rycroft, *University of Mary Washington*
Shane Sanders, *Western Illinois University*
Sudipta Sarangi, *Louisiana State University*
Tom Scheiding, *Cardinal Stritch University*
Helen Schneider, *University of Texas–Austin*
Barbara Schone, *Georgetown University*
Kathleen Segerson, *University of Connecticut*
Quazi Shahriar, *San Diego State University*
Carl Shapiro, *University of California–Berkeley*
Alexandre Skiba, *University of Wyoming*
Rachael Small, *University of Colorado at Boulder*
Christy Spivey, *University of Texas–Arlington*
Kevin Stange, *University of Michigan*
Lee Stone, *State University of New York–Geneseo*
David Switzer, *St. Cloud State University*
Ellen Szarleta, *Indiana University–Northwest*
Kerry Tan, *Loyola University Maryland*
Gwendolyn Tedeschi, *Manhattan College*
Jeremy Thornton, *Samford University*
Irene Trela, *Western University*
Regina Trevino, *Loyola University–Chicago*
Brian Trinque, *University of Texas–Austin*
Victoria Umanskaya, *University of California-Riverside*
Michael Vaney, *University of British Columbia*
Jennifer VanGilder, *Ursinus College*
Jose Vazquez, *University of Illinois at Urbana-Champaign*
Annie Voy, *Gonzaga University*

xxii 序文

Bhavneet Walia, *Western Illinois University*
Joann M. Weiner, *The George Washington University*
Jeanne Wendel, *University of Nevada-Reno*
Benjamin Widner, *New Mexico State University*
Keith Willet, *Oklahoma State University*
Beth Wilson, *Humboldt State University*
Catherine Wolfram, *University of California-Berkeley*
Peter Wui, *University of Arkansas-Pine Bluff*
Erik Zemljic, Kent State University

学術面での助言者への謝辞

　Linda Ghent（Eastern Illinois University）には大変お世話になった．彼女は，学術面でのエディターであり，優秀なエコノミストであり，天性の教師でもある．文章から構成，図表にいたるまで，本書のかなりの部分に彼女の意見が反映されている．着想を得てから最終的に本として完成するまで，良い教科書にしようと献身的に協力してくれた．彼女の助言は何物にも代えがたく，共同作業をするのは本当に楽しかった．

　Alan Grant（Baker College）は章末の問題を作成してくれた．本文の内容を問うだけでなく，理解を深めてくれる問題になっている．Scott Houser（Colorado School of Mines）とAnita Pena（Colorado State University）は微分の項目を整え，Skip CrookerとKristina Lybeckerと共に，本書を幅広い教員や学生に役立つものにするために多くの手助けをしてくれた．

　先がなかなか見通せないとき，頼れる人たちがいて，積極的に関わり貴重なアドバイスをくれたのは幸運だった．Tibor Besedes（Georgia Institute of Technology），Lisa Giddings（University of Wisconsin-La Crosse），Alan Grant（Baker College），Scott Houser（Colorado School of Mines），Kristina Lybecker（Colorado College），Naranchimeg Mijid（Central Connecticut State University），Kathryn Nantz（Fairfield University），Anita Alves Pena（Colorad State University），Jeremy Petranka（University of North Carolina-Chapel Hill），Sudipta Sarangi（Louisiana State University），Jennifer

VanGilder（Ursinus College），Annie Voy（Gongaza University）の各氏に感謝申し上げる．

草稿段階の本書をいち早く使ってくれた，Lisa Giddings と Annie Voy の受講者にはとくに感謝している．本書の核となる章には，彼らの経験が生かされている．

鷹の目のような鋭さで本書全体をチェックしてくれた Michael Reksulak（Georgia Southern University）にはとくに御礼申し上げたい．細部にまで行き届いた仕事のおかげで，文章が整い，読みやすくなり，理解しやすくなった．Michael は 800 メートル先のタイプミスでも見つけられる．誰もがその恩恵を受けている．

出版関係者への謝辞

本書が形になるまで多大な尽力をしてくれた，クリエイティブな人々に大いに感謝したい．

何年も前に著者の1人である Austan のドアをノックし，道筋をつけてくれたのは，当時ワース（Worth）社の経済学担当編集者だった Craig Bleyer だ．Craig は，経営陣の Elizabeth Widdicombe，Catherine Woods の支持を得て，本書のための専門チームを組んでくれた．Craig が別の部署に移ると，後を引き継いだ Charles Linsmeier は，編集者として考え抜いたうえで方向性を示し，全体を見通すために必要な手助けをしてくれた．

チームのメンバーは，それぞれにユニークな才能と視点を提供してくれた．ワース社の有能で実績のある経済学担当エディターの Sarah Dorger は，高い専門性と並々ならぬ情熱をもって本書の進行を管理してくれた．3人の著者と編集者や閲読者，コンサルタントらと何度もやり取りを繰り返し，練り上げていくなかで，彼女の大車輪の活躍と常人にはない忍耐があったからこそ，脱線せずにまとめあげることができた．

制作エディターの Jane Tufts は，これまで経済学の代表的な教科書の編集をいくつか手掛けている．本書のすべての要素，すべてのページに，彼女のクリエイティビティが生かされている．学生の気持ちを本当の意味で理解

し，学生の立場に立って原稿を読めるという比類ない才能の持ち主の彼女が最初に草稿に目を通し，貴重な助言をくれたおかげで，読みやすく，魅力的な学生本位の教科書に仕上がった．

ワース社の制作エディターで，確かな知性と優れた判断力を持つ Bruce Kaplan は，広範な制作プロセスを穏やかにてきぱきと仕切ってくれた．彼の指示を受けたアシスタント・エディターの Mary Melis によって，われわれの草稿は，疲れを知らないプロダクション・チームに引き渡された．Melissa Pellerano は，プロセス全体を通してしっかりサポートしてくれた．

シカゴ大学では，とくに Erin Robertson のアシストがなければ，途方にくれるところだった．経験を生かして，リサーチ，編集，校正，出版社との連絡全般にわたって助けてくれた．彼女が自分の本を出す準備は万全だ！

本書を読者に届けるために知恵を絞り，支えてくれたワース社の多くの関係者に感謝申し上げる．Tracey Kuehn, Barbara Seixas, Lisa Kinne は，当初の企画段階から最後まで基本的な方向性を示してくれた．度重なる締切破りとハリケーン・サンデーの後，Rob Errera は，きめ細かに目配りしながら，制作プロセス全般を見守ってくれた．注意深い目をもった，コピー・エディターの Patti Brecht にも感謝している．デザイナーの Kevin Kall は，その独創的な装丁で，本書を一般的な中級の教科書とは一線を画すものにしてくれた．Ted Szczepanski と Elyse Rieder は，各章ごとに，面白くて興味をそそる写真を探してくれた．明快で有用なグラフの原図を描いてくれた Greg Ghent にも特段の感謝をおくりたい．

中級ミクロ経済学は，教師と学生が自ら作りあげるコースであり，教室の内外での学習を充実させるため，質の高い指導要領や学習の手引きには高いニーズがある．ワース社のメディア・補助教材担当エディターの Lukia Kliossis と Jaclyn Ferry は，教師にも学生にも役立つ画期的なツールを提供するために尽力してくれた．本当に役立つメディアや補助教材というプランを現実にものにしてくれた Lukia にはとりわけ感謝したい．彼女をはじめ同僚の Stacey Alexander, Edgar Bonilla, Ashley Joseph が形にしてくれた補助教材は，教師にとっても学生にとっても，中級ミクロ経済学のコースを充実したものにしてくれるはずだ．

初版のマーケティングには，特別なむずかしさとチャンスがあるが，ワース社のマーケティング・チームは，クリエイティビティを発揮しながら熱心に取り組んでくれた．Paul Shensaの知性と経験は何物にも代えがたく，彼がナビゲートしてくれたおかげで，教師や学生の幅広いニーズを知ることができた．Steve RigolosiとScott Guileが制作プロセス全般にわたってマーケティングに緻密な方向性とひらめきを与えてくれたことで，本書は一段と有用なものになった．おかげで熱い市場にうまく参入できた．その間，大いに励まし，専門家としての調整力を発揮しながら，テストとレビューをきめ細かに取りまとめてくれたKerri Russiniにも御礼申し上げたい．

最後に

われわれの仕事を絶えず応援し，感謝を伝えることができないほど忙しいときでも支えてくれる，それぞれの家族に心からありがとうと伝えたい．

結局のところ，教科書はあくまでツールにすぎないのであって，学生が授業やそれ以外の場で互いに学び合うことを補助するものだ．本書をきっかけに，学習を続け，いずれは経済学を使いこなせるようになってくれることを願っている．

オースタン・グールズビー
Austan Goolsbee

スティーヴン・レヴィット
Steven Levitt

チャド・サイヴァーソン
Chad Syverson

『レヴィット　ミクロ経済学』総目次

序文

第1部　基礎概念
第1章　ミクロ経済学の冒険
第2章　需要と供給
第3章　需要と供給のツールを使って市場を分析する

第2部　消費と生産
第4章　消費者行動
第5章　個人の需要と市場の需要
第6章　生産者行動
第7章　費用

第3部　市場と価格
第8章　競争市場における供給

以上，基礎編

第9章　市場の支配力と独占
第10章　市場の支配力と価格戦略
第11章　不完全競争
第12章　ゲーム理論

第4部　基礎から応用へ
第13章　投資，時間，保険
第14章　一般均衡
第15章　情報の非対称性
第16章　外部性と公共財
第17章　行動経済学と実験経済学

以上，発展編

目　次

監訳者序文

序文

第1部　基礎概念

第1章　ミクロ経済学の冒険　3

1.1　ミクロ経済学の枠組み（およびそれがロサとローレンについて教えてくれること）　4

ミクロ経済学のツールを学ぶ　5

ヤバい経済学　トーマス・スウェイツのトースター　6

ミクロ経済学のツールを活用する　7

これで合格　他の条件はすべて不変とする　8

1.2　部別にみた本書の構成（およびロサとローレンの見方）　9

消費者の決定と生産者の決定　10

応用　ミクロ経済学を学んで賢くネットオークション　11

市場の供給　12

基礎から応用へ　14

データにフォーカスする　15

理論とデータ　経済学を学ぶことのメリット　16

さぁ，楽しく学ぼう！　17

まとめ　18

復習問題　18

xxviii　目次

第2章　需要と供給　19

2.1　市場とモデル　20

市場とは何か　21

需要・供給モデルを支える主な仮定　22

2.2　需要　25

需要に影響を与える要因　25

需要曲線　27

需要曲線のシフト　29

理論とデータ　嗜好の変化とタバコの需要　31

需要に影響を与える要因のなかで，価格だけが特別扱いされるのはなぜか　34

2.3　供給　34

供給に影響を与える要因　34

供給曲線　35

供給曲線のシフト　37

供給でも価格が特別扱いされるのはなぜか　39

2.4　市場均衡　39

均衡の等式　40

これで合格　均衡点で供給量と需要量は等しくなるか　41

なぜ市場は均衡に向かうのか　42

2.1 解いてみよう　44

需要曲線のシフトの影響　45

2.2 解いてみよう　47

ヤバい経済学　名声の値段──オバマ大統領とパパラッチ　48

供給曲線のシフトの影響　50

2.3 解いてみよう　52

需要曲線および供給曲線のシフトの影響のまとめ　53

目次　xxix

応用　供給曲線のシフトと1983年のビデオゲーム市場の崩壊　54

2.4 解いてみよう　57

これで合格　曲線がシフトしたのか，曲線上を動いただけなのか　58

価格と数量の変化の大きさを決める要因は何か　60

応用　住宅の供給曲線と住宅価格──2つの都市の物語　61

需要曲線と供給曲線が同時にシフトするときの市場均衡の変化　65

2.5　弾力性　68

傾きと弾力性は同じではない　68

需要と供給の価格弾力性　69

価格弾力性と価格感応度　71

応用　需要弾力性と代替財の入手可能性　72

弾力性と線形の需要・供給曲線　75

2.5 解いてみよう　78

完全非弾力的な需要・供給と完全弾力的な需要・供給　79

需要の価格弾力性，支出，売上げ　82

需要の所得弾力性　85

需要の交差価格弾力性　86

2.6 解いてみよう　87

2.6　結論　88

まとめ　89

復習問題　91

演習問題　92

第3章　需要と供給のツールを使って市場を分析する　99

3.1　消費者余剰と生産者余剰──市場で得をしているのは誰か　100

消費者余剰　100

生産者余剰　103

3.1 解いてみよう 104

応用 イノベーションの価値 106

応用 近視の人にとって，レーシック手術の価値とは 109

市場環境の変化によって生じる損得 111

応用 9.11同時多発テロが航空業界に与えた打撃 113

3.2 解いてみよう 116

3.2 価格規制 119

上限価格規制 120

下限価格規制 129

3.3 数量規制 133

数量割当 133

政府による財やサービスの供給 138

理論とデータ 公的医療保険は民間医療保険をクラウドアウトするのか 141

3.4 税金 144

税金が市場に及ぼす影響 144

なぜ税金は死荷重を生み出すのか 151

なぜ大型税は小型税より悪いのか 152

租税帰着（税負担）──納税主体は問題ではない 153

これで合格 死荷重を正確に計算しただろうか 156

3.3 解いてみよう 159

3.5 補助金 161

応用 黒液の抜け穴のコスト 164

3.4 解いてみよう 165

ヤバい経済学 経済的なインセンティブで子どもを産む気にさせられるのか 167

3.6 結論 169

まとめ 169

復習問題 171

演習問題 172

第2部 消費と生産

第4章 消費者行動 179

4.1 消費者選好と「効用」という概念 181

消費者選好に関する想定 181

効用という概念 184

限界効用 185

効用と比較 186

4.2 無差別曲線 188

無差別曲線の特性 191

これで合格 概念を本当の意味で理解するために, いくつか無差別曲線を描いてみよう 194

限界代替率 195

ヤバい経済学 ミネソタの住民には紫の血が流れているのか 197

限界代替率と限界効用 199

無差別曲線の傾き 201

4.1 解いてみよう 202

理論とデータ 電話サービス利用者の無差別曲線 204

無差別曲線の湾曲度──代替財と補完財 206

4.2 解いてみよう 212

応用 「バッズ」(bads) の無差別曲線 214

4.3 消費者の所得と予算制約線 216

予算制約線の傾き 219

予算制約線をシフトさせる要因 220

4.3 解いてみよう 223

xxxii　目次

一般的でない予算制約線　224

4.4　効用，所得，価格の組み合わせ──消費者は何を消費するか　227

消費者の最適化問題を解決する　228

4.4 解いてみよう　232

効用最大化が意味するもの　234

理論とデータ　電話サービス利用者の無差別曲線，再論　236

特殊なケース──コーナー解（端点解）　238

4.5 解いてみよう　240

消費者問題の代替的な解法──支出の最小化　243

4.5　結論　244

まとめ　246

復習問題　248

演習問題　248

第4章補論　効用最大化および支出最小化の微分　256

消費者の最適化問題　257

限界代替率と限界効用　257

効用最大化　258

ラグランジュ式を使った効用最大化　260

4A.1 解いてみよう　263

支出最小化　264

演習問題　266

第5章　個人の需要と市場の需要　269

5.1　所得の変化が個人の消費選択に及ぼす影響　270

正常財と下級財　272

所得弾力性と財の種類　274

所得消費曲線　275

エンゲル曲線　277

　応用　エンゲル曲線と住宅の大きさ　279

　5.1 解いてみよう　282

5.2　価格変化が消費選択に及ぼす影響　　283

需要曲線を導き出す　284

需要曲線のシフト　287

　ヤバい経済学　動物もセールがお好き　289

　5.2 解いてみよう　291

5.3　価格変化に対する消費者の需要量の変化を，所得効果と代替効果に分解する　293

代替効果を切り離す　296

所得効果を切り離す　298

　これで合格　価格変化による代替効果と所得効果を計算する　299

総効果　300

代替効果と所得効果の大きさを決定する要因　301

　5.3 解いてみよう　303

　応用　後方屈曲型の労働供給曲線と余暇の所得効果　305

　理論とデータ　プロゴルファーの後方屈曲型供給曲線　309

下級財の所得効果の例　310

ギッフェン財　313

　応用　ギッフェン財を探して　316

　これで合格　所得効果と代替効果について，おぼえておくべきシンプルなルール　318

5.4　他の財の価格変化が，ある財の需要量に及ぼす影響──代替財と補完財　319

代替財の価格変化　319

無差別曲線の形状，再論　322

　応用　映画館とホームシアター──代替財か補完財か　323

5.5　個人の需要曲線を結合して，市場の需要曲線をつくる　　325

xxxiv 目次

市場の需要曲線　326

数式を使って市場全体の需要量を求める　326

これで合格　需要曲線を垂直ではなく水平に足す　328

5.4 解いてみよう　329

5.6 結論　331

まとめ　331

復習問題　333

演習問題　333

第5章補論　**所得効果および代替効果の微分**　342

5A.1 解いてみよう　346

演習問題　350

第6章　**生産者行動**　351

6.1 生産の基本　352

企業の生産行動に関する想定を単純化する　353

応用　現実の企業はつねに費用を最小化しているか　357

生産関数　358

6.2 短期の生産　359

限界生産物　361

平均生産物　364

6.1 解いてみよう　365

応用　短期はどのくらい短いか　366

6.3 長期の生産　367

長期の生産関数　368

目次　**xxxv**

6.4　企業の費用最小化問題　369

等生産量曲線　370

等費用曲線　376

6.2 解いてみよう　380

最小費用を見極める——等生産量曲線と等費用曲線を結合する　382

費用最小化——グラフによるアプローチ　382

6.3 解いてみよう　386

投入物価格の変化　386

理論とデータ　病院の投入物の選択とメディケアの払戻しルール　388

6.5　規模に関する収穫　390

規模に関する収穫に影響を与える要因　391

これで合格　生産関数の規模に関する収穫を確認する方法　394

6.4 解いてみよう　395

6.6　技術変化　396

応用　米国製造業の技術変化　398

ヤバい経済学　インドの漁師が携帯電話を手放せないわけ　400

6.7　企業の生産拡張経路と総費用曲線　403

6.8　結論　405

まとめ　405

復習問題　407

演習問題　407

第6章補論　費用最小化の微分　415

労働の限界生産物と技術的限界代替率　415

微分を使った費用最小化　418

xxxvi 目次

6A.1 解いてみよう 422

企業の生産拡張経路 424

6A.2 解いてみよう 425

演習問題 426

第7章 費用 427

7.1 意思決定に関係する費用──機会費用 428

応用 本業を休止して大金を稼ぐ──機会費用に関する教訓 430

7.1 解いてみよう 431

ヤバい経済学 テストへの支払い──カンニングの経済学 432

7.2 意思決定に関係しない費用──サンクコスト 434

サンクコストと意思決定 435

理論とデータ スポーツジム会員 438

応用 映画会社は赤字確実の映画をなぜつくるのか 438

7.3 費用と費用曲線 441

固定費用 442

可変費用 442

融通性と固定費用 対 可変費用 443

費用曲線を導き出す 446

固定費用曲線 446

可変費用曲線 447

総費用曲線 448

7.4 平均費用と限界費用 449

平均費用の測定 449

限界費用 451

7.2 解いてみよう 453

目次　**xxxvii**

平均費用と限界費用の関係　455

7.3 解いてみよう　457

7.5　短期費用曲線 対 長期費用曲線　458

短期の生産と総費用曲線　459

短期の平均総費用曲線 対 長期の平均総費用曲線　462

7.4 解いてみよう　465

短期の限界費用曲線 対 長期の限界費用曲線　467

7.6　生産過程における経済性　469

規模の経済　469

規模の経済 対 規模に関する収穫　470

7.5 解いてみよう　471

応用　規模の経済とベーコン製造　472

範囲の経済　474

範囲の経済はなぜ生じるのか　476

7.7　結論　477

まとめ　477

復習問題　479

演習問題　479

第7章補論　企業の費用構造の微分　484

7A.1 解いてみよう　487

演習問題　490

第3部 市場と価格

第8章 競争市場における供給 491

8.1 市場構造と短期の完全競争 492

完全競争 493

価格受容者からみた需要曲線 495

8.2 完全競争市場における利潤最大化 497

総収入，総費用，利潤最大化 497

完全競争下の企業はどのように利潤を最大化するか 498

応用 企業はつねに利潤を最大化しているか 501

企業の利潤を測る 503

8.1 解いてみよう 505

8.2 解いてみよう 508

これで合格 3つの曲線の話 509

8.3 短期の完全競争 510

完全競争市場における企業の短期供給曲線 510

応用 電力会社の供給曲線 512

完全競争産業の短期供給曲線 514

応用 原油の短期供給曲線 518

競争企業の生産者余剰 519

生産者余剰と利潤 521

競争産業の生産者余剰 521

8.3 解いてみよう 522

応用 発電事業における産業全体の短期供給曲線と生産者余剰 524

8.4 長期の完全競争産業 526

参入 527

退出　530

産業の長期供給曲線をグラフ化する　530

> 理論とデータ　市場における参入と退出の実際――住宅用不動産　532

> ヤバい経済学　そう単純ではない「恐喝」の経済学　533

長期均衡間の調整　535

> 応用　トウモロコシの需要拡大　539

> 8.4 解いてみよう　540

費用一定・費用逓増・費用逓減産業の長期供給　542

8.5　生産者余剰，経済的レント，経済的利潤　543

完全競争下の費用格差と経済的レント　543

8.6　結論　547

まとめ　548

復習問題　549

演習問題　550

用語集　561

索　引　575

xl **目次**

図表目次

〈図〉

図2.1　トマトの需要　28

図2.2　需要曲線のシフト　30

図2.3　米国における学歴別の喫煙人口比率，25歳以上，1940-2000年　33

図2.4　トマトの供給　36

図2.5　供給曲線のシフト　38

図2.6　市場均衡　40

図2.7　なぜP_eが均衡価格なのか　43

図2.8　トマトの需要減少の影響　47

図2.9　トマトの供給増加の影響　51

図2.10　ビデオゲームの供給増加の影響　56

図2.11　均衡価格と均衡数量の変化の幅，および需要曲線と供給曲線の傾き　62

図2.12　ニューヨークとヒューストンの人口の推移，1977-2009年　64

図2.13　ニューヨークとヒューストンの住宅価格指数の推移，1977-2009年　64

図2.14　需要曲線と供給曲線が同時にシフトする例　66

図2.15　需要曲線と供給曲線が同時にシフトするとき，価格と数量の変化の方向は不透明である　67

図2.16　線形需要曲線の弾力性　76

図2.17　線形供給曲線の弾力性　77

図2.18　完全非弾力的な曲線と完全弾力的な曲線　81

図2.19　線形需要曲線に沿って変化する支出　84

図3.1　消費者余剰とは　101

図3.2　生産者余剰とは　103

図3.3　消費者余剰と需要の弾力性　108

図3.4　レーシック手術の価値とは　110

図3.5　供給曲線のシフトによる供給の変化　112

図3.6　航空業界と9.11同時多発テロ　114

図3.7　上限価格規制の影響　121

図3.8　死荷重と弾力性　128

図3.9　下限価格規制の影響　130

図3.10　数量割当の効果　135

図3.11　政府が大学を設立する場合の影響　139

図3.12　公的医療保険の影響　142

図3.13　ボストンの映画市場でチケットに課税した場合の影響　145

図3.14　ボストンの映画市場でチケットの課税を拡大した場合の影響　152

図3.15　租税帰着　154

図3.16　租税帰着と弾力性　157

図3.17	生産者に対する補助金の影響	162
図4.1	無差別曲線を描く	189
図4.2	消費者の無差別曲線	190
図4.3	無差別曲線が交差することはありえない	192
図4.4	無差別曲線上のトレードオフ	193
図4.5	無差別曲線の傾きは限界代替率	197
図4.6	無差別曲線の傾き具合	201
図4.7	ニューヨーカーの市内通話と市外通話の選好，1999-2003年	205
図4.8	無差別曲線の湾曲度	207
図4.9	完全代替財の無差別曲線	208
図4.10	完全補完財の無差別曲線	210
図4.11	同一の消費者が，異なる形状の無差別曲線を持つことがありうる	211
図4.12	「バッズ」があるときの無差別曲線	215
図4.13	「バッズ」がないときの無差別曲線	216
図4.14	予算制約線	218
図4.15	価格または所得が変化した場合の予算制約線	221
図4.16	数量割引と予算制約線	225
図4.17	数量制限と予算制約線	227
図4.18	消費者の最適な選択	229
図4.19	2人の消費者の最適な選択	235
図4.20	インターネット・サービスの加入世帯と未加入世帯の最適な選択	237
図4.21	固定料金を支払って，市内通話料金を引き下げる	238
図4.22	コーナー解	240
図4.23	効用最大化 対 支出最小化	245
図5.1	2財がいずれも正常財で，所得が増加したときの消費者の反応	271
図5.2	一方が下級財で，所得が増加したときの消費者の反応	273
図5.3	所得消費曲線	276
図5.4	エンゲル曲線は所得水準による消費量の違いを示す	278
図5.5	米国における新築住宅の平均面積と家計所得の推移，1975-2009年	280
図5.6	米国における住宅床面積のエンゲル曲線	281
図5.7	個人の需要曲線を導き出す	286
図5.8	選好の変化と需要曲線のシフト	288
図5.9	レストランの食事の価格が低下した場合の影響	295
図5.10	2つの正常財の代替効果と所得効果	297
図5.11	無差別曲線の形状によって，代替効果の大きさが決まる	302
図5.12	後方屈曲型の労働供給曲線	308
図5.13	下級財の価格の低下	311
図5.14	下級財の代替効果と所得効果	312

xlii 目次

図5.15 ギッフェン財の価格の変化 314

図5.16 ギッフェン財の代替効果と所得効果 315

図5.17 代替財の価格が上昇すると，需要が増加する 320

図5.18 補完財の価格が上昇すると，需要が減少する 321

図5.19 代替財または補完財の価格変化によって，需要曲線がシフトする 322

図5.20 米国の映画の興行収入と1人あたりのチケット販売枚数，1980-2010年 324

図5.21 市場の需要曲線 327

図6.1 短期の生産関数 360

図6.2 労働の限界生産物を導き出す 363

図6.3 等生産量曲線 370

図6.4 技術的限界代替率 371

図6.5 等生産量曲線の形状は，投入物の代替性を表している 374

図6.6 生産における完全代替財と完全補完財 375

図6.7 等費用曲線 377

図6.8 労働が相対的に高くなれば，等費用曲線の傾きはきつくなる 379

図6.9 資本が相対的に高くなれば，等費用曲線の傾きは緩やかになる 380

図6.10 費用の最小化 383

図6.11 労働価格の変化によって，費用最小化のための投入物の組み合わせは変わる 387

図6.12 規模に関する収穫 392

図6.13 技術変化の影響 397

図6.14 米国の全要素生産性，1994-2009年 399

図6.15 生産拡張経路と総費用曲線 404

図7.1 FF社の固定費用，可変費用，総費用 448

図7.2 平均費用曲線 451

図7.3 限界費用曲線 453

図7.4 平均費用曲線と限界費用曲線の関係 456

図7.5 アイボー・エンジン社の長期と短期の生産拡張経路 460

図7.6 アイボー・エンジン社の短期と長期の総費用曲線 461

図7.7 アイボー・エンジン社の短期と長期の平均総費用曲線 463

図7.8 長期の平均総費用曲線は短期の平均総費用曲線を包含する 465

図7.9 短期と長期の限界費用 468

図7.10 1977年と1992年の豚肉加工工場の平均総費用曲線 474

図8.1 完全競争下での市場の需要と一生産者の需要 496

図8.2 完全競争下の企業の利潤最大化 499

図8.3 完全競争下の企業の利潤最大化は，限界収入 MR ＝市場価格 P ＝限界費用 MC で実現する 501

図8.4 利潤を測定する 504

図8.5 短期的に生産を継続するか停止するかを決める 507

図8.6 完全競争下の企業の短期供給曲線 511

目次　xliii

図8.7　電力会社の限界費用曲線（企業1）　513
図8.8　各企業の費用曲線が同じ場合の，産業の短期供給曲線を導き出す　516
図8.9　各企業の費用曲線が異なる場合の，産業の短期供給曲線を導き出す　517
図8.10　完全競争下の企業の生産者余剰　520
図8.11　産業の生産者余剰　522
図8.12　電力会社間で異なる限界費用曲線　525
図8.13　テキサスの電力業界の短期供給曲線　526
図8.14　プラスの長期利潤　528
図8.15　企業の新規参入で供給が増加し，均衡価格が下落する　529
図8.16　産業の長期供給曲線を導き出す　531
図8.17　完全競争産業における需要増加に対する長期的な調整　536
図8.18　完全競争産業における費用低下に対する長期的な調整　538
図8.19　長期限界費用が異なる企業　544

〈表〉
表2.1　需要・供給モデルを支える4つの仮定　23
表2.2　需要曲線と供給曲線が単独でシフトする場合の影響　54
表6.1　短期生産関数の例　360
表6.2　長期生産関数の例　369
表7.1　フリート・フット社（FF社）の固定費用，可変費用，総費用　447
表7.2　フリート・フット社（FF社）の費用　450
表8.1　市場構造の4類型　493
表8.2　短期的に赤字でも生産を継続するか停止するかを決める　506

レヴィット
ミクロ経済学

［基礎編］

第 **1** 部　基 礎 概 念

ミクロ経済学の冒険　第 **1** 章

　ペルーのセルヴァ・アルタ丘陵の朝，日の出から 2 時間あまり．ロ
サ・ヴァレンシアは，自分の農園で育てたコーヒーの木を誇らしげ
に眺めている．熟すと赤くなるためチェリーと呼ばれるコーヒーの実
は，収穫期を迎えている．この実はロサが雇った人たちの手で摘み
取られ加工場に運ばれる．そこではまた別の人たちが実を選り分け，
果肉を割って種であるコーヒー豆を取り出して洗浄し，乾燥，焙煎
に備える．同じ日の朝，5,000 マイル離れたワシントン州シアトルで
は，ローレン・ラッセルが物理学の問題と格闘している．ここはス
ターバックス発祥の地．午前中の空いた時間は，大学からほど近い，
このお気に入りのコーヒーショップで過ごす．教科書の隣には，い
つもの S サイズのカプチーノ．薫り高いカプチーノを一口すすっては
計算問題を解いている．
　ロサとローレンはこれまで会ったことはないし，これからも会うこ
とはないだろう．だが，2 人の朝の日課には関係がある．2 人とも
コーヒーという 1 つの市場の一部だからだ．ローレンはカプチーノ
を味わうことで，その主原料を提供したロサと繋がる．2 人とも，こ
の繋がりから恩恵を得ている．ロサはコーヒー豆を栽培して利益を
得ることができ，ローレンは自分が支払ってもいいと思える価格でカ
プチーノを手に入れることができる．これが生きたミクロ経済学だ．

4　第1部　基礎概念

1.1 ミクロ経済学の枠組み
（およびそれがロサとローレンについて教えてくれること）

　コーヒー栽培は時間と手間をかける価値があるとロサが考え，カプチーノはお金を払って飲む価値があるとローレンが考えたからこそ，ロサとローレンは繋がったわけだが，そこに至るまでには膨大な数の意思決定と取引が行われている．こうした意思決定や取引，そして，市場におけるそれらの相互作用を詳しく検討するのが，本書の目的だ．

　各章で扱うトピックを詳しくみる前に，どのようなアプローチで市場に迫るのか明確にしておかなければならない．本書では，ミクロ経済学の枠組みをとおして市場参加者の意思決定をみていく．**ミクロ経済学**（microeconomics）は経済学の一分野であり，ロサのような生産者やローレンのような消費者の具体的な選択を研究対象とする．これに対してマクロ経済学は，世界をより大きなレンズで眺め，消費者や企業の活動の舞台となる，より複雑で大きなシステムを研究対象とする．マクロ経済学では，ロサやローレンのような生産者と消費者を大勢取り上げ，個々の決定の総体としての行動とその結果を記述し予想しようとするが，本書はこうしたマクロ経済学の問題には立ち入らない．

　本書の大枠や内容は，一般のミクロ経済学教科書と変わらないが，重要な違いがいくつかある．第1に，グラフに加えて数式をモデルに取り入れている．念頭におきたいのは，経済学の最も基本的な関心は資源の配分にあるということで，その最適量を導き出せる正確なモデルを構築したいと考えている．たとえば，限られた所得のなかで消費者が幸福度（効用）を最大化する財の消費量を知りたい．また，企業が財の生産量水準とそれを生産するための原材料の量を選択するとき，利益を最大化するモデルを構築したい．グラフや文章による説明は有用だが，数式を活用すれば，こうした経済主体の決定を定量化することができる．[1]

　第2に，この中級ミクロ経済学の教科書では，より深い分析を行う．需要の法則や供給の法則といったものの関係を当然のものとはせず，そうした関

係がなぜ存在するのかを細部にわたって検討する.

第3に，一般的なミクロ経済学の教科書に比べて，政策に焦点をあてている．適切な政策を立案するには，消費者および供給者の経済行動を理解することが欠かせない．本書では，それらを深く理解したうえで，施行中あるいは検討中の政策が個人や企業のインセンティブをどう喚起し，行動をどう変化させるのかを予想する．

ミクロ経済学のツールを学ぶ

ミクロ経済学は経済に関するあらゆる問いに答えるわけではないが，個人や企業の選択に関わる多くの問いに答えるためのツールを提供する．これらのツールを使えば，個人や企業が直面する経済的問題はほぼすべて解くことができる．

ミクロ経済学を学んでいくと，どんなツールが使いこなせるようになるのだろうか．つねに出発点となるのが**理論**（theories）と**モデル**（models）である．物事の仕組みを説明する理論やモデルは，消費者，生産者，産業，政府といった経済主体がどのように行動するか，なぜそうするのかを理解し，予想するのに役立つ．本書ではグラフや数式などのツールを援用しながら理論やモデルの理解を深めていく．

そのうえで，こうした理論やモデルを使って個人や企業が実際にどう動いているのかを検討する（一見，経済的でないとみえる状況についても検討の対象となる）．本書の最大の関心は，ミクロ経済学の理論と，現実世界の出来事，意思決定，実証データがどう関係しているか，である．各章に含まれる以下のセクションでは，こうした関連性に焦点をあてている．

■　**応用**では，ミクロ経済学が現実社会のさまざまな興味深い状況での意思決定に生かせることを示す．これを読めば，理論の重要性がよくわかるは

---

1)　数学の基本を復習する必要がある学生のために，巻末に付録をつけた〔本訳書では省略〕．本文ではもっぱら代数を使っているが，一部の章には補論をつけ，単純な微分を使えば分析が容易になることを示している．

ずだ．石油輸出国機構（OPEC）加盟国が産油量をどのように決めているのか，大リーグの球団が新人選手とどのように契約を結んでいるのか．あるいは住宅，映画，発電，トウモロコシ，衛星ラジオ，音楽，コンクリートといった市場で，消費者や生産者はどのように行動しているのか，それはなぜなのか．こうした現実社会での消費者や生産者の行動を具体的にみていく．

■　**理論とデータ**では，ミクロ経済学の最近の研究に注目する．以下のような多彩なトピックを取り上げ，ミクロ経済学者が収集したデータから何が読み取れるのか，理論から予想される結果が正しいのかを検証していく．取り上げるトピックは，ゴルフのトーナメント，電話料金，学歴と喫煙率，スポーツクラブの会員種別と利用頻度，医療機関の投入選択とメディケアの関係，新たな（合法）ドラッグ市場の決定など多岐にわたる．

■　**ヤバい経済学**は，日常のさまざまな現象が，経済分析で得られる独自の視点から読み解けることを意外な形であきらかにする．取り上げるトピックは，原材料からトースターをつくった男の話から，大統領一家を撮影した写真の価格，フットボール場の建設，インドの漁師と携帯電話の関係，カンニング，脅迫，違法薬物取引，ヴィクトリア・シークレットの価格決定に至るまで多岐にわたる．こうした具体例を学ぶことで，身のまわりの経済的現象について考える枠組みが頭に入るはずだ．

コラム
ヤバい経済学

トーマス・スウェイツのトースター

トーマス・スウェイツは，よほどトーストが好きらしい．

既製品のトースターでは満足できず，2009年，一からトースターをつくるという壮大な計画に取りかかった．原材料を集めるところから始め，銅，ケイ素，ニッケル，それにプラスチックをつくるための石油まで調達した．なかにはイギリスの片田舎の廃鉱でみずから採集したものもある．トースターのグリルとバネをつくるのに必要な鉄鉱石を溶かすために，電子の溶鉱炉までつくってしまった．苦心の末に完成したトー

スターで焼いたトーストは，ウォルマートで一番安い20ドル弱のトースターで焼いたものと変わらなかった．時間と手間，費用を考えれば，トーマスのトースターは，既製品の数千倍の価格になるだろう．

スウェイツにしてみれば，トースターを一からつくるのが大変なのは百も承知だっただろう．少なくとも経済学を少しでも齧（かじ）ったことがあるのであれば．今日１日を思い浮かべただけでも，さまざまな商品やサービスを消費していることに気づく．それらはすべて異なる材料や技術や人手が組み合わされてできたものだ．現代の経済はまさに奇跡的だ．スウェイツも含めて，誰もがごくわずかな費用と手間で無限ともいえる商品を生産し消費者に届けるという，市場のすばらしい機能に頼っているのだ．

消費者として利用している他の製品に比べると，トースターなどまだ単純だ．コンピュータや自動車を，原材料から調達し一からつくるなどおよそ考えられない．夕食をつくるのでさえ，野菜を育てることから始めなければならないとすれば，時間を食うばかりだ．

トーマス・スウェイツは，トースターの実験から，大変な思いをして現代経済を学んだに違いない．経済学を学ぶことが目的だとしたら，別の方法をお勧めする．たとえばアイスクリームを例にとろう．乳牛を育て，サトウキビを栽培し，バニラビーンズを収穫するのではなく，近所のコンビニエンスストアで買った既製品のアイスクリームを食べながら，本書の第2章を読むといい．

ミクロ経済学のツールを活用する

こんな古いジョークがある．ニューヨークを訪れた旅行者が音楽の殿堂「カーネギーホールに行くにはどうすればいいですか」と住人に尋ねたところ，「練習，練習，また練習だ」と返ってきたという．ミクロ経済学も同じで，練習あるのみだ．ミクロ経済学のツールを使って実際に問題を解いてみることで，理解が深まり，使いこなせるようになる．その点，本書は，先に

8   第1部 基礎概念

進むにつれて練習を積み重ねられるようになっているので，大いに役立つはずだ．

- 各章の本文中に，「解いてみよう」と題した練習問題を配した（44ページを参照）．練習問題は，宿題や小テスト，試験などで出される一般的なものであり，理論やグラフ，数式をどれだけ理解し，それらを活用して解答できるかどうかを問う形になっている．「解いてみよう」では，問題で問われている内容をどう理解するか，学んだツールを使ってどう解くかを順を追って示している．

- 各章の終わりに「演習問題」をつけた．さまざまな問題を解くことで，新たな状況やシナリオ，難局に対しても，学んだツールを応用して解決できるようになる．この演習問題はできるだけ多く解いてもらいたい．一部の問題については，巻末に答えを掲載しているので照らし合わせて欲しい〔本訳書では省略．ウェブサイトに掲載〕．途中で行き詰まったら，「解いてみよう」で学習した解法の手順を見直すといい．

- 多くの章には，「これで合格」と題するコラムがあり，ミクロ経済学の理論と応用を学ぶうえで混乱しやすい点についてヒントや解説をくわえている．コラムをじっくり読んだうえで問題や試験に臨めば，中級ミクロ経済学で犯しやすい間違いを避けることができるはずだ．

これで合格

他の条件はすべて不変とする

これまで学んだ経済学でも気づいたと思うが，経済学者は，理解しやすくするため，単純な想定をおいたモデルを使う．とくに重要で，本書で繰り返し使う想定が，ラテン語で *ceteris paribus*，すなわち「他の条件はすべて不変とする」である．たとえば，友人マックスのアイスクリームのコーンに対する需要について，コーンの価格上昇がどう影響するかを考えるとしよう．価格上昇の影響をみるには，マックスの意思決定に影響する価格以外の条件を不変としなければならない．マックスの所持

第1章 ミクロ経済学の冒険　　9

金，気温，マックスが購入する他の財の価格，さらにはアイスクリーム
がどのくらい好きか（選好）も同じでなければならない．

　応用事例を分析するよう求められる場合，この想定に躓（つまず）きやすいので
気をつけてもらいたい．与えられている事実以上にシナリオを深読みし
てはいけないし，問題で与えられている以外の状況を想定しようとしな
いことだ（マックスが乳糖不耐性なら？　風の冷たい寒い日なら？
マックスが職を失ったばかりだったら？　などと考えてはいけない）．

　「他の条件はすべて不変」という想定は，検討している財そのものにも
あてはまる点に留意したい．ある財を取り上げるとき，その財のすべて
の単位は同じだと想定している．つまり，その財に関するあらゆる特性
が不変だということだ．アイスクリームのコーンについて言えば，特定
のサイズと質を想定している．中のアイスが有名ブランドのものでも，
同じアイスクリームをチョコレートでコーティングしたワッフルのコー
ンに盛っても，アイスクリームのコーンの価格が上がるとは考えない．
そのような変化を持ち込むと，財の価格だけでなく，財の性格そのもの
を変えてしまうことになる．コーンの価格以外のものを変えることは，
「他の条件はすべて不変」という想定を崩すことになるのだ．

1.2 部別にみた本書の構成
（およびロサとローレンの見方）

　第1部の「基礎概念」ではまず，コーヒーという財について，ローレンの
ような消費者の選好（市場の需要サイド）と，ロサのコーヒー農園のような
企業（供給サイド）の生産決定がどう結びつき，販売量と価格が決まってい
くのか全体像を概観する．たとえば，価格の変化に対して消費者と生産者の
反応はなぜ違うのだろうか．また，こうした違いは，消費者の嗜好や生産技
術が変化したとき，市場にどのような影響を与えるのだろうか．そして，1
杯のカプチーノの売買という市場の取引の便益は，ローレンのような消費者

10　第1部　基礎概念

とコーヒーショップやロサのような生産者とのあいだでどう分配されるのだろうか．こうしたことを探っていく．

消費者の決定と生産者の決定

　全体を概観した後，第2部の「消費と生産」では，市場の両側をそれぞれ掘り下げていく．最初に取り上げるのは消費者の決定である．この日の朝，ローレンは，コーヒー以外の飲み物を飲んでもよかった．紅茶，牛乳，ジュース，スムージー，何でもいい．あるいは，エッグマフィンを買うとか，iTunesで曲をダウンロードするなど，同じ時間とお金をまったく別のことに使うこともできた．ローレンは，紅茶ではなくコーヒーをどのくらいの頻度で選択しているのか，他の店ではなくスターバックスに行く頻度はどのくらいなのか，それらを決める要因は何なのだろうか．ローレンがもっと豊かになれば，選択は変わるのだろうか．膨大な数の商品やサービスを目の前にして，消費者はどの商品やサービスをどのくらい消費するか，をどのように決めているのだろうか．こうした疑問に答えていく．次に，こうした1人ひとりの消費者の決定を合成して，市場全体の需要曲線を導出する方法をみていく．

　消費者行動を詳しくみた後は，生産者の決定に関わる疑問を解き明かしていく．たとえば企業は，資本と労働の組み合わせをどのように決めているのだろうか．ロサのコーヒー農園の例でいえば，農機具と人手をどう使い分けるのか．後でみるように，企業にとってのこうした類いの決定は，消費者が何を買うかを決める際の決定と共通する点が少なくない．

　投入物の組み合わせに関する企業の選択についてみた後は，その選択が生産費用にどう影響するかを検討する．とくに注目するのは，生産費用が生産量によって変化する点である．これは企業の費用曲線に表れる．たとえばロサが生産量を2倍に増やした場合，生産費用も2倍に増えるのだろうか．それとも2倍より小さくなるのか，あるいは2倍よりも大きくなるのだろうか．生産量を変化させた場合の費用の動きに注目するのは，それが市場の供給サイドの重要な決定要因であるからだ．

応用　ミクロ経済学を学んで賢くネットオークション

　ミクロ経済学では，主に2つの重要な経済主体——消費者（買い手）と生産者（売り手）に注目する．消費者としての経験なら誰しも豊富にある．スーパーや大学の書店に行けば，みな買い手であり，消費者である．このため消費者の問題については経済的な勘がはたらきやすい．だが，大多数の人にとって，人生のなかで生産者として決定を下す機会は極端に少ないため，生産者や生産者が抱える問題は理解しにくい面がある．

　生産者といえば，真っ先にプロクター・アンド・ギャンブル（P&G）やユナイテッド航空といった大企業が思い浮かぶかもしれないが，圧倒的に多いのは中小企業や零細企業である．夫婦だけで営む小さな商店もあれば，配管工やタクシー運転手も生産者だし，ネットオークションのイーベイ（eBay）で売買する人たちも生産者だといえる．実は，イーベイのネットオークションで生計を立てている人は，世界で130万人にものぼる．[2] こうした小さな売り手も，世界的な大企業と同じ類いの選択をしている．

　イーベイの売り手としてくだす生産決定について考えてみよう．最初に決めるのは，何を売るかだ．これは，タンスにしまってあるものによって決まる面もあるが，市場の状況にも影響を受けるだろう．たとえば，マイケル・ジャクソンの写真入りの弁当箱は，本人が亡くなった直後，注目が一気に高まったときが絶好の売り時だったと言える．曾祖父から受け継いだ小粒のダイヤのカフスリングの場合，景気が悪いときは動かず，景気が回復して買い手に余裕資金が出るまで待つのが得策だろう．

　イーベイで何かを売ろうとするとき，とくに重要なのが価格の選択である．イーベイの価格決定は2つの段階に分けられる．第1段階では，最低入札価格を決める．あまり強気の価格にすると，応札が1つもないかもしれない．逆に低すぎる価格に設定して，安い価格で落札されると後で悔やむことになりかねない．送料を入札価格に含めるのか含めないのかも決めなければならない（ちなみに，最低入札価格を低くして送料を高くしたほうが，儲け

---

2)　AC Nielsen International Research, June 2006.

が大きいことをあきらかにした経済研究がある.[3]

　他にも，価格設定ほど目立たないが，生産者が選択すべきことは少なくない．たとえば，次のような事項だ.

■　**写真撮影**　出品する商品の写真を撮りたい．鮮明な画像のほうが買い手を惹きつけられるだろうが，手持ちの携帯ではなく高性能のカメラを買おうとすると費用がかかる．カメラの購入は，イーベイのオークション取引の設備投資にあたる.

■　**商品の概要説明**　時間をかけて商品説明を書けば，最終的な売値は上がるかもしれない．だが，手間をかけすぎるのは考えものだ．凝った文章を書くことに時間と労力をかけて買い手を惹きつけようとするより，商品をフリーマーケットや中古品店に持って行って売り，そこで掘り出し物を安く仕入れて，高値で売ったほうが儲かる可能性もないわけではない.

■　**出品の時期と期間**　入札の期間はどのくらいにするか．いつ商品を市場に出すか．週末をはさむのか．ハロウィーンやクリスマスなど休暇に近いときにするのか．出品する時期によって，高値で売れるかどうかが決まる.

　ミクロ経済学において，生産者の決定は消費者の決定ほどわかりやすくはないが，生産者サイドへの理解を深めておくと，いざ自分で事業を起こしたり，誰かの事業を手伝ったりするようになったときに，より良い選択ができるはずだ. ■

市場の供給

　第3部の「市場と価格」では，供給サイドからみたさまざまな市場構造を比較検討する．最初に取り上げるのは，市場構造の規範ともいうべき完全競争のケースである．完全競争市場では，すべての企業が市場価格を所与のも

---

3)　たとえば，以下がある．Tajim Hossain and John Morgan, "……Plus Shipping and Handling: Revenue (Non) Equivalence in Field Experiments on eBay," *The B.E. Journal of Economic Analysis & Policy* 6, no. 2 (2006): Article 3.

のとして受け容れ（独自に決めた価格で自社製品を販売することはできず），生産量を決定する．これはロサのケースに近い．国際的なコーヒー市場は巨大で，世界中の生産者が供給するため，ロサがいくら出荷しようと市場価格に目立った影響を与えない．完全競争であるコーヒー産業の供給には，ロサを含めてすべての生産者の費用曲線を合成したものが反映される．そして，短期的にも長期的にも，市場の供給が市場全体の需要と過不足なくバランスすることで価格と数量が決まる．

　完全競争に続いて，その対極にある市場構造——独占を取り上げる．ある財を供給する企業が1社しか存在しない市場は，さまざまな点で完全競争市場と異なる．特筆すべきは，企業が自社製品の販売価格を選択できる点である．そのため，たとえばロサが世界中の消費者にコーヒーを独占販売する場合，生産量を制限すれば販売価格を引き上げることができるので，生産能力があったとしても完全競争市場よりも少ない量しか生産しないことを選択すると考えられる．政府が反トラスト法を活用して，市場に介入しようとする（実際に介入する）理由がここにある．次に，独占企業が価格決定力を行使する他の方法をみていく．具体的には，購買意欲の強い消費者に対する価格を引き上げる，セット商品にして販売するといった方法である．

　供給サイドからみた市場構造として最後に取り上げるのは寡占市場である．同じ市場で複数の企業が戦略的に影響を与えあうときに生じるのが寡占である．こうした市場では，企業はある程度，自社製品の価格を選択できるが，販売量は他社の動向にも左右される（ただし，それはお互い様で，自社の行動も他社に影響を与えている）．これはむしろ一般的な状況であって，純粋な独占企業や完全な価格受容者といった企業は存在しないに等しい．こうした企業間の戦略的相互作用からは，さまざまな疑問が湧いてくる．たとえば，向かいにライバル店がオープンしたら，ローレンのお気に入りのコーヒーショップはどうするだろうか．こうした疑問は，ゲーム理論のツールを援用して分析することができる．

基礎から応用へ

　このように需要サイド，供給サイドの基本的な事項を詳しくみた後，最後の第4部の「基礎から応用へ」では，具体的なテーマをいくつか取り上げる．ここで取り上げる経済学上の概念は，多くの市場で一般的にみられるものだ．いくつかの応用事例では，これらの概念が前半で紹介した基本的な分析体系を補完する形で市場の理解を深めてくれることになる．また，基本的分析体系だけでは経済取引に必要な要素をすべて十分に把握できない事例があるが，そうした市場ではこれらの概念が個々の市場の動きを理解するうえで不可欠になる．

　最初に取り上げるテーマは，経済的な意思決定におけるリスク，不確実性，時間の複合的な役割である．これらの特性がとりわけ顕著に表れるのが投資の決定であり，典型的には将来の収益を期待して先行費用を負担する，という選択である．そこで，こうした投資決定を重点的にみていく．投資選択におけるリスク，不確実性，時間の相互作用への理解が深まれば，たとえばロサはコーヒー豆を乾燥させる設備に新たに投資すべきか，あるいはローレンはビジネススクールに行くべきか，といった問いに答えることができるようになる．

　次に，市場と市場が互いにどのように結びついているかを学ぶ．ある財の供給または需要が変化すると，間接的に他の財の市場が同じ方向に動く場合もあれば，逆の方向に動く場合もある．こうした市場の結びつきを学べば，中国の茶葉の生産が落ち込むと，ロサがコーヒーを販売する価格やローレンがカプチーノを購入する価格が上昇する可能性があるのはなぜなのかがわかる．複数の市場を関連づけることができると，経済を効率的に動かすのに必要な条件を分析することができる．たとえば生産者は，コーヒーと紅茶を「適切な」割合で供給しているのか，最小のコストでそうしているのだろうか．こうした問いに答えることができれば，ある財やサービスの市場が社会的便益を最大化するように機能しているか否かを判断できる．

　市場が効率的に機能するために必要な条件をみた後は，効率的に機能していない市場の状態を詳しくみていく．そのうちの1つが，嗜好やコスト，品

質などに関する情報が，取引に関わる可能性のある関係者に等しく共有されていない市場である．たとえば，ロサが農園で使うトラクターを中古で買おうとしているとしよう．実際に買う前に，そのトラクターがきちんと動くかどうかを100％正確に知ることはできない．一番心配なのは，きちんと動かないからこそ持ち主は売ろうとしているのではないか，という点だ．このように正確な情報を持っていないことは，ロサの決定にどう影響するのだろうか．あるいは，ローレンが求職活動をしていて，真面目に働く人間だと雇用主に思わせたい場合，どうすればいいだろうか．

効率的に機能していない市場の第2のケースとしては，取引が売り手でも買い手でもない人々に影響を与える市場，ある財の便益が同時に多くの人のあいだで共有される市場がある．たとえば，ロサの農園で殺虫剤を撒くかどうかといった決定がこれにあたる．殺虫剤を撒くと，ロサの農園の生産性に影響するだけでなく，他に波及効果をもたらす．隣の農園は害虫が少なくなって得をすることもあるだろう．一方で，近隣の住民や従業員は，殺虫剤に含まれる化学物質の汚染に悩まされることになるかもしれないし，ひょっとするとコーヒーを飲む人も影響を受ける可能性がある．こうした状況が興味深いのは——そして市場が社会的に最適な成果をもたらすのがむずかしいのは，ロサが殺虫剤を使うかどうか決めるとき，自分の農園の生産への影響は考慮するが，近隣の農園や住民への影響，そしてシアトルでコーヒーを飲む人のことなどおそらく頭にないからだ．

本書では最後に，行動経済学を取り上げる．心理学と経済学の領域をまたぐこの分野は，経済学研究において存在感を増している．人間は往々にして根深い偏見や社会的な選好があるため，経済分析で想定しているように完全に合理的で利己的にふるまうことはできない．これが本当なら，前述のより高度な概念で補強したとしても，本書の基本的な分析構造は経済的な意思決定を説明するうえで十分とは言えないかもしれない．

データにフォーカスする

以上の具体的なテーマはいずれも，身のまわりのことを学ぶためのミクロ

経済学のツールを提供してくれる．過去50年間，ミクロ経済学のツールは拡大，変化してきた．ミクロ経済学はより**実証的な**（empirical）学問，つまり単なる抽象的な理論ではなく，膨大なデータの分析や実験を活用して経済的な現象を検討する学問になった．1960年代にデータを分析する際の武器はスライド・ルーラー（主に指数や分数計算に使われる2つのスライドがついた物差し）だったが，コンピュータ革命でこれが変わった．これから学んでいくが，ある財の価格が下がれば，その財の消費量は増える．コンピュータはその最たるものだ．そして，現代の経済学では，経済を理解するための努力が，かつてないほどデータや測定に向けられている．実際，ミクロ経済学の指導教師の研究室を訪ねれば，パソコンにデータを入力し，実証研究を仕上げている姿を目にすることになるだろう．

▌▋▍ 理論とデータ

経済学を学ぶことのメリット

経済学を学ぶ理由はいくつもある．あなたは，経済学を理解したいと意欲に燃える数少ない幸運な人かもしれないし，ただ卒業するのに必要だから経済学の授業を取っているだけかもしれない．いずれにせよ，本書で学ぶツールは，経済に関することだけでなく，あらゆる類いの決定に役立つはずである．経済学を専攻すると，所得が多くなるという証拠すらある．

経済学者のダン・ブラック，セス・サンダース，ロウエル・テイラーは，専攻科目による所得の格差を調べた．[4] 調査にあたっては典型的な経済学の手法を使った．データを大量に収集し，定量分析をしたのだ．全米大学卒業生調査と全米センサスを使って調べた結果，経済学専攻者の所得は，他の社会科学専攻者の所得より20％近く多いことがわかった（会計，財務，マーケティング専攻者の所得は，経済学専攻者とほぼ同じであった）．所得の観点では，音楽専攻者は分が悪く，経済学専攻者より約40％低い．だが，断

---

4) Dan A. Black, Seth Sanders, and Lowell Taylor, "The Economic Reward for Studying Economics," *Economic Inquiry* 41, no. 3 (2003): 365–377.

第1章　ミクロ経済学の冒険　　**17**

然分が悪いのは哲学専攻者で，所得の平均は経済学専攻者の半分程度だ.[5]

　この分析で悩ましいのは，実際に経済学を学んだことが高所得につながったのか，あるいはただ経済学専攻者が，たとえば社会学専攻者とは違っていて，学んだことに関係なく多く稼ぐことができたのかが判然としない．こうした疑問に少なくとも部分的に答えるために，ブラック，サンダース，テイラーは，キャリアをさらに絞って，そのなかでの所得に注目した．一例として，法科大学院（ロースクール）に進学した者だけを調べたところ，学部で経済学を専攻したほうが，他の学科を専攻するより所得が35％強多いことがわかった．経営大学院（MBA）に進んだ人たちの間でも同様に，経済学を学んだことが強みになっている.

　学生諸君が経済学にわくわくして取り組んでくれたらうれしいが，ただ金儲けのためだけに経済学を学んでも成果は上がらないかもしれない.

さぁ，楽しく学ぼう！

　ミクロ経済学を学び終える頃には，経済学者のように世の中を検証するために必要な能力を身につけていることだろう．すでにコーヒー生産者のロサと大学生のローレンの経済的な交流という具体的なテーマについて，ミクロ経済学のツールを使って幅広く論じてきた．とはいえ，ロサとローレンが関わるコーヒーという1つの市場だけでなく，どんな市場にも応用できる点がミクロ経済学の強みである．経済的か非経済的かを問わず，日々，さまざまな選択を迫られるが，ミクロ経済学を使えば合理的に考えることができる．本書を学び終える頃には，経済学者のように考えられるようになっているのはもちろん，経済学がいかに役立つ学問であるかを知ることになるだろう.

---

　5)　この調査のデータは数年前のものだが，パターンにはかなり高い一貫性がある．たとえば，2011年から2012年にかけてペイスケールが，120の専攻別に出身者の所得の中央値を調べた調査では，経済学は12位であり，それを上回るのは工学系，コンピュータ科学，応用数学，物理学など少数だった．（http://www.payscale.com/best-colleges/degrees.asp）.

まとめ

1. **ミクロ経済学**は，**理論**と**モデル**をもとに個人や企業の選択について学ぶ．中級ミクロ経済学では，ミクロ経済学の原理を理解したうえで，数式モデルを取り入れて消費者および生産者の行動を検証する．ミクロ経済学の理論を支える数式に慣れることが，経済学に精通するカギになる．さらに本書では，政策とそれが個人や企業の行動に与える効果を詳しく学ぶ．[1.1節]

2. ミクロ経済学は，財やサービスの市場で交換を行う際の消費者や生産者のさまざまな意思決定に注目する．また，消費者や生産者が活動している多様な市場構造に注目する．リスクと不確実性，情報の役割，さらには行動経済学など，幅広いテーマを取り上げることで，消費者と生産者の取引を扱うミクロ経済学への理解は深まる．近年，ミクロ経済学は理論重視の学問から**実証**研究（データ分析と実験）に基づく学問へと進化している．[1.2節]

復習問題

（解答は以下のサイトで入手できる．https://store.toyokeizai.net/books/9784492314951）

1. ミクロ経済学とマクロ経済学の違いを述べよ．
2. あなたが消費者であることを示す例を1つあげよ．
3. 消費と生産はどのようにつながっているだろうか．
4. 本書では，どんなツールを使ってミクロ経済学を学んでいくか．
5. ミクロ経済学が実証研究に移行してきたのはなぜか．理由を述べよ．

第**1**部 基礎概念

需要と供給

第**2**章

昔から人は,「金探し」に狂奔してきた. アメリカの初期の開拓は,ほとんどが一攫千金を追い求めたものだった. 時はくだって1848年, カリフォルニア州コロマのサッターズミルで金が見つかったのをきっかけにゴールドラッシュが起こった. 30万人もの人々がカリフォルニアに移り住み, ひなびた田舎町だったサンフランシスコは活気ある都市へと変貌した.

最近の金探しでは, いかにも現代らしい光景が繰り広げられている. 40万人もの中国人労働者が, 日々金を発掘していると聞けば驚くだろうが, 小川で砂金を採ったり, 金鉱で汗水たらしたりしているわけではない. コンピュータの前に陣取り,「ワールド・オブ・ウォークラフト」などのオンライン・ゲームにログインして, 仮想のつるはしと斧で仮想の金を掘り出しているのだ. この仮想の金は, ゲームの通貨として使いたい人たちに, オークションサイトのイーベイで売ることができる.

実物であれ仮想であれ, 金の価格と「発掘」量を決定する経済的な要因は変わらない. 本章では, これらの要因——需要と供給という, 経済学において最も重要な2つの概念をみていく.

需要と供給がしっかり理解できれば, 経済学におけるいくつかの基本的な問題に取り組むことができる. 財やサービスの市場において消費者と生産者がどのように作用し合って販売量や価格が決まるのか. 嗜好の変化や, 新技術の開発, 政府の介入, あるいは他のさまざまな要因のどれか1つが変化したときに市場に何が起きるのか,

といった問題である.

この章では，基本的な需要・供給モデルの概略を示す．まず，需要曲線という概念を紹介し，次に供給曲線を説明する．需要曲線とは，消費者がある財をどれだけ買いたいかを示したものであり，供給曲線とは，生産者がその財をどれだけ売りたいかを示したものである．ある市場を説明し，分析するうえで，これらの概念は有用であり，とくに，需要曲線と供給曲線を組み合わせることで，市場均衡という概念を理解できることを説明しよう．そのうえで，さまざまな要因によって市場の均衡価格と均衡数量がいかに変化するかを分析していこう．市場に影響を与える要因としては，消費者の嗜好，投入物の価格，マクロ的な経済活動，新しい財による既存の財の代替，技術革新による生産の効率化などがある．最後に，さらに深く掘り下げて，価格の変化に応じて需要量と供給量がどう変わるのかに注目し，この相互作用が市場均衡にどのように影響するかについて論じていこう．

2.1　市場とモデル

現代経済は驚くほど複雑だ．世界中の生産者が無限ともいえる数と種類の製品やサービスを提供していて，消費者はそのなかから選択することができる．大型スーパーに行けば，棚には100種類以上のシリアルが並んでいる．学位が取得できるカレッジや大学は何千，何万とある．アマゾンやイーベイでは，いつでも大量の商品がセール中だ．世界には嗜好や所得が異なる60億を超える人口がいて，そうした人々に製品やサービスを提供する幾多の企業が存在するなかで，消費者はどの製品やサービスを，どれだけ購入するかをどうやって決めているのだろうか．そして生産者は，どの製品を生産すべきかをどうやって知るのだろうか．製品の販売価格は誰が決めているのだろうか．

こうした問いに答えるのは，絶望的にむずかしいと思えるかもしれない．たしかに，これらの問いに一度に答えようとすれば，絶望的な気持ちにもなるだろう．経済学の標準的なアプローチでは，こうした複雑な問題を手に負

えるようになるまで単純化する．この方法に従おう．

　需要・供給モデルは，現実の市場を構成する主要な要素の多くを単純な形で捉えようとする経済学者の試みを，最善の形で表したものである．モデルをみていくにあたって，まずは市場という言葉を定義し，そのうえでモデルの最も重要な仮定について論じていこう．だんだんわかると思うが，モデルを支える単純化された仮定は，非常に強固なものである．現実の市場がこれらの仮定すべてに合致することはないが，経済がどのように動いているかを考えるうえで，需要・供給モデルがきわめて有用性が高いことは証明されている．いったん需要・供給モデルを組み立てて使ってみると，応用範囲が実に広いことがわかるだろう．

市場とは何か

　市場は，経済学における中心的な概念である．「市場」という言葉を使うとき，何を指しているのだろうか．厳密に定義するには，売買の対象は何か（オレンジなのか金なのか），場所はどこか（モールなのか都市なのか，あるいはインターネット上なのか），いつの時点か（2012年1月なのか，もっと細かく2012年1月4日の午後8時13分なのか）といった情報が必要である．ある程度の手間（経済学でいう「サーチ・コスト」）はかかるものの，原則として，ある市場における買い手はその市場で売り手を見つけられるはずであり，逆に売り手は買い手を見つけられるはずである．

　経済学で市場という言葉を使うとき，先ほどの例よりはるかに大きな概念を指すのが一般的だ．売買されるのは，オレンジではなく果物や青果であり，場所についていえば，地理的市場として北米市場や世界市場といったものを念頭においている．時点については，特定の日ではなく2012年といった単位で考える．こうした相対的に大きな市場は，一般の関心も高く，分析の対象とするデータも多いが，これからみていくように，このように市場を広く定義すると，需要・供給モデルの仮定があてはまりにくくなる．このため，モデルを支える仮定には合っているが重要性がさほど高くない小規模な市場を取り上げるのか，それとも仮定とあまり合わないが重要性が高く，大

22　　第1部　基礎概念

きな市場を取り上げるのか，というジレンマに直面することになる．

　市場を定義したところで，需要・供給モデルを支える主な仮定をみていこう．

需要・供給モデルを支える主な仮定

　需要・供給モデルを構築するにあたって，これを支える基本的な仮定が4つある．表2.1に，これらの仮定をまとめてある．需要・供給モデルの仮定は，多くの場合，ひどく現実離れしていて，自分が参加している市場で，これらの仮定をすべて満足させるものはほとんどないことに気づくだろう．だが，このモデルの強みは，一部（大部分のことすらある）の仮定があてはまらなくとも，現実の世界での市場の機能を十分に説明できる点にある．そもそもモデルに完璧なものなどないが，需要・供給モデルは，時の試練をくぐり抜け，その柔軟性と応用範囲の広さから，経済学の根幹に据えられているのである．モデルがすべての市場に完全にあてはまらなくとも，基本的な需要・供給モデルの理解を深めることは，経済学を学ぶうえで最も重要なツールの1つになる．一般的な経済学は——そして本書の残りのほとんどもそうだが——モデルのより厳格な形態，すなわちモデルの仮定を変えた場合に予想される市場への影響を検証することにあてられる．

1. **単一市場における需要と供給に焦点を絞る**．単純化のための第1の仮定として，一度にあらゆる市場を考えるのではなく，ただ1つの市場において，**需要**（demand，ある市場において，すべての消費者が購入したいと考える財の総量）と**供給**（supply，ある市場において，すべての生産者が販売したいと考える財の総量）がどのように影響し合って財の価格や数量が決まっているかに注目する．1つの市場に的を絞るからといって，他の市場を完全に無視するわけではない．実は，種類の異なる財の市場間の相互作用は，需要と供給にとって重要なものである（これらの幅広い相互作用について，第14章で詳しく取り上げる）．ただ，さしあたって他の市場については，対象市場に影響を与える限りにおい

第2章 需要と供給　23

表2.1	需要・供給モデルを支える4つの仮定

1. 単一市場における需要と供給に焦点を絞る.
2. 市場で売買されるすべての財は同一である.
3. 市場の財はすべて同一価格で売られ, すべての人が同じ情報を持っている.
4. 市場には多数の買い手と売り手が存在する.

て検討することにする. とくに, 対象市場における変化が他市場に影響を及ぼす可能性については無視することにする.

2. **市場で売買されるすべての財は同一である.** 市場において売買される財はすべて同一であると仮定する. 1オンスの金であれ, 1個のトマトであれ, 財1単位あたりの消費者の満足度は同じだと考える.[1] 需要・供給モデルを使って分析した「自動車」市場は, 現実の自動車市場のごく粗い近似値にすぎない. 現実には, 数多くの車種が存在しており, 消費者もそれらが同一だとはみていない. たとえ同じ価格で売られていたとしても, 起亜自動車ではフェラーリの満足感を得られない人がほとんどだろう. 厳密な意味では, 同じメーカーの同じモデルであっても, 単一市場とは考えられない. トヨタの銀色のプリウスしか買う気がない消費者にとっては, 重要なのは銀色のプリウスの市場だけである. 経済学では分析を単純化するために, こうした細部は無視し, 財のグループをあたかも同一のものとして扱う.

　この仮定が最もよくあてはまる財が, **コモディティ**（commodities）である. かなりばらつきがあっても, 消費者は交換可能だと考える. 小麦, 大豆, 原油, 釘, 金, 鉛筆といった財は, コモディティである. オーダーメイドの宝飾品やレストランのメニューに載っている料理,

---

1)　本書全体を通じて,「財」（good）という言葉を, トラックやコンピュータ, 宝石といった有形の財と, 散髪や犬の散歩, ファイナンシャル・プランニングといった無形のサービスの両方に使っている. この使い方では, 有形, 無形, 具体的, 抽象的を問わず, 消費者が価値をおくものは何であれ財になる.

24   第1部　基礎概念

ウェディングドレスはコモディティになる可能性は低い．これらの財については，ことのほか多様性が重んじられる．

3. **市場の財はすべて同一価格で売られ，財の価格や品質などについてすべての人が同じ情報を持っている．**この仮定は，前述の同一の財の仮定の延長線上にあるが，特定の買い手の優遇や大量購入による値引きがないことも意味している．さらに，他の人がいくら払っているかを誰もが知っている．

4. **市場には多数の買い手と売り手が存在する．**この仮定は，特定の消費者または生産者が，市場の何らかの出来事や個別の価格水準に目立った影響を与えないことを意味している．この仮定は，生産者よりも消費者についてあてはまりやすい．たとえば，バナナの消費量について考えると，1人の消費者がバナナを一切食べなくなったところで，バナナ市場全体に与える影響はないに等しい．同じことだが，1人の消費者がカリウム不足を心配してバナナを食べる量を4倍に増やしたとしても，市場に出回るバナナの数量や価格に与える影響も無視できるほど小さい．だが，生産者についてはそうではない．バナナ（そして，他の多くの財）のほとんどは，少数の大企業が生産している．これらの企業がどれだけの量を生産するのか，どの市場に参入するかを決めることで，市場全体の価格や数量が大きく左右される可能性が高い．ただし，さしあたって，この可能性は無視し，多数の売り手が存在する場合を考えていく．売り手が1社ないし数社しか存在しない市場の動向については，第9章以降で分析していく．

　以上の仮定をおいたところで，これらの仮定が市場の機能を理解するうえでいかに役立つかをみていこう．まずは需要を取り上げ，つぎに供給をみることにする．

2.2 需要

　世界的に有名な公設市場，パイク・プレース・マーケットは，シアトルのダウンタウンの北西角に数ブロックにわたって延びている．1907年以来の歴史を誇り，数百の店舗では，魚や肉などの食料品から花，工芸品，骨董品に至るまで幅広い商品が売られている．年間の来場者は約1,000万人にのぼる．

需要に影響を与える要因

　パイク・プレース・マーケットのように，農家が出店する市場では，トマトはありふれた商品だ．この市場で消費者がトマトを何個買うかは，さまざまな要因によって左右される．とくに重要な要因を取り上げよう．

価格　　おそらく最も重要なのは，トマトの価格だろう．トマト1ポンド（約454グラム）に40ドルも払う人はそういないだろうが，1ドルなら関心を示す人は多いだろう．

消費者の数　　他の要因がすべて同じなら，市場を訪れる人が多いほど，求められる商品量は増える．市場の来場者が多い日には，購入されるトマトの量は相対的に多くなると考えられる．

消費者の所得や資産　　消費者は，豊かになればほとんどの財の購入を増やす．一般の消費者にとって，トマト（洋服，自動車，宝飾品，高級ステーキ等）は，おそらくこのカテゴリーにあてはまる．だが，逆に，豊かになれば，購入を減らす財もある．たとえば，自家用車を買って公共交通機関の利用を減らしたり，小ぎれいなホテルに泊まってユースホステルは利用しなくなったりすると考えられる．これらの財も，所得や資産に応じて変化するが，通常の財とは変化の方向が異なる．

消費者の嗜好　消費者の所得とトマトの価格が不変だとすれば，トマトに対する消費者の選好度や嗜好によって，トマトの購入量は変わってくる．嗜好を変化させる要因にはさまざまなものがある．たとえば，トマトが健康によいと報道されれば，もっと食べようと考える人が増えるだろう．逆に，収穫されたトマトからサルモネラ菌が見つかったと報道されれば，消費者の購買意欲は衰えるだろう．トマト以外の商品では，広告や宣伝，流行，人口構成の変化などが嗜好の変化を促す．

他の財の価格　パイク・プレース・マーケットでは，玉ねぎやパプリカも売られている．これらは，サラダやハンバーガーの具材としてトマトの代わりに使うことができる．経済学では，ある財の代わりになる他の財を**代替財**（substitute）と呼ぶ．代替財の価格が下がれば，消費者は当初買おうとしていた財の購入を減らして，代替財の購入を増やそうとする．トマトより玉ねぎやパプリカが安ければ，当初の予定よりもトマトを買う量を減らす．パイク・プレース・マーケットではなく，自宅近くの食料品店など他の市場で売られているトマトを代替財と考えることもできる．食料品店のトマトが安くなれば，パイク・プレース・マーケットで購入されるトマトの量は減ると考えられる．

　パイク・プレース・マーケットでは，トマトと一緒に使いたくなるような商品も売られている．ある財と合わせて購入され，利用される財を，経済学では**補完財**（complement）と呼ぶ．補完財の価格が下がれば，補完財とともに当初買おうとした財の購入も増えると考えられる．バジル，モッツァレラ・チーズ，レタスなどは，トマトと一緒によく食べられる．バジルの価格が下がれば，結果としてトマトの購入量も増える可能性が高い．

　代替財と補完財の価格は，いずれも消費者の購入量に影響を与えるが，その及ぼす方向は正反対である．代替財の価格が下がれば，もともと買うつもりだった財の購入は減る．逆に，補完財の価格が下がれば，もともと買うつもりだった財の購入は増える．

第2章 需要と供給　**27**

需要曲線

　経済学において「需要」とは，ある財に対する消費者の購入意欲に影響を与えるさまざまな要因を捉えた包括的な用語である．需要に影響を与える要因は数多くあるので，こうしたさまざまな要因が同時に変化したときにどうなるかを把握するのはむずかしい．そこで問題を単純化して，需要に影響を与える要因のうち，ある財の価格だけが変化して，それ以外の要因が不変のとき，消費者の需要量がどうなるかを検討することにする（価格以外のあらゆる要因が変化したとき，需要量にどのような影響があるかは，この章の後半でみていく）．

需要曲線のグラフ表示　このように単純化した仮定のもとにできあがるのが**需要曲線**（demand curve）だ．図2.1は，パイク・プレース・マーケットにおけるトマトの需要曲線である．曲線は，トマトの価格に応じて消費者が求めるトマトの量がどう変化するかを示している．価格を縦軸に，需要量を横軸にとっている．このグラフから次のことがわかる．トマト1ポンドあたり5ドルのとき，需要量は0である．1ポンドあたり4ドルになると，需要量は200ポンドになる．価格が3ドルだと需要量は400ポンド，2ドルだと600ポンド，1ドルだと800ポンドというふうに，価格が下がるにつれて需要量は増えていく．

　価格以外のあらゆる要因が不変であるとする需要曲線の考え方はきわめて重要なので，ここでもう一度念を押しておきたい．需要曲線は，消費者の所得や嗜好，他の財の価格など，消費者の購入量に影響を与えうる価格以外のいかなる要因も変わらないものと仮定して描かれている．図2.1の需要曲線は，そのような仮定のもとに，以下の思考実験の結果を視覚化したものだといえる（他の財の需要曲線も，それぞれの状況下での固有の思考実験を反映したものになっている）．ある週末，パイク・プレース・マーケットを訪れ，トマトの価格と消費者の購入量を調べる．ここで時間を遡る魔法が使えるとする．この魔法を使って，トマトの値札を1ポンドあたり1ドル下げる．もう一度，その週末を初めからやり直す．天気は同じ．市場を訪れる人も同

図2.1 トマトの需要

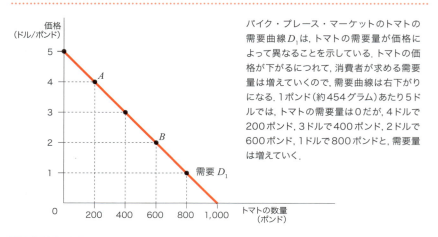

パイク・プレース・マーケットのトマトの需要曲線 D_1 は、トマトの需要量が価格によって異なることを示している。トマトの価格が下がるにつれて、消費者が求める需要量は増えていくので、需要曲線は右下がりになる。1ポンド（約454グラム）あたり5ドルでは、トマトの需要量は0だが、4ドルで200ポンド、3ドルで400ポンド、2ドルで600ポンド、1ドルで800ポンドと、需要量は増えていく。

じ．店頭に並んでいる商品も同じ．唯一の違いは，トマトの価格が1ポンドあたり1ドル安いことだけだ．この価格で売れたトマトの数量を数える．その後も魔法を繰り返し使って，時間を遡り，トマトの価格を上下させ，数量がどう変わるかを調べる．こうして集めた価格と数量の関係をすべてつなげてできあがるのが需要曲線である．

図2.1の需要曲線には，需要曲線の基本的な性格が表れている．右下がりになっているのだ．[2] 言い換えると，他の条件が同じとき，ある財の価格が下がれば，消費者が購入する量は増える．

需要曲線の数式表示　　図2.1の需要曲線は，以下の数式で表すことができる．

$$Q = 1{,}000 - 200P$$

---

2) 興味深いが特殊な例外にギッフェン財があり，この需要曲線は右上がりになる．こうした財については第5章で扱う．ギッフェン財以外の一般的な財の需要曲線の中にも，平らになる場合があるが，これについては次の節で取り上げる．一般に需要曲線が右下がりになる論理的背景については，第4章，第5章で掘り下げていく．

Qはポンドを単位とする需要量，Pは1ポンドあたりのドル価格である．この数式は，トマトの価格が1ポンドあたり1ドルずつ上がるごとに，需要量が200ポンドずつ減ることを示している．

本来は説明変数であるはずの価格を縦軸にとり，被説明変数である数量を横軸にとるという（数学とは異なる）経済学の奇妙な慣習と，状況によってはそうしたほうが便利であるという理由から，経済学者は，需要曲線によって表現される関係式を，数量が価格を決定する関数とみなすことが少なくない．こうしてできるのが**逆需要曲線**（inverse demand curve）である．逆需要曲線は，価格から数量をみるのではなく，数量から価格をみて需要曲線を捉え直したものである．

Pを解くことで，逆需要曲線が求められる．

$$Q = 1,000 - 200P$$
$$200P + Q = 1,000$$
$$200P = 1,000 - Q$$
$$P = 5 - 0.005Q$$

この逆需要曲線からわかることの1つは，逆需要曲線の縦軸の切片（需要量Qが0になる価格）が1ポンド＝5ドルなので，1ポンド＝5ドル以上でトマトを買おうとする人はいないということだ．この水準を，**需要消滅価格**（demand choke price）と呼ぶ．

需要曲線のシフト

図2.1のD_1のような需要曲線は，価格の変化に応じてある財の需要量がどう変化するかを示したものであり，変化するのは価格だけである．需要の変化に影響を与える価格以外の要因の1つが変化するとき，どの価格帯でも需要量が変わる．たとえば，サルモネラ菌による食中毒が発生して，公衆衛生当局がその原因にトマトをあげると，消費者の嗜好は変わる．どの価格帯でも，以前に比べて需要量が減り，図2.2のD_2に示したように，需要曲線は内側にシフトする．需要曲線D_2を数式で表すと，$Q = 500 - 200P$となる．

図2.2 需要曲線のシフト

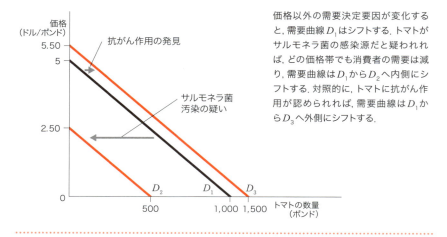

価格以外の需要決定要因が変化すると，需要曲線 D_1 はシフトする．トマトがサルモネラ菌の感染源だと疑われれば，どの価格帯でも消費者の需要は減り，需要曲線は D_1 から D_2 へ内側にシフトする．対照的に，トマトに抗がん作用が認められれば，需要曲線は D_1 から D_3 へ外側にシフトする．

　同様に，トマトに抗がん作用が認められれば，1ポンドあたり4ドルのとき200ポンド買うつもりだった消費者は，300ポンド買おうとするかもしれない．1ポンド＝2ドルなら600ポンド買うつもりだった消費者は700ポンドを買おうとするようになる．どの価格帯でも消費者が求める量が増えることから，図2.2で示すように，需要曲線全体が D_1 から D_3 へ外側にシフトする．新たな需要曲線 D_3 を，数式で表すと，$Q = 1{,}100 - 200P$ になる．ここでは需要曲線を最も単純な形——傾きは同じで全体を移動させている点に留意が必要である．現実の世界では，これは必ずしも正しくない．需要が多少なりとも価格に敏感になれば，需要曲線の傾きも変わってくる．

　価格以外の要因が変化したときにどの価格帯でも起こる需要量の変化は，価格が変化した場合とは根本的な違いがある．ある財について，価格だけが変化して，価格以外の要因は変化しないとき，この変化は固定された需要曲線上の動きとなって現れる．これに対して，需要に影響を与える要因のうち，価格以外の何らかの要因が変化するときは，需要曲線そのものがシフトする．この違いを明確にするために，経済学では，「需要量の変化」と「需要の変化」を分けて考える．**需要量の変化**（change in quantity demanded）とは，ある財の価格が変化したときに，所与の需要曲線上で（需要曲線に沿っ

第2章　需要と供給　　**31**

て）起こる動きである．（図2.1における点Aから点Bへの移動で示される）．これに対して，**需要の変化**（change in demand）とは，財の需要曲線全体がシフトすることであり，図2.2においてD_1からD_2，D_3へのシフトの形で示される．

　需要量は，トマト400ポンド，自動車30台，映画のダウンロード数20回といった具合に，それぞれの財の単位で単独の数値として表される．価格によって需要量は異なると考えられ，需要曲線は，こうした価格と数量の組み合わせをすべて網羅している．価格以外の何らかの（あるいは，すべての）要因の変化によって起こる需要量の変化は，価格と需要量の組み合わせそのものを動かす．つまり，需要曲線がシフトすることになる．[3]

　図2.2では，消費者の嗜好の変化が，需要曲線をD_1からD_2，D_3にシフトさせた．このほか，価格以外で，消費者の需要量に影響を与えるさまざまな要因が変化しても，同様のシフトが起こる．D_3への曲線のシフトによって示される需要の増加は，天候に恵まれて市場の来場者が増えた場合にも生じる．当然ながら，雨天で気温が低く，来場者が少なければ，需要曲線は内側のD_2にシフトすることになる．

▌▌理論とデータ

嗜好の変化とタバコの需要

　1960年代にタバコ会社の重役であれば，楽観的でいられたはずだ．米国の25歳以上の人口に占める喫煙人口の割合は，1940年から1957年のあいだに38％から46％に増加していた．貧しい人より豊かな人のほうがタバコを吸う可能性が高かったため，社会が豊かになるにつれて，タバコ需要も急増するとみられた．

3）　経済学者は需要曲線を直線で描くことが多い．本書でも大半にわたってそうしている．これは，あくまで簡便性のためである．曲線という名が示唆するように，現実の需要曲線は曲線になりうるし，曲線の場合のほうが多いと考えられる．また，本書の「シフト」という言葉は，図2.2で示した平行なシフトだけでなく，（需要曲線の傾きが変わる）回転にも使っている．需要曲線の傾きに影響を与える経済的要因の詳細については後述する．

32　第1部　基礎概念

　だが，タバコ会社の重役の思惑どおりにはいかなかった．現在，成人人口に占める喫煙率は，約20％にすぎない．しかも，喫煙者の1日あたりの喫煙本数も，50年前に比べて少なくなっている．

　タバコの需要量がこれほど落ち込んだのはなぜなのか．価格上昇が一因なのは間違いない．タバコ1箱の価格は，1960年には30セント前後だった．インフレ率を調整すると，2010年価格で2ドル20セントになる．だが，現在のタバコ1箱の平均価格は4ドル80セントで，2倍以上上昇している．価格上昇の大部分は重い税負担の結果であり，いまではタバコの価格の半分以上を税金が占めている．だが，価格変化だけですべてを説明できるわけではない．経済学者が調査した喫煙者の価格感応度に基づくと，この程度の価格上昇で説明できるのは，需要量の減少の半分程度にすぎない．喫煙者の変化をもっと詳しくみていくと，価格変化が問題のすべてでないことがはっきりわかる．学歴別の喫煙者比率をみると，高卒以下が25％なのに対して，大卒以上では15％に満たない．これは1950年代とは逆のパターンだ．一般に，高所得者は低所得者に比べて価格にさほど敏感でないとみられるため，価格上昇が原因でタバコの消費が低学歴層に大きくシフトしたとは考えられない．何か他のことが起きたのはあきらかだ．

　大きな「何か」の1つは，タバコが有害であるとの認識が消費者に広がったことだ．肺がんと喫煙の関連については，識者のあいだでは常識になりつつあったが，「1964年公衆衛生局長官報告」で広く一般に知られるようになった．この報告書は，その年の重大ニュースの1つにあげられている．1970年に，米国国内で販売されるすべてのタバコの外箱に，公衆衛生局長官の警告が表示されるようになると，この情報はさらに広まった．喫煙に伴う健康被害が意識されるようになったことで，タバコの需要曲線は内側にシフトした．需要曲線が内側にシフトするとは，どういうことか．価格を据え置くと，需要量が減るということだ．

　つまり，観察されたデータにみられるタバコの需要量の減少は，図2.3に示したように，需要曲線上の動き（価格上昇）と，需要曲線自体のシフト（タバコは健康に悪いという認識の広がり）の両方を反映したものなのだ．経済学者のダミアン・ド・ワルクは，こうしたタイプの需要曲線のシフト

図2.3 米国における学歴別の喫煙人口比率，25歳以上，1940–2000年

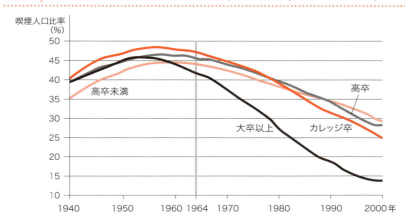

1960年代半ば以前は，学歴に関係なく喫煙が広がり，喫煙人口は約40〜45％に達していた．1964年に連邦公衆衛生局長官がタバコの健康被害について警告を発して以降，高卒以下にくらべて大卒以上の喫煙率が低下した．2000年時点で，高卒以下の人口に占める喫煙人口比率が約30％なのに対して，大卒以上では15％前後にすぎない．

が，1950年代に多かった高学歴の喫煙者数が大幅に減少した事実とも関連するかどうかを調べた．* 高等教育を受けると，仕事をするうえでも，それ以外の活動をするうえでもプラスになることを示唆する証拠は枚挙にいとまがない（経済学を学べば，その恩恵はとりわけ多い．少なくとも，経済学者はそういうはずだ）．教育を受けた人のほうが，情報に敏感で，入手した情報を適切に解釈する準備が整っているため，低学歴層に比べて高学歴層がタバコの危険性に関する情報に敏感に反応するのは理に適っている．まさに，それこそ，ド・ワルクが調査で見出したことだった．

---

* Damien de Walque, "Education, Information, and Smoking Decisions: Evidence from Smoking Histories in the United States, 1940–2000," *Journal of Human Resources* 45, no. 3 (2010): 682–717.

需要に影響を与える要因のなかで，価格だけが特別扱いされるのはなぜか

他の需要決定要因と比べて，価格が特別扱いされるのはなぜだろうか．たとえば価格の代わりに，縦軸に所得をとっても一向に構わないのではないのか．

経済学者が財の価格変化の影響を重視する理由は，少なくとも3つある．第1に，一般に価格は需要に影響を与える最も重要な要因の1つである．第2に，価格は頻繁かつ簡単に変えられる場合が多い．したがって，市場が変化や「ショック」にどう対応するかを考えるとき，価格変動を念頭におくのはごく当然の反応といえる．第3に，これがとくに重要な点だが，需要に影響を与える要因のなかで，価格は，市場の相手方つまり生産者が供給しようと考える量に，直接かつ大きな影響を与える唯一の要因だからである．したがって価格は，需要と供給を結びつける決定的な要素になる．そこで，市場の相手方である供給をみていこう．

2.3 供給

ここまでで，需要・供給モデルの半分を組み立てた．この節では，残りの半分の供給をみていく．供給とは，ある市場においてすべての生産者が販売しようとする財の総量を意味する．

供給に影響を与える要因

需要を決定する要因が数多くあったように，供給を決定する要因も数多い．ふたたびパイク・プレース・マーケットのトマトを例に，これらの要因をみていこう．

価格 需要に関してそうだったように，供給の決定にも価格が重要な役割を果たしている．パイク・プレース・マーケットでトマトが1ポンドあたり

第2章 需要と供給　　35

40ドルで売れる見込みがあれば，農家は多くのトマトを出荷するだろう．収穫量を増やし，他の市場ではなくパイク・プレース・マーケットで売ろうとする．だが，1ポンドあたり1ドルでしか売れないと思えば，出荷量を大幅に減らすだろう．

生産コスト　　投入物の価格や生産技術が変われば，生産コストも変化する．トマトを栽培して市場に出荷するまでには，多くのものが必要だ．土地，トマトの種，肥料，収穫用の機械，パイク・プレース・マーケットの出店費用，市場に運ぶためのガソリンなどである．経済学ではこれらを投入物と呼ぶが，こうした投入物価格が変われば，生産者のコストが変わり，市場に供給される量が変わってくる．

　同様に，**生産技術**（production technology）や栽培方法，流通システムや販売方法が変化しても，生産コストは変わってくる．これらのプロセスが効率的になれば，農家がトマトを売りに出すまでのコストは下がる．コストが下がれば，出荷量を増やそうという意欲が高まる．

生産者の数　　パイク・プレース・マーケットに出荷する農家が増えれば，供給量は増える．

生産者の他の選択肢　　パイク・プレース・マーケットでトマトを売るのに忙しい農家は，他の作物は扱っていないかもしれないし，他の場所で販売していないかもしれない．農家が他の作物も販売しようと考えたり，トマトを別の市場で販売しようと考えたりすれば，パイク・プレース・マーケットでのトマトの供給量は変わってくる．そう考えるかどうかは，（ラディッシュやパプリカ，豆など）他の作物の価格や，パイク・プレース・マーケット以外でのトマトの価格に左右される．

供給曲線

　前節では，需要に焦点を絞って考える際のツールの1つとして需要曲線を

図2.4 トマトの供給

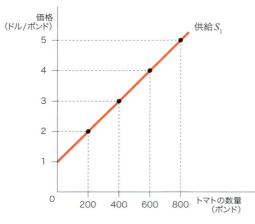

パイク・プレース・マーケットのトマトの供給曲線 S_1 は，トマトの供給量が価格によって異なることを示している．トマトの価格が上がるにつれて，生産者はトマトの供給量を増やそうとするため，供給曲線は右上がりになる．1ポンドあたり1ドルでは生産者は供給しようとしないが，2ドルなら200ポンド，3ドルなら400ポンド，4ドルなら600ポンド，5ドルなら800ポンドと，供給量は増えていく．

紹介したが，供給についても同じことができる．供給曲線は，需要曲線と同様に，供給に影響を与える要因が価格とそれ以外の2つに分けられるという考えから出発する．供給曲線は，価格が供給に与える影響だけを切り離す．

供給曲線のグラフ表示　図2.4は，パイク・プレース・マーケットのトマトの供給曲線を示したものだ．縦軸にトマトの価格，横軸に供給量をとっている．この曲線では，たとえば，トマトの価格が1ポンドあたり2ドルのとき，市場に供給される量は200ポンドであり，1ポンドあたり5ドルのときの供給量が800ポンドであることを示している．

供給曲線（supply curve）は右上がりになる．価格以外の要因が不変であれば，生産者は価格が上昇するにつれて供給量を増やそうとする．[4] ほとんどの供給曲線が右上がりになる理由として，生産コストや価格以外の要因が変わらなければ，生産者は価格が高いほど供給を増やしたくなるからだと直

---

[4] 一般に供給曲線は右上がりになると予想するが，（とくに長期的には）水平になる場合があり，完全に垂直になる場合もある．こうした特殊な例については後述する．

観的に理解できる．たとえば，生産量を増やすと，生産コストも上昇する場合が少なくないが，この場合，より高い価格で売れなければ，生産量を増やす気にならない．

供給曲線の数式表示　図2.4の供給曲線は，数式では以下のように表される．

$$Q = 200P - 200$$

Qは供給量（ポンド），Pは1ポンドあたりの価格である．価格以外の要因が変わらなければ，トマトの価格が1ドル上がるごとに，供給量が200ポンドずつ増えることを示している．

　経済学者がしばしば需要曲線を価格が需要量の関数である逆需要曲線で書き直すように，供給についても**逆供給曲線**（inverse supply curve）を活用する場合が多い．

$$Q = 200P - 200$$
$$200P = Q + 200$$
$$P = 0.005Q + 1$$

　逆供給曲線で表すと，縦軸の切片が1ポンドあたり1ドルであり，1ポンド＝1ドル未満では，トマトを出荷しようという生産者がいないことがあきらかだ．供給量が0になるこの価格は，**供給消滅価格**（supply choke price）とも呼ばれる．

供給曲線のシフト

　図2.4の供給曲線S_1は，価格によって供給量がどう変化するかを示したものであり，変わるのは価格だけである．

　供給に影響を与えうる価格以外の要因が変化したとき，生産者が市場に出荷しようとする量は，どの価格帯でも変化する．たとえば，トマトを素早く低コストで収穫できる機械が発明されると，それまで1ポンドあたり4ドルなら600ポンドを出荷しようと考えていた生産者は，800ポンド出荷しようと考える．1ポンドあたり2ドルなら200ポンド出荷しようとしていた生産

図2.5 供給曲線のシフト

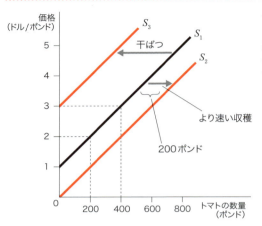

価格以外の供給決定要因が変化すると，供給曲線S_1がシフトする．トマトを速く収穫できる方法が開発されると，供給曲線はS_1からS_2へ外側にシフトする．逆に，干ばつがあれば，供給曲線はS_1からS_3へ内側にシフトする．

者は，400ポンド出荷しようと考える．どの価格帯でも出荷量が増えるため，図2.5に示すように，供給曲線全体がS_1からS_2へ外側にシフトする．この図では，どの価格帯でも供給量が200ポンド増えるものとしているが，供給曲線のシフトがすべてこのパターンで描かれるわけではない．[5] 供給曲線S_2は，数式では$Q=200P$で表される．

同じように，干ばつが起きれば，灌漑のコストがかかる．どの価格帯でも生産者が出荷しようとする量が減り，供給曲線はS_3へ内側にシフトする．S_3を数式で表すと，$Q=200P-600$になる．

需要曲線の場合と同様に，価格以外の要因が不変で，価格だけが変化するとき，**供給量の変化**（change in quantity supplied）が起こり，供給曲線上を移動する．これに対して，供給に影響を与える要因のうち，価格以外の何らかの要因が変化するときには，どの価格帯でも供給量が変化して，供給曲線のシフトが起こる．これは**供給の変化**（change in supply）と呼ばれる．

供給量は，トマト600ポンド，iPad100台，散髪40回といった具合に，単独の数値で表される．価格によって供給量は異なると考えられ，供給曲線

---

[5] 需要曲線と同様に，供給曲線が直線である必要はない点に留意してほしい．本書では，単純化のためにそうしているにすぎない．

第2章 需要と供給　　39

は，こうした価格と供給量の組み合わせをすべて網羅している．価格以外の何らかの（あるいは，すべての）要因が変化すれば，価格と供給量の組み合わせそのものが動く．つまり供給曲線がシフトすることになる．

供給でも価格が特別扱いされるのはなぜか

　需要曲線では，需要決定要因のうち価格だけを切り離していたが，供給曲線の場合も同様に，価格が供給に与える影響だけを切り離す．前述したとおり，需要曲線で価格に注目する最大の理由は，価格が需要と供給の両方に直接的な影響を与える唯一の要因だからだ．価格は，市場の両側を結びつける最も重要な要素なのである．需要サイドにとっても供給サイドにとっても，ある市場における価格の機能とは，価格が自在に調整され，消費者の需要量と生産者の供給量を一致させることである．価格機能が発揮される市場では，現在の市場価格で買いたい消費者全員が買うことができ，現在の市場価格で売りたい生産者全員が売ることができる．

　次の節でみていくが，需要・供給モデルを活用することによって，価格以外の要因が変化したときに市場がどうなるかを予想することができる．だが，そこに至ることができるまでに，当初の市場価格と販売量を把握する必要がある．価格を別格扱いすることによって，それが可能になる．

2.4 市場均衡

　需要曲線と供給曲線を合わせると，需要・供給モデルの本来のパワーが現れる．どちらも数量と価格に関するものであり，縦軸に価格，横軸に数量をとった同じグラフに描くことができる．図2.6は，シアトルのパイク・プレース・マーケットにおける，当初の需要曲線と供給曲線を示したものだ．念のために等式をもう一度書いておくと，需要曲線は$Q = 1,000 - 200P$（逆需要曲線では$P = 5 - 0.005Q$），供給曲線は$Q = 200P - 200$（逆供給曲線は$P = 1 + 0.005Q$）になる．

図2.6 市場均衡

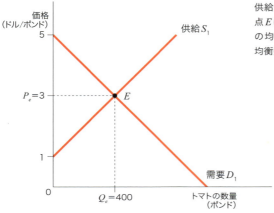

供給曲線 S_1 と需要曲線 D_1 が交差する点 E は，市場均衡を表している．トマトの均衡価格は1ポンドあたり3ドル，均衡数量は400ポンドである．

供給曲線と需要曲線が交差する点が**市場均衡**（market equilibrium）である．図2.6では均衡点を E，この点に対応する価格と数量を，それぞれ P_e，Q_e で表している．**均衡価格**（equilibrium price）P_e は，供給量と需要量が等しくなる唯一の価格である．

均衡の等式

では，パイク・プレース・マーケットのトマトの例で，市場均衡とはどのようなものになるのだろうか．図2.6から，均衡価格 P_e は1ポンドあたり3ドル，均衡数量 Q_e は400ポンドであると読み解ける．需要曲線と供給曲線の等式を使って，数学的に市場均衡を割り出すこともできる．需要量は $Q^D = 1{,}000 - 200P$ で与えられる（この等式が需要曲線であることを想起させるため，「D」を付してある）．供給量は $Q^S = 200P - 200$ である（供給曲線であることを示す「S」を付してある）．市場均衡点では，需要量と供給量が等しくなるので，$Q_e = Q^D = Q^S$ になる．先の等式を使えば，以下のようになる．

$$Q^D = Q^S$$

$$1{,}000 - 200P = 200P - 200$$
$$1{,}200 = 400P$$
$$P = P_e = 3$$

1ポンドあたり3ドルで，需要量Q^Dと供給量Q^Sが等しくなるので，均衡価格P_eは3ドルになる．図2.6でみたとおりだ．均衡数量Q_eを求めるには，均衡価格P_eを需要曲線か供給曲線のどちらかの等式に戻してやる．需要と供給のどちらでもいいのは，均衡価格では需要量と供給量が等しくなるからである．すなわち，

$$Q_e = Q^D = 1{,}000 - 200P_e = 1{,}000 - 200 \times 3 = 1{,}000 - 600 = 400$$
$$Q_e = Q^S = 200P_e - 200 = 200 \times 3 - 200 = 400$$

均衡点では需要量と供給量が等しくなるという事実を利用し，需要・供給曲線の等式をあてはめて，均衡価格と均衡数量を割り出した．逆需要曲線と逆供給曲線で与えられる価格は，市場均衡点で一致するという事実からも，この答えを得ることができる．すなわち，

$$5 - 0.005Q_e = 1 + 0.005Q_e$$

この等式を解くと，先ほどと同じように$Q_e = 400$になる．これを逆需要曲線か逆供給曲線か，いずれかの等式に戻すと，市場均衡価格P_eは，予想どおり1ポンド＝3ドルになる．

これで合格

均衡点で供給量と需要量は等しくなるか

先ほどのように市場均衡を求める問題は，中級ミクロ経済学では一般的な問題だ．基本的な考え方はつねに変わらない．需要曲線と供給曲線の等式から均衡価格を割り出し，これを需要曲線か供給曲線のどちらかに戻し（どちらでも構わない），均衡数量を割り出す．単純だが，時間的なプレッシャーのある試験では，計算間違いを犯しやすい．本書で取り上げた基本的な例よりも，需要曲線や供給曲線が複雑な場合はなおさらだ．

簡単なコツをつかめば，ほんの少しの手間で正解が得られる．計算して求めた均衡価格を，需要曲線と均衡曲線の両方にあてはめるのだ．均

衡価格を供給と需要の等式にそれぞれあてはめ，同じ答えが得られなければ，計算間違いをしていることになる．均衡点では需要量と供給量が等しくならなければいけないのだから．

なぜ市場は均衡に向かうのか

　市場が均衡しているとき，消費者の需要量と生産者の供給量は，その時点の市場価格で等しくなる．なぜ均衡が安定的な状況にあるのかを知るために，価格が均衡水準にないときに何が起きるのかをみてみよう．足元の価格が均衡価格よりも高いときには，供給が過剰になる．均衡価格よりも低いときには，需要が過剰になる．

超過供給　図2.7aで示したように，市場の価格P_{high}が均衡価格P_eより高いとしよう．この価格では，供給量Q^S_{high}が需要量Q^D_{high}を上回る．高値で売りたい生産者が現れるが，すべての生産者が買い手を見つけられるわけではない．過剰な供給量は$Q^S_{high} - Q^D_{high}$に等しく，価格P_{high}で需要曲線と供給曲線を結んだ水平の距離（$W-X$）になる．これは**超過供給**（excess supply）と呼ばれる．過剰を解消するには，より多くの買い手を惹きつけなければならず，そのためには価格を下げなければならない．価格が下がれば，需要が増加する一方，供給が減少して，やがて市場は点Eで均衡する．

超過需要　前項とは逆の状況を示したのが図2.7bである．低い価格P_{low}では，買い手の需要量Q^D_{low}が売り手が供給したい量Q^S_{low}を上回る．トマトの価格が安ければ，買い手はたくさん欲しがるが，そんな低い価格で売りたいと思う売り手は多くない．低い価格P_{low}では，需要量Q^D_{low}が供給量Q^S_{low}を上回る．これは**超過需要**（excess demand）と呼ばれる．売り物を見つけられない買い手がもっと高い価格で買おうとする一方，目端が利く生産者は積極的に価格を引き上げることで不足は解消に向かう．価格が上がるにつれて，需要量が減る一方，供給量が増加して市場は点Eで均衡する．[6]

図2.7 なぜP_eが均衡価格なのか

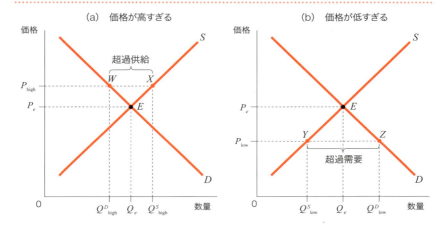

(a) 均衡価格P_eを上回る価格P_{high}では，生産者がQ^S_{high}を供給する一方，消費者の需要量はQ^D_{high}にとどまる．この結果，WとXの距離で示される財の超過供給が発生する．次第に価格は下落し，市場は均衡点Eに向かう．

(b) 均衡価格P_eを下回る価格P_{low}では，生産者はQ^S_{low}を供給する一方，消費者の需要量はQ^D_{low}となる．この結果，YとZの距離で示される財の超過需要が発生する．次第に価格は上昇し，市場は均衡点Eに向かう．

均衡への調整 現実の世界では，均衡は謎めいていることに注意しなければならない．本書の定型化したモデルでは，次のように扱っている．すべての生産者とすべての消費者が1カ所に集まり，オークション主催者らしき人物に対して，価格ごとに生産したい量と消費したい量を申告しているかのように振る舞う．オークション主催者はこれらの情報を合わせて，市場が均衡する価格を弾き出し，公表する．そこで初めて，すべての生産者とすべての消費者が発表された均衡価格で取引する．だが，現実の世界でそのように動

---

6) 時に，長期にわたって価格が均衡水準にとどまる場合がありうる．上限価格（法律で認められる最高価格）や下限価格（法律で認められる最低価格）を決めるなど，政策による市場介入が行われる場合はとくにそうである．こうした状況については，第3章で論じる．

44　第1部　基礎概念

く市場はほとんどない．現実の市場は，18世紀，スコットランドの偉大な経済学者アダム・スミスのいう「見えざる手」に頼らなければならない．生産者は生産者で，いくらなら売れるか予想して生産量を決める．かたや消費者は，店頭やインターネットで商品を購入する．短期的に生産者の供給量が少なすぎる場合もあるが，そうした間違いは，市場を通じて是正されていく．経済学者は一般に，市場がいずれ均衡すると想定していて，そのプロセスについてはあまり拘泥していない．

2.1 解いてみよう

使い放題の携帯電話の料金プラン（1カ月）の需要曲線と供給曲線が以下で表されるとする．

$$Q^D = 50 - 0.5P$$
$$Q^S = -25 + P$$

これらのプランの現在の市場価格は，1カ月あたり40ドルである．この市場は均衡しているか．価格は上がると思うか，下がると思うか．変動幅はどのくらいか．説明せよ．

解答：

価格が上がるか下がるか，という最初の問いを解く方法は2通りある．1つは，現在の市場価格40ドルで需要量と供給量を計算し，両者を比較する方法である．すなわち，

$$Q^D = 50 - 0.5P = 50 - 0.5 \times 40 = 50 - 20 = 30$$
$$Q^S = -25 + P = -25 + 40 = 15$$

需要量が供給量を上回っているため，市場には超過需要（不足）があるといえる．多くの人が使い放題プランを利用しようとしているが，現在の価格で提供しようとする電話会社は少なく，手に入らない．供給量と需要量を等しくし，市場が均衡するように価格は上がるはずである．

別の解法として，まず市場均衡価格を求める方法もある．すなわち，

$$Q^D = Q^S$$
$$50 - 0.5P = -25 + P$$
$$1.5P = 75$$
$$P = 50 \text{ ドル}$$

現在の市場価格40ドルは，市場均衡価格50ドルを下回っている（だからこそ，市場に超過需要が存在する）．したがって，価格が10ドル上がらなければならないと予想する．価格50ドルで市場が均衡に達したとき，すべての買い手が売り手を見つけ，すべての売り手が買い手を見つけられる．市場が変化して，需要曲線または供給曲線がシフトしないかぎり，価格は50ドルで変わらない．

需要曲線のシフトの影響

これまでみてきたように，需要曲線と供給曲線は，需要量と供給量に影響を与える要因のうち価格以外の要因を不変としている．したがって，図2.6で描いた市場均衡は，これらの要因が1つとして変わらないかぎりにおいて有効である．価格以外の要因が1つでも変われば，需要曲線か供給曲線がシフトするのだから，市場均衡も変わる．

前に例示したように，トマトがサルモネラ菌の汚染源として報道され，トマトの需要量が減るとしよう．消費者の嗜好が変化するため，需要曲線は図2.8に示すようにD_1からD_2へ内側にシフトする．

このように需要がシフトすると，市場均衡はどう変化するだろうか．均衡価格と均衡数量は共に下がる．均衡価格はP_1からP_2へ，均衡数量はQ_1からQ_2へ低下する．こうした動きになるのは，需要が減少した後も価格がP_1で変わらないとすると，生産者が消費者の需要を大幅に上回る量を供給するからだ．生産者が供給量を，減少した後の需要量に合わせるまで，市場価格は下がらなくてはならない．

新たな均衡価格と均衡数量は，前と同じ方法で算出できる．ただし，新たな需要曲線D_2の等式$Q = 500 - 200P_2$を使う（供給曲線は同じ）．

$$Q^D = Q^S$$
$$500 - 200P_2 = 200P_2 - 200$$
$$400P_2 = 700$$
$$P_2 = 1.75$$

　新たな均衡価格は，1ポンドあたり1.75ドルになる．需要曲線がシフトする前は均衡価格は3ドルだった．新たな均衡価格を新たな需要曲線（あるいは供給曲線）の等式に代入すると，新たな均衡数量が得られる．

$$Q_2 = 500 - 200 \times 1.75 = 150$$

　新たな均衡数量は150ポンドで，需要が内側にシフトする前と比べて半分以下になっている．

　需要が増加し，需要曲線が外側にシフトする場合も，同じように簡単に計算できる．需要が増加する要因としては，たとえば嗜好が変化して1日に何本ものトマト・ジュースを飲む，所得が増加する，トマトに代わる代替財の価格が上がる，といった場合が考えられる．供給曲線が安定しているなかで需要が増えると，需要曲線が外側にシフトして，均衡価格，均衡数量は共に上がる．当初の（シフトする前の）市場価格では，シフト後の需要量は生産者が供給したい量を上回る．価格は上昇しなければならず，供給量と需要量が等しくなるまで，供給曲線上を移動することになる．

曲線のシフト 対 曲線に沿った動き　　この分析は，需要曲線あるいは供給曲線そのもののシフトと，これらの曲線上の動きを区別する重要性を浮き彫りにしている．この2つは混同されがちだが，これを理解することは，本書のこの後の分析にきわめて重要である．図2.8では，消費者の嗜好が変化して，ある財に対して否定的な見方が増えた場合，市場に何が起きるかをみた．嗜好が変われば，どの価格帯でも消費者が購入する量は減る．つまり，需要曲線は内側にシフトする．思い出してほしいが，任意の価格において消費者の需要量を変化させる要因は，需要曲線をシフトさせる．同時に，この嗜好の変化は，どの価格帯においても生産者が売りたい量には影響を与えない．生産コストや他の選択肢にも影響を与えない．つまり供給は変わらず，

図2.8 トマトの需要減少の影響

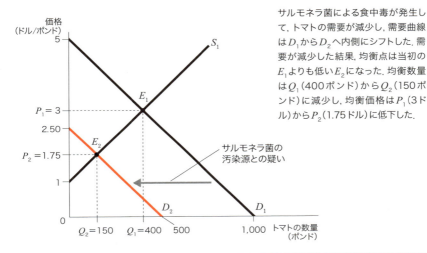

サルモネラ菌による食中毒が発生して、トマトの需要が減少し、需要曲線はD_1からD_2へ内側にシフトした。需要が減少した結果、均衡点は当初のE_1よりも低いE_2になった。均衡数量はQ_1（400ポンド）からQ_2（150ポンド）に減少し、均衡価格はP_1（3ドル）からP_2（1.75ドル）に低下した。

供給曲線もシフトしない。だが、供給量は変わる。需要が減るのに合わせて供給も減るのである。この供給量の変化は、供給曲線上の動きで表される。この例で供給量が減少する唯一の理由は、需要曲線のシフトによって均衡価格が下落するため、低い価格では生産者が供給を減らすからだ。したがって、需要曲線のシフトは、新たな均衡点に向けて、供給曲線上の動きをもたらすのである。

2.2 解いてみよう

海沿いの小さな町のペーパーバック本の市場の需給図を描いてみよう。

a. ハリケーンで長期間、停電になったとする。テレビもパソコンも使えないので、気晴らしに読書するしかない。ペーパーバック本の均衡価格と均衡数量はどうなるか。

b. この変化は需要の変化を反映したものか、それとも需要量の変化を反映したものか。

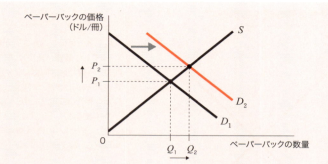

解答:

a. 本はテレビやパソコンの代替財である．テレビやパソコンを動かす電力がないので（事実上，代替財の価格を引き上げることになる），本の需要が増加し，需要曲線は外側にシフトする．上図に示すように，このシフトによって，本の均衡価格は上がり，均衡数量は増加する．

b. ハリケーンによって，代替財の入手可能性（したがって実質価格）が変わったため，どの価格帯でも本の需要量はシフトする．これはペーパーバックの需要の変化である．

コラム　ヤバい経済学

名声の値段──オバマ大統領とパパラッチ

アメリカ大統領には特権がある．世界一の権力者として，人々がかしづいてくれる．立派な邸宅にタダで住める．だが，大統領であることには負の側面もある．たとえば本人のみならず家族の一挙手一投足が注目される．歴代政権の基準からみても，オバマ家へのメディア攻勢は凄まじい．オバマ大統領は，娘のサーシャとマリアにかかる負担に心を痛め，スタッフにパパラッチ対策を考えるよう命じた．

スタッフの考えた対策は，オバマ政権内に経済学の心得がある人間がいることを示している．ホワイトハウスのスタッフは，パパラッチの写真の数が市場均衡を表していることを認識していた．オバマ家の写真を

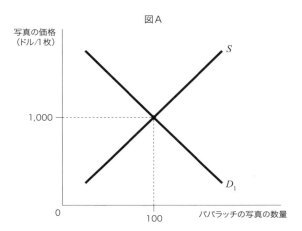

求める需要は強いので，メディアは出来のいい写真を高値で買い取ろうとする．それだけの高値を提示されれば，大勢のカメラマンが多くの時間を割いて大統領一家に張りつくので，市場には大量の写真が供給される．オバマ家の写真市場における当初の均衡は，図Aに示してある．

均衡量の写真を提供するパパラッチの数を減らすには，写真の需要を減らし，需要曲線を内側にシフトさせるのが1つの方法だ．そうなれば，パパラッチの撮る写真の価格は下落し，写真の数も減る．どうすればホワイトハウスは，パパラッチの写真の需要を減らすことができるのか．経済学からわかっていることが1つある．aとbという2つの財が代替財であるなら，b財の価格が下がれば，消費者はa財からb財にシフトするので，a財の需要は減る．つまり，パパラッチの写真の代替財があればいいわけだ．そこで，ホワイトハウス専属のカメラマンが写真を撮って，マスコミ関係者に無料で配布することにした．

ホワイトハウスのお墨付きのあるサーシャとマリアの写真――イースターの卵を探し回っている写真や，大統領一家の飼い犬のボーを芝生で追いかけている写真は，パパラッチの写真の需要を押し下げ，お墨付きのないパパラッチの写真には高値がつかなくなった．その結果，来る日も来る日もホワイトハウスの芝生の周りをうろつくパパラッチは減り，未公認の写真が出回ることも減った．この状況は図Bに示してある．お

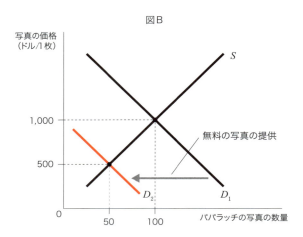

そらくオバマ夫妻にとって最も重要だったのは，サーシャとマリアが普通の子のように——少なくとも，たまたま何人かのシークレット・サービスとワシントン警察，ホワイトハウス専属のカメラマンが付き添っている普通の子のように，初登校日を迎えられたことだろう．

この写真プロジェクトの成功をみて，ホワイトハウスはソーシャル・メディアの世界に飛び込み，フェイスブックやフリッカーのアカウントをつくった．フォト・アルバムには，執務室でのスタッフ・ミーティングの様子からホワイトハウスの芝生で雪合戦に興じるオバマ大統領の姿など，さまざまな写真が収められている．大統領の写真プロジェクトの次の一手は何になるのだろうか．現在の財政赤字を考えれば，写真を売ることを考えるべきかもしれない．もちろん，市場均衡を下回る価格に抑えながら！

供給曲線のシフトの影響

今度は，需要曲線は変わらず，供給曲線がシフトすると何が起きるかを考えよう．図2.9は，トマトの供給が増えて，供給曲線がS_1からS_2へ外側にシフトした場合を示したものである．このシフトが意味しているのは，どの価

図2.9 トマトの供給増加の影響

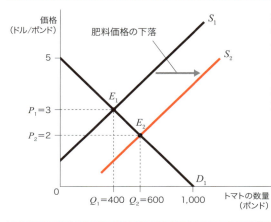

肥料が安くなった影響で、どの価格帯でも生産者はトマトの供給量を増やし、供給曲線はS_1からS_2へ外側にシフトした。均衡点はE_1からE_2にシフトし、均衡数量はQ_1（400ポンド）からQ_2（600ポンド）に増加する一方、均衡価格はP_1（3ドル/ポンド）からP_2（2ドル/ポンド）に低下した。

格帯でも農家は以前よりも多い量を供給しようとする、ということだ。こうしたシフトが起こる例としては、肥料の価格が下がって、農家の投入コストが下がる場合が考えられる。コストが下がれば、どの価格帯でも供給量が増加するのはなぜか、その理屈は直観的にわかる。トマトの価格が1ポンドあたり3ドルのとき、農家の利益が平均1ドルだとすると、コストが1ドル下がれば（したがって利益が増えるなら）、出荷量を増やそうとする。ただし、注意してほしいのは、このコスト変化が、需要曲線には直接的な影響を与えない点である。価格が不変だとすると、消費者が買おうとする量は以前と変わらない。

図2.9は、均衡がどう変化するかを示している。供給曲線は、当初のS_1（$Q=200P-200$）からS_2（$Q=200P+200$）へシフトする。供給がシフトした後も、価格が当初の均衡価格P_1で変わらない場合、農家が供給したい量が、消費者が求める需要量を上回ってしまう。したがって、図のように均衡価格が下がらなければならない。この価格の低下が、需要曲線上で需要量の増加をもたらす。需要量がふたたび供給量と等しくなるまで、価格は低下する。新たな均衡価格はP_2、新たな均衡数量はQ_2となる。

新たな均衡価格と均衡数量は、当初の需要曲線と新たな供給曲線の関係を

52 第1部 基礎概念

示す等式を使って求めることができる．すなわち，

$$Q^D = Q^S$$

$$1,000 - 200P_2 = 200P_2 + 200$$

$$400P_2 = 800$$

$$P_2 = 2$$

コストが低下した結果，供給が増加して，均衡価格は1ポンドあたり3ドルから2ドルに低下する．これは直観的に理解できる．生産コストの低下が，市場価格の低下に反映されている．この均衡価格を需要の等式か，新たな供給の等式に代入して，新たな均衡数量を求めることができる．すなわち，

$$Q_2 = 1,000 - 200 \times 2 = 600$$

$$Q_2 = 200 \times 2 + 200 = 600$$

トマトの供給量の増加に対応して，均衡数量は400から600に増加する一方，均衡価格は低下する．

供給が減少する場合についても，同じ手順で確かめることができる．供給曲線は内側にシフトする．供給が減少すると，均衡価格は上昇し，均衡数量は減少する．

2.3 解いてみよう

レモネードの供給が$Q^S = 40P$で表され，Qはパイント（約500cc），Pは1パイントあたりセントを単位としている．

a. レモネードの需要が$Q^D = 5,000 - 10P$だとすれば，現在の均衡価格と均衡数量はいくらか．

b. フロリダの霜の害で，レモンの価格が上昇し，レモネードを作るコストが上がったとする．コストの上昇に伴い，生産者はどの価格帯でもレモネードの供給量を400パイント減らした．レモネードの新たな供給は，どのような数式で示されるか．

c. 霜の害の後，レモネードの新たな均衡価格，均衡数量はいくらになるか．

第2章　需要と供給　　**53**

解答：

a. 均衡価格を求めるには，需要量と供給量を等しくする必要がある．

$$Q^D = Q^S$$
$$5{,}000 - 10P = 40P$$
$$50P = 5{,}000$$
$$P = 100 セント$$

　均衡数量を求めるには，均衡価格を需要曲線または供給曲線（あるいは両方！）に代入する．

$$Q^D = 5{,}000 - 10 \times 100 = 5{,}000 - 1{,}000 = 4{,}000 パイント$$
$$Q^S = 40 \times 100 = 4{,}000 パイント$$

b. レモネードの供給量がどの価格帯でも400パイント減るとすれば，供給曲線はどの価格帯でも400パイントずつ（平行に）内側にシフトする．

$$Q_2^S = Q^S - 400 = 40P - 400$$

　新たな供給曲線は，$Q_2^S = 40P - 400$ と表すことができる．

c. 新たな均衡価格を求めるには，$Q^D = Q_2^S$ と置く．

$$Q^D = Q_2^S$$
$$5{,}000 - 10P_2 = 40P_2 - 400$$
$$50P_2 = 5{,}400$$
$$P_2 = 108 セント$$

　均衡数量は，均衡価格を需要曲線または供給曲線に代入することで求めることができる．

$$Q^D = 5{,}000 - 10 \times 108 = 5{,}000 - 1{,}080 = 3{,}920 パイント$$
$$Q^S = 40 \times 108 - 400 = 4{,}320 - 400 = 3{,}920 パイント$$

　予想どおり（表2.2参照），均衡価格は上昇し，均衡数量は減少する．

需要曲線および供給曲線のシフトの影響のまとめ

　表2.2は，需要曲線か供給曲線のどちらかがシフトして，もう一方がシフ

54　第1部　基礎概念

表2.2: 需要曲線と供給曲線が単独でシフトする場合の影響

シフトする曲線	シフトの方向	均衡への影響	
		価格	数量
需要曲線	外側（需要増）	↑	↑
	内側（需要減）	↓	↓
供給曲線	外側（供給増）	↓	↑
	内側（供給減）	↑	↓

トしなかった場合の均衡価格と均衡数量の変化をまとめたものである．需要曲線がシフトするとき，価格と数量は同じ方向に動く．需要が増加すると，元の均衡価格では，消費者が求める需要量が生産者の供給量を上回る．そうなると価格が押し上げられ，それを受けて生産者が供給を増やそうとする．生産者の反応は，供給曲線上の動きとして捉えられる．

　供給曲線がシフトするとき，価格と数量は逆の方向に動く．供給が増加すると，供給曲線は外側にシフトし，元の均衡価格では生産者が供給したい量が消費者の需要量を上回る．消費者がもっと買いたくなるように，価格を下げなければならない．同様に，供給が内側にシフトすると，需要量を減らすように均衡価格は上昇しなければならない．需要曲線上で生じるこの動きで，価格と数量の方向が逆になるのは，需要曲線が右下がりになっているからだ．

応用　供給曲線のシフトと1983年のビデオゲーム市場の崩壊

　ビデオゲームは人気がある．アメリカでは，約3分の2の家庭で，ゲームをする人が少なくとも1人はいる．アメリカ国内のビデオゲーム機とゲームソフトの売上高は，2010年時点で155億ドルにのぼる．これは，同じ年の映画興行収入105億ドルを50%上回り，マクドナルドとバーガーキングの国内売上高を足し合わせた額に匹敵する．

　これらの数字をみればとうてい信じられないだろうが，業界の黎明期には，ビデオゲームの流行は廃れ，もう利益は出ないとの見方が支配したこと

があった．なぜ，そんなことが言われたのだろうか．問題は需要ではなかった．「ポン」から「スペース・インベーダーズ」まで初期のビデオゲームや，アタリ2600といったゲーム機は大当たりし，社会現象になった．問題は供給——供給が多すぎたことだった．1983年，複数の要因が重なって，北米のビデオゲーム業界の供給曲線の大規模なシフトが起き，市場は何年も機能不全に陥ったのである．

　供給曲線のシフトを起こした主な要因は2つあった．アタリ2600を筆頭に，マッテルやコレコなど人気の家庭用ゲーム機器が離陸したのは1980年代初めである．黎明期の業界では，サード・パーティのソフト開発会社とのライセンス契約を有利に運ぶノウハウがなかった．このため，意欲があれば誰でも家庭用ゲームソフトを開発することできた．実際，誰も彼もが開発に乗り出し，食品メーカーのクウェーカー・オーツにすらビデオゲーム部門があった．ペットフード・メーカーのプリナ社は，ソフト開発会社と契約して，自社のドッグフード「チャック・ワゴン」を宣伝するゲームを作らせた（ゲームソフトの「チャック・ワゴンを追え」では，1匹の犬がチャック・ワゴンを追いかけて迷路を進む）．要するに，ゴールドラッシュが起こったのだ．急成長する市場のおこぼれにあずかろうと，多すぎる企業が一斉に市場に参入したため，業界全体の供給量が個々の企業の事前予想を大幅に上回る事態に陥った．ソフトだけでなく，端末でも同じ現象がみられた．業界トップ，アタリのクローンをつくるメーカーもあれば，独自の端末とソフトを開発するメーカーもあった．

　ゲーム機トップのアタリも，ソフトの自社開発に乗り出したが，自らのクビを絞めることになった．最悪の失敗といわれているのが，「パック・マン」と「E.T. エクストラ・テレストリアル」だ．「パック・マン」はゲームセンター向けが大人気だったし，「E.T.」は同名の映画が大ヒットしていたことから，経営陣は過去最高の売上げを予想していた．「パック・マン」のソフトは1,200万本生産されたのだが，実は当時，アタリのゲーム機は1,000万台しかなかった．端末を保有するすべてのユーザーがソフトを購入し，さらに200万人がこのゲームのためだけに端末を購入しなければならない計算だ．2つのソフトは，ホリデーシーズンに間に合わせるため，慌ただしく生

図2.10 ビデオゲームの供給増加の影響

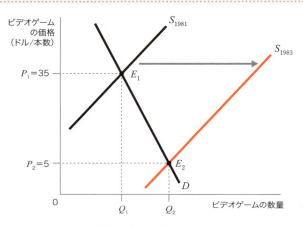

1983年,ビデオゲームのソフト開発会社が急増し,ビデオゲームの供給曲線はS_{1981}からS_{1983}にシフトした.均衡点はE_1からE_2にシフトし,均衡価格はP_1(35ドル)からP_2(5ドル)に低下する一方,均衡数量はQ_1からQ_2に増加した.

産された.ゲームはお粗末な内容で,価格が抑えられたのに供給が大幅にダブついた.

ソフト開発会社が一斉に市場に製品を投入したことで,供給曲線が外側にシフトした.1983年初頭時点の生産者の行動からあきらかなのは,どんな価格であっても,わずか2年前の1981年初めを上回る量を生産したい,ということだった.一方,技術の普及で家庭用ビデオゲームの需要は増加傾向にあったものの,新作ソフトやゲーム機の開発ラッシュは,需要曲線に大した影響を与えなかった(実は,新作ゲームは粗製乱造だったため,需要曲線を内側にシフトさせた可能性すらある).ソフト開発のゴールドラッシュによって需要曲線は動かなかったと想定するのが妥当だろう.需要・供給モデルから,この供給曲線のシフトが市場に与えた影響が予想できる.需要曲線が動かず,供給曲線が外側にシフトすると,図2.10に示したように,数量が増え,価格が低下することになる(現在,ゲーム・メーカーは,新作ゲームの投入時期を慎重に決めるようになっている).

ビデオゲーム業界では，まさにこのとおりのことが起きた．とくに価格の変化は顕著だった．1年前に定価35〜50ドルで売られていたゲームソフトが，5ドルに下落し，1ドルで叩き売られることすらあった．ゲーム機の価格も，2桁の下落を記録した．ソフトがこのペースで投入されると，販売量は若干増えても，利益を出すにはほど遠い状況である．ゲーム機メーカー，ソフト開発業者を問わず，倒産企業が続出した．かつてはカネのなる木だったアタリは，親会社のワーナー・コミュニケーションズによって売却され，2度と復活することはなかった．総崩れともいえる惨状に，市場の先行きが見込めないと判断した小売業者は，ソフトの仕入れを拒否した．事実上，3〜4年にわたって，市場からゲームソフト会社が一掃された．技術開発に終わりがなく，変化の速いゲーム業界での3〜4年は永遠に思えた．事態がようやく好転したのは，任天堂が斬新な8ビットのゲーム機を投入し，瀕死の業界は復活すると小売業者を納得させられた後のことだ．■

2.4 解いてみよう

先月，アスパラガスが値上がりしていること，また売りに出されているアスパラガスの量も前の月にくらべて少ないことに気づいた．アスパラガスの需要および供給行動について，どんな推論が成り立つか．

解答：

この質問にあるような変化が起きるには，需要か供給に何が起きた可

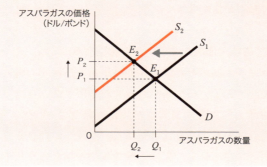

58　　第1部　基礎概念

能性があるかを遡って考える必要がある．まず，価格の変化から考えよう．アスパラガスの均衡価格は上昇している．これが意味するのは，アスパラガスの需要が増えたか，アスパラガスの供給が減ったか，2つのうち1つだ（わかりにくいなら，いくつか線を引いてみるといい）．

　アスパラガスの均衡数量が減ったこともわかっている．均衡数量が減少するのは，アスパラガスの需要が減るか，供給が減るかどちらかしかない（ここでも，線を引いてみよう）．

　均衡価格が上がり，均衡数量が減るのは，どちらのシフトだろうか．前ページに示したように，アスパラガスの供給が減る場合のはずである．

これで合格

曲線がシフトしたのか，曲線上を動いただけなのか

　需要と供給に関する試験問題でよくあるのは，ある市場に対する何らかの「ショック」——需要や供給に影響を与える要因の変化——が含まれるものだ．解き方としては，こうしたショックが需要と供給，ひいては市場の均衡価格と均衡数量にどう影響するかを検討すればいい．一般に，こうした問題でとくに厄介なのは，価格と数量の変化が，所与の需要曲線または供給曲線に沿った動きによるものなのか，それとも曲線自体がシフトした結果なのかを見極めることである．

　こうしたタイプの問題も，以下のようないくつかの単純な手順にしたがえば，さほどむずかしくはなくなる．

I. どんな問題であれ，何がショックかを見極める．

　ショックは，需要曲線または供給曲線，あるいはその両方のシフトをもたらす変化である．幅広いショックが数限りなく存在する．感染症の爆発的大流行で大勢の消費者が消える場合もあれば，新発明で，ある財の生産コストが下がる場合もある．消費者が好きそうな別の商品が発売される場合もある．天候不順で作物が枯れたり，不作になっ

たりする場合もある.

　重要なのは，こうした市場における財の価格または数量の変化は，ショックではありえない，ということだ．この市場における価格と数量の変化は，ショックの結果であって，ショックそのものではない．ただし，注意すべき点がある．他の市場における価格や数量の変化が，この市場に対するショックになりうる，という点だ．たとえば，ピーナツフレーク入りのピーナツバターの価格が下がれば，グレープジェリー（ブドウジャム）やクリーミー・ピーナツバターの市場のショックになりうるのだ.

2. **ショックが需要曲線あるいは供給曲線をシフトさせるかどうかを見極める.**

　　a. ショックが需要曲線をシフトさせるか否か，どのようにシフトさせるかを見極めるには，以下の質問に答えていけばいい．この財の価格が変わらなければ，ショックの後，消費者は買う量を増やすか，減らすか，変わらないか．ショックの後，価格が変わらないのに買う量を増やすとすれば，ショックによってどの価格帯でも需要量が増え，需要曲線が外側にシフトしたことになる．ショックの後，価格が変わらないのに買う量が減るとすれば，ショックによって需要が減り，需要曲線が内側にシフトしたことになる．価格は変わらず，消費者が買う量も同じなら，需要曲線は動いておらず，ショックは供給側に起きたと考えられる.

　　グレープジェリーの例に戻ろう．ショックは，ピーナツバターの価格が下がったことだった．ピーナツバターが安くなったとき，グレープジェリーの消費は（価格が変わらないものすると）増えるだろうか，減るだろうか．おそらく「増える」だろう．ピーナツバターの価格が安くなっているので，ピーナツバターの消費は増えるだろう．ピーナツバターとグレープジェリーは一緒に食べられることが多いので，ジェリーの価格が同じだとしても，消費が増えると考えられる．したがって，ピーナツバターの価格の低下は，グレープジェリーの需要曲線を外側にシフトさせたと考えられる.

60   **第1部　基礎概念**

　　b．ショックが供給曲線をシフトさせるか否か，どのようにシフトさせるかを見極めるには，以下の質問に答えていけばいい．ショックの後，財の価格が変わらない場合，生産者は供給を増やすか，減らすか，変えないか．ジェリーの例では，ピーナツバターの価格が変わっても，ジェリーの原材料として使われているわけではないので，ジェリーの生産コストは変わらない．したがって，ピーナツバターの価格の変化は，供給のショックにはならない．だが，ブドウは原材料なのでその価格の上昇は，グレープジェリー市場の供給のショックになる．

3．ショックの前と後の需要曲線，供給曲線を描く

　　ジェリーの例では，まず当初の需要曲線と供給曲線を描く．次に，当初の需要曲線の外側に，ピーナツバターの値下がりの結果生じた需要の増加を示す，新たな需要曲線を描く．ここから，最後の手順を踏んで，ショックが均衡価格と均衡数量にどんな影響を与えるかを解釈するのはむずかしくない．グレープジェリーに関しては，需要の増加によって均衡価格は上昇し，均衡数量は増加した．需要曲線のシフトによって，ジェリーの供給曲線に沿って右上がりの動きが生まれるからだ．

　　こうした手順を踏むことを繰り返すことによって，需要曲線と供給曲線を扱うのはお手のものになるはずだ．

価格と数量の変化の大きさを決める要因は何か

　　この章のこれまでの分析では，需要曲線と供給曲線がシフトしたときに均衡価格と均衡数量がどの方向に動くかがわかった（表2.2にまとめてある）．だが，変化の大きさはわかっていない．この小節では，価格と数量の変化の大きさを決める要因について論じていこう．

シフトの大きさ　　　均衡価格と均衡数量の大きさに明白かつ直接的な影響を

第2章　需要と供給　　61

与える要因の1つは，需要曲線あるいは供給曲線のシフトの大きさそのものである．曲線のシフトの幅が大きければ，均衡価格や均衡数量の変化も大きくなる．

曲線の傾き　　需要曲線あるいは供給曲線のシフトの大きさが一定だとしても，結果として生じる均衡価格と均衡数量の変化の大きさはまちまちになる．具体的にいえば，価格および数量の変化の相対的大きさは，需要曲線と供給曲線の傾きに依存する．需要曲線がシフトする場合，比較的大きな均衡価格の変化と比較的小さな均衡量の変化につながるのか，逆に比較的小さな均衡価格の変化と比較的大きな均衡量の変化につながるのかは，供給曲線の傾きによって決まる．一方，供給曲線がシフトする場合，重要なのは需要曲線の傾きである．

　図2.11はこれを図示したものである．パネルaとパネルbでは，需要曲線は，D_1からD_2へ同じだけシフトしている．供給曲線Sの傾きはパネルaが比較的緩やかなのに対して，パネルbは傾きがきつい．需要曲線がシフトするとき，供給曲線の傾きが緩やかであれば，均衡量の変化（ΔQ_a）は比較的大きいが，価格の変化（ΔP_a）は比較的小さくなる．供給曲線の傾きがきついとき（パネルb），価格の変化（ΔP_b）は比較的大きいが，数量の変化（ΔQ_b）は比較的小さい．同様に，パネルcとパネルdは，需要曲線の傾きが異なっていて，供給曲線が同じだけシフトする場合を図示したものだ．供給曲線のシフトについても，同じ結果があてはまる．すなわち，需要曲線の傾きが緩やかなら，価格変化に比べて数量変化が大きく，需要曲線の傾きがきつければ，価格変化に比べて数量変化が小さい．

　この分析から1つの疑問が浮かび上がる．需要曲線と供給曲線の傾きに影響を与えているのは何か，という疑問である．そこで，需要曲線や供給曲線の傾きがきついのか，緩やかなのかを決める経済的要因についてみていこう．

応用　**住宅の供給曲線と住宅価格――2つの都市の物語**

　図2.11のパネルaとパネルbから，需要曲線がシフトするとき，供給曲線

図2.11 均衡価格と均衡数量の変化の幅，および需要曲線と供給曲線の傾き

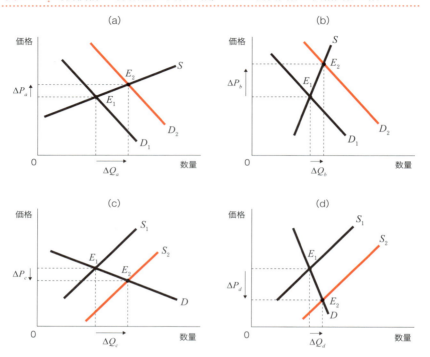

(a) 緩やかな供給曲線と需要曲線のシフト
供給曲線の傾きが比較的緩やかな場合，需要曲線がD_1からD_2にシフトとすると，均衡価格の上昇幅ΔP_aは比較的小幅にとどまる一方，均衡数量の増加幅ΔQ_aは比較的大きくなる．

(b) きつい供給曲線と需要曲線のシフト
供給曲線の傾きがきつい場合，需要曲線がD_1からD_2へシフトすると，均衡価格の上昇幅ΔP_bが比較的大きくなる一方，均衡数量の増加幅ΔQ_bは比較的小幅にとどまる．

(c) 緩やかな需要曲線と供給曲線のシフト
需要曲線の傾きが比較的緩やかな場合，供給曲線がS_1からS_2にシフトすると，均衡価格の下落幅ΔP_cが比較的小幅にとどまる一方，均衡数量の増加幅ΔQ_cは比較的大きくなる．

(d) きつい需要曲線と供給曲線のシフト
需要曲線の傾きが比較的きつい場合，供給曲線がS_1からS_2にシフトすると，均衡価格の下落幅ΔP_dが比較的大きくなる一方，均衡数量の増加幅ΔQ_dは比較的小さくなる．

の傾きによって均衡価格と均衡数量の変化の相対的な大きさが決まることがわかる．格好の具体例を提供してくれるのが住宅価格のデータである．人口の伸びに伴う住宅需要の増加に応じて，都市の住宅価格がどう変化するのかがわかるのだ．

ニューヨークとヒューストンの住宅事情を考えてみよう．ニューヨークは超過密都市だ．中心部はビルが密集しているため，新たな住宅建設はコストがかさむ．この結果，供給を増やせば開発業者のコストはすぐさま上昇する．他方，住宅供給量は，住宅価格が変化してもさほど大きく動かない．開発業者にできることはそれほどない．これは，ニューヨークの住宅の供給曲線の傾きがきついことを意味する．つまり，供給量は，価格変化にさほど敏感に反応しない．同じことだが，開発業者に住宅の供給量を増やすよう促すには，住宅価格が大幅に上昇する必要がある（供給量と需要量の価格感応度を決める要因については，次の節で詳しく取り上げよう）．

一方，ヒューストンは過密度がかなり低い．周りを農地や牧草地に囲まれ，中心市街もまだまだ拡大の余地がある．つまり，住宅開発業者は，単位あたりのコストを大幅に引き上げることなく，新たな住宅を建設できる．価格が適正なら，農地を買収して，そこに住宅を建てればいい．このため，ヒューストンの住宅供給量は，住宅価格の変化にきわめて敏感に反応する．つまり，ヒューストンの住宅の供給曲線の傾きはかなり緩やかである．

理論からは次のように予想できる．2つの都市で住宅の需要曲線が同じだけ外側にシフトした場合，供給曲線の傾きがきついニューヨークでは，均衡価格が相対的に大きく上昇し，均衡数量にはほとんど変化がみられない．一方，供給曲線の傾きが緩やかなヒューストンでは，価格の上昇は相対的に小さく，均衡数量が大きく増加する．

そこで，データをみてみよう．図2.12は，1977年から2009年までのニューヨークとヒューストンの人口の推移を示したものだ（両都市の市街地の人口を，1977年を100として指数化している）．いずれも，過去32年間で人口が増えたが，ニューヨークの人口が約15％増加したのに対し，ヒューストンの人口は2倍以上に増えた．

こうした人口増加は，両都市で住宅の需要曲線が外側にシフトした事実と

図2.12 ニューヨークとヒューストンの人口の推移，1977-2009年

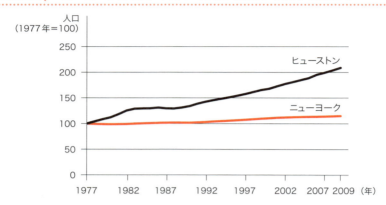

1977年から2009年にかけて，ニューヨークの人口が約15％増加したのに対して，ヒューストンでは2倍以上に増加した．

図2.13 ニューヨークとヒューストンの住宅価格指数の推移，1977-2009年

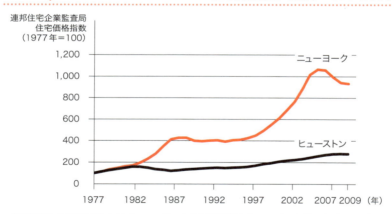

1977年から2009年にかけて，ニューヨークの住宅価格は，ヒューストンに比べ急ピッチで上昇した．

結びつけて考えることができる．ここでも，需要・供給モデルから以下のことが予想できる．需要曲線のシフトの大きさが同じであれば，図2.11bのように供給曲線の傾きがきついニューヨークのほうが，図2.11aのように供給

曲線の傾きが緩やかなヒューストンに比べて，均衡価格の変化幅が大きくなるはずである．

　図2.13をみると，この予想が正しいことがわかる．図は，1977年から2009年までの両都市の住宅価格の推移を示したものだ（1977年を100として，指数化している）．ニューヨークは，人口の増加率がかなり小さかったにもかかわらず，平均住宅価格は過去30年で10倍にまで上昇している．人口が2倍に増えたヒューストンでは，予想されるように住宅価格は上昇しているが，上昇率はニューヨークの数分の1にすぎない．ニューヨークとヒューストンという2つの都市を比べると，需要曲線のシフトが価格に及ぼす影響は，供給曲線の傾きに依存するという典型例をみることができる．■

需要曲線と供給曲線が同時にシフトするときの市場均衡の変化

　時に，需要曲線と供給曲線が同時にシフトする場合がある．図2.14は，2つのシフトを合わせたものであり，需要と供給が共に減少し，両曲線が内側にシフトしている．パイク・プレース・マーケットのトマトの例に戻り，原油価格が大幅に上昇したと仮定しよう．生産者にとって原油価格が上昇すれば収穫や運搬にかかる経費が膨らむので，生産コストは上昇する．消費者にとっても，マーケットに車で行くためのガソリン代が上がるので高くつき，どの価格でもトマトの買い手は少なくなる．当初の均衡価格は，D_1とS_1が交差する点E_1だったが，新たな均衡価格はD_2とS_2が交差する点E_2になる．

　このケースでは，需要曲線と供給曲線が同時に内側にシフトすることで，均衡量が大幅に減少し，価格は小幅上昇した．均衡数量が減ることは直観的にわかるはずだ．需要曲線の内側へのシフトは，どの価格帯でも消費者が購入しようとする量が減ることを意味する．供給曲線の内側へのシフトは，どの価格帯でも生産者が供給しようとする量が減ることを意味する．生産者，消費者が求める量が共に減るので，均衡数量はQ_1からQ_2に大幅に減少する．

　だが，均衡価格への影響はそれほど明確なわけではない．供給曲線が不変で，需要曲線が内側にシフトする場合，価格は下落する傾向にあるが，需要

図2.14 需要曲線と供給曲線が同時にシフトする例

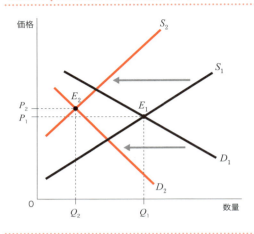

需要曲線と供給曲線が共に内側にシフトすると、D_2とS_2が交差するE_2が新たな均衡点となる。E_2では、均衡価格がP_1からP_2に小幅上昇し、均衡数量はQ_1からQ_2に減少している。

曲線が不変で、供給曲線が内側にシフトする場合には、価格が上昇する傾向がある。ところが、需要曲線と供給曲線が同時に内側にシフトするため、どちらの影響が優勢になるのかわからず、したがって均衡価格が上昇するのか、下落するのかわからない。図2.14は、均衡価格がP_1からP_2へ小幅に上昇するものとして描いた。だが、供給曲線と需要曲線のシフトの大きさが違えば（あるいは、傾きが緩やかになるか、きつくなれば）、両曲線が内側にシフトすることによって、均衡価格が下がるか、まったく変わらない可能性もある。

　一般論として、需要・供給の両曲線が同時にシフトするとき、均衡価格と均衡数量のどちらかの変化の方向は確実にわかるが、両方はわからない。表2.2〔54ページ〕を詳しくみれば、そうなることがわかる。需要曲線と供給曲線のシフトによって価格が同じ方向に動くのは、(1) 需要曲線が外側に、供給曲線が内側にシフトする場合か、(2) 需要曲線が内側に、供給曲線が外側にシフトする場合だが、同じ (1)、(2) のシフトで数量は逆に動く。同様に、両曲線のシフトで数量が同じ方向に動くのは、(3) 両曲線とも外側にシフトする場合か、(4) 両曲線とも内側にシフトする場合だが、(3) と (4) のシフトでは、価格が逆方向に動く。図2.14でみた例は、(4) のケースである。

図2.15 需要曲線と供給曲線が同時にシフトするとき，価格と数量の変化の方向は不透明である

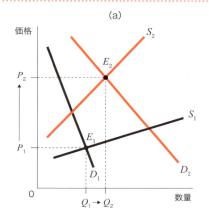

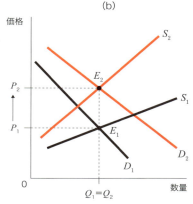

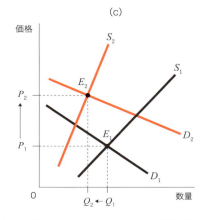

3つのパネルすべてで，需要曲線は(D_1からD_2へ)外側にシフトし，供給曲線は(S_1からS_2へ)内側にシフトしている．パネル(a)では，均衡価格がP_1からP_2へ上昇し，均衡数量がQ_1からQ_2へ増加する．(b)では，均衡価格がP_1からP_2へ上昇しているが，均衡数量は$Q_1=Q_2$で変わらない．(c)では，均衡価格がP_1からP_2に上昇しているが，均衡数量はQ_1からQ_2に減少する．

この曖昧さは，図2.15でもあきらかだ．それぞれのグラフで，需要曲線と供給曲線がシフトする方向は同じであり，供給曲線はS_1からS_2へ内側に，需要曲線はD_1からD_2へ外側にシフトしている．いずれのシフトでも均衡価格は押し上げられ，均衡点の変化(E_1からE_2)に反映されている．ただ，ご覧のとおり，均衡数量が増加するか，減少するか，同じ水準にとどまるかは，シフトの大きさと曲線の傾きに依存する．図の3つのグラフは，それぞ

68 第1部 基礎概念

れ可能性のあるケースの例を示したものである．需要曲線と供給曲線の両方がシフトした状態を検証するには，各曲線のシフトを別々に描き，シフトした際の均衡数量と均衡価格の変化を求めたうえで，それらをあわせて答えを出すとよい．

2.5 弾力性

　需要曲線と供給曲線の傾きは，価格の変化によって需要量や供給量がどの程度変化するかを数学的に表したものだ．傾きがきついほど，価格の変化に対する数量の変化は相対的に小さい．需要曲線の傾きがきつい場合，消費者はさほど価格に敏感ではなく，価格の変化に応じて需要量がそれほど変化するわけではない．同様に，供給曲線の傾きがきつい場合，価格の変化に応じて供給量がそれほど変化するわけではない．これに対して，需要曲線あるいは供給曲線の傾きが緩やかな場合，価格の変化に応じて数量が大きく変わる．需要曲線の傾きが緩やかな市場では，価格の変化に応じて消費者の需要量が大きく変化する．同様に，供給曲線の傾きが緩やかな市場では，価格の変化に応じて生産者の供給量が大きく変化する．

　弾力性とは，1つの変数が，別の変数の変化に対してどの程度感応的であるかを示したものである（ここで具体的には，価格に対する数量の感応度を指している）．**弾力性** (elasticity) は，ある変数の変化率を，別の変数の変化率と関連づける概念である．たとえば，消費者の需要量が価格の変化にどの程度敏感に反応するかを説明するのに，**需要の価格弾力性** (price elasticity of demand) を使う．これは需要量の変化率を価格の変化率で割ったものである．

傾きと弾力性は同じではない

　需要の価格弾力性は，価格変化に応じた需要量の変化を示した需要曲線の傾きによく似ていると思えるかもしれない．弾力性と傾きはたしかに関連は

あるが，同じではない．

傾きは，ある水準（価格）における変化を別の水準（数量）の変化に関連づける．先に紹介したトマトの例の需要曲線は，$Q = 1,000 - 200P$ だった．この需要曲線の傾きは -200 である．つまり，価格が1ポンドあたり1ドル上がるごとに，需要量は200ポンド減る．

需要曲線と供給曲線の傾きだけを使って価格の感応度を測ることには，大きな問題が2つある．第1に，傾きは選択する任意の単位に完全に依存してしまうという点である．トマト1ポンドあたりの価格 P を，ドルではなくセントで表すとしよう．すると，トマトの需要量は，価格が1セント上がるたびに2ポンド減ることになるので，需要曲線は $Q = 1,000 - 2P$ になる．だが，価格の係数が200ではなく2になったからといって，消費者の価格に関する敏感さが100分の1になるわけではない．この市場における消費者の価格感応度はなんら変わっていない．価格が1ドル上がれば，需要量はやはり200ポンド減る．傾きの変化は，P の単位の変化を示しているに過ぎないのである．傾きを使うことの第2の問題は，異なる財同士を比べることができない点だ．いま消費者の食品の購買パターンを調査していて，パイク・プレース・マーケットでのトマトとセロリの価格がそれぞれ変化した場合に，消費者がどう反応するかを調べているとする．セロリ1本の価格が10セント上がるたび，需要量が100本減るということは，消費者がトマトよりもセロリの価格変化に敏感だということだろうか．セロリの需要曲線の傾きは，-100 である（需要量を1本，1本あたりの価格をセントで表す場合）．この傾きを，トマトの -200 の傾きとどうやって比較すればいいのだろうか．

弾力性を使って感応度を表せば，こうした複雑な問題を避けることができる．あらゆるものを相対的な変化率で示すので，単位の問題を排除でき（変化するものの単位が何であれ，10%の変化は10%の変化である），異なる市場間で大きさを比較できるのである．

需要と供給の価格弾力性

需要の価格弾力性とは，需要量の変化率と，関連する価格の変化率の比率

である．数学的には，以下の公式で表される．

需要の価格弾力性＝(需要量の変化率) / (価格の変化率)

供給の価格弾力性も類推されるとおりだ．

供給の価格弾力性＝(供給量の変化率) / (価格の変化率)

等式を簡略化するため，これ以降，簡便な表記法を使う．E^Dは需要の価格弾力性，E^Sは供給の弾力性，$\%\Delta Q^D$は需要量の変化率，$\%\Delta Q^S$は供給量の変化率，$\%\Delta P$は価格の変化率を示す．この簡便な表記法を用いると，先の等式は以下のように示される．

$$E^D = \frac{\%\Delta Q^D}{\%\Delta P}$$

$$E^S = \frac{\%\Delta Q^S}{\%\Delta P}$$

たとえば，ある財の価格が4％上昇すると，需要量が10％減少する場合，この財の価格弾力性は，次のようになる．$E^D = -10\% / 4\% = -2.5$．この例に関しては，注意点がいくつかある．第1に，需要曲線は右下がりになっているので，需要の価格弾力性はつねに負の数値になる（より正確に言えば，つねに正でない数値になる．後で述べるように，特殊なケースでは0になりうる）．第2に，比率なので，価格弾力性は，価格が1％上昇したときの需要量の変化率として考えることもできる．つまり，この例では，価格が1％上昇すると，需要量は2.5％減少する．

供給の価格弾力性もまったく同じである．たとえば，ある財の価格が50％上昇すると，供給量が25％増える場合，この財の供給弾力性は，次のようになる．$E^S = 25\% / 50\% = 0.5$．ある財の価格が上昇すれば，供給量は増加するので（供給曲線は右上がりなので），供給の価格弾力性はつねに正の数値になる（より正確な言い方をすれば，つねに負でない数値になる）．需要弾力性の場合と同じように，供給弾力性も価格が1％上昇した場合の供給量の変化率と考えることができる．

価格弾力性と価格感応度

弾力性を定義したところで，これを使って，価格変化に対する需要量と供給量の感応度を考えていこう．

需要（供給）が価格にきわめて敏感なら，価格が少し動いただけでも，需要量（供給量）は大きく変化する．つまり，弾力性の等式で，分子である数量の変化率が，分母である価格の変化率に比べてきわめて大きくなる．需要の価格弾力性に関して，数量の変化は価格の変化と方向が逆なので，弾力性は負の数値になる．だが，消費者が価格変化にきわめて敏感に反応するなら，その大きさ（絶対値）は大きくなる．

需要の価格弾力性が大きい市場の例として，消費者がある財を他の財に代替できる余地が大きい市場，あるいはある財を代替品として使える余地が大きい市場があげられる（先に，代替財によって需要曲線がどのようにシフトするかをみた．つまり代替財は，需要曲線がシフトする際にそれを回転させる原動力になりうる例である）．食料品店のリンゴの需要は，おそらく価格感応度がかなり高い．リンゴの価格が高ければ，他の果物を買えばいいし，逆にリンゴの価格が安ければ，他の果物をやめてリンゴを買おうとする人が出てくるだろう．リンゴの需要の価格弾力性は，たとえば−4といった数値になる．価格が1％上がれば，需要量が4％減る，という意味である．

価格の変化に需要があまり反応しない市場では，弾力性の値は小さくなる．サーカスでのキャンディの需要（幼い子ども連れの親の需要）に関しては，おそらく価格の需要弾力性がかなり小さいだろう．この場合，需要の価格弾力性は，たとえば−0.3といった数値になる．これは，価格が1％上がっても需要量は0.3％しか減らない，という意味である（価格が10％上がっても，需要量は3％しか減らない，という言い方をすることもできる）．

供給の価格弾力性が大きい市場——価格の変化に供給量が敏感に反応する市場——とは，価格の変化に応じて生産者が供給量を簡単に変えられる市場である．おそらく生産者のコスト構造は，単位あたりのコストをさほど上昇させずに，できるだけ多くの製品を製造できるようになっている．たとえば，ゲームソフト市場で，あるソフトがヒットして高値で取引されているな

ら，メーカーがDVDを増産したり，ダウンロード用のソフトを追加したりすることは容易なはずである．そのため，この市場における供給の価格弾力性は大きく，たとえば12といった数値になる（価格が1％上昇すれば，供給量が12％増加する）．

供給の価格弾力性が低い市場では，価格が変化しても供給量はさほど変化しない．こうしたことが起きるのは，生産水準の調整にコストがかかる市場，参入や退出がむずかしい市場である．たとえばアメリカン・フットボールの優勝決定戦スーパーボウルでは，スタジアムの座席数が決まっているので，チケットの供給の価格弾力性はきわめて低いといえる．この市場の供給の弾力性は0に近い．ただし，試合が見えにくい座席を開放したり，臨時に座席を増設したりする可能性もあるので，弾力性はわずかにプラスだと考えられる．

応用　需要弾力性と代替財の入手可能性

代替財がどれだけ入手しやすいかが，需要の価格弾力性に影響を与えうることを論じてきた．消費者が簡単に他の財や市場に乗り換えられるとき，ある財の価格変化に対する感応度は大きくなる．つまり，価格がわずかに上昇しただけで需要量は大きく減少し，需要の価格弾力性は（絶対値で）相対的に大きくなる．

経済学者のグレン・エリソンとサラ・エリソンは，代替効果と，それに見合った需要弾力性の極端な例を発見した．[7] 2人は，インターネットの価格比較サイト上に掲載されているさまざまなCPUとメモリの市場に注目した．このサイトでは，性能を詳細に定義した半導体チップやチップセットごとに，各サプライヤーの希望価格を集めて順位づけし，対応するサプライヤーにリンクを張っていた．サプライヤーはこの検索サイトを妨害しようと必死だったが，利用者にとっては特定の製品について複数のサプライヤーの価格

---

7)　Glenn Ellison and Sara Ellison, "Search, Obfuscation, and Price Elasticities on the Internet," *Econometrica* 77, no. 2 (2009): 427–452.

を簡単に比較することができるため，とても便利だ．このケースでは，製品の標準化が進んでいて，製品間の違いがほとんどない．このため消費者は，サプライヤー間で少しでも価格が違えば，即座に反応することができるし，反応しようとする．

このようにサプライヤーを簡単に切り替えられるということは，どのサプライヤーにとっても，自社のCPUやメモリ・チップの需要の価格弾力性がきわめて高いことを意味する．価格が他社よりわずかに高いだけで，簡単に他社に乗り換えられてしまうのだ．2人のエリソンは，このサイトから収集したデータを使って，任意のチップの需要の価格弾力性を−25と推計している．言い換えれば，あるサプライヤーの価格が他社より1％高いだけで（サイト上のチップの価格が1ドルか2ドル高いだけで），売上げが25％も落ちることになる．価格感応度がきわめて高いわけだが，検索エンジンによって代替財が格段に入手しやすくなったためである．このように，代替財の入手のしやすさが，需要の価格弾力性の主要な決定要因の1つなのである． ■

弾力性と時間的視野　消費者や生産者の価格変化への対応の柔軟性——したがって需要量と供給量の価格弾力性を決定する主因の1つが，時間である場合が少なくない．

消費パターンは，短期間で簡単に変えられるものではないが，時間があれば変えられる可能性がある．典型的な例がガソリン市場だ．ガソリン価格が急に値上がりした場合，多くの消費者は値上がり前とほぼ同じ量を消費するしかない．乗る車も同じなら，通勤距離も変わらず，予定が変わるわけでもないからだ．2，3回の用事をまとめたり，相乗りの利用を増やしたりすることはできても対策は限られる．このため，ガソリン需要の短期的な価格弾力性は相対的に低い．ガソリン市場に焦点をあてた実証研究では，価格弾力性は−0.2前後と推計されている．つまり，ガソリンの価格が1％変化しても，需要量は反対方向に0.2％変化するにすぎない．だが，長期的には，個々人が消費行動を見直す余地は大いにある．ガソリン価格が上がり続けるか，当面高止まりするなら，カーシェアリングを続けることもできるし，燃費のいい車に買い換えることもできる．職場の近くに引っ越して通勤距離を

短くすることも可能だ．したがって，ガソリン需要の長期的な価格弾力性は，短期に比べてかなり大きくなる．実証研究では－0.8前後とされている．これは，価格変化に応じて調整できる需要量が，短期の4倍にのぼることを意味している．

　同じ論理は，生産者と供給弾力性についてもあてはまる．期間が長くなるほど，価格変化に応じて生産を調整できる余地は大きくなる．すでにフル稼働している生産者は，価格が上がったからといって，すぐに増産することはできない．だが，価格が長期にわたって高止まりしているなら，雇用を増やしたり，大きな工場を建てたりすることができる．別の企業が生産設備を備えて市場に参入する可能性もあるだろう．

　これらの理由から，大半の財について需要および供給の価格弾力性は，短期よりも長期のほうが大きくなる（需要についてはマイナス幅が大きく，供給についてはプラス幅が大きくなる）．次の小節でみていくが，弾力性が大きいとは，需要曲線および供給曲線の傾きがより緩やかであることを示唆している．つまり需要曲線，供給曲線の傾きは，長期のほうが短期よりもなだらかになる傾向があるといえる．

大きさに基づく弾力性の用語　　経済学では，弾力性の大きさに応じて特別な用語が用いられる．弾力性が（絶対値で）1より大きい場合，**弾力的**（elastic）である，という．先の例でいえば，リンゴは需要が弾力的であり，ソフトウエアは供給が弾力的である．弾力性の大きさが1より小さい場合，**非弾力的**（inelastic）である，という．需要の価格弾力性がちょうど－1か，供給の価格弾力性が1である場合，**単位弾力的**（unit elastic）である，という．価格弾力性が0の場合，つまり，価格変化に応じて数量が変化しない財については，**完全非弾力的**（perfectly inelastic）であるという．逆に価格弾力性が無限で（需要弾力性が－∞，供給弾力性が＋∞），価格変化に応じて需要量あるいは供給量が無限に変化する場合は**完全弾力的**（perfectly elastic）であるという．

弾力性と線形の需要・供給曲線

先に述べたように，経済学では，もっぱら簡便性のために，需要・供給曲線に線形曲線（直線）を使うことが多い．直線はきわめて一般的なので，弾力性と線形曲線の関連についてここで述べておく価値がある．さらに重要な点として，このつながりを描くことで，曲線の傾きと弾力性という，価格に対する感応度を測る2つの尺度が，どう関連し，どう違っているのかがわかる．

弾力性の公式は，弾力性と需要・供給曲線の傾きとの関係がわかりやすい形で書き換えることができる．数量の変化率（$\%\Delta Q$）は，数量の変化（ΔQ）を当初の数量（Q）で割ったものである．つまり，$\%\Delta Q = \Delta Q/Q$である．同様に，価格の変化率は，以下のように表せる．$\%\Delta P = \Delta P/P$．これらを先の弾力性の公式に当てはめると，以下のようになる．

$$E = \frac{\%\Delta Q}{\%\Delta P} = \frac{\Delta Q/Q}{\Delta P/P}$$

ここでEは需要あるいは供給の弾力性であり，そのどちらかになるかはQで示される需要量あるいは供給量に依存する．

書き換えると，

$$E = \frac{\Delta Q/Q}{\Delta P/P} = \frac{\Delta Q}{\Delta P} \cdot \frac{P}{Q} \quad \text{あるいは} \quad E = \frac{1}{\text{傾き}} \cdot \frac{P}{Q}$$

ここで傾きとは$\frac{\Delta P}{\Delta Q}$であり，標準的な価格・数量の関係における需要・供給曲線の傾きを表す．

線形需要曲線の弾力性　図2.16の需要曲線を考えてみよう．傾きは-2だが，P/Qが動くことから，弾力性はさまざまな値をとる．まず縦軸と交わる点Aについて考えてみよう．$Q = 0$では，Pは20ドルで，$Q = 0$なので，P/Qは∞になる．これに，需要曲線（直線）の傾きがマイナスである事実を合わせると，この点での需要の価格弾力性は$-\infty$となる．背後にある論理は次のとおりだ．点Aで価格が20ドルのとき，需要量は0であるが，価格が

図2.16 線形需要曲線の弾力性

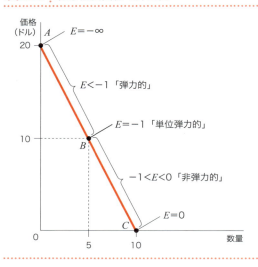

価格と数量の比率(P/Q)と需要曲線の弾力性の絶対値の大きさは，曲線に沿って下がるにしたがって小さくなる．点Aでは，$Q=0$で，$P/Q=\infty$，需要の価格弾力性は$-\infty$である．点Aから点Bのあいだでは，需要曲線は弾力的で，需要の価格弾力性は-1より小さくなる．点Bでは，需要曲線は単位弾力的で，需要の価格弾力性は-1となる．点Bと点Cのあいだでは，需要曲線は非弾力的で，需要の価格弾力性は-1より大きくなる．点Cでは，$P=0$，$P/Q=0$，需要の価格弾力性は0になる．

少しでも下がれば，需要は小幅でもプラスになる．ここでの需要量の変化は，財の単位ではごく小さいが，消費の変化率という点では0からの変化なので∞になる．

線形需要曲線上を下がり，P/Qの比率が低下すると，需要の価格弾力性は小さくなるが（傾きは変化せず，したがってその部分の弾力性も不変であることを想起してほしい），依然として弾力的である．つまり，しばらくは弾力性の絶対値は1を上回っている．いずれ，弾力性の絶対値が1に低下し，この点で需要曲線は単位弾力的になる．図2.16で，単位弾力的になるのは，$P=10$，$Q=5$のときである．というのは，$E^D=-(1/2)\times(10/5)=-1$だからである．図ではこの点を$B$とする．[8] 需要曲線上を右に下がっていくと，弾力性が小さくなり，非弾力的になる．需要曲線が横軸と交差す

---

8) 価格の縦軸と数量の横軸とが交わる線形曲線の場合，単位弾力的になるのはつねに曲線の中間点である．曲線の傾きは，縦軸と交差する価格（P_Y）を横軸と交差する数量（Q_X）で割ったものに等しい．そのため1を傾きで割ると$-Q_X/P_Y$である．中間点での価格・数量比率は，$(P_Y/2)/(Q_X/2)$あるいはP_Y/Q_Xに等しい．したがって，これら2つの値から求められる弾力性は-1になる．

図2.17 線形供給曲線の弾力性

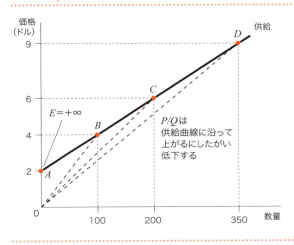

価格と数量の比率(P/Q)と供給曲線の弾力性の大きさは, 供給曲線に沿って上がるにしたがって小さくなる. 点Aでは$Q=0$, $P/Q=\infty$で, 供給の価格弾力性は∞になる. 点Bから点C, 点Dに移動するにしたがって, P/Qが小さくなるのは, 原点と各点を結んだ点線の傾きが小さくなっていく様子に表れている. 需要曲線と違って, 供給の価格弾力性が0になることはない. 供給曲線が数量を示す横軸と交わることがないからである.

るこの点(図では点C)で, 価格は0になり, $P/Q=0$となり, 需要の価格弾力性は0になる.

要約すると, 需要の価格弾力性は, 需要曲線上を右に下がるにつれて, $-\infty$から0に変化する.

線形供給曲線の弾力性　図2.17のように, 線形供給曲線上を上がっていくと, 同様の結果が得られる. ここでも, 曲線の傾きは一定なので, 曲線上の弾力性の変化をもたらすのは, 価格 対 数量の比率(P/Q)である. 供給曲線が縦軸と交わる点Aでは, $Q=0$であり, P/Qは∞になる. この点Aでの供給の価格弾力性は$+\infty$となり, 需要曲線と同じ論理があてはまる. すなわち, 価格がわずかでも上昇すれば, 供給量は0からプラスとなるので, 供給量の変化率は∞なのである.

供給曲線上を上がっていくと, P/Qの比率は低下する. ∞からは低下するしかないのはわかりきっているが, PもQも上昇しているので, P/Qが低下し続けるかどうかはわからないと思うかもしれない. たしかに, 低下し続けなければならないのだ. それを理解するには, 供給曲線上のどの点におい

78　　**第1部　基礎概念**

ても，P/Q 比率は，原点とその点を結んだ点線の傾きに等しくなることを認識する必要がある（点線の縦の増分は価格 P，横の増分は数量 Q．傾きは縦の増分を横の増分で割ったものなので，点線の傾きは P/Q になる）．図2.17では，供給曲線上のいくつかの点について，こうした点線を図示している．図からあきらかなように，供給曲線に沿って右上に行くにしたがって，点線の傾きは小さくなる．

だが，需要曲線と違って，P/Q 比率が0に低下することはない．というのは，供給曲線は横軸と交わることがないためである．したがって，供給の価格弾力性が0に低下することはない．実は，供給曲線に沿って上がるにつれ，P/Q 比率はつねに低下し続けている一方，供給曲線自体の傾きを下回ることがないのは図からわかるはずである．図2.17のように，プラスの価格で縦軸と交わる供給曲線で，生産者がいくらかでもプラスの数量を供給しようと思うには，少なくとも切片まで価格が上昇しなければならない．供給の価格弾力性は，（1/傾き）× (P/Q) なので，こうした供給曲線は，価格が高く供給量が多くなれば単位弾力的に近づくが，決してそこに到達することはない．また，P/Q が0まで低下することはないので，供給曲線の弾力性が0となりうるには，傾きの逆数が0，つまり垂直である場合である．こうした事例については，以下で論じよう．

2.5 解いてみよう

　小さな田舎町のスポーツジムの会員の需要が，$Q = 360 - 2P$ で表されており，Q は月の会員数，P は月会費である．

a. 月会費が50ドルのとき，ジム会員の需要の価格弾力性を計算せよ．

b. 月会費が100ドルのとき，ジム会員の需要の価格弾力性を計算せよ．

c. (a)，(b) の答えをもとにすると，線形需要曲線に沿った価格と需要の価格弾力性との関係について，どんなことが言えるか．

解答：

a. 需要の価格弾力性は，以下のように計算される．

$$E = \frac{\Delta Q/Q}{\Delta P/P} = \frac{\Delta Q}{\Delta P} \cdot \frac{P}{Q}$$

　最初に需要曲線の傾きを計算しよう．最も簡単なのは，等式をPの観点から書き換えて，逆需要曲線を求める方法だ．

$Q = 360 - 2P$

$2P = 360 - Q$

$P = 180 - 0.5Q$

　この需要曲線の傾きは-0.5であることがわかる．Qが1増えるたびに，Pが0.5減ることになるからだ．

　傾きと価格はわかった．弾力性を計算するには，50ドルのときの需要量が必要である．それには，需要の等式でPに50を代入する．すなわち，

$Q = 360 - 2P = 360 - 2 \times 50 = 360 - 100 = 260$

　これで弾力性が計算できる．

$$E = \frac{1}{-0.5} \cdot \frac{50}{260} = \frac{50}{-130} = -0.385$$

b. 月会費が100ドルのとき，需要量は以下の等式で表される．

$Q = 360 - 2P = 360 - 2 \times 100 = 360 - 200 = 160$

　弾力性の公式にあてはめると以下になる．

$$E = \frac{1}{-0.5} \cdot \frac{100}{160} = \frac{100}{-80} = -1.25$$

c. (a) と (b) から，線形需要曲線に沿って価格が上がるにつれて，需要は非弾力的 (0.385<1) から弾力的 (1.25>1) になることがわかる．

完全非弾力的な需要・供給と完全弾力的な需要・供給

　弾力性と傾きに関する公式から，特殊ではあるが，よく議論される需要曲線と供給曲線の形状もある程度わかる．完全非弾力的な場合と，完全弾力的な場合である．

完全非弾力的　　価格弾力性が0のとき，需要と供給は完全非弾力的である，といわれることは前に述べた．いつ，そうなるのだろうか．どんな線形需要曲線についても，横軸（数量）と交わる点では完全非弾力的になることは先ほどみた．だが，どの点でも完全非弾力的な需要曲線とは，どのようなものなのだろうか．弾力性と傾きが逆相関であることから，傾きが−∞の需要曲線は，需要の価格弾力性が0になる．傾きが∞の曲線は垂直なので，完全非弾力的な需要曲線の形状は垂直になる．こうした曲線の例を図2.18のパネルaに示した．これは直観的に理解できる．垂直の需要曲線は，消費者の求める需要量が，価格のいかんにかかわらずまったく変化しないことを示している．価格の変化率がどんな値をとっても，需要量の変化率は0％になる．言い換えれば，需要の価格弾力性は0である．

　完全非弾力的な需要曲線は一般的ではないが（結局のところ，価格が0の場合は，生産者が代替財に移行し，価格が∞の場合は，消費者が代替財に移行する可能性があるからだ），これに近いケースはある．たとえば，糖尿病患者にとって，インシュリンの需要はきわめて価格非弾力的であり，需要曲線はほぼ垂直になる．

　同じ論理は，供給にもあてはまる．垂直の供給曲線は，供給が完全に非弾力的であること，つまり価格が変化しても供給量がまったく変化しないことを示している．コンサートやスポーツイベントのチケットは，会場の収容力の制約から，供給曲線が垂直に近く，完全非弾力的に近い．

　完全非弾力的の含意の1つは，需要曲線あるいは供給曲線がシフトしたとき，変化するのは均衡価格だけで，数量は変化しない，ということである．需要が完全非弾力的な場合，供給曲線がシフトして均衡価格が動いても，均衡数量が変化する余地はない．同様に，供給が完全に非弾力的な場合，需要曲線がシフトしても，変化するのは均衡価格だけで，均衡数量は変化しない．

完全弾力的　　一方，需要あるいは供給が完全に弾力的なとき，価格弾力性は∞である．これは，傾きが0，つまり水平な線形需要曲線あるいは線形供給曲線にあてはまる．こうした曲線の例を，図2.18のパネルbに示した．これも直観的に理解できる．需要曲線あるいは供給曲線の傾きが緩やかな場

図2.18 完全非弾力的な曲線と完全弾力的な曲線

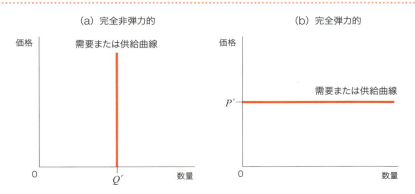

(a) 完全非弾力的
　需要曲線または供給曲線が垂直なとき，その傾きは∞であり，曲線は完全非弾力的である．言い換えれば，価格がどう変わっても，需要量または供給量は変化しない．

(b) 完全弾力的
　需要曲線または供給曲線が水平なとき，その傾きは0であり，曲線は完全弾力的である．言い換えれば，価格が少しでも変われば，需要量または供給量は無限に大きく変化する．

合，価格の違いで数量が大きく変化したように，曲線が完全に水平なら，価格の違いに応じて数量は∞に変化する．需要曲線が水平な場合，価格が曲線をわずかに上回っても，需要量は0である．だが，価格が少し低下し，需要曲線を下回ると需要量は∞になる．同様に，供給曲線が水平な場合，価格が曲線を上回る水準から下回る水準に低下すると，供給量は∞から0にシフトする．

　完全弾力的な需要曲線あるいは完全弾力的な供給曲線を目にするのは，どんなときだろうか．小規模生産者にとって，コモディティに対する需要曲線はほぼ水平に近いと考えられる（この点については，第8章で詳しく論じよう）．たとえば，小規模なトウモロコシ農家は，大型穀物倉庫を保有する地元の卸売業者が定めた固定価格で，希望するだけトウモロコシを買い取ってもらうことができる．卸売業者の取扱量に限界はあるものの，その購買力は一農家が売れる量をはるかに上回っている．つまり，農家の視点からみれ

ば，提示された価格での需要量は，自分次第でいくらでも大きくなりうる．一方，提示価格が低すぎる，もっと高く買って欲しいと農家が主張した場合，卸売業者から一切の買い取りを拒否される可能性がある．つまり，農家のトウモロコシに対する需要量は，卸売業者の提示価格（あるいは，何らかの理由で農家が売る量を減らしたい場合，提示価格を下回る価格）では∞だが，提示価格を上回る価格では0になるということだ．言い換えれば，農家にとって，市場価格での需要曲線は水平になる．

供給曲線が完全弾力的に近くなる例としては，生産者間でコストの違いがほとんどなく，参入と退出が容易な競争の激しい業界があげられる（この点についても，第8章で詳しく取り上げる）．こうした環境では，競争によって価格は共通のコスト並みに押し下げられ，企業の参入・退出によって供給量の差が吸収される．競争が熾烈なことから，どの企業もコストを上回る価格で売ることはできないし，コストを下回る価格で供給しようという企業もいない．それゆえ，業界全体の供給曲線は，生産者のコスト水準でほぼ水平になる．

完全非弾力的な場合とは逆に，需要が完全弾力的な市場で供給曲線がシフトする場合，動くのは均衡数量だけで，均衡価格は動かない．需要曲線が水平なときに，均衡価格を変化させる手立てはない．同様に，供給が完全弾力的な市場で需要曲線がシフトする場合，動くのは均衡数量だけで，均衡価格は動かない．

需要の価格弾力性，支出，売上げ

ある財への消費者の支出と，需要の価格弾力性のあいだには，興味深く有益な関係が存在する．すなわち，需要が非弾力的であれば，価格の上昇と共に支出が増加するが，需要が弾力的であれば，価格の上昇と共に支出が減少する．需要が単位弾力的であれば，価格が変化しても支出は変わらない．同じ関係は，企業の売上げと，需要の価格弾力性のあいだにもみられる．

なぜなら，支出と売上げはともに，価格×数量で得られるからである．すなわち，

$$消費者の総支出＝企業の総売上げ＝価格(P)×数量(Q)$$

　ここで，価格が上昇するとき，支出がどう変化するのか考えてみよう（この小節では，価格が変化した場合の支出の変化を検証していくが，支出ではなく売上げに注目してもいい．同じ結果が得られる）．当然ながら，価格が上昇すれば，直接的な影響として支出は増加する傾向がある．だが，価格が上昇すると需要量が減少して，支出が減少する場合もある．こうした相反する影響のどちらが強いかは，需要の価格弾力性に依存する．

　もっと具体的に説明しよう．2つの数値の積（掛け算）で表される値の変化率は，それぞれの数値の変化率の和（足し算）にほぼ一致する．つまり，価格変動による支出の変化率は，価格の変化率と，その結果生じる需要量の変化率を足し合わせたものになる．いうまでもないが，価格と需要量は逆方向に動くことから，一方の変化がプラスならば，もう一方の変化はマイナスになる．たとえば，価格が上昇する場合を考えてみよう．価格の上昇率が需要量の減少率を上回れば，価格上昇の結果，支出は増加することになる．逆に，需要量の減少率が価格の上昇率を上回れば，支出は減少することになる．

　この点を明確に把握するために，需要の価格弾力性の公式を思い出してみよう．

$$E^D = \frac{\%\Delta Q^D}{\%\Delta P}$$

　需要が非弾力的なら（弾力性が絶対値で1より小さければ，あるいは−1と0のあいだといってもよいが），数量（分子）の減少率は価格（分母）の上昇率を下回る．これは，価格上昇の直接効果が数量効果を上回っており，支出が増加することを意味する．一方，需要が弾力的なら（弾力性が絶対値で1より大きければ），数量（分子）の減少率が価格（分母）の増加率を上回る．このケースでは，価格上昇の間接効果が直接効果を上回り，支出は減少する．需要が単位弾力的（弾力性が−1）の場合は，価格の上昇率は数量の減少率と等しくなるため，支出は変化しない．

　図2.16で示した右下がりの線形需要曲線の場合，需要曲線に沿って移動するにしたがって，支出は決まったパターンをたどることになる．需要曲線と横軸が交わる点Cからみていこう．ここでは価格は0であり，支出も0に

図2.19 線形需要曲線に沿って変化する支出

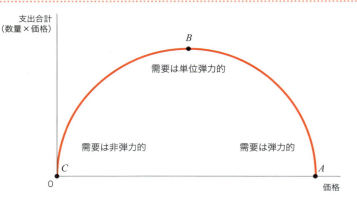

需要曲線上の点Cでは、価格は0、支出も0である。点Cから点Bにかけて、需要曲線は非弾力的であり、需要曲線に沿って価格が上昇するにしたがって支出は増加する。点Bでは支出が最大となる。需要曲線は単位弾力的で、支出は増加も減少もしない。点Bから点Aにかけて、需要曲線は弾力的であり、需要曲線に沿って価格が上昇するにつれて支出は減少する。

なる。これは、どうということはない。そこで、価格を引き上げ、需要曲線上を左上に移動する。前述の議論からわかるとおり、需要曲線上で横軸の切片に近い領域では、需要は非弾力的である。したがって、需要曲線を上がっていくことによる価格の上昇率は、需要量の減少率を上回り、支出は増加するはずである。需要曲線に沿って、価格を上げ続けると、需要がますます非弾力的になっていき、需要が単位弾力的になる点Bまで、支出は増加し続ける。点Bでは、価格が上昇しても支出が変化しないことがわかっている。だが、需要曲線に沿って、さらに価格を引き上げ続けると、需要は価格弾力的になる。需要量の減少率が価格の上昇率を上回り、支出が減り始める。さらに需要曲線に沿って価格を上げ続けると、支出は減り続け、最終的に点Aに至る。数量は0に減り、価格に数量をかけた支出も0になる。

こうした価格に対する支出の変化を需要曲線に沿ってプロットしたものが図2.19である。価格が0の点Cでは、支出も0になる（図2.16の需要曲線上のポイントに対応する支出をプロットしてある）。需要曲線の非弾力的な領域では、価格が上昇すると支出も増加する。価格が点Bに達すると、需要は

単位弾力的になり，支出は増加も減少もしない．価格がさらに高い水準では，価格が上昇するにつれて支出が減少し，最終的に点Aで0になる．需要が単位弾力的な点Bで支出が最大になることに留意してもらいたい．価格が低い水準では需要は非弾力的で，価格の上昇と共に支出が増加するが，価格が高くなると需要は弾力的になり，価格の上昇と共に支出が減少するからだ．

需要の所得弾力性

ここまでは価格弾力性に焦点をあててきたが，それには相応の理由がある．価格弾力性は需要行動・供給行動の主な決定要因であり，市場の機能を理解するうえで大いに助けになるからだ．だが，需要・供給分析で重要な弾力性は，価格弾力性だけではない．需要や供給に影響を与えるあらゆる要因を，価格とそれ以外のすべてに分けたことを覚えているだろうか．「それ以外のすべて」に入る要因の1つひとつは，需要や供給に影響を与え，その影響力は弾力性で測ることができる．

そのうち，所得弾力性と交差価格弾力性は，価格以外の要因が需要や供給に与える影響力を測る尺度としてよく活用されている．

需要の所得弾力性（income elasticity of demand）とは，消費者の所得（I）の変化率に対する需要量の変化率の比率である．

$$E_I^D = \frac{\%\Delta Q^D}{\%\Delta I} = \frac{\Delta Q^D}{\Delta I} \cdot \frac{I}{Q^D}$$

（これは，消費者の所得が1％増加したときの需要量の変化率と同じである．）

所得弾力性は，所得の変化に応じて需要がどう変化するかを示す．所得弾力性がプラスかマイナスか，およびその大きさによって，財を分類することがある．所得弾力性がマイナスの財，つまり所得が増えれば需要量が減る財は，**下級財**（inferior goods）と呼ばれる．質が劣っているという意味ではなく，所得が増えるにつれて消費が減ることを表しているにすぎない（ただし，経済学上の定義では，質の劣るものは多くの場合，下級財である点には留意する必要がある）．下級財の可能性が高い例として，バスの乗車券，

ユースホステル，ホットドッグなどがあげられる．

所得弾力性がプラスの財（所得が増えるにつれて需要量が増加する財）は，**正常財**（normal goods）と呼ばれる．名前のとおり，大半の財はこのカテゴリーに入る．

正常財のうち，所得弾力性が1を上回る財を**贅沢財**（luxury goods）（**奢侈財**とも呼ばれる）と呼ぶ場合がある．所得弾力性が1を上回っている財は，所得を上回るペースで需要量が増加する財である．この結果，消費者の所得が増加するにつれて，予算に占める贅沢財の割合は大きくなる（予算に占める財の割合を一定に保つには，消費量が所得と同じペースで増えなければならない．贅沢財の消費量は所得を上回るペースで増えるため，所得に占める割合が大きくなる）．ヨット，執事，美術品はどれも贅沢財である．

所得と消費者需要の関係については，第4章，第5章で掘り下げよう．

需要の交差価格弾力性

需要の交差価格弾力性（cross-elasticity of demand）とは，別の財（Y）の価格の変化率に対する，ある財（X）の需要量の変化率である．すなわち，

$$E_{XY}^D = \frac{\% \Delta Q_X^D}{\% \Delta P_Y} = \frac{\Delta Q_D^X}{\Delta P_Y} \cdot \frac{P_Y}{Q_D^X}$$

（混乱を避けるために，最初に取り上げた，同一財の価格の変化率に対する需要量の変化率については，**需要の自己価格弾力性**（own-price elasticity of demand）と呼ぶ場合がある．）

ある財（X財）の別の財（Y財）に対する交差価格弾力性がプラスであるとは，Y財の価格が上昇したときに，X財に対する需要が増加することを意味する．言い換えれば，X財はY財の代替財となる．Y財の価格が高くなると，消費者はX財に切り替える．代替財となる財の組み合わせは数多くある．さまざまなブランドのシリアル，レストランの食事と自宅での夕食，多くの大学などがその例だ．経済学者のアヴィヴ・ネヴォは，さまざまなブランドのシリアルの代替性を計測した．たとえば，子ども用のシリアルの「フルート・ループス」は，子ども用の他のブランド「フロステッド・フレークス」

や「キャプン・クランチ」とは代替性がある（E_{XY}^Dは0.131と0.149である）．だが，もっと大人向けのシリアル「シュレッデド・ウィート」との代替性は低く，交差価格弾力性は0.020にとどまっている．[9]

　ある財と別の財との交差価格弾力性がマイナスの場合，別の財の価格が上昇すると，ある財の需要が減少する．これは両者が補完財であることを示している．補完財は，一緒に消費される商品である場合が多い．ペアとなる財のうち，どちらかの価格が上昇すれば，消費者はその財だけでなく，もう一方の財の購入も減らす．牛乳とクッキー，テニス・ラケットとテニス・ボール，コンピュータとソフトウエアも補完財である．

2.6 解いてみよう

　シリアルの需要の価格弾力性が−0.75，シリアルと牛乳の交差価格弾力性が−0.9だとしよう．牛乳の価格が10％値上がりしたとすると，牛乳の値上がり分を相殺し，シリアルの需要量が変わらないためには，何が起きなければならないだろうか．

解答：

　牛乳の価格が10％上がったときに，シリアルの需要がどうなるかを知ることが，第1のステップになる．ここでは交差価格弾力性が活用できる．牛乳の価格に対するシリアルの交差価格弾力性は，$\dfrac{\% \Delta Q_{シリアル}}{\% \Delta P_{牛乳}}$ ＝−0.9に等しい．牛乳は10％値上がりしているので，等式の分母は10になる．したがって，

$$\frac{\% \Delta Q_{シリアル}}{\% \Delta P_{牛乳}} = \frac{\% \Delta Q_{シリアル}}{10} = -0.9$$

$$\% \Delta Q_{シリアル} = -9$$

---

9)　Aviv Nevo, "Measuring Market Power in the Ready-to-Eat Cereal Industry," *Econometrica* 69, no. 2（2001）: 307-342.

つまり，牛乳の価格が10%上がるとき，シリアルの需要量は9%減ることになる．

そこで，シリアルの価格を変えて，需要量の減少分を穴埋めする方法を考えなくてならない．言い換えれば，シリアルの需要量を9%増やすには，シリアルの価格がどうならなくてはいけないか，と考えるわけだ．需要の法則から価格と需要量は逆相関関係にあると考えられるため，シリアルの価格は下がらなくてはいけないはずだ．需要の価格弾力性がわかっているので，シリアルの価格がどれだけ下がらなければならないかを実際に決めることができる．

シリアルの需要の価格弾力性は，$\dfrac{\% \Delta Q}{\% \Delta P} = -0.75$である．牛乳の値上がりによるシリアルの需要の減少を穴埋めにするには，需要量が9%増えなければならない．そこで，等式の分子に9を代入して，分母を解くことができる．

$$\frac{\% \Delta Q}{\% \Delta P} = -0.75$$

$$\frac{9}{\% \Delta P} = -0.75$$

$$\% \Delta P = \frac{9}{-0.75} = -12$$

つまり，牛乳の値上がりでシリアルの需要量が減る影響を相殺するには，シリアルの価格を12%引き下げなければならない．

2.6 結論

本章では，需要と供給という，経済学で最も重要な2つの概念を紹介した．単純化された需要と供給の枠組みを活用して，均衡価格と均衡数量，需要と供給に対するショックの影響，弾力性などの幅広いトピックを検証して

きた.

　だが，この章でみたさまざまなケースは，大部分が単純化され，きわめて抽象的なものだった．現実に市場の需要曲線と供給曲線を計測し，均衡価格と均衡数量を決定するのは，もっと複雑な作業であり，一筋縄ではいかない．たとえば企業が，この章で行ったような分析に基づいて生産決定を行おうとする場合，価格や弾力性，需要曲線など幅広いデータを観察する必要があるが，これらは現実の世界では明確にわからないことが多い．このため企業は，単純化された経済学のモデルで容認されている以上に試行錯誤に頼ることになる．実際，企業の生産担当者と接した経験からも，彼らは必ずしも経済学者のような手法や分析を活用しているとはいえない．活用していれば，業績はもっと上がっているはずだ．第6章以降，第3部をとおして，企業が現実に直面する状況と，生産量や生産方法，そもそも市場に参入すべきか否かなど，具体的に決定すべき事項についてもっと詳しく論じる．そして，これらの決定が企業の供給曲線にどう反映されているかをみていく．さしあたって，この章で組み立てた単純な需要・供給モデルは，以降の章で市場と均衡価格および均衡数量を深く分析するうえで貴重な骨組みになるはずである．

まとめ

1. 経済学者はモデルを使って市場を分析する．モデルでは，複雑な現実の世界を単純化した仮定を採用することで，一般的な知見が得られるようになっている．**需要・供給**モデルは，経済学で最も頻繁に活用される分析的枠組みの1つである．このモデルは，分析対象の市場について，いくつか仮定をおいている．ある市場で売買されるすべての財は同一である，すべての財は同一価格で販売される，市場には多数の買い手と売り手が存在する，といった仮定である．[2.1節]

2. 需要とは，消費者がある財を購入する意欲を示したものである．需要に影響を与える要因は数多く存在する．代表的なものに，価格，所得，品質，嗜好，**代替財**の入手のしやすさなどがあげられる．経済学者は一般

90　**第1部　基礎概念**

に**需要曲線**という概念を活用するが，これは前述の要因を，価格とそれ以外のすべてに分ける．需要曲線は，需要に影響を与える諸要因のうち，価格以外を不変として，価格の変化に応じて需要量がどう変化するかを表したものである．ある財の価格が変化すると，所与の需要曲線上の動きになる．価格以外の要因が変化すると，すべての価格帯で需要量が変化し，需要曲線そのものがシフトする．[2.2節]

3. 供給とは，生産者がある財を生産し，販売しようとする意欲を示したものである．供給に影響を与える要因としては，価格，入手可能な**生産技術**，投入物価格，生産者の他の選択肢などがある．**供給曲線**は，供給に影響を与える諸要因のうち，価格以外を一定として，価格の変化に応じて供給量がどう変化するかを表したものである．ある財の価格が変化すると，所与の供給曲線上の動きになる．価格以外の要因が変化すると，すべての価格帯で供給量が変化し，供給曲線そのものがシフトする．[2.3節]

4. 需要曲線と供給曲線を重ね合わせると，需要量と供給量が等しくなる**市場均衡**価格が決定される．均衡価格が決定されるのは，需要曲線および供給曲線が，需要および供給に影響を与える要因のうち，価格だけを切り離して，数量との関係をみているからだ．均衡価格では，購買意欲のある消費者全員が購入することができ，販売意欲のある生産者全員が販売することができる．[2.4節]

5. 需要および供給に影響を与える（価格以外の）要因が変化すると，市場の均衡価格と均衡数量も変化する．供給曲線が変わらず，需要を増やし，需要曲線を外側にシフトさせる変化の場合，**均衡価格**と均衡数量を引き上げる．需要を減らし，需要曲線を内側にシフトさせる変化の場合，均衡価格と均衡数量を引き下げる．需要曲線は変わらず，供給を増やし，供給曲線を外側にシフトさせる変化の場合，均衡数量は増加し，均衡価格は低下する．供給を減らし，供給曲線を内側にシフトさせる変化の場合，均衡数量は減少し，均衡価格は上昇する．[2.4節]

6. 需要と供給が共にシフトするとき，均衡価格に与える影響，均衡数量に与える影響のどちらかは曖昧になる．需要と供給が同じ方向に動くと

第2章 需要と供給 **91**

き，均衡数量はそれらと同じ方向に動くが，均衡価格への影響はわからない．一方，需要と供給が逆の方向に動くとき，均衡価格は需要と同じ方向に動くが（需要が増えれば価格が上昇し，需要が減れば価格が低下するが），均衡数量への影響ははっきりとはわからない．[2.4節]

7. 経済学者は一般に，さまざまな要因に対する需要と供給の感応度を検討するが，とりわけ価格感応度については，**弾力性**を使って表す．弾力性とは，2つの変数の変化率の割合である．**需要の価格弾力性**とは，価格が1％変化したときの需要量の変化率であり，供給の価格弾力性とは，価格が1％変化したときの供給量の変化率である．[2.5節]

8. 消費者の総支出合計と生産者の総売上げは，どちらも価格×需要量に等しい．需要が**弾力的**なら（$|E^D|$ >1），価格の上昇は支出（売上げ）の減少につながり，価格の低下は支出（売上げ）の増加につながる．需要が**非弾力的**なとき（$|E^D|$ <1），価格の上昇は支出（売上げ）の増加につながり，価格の低下は支出（売上げ）の減少につながる．需要が**単位弾力的**なとき（$|E^D| = 1$），価格の変化は支出（売上げ）の合計に影響を与えない．[2.5節]

9. 需要量の感応度を測る価格以外の弾力性としては，所得弾力性と交差価格弾力性（他の財の価格に対する弾力性）が一般的である．**需要の所得弾力性**は，**正常財**についてはプラス，**下級財**についてはマイナスになる．**需要の交差価格弾力性**は，代替財についてはプラス，補完財についてはマイナスになる．[2.5節]

復習問題

（解答は以下のサイトで入手できる．https://store.toyokeizai.net/books/9784492314951）

1. 需要・供給モデルを支える主要な仮定が4つある．これらの仮定をあげよ．
2. ある財の補完財と代替財は，ある財の需要に影響を与える．補完財と代替財を定義せよ．
3. 需要曲線を描くために，どんな単純な仮定をおいているか．なぜ，需要曲線は右下がりなのか．
4. 需要量の変化と需要の変化の違いは何か．

92   第1部　基礎概念

5.　なぜ供給曲線は右上がりなのか.

6.　供給曲線とは何か.　なぜ，経済学者は逆供給曲線を使って供給を示すことが多いのか.

7.　供給量の変化と供給の変化の違いは何か.

8.　市場均衡を定義せよ.　市場均衡における供給量と需要量について，どんなことがいえるか.

9.　市場価格が均衡価格を下回るとどうなるか.　それは，なぜか.

10.　需要曲線がシフトすると，価格と数量はどの方向に動くか.

11.　供給曲線がシフトすると，価格と数量はどの方向に動くか.

12.　需要曲線と供給曲線が共にシフトするとき，価格か数量のいずれかの変化の方向がわからなくなるのは，なぜか.

13.　需要曲線と供給曲線が同じ方向にシフトするとき，均衡価格には何が起きるか.　均衡数量には何が起きるか.

14.　弾力性と傾きの違いは何か.

15.　経済学では特定の大きさの弾力性については特別な用語があてられる.　以下の用語について，弾力性の大きさを示せ.　非弾力的，弾力的，単位弾力的，完全弾力的，完全非弾力的.

16.　総支出，総売上げとは何か.

17.　価格の変化が総支出に与える影響を予想するには，需要の価格弾力性を知る必要があるのはなぜか.

18.　需要の所得弾力性という概念を使って，正常財，贅沢財，下級財を説明せよ.

19.　需要の交差価格弾力性という概念を使って，代替財，補完財を説明せよ.

演習問題

(＊をつけた演習問題の解答は，以下のサイトで入手できる.　https://store.toyokeizai.net/books/9784492314951)

1.　需要曲線上の動きと，需要曲線自体のシフトには違いがあるか.　ミクロ経済学を履修しているが，この違いがよくわかっていない友人に，どう説明するか.

*2.　有機ニンジンの需要が以下の等式で与えられている.

$$Q_O^D = 75 - 5P_O + P_C + 2I$$

P_Oは有機ニンジンの価格，P_Cは普通のニンジンの価格，Iは平均的な消費者

の所得である. 有機ニンジンの価格に対する有機ニンジンの需要量だけを示した一般的な需要曲線とは違う点に留意してほしい. この需要関数は, 他の要因——具体的には他の財 (普通のニンジン) の価格と所得が有機ニンジンの需要に与える影響も示している.

a. $P_C = 5$ と $I = 10$ のとき, 有機ニンジンの需要曲線を描け.

b. (a) で描いた需要曲線を使って, $P_O = 10$ のときの有機ニンジンの需要量を求めよ.

c. (a) で描いた需要曲線を使って, $P_O = 5$ のときの有機ニンジンの需要量を求めよ.

d. ここで, $P_O = 10$, $P_C = 15$ (I は 10 で変わらない) とする. 有機ニンジンの需要量を求めよ. (b) の答えと比べて, 需要の変化あるいは需要量の変化はあるだろうか. グラフを使って表せ.

e. 普通のニンジンの価格が上がったとき, 有機ニンジンの需要はどうなるか. 有機ニンジンと普通のニンジンは補完財か代替財か.

f. 平均的な消費者の所得が上がったとき, 有機ニンジンの需要はどうなるか. ニンジンは正常財か下級財か.

*3. 以下の出来事のなかで, コーヒーの需要を増やしそうなものはどれか. 自分の考えを述べよ.

a. 紅茶の価格の上昇

b. ドーナツの価格の上昇

c. コーヒーの価格の下落

d. コーヒーを飲むと心臓病のリスクが減る, という当局の発表

e. 豪雨によりコロンビアのコーヒー豆収穫量が過去最低に

4. 以下のそれぞれの出来事は, 米国におけるファストフードのハンバーガーの供給曲線あるいは需要曲線をどのようにシフトさせそうか. 影響を受けるのはどちらの曲線か (両方か), シフトの方向は内側か外側かを示せ.

a. 牛肉の価格が3倍に

b. 鶏肉の価格が半値に

c. 高齢化によるティーンエイジャー人口の減少

d. 汚染された牛肉を口にすることで, 稀だが重篤な状態に陥る狂牛病が, 米国で蔓延

e. 牛肉の摂取量を増やして体重を落とすダイエットは健康を害する, と食品・医薬品当局が発表

f. 美味しいハンバーガーを作るための安価な家庭用グリルのCMがテレビで

大量放映
g. ドル高の進行で，外国人観光客にとって米国旅行が割高に
h. 最低賃金の上昇
5. ニューヨーク—シカゴ間は，ニューヨーク—オーランド間より距離が短いのに航空運賃が高いのはおかしい，とルームメイトが言っている．ルームメイトは，距離と運賃の関係についてどのような想定をおいているか．自分なら，この運賃をどう説明するか．
*6. 厳しい寒波でフロリダのオレンジの大半が壊滅的被害を受けた．同じ時期に，『全米医学協会誌』がオレンジジュースを大量に摂取すれば心臓病とがんのリスクを軽減すると発表．この2つの出来事が，オレンジジュースの価格にどんな影響を与えるか．オレンジジュースの販売量にはどんな影響を与えるか．
7. 過去30年間，年代物の避雷針を収集してきたとしよう．収集を始めた頃は，町の骨董品屋を巡って，売り物を探しまわった．今やインターネットのおかげで，いつでも簡単に多くの避雷針が見つかるようになった．
    a. インターネットの発明と普及で，避雷針の需要曲線がどうシフトしたか，図で示せ．
    b. 避雷針市場で変化したのは，aで述べた点だけだとする．この変化は，避雷針の均衡価格と均衡数量にどのような影響を与えるか．
8. 2002年3月のガソリンの小売価格は，1ガロンあたり1.19ドルで，1990年8月とまったく同じだった．だが，週間の生産量＝消費量は，1990年の660万バレルから2002年は870万バレルに増加した．下のグラフを使って，需要曲線と供給曲線のシフトを描き，2つの現象を説明せよ．

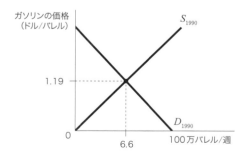

9. トイレット・ペーパーの需要が増加すると，均衡販売量は増加する．消費者は購入を増やし，生産者は生産を増やす．
    a. 生産者は，新たな需要を満たすための増産の必要性を示すシグナルをど

ようにして受け取るか.

b. 増産は供給の増加を反映したものか，それとも供給量の増加を反映したものか．（a）に言及しながら，自分の考えを説明せよ.

*10. タオルの需要が$Q^D = 100 - 5P$，タオルの供給が$Q^S = 10P$で与えられている.

a. 逆需要曲線と逆供給曲線を求め，グラフに描け.

b. 均衡価格と均衡数量を求めよ.

c. どの価格帯でも供給が減少し，販売用のタオルが20枚少なくなるとする．新たな逆供給曲線を求め，グラフに描け.

d. 新たな均衡価格と均衡数量を求めよ.

11. 毎年，新入生の成績優秀者40名を受け入れる大学の特別講座がある．例年，講座の参加要件を公開した後に学生を募集する．担当者の観察によると，前年に比べて参加要件が厳しくなると応募者が減り，参加要件がゆるくなれば応募者が増えるので，毎年，応募者と定員が等しくなるように，参加要件を調整するようになった．このシステムは完璧ではないが，担当者は応募者群を比較的正確に予測できている.

a. この状況で，何人の学生が特別講座に応募するかを決める「価格」にあたるのは何か．大学側は講座の定員を増やしたり，減らしたりする予定はない．この状況を示す需要曲線と供給曲線を描け.

b. この状況での「価格」の決まり方は，通常，考えられる均衡価格の決まり方とどう違うか.

c. 特別講座の応募学生は通常，大学でもとくに優秀な学生だとする．大学が成績優秀な新入生に奨学金を支給する制度を新たに導入すると，今後数年，講座の難易度はどう変わると予想されるか．答えをグラフと共に示せ.

d. 大学の学長が，初回の特別講座の厳しさに感心し，定員を2倍にすることにした．学生の選抜方法は変わらないとすると，参加要件はどうなると考えられるか．答えをグラフと共に示せ.

e. 学部長は，特別講座の定員を増やすのではなく，別の学科での新講座の開講を推奨している．初回は科学が対象だった．数学の特別講座を新設すると，科学の特別講座の参加要件はどうなるか．美術史ならどうか．考えを述べよ.

12. ファン・ゴッホの絵の市場を考える．贋作が入り込む余地はないものとする.

a. ファン・ゴッホの絵の供給は，やや弾力的，やや非弾力的，完全弾力的，

完全非弾力的のどれか．それは，なぜか．

b. ファン・ゴッホの絵の供給曲線を描け．

c. ファン・ゴッホの絵が世界に10枚しかなく，需要曲線は$Q = 50 - 0.5P$とする．均衡価格はいくらか．

d. 火災により5枚の絵が灰になった．新たな均衡価格はいくらか．

*13. 羽毛入り枕の需要が，$Q^D = 100 - P$，供給が$Q^S = -20 + 2P$で与えられている．

a. 均衡価格を求めよ．

b. 均衡価格を需要の等式に戻し，均衡数量を求めよ．

c. 均衡価格を供給の等式に戻し，均衡数量を求めて確認せよ．bで出した答えと合っているか．

d. 均衡点での需要弾力性と供給弾力性を求めよ．需要と供給のどちらの弾力性が高いか．

e. 需要関数と供給関数を逆にし（言い換えれば，それぞれのPを求め），グラフにせよ．均衡点での需要・供給弾力性は，先に求めた答えと一致しているか．

14. 新進の経済学者バックは飴の逆需要曲線を$P = 100$ドル$- Q^D$，逆供給曲線を$P = Q^S$と計測した．バックの友人の経済学者ペニーは，セント単位で計算するのを好む．飴の逆需要曲線を$P = 10,000 - 100Q^D$，逆供給曲線を$P = 100Q^S$とする．

a. バックの計算式を使って，逆需要曲線の傾きを求め，市場均衡点での需要の価格弾力性を計算せよ．

b. ペニーの計算式を使って，逆需要曲線の傾きを求め，市場均衡点での需要の価格弾力性を計算せよ．傾きはバックの計算と同じだろうか．需要の価格弾力性はどうだろうか．

15. 農業の技術革新で，レタスの生産コストが10％下がったとする．このコスト削減によって，事実上，逆供給曲線はどの数量でも10％下方にシフトすることになる．

a. レタスの価格は，需給要因によって決まるとする．最初にレタス市場のグラフを描き，次に技術革新の影響を描き加えよ．

b. レタス農家は，技術革新によってコストが浮いた分を収入として確保できるか．それとも消費者に還元することになるか．グラフを使って説明せよ．

c. 答えは，どの程度，レタスの需要の価格弾力性に依存しているか．2つの

グラフを使ってポイントを示して説明せよ．
16. コカインなどの違法薬物を常習者が買えないようにするため，政府が購入して価格を吊り上げるべきだと主張している議員がいる．この案には，どんな利点があるか．単純な需要と供給の枠組みで，この論理を説明せよ．違法薬物の需要の弾力性は，この案とどう関係しているか．需要が非弾力的である場合，多少なりともこの案を支持するか．
17. 以下の問題の弾力性について考えよ．
   a. 自動販売機の缶入りソーダの価格を10％値上げしたところ，売上げが2.5％落ちた．缶入りソーダの需要の弾力性を求めよ．
   b. (a) を参照．缶入りソーダの売上げ合計＝缶入りソーダの価格×販売本数 ($TR = P_{ソーダ} \times Q_{ソーダ}$) である．価格の引上げが売上げ合計に与える影響は，およそ何％か．
   c. 帆船の営業担当のサルは，販売数を8％増やさなければクビだと上司から言い渡された．目標を達成するため，サルは担当分の値下げを考えている．需要の価格弾力性が－2.66だとすると，目標を達成するためサルはどれだけ値下げすべきか．
   d. ヨギは一切れずつに切られたピザを大量に食べる．オフィスの近くに売りに来る移動販売のピザ店には1枚5ドルを払っている．新たに販売を開始したピザ店が1枚3ドルで売り出したとき，1カ月のピザ代が増えていることに気づいた．ヨギのピザの需要弾力性について，どんなことがいえるか．

*18. 一般消費者のカエルの足に対する逆需要曲線は以下で与えられるとする．すなわち，$P = \dfrac{3}{Q^D}$ である．逆需要曲線のグラフは以下のとおりである．

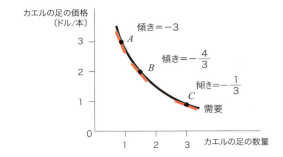

   a. 需要曲線が単位弾力的であることを示せ．

b. レストランでカエルの足を提供する場合，高くしたほうが儲かるか，安くしたほうが儲かるか．

19. 経済学者がよく使う弾力性の1つに，交差価格弾力性がある．交差価格弾力性とは，他の財の価格が1％変化したときに，ある財の需要量が何％変化するかを表す．

   a. シャンプーとコンディショナーでは，交差価格弾力性はプラスかマイナスか．それはなぜか．

   b. ガソリンとエタノールでは，交差弾力性はプラスかマイナスか．それはなぜか．

   c. コーヒーと靴では，交差価格弾力性はプラスかマイナスか．それはなぜか．

20. 経済学者がよく使う弾力性の1つに，所得弾力性がある．所得弾力性とは，消費者の所得が1％変化したときの，ある財の需要量の変化率である．

   a. 財がスウェーデン式マッサージの場合，所得弾力性はプラスになるか，マイナスになるか．

   b. 財がラーメンの場合，所得弾力性はプラスになるか，マイナスになるか．

   c. 財が卓上の塩の場合，所得弾力性はプラスになるか，マイナスになるか．

第 **1** 部　基礎概念

需要と供給のツールを
使って市場を分析する

第 **3** 章

第2章では，需要と供給という分析のツールを紹介した．需要曲線と供給曲線で表される経済決定について学び，市場が均衡するとはどういうことかを定義した．この章では，これらのツールを使って市場の機能を掘り下げていく．任意の市場で消費者と生産者が享受する便益の合計を測る方法を学び，需要曲線や供給曲線がシフトしたときに便益がどう変化するのかを学ぶ．また，政府のさまざまな市場介入策が消費者と生産者の便益にいかに影響を与えているかもみていく．

　政府はしばしば市場の機能に影響を与える政策を実施する．その目的は，特定の有権者を有利にしたり，必要な税収を確保したり，あるいは（第16章でみるように）市場の失敗を正したりすることである．たとえば，ガソリン価格が消費者の我慢の限界を超えるほど上昇すると，決まって価格に上限を設けるよう主張する政治家が現れる（上限価格規制と呼ばれる）．こうした時期に実施される世論調査によると，上限価格規制は良い政策だと受けとめている人が少なくない．この見方は正しいのだろうか．市場の状態の変化が政府の介入の結果であれ，需要や供給，あるいはその両方に影響を与える数多くの要因の1つが変化した結果であれ，需要・供給モデルを使って市場を分析すれば，価格と数量に何が起きているかだけでなく，誰が得をし，誰が損しているのか，それはどの程度かを見極めることができる．

100　第1部　基礎概念

3.1 消費者余剰と生産者余剰
──市場で得をしているのは誰か

　任意の政策が市場に及ぼす影響を理解するには，ある市場において財やサービスを売買することで消費者や生産者が得られる便益を測る手段が必要である．経済学では，消費者余剰と生産者余剰という概念を活用して，こうした便益を測定する．

消費者余剰

　消費者余剰（consumer surplus）とは，ある財に対して消費者が支払ってもよいと考える価格（需要曲線の高さで測られる）と実際に支払わなくてはならない金額の差である．消費者余剰は通常，通貨の量で表される．

　なぜ消費者余剰をこのように定義するかを理解するために，経済学者のように考えてみよう．水も持たずに，砂漠で迷子になった男性がいる．喉がカラカラで，ポケットには1,000ドルある．この砂漠でコンビニが見つかり，ボトル入りの炭酸飲料があった．この男性はいくら払おうとするだろうか．喉の渇きがいやせるなら，有り金の1,000ドルを全部はたいてもいいと思うのではないだろうか．第2章で学んだ弾力性という概念をあてはめると，この男性の飲み物への需要は，ほぼ完全非弾力的だといえる．価格がいくらであろうと，1本の飲み物が欲しいはずだ．店頭の販売価格は1ドルだった．喉が渇いて仕方ない男性は，1,000ドル払うつもりがあるのに，市場価格の1ドルしか払う必要がない．代金を支払って飲み物を手に入れた男性のポケットには，999ドル残った．この999ドル──男性が支払うつもりだった金額と，実際に支払った金額の差，これが男性の消費者余剰である．

　この1人の例を拡大して，市場全体の需要曲線に対する消費者余剰を考えることができる．例としてパイク・プレース・マーケットに戻るが，今度はリンゴの市場を考えることにしよう．図3.1の需要曲線は，任意の価格で消費者が買おうするリンゴの量を示している．1ポンド（454グラム）あたりの

図3.1 消費者余剰とは

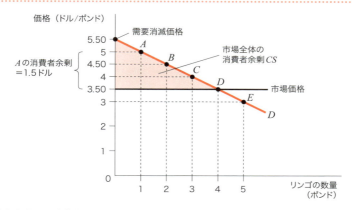

消費者余剰とは，消費者がある財に支払うつもりの金額と，実際に支払わねばならない価格の差である．需要曲線は，任意の価格で消費者が買うつもりのある，リンゴの数量を示している．点Aの消費者は，1ポンドあたり5ドルを支払う意思がある．市場価格が3.5ドルなら，点Aの消費者余剰は1.5ドルになる．同様に，各点の消費者余剰は，点Bで1ドル，点Cで0.5ドル，点Dでは0となる．点Eでは，消費者はリンゴを買わない．市場全体の消費者余剰は，需要曲線より下で市場価格より上のカラーで影をつけた三角形CSの面積である．三角形の底辺はリンゴの販売量であり，高さは市場価格と需要消滅価格の差である．

リンゴの市場価格は3.5ドルだとする．

需要曲線上の各点は，各人が1ポンドのリンゴにいくら払うつもりがあるかをプロットしたものであり，これにより各人の消費者余剰を測ることができる．先ほどの喉が渇いていた男性の例と同じように考えればいい．需要曲線の点Aでは，1ポンドのリンゴに5ドルまで払う意思がある．リンゴが1ポンド＝3.5ドルなら，リンゴを買って，なおかつ1.5ドルの消費者余剰が残る．点Bは，4.5ドル支払う意思があり，消費者余剰は1ドルになる．点Cの消費者余剰は0.5ドルである．点Dは1ポンドあたり3.5ドル支払う意思があり，市場価格と等しいので，消費者余剰は存在しない．[1] 点Eは，市場価格を下回る1ポンドあたり3ドルまでしか支払う意思がないので，リンゴは買わない．市場全体の消費者余剰の合計を知るには，リンゴを買った人たちの余剰を足し合わせればいい．

102　第1部　基礎概念

　すべての余剰を足し合わせると，パイク・プレース・マーケットのリンゴ市場全体の消費者余剰は，需要曲線より下で市場価格より上の部分，図3.1のカラーで影をつけた三角形CSの面積であることがわかるはずだ．消費者余剰の三角形の底辺は，リンゴが売れた量である．三角形の高さは，市場価格（3.5ドル）と，需要量が0になる**需要消滅価格**（demand choke price）（5.5ドル）との差である．[2]

　この例で需要曲線は，1単位あたりに支払うつもりの価格が異なる消費者の集合として表されている．高い価格を支払ってもいいと考える人は，需要曲線の左上に位置し，さほど支払いたくない人は，曲線に沿って右下に位置する．同じ論理は，個人の需要曲線にもあてはまる．ある財が1単位ずつ増えるにしたがって，支払う意欲が低下することを反映している．たとえば，ある人がリンゴを買う場合，最初の1ポンドには喜んで5ドル支払うが，2度目の1ポンドには4ドル，3度目の1ポンドには3.5ドルしか支払いたくなくなると考えられる（保管場所がないのかもしれないし，食べ飽きただけかもしれない）．1ポンドの市場価格が3.5ドルなら，3ポンド買うだろう．この人の消費者余剰は，最初の1ポンドが1.5ドル，2度目の1ポンドが0.5ドル，3度目は0になり，合計で2ドルとなる．こうした計算を，リンゴを購入する消費者すべてについて行い，消費者余剰を足し合わせると，図3.1の三角形で示されたのと同じタイプの消費者余剰ができあがる．

---

1)　数年前，他大学に引き抜かれた経済学者がいた．その大学は，引き抜く条件として，報酬の大幅な引上げを提示した．秋に着任すると，学部長からよく来てくれたと歓迎された．すると彼は，本当に歓迎されているならば，自分はまだ引き上げることができたはずの報酬を要求し損なったのだ，と応じた．大学側に消費者余剰を残したくなかったのだ．

2)　完全な正確性を求めるなら，計算に関して認識しておくべき技術上の問題が2つある．第1に，三角形になるのは，需要曲線が直線の場合だけである．ここでは単純化のため需要曲線を直線としているが，現実の需要曲線は曲線である場合が多い．第2に，全体の消費者余剰を正確に計算できるのは，所得の限界効用が一定の場合だけである．効用の概念については，第4章で取り上げる．所得が高いときよりも低いときのほうが，所得1ドルの価値がかなり大きいとすると，消費者余剰全体が人々の幸福度に同じ影響を与えると言い切ることはできない．

図3.2 生産者余剰とは

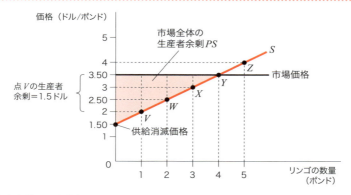

生産者余剰とは，生産者がある財を売るつもりのある価格と，実際に受け取る金額の差である．供給曲線は，任意の価格で生産者が売るつもりのある，リンゴの量を示している．点 V の生産者は，1ポンドあたり2ドルで売りたいと思っている．市場価格は3.5ドルなので生産者余剰は1.5ドルになる．同様に，各点の生産者余剰は点 W が1ドル，点 X が0.5ドル，点 Y が0となる．点 Z ではリンゴは売らない．市場全体の生産者余剰は，供給曲線より上で市場価格より下のカラーで影をつけた三角形 PS の面積である．三角形の底辺は販売量，高さは市場価格と供給消滅価格の差である．

生産者余剰

　消費者が市場の取引で余剰を獲得するのと同じように，生産者も市場取引で余剰を獲得する．**生産者余剰**（producer surplus）とは，ある財に対して生産者がその財を販売してもよいと考える価格と（供給曲線の高さで測られる），実際に支払いを受け取る金額との差である．パイク・プレース・マーケットのリンゴ市場の供給曲線，図3.2から，任意の価格帯で生産者が売りたいと考えるリンゴの量がわかる．供給曲線上の各点が，異なる生産者を表しているとすると，V 社は1ポンド＝2ドルで売りたいと考えていることがわかる．だが，市場価格の3.5ドルで売ることができる V 社は1.5ドルの生産者余剰を獲得することになる．[3)] W 社は1ポンドあたり2.5ドルで売りたいと考えており，生産者余剰は1ドルになる．同じように，X 社の生産者余剰は0.5ドルである．ただし1社だけ，3.5ドルで売りたいと考えている Y 社には，生産者余剰は存在しない．Z 社は，市場価格の3.5ドルを上回る4ドル

で売りたいと考えているため，市場から締め出されている．市場全体の生産者余剰の合計は，供給曲線上のすべての生産者の余剰を足し合わせたものになる．この額は，供給曲線より上で市場価格より下の三角形——図3.2でカラーで影をつけた三角形 PS に等しい．三角形の底辺は売れた量である．三角形の高さは，市場価格（3.5ドル）と，供給量が0になる**供給消滅価格**（supply choke price）（1.5ドル）との差である．1ポンドあたり1.5ドル未満では，リンゴを売ろうとする生産者はいない．

　この供給曲線は，売りたい価格が異なる生産者を寄せ集めたものである．同じ論理は，個々の生産者の供給曲線にもあてはまる．企業が生産を増やすと，追加的に生産コストが上昇する．こうしたケースで販売量を増やすには，追加コストを吸収するために価格を引き上げなければならない．[4] この企業の生産者余剰は，市場価格と1単位を売るのに必要な最低価格との差の合計額になる．

3.1 解いてみよう

　［アメリカ］中西部のある都市における新聞の需要曲線，供給曲線は以下のとおりである．

$$Q^D = 152 - 20P$$
$$Q^S = 188P - 4$$

Q は1日あたりの新聞の部数で単位は1,000部，P は1部あたりの価格で単位はドルである．

a. 均衡価格と均衡数量を求めよ．

b. 均衡価格における消費者余剰と生産者余剰を求めよ．

---

3) 生産者余剰を「利潤」（profit）と呼びたくなるだろうが，そうしてはならない．ここでは利潤というのが当然だと思えるかもしれないが，経済学における「利潤」の正確な意味については，後の章で扱う．この例における生産者余剰は，正確な意味での利潤ではない．

4) 企業が市場価格を所与のものとして扱っていると想定している．この場合と，企業が価格決定力を持つ場合の供給行動については，第8章と第9章で論じる．

第3章　需要と供給のツールを使って市場を分析する　　**105**

解答：

a. 市場が均衡するのは需要曲線と供給曲線が一致する$Q^D = Q^S$のときであり，これを解けばいい．すなわち，

$$Q^D = Q^S$$
$$152 - 20P = 188P - 4$$
$$156 = 208P$$
$$P = 0.75 \text{ドル}$$

　　したがって，1部あたりの均衡価格は0.75ドルになる．均衡数量を求めるには，均衡価格を需要曲線か供給曲線のいずれかに代入すればいい．

$$Q^D = 152 - 20P \qquad Q^S = 188P - 4$$
$$= 152 - 20 \times 0.75 \qquad = 188 \times 0.75 - 4$$
$$= 152 - 15 \qquad\qquad = 141 - 4$$
$$= 137 \qquad\qquad\quad = 137$$

　　Qの単位は1,000だったので，均衡数量は1日あたり13万7,000部になる．

b. 消費者余剰，生産者余剰を計算するには，グラフを使うのが手っ取り早い．まず，需要曲線と供給曲線をプロットする必要がある．それぞれの曲線について，2つの点が確認できる．1つは均衡点であり，均衡価格 (0.75ドル) と均衡数量 (1.37) の組み合わせである．2つ目は需要消滅価格と供給消滅価格である．これらはQ^D，Q^Sを0として，Pを解けばいい．

$$Q^D = 152 - 20P \qquad Q^S = 188P - 4$$
$$0 = 152 - 20P \qquad 0 = 188P - 4$$
$$20P = 152 \qquad\quad 4 = 188P$$
$$P = 7.6 \qquad\qquad P = 0.02$$

　　つまり，需要消滅価格は7.6ドル，供給消滅価格は0.02ドルである．

　　需要曲線，供給曲線は，次ページの図のように描くことができる．消費者余剰CSは，需要曲線より下で，均衡価格よりも上のAの部分になる．Aは，次の等式で求められる．

$$CS = 面積A = \frac{1}{2} \times 底辺 \times 高さ$$
$$= (0.5) \times (137{,}000 - 0) \times (7.60 - 0.75) ドル$$
$$= (0.5) \times 137{,}000 \times 6.85 ドル = 469{,}225 ドル$$

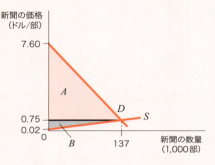

生産者余剰PSは，均衡価格より下で，供給曲線よりも上のBの部分である．

$$PS = 面積B = \frac{1}{2} \times 底辺 \times 高さ$$
$$= (0.5) \times (137{,}000 - 0) \times (0.75 - 0.02) ドル$$
$$= 0.5 \times 137{,}000 \times 0.73 ドル = 50{,}005 ドル$$

応用　イノベーションの価値

　消費者余剰と生産者余剰という概念がわかると，経済学のなかでもとくに重要なテーマの1つである新製品の導入について，簡単な分析ができる．経済学者は，社会の生活水準を向上させるうえでイノベーションと新製品を重要視している．イノベーションの価値を議論するには，新製品が消費者にどれだけ便益をもたらすかを測る尺度が必要である．

　単純に考えれば，新製品の価値とは，消費者がその製品に支払う金額を足し合わせればいいのではないか，ということになりそうだ．だが，これは正しくはない．現実には，支払った金額以上に新製品の価値を感じている消費者が少なくないからだ．この点，消費者余剰なら，新製品の便益を余すとこ

ろなく測ることができる．というのは，消費者余剰は，実際に支払う金額よりもどれだけ製品を高く評価しているかを示しているからだ．

　新製品の市場において潜在的な消費者余剰の大きさを決定する主な要因は，需要曲線の傾きである．他の条件がすべて同じなら，傾きがきついほど消費者余剰は大きくなる．なぜなら，傾きのきつい需要曲線とは，少なくとも一部の消費者（需要曲線の左上を占める消費者）が，この製品を購入する意欲が強いからである（価格・数量を表した需要曲線で確認できる．まず，均衡価格を示す水平線を描く．次に，均衡需要量が等しくなるように，この水平線と同じ点で交わり，傾きの異なる需要曲線を描く．すると，需要曲線の傾きがきついほど，消費者余剰を示す三角形の面積が大きいことに気づくはずだ）．

　一例としてメガネに注目しよう．経済学者のジョエル・モキアは，その著書 *The Lever of Riches*〔Oxford University Press, 1990〕のなかで，1280年頃にメガネが発明されたことで，職人が細かい作業に従事できる年数が大幅に延びたと指摘している．メガネを1280年当時の「新技術」だと考えれば，メガネの需要曲線がどのような形状だったかを図示することができる．当時，メガネなしでは目がよく見えない人が多く，需要曲線は傾きがきつかったと考えられる．どうしてもメガネを手に入れたいと考えた人が相当数いたわけだ．この曲線は，需要が価格にさほど敏感でなかったことも示唆している．20世紀後半にコンタクトレンズが市場に出回るまでの700年間にわたって，需要曲線の傾きはおそらく変わらなかったと考えられる．

　第2章で，代替財が簡単に手に入るなら需要は弾力的になることを学んだ．これはメガネにもあてはまる．コンタクトレンズが手に入るようになると，メガネの需要は価格に敏感になった．この弾力性の変化は，メガネの消費者余剰にどのような影響を与えるだろうか．図3.3に答えが示されている．1950年当時，もっとよく見えるようになりたいと思ったら，選択肢はメガネしかなかったので，メガネの需要D_1は非弾力的で，消費者余剰は大きかった．消費者余剰は市場価格より上で需要曲線D_1より下の部分，AとBを合わせた面積になる．価格がPよりかなり高くても，メガネを買いたいと思う人は少なくなかった（これこそ，需要が非弾力的という意味だ）．

図3.3 消費者余剰と需要の弾力性

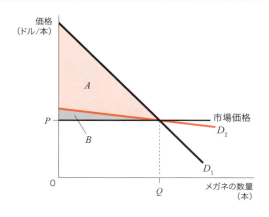

D_1は，代替財となるコンタクトレンズが出回る前の1950年のメガネの需要曲線である．D_1は相対的に非弾力的であり，消費者余剰の合計$A+B$は大きい．D_2は，コンタクトレンズが市場に投入された後のメガネの需要曲線である．D_2は相対的に弾力的で，消費者余剰Bは以前にくらべて小さくなっている．

　コンタクトレンズが出回ると，メガネの需要はD_2で示すように，かなり弾力的になった．均衡価格で以前と同じだけの人がメガネを買うとしても，メガネの価格が大幅に上がれば，コンタクトにすればいいので，多くの人がメガネをやめるだろう．この図から，コンタクトが登場して以降，メガネの消費者余剰が減っているのがわかる．傾きが緩やかな新たな需要曲線D_2より下で，市場価格より上の面積は，ごくわずかしかない（B）．

　コンタクトレンズという新たな視力矯正手段が他にできると，メガネは以前ほどの価値がなくなる．メガネしかないなら，何千ドルも払うかもしれないが，コンタクトレンズが300ドルで買えるなら，メガネに支払おうと考える金額もおのずと限られてくる．200ドルは出すかもしれないが，1,000ドル出そうとは思わないはずだ．消費者余剰の差は，この変化を反映している．視力矯正手段がメガネしかないなら，メガネは奇跡的な発明であり，消費者余剰も大きくなる．消費者余剰は，何よりも人々がどれだけ支払う意思があるかに依存することを思い出してもらいたい．代替財が手に入るなら，支払ってもいい最高額は下がる．視力矯正手段が他にあるなら，メガネは必需品ではなく選択肢の1つにすぎなくなるので，それに伴って消費者余剰は減る．

第3章　需要と供給のツールを使って市場を分析する　**109**

　この例から，イノベーションは余剰を消滅させると懸念するかもしれないが，他方，代替財はそれ自体の余剰を生み出すことを忘れてはならない．代替財の需要曲線を描き，この曲線より下，代替財の価格より上の面積も，消費者余剰である．コンタクトレンズの発明によって，メガネの消費者余剰は減るが，新たなコンタクトレンズ市場で多くの消費者余剰が創出されるのである．■

応用　近視の人にとって，レーシック手術の価値とは

　レーシック手術は，一部の近視の人にとって，メガネやコンタクトレンズの代わりになる．この手術では，レーザー光線を使って角膜の屈折率を変えることで視力を矯正する．

　レーシック手術を受ける人にとって，この手術にはどの程度の価値があるのだろうか．オールアバウト・ビジョン・ドット・コムが2010年に実施した市場調査によれば，信頼できる医師による手術費用は片方の目（1件）で約2,150ドルかかる．同年の手術件数は，約80万件にのぼった．単純に考えれば，この新技術の価値は，手術件数に費用をかけたもの，すなわち（80万×2,150ドル＝約17億ドル）になる．だが，この推計は，利用者にとっての手術の価値を正確に測っていないことに気づかねばならない．自分が支払った金額以上に，レーシック手術に価値を見出している人が少なくないからだ．消費者の便益を完全に把握するには，消費者余剰——支払うべき価格を上回る便益を計算しなければならない．

　計算にはまず，レーシック手術の需要曲線が必要である．レーシック手術には，メガネやコンタクトレンズという代替財が存在するため，こうした代替財がない場合に比べて，需要曲線の傾きは緩やかになる．視力矯正手段がレーシック手術しかないなら，アメリカで矯正レンズを使っている7,000万人近い人たちは，喜んでもっと多くの金額を支払うだろう．だが，代替財が存在するため，レーシック手術の価格が上がりすぎれば，手術をやめる人が出てくる．だから，レーシック手術の需要曲線の傾きは，それほどきつくない．

図3.4 レーシック手術の価値とは

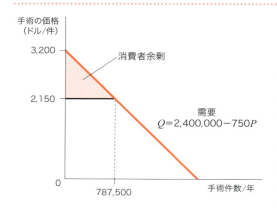

レーシック手術の需要曲線は，$Q=2,400,000-750P$で表されている．カラーで影をつけた三角形は，レーシック手術市場における消費者余剰である．実際の価格（2,150ドル），需要消滅価格（3,200ドル），均衡数量（78万7,500）から，三角形の高さ（需要消滅価格－実際の価格）と底辺（手術件数）がわかる．したがって，消費者余剰の等式は，消費者余剰＝1/2×（件数）×（需要消滅価格－実際の価格）となり，消費者余剰は約4億1,300万ドルである．

現実味のある仮の等式として，2010年のレーシック手術の需要曲線は次のように表すことができる．

$$Q_{レーシック} = 2,400,000 - 750P_{レーシック}$$

$Q_{レーシック}$はレーシック手術の需要量であり，$P_{レーシック}$は手術1件（片方の目）あたりの価格である．2010年時点の推計をもとに，片目1個あたりの手術費用の2,150ドルを代入すると，需要量78万7,500件が得られる．この需要曲線を図示したのが図3.4である．この需要曲線を使って，レーシック手術の消費者余剰がわかる．

消費者余剰CSは，需要曲線より下で市場価格より上の三角形の面積であることがわかっている．

$$CS = \frac{1}{2} \times 底辺 \times 高さ$$
$$= \frac{1}{2} \times （手術件数）\times（需要消滅価格 - 実際の価格）$$

この需要曲線では，$Q_{レーシック}$が0のときに需要が消滅する．

$$Q_{レーシック} = 0 = 2,400,000 - 750P_{需要消滅}$$
$$750P_{需要消滅} = 2,400,000$$
$$P_{需要消滅} = 2,400,000/750 = 3,200$$

つまり，レーシック手術の消費者余剰 CS は以下のとおりになる．

$$CS = \frac{1}{2} \times (手術件数) \times (P_{需要消滅} - 実際の価格)$$

$$= \frac{1}{2} \times 787{,}500 \times (3{,}200 - 2{,}150) \text{ ドル}$$

$$= \frac{1}{2} \times 787{,}500 \times 1{,}050 \text{ ドル}$$

$$= 4 億 1{,}300 万ドル$$

この計算から，2010年にレーシック手術を受けた人々は，実際に支払った金額を 4 億 1,300 万ドル上回る価値を手術に見出していることがわかる．実際に支払った額は17億ドルだが，これより25％多い金額を支払う意思があったわけだ．数十年前にはレーシック手術は存在していなかったので，この価値は，手術法が開発され，市場が確立して初めて創出されたものだ．この例から，消費者を豊かにし，生活水準を向上させるうえで，新製品がいかに重要な役割を果たしているかがうかがえる．

同様の数式を使って，生産者余剰を把握することができる．そうした例を次の小節で取り上げよう． ■

市場環境の変化によって生じる損得

生産者余剰と消費者余剰を定義すると，需要・供給のどちらかの側で何らかの変化が起きた場合，その影響を第2章で紹介した方法で分析できる．第2章では，需要や供給へのショックがいかに価格や需要量，供給量に影響を与えるかを検討した．今度は，市場取引が生産者や消費者にもたらす便益に，こうしたショックがどのような影響を与えるかを示すことができる．

図3.5には，ドーナツ市場の当初の需要量と供給量を示した．市場価格 P_1 では，ドーナツを買うことによる便益が，支払う金額よりも大きいことがわかる（消費者余剰の $A + B + C + D$ に表れている）．同様に，生産者にとっても，ドーナツを作る便益のほうが，ドーナツを売りたい金額よりも大きい（生産者余剰の $E + F + G$ に表れている）．

ここで，ドーナツ市場にショックが襲ったとしよう．ベリー類が不作で，

図3.5 供給曲線のシフトによる供給の変化

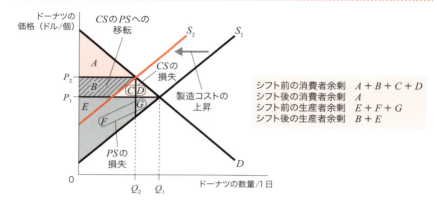

シフト前の消費者余剰	$A+B+C+D$
シフト後の消費者余剰	A
シフト前の生産者余剰	$E+F+G$
シフト後の生産者余剰	$B+E$

S_1はドーナツの当初の供給曲線，Dは当初の需要曲線である．市場価格P_1では，消費者余剰は$A+B+C+D$，生産者余剰は$E+F+G$になる．
ドーナツの製造コストが上がると，供給曲線はS_1からS_2へ左方にシフトする．新たな均衡価格(P_2)と均衡数量(Q_2)では，消費者余剰はAに減る．新たな生産者余剰は$B+E$となる．供給曲線のシフトが生産者余剰に与える影響は不透明である．均衡数量の低下は生産者余剰($F+G$)を減らす方向にはたらく一方，均衡価格の上昇は生産者余剰を増やす方向にはたらくからだ(B).

ドーナツにはさむジェリーの価格が上昇した（ドーナツのフィリングに，本物の果実が使われていると想定している！）．ショックに襲われると，ドーナツの製造コストが上がるため，生産者はどの価格帯でも以前ほどの量を供給しようとしなくなる．ドーナツの供給は減り，ドーナツの供給曲線はS_1からS_2へ内側にシフトする．ジェリー・ショックを受けてドーナツの均衡価格はP_2に上昇し，ドーナツの購入量と販売量はQ_2に減少する．

こうした変化は，消費者余剰と生産者余剰の両方に影響を与える．均衡価格の上昇と均衡数量の減少は，どちらも消費者余剰を減らす方向にはたらく．図3.5の当初余剰の三角形($A+B+C+D$)と比べると，三角形Aはかなり小さい．こうした価格効果および数量効果は，供給曲線が内側にシフトすると消費者余剰を減らすはずだと示唆しているが，一方で生産者余剰への影響には一般的なルールはない．供給曲線のシフトによる均衡数量の低下は生産者余剰を減らすが，均衡価格の上昇は生産者余剰を増やす．こうした相

第3章 需要と供給のツールを使って市場を分析する　**113**

反する影響は，図3.5にみることができる．シフトする前の生産者余剰の一部，具体的には，当初の供給曲線と新たな供給曲線のあいだで，需要曲線より下の面積$G+F$は失われる．だが，価格の上昇によって，当初の消費者余剰の一部は生産者余剰に移転される．この移転された余剰が，図のBである．供給曲線が外側にシフトした場合，消費者余剰と生産者余剰に対する影響は逆になる．

　需要曲線のシフトの影響についても，同様の分析ができる．需要曲線が内側にシフトすると，均衡価格の低下と均衡数量の減少をもたらし，いずれも生産者余剰を減らす方向にはたらく．だが，消費者余剰への影響ははっきりしない．均衡数量が小幅減少しても，価格の低下で穴埋めされる．先の供給曲線のシフトの場合と同じで（方向は逆だが），需要曲線が内側にシフトすると，当初の生産者余剰の一部が消費者余剰に移転される．こうした効果を次の「応用」でみてみよう．

応用　9.11同時多発テロが航空業界に与えた打撃

　2001年9月11日に米国を襲った同時多発テロで，空の旅の需要が急減し，航空業界はどん底に落ち込んだ．議会では航空業界の損失を補填すべきとの声があがったが，どの程度補填するかについては激しい論争が起きた．業界の需給分析と，消費者余剰，生産者余剰というツールを使えば，9.11で航空業界の生産者余剰がどれだけ減少したかを推計できる．

　米国運輸省の統計によれば，2000年の第4四半期（10月から12月まで）の搭乗回数は約1億4,890万回だった（搭乗回数は1機に乗る1旅客と定義される）.[5] 9.11テロ後の初めての四半期となる2001年第4四半期の搭乗回数は1億2,360万回で，前年同期に比べて17％減少した．やはり米国運輸省の統計によると，1搭乗あたりの平均運賃は，2000年第4四半期には122.22ドル

5）　搭乗回数は航空業界の数量の標準的な指標の1つである．たとえば，ロサンゼルス―シカゴ間を経由地なしで往復すると，搭乗回数は2回と数えられる．数量の指標としては，他にも旅客マイル収入（有料の顧客が飛んだマイル数）で測ることができるが，答えはごく近くなる．

図3.6 航空業界と9.11同時多発テロ

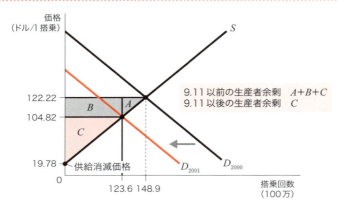

9.11の同時テロ以降,空の旅の需要曲線はD_{2000}からD_{2001}に内側にシフトした.2000年には,均衡価格は122.22ドル,均衡数量は1億4,890万回で,生産者余剰は影をつけた部分の合計$A+B+C$だった.9.11の同時テロ以降,均衡価格は104.82ドルに下落し,均衡数量は1億2,360万回に低下し,生産者余剰はCだけになった.$A+B$は航空会社が失った生産者余剰であり,その額は23億ドル以上にのぼった.

だったが,2001年第4四半期は104.82ドルに下落した.平均運賃収入のこの変化が,この間の価格変化の尺度になる.

　航空業界の損失の大きさを知るには,生産者余剰の変化を測らなければならない.[6] 議論を単純にするために,9.11テロで需要曲線が内側にシフトしたが,供給曲線は変化しなかったと想定しよう.どの価格帯でも,空路の需要は減る.このシフトは図3.6に示してある.テロを受けて,価格が低下し,数量が減少した.モデルが示唆するとおりだ.

　図3.6は,需要曲線がシフトすると,生産者余剰が減ることを示している.テロが発生する前の生産者余剰は,供給曲線より上で価格より下の部分$A+B+C$の面積だった.テロが発生すると,価格が下がり,数量が減り,生産者余剰はCの部分のみに減った.ということは,航空業界の損失は$A+B$の面積になる.

---

[6] 分析を単純化するために,政府が直接負担しない安全強化策に伴うコスト増の供給への小幅な影響を無視している.

この市場における生産者余剰を計算するには，供給曲線の数式を知る必要がある．供給曲線が直線だとすれば，2つの均衡点のデータを使って，逆供給曲線の等式を導くことができる．供給曲線の傾きは，均衡価格の変化を均衡数量の変化で割ったものになる．すなわち，

$$傾き = \frac{P_2 - P_1}{Q_2 - Q_1} = \frac{(122.22 - 104.82)ドル}{148.9 - 123.6} = 0.688$$

傾きがわかったので，どちらかの（両方なら，なおいい！）均衡点を使って，供給消滅価格（供給曲線の垂直の切片）を割り出すことができる．

$$122.22 = P_{供給消滅} + 0.688 \times 148.9$$

$$あるいは 104.82 = P_{供給消滅} + 0.688 \times 123.6$$

$$P_{供給消滅} = 122.22 - 102.44 \qquad P_{供給消滅} = 104.82 - 85.04$$
$$= 19.78 ドル \qquad\qquad\qquad = 19.78 ドル$$

航空業界の逆供給曲線は $P = 19.78 + 0.688Q$ であることがわかった．この逆供給曲線の数式と，図3.6の図形とをあわせて考えてみよう．

逆供給曲線の数式を使って，9.11以前と9.11以後の生産者余剰が計算できる．9.11以前の生産者余剰は，1搭乗あたりの均衡価格122.22ドルより下で，かつ供給曲線より上の部分で，総均衡数量は1億4,800万回になる．図では，$A + B + C$ の部分だ．3つの部分を合わせると三角形になるので，以下の等式で9.11以前の生産者余剰 PS が計算できる．

$$生産者余剰 = \frac{1}{2} \times 底辺 \times 高さ = \frac{1}{2} \times 148.9 \times (122.22 - 19.78)ドル$$
$$= 7,626.66 ドル$$

（均衡数量の単位が100万搭乗，価格の単位が1搭乗あたりのドル価格であることから，生産者余剰の単位は100万ドルである．）

9.11後，1搭乗あたりの均衡価格は104.82ドルに低下し，均衡数量は1億2,360万回に減少した．これは，9.11後の生産者余剰が C の部分のみになったことを意味する．数式は以下のとおりだ．

$$\frac{1}{2} \times 底辺 \times 高さ = \frac{1}{2} \times 123.6 \times (104.82 - 19.78)ドル$$
$$= 5,255.47 ドル$$

この計算から，航空業界の生産者余剰は，9.11の同時多発テロを受けて，

約23億ドル減少したことがわかる.

　興味深いのは，同時多発テロの後でも生産者余剰が大きいことだ．2001年第4四半期の生産者余剰52.55億ドルと，航空会社の財務統計による第4四半期の営業利益34億ドルの赤字（すなわち34億ドルの損失）を比べると不思議に思える．業界がこれほど多額の赤字を抱えていて，生産者余剰がどうしてこれほど大きくなるのか．実際には，生産者余剰と利益はまったく別の概念なので，さほど不思議ではない．違いを生み出すカギは固定費にある．これは何も生み出さなくても負担しなければならない費用である．こうした固定費は，供給曲線には反映されていないため，生産者余剰からは差し引かれない．だが，企業の利益は固定費を差し引いたものだ（そして，航空会社の固定費は重い）．固定費と供給曲線の性格，生産者余剰と利益の関係については，第7章，第8章で詳しく検討するつもりだ．

　ところで，9.11後の生産者余剰の落ち込みだけがわかればいいのであれば，別の計算方法があった．供給曲線の数式を実際に解かなくても，AとBの面積を計算すればいい．$A+B+C$を計算してCを差し引くのではなく，数量と価格データを使って，長方形のBと三角形Aの面積を計算すればいい．この計算方法では，生産者余剰の変化について先の方法と同じ答えが得られるが，9.11の前と後の生産者余剰の全体の大きさは計算できない．■

3.2 解いてみよう

国内のタイヤ市場が以下の数式と，118ページの図で表されている.

$$Q^D = 3{,}200 - 25P$$
$$Q^S = 15P - 800$$

Qは1週間に売れるタイヤの本数，Pはタイヤ1本あたりの価格である．均衡価格は1本あたり100ドル，1週間に売れる本数は700本である．

タイヤの生産技術の改良で，生産コストが下がったため，生産者はどの価格帯でもより多くの量を売りたいと考えているとしよう．具体的には，どの価格帯でも供給量が200本増えるとする．

第3章　需要と供給のツールを使って市場を分析する　**117**

a. 新たな供給曲線はどうなるか.

b. 新たな均衡価格と均衡数量はどうなるか.

c. この変化を受けて，消費者余剰と生産者余剰はどうなるか.

解答：

a. どの価格帯でも供給量が200本増えることから，先の数式のQ^Sに単純に200を加える.

$$Q_2^S = 15P - 800 + 200 = 15P - 600$$

b. 新たな均衡は$Q^D = Q_2^S$

$$3,200 - 25P = 15P - 600$$

$$3,800 = 40P$$

$$P = 95 ドル$$

　均衡価格を供給曲線か需要曲線のいずれかの（あるいは両方の）数式に代入すれば，均衡数量を求めることができる.

$$Q^D = 3,200 - 25 \times 95 \qquad Q_2^S = 15 \times 95 - 600$$

$$= 3,200 - 2,375 \qquad\qquad = 1,425 - 600$$

$$= 825 \qquad\qquad\qquad = 825$$

　新たな均衡数量は，1週間あたり825本になる. 予想どおりだが，供給が増えるので，均衡価格が下がり，均衡数量は増える点を確認してもらいたい.

c. 消費者余剰や生産者余剰の変化を簡単に把握するには，次ページのようなグラフを使うといい. 関連するすべての面積を計算するには，供給が増える前後の需要消滅価格と供給消滅価格を確実に計算する必要がある.

　需要消滅価格は，需要量が0になる価格である.

$$Q^D = 0 = 3,200 - 25P$$

$$25P = 3,200$$

$$P = 128 ドル$$

需要消滅価格は128ドルである.

　供給消滅価格は，供給量が0になる価格である. 供給曲線はシフト

しているので，それぞれの曲線について供給消滅価格を計算する必要がある．

$Q_1^S = 0 = 15P - 800$

$15P = 800$

$P = 53.33$ ドル

$Q_2^S = 0 = 15P - 600$

$15P = 600$

$P = 40$ ドル

当初の供給消滅価格は53.33ドルだが，供給が増加すると，40ドルに低下する．

需要消滅価格，供給消滅価格と2つの均衡価格，均衡数量がわかれば，これらを組み合わせて需給図を描くことができる．

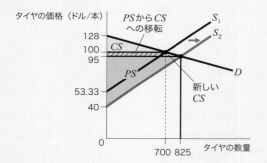

消費者余剰：当初の消費者余剰 $CS_{当初}$ は，需要曲線より下で，当初の均衡価格（100ドル）より上の三角形の面積である．

$CS_{当初} = \dfrac{1}{2} \times 底辺 \times 高さ$

$= \dfrac{1}{2} \times (700 - 0) \times (128 - 100)$ ドル $= 0.5 \times 700 \times 28$ ドル

$= 9,800$ ドル

新たな消費者余剰 $CS_{新}$ は，需要曲線より下で，新たな均衡価格（95ドル）より上の三角形の面積である．

$CS_{新} = \dfrac{1}{2} \times 底辺 \times 高さ$

$$= \frac{1}{2} \times (825 - 0) \times (128 - 95) \, \text{ドル} = 0.5 \times 825 \times 33 \, \text{ドル}$$

$$= 13{,}612.50 \, \text{ドル}$$

つまり，供給曲線が外側にシフトすると，消費者余剰は3,812.50ドル増加する.

生産者余剰：当初の生産者余剰$PS_{当初}$は，当初の均衡価格より下で，当初の供給曲線S_1より上の三角形の面積である.

$$PS_{当初} = \frac{1}{2} \times 底辺 \times 高さ$$

$$= \frac{1}{2} \times (700 - 0) \times (100 - 53.33) = 0.5 \times 700 \times 46.67 \, \text{ドル}$$

$$= 16{,}334.50 \, \text{ドル}$$

新たな生産者余剰$PS_{新}$は，新均衡価格より下で，新たな供給曲線S_2より上の三角形の面積である.

$$PS_{新} = \frac{1}{2} \times 底辺 \times 高さ$$

$$= \frac{1}{2} \times (825 - 0) \times (95 - 40) = 0.5 \times 825 \times 55 \, \text{ドル}$$

$$= 22{,}687.50 \, \text{ドル}$$

供給曲線がシフトすることで，生産者余剰も6,353ドル増加している.

3.2 価格規制

値上がりの激しい製品やサービスについて，価格に上限を設けるよう求める法案が議会で頻繁に提出されている．この節では，政府が価格決定に直接介入することの影響をみていこう．ガソリン価格のように価格に上限を設ける場合と，最低賃金のように価格に下限を設ける場合の両方を検討することにする.

120 第1部 基礎概念

上限価格規制

　上限価格規制（price ceiling）は，財やサービスの価格の上限を法律で定める．上限価格規制は頻繁に設けられている．その対象は，ケーブルテレビ，自動車保険，洪水保険，電力料金，通話料金，ガソリン価格，処方薬，アパートの家賃，食品などさまざまだ．

　上限価格規制の影響を調べるため，大学が多い学園都市の市当局が，ピザの価格を規制することにしたとしよう．苦学生への支援を目的に，ピザ1枚あたりの価格の上限が8ドルに設定された．学期中の1カ月あたりのピザの需要曲線が，$Q^D = 20,000 - 1,000P$で与えられているものとする．ピザが安くなれば，学生が食べる枚数も増えるので，需要曲線は通常どおり右下がりになる．価格が0なら，1カ月間に2万枚のピザが売れると考えられる（大学はさほど大規模ではないし，1人が食べられる量も限られる）．需要消滅価格は20ドルで，1枚あたり20ドルのとき，ピザは1枚も売れない．

　ピザの供給曲線は，$Q^S = 2,000P - 10,000$で与えられているとする．ピザの価格が高いほど，ピザ店はより多く売ろうとするので，供給曲線は右上がりになる．価格が5ドル未満なら，ピザの供給量は0になる．5ドル以上で，価格が1ドル上がるごとに，1カ月あたりの供給量は2,000枚ずつ増える．

　2つの等式で表された需要曲線と供給曲線をグラフ化したのが，図3.7である．この図から，上限価格規制が導入される前の自由市場は点wで均衡し，需要と供給が一致する均衡価格は10ドル，均衡数量は10,000枚であることがわかる．こうした市場の状態を出発点に，グラフないし等式を使って上限価格規制の影響を調べることができる．グラフから始めよう．

グラフによる分析　　ピザを食べる学生にとって，上限価格規制が導入される前の消費者余剰は，需要曲線より下で，自由市場均衡価格の10ドルより上の$A + B + C$の面積である．生産者余剰は，供給曲線より上で，均衡価格より下の$D + E + F$の面積である．

　市当局が上限価格規制を導入すると，ピザの価格は8ドルが上限となるが，これは市場均衡価格の10ドルを下回っている．8ドルのとき，需要量

図3.7 上限価格規制の影響

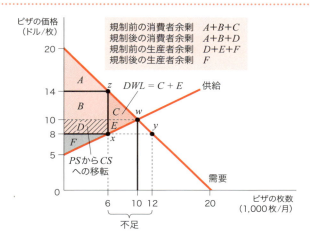

上限価格規制は，生産者余剰にも消費者余剰にも影響を及ぼす．上限価格規制が導入される前のピザ市場では，消費者はピザ1枚に10ドル支払い，均衡点 w で1週間に1万枚のピザが供給されている．消費者余剰は面積 $A+B+C$，生産者余剰は面積 $D+E+F$ である．規制によりピザの上限価格が1枚8ドルに抑えられると，供給量は週間6,000枚に減る（点 x）が，需要は1万2,000枚に増えるため（点 y），6,000枚の不足が生じる．価格が抑えられたため，ピザ店は販売する枚数を減らすので，生産者余剰は F に減る．新たな消費者余剰は $A+B+D$ となり，消費者のネットの得失は $D-C$ になる．カラーで影をつけた $C+E$ が，上限価格規制によって生じた死荷重 DWL である．

は12,000枚（点 y）になる．自由市場の均衡数量の10,000枚を上回っているが，上限価格が自由市場の価格よりも低いためである．だが，8ドルでは，ピザ店は6,000枚しか供給しようとしない．この価格では，需要量が供給量を上回っているため，6,000枚の不足が起きる（この状態は，超過需要と呼ばれる）．実際の供給量は，ピザ店が売りたい量にとどまるため，結局，8ドルで6,000枚が売られ，多くの学生が8ドルで買うつもりだった6,000枚が手に入らず不満を抱えることになる．

上限価格規制が導入された結果，需要側と供給側はどれだけ得をし，どれだけ損をしたのだろうか．これを見極めるため，消費者余剰と生産者余剰を検討していこう．ピザ店が損をしたのはあきらかだ．自由市場であれば，より高い価格（8ドルではなく10ドル）でより多くのピザ（6,000枚ではなく

122　第1部　基礎概念

10,000枚）が売れたはずだからだ．上限価格規制が導入された後の生産者余剰は，自由市場価格のときの$D＋E＋F$から減って，上限価格より低く供給曲線を上回る部分Fになる．

　上限価格規制は，学生のためにピザの価格を引き下げることを目的に導入されたものだった．だが，結果的に学生の得になったと確実に言うことはできない．新たな消費者余剰は，需要曲線より下で，上限価格より上の部分$A＋B＋D$になる．価格が下がったため，消費者余剰にDが含まれるようになった．Dは，価格規制を押しつけることで，生産者余剰から消費者余剰に移転されたものなので，経済学では**移転**（transfer）と呼ぶ．だが，上限価格規制が導入されて後，購入されるピザの枚数は減り，消費者はCを失った．したがって，消費者にとって上限価格規制によるネットの得失は，生産者から移転された余剰（D）と消費者が失った余剰（C）の相対的な大きさに依存する．規制導入前より2ドル安い価格で，1カ月に6,000枚のピザを購入できる学生にとっては，ハッピーだ．Dが移転されたのが，まさにこれにあたる．だが，自由市場であればさらに4,000枚買えるはずだった学生にとっては不満が残ることになる．

　$C＋E$で表された生産者余剰と消費者余剰は，上限価格規制によって消失した．これらの余剰は，誰も享受できない．経済学ではCとEを合わせた部分を**死荷重**（dead weight loss＝DWL）と呼ぶ．死荷重とは，消費者と生産者が市場から享受できた余剰の合計の最大値と，規制後に実際に享受した余剰の差であり，上限価格規制の非効率性を反映している．死荷重と呼ばれるのは，規制のない市場なら，市場価格で買いたい人と売りたい人のあいだで成立したであろう余剰を創出する一連の取引（この場合はピザの売買）が成立しなかったためだ．Cは消費者の，Eは生産者の死荷重である．

　学生はピザを買わず，お金が手元にあるのに，なぜ消費者余剰が減るのだろうか．忘れてならないのは，価格規制後，4,000枚のピザにありつけなかった学生は，10ドルを節約したいわけではなく，ピザがほしいということだ．消費者余剰が減るのは，価格規制がなければ購入したであろうピザが，学生にとって10ドル以上の価値があるからだ．ピザを買う学生は，（市場価格上にいる者を除いて），需要曲線で市場価格を上回る側にいる．彼ら

第3章 需要と供給のツールを使って市場を分析する　**123**

は，支払うべき金額以上に支払う意欲があるのだ．上限価格規制は，この需要を失う結果になっている．

上限価格規制により，生産者余剰の一部も死荷重になる．均衡価格の10ドルには満たないが8ドル以上の価格でピザを売る気のあるピザ店は存在する．ところが，上限価格が8ドルに設定されると，コストの増分を十分に賄えないため，4,000枚のピザを市場に出さなくなる．つまり，規制前の取引では学生にもピザ店にも便益があったが，上限価格規制が導入されると，こうした取引が行われず，その便益が消失したのだ．

数式による分析　　今度は，前に紹介した需要と供給の数式を使って，自由市場と規制市場を比べてみよう．等式を使って自由市場の均衡点を割り出すには，需要量（Q^D）と供給量（Q^S）が等しいとおいて，市場均衡価格Pを解けばいい．

$$Q^S = Q^D$$
$$2{,}000P - 10{,}000 = 20{,}000 - 1{,}000P$$
$$3{,}000P = 30{,}000$$
$$P = 10 \text{ ドル}$$

この価格を需要か供給の数式に代入して，均衡数量を求めると10,000になる．

$$Q^S = 2{,}000P - 10{,}000 \qquad \text{または} \qquad Q^D = 20{,}000 - 1{,}000P$$
$$= 2{,}000 \times 10 - 10{,}000 \qquad\qquad = 20{,}000 - 1{,}000 \times 10$$
$$= 20{,}000 - 10{,}000 \qquad\qquad\quad = 20{,}000 - 10{,}000$$
$$= 10{,}000 \qquad\qquad\qquad\qquad = 10{,}000$$

自由市場における消費者余剰CSは，$A + B + C$の面積である．この面積は以下の式で求められる．

$$CS = \frac{1}{2} \times 底辺 \times 高さ$$
$$= \frac{1}{2} \times （販売量）\times（需要消滅価格 - 市場価格）$$

需要消滅価格とは需要量Q^Dが0になる価格である．このケースでは

$$0 = 20{,}000 - 1{,}000 \times P_{需要消滅}$$

124　第1部　基礎概念

$$1,000 \times P_{需要消滅} = 20,000$$

$$P_{需要消滅} = 20 \text{ ドル}$$

したがって消費者余剰CSの三角形の面積は以下になる.

$$CS = \frac{1}{2} \times (販売量) \times (P_{需要消滅} - 市場価格)$$

$$= \frac{1}{2} \times 10,000 \times (20 - 10) \text{ ドル}$$

$$= 5,000 \times 10 \text{ ドル} = 50,000 \text{ ドル／月}$$

（数量は1カ月あたりのピザの枚数で測られるので，消費者余剰は1カ月あたりの金額で測られる）

　生産者余剰PSは，図の$D + E + F$の面積である．この面積は以下の式で求められる.

$$PS = \frac{1}{2} \times (販売量) \times (市場価格 - 供給消滅価格)$$

供給消滅価格とは供給量Q^Sが0になる価格である.

$$Q^S = 2,000P - 10,000$$

$$0 = 2,000 \times P_{供給消滅} - 10,000$$

$$P_{供給消滅} = 10,000 / 2,000 = 5 \text{ ドル}$$

この価格を数式に代入すると，生産者余剰PSが得られる.

$$PS = \frac{1}{2} \times (販売量) \times (市場価格 - P_{供給消滅})$$

$$= \frac{1}{2} \times 10,000 \times (10 - 5) \text{ ドル}$$

$$= 5,000 \times 5 \text{ ドル}$$

$$= 25,000 \text{ ドル／月}$$

　ここで，上限価格規制の影響をみていこう．ピザ1枚の価格は，自由市場では10ドルだったが，そこまでは上がらない．8ドルが上限だ．この規制で不足が生じることは，グラフの分析でみた．不足とは，上限価格（P_c）での需要量（Q_{PC}^D）と供給量（Q_{PC}^S）の差である.

$$Q_{PC}^D = 20,000 - 1,000P_c$$

$$= 20,000 - 1,000 \times 8$$

$$= 12,000$$

$$Q_{PC}^S = 2,000P_c - 10,000$$

$$= 2,000 \times 8 - 10,000$$
$$= 6,000$$

不足は，$12,000 - 6,000$ で，1カ月あたり6,000枚になる．これは，6,000枚分の注文電話がかかってくるが，ピザ店は規制後の新たな市場価格で販売する意思がないことを意味している．

次に，上限価格規制が導入された後の生産者余剰 PS_C と消費者余剰 CS_C を計算しよう．生産者余剰は F の面積である．

$$PS_C = \frac{1}{2} \times Q^S_{PC} \times (P_C - P_{\text{供給消滅}})$$
$$= \frac{1}{2} \times 6,000 \times (8 - 5) \, \text{ドル}$$
$$= 3,000 \times 3 \, \text{ドル} = 9,000 \, \text{ドル} / \text{月}$$

規制が導入される前の生産者余剰 PS は25,000ドルだったので，規制導入で余剰が3分の1強に減ったことになる．生産者がこうした規制に反対するのも無理はない．

消費者余剰は，$A + B + D$ の面積になる．長方形 B と D の面積に，三角形 A の面積を足せば，簡単に計算できる．

三角形 A の面積は以下で求められる．

$$A = \frac{1}{2} \times Q^S_{PC} \times (P_{\text{需要消滅}} - P_z)$$

点 z の価格は，需要量が新たな供給量（6,000枚）と等しくなる価格である．この価格を求めるには，$Q^D = Q^S_{PC}$ とおいて，価格を解けばいい．

$$Q^D = 20,000 - 1,000 P_z = Q^S_{PC}$$
$$20,000 - 1,000 P_z = 6,000$$
$$20,000 - 6,000 = 1,000 \, P_z$$
$$P_z = 14,000/1,000 = 14 \, \text{ドル}$$

これは，価格が14ドルちょうどなら，ピザの需要量が6,000枚になることを意味している．点 z の価格をもとに，A の面積が計算できる．

$$A = \frac{1}{2} \times Q^S_{PC} \times (P_{\text{需要消滅}} - P_z)$$
$$= \frac{1}{2} \times 6,000 \times (20 - 14) \, \text{ドル}$$
$$= 3,000 \times 6 \, \text{ドル}$$

126　第1部　基礎概念

　　　　　　$= 18,000$ ドル / 月
　長方形 B の面積は以下で求められる.
　　　$B = Q^S_{PC} \times (P_z - 自由市場価格)$
　　　　$= 6,000 \times (14 - 10)$ ドル
　　　　$= 24,000$ ドル / 月
　長方形 D の面積は以下で求められる.
　　　$D = Q^S_{PC} \times (自由市場価格 - P_c)$
　　　　$= 6,000 \times (10 - 8)$ ドル
　　　　$= 12,000$ ドル / 月

　これら3つの面積を足し合わせると, 上限価格規制が導入された後の消費者余剰の合計がわかる. すなわち, $A + B + D = 54,000$ ドル/月である.

　したがって, 消費者全体としては, 自由市場下よりも得したことになる. 1カ月あたりの消費者余剰は4,000ドル多い. だが, この結果には大きな矛盾が隠されている. 10ドルではなく8ドルで6,000枚のピザを手に入れられる幸運な学生は得をしているが, 自由市場なら手に入ったはずの4,000枚のピザが供給されなくなってしまっている. このピザを食べるはずだった学生は, 以前に比べて損をしているのだ.

　価格規制を導入した市場の非効率性に起因する死荷重とは何だろうか. 死荷重の合計は, 図の三角形 C と E を足し合わせた面積である.

$$死荷重 = \frac{1}{2} \times (自由市場下の数量 - Q^S_{PC}) \times (P_z - P_c)$$
$$= \frac{1}{2} \times (10,000 - 6,000) \times (14 - 8) ドル$$
$$= \frac{1}{2} \times 4,000 \times 6 ドル$$
$$= 12,000 ドル / 月$$

死荷重の問題　　これまでみてきたように, 上限価格規制を導入すると死荷重が発生する. この死荷重は, その名のとおり, 失われたものである. 以前は消費者 (C) か生産者 (E) が享受していたが, 上限価格規制が導入されるとどちらも享受できない余剰である. この分析からあきらかなのは, 上限価格などの何らかの強制措置や規制にはコストが伴う, ということだ. 税金の

ように消費者や生産者の直接的な支払いがなくても，である．

　死荷重の大きさを検討するには，移転Dの割合として考えるのが自然である．上限価格規制は，ピザ店から学生への余剰の移転を目的としているため，死荷重は，この規制を通じた余剰移転の過程でどれだけのお金が無駄になっているかを示したものになる．この事例では，死荷重（12,000ドル）は，移転される額と同額である．言い換えれば，上限価格規制でピザ店から学生に所得を移転する過程で，1ドル移転するごとに1ドルの余剰が失われているのだ．

　この例は，所得移転に規制を活用することのジレンマを浮き彫りにしている．生産者が価格を変えることなく，$D-C$の額を直接，消費者に支払うよう，市当局が何らかの形で働きかけることができれば，消費者は価格規制の場合と同じようにハッピーだ．というのは，死荷重を失った後で得られる額と同じだからだ．生産者にとっても得になる．というのは，生産者余剰がFだけではなく，自由市場下の生産者余剰である$D+E+F$から消費者に支払った$D-C$を差し引いた額になるからだ．つまり，ピザ店の生産者余剰は$E+F+C$になり，価格規制下のFよりも大きくなる．死荷重が発生するのは，価格規制が価格を変え所得を移転するためだが，価格の変更はインセンティブに影響を与え，非効率につながる．だが，実際問題として，価格を変えずに$D-C$の支払いを促す方法を見つけるのは容易ではない．たとえば，ピザ1枚につきピザ店から学生に補助金を支払う方法も，価格を抑える方法と同じ結果になり，3.5節で述べるように，それ自体の死荷重が発生する．

価格弾力性の重要性　死荷重および移転の大きさを決めるうえでカギを握るのが，需要と供給の弾力性である．図3.8に描いた2つのピザ市場について考えてみよう．パネルaの需要曲線・供給曲線は相対的に非弾力的で，価格感応度は低い．パネルbの需要曲線・供給曲線は相対的に弾力的で，価格感応度は高い．図からあきらかなように，この2つの市場に同じ上限価格規制を導入すると，需要曲線と供給曲線が相対的に弾力的な市場のほうが，移転に占める割合としての死荷重が大きくなる．

図3.8 死荷重と弾力性

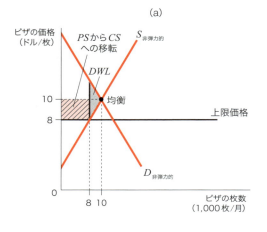

(a) この図は、需要 $D_{非弾力}$ と供給 $S_{非弾力}$ の価格感応度が低いことを示している。自由市場で取引したはずの買い手と売り手のうち価格規制が導入されて市場から締め出される人の数は相対的に少ない。価格規制による死荷重よりも、所得移転のほうが大きくなる。

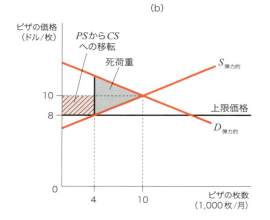

(b) 需要と供給の価格弾力性が高い市場では、自由市場なら取引したはずの買い手と売り手のうち価格規制によって締め出される人の数は相対的に大きくなる。価格規制による死荷重が、所得移転よりも大きくなる。

　直観的には、上限価格規制によって死荷重が発生するのは、自由市場価格なら売買するつもりのある売り手と買い手の売買を、価格規制が抑制するからだと理解できる。売買をやめた人や企業の数が少なければ（言い換えれば、規制後の取引数量が規制前に近ければ）、死荷重による歪みは小さいことになる。どのくらいの人や企業が売買をやめるかは、需要と供給の価格感

第3章　需要と供給のツールを使って市場を分析する　**129**

応度に依存する．需要と供給が相対的に非弾力的なら，需要量・供給量を変える人や企業は少なく，したがって死荷重は小さい．需要と供給が相対的に弾力的なら，需要量・供給量を変える人や企業の数は多く，したがって死荷重は大きくなる．

実効力のない上限価格　ピザの例では，上限価格は自由市場の均衡価格を下回っていた．上限価格が均衡価格を上回る水準に設定されていたら，どうなるだろうか．たとえば，市当局が，ピザの価格の上限を8ドルではなく12ドルに設定する条例を可決したとしよう．

こうしたケースでは，上限価格は実効力を持たない．上限価格が市場で売買が成立する価格（ピザ1枚が10ドル）を超えているため，市場の結果を歪めることはない．価格に影響を与えず，超過需要は発生せず，したがって死荷重も発生しない．均衡価格を上回る水準の上限価格には**実効力がない**（nonbinding）といわれる．市場が自由市場の均衡へ向かうことを阻止できないからだ．

だが，市場の状況が変化すれば，上限価格が実効力を持つようになる場合がある．たとえば，大学の入学者数の増加に伴い，ピザの需要曲線が外側にシフトし，均衡価格が13ドルに上昇したとする．このシフトが起きると，12ドルの上限価格規制は実効力を持ちはじめ，市場に超過需要と死荷重が発生する（供給曲線が当初の均衡点から大幅に内側にシフトする場合も同様に，実効力のなかった上限価格規制が実効力を持つようになる）．

下限価格規制

価格規制のもう1つのタイプとして，**下限価格規制**（price floor）（**価格支持** price supportと呼ばれることもある）がある．これは，財やサービスの価格に下限を設ける制度である．世界各国の政治家がこの下限価格規制を活用して，さまざまな財やサービスの価格を下支えしている．とくに豊かな先進国において，その対象になりやすいのが農産物だ．早くも1930年代には，米国連邦政府が，牛乳，トウモロコシ，小麦，タバコ，ピーナツといった農

図3.9 下限価格規制の影響

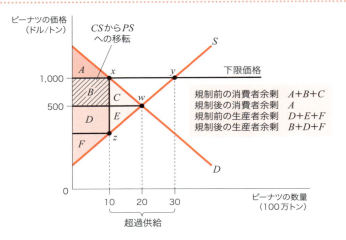

下限価格規制は、生産者余剰にも消費者余剰にも影響を与える。ピーナツ市場で下限価格規制が導入される前は、消費者は1トンあたり500ドルを支払い、生産者は2,000万トンを供給していた。消費者余剰は面積$A+B+C$で、生産者余剰は面積$D+E+F$だった。下限価格規制で、1トンの最低価格が1,000ドルに引き上げられると、生産者は3,000万トンを供給するが（点y）、消費者の需要は1,000万トンに減少するため（点x）、2,000万トンの超過供給が生じる。消費者余剰はAだけになる。生産者余剰は$B+D+F$になる。生産者のネットの得失は$B-E$になる。$C+E$が死荷重である。

産物に価格支持制度を導入するようになった。激しい価格変動から農家を守り、最低限の価格を保証するのが目的である。こうした価格支持政策の多くは、いまだに健在である。ここでは上限価格規制の場合と同じように、消費者余剰と生産者余剰というツールを使って、下限価格規制を分析していこう。

　ピーナツ市場に注目しよう。規制のないピーナツ市場について図示したのが図3.9である。ピーナツの均衡数量は2,000万トン、均衡価格は1トンあたり500ドルである。政府は農家が最低でも1トンあたり500ドルの利益を確保すべきだとして、ピーナツの最低価格を1,000ドルとする規制を導入した。

　問題が起きることは、すぐにわかる。農家は高値で全量3,000万トンを売りたい。だが、この価格では、需要量は大幅に減少し、1,000万トンにすぎ

第3章　需要と供給のツールを使って市場を分析する　　**131**

ない（ピーナツが1トンあたり1,000ドルもしたら，ピーナツバター・サンドイッチは高すぎて手が出ない）．需要と供給の不均衡から，市場には超過供給が発生する．農家は，消費者が買う意思のある以上の価格でより多くのピーナツを売りたがる．図では，ピーナツの供給量と，下限価格での需要量の差の2,000万トンとして表されている．

　価格支持政策の目的は農家の支援なので，政策がどの程度機能しているかを知るには，生産者余剰をみる必要がある．制度導入前の生産者余剰は，$D+E+F$だった．制度導入後，価格が上昇しても買い手を見つけられるすべての農家にとって，Bが消費者から移転されて自分たちのものになる．農家は1,000万トンのピーナツを売って，自由市場下よりも1トンあたり500ドル多く受け取ることになる．だが，農家は市場の一部を失う．需要量が2,000トンから1,000トンに減ったことで，自由市場価格でピーナツを売り，そこから少額の生産者余剰を得ていた農家は弾き出される．Eの面積が，下限価格規制による生産者の死荷重になる．

　全体として，生産者の余剰の増分は$B-E$になる．需要と供給が十分に弾力的なら（両曲線の傾きが十分に緩やかなら），支援されるはずの下限価格制度によって，生産者はかえって損することになりかねない．というのは，Eの面積——生産者分の死荷重が，消費者から移転される便益Bの面積よりも大きくなる可能性があるからだ．この結果は，需要・供給曲線が弾力的になるにしたがって，死荷重が大きくなるという先の議論の一例である．

　下限価格規制が導入されると，消費者はどの程度，割を食うのだろうか．読者はおおよその見当をつけられるだろう．消費者余剰は$A+B+C$からAに減る．Bは消費者から生産者に移転された余剰であり，Cは消費者分の死荷重である．

　したがって，下限価格規制は消費者から農家に所得を移転しているが，その代償として$C+E$の死荷重を発生させている．この場合も，Bの面積に相当する金額を消費者から農家に直接支払う方法があれば，農家は下限価格規制が導入されたときよりも多くの余剰を手にすることになり（生産者余剰の増分は$B-E$ではなくB），消費者にとっても得になる（消費者余剰はAではなく$A+C$）．下限価格規制は，数量に関係なく移転を促すのではなく，

132　第1部　基礎概念

ピーナツの実際の価格を変更することによって，人々のインセンティブを歪め，$C+E$という死荷重で表される非効率を生み出すのである．

　この分析から，価格支持政策にたえずつきまとうジレンマも浮き彫りになる．下限価格での供給量は需要量を上回っている．余ったピーナツはどうなるのか．市場で売られるのではなく，コンテナに積み上げられる．こうした事態を避けるため，政府は往々にして，生産者にお金を支払って生産を中止させる（ピーナツの例では2,000万トン）．米国農務省は，価格支持政策を行っている作物の余剰を減らすために，さまざまなプログラムを実施している．その1つの保全休耕プログラム（Conservation Reserve Program：CRP）では，休耕させるために2010年時点で18億5,000万ドル（1エーカーあたり平均55ドル）を農家に支払っている．このプログラムは，環境に良い面があり，損失の一部を緩和しているが，事実上，補助金をCRPの支払いに変えることによって，補助金の対象となる作物の供給量を減らす役割を果たしている．ピーナツバター（！）のような一般食品を，年間に数億ドル（2010年で8億7,100万ドル），学校給食にまわしたり，転売しないとの条件の下で貧困層に配ったりするプログラムもある．これらの政策は，やはり余剰作物を市場から取り除く役割を果たしている．

　価格支持制度の別の例に，最低賃金制度がある．ここでの「商品」は労働力であり，「価格」は賃金だが，同じような分析ができる．大学生の授業料負担を軽減するため，政府が夏休みのインターンの時間あたり最低賃金を一律40ドルに定めると，インターンの労働供給量は需要量を大幅に上回るだろう．そうなると，均衡賃金なら働けたはずの学生が大勢あぶれることになる．

　先に取り上げた例と同様に，最低賃金制度によって何人が雇用されないことになるのか（下限価格の図の超過供給），労働者に移転される所得額（生産者余剰の変化），死荷重の大きさは，すべて労働供給と労働需要の弾力性に依存する．価格支持制度で死荷重が発生するのは，自由市場の価格でなら取引する意欲のある売り手と買い手が，規制価格ではそうしようとしなくなるからだ．売り手と買い手が価格にさほど敏感でなければ，すなわち価格弾力性が小さければ，下限価格規制で不成立となる取引の数はさほど多くはな

第3章 需要と供給のツールを使って市場を分析する　**133**

く，したがって死荷重も小さい．これに対して，価格弾力性が大きければ，多くの取引が不成立となり，多額の死荷重が発生する．

実効力のない下限価格　　下限価格が自由市場の均衡価格を下回る水準に設定されれば，市場に影響は与えない．**実効力のない下限価格**（nonbinding price floor）は，価格に影響を与えず，超過供給も死荷重も生み出さない．だが，実効力のない上限価格と同様に，市場の状況が変化して，もともと実効力がなかった下限価格が影響力を持ちはじめることがある．ピーナツの均衡価格500ドルに対して，最低価格を400ドルに定めたとしよう．供給曲線が大幅に外側にシフトするか，需要曲線が大幅に内側にシフトすれば，自由市場の均衡価格が400ドルを下回り，最低価格が市場に影響を与えはじめる可能性がある．

3.3　数量規制

　政府は価格を規制するのではなく，数量を規制する場合がある．この節では，いくつかの数量規制を取り上げて，市場への影響を分析することにしよう．

数量割当

　数量割当（quota）とは，財やサービスの一定量の供給を義務づける規制である．この制度は，企業に対して一定量の財（たとえばインフルエンザのワクチンや戦時中の武器など）の生産を強制するために使われる場合もあるが，たいていは生産量を制限するために使われる．

　たとえば，輸入を制限したいが，公に輸入関税をかけたくない国は，輸入の数量を割当制にすることができる．たとえば，米国政府は，各国から輸入が可能な砂糖の輸入に数量割当を実施している．[7] 他には，漁獲量を制限したり，牛乳や石油の生産量を制限したりする場合がある．[8] ブータンは，1

134　第1部　基礎概念

年に受け容れる外国人旅行者数を制限している．フランスは，米国のテレビ番組の放映に制限を設けている．シンガポールは個人の自動車購入台数を制限している．ロンドンのヒースロー空港は，米国からの直行便の数を制限している．タクシーには営業許可が必要だし，医師にも免許が必要だ．

ゾーニング規制も，数量割当の一種である．たいていの市や町には，特定地域での建築件数やタイプを制限するゾーニング規制がある．一般的な例が，質屋やタトゥー・ショップといった，一部の人が不快に感じる業種の店舗数を制限する規制である．このゾーニング規制は，同一地域における，こうした店舗のサービスに対する数量割当と考えることができる．例として，架空の町リバー市におけるタトゥーの店舗規制の影響を考えてみよう．

リバー市でのタトゥーの需要曲線は$Q_D = 2,500 - 20P$，供給曲線は$Q_S = 100P - 3,500$で，需要量，供給量が共に年間に施術されるタトゥーの数で表されているとする．数量割当が価格と数量に及ぼす影響は，グラフと数式を使って分析することができる．

グラフによる分析　　自由市場の場合，リバー市におけるタトゥーの均衡数量は年間1,500，均衡価格は1タトゥーあたり50ドルである（図3.10）．この市場における消費者余剰は$A + B + C$，生産者余剰は$D + E + F$である．

ここでタトゥー・ショップが社会を乱すとして，市長が年間のタトゥーの数量を500に制限する規制を導入することにした．タトゥーを入れる際には許可証を得ることを義務づける．

この数量割当によって供給曲線は屈折し，500で垂直になる．言い換えれば，店側が提供できるタトゥーは，価格に関係なく500で打ち止めになる．これが起こるとき，供給曲線は500で完全に非弾力的になり，新たな供給曲

---

7)　現行の砂糖の数量割当制は，法的に完全な実効力を持っているわけではない．ある国が割当数量を超過した場合も，追加の税金を支払えば，米国向けに輸出することはできる．しかしながら，税率がきわめて高いため，割当量を超える輸出は阻害されている．

8)　第16章で外部性を論じる際にみるように，政府には特定の財の生産を制限する理由がある場合がある．ただ，ここでは，一般的な市場の状況における数量割当の影響をみていく．

図3.10 数量割当の効果

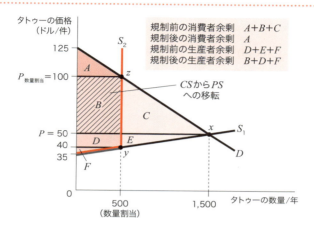

規制される前のリバー市のタトゥー市場は，点xで均衡し，均衡価格は50ドル，均衡数量は1,500件/年，消費者余剰はA+B+C，生産者余剰はD+E+Fだった．リバー市の新市長によって，タトゥーの施術が認可制になると，タトゥーの供給曲線は500件で垂直になった．新たな均衡点（点z）で，均衡価格は100ドルに上昇し，供給量は500件となる．消費者余剰はAだけに減る．生産者余剰はB+D+Fで，生産者のネットの得失はB−Eになる．C+Eが死荷重である．

線S_2は，図3.10の赤線のようになる．需要曲線と供給曲線の交点はxではなくzになり，価格は50ドルから100ドルに上昇する．消費者余剰は$A+B+C$からAに減る．需要曲線より下で，規制導入後の均衡価格Pより上の三角形だけになる．規制導入後の生産者余剰は，供給曲線より上で，新たな均衡価格より下の$B+D+F$で，消費者から生産者に移転された余剰Bが含まれる．$C+E$が死荷重，すなわち余剰の損失である．

数式による分析 均衡価格は，供給量と需要量が等しくなる価格である．

$Q^D = Q^S$

$2{,}500 - 20P = 100P - 3{,}500$

PとQを解くと，

$P = 50$ で，

$Q^D = 2{,}500 - 20 \times 50 = 1{,}500$ あるいは

136　第1部　基礎概念

$$Q^S = 100 \times 50 - 3{,}500 = 1{,}500$$

　自由市場の均衡価格と均衡数量では，消費者余剰 CS は以下の式で求められる．

$$CS = \frac{1}{2} \times (底辺) \times (高さ) = \frac{1}{2} \times Q \times (P_{需要消滅} - P)$$

　需要消滅価格は，需要量 Q^D が0になる価格で，このケースでは以下で表される．

$$Q^D = 2{,}500 - 20 \times P_{需要消滅} = 0$$

$$20 \times P_{需要消滅} = 2{,}500$$

$$P_{需要消滅} = 125 \text{ ドル}$$

　したがって，消費者余剰 CS は以下になる．

$$CS = \frac{1}{2} \times Q \times (P_{需要消滅価格} - P)$$

$$= \frac{1}{2} \times 1{,}500 \times (125 - 50) \text{ ドル}$$

$$= 750 \times 75 \text{ ドル} = 56{,}250 \text{ ドル}$$

　生産者余剰 PS は，図の $D + E + F$ の面積であり，以下の式で求められる．

$$PS = \frac{1}{2} \times Q \times (P - P_{供給消滅})$$

　供給消滅価格は，供給量が0となる価格である．

$$Q^S = 100 \times P_{供給消滅} - 3{,}500 = 0$$

$$P_{供給消滅} = 3{,}500/100 = 35 \text{ ドル}$$

　したがって，自由市場の生産者余剰 PS は以下になる．

$$PS = \frac{1}{2} \times Q \times (P - P_{供給消滅})$$

$$= \frac{1}{2} \times 1{,}500 \times (50 - 35) \text{ ドル}$$

$$= 750 \times 15 \text{ ドル} = 11{,}250 \text{ ドル}$$

　年間500の数量割当が導入されると，供給曲線は $Q^S = 500$ のところで同じになり，この点で完全に非弾力的になる（点 y）．均衡価格は以下で求められる．

$$Q^S = Q^D$$

$$500 = 2{,}500 - 20P_{割当}$$

$$P_{割当} = 100 \text{ ドル}$$

この価格では，消費者余剰CSはAの面積になる．

$$CS = \frac{1}{2} \times Q_{割当} \times (P_{需要消滅} - P_{割当})$$

$$= \frac{1}{2} \times 500 \times (125 - 100) \text{ドル}$$

$$= 250 \times 25 \text{ドル} = 6{,}250 \text{ドル}$$

規制がない場合の消費者余剰は56,250ドルだったので，余剰は激減している．リバー市のタトゥー愛好者には気の毒なかぎりだ．

生産者余剰PSは，$B + D + F$の面積になる．これらは分解することができる．

$$面積F = \frac{1}{2} \times Q_{割当} \times (P_y - P_{供給消滅})$$

点yの価格とは，供給量が割当量と等しくなる価格である．$Q^S = 500$とおいて，解くことができる．

$$Q^S = 100 \times P_y - 3{,}500 = 500$$

$$100 \times P_y = 4{,}000$$

$$P_y = 4{,}000/100 = 40 \text{ドル}$$

したがって，

$$面積F = \frac{1}{2} \times 500 \times (40 - 35) \text{ドル} = 1{,}250 \text{ドル}$$

長方形Bの面積は以下のとおりだ．

$$面積B = Q_{割当} \times (P_{割当} - P)$$

$$= 500 \times (100 - 50) \text{ドル} = 25{,}000 \text{ドル}$$

長方形Dの面積は以下のとおりだ．

$$面積D = Q_{割当} \times (P - 点yの価格)$$

$$= 500 \times (50 - 40) \text{ドル} = 5{,}000 \text{ドル}$$

したがって，生産者余剰の合計は，$F + B + D = 31{,}250$ドルとなる．

数字が出そろったところで，規制前と規制後の市場を比べてみよう．消費者余剰は56,250ドルから6,250ドルに減少しており，消費者は数量割当の導入でかなり割を食っている．消費者余剰の減少は，規制がなければタトゥーをしたであろう1,000人の需要が失われたことも一因だが，タトゥーをした人にとっても割当制で価格が上昇したことが影響している．価格上昇によっ

て，消費者が喜んで払う金額と，実際に払うべき金額との差が縮まったのだ．

供給側に目を転じると，タトゥー・ショップは損をしていない．割当制が導入されると，Eの面積にあたる生産者余剰を失うが，数量が規制されたことで価格が上昇した結果，消費者から多額の余剰（B）が移転されており，生産者余剰は，規制前の11,250ドルから31,250ドルに増加している．タトゥー・ショップが，販売可能なタトゥーの総数を減らされる数量規制に文句をいわないのは，この生産者余剰の増加で説明できる．もっとも経済学を知らない人は，生産者余剰が増加するとは思えない可能性があるが．

数量を規制する割当制は，タトゥーの価格を押し上げる．これにより，消費者から店側に余剰を移転するとともに，多額の死荷重を発生させる（$C+E$の面積で，先の計算に基づくと，$25,000+5,000=30,000$ドル）．

政府による財やサービスの供給

前述のタトゥー市場の数量割当の例は，タトゥーの数量に上限を設けるものだった．上限ではなく，財やサービスの供給量に下限を設けたいと考えたら，どうなるだろうか．法的な理由から，渋る企業に政府が一定量の財の供給を強制することはむずかしい．だが，政府自体が財を供給できる場合がある．たとえば高等教育市場では，国公立の短大や大学が，私立大学と直接競合している．保険市場では，政府が提供する洪水保険がある．研究開発（R&D）の分野でも，国立衛生研究所（National Institute of Health：NIH）や全米科学財団（National Science Foundation：NSF）といった組織を通じて連邦政府が資金を拠出する研究開発が，民間企業の研究開発と競争している．全米気象予報サービスの天気予報は，Accuウェザー，ウェザー・チャンネルといった民間気象予報会社の予報と競合する．宅配サービスでも，郵政公社がUPSやフェデラル・エクスプレスと競合している．

政府が財やサービスを直接提供することの影響を理解するために，需要・供給モデルを使って大学教育市場を分析してみよう．この市場における価格は1単位あたりの授業料，数量は取得された総単位数とする．[9] 図3.11で，

図3.11 政府が大学を設立する場合の影響

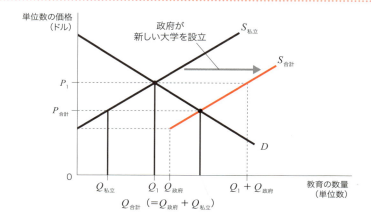

私立大学しかない市場では，供給曲線は$S_{私立}$，需要曲線はD，均衡価格はP_1，均衡数量はQ_1である．政府が新しい大学を設立すると，供給曲線は公立大学が認定する単位数（$Q_{政府}$）だけ外側にシフトする．均衡点では，価格が$P_{合計}$に低下し，数量$Q_{合計}$は$Q_{政府}+Q_{私立}$に増加する．均衡数量の増分は$Q_{政府}$より小さいため，私立大学の供給量はクラウドアウトされたはずだと考えられる．

民間の大学教育しかない場合の均衡点を出発点にしよう．需要曲線はD，供給曲線は$S_{私立}$であり，均衡価格はP_1，均衡数量はQ_1である．

大学進学率を高めることが重要だと政府が判断した場合，とりうる政策はいくつもある．私立大学のコストの一部を政府が負担することもできる（こうした，いわゆる補助金の影響については，3.5節で分析する）．あるいは，多くの学生が支払えるように，授業料に上限を設ける方法もある．ただ，価格上限規制は逆効果になりかねないことは，この章の前半で学んだ．多くの学生が大学進学を目指す一方，低く抑えられた授業料で学生を受け入れようとする大学は減るため，不足を発生させるのだ．これに対して，国公立大学を設立して，大学進学者を直接増やす方法もある．このケースをみていこう．

---

9) 需要・供給モデルを活用するにあたり，私立・公立を問わず，大学が提供する教育は同一であると想定している．

政府が新設した州立大学で, $Q_{政府}$単位を供給することになった. 単位の増加で, 供給曲線は$S_{私立}$から$S_{合計}$にシフトする. 留意すべき点として, 政府による追加的な供給量は価格に依存しないので, 供給曲線は$Q_{政府}$だけ平行に外側にシフトする.

この供給曲線のシフトで, 市場の1単位あたりの授業料はP_1から$P_{合計}$に低下する. だが——ここが肝心な点だが——取得単位数は, 政府が提供する$Q_{政府}$ほど増加しない. これは, 図3.11で確認することができる. 前述のように, $S_{私立}$と$S_{合計}$の水平の距離が$Q_{政府}$である. 均衡数量は, $Q_{政府}$に相当する数だけ増加し, 均衡価格がP_1にとどまるのであれば, 単位の数量はQ_1+ $Q_{政府}$になる. だが, 単位の需要曲線は右下がりのため, 均衡価格はP_1でとどまっていない. 均衡価格は$P_{合計}$に低下し, 均衡数量は$Q_{合計}$に増加するが, 増加量は$Q_{政府}$を下回る. 単位の総増加量は, 政府が提供する単位数を下回るため, 私立大学の単位数$Q_{私立}$は政府が市場に介入する前のQ_1より少なくなる.

私立大学が供給する単位数が減少する事態は, **クラウディングアウト**(crowding out)と呼ばれる. ある市場で政府の存在感が大きくなることによって, 民間の経済活動が阻害される現象を指す. この例でのクラウディングアウトは, 先の例でみた死荷重に相当する. 政府は資金を負担して$Q_{政府}$の単位数を供給するが, 市場全体での単位数の増加は$Q_{政府}$を下回る. 以前は私立大学がしっかり供給し, 学生も取得する意欲のあった単位の一部が供給されなくなるためだ. こうした失われた単位数が大きければ大きいほど——つまり, 政府の供給量に比べて均衡数量の増加幅が小さいほど, クラウディングアウトによる非効率は大きくなる.

クラウディングアウトはなぜ起きるのだろうか. 先の例で, 需要曲線が右下がりなので, 均衡数量の増加幅が政府の供給量を下回る, という事実から直観的にわかる. 政府が市場に介入し, 供給を増やすことによって, 市場価格を押し下げる. これが, 民間事業者による供給量を減らす. 民間事業者は, 当初の均衡価格なら一定量を供給する意欲があったが, 政府が介入した後の低く抑えられた市場価格では, 当初の量を供給するのは割に合わないと考えるのだ.

クラウディングアウトがどの程度の大きさになるかは，同じ論理で説明できる．需要が相対的に弾力的なら，政府の介入によって供給量が増加しても，均衡価格はさほど下がらない．このため民間事業者は供給量を大幅に削ろうとはせず，クラウディングアウトは小さくなる．極端なケースでは，需要が完全弾力的な場合（需要曲線が水平な場合），政府が供給を増やしても均衡価格は変わらない．この場合，先に述べたとおり，均衡数量は政府が供給する分だけ増加する．一方，需要が相対的に非弾力的なら，政府の供給によって均衡価格が大幅に低下する．すると，民間事業者は供給量を大幅に減らし，大規模なクラウディングアウトが起こることになる．需要が完全非弾力的（需要曲線が垂直）な極端なケースでは，完全なクラウディングアウトが起きる．価格が下落し，民間事業者は政府の供給が1単位増えるごとに，同じだけ供給を減らすことになる．これは理に適っている．価格に関係なく需要量が一定なら，政府がいかなる量を供給しようとも，民間の供給量を代替するだけになる．

理論とデータ

公的医療保険は民間医療保険をクラウドアウトするのか

公的医療保険と民間医療保険が併存する国では，医療保険に果たす政府の役割がつねに議論の的になっている．米国は，2つの制度が複雑に絡み合っている．2010年時点で，民間医療保険の加入者は1億5,000万人，高齢者を対象にした公的医療保険のメディケア（Medicare）の加入者が5,000万人，低所得者向けの公的医療保険のメディケイド（Medicaid）の加入者が6,000万人弱で，残りの5,000万人が無保険である．

民間保険と公的保険が併存する国では，公的保険は，高齢者や低所得者など民間保険に入りにくい人たちを対象にしている場合がほとんどだ．にもかかわらず，公的保険と民間保険は拮抗しており，公的保険の拡大は民間保険の代替財としてクラウディングアウトを起こしかねないと主張する政治家やエコノミストが少なくない．言い換えれば，無保険の層を減らすために，政府が保険の対象を拡大しようとすると，民間保険の加入者まで公的保険に鞍

図3.12 公的医療保険の影響

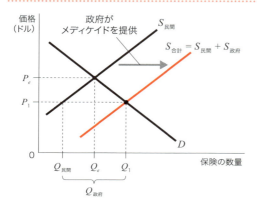

民間医療保険しかない市場では、供給曲線は$S_{民間}$、需要曲線はD、均衡価格はP_e、均衡数量はQ_eである。政府が（メディケイドの形で）医療保険を提供すると、供給曲線は$S_{合計}$に外側にシフトする。均衡点では、価格がP_1に低下し、数量は$Q_1 = Q_{民間} + Q_{政府}$に増加する。全体の被保険者の増分は$Q_{政府}$より小さいため、民間保険がクラウドアウトされたと考えられる。

替えする可能性があるということだ。

　医療経済学が専門のデヴィッド・カトラーとジョナサン・グラバーが、メディケイドが大幅に拡充された時期のクラウディングアウトの規模について調べた有名な調査がある。* 具体的には、メディケイドの対象となる女性や子どもの数を大幅に増やすことになった1980年代後半から90年代前半の法改正の影響を調べた。公的保険対象者が大幅に増加した期間に同じ層のあいだでそれに見合う民間保険からの離脱があったかどうかを調べることによって、クラウディングアウトの大きさを測ろうというのだ。図3.12でいえば、$Q_{政府}$（メディケイドの被保険者数の増分）を、Q_eと$Q_{民間}$の差（前者はメディケイド拡大前の民間保険の被保険者数、後者は拡大後の被保険者数）と比べる。

　カトラーとグラバーはこの手法を使って、大規模なクラウディングアウトの証拠を突き止めた。たとえば、メディケイドを拡大したことで、対象となる子どもの数は150万人増加した。図3.12では、$Q_{政府}$ = 150万となる。だが、このうちの約60万人は、それまで民間保険に加入していたとみられる。

---

* David M. Cutler and Jonathan Gruber, "Does Public Insurance Crowd Out Private Insurance?" *Quarterly Journal of Economics* 111, no. 2 (1996): 391–430.

$Q_e - Q_{民間} = 60$万である．したがって，医療保険の純増は$Q_1 - Q_e$で約90万にすぎない．これはクラウディングアウトの発生率が40％に達し，メディケイドの被保険者の増分の10人中4人が，民間保険から公的保険に変わっただけであることを意味している．クラウディングアウトの大きさを測る別の方法として，政策による無保険の子どもの数の変化に注目する方法がある．メディケイド拡大前，無保険の子どもの数は約860万人だった．メディケイドの被保険者の増分150万人が，すべてのこのグループであれば，無保険の子どもの数は17％減っていたはずだ．だが，クラウディングアウトが起きたことで，無保険の子どもの減少率は10％にとどまっている．

　この結果から，民間保険の保険者数の減少が起きるメカニズムについて，興味深い疑問が湧いてくる．1つの可能性として，新たにメディケイドの対象となった個人は，雇用主などを通して，民間保険に加入する可能性は低かった．もう1つのメカニズムとして，雇用主が公的保険の拡大を見越して従業員を対象にした保険給付を減らしたり，保険料を引き上げたりした可能性が考えられる．カトラーとグラバーの調査によれば，雇用主が給付を削減した面はたしかにあるが，クラウディングアウトの大半は，新たにメディケイドの対象になった個人が，雇用主が提供する民間保険を避けたことによるとみられる．

　死荷重の場合と同様に，クラウディングアウトによる非効率性の相対的大きさは，弾力性に依存する．だが，両者には違いがある．死荷重では，需要曲線と供給曲線の両方の弾力性が重要だが，クラウディングアウトの場合，問題となるのは需要曲線の弾力性だけである．これは，政府による供給量が価格に依存しないと想定したことによる．この結果，与えられた需要曲線のもとで，政府の市場介入によって均衡価格がどれだけ低下するかは，民間の供給曲線の傾きではなく，供給曲線自体がどれだけシフトするか（政府がどの程度，供給を増やすか）にもっぱら依存するのである．[10]

10）　何らかの理由で，政府の供給量が価格に左右されるなら，需要曲線の弾力性と同様に，（民間も政府も）供給曲線の弾力性がクラウディングアウトの規模に影響を与える．

3.4 税金

　政府は地方，州，連邦のすべてのレベルで，あらゆる種類の税金を課し，さまざまな方法で徴収している．供給主体が税金を徴収し，納付することが法律で義務づけられている場合もある．米国の売上税は，小売店が徴収し，州の歳入庁に納付する．カナダやヨーロッパの付加価値税と同じ仕組みだ．納税の負担が需要主体にかかる場合もある．一例が，非居住地の州での購入にかかる「利用税」だ．さらに，労使が納税負担を分け合う場合もある．米国の連邦給与税（社会保障費とメディケアの財源となる）は，まず雇用主が半額を支払い，あとの半分は従業員の給与から差し引く形で支払われる．

　この節では，経済学における大発見の1つを，需要・供給モデルを使って示そう．大発見とは，競争市場において，需要主体と供給主体のどちらが小切手にサインして税金を納付するかは問題ではなく，需要主体と供給主体に及ぼす影響はつねに等しい，ということだ．すなわち，事業者ではなく消費者が売上税を納付するよう法律を改正することもできるし，雇用主に給与税の全額支払いを義務づけることもできる．市場の状態はそれで変わることはない．需要主体および供給主体への税金の影響は，支払う主体の属性ではなく，もっぱら需要・供給曲線の傾きに依存する．これがなぜ正しいかを理解する前に，まずは税金が市場に与える影響を検討しなくてはならない．

税金が市場に及ぼす影響

　まず，税金なしで均衡している市場——マサチューセッツ州ボストンの映画チケット市場について考えてみよう（図3.13）．均衡点はx，均衡価格はP_1，均衡数量（販売されたチケット枚数）はQ_1である．2003年，ボストンのトム・メニーノ市長は，財政赤字を穴埋めするため，映画のチケット1枚あたりに50セントの税金を課すことを提案した．メニーノ市長が増税を提案したのは，ボストンで映画を鑑賞する人の多くが大学生で，グレーター・ボストン在住だが，ボストン市には税金を納めていないからだ，との見方が

第3章 需要と供給のツールを使って市場を分析する　　**145**

図3.13 ボストンの映画市場でチケットに課税した場合の影響

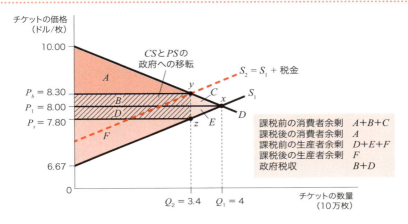

図は，ボストンの映画チケット市場で，1枚あたり50セント課税した場合の影響を示している．課税のない市場では，供給曲線 S_1 と需要曲線 D は x 点で均衡し，均衡価格は8ドル，均衡数量は40万枚である．消費者余剰は $A+B+C$，生産者余剰は $D+E+F$ である．チケット1枚あたり50セントの税金を導入すると，供給曲線が S_1 から S_2 に税金分だけ内側にシフトし，均衡数量は34万枚に減る．課税によって，2つの価格が生まれる．入場者が支払う8.3ドルと，映画館が実際に受け取る7.8ドルである．新たな消費者余剰は A，生産者余剰は F となる．$B+D$ は政府の税収であり，$C+E$ は死荷重である．

有力だ．市長の動機がどうであれ，この提案は州議会で否決された．

　この法案が可決されていれば，映画館の事業者にチケット1枚につき50セントを納付することが義務づけられただろう．それによって，映画市場にどんな影響が出るかをみていこう．この税金は，映画館のコストが，チケット1枚あたり50セント増加することにかなり近い．第2章で学んだように，生産コストが増加すると，生産者はどの価格帯でも供給量を減らすことがわかっている．したがって，課税によって，供給曲線は税金分（50セント）だけ，内側の S_2 にシフトし，チケットの均衡数量は Q_2 に低下すると考えられる．[11]

　だが，課税には，一般的な供給曲線のシフトとは違った面がある．消費者が支払う金額（市場価格）と生産者が実際に受け取る金額（市場価格－税金）の差を拡大するのだ．通常の供給曲線では，供給曲線上の任意の点の価格

146 第1部　基礎概念

は，生産者が財を販売して受け取る金額である．だが，税金が導入されると，財はP_bで売られるが，生産者が受け取る額はP_sにとどまる．P_sは売価から税金を差し引いたものだ．言い換えれば，消費者はいくらで買っても50セント余計に支払わなければならないが，映画館はその金額を得られるわけではなく，上乗せされた金額から税金を差し引いた額しか受け取れない．

　この差があるために，ボストンの映画市場における新たな均衡には，2つの価格が含まれることになる．第1の点yの価格（8.3ドル）は，消費者が映画館で支払う50セントの税金を含んだ価格である．したがって8.3ドルは市場価格である．第2の点zの価格（7.8ドル）は，8.3ドルから50セントの税金を差し引き，政府に納付した後に映画館が受け取る金額である．

　課税後の市場均衡について，留意すべき点が2つある．第1に，チケットの価格は上昇するが，税金分の50セントが丸々上乗せされるわけではない．これは，図3.13で見ることができる．税金の大きさは，P_b（8.3ドル）とP_s（7.8ドル）の垂直の距離として表されている．だが，チケット代の上昇分は，8.3ドルと課税前の均衡価格である8ドルとの差である．このように差ができるのは，課税により，コストがとくに高い映画館が市場から締め出されるからだ．税金分が上乗せされると，コストが高い映画館はチケット料金を上げざるをえないが，それは入場者にとって高すぎる額になる．留意すべき第2の点は，課税により税収が発生する点だ．税収総額は，50セントに新たな均衡数量Q_2を掛けた金額になる．

　消費者余剰，生産者余剰の分析で慣れ親しんだ概念を，この新たな均衡式にあてはめることができる．ここで気をつけなければいけないのは，ただ1本の供給曲線を動かせばいいのではなく，課税したことで追跡すべき第2の供給曲線ができた，ということだ．映画館の館主が注目するのは，当初の供給曲線S_1だ．映画館が任意の価格で販売したいチケット数は，課税後もこ

11）　売上税6％のように，率で定められた税を従価税（ad valorem tax）という（これに対して，この例のように，チケット1枚につき50セントなど定額で課される税を従量税（specific tax）という）．従価税は供給曲線をシフトさせるが，すべての点で一定幅シフトさせるわけではない．供給量が0となる点で一定の率で回転させる．

第3章 需要と供給のツールを使って市場を分析する　**147**

の供給曲線で表される．というのは，S_1の水準は，課税後にチケット販売に
よって映画館にもたらされる収入を反映しているからだ．だが，消費者から
みた供給曲線はS_2になる．この曲線は，税金が上乗せされた分だけ内側に
シフトしている．これこそ，消費者が支払うべき金額だ．

　もっと明確にするために，この例を詳しく掘り下げてみよう．図3.13で
は，ボストンの映画のチケットの需要曲線が$Q^D = 20 - 2P$，供給曲線がQ^S
$= 3P - 20$で与えられ，需要量，供給量とも10万枚を単位としている．課
税法案が可決されれば，映画館は，チケット1枚あたり50セントを市に納
付しなければならない．グラフか等式を使って，課税が市場に及ぼす影響を
分析することができる．

グラフによる分析　　税金がなければ，いつもの方法でモデルを解くことに
よって，自由市場の均衡価格P_1と均衡数量Q_1が得られ，結果としての消費
者余剰と生産者余剰がわかる（図3.13）．

　課税されると，消費者にとっての供給曲線は，当初のS_1が課税分の50セ
ントだけシフトしたS_2になる．供給曲線のシフトによって，市場で購入さ
れるチケット数は40万枚から34万枚に減る．この数量で，消費者が支払う
金額は8ドルから8.3ドルに上がる．法律によって映画館はチケット1枚に
つき50セントの税金を納付することが義務づけられているので，8.3ドルは
丸々収入にはならず，8.3ドルから税金分の0.5ドルを差し引いた7.8ドルが
収入になる．

　課税後の市場で，消費者余剰と生産者余剰はどうなるのだろうか．新たな
消費者余剰は，以前より小さくなる．課税のない自由市場では，消費者余剰
は$A + B + C$だったが，課税後はAだけになる．これは需要曲線より下で消
費者が支払うべきチケット料金8.3ドルより上の部分である．

　課税後の生産者余剰も，課税前に比べて小さくなる．課税前は$D + E + F$
だったが，課税後はFだけになる．供給曲線より上で，税金を差し引いた映
画館の収入である7.8ドルより下の部分だ．

　課税により，消費者余剰と生産者余剰の合計は，$(A + B + C) + (D + E$
$+ F)$から，$A + F$だけに減る．B，C，D，Eの部分はどこへ行ってしまっ

たのか．$B+D$はもはや消費者余剰でも生産者余剰でもなく，政府の税収であり，税金に課税後の販売数量をかけたものである．前の例でみたように，課税により，生産者と消費者の間での余剰の移転は起こらない．代わりに，消費者も生産者も余剰の一部を政府に移転する．この税収は，その後，財政サービスの形で消費者や生産者に「還元される」．したがって，失われたわけではない．

CとEは，課税による死荷重である．これらはかつて，競争的価格で消費者がチケットを買い，映画館側がチケットを売ることにより得ていた余剰である．この余剰が消滅したのは，課税によりチケット料金が値上がりすることで，消費者が購入するチケット数量が減り，映画館は課税により抑えられた価格での供給を減らしたからだ．

価格規制の例と同じように，死荷重の大きさは余剰移転の関数とみるのが自然である．価格規制では，生産者から消費者（上限価格規制）へ，あるいは消費者から生産者（下限価格規制）へ移転が行われた．それが，消費者，生産者から政府への移転になったわけだ．この例の比率は，$B+D$の面積に対する$C+E$の面積であり，これが収入に対する死荷重の割合になる．

数式による分析　課税のない市場では，需要量と供給量が一致する点が均衡点となる．すなわち，

$$Q^D = Q^S$$
$$20 - 2P = 3P - 20$$
$$5P = 40$$
$$P_1 = 40/5 = 8 \text{ドル}/枚$$
$$Q^D = 20 - 2 \times 8 \text{ドル} = 4 \qquad \text{または} \qquad Q^S = 3 \times 8 \text{ドル} - 20 = 4$$

したがって，課税前の均衡価格は8ドルで，均衡数量は40万枚である．

課税前の消費者余剰CSは，図3.13で示すとおり，価格より上で需要曲線より下の三角形の部分になる．すなわち，

$$CS = \frac{1}{2} \times Q \times (P_{需要消滅} - P_1)$$

繰り返しになるが，需要消滅価格は，需要数量を0に押し下げる価格である．

$$Q^D = 20 - 2 \times P_{\text{需要消滅}} = 0$$

$$P_{\text{需要消滅}} = 10 \, \text{ドル}$$

言い換えると，この需要曲線は，チケットの価格が10ドルであれば，ボストン市内の映画館に足を運ぶ消費者が1人もいないことを示している（おそらく，ボストン郊外の映画館が魅力的な選択肢となるからだろう）．

需要消滅価格を消費者余剰の公式にあてはめれば，消費者余剰が求められる．

$$CS = \frac{1}{2} \times 400{,}000 \times (10 - 8) \, \text{ドル} = 400{,}000 \, \text{ドル}$$

生産者余剰 PS は供給曲線より上で，価格より下の三角形である．すなわち，

$$PS = \frac{1}{2} \times Q \times (P_1 - P_{\text{供給消滅}})$$

供給消滅価格とは，供給量が0になる価格である．すなわち，

$$Q^S = 3P_{\text{供給消滅}} - 20 = 0$$

$$P_{\text{供給消滅}} = 6.67 \, \text{ドル}$$

つまり，チケットが6.67ドル未満であれば，ボストンで営業する映画館は1つもない，ということである．この供給消滅価格を先の等式にあてはめれば，生産者余剰 PS が得られる．すなわち，

$$PS = \frac{1}{2} \times 400{,}000 \times (8 - 6.67) \, \text{ドル} = 266{,}667 \, \text{ドル}$$

メニーノ市長がチケット1枚につき50セントの税金を導入したら，消費者余剰と生産者余剰はどうなるだろうか．映画館は，チケットを1枚販売するたびに税金を納付しなければならない．これにより供給曲線が二重になる状況が生まれる．映画館にとっての供給曲線は，当初の供給曲線と変わらない．映画館は，供給曲線から読み取れるとおりの枚数を，市場価格で提供する意思がある．だが，消費者にとっての供給曲線は，税金の分だけシフトしている．どの価格帯でも，消費者に供給されるチケットは50セント高くなる．映画館にとっての供給曲線と，消費者にとっての供給曲線の差は，税金の額である．映画館の供給曲線では，課税後にチケット1枚が8ドルなら，40万枚を販売したいことを示している．だが，映画館は入場料から1枚につき50セントの税金を差し引いて納めなくてはいけないので，実際に8ド

150 第1部 基礎概念

ルの収入を得るには，消費者が8.5ドルを支払わなければならない．したがって，映画館，消費者の双方にとっての価格は，以下の数式で表される．

$$P_b = P_s + 0.5 \text{ドル}$$

課税後の均衡数量と均衡価格を求めるには，2つの供給価格を需要と供給が等しいとする数式に代入すればいい．すなわち，

$$Q^D = Q^S$$
$$20 - 2P_b = 3P_s - 20$$
$$20 - 2 \times (P_s + 0.5) = 3P_s - 20$$
$$20 - 2P_s - 1 = 3P_s - 20$$
$$5P_s = 39$$
$$P_s = 39/5 = 7.8 \text{ドル}$$

したがって，消費者が支払うべき価格は以下のとおりになる．

$$P_b = P_s + 0.5 = 7.8 \text{ドル} + 0.5 \text{ドル} = 8.3 \text{ドル}$$

ここで，消費者の価格を需要曲線の数式に，映画館の価格を供給曲線の数式に代入すると，どちらも同じ課税後の均衡数量が得られる．

$$Q_2 = 20 - 2 \times 8.3 = 3.4 \qquad Q_2 = 3 \times 7.8 - 20 = 3.4$$

つまり，課税後の販売枚数は34万枚にとどまることになる．

課税後の消費者余剰CSは，需要曲線より下で消費者が支払う価格より上の部分になる．すなわち，

$$CS = \frac{1}{2} \times (340,000) \times (10 - 8.3) \text{ドル} = 289,000 \text{ドル}$$

課税後の生産者余剰PSは，供給曲線より上で映画館にとっての価格より下の部分になる．すなわち，

$$PS = \frac{1}{2} \times (340,000) \times (7.8 - 6.67) \text{ドル} = 192,667 \text{ドル}$$

つまり，課税によって消費者余剰は11万1,000ドル，生産者余剰は7万4,000ドル，課税前の市場均衡時よりも減るわけだ．だが，失われた余剰の合計の18万5,000ドルの一部は，税収という形で政府にもたらされる．そ

の額は，1枚あたりの税金0.5ドルに，課税後の販売枚数をかけたものになる．すなわち，

税収$= 0.5 \times Q_2$

$= 0.5$ドル$\times (340{,}000) = 170{,}000$ドル

気づいたと思うが，失われた余剰の合計18万5,000ドルは，税収の17万ドルより大きい．この差の1万5,000ドルが税金による死荷重である．

死荷重DWLを計算するには，数量の変化を底辺に，税収を高さとする三角形の面積を求める方法もある．

$$DWL = \frac{1}{2} \times (Q_1 - Q_2) \times (P_b - P_s) = \frac{1}{2} \times (Q_1 - Q_2) \times 税金$$

$$= \frac{1}{2} \times (400{,}000 - 340{,}000) \times 0.5 ドル = 15{,}000 ドル$$

これは，課税による収入の約9％にあたる．言い換えれば，この税制は，税収11ドルを生み出すごとに，余剰の約1ドルを死荷重として消失させるのである．

なぜ税金は死荷重を生み出すのか

価格規制や数量規制のケースで示したように，課税による税収に対する死荷重の大きさは，課税による数量の変化に大きく左右される．数量変化の大きさは，需要と供給の価格感応度に依存している．たとえば，ピザの上限価格規制によって死荷重が発生するのは，市場価格で売買したい売り手や買い手が存在し，それで余剰を得られるはずなのに，上限価格の導入によって，市場価格での取引が妨げられるからだ．課税では，取引は制限されない．だが，死荷重の原因は価格規制の場合と変わらない．課税のない市場では，市場価格でチケットを買い，それによって余剰を得られるであろう消費者がいる．だが，課税されると，価格が上がりすぎてチケットを買おうとしなくなる人たちが出てくる．手元に現金を持ち続けることになり，余剰で何かを買おうとはしない．同様に，生産者側でも，課税のない市場価格なら営業をしていたが，課税後のチケット価格は安すぎて割に合わないと考える映画館が

図3.14 ボストンの映画市場でチケットの課税を拡大した場合の影響

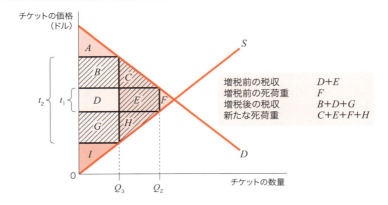

ボストンの映画市場で,チケットへの課税を t_1 から t_2 に拡大した場合,入場者が支払う金額と,映画館が実際に受け取る金額の差が拡大する一方,均衡数量(Q_3)は減少する.税収は $B+D+G$ である.税額が低いときに税収の一部であった E は,死荷重 $C+E+F+H$ の一部になる.
課税拡大によって,$C+E+H$ の死荷重が増えるのに対し,税収は $B+G-E$ しか増えない.課税拡大による税収効果は,当初の小型課税よりも非効率である.

出てくるため,余剰が失われる.こうして失われた余剰が,税金による死荷重なのである.

なぜ大型税は小型税より悪いのか

われわれの分析によれば,税の規模が大きいほど,死荷重の規模も大きくなり,非効率であるとの興味深い結果が得られた.図3.13の映画税の例では,課税による死荷重は $C+E$ であり,課税による収入は $B+D$ だった.ここで,メニーノ市長が税率を引き上げたらどうなるだろうか.大型増税で税収はどれだけ増え,死荷重はどれだけ増えるだろうか.

図3.14に,一般的なケースの結果を示した.増税が実施されれば,販売数量は Q_2 から Q_3 にさらに減る.増税後の死荷重は,$C+E+F+H$ になる(増税前の死荷重は F だけである).増税前の税収は $D+E$ だったが,増税後は $B+D+G$ になる.増税後もチケットを購入する人たちが,より多くの

第3章 需要と供給のツールを使って市場を分析する　153

税金を払ってくれるため，BとGの部分の税収が増えることになる．だが，増税後に映画館に行くのをやめる人が出てくるため，Eの部分の税収を失う．税収に対する死荷重の比率に注目すると，増税による小幅な税収の増加は，増税前よりも非効率を生みだしていることがあきらかだ．当初の死荷重はFだけで，税収は$D+E$だった．だが，増税によって死荷重が$C+E+H$増えるのに対して，税収は$B+G-E$しか増えない．実は，税金が十分に高ければ，課税による1枚あたりの収入の増加よりもチケット数量の減少が上回り，税収の増加はまったく見込めない！

　原則として，増税による死荷重は，税率の2乗に比例する．[12) つまり，税率を2倍に引き上げれば死荷重は4倍になる．経済学者が「低い税率を，幅広い層に課す」税制を支持するのは，このためである．他のすべての条件が同じであれば，低い税率で10品目に課税するほうが，5品目に税金を課さず，別の5品目に高い税率を課すよりも望ましいといわれる．死荷重は税率の2乗で増えるため，10品目に低い税率をかけるよりも，5品目に高い税率をかけるほうが全体の死荷重が大きくなるのだ．

租税帰着（税負担）──納税主体は問題ではない

　映画のチケットの例では留意すべき重要な点がある．チケット1枚につき50セントをボストン市に納付する義務を負っているのは映画館だと想定しているが，映画館が税負担のすべてを負うわけではない，ということだ．課税前，消費者はチケット1枚につき8ドルを支払い，この8ドルは丸々映画館の収入になった．課税後は，入場料が8.3ドルに引き上げられ，映画館

---

12)　その根拠はこうだ．需要・供給の線形曲線で，課税による死荷重は，課税による数量の減少幅を高さ，税金を底辺とする三角形と等しい．需要曲線および供給曲線は直線なので，数量の減少幅は税金に比例する．具体的には，$\Delta Q = A \times t$で，Aは需要・供給曲線の傾きに依存した数値となる．したがって，死荷重の三角形の面積は，$\frac{1}{2} \times A \times t \times t = \frac{1}{2} \times A \times t^2$．この面積は，税金の2乗に比例する．需要・供給曲線が直線でない場合は，この等式は近似値にすぎないが，直線から大幅にかけ離れていなければ，直観的理解として正しいことは変わらない．

図3.15 租税帰着

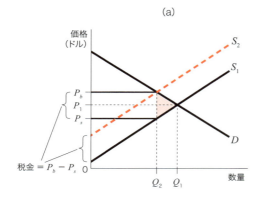

(a) 租税帰着は，税金を支払うのが売り手であるか買い手であるかに影響を受けない．売り手が税金を支払うとき，供給曲線は S_1 から S_2 に，$P_b - P_s$ の税金分だけ内側にシフトする．均衡数量は Q_1 から Q_2 に減る．売り手にとっての価格は均衡点の P_s となる一方，買い手は P_b を支払う．

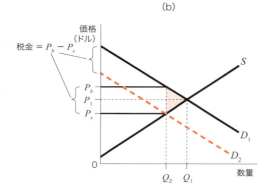

(b) 買い手が税金を支払うとき，需要曲線は D_1 から D_2 に，$P_b - P_s$ の税金分だけ内側にシフトする．均衡数量は Q_1 から Q_2 に減る．パネル(a)と同様，売り手にとっての価格は均衡点の P_s となる一方，買い手は P_b を支払う．

の収入は，50セントの税金を差し引いた7.8ドルになった．つまり，50セントの税金のうち，30セント（60％）は消費者が負担していることになる．映画館は税金を納付するが，税金のかなりの割合を価格の引上げという形で消費者に転嫁できる．実際に税金を誰が負担するかを，**租税帰着**（tax incidence）と呼ぶ．この例の場合の租税帰着は，需要主体の入場者が60％，供給主体の映画館が40％となる．

ここで，ボストン市が，納税主体のルールを変更し，映画館が税金を納めるのではなく，消費者が税金を納めることにしたとする．消費者はしかるべ

き料金を支払ってチケットを購入した後，入場時に「メニーノ・ボックス」に50セント入れる（馬鹿げた設定なのは承知しているが，あくまで論点を明確にするためだ）．

これによって，租税帰着は変わるだろうか．変わらない．下記の等式は，供給側の映画館が収入から税金を差し引いても，需要側の消費者が支払う料金に税金を上乗せしても違いはないことを示している．

$$P_s = P_b - 税金は，\quad P_s + 税金 = P_b と同じである．$$

これは，グラフからも読み取れる．映画館が納税する当初の場合を，図3.15のパネルaに示している．税金を消費者が収める場合は，需要量は税金を含んだ料金に依存する．だが，この需要量で映画館が受け取る金額は，税金を除いた分だけである．この差を計算するために，図3.15のパネルbのように，需要曲線をD_1からD_2へ税金分だけシフトさせる．だが，結果は変わらない．需要量はQ_2で変わらず，入場者が支払う料金と，映画館が受け取る金額の差は税金分で変わらない．つまり，税負担の割合（租税帰着）は，誰に法的な納付義務があるかに関係ないのである．

だから，税金をグラフで表す場合，税金によって供給曲線が内側にシフトするのか，需要曲線が内側にシフトするかを気にしなくてよい．課税がない場合の当初の均衡点から出発し，需要曲線と供給曲線との間の垂直の距離が税金分に等しくなるまで左に移動すればよい．そうすれば，法的に税金が供給者に課されるか，需要者に課されるかにかかわらず，正しい答えを導きだせる．

これは，税負担に関するごく基本的な点である．職に就いたことがあるなら，給与から多くの税金が差し引かれていることはご存知だろう．一部は給与税で，連邦保険拠出法（Federal Insurance Contributions Act：FICA）に基づき給与明細に記載されている．これは社会保障とメディケアの財源になる．米国では，給与税は雇用主と従業員の折半になっている．たとえば，給与が1,000ドルだとすると，その7.65％を従業員が負担し，雇用者が残りの7.65％を負担する．[13] 法律を改正して，会社が15.3％を支払い，従業員が何も支払わない場合や，従業員が15.3％を支払い，会社は何も支払わない場合，従業員は得をするのだろうか，それとも損をするのだろうか．われわれ

が終えたばかりの分析によれば，こうした変更による差はないと考えられる．競争市場では，市場のどちらの側が税金を支払うかにかかわりなく，賃金は同じ水準に調整される．

給与税の経済効果に関して問題なのは，労働供給と労働需要の弾力性だけであることがあきらかになっている．その理由を理解するために，両極端な例を考えてみよう．

これで合格

死荷重を正確に計算しただろうか

死荷重の問題を考えるうえで役立つ簡単なヒントがある．第1に，何らかの政策の結果，消費量が減っているなら死荷重が発生している（これは，まったくの正解というわけではない．外部性が存在する場合，政策によって市場の状態が改善されることがありうる．外部性については，第16章で詳しく学ぶ）．数量に歪みがないなら，死荷重は発生していない．第2に，死荷重はほぼつねに三角形の形になる．さらに三角形の頂点は，市場の歪みのない効率的な市場均衡点になる．なぜか．死荷重は，失われた消費者余剰と生産者余剰である．これまでみたように，効率的な均衡点から遠ざかるほど，余剰の消失分が大きくなる．これを反映して死荷重を表す三角形の一辺の長さが長くなる．

需要が弾力的で，供給が非弾力的な市場　　需要が弾力的で供給が非弾力的な市場では，買い手は価格にきわめて敏感であるが，売り手は敏感ではない．たいていの労働経済学者は，労働市場をそう考える傾向があり，だから

---

13)　連邦保険拠出法による課税は，賃金や給与など「稼いだ」所得にのみ適用される．2011年時点で，社会保障税は，1人あたり賃金の最初の10万6,800ドルに適用される．その後，メディケア分だけが課税される（税率は2.9%）．限度額は年によって変わり，税率は通常，インフレ率と連動している．2011年には，議会が時限措置として，従業員が負担する社会保障税率を引き下げ，従業員の負担の割合を半分以下に抑えた．

図3.16 租税帰着と弾力性

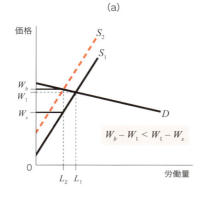

(a) 需要が弾力的で、供給が非弾力的な労働市場で、当初の供給曲線がS_1、需要曲線がD、均衡価格がW_1、均衡数量がL_1で表されている。$W_b - W_s$の課税が実施されると、供給曲線はS_1からS_2に内側にシフトし、労働の均衡数量はL_1からL_2に減る。この市場では、労働者は価格にさほど敏感でないが、雇用主は価格に敏感なため、賃金課税の影響は、雇用主にとってよりも労働者にとってはるかに大きくなる。

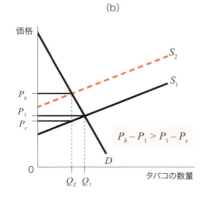

(b) 需要が非弾力的で、供給が弾力的なタバコ市場で、当初の供給曲線がS_1、需要曲線がD、均衡価格がP_1、均衡数量がQ_1で表されている。$P_b - P_s$の課税が実施されると、供給曲線がS_1からS_2に内側にシフトし、タバコの均衡数量はQ_1からQ_2に減る。タバコ市場では、喫煙者は価格に敏感ではないが、タバコ・メーカーは価格に敏感なため、課税の影響は、タバコ・メーカーにとってよりも喫煙者にとってはるかに大きくなる。

こそ15.3％のFICA税（両者の負担を合わせた税率）が，労働供給がきわめて非弾力的（賃金に変動があっても，労働量はさほど変わらない）で，企業の労働需要がきわめて弾力的な市場に適用されている．こうした市場を図示したのが図3.16のパネルaである．

この節をとおして活用してきた手法をあてはめてみると，税金を負担しているのは，もっぱら供給主体——ここでは，労働力を供給する労働者であることがわかる．税金があるので，雇用主は税金を含まない賃金W_1を若干上回るW_bを支払わなければならないが，従業員が受け取る賃金W_sは，税金が

差し引かれ，W_1より大幅に低い．つまり，税引き後でみると，雇用主に比べて従業員は圧倒的に割に合わない．先の租税帰着の議論でわかったように，政府が給与税のルールを変更し，雇用主が全額納付することにしたとしても，従業員の待遇が変わるわけではない．雇用主の税負担の増分にほぼ見合うだけ，賃金が下がるのだ．

需要が非弾力的で，供給が弾力的な市場　図3.16のパネルbは，需要が非弾力的で（買い手が価格に敏感ではなく），供給が弾力的（売り手が価格にきわめて敏感）な市場を図示したものである．たとえば，タバコ市場では，喫煙者は中毒になっていて，価格がどれだけ上がっても買う量はほとんど変わらない傾向がある．一方，供給はもっと弾力的だ．このケースでは，消費者が税のほとんどを負担していることが図から読み取れる．タバコ税が課されると，税金分にほぼ匹敵するだけ，小売価格がP_1からP_bに上昇する．タバコ会社は，コストの上昇分を需要が非弾力的な消費者に転嫁できるので，課税前に比べてもほとんど不利にならない．

　映画チケットの例と同様，これらの分析は数式を使って行うことができる．消費者と生産者の税負担の割合の近似値を示す，一般的な公式が存在することがわかっている．先ほどの議論を踏まえると，当然ながら，税負担の割合は弾力性に依存する．

$$消費者の税負担の割合 = \frac{E^S}{E^S + |E^D|}$$

$$生産者の税負担の割合 = \frac{|E^D|}{E^S + |E^D|}$$

　供給の価格弾力性（E^S）が無限であれば，消費者の負担割合は1になる．供給が完全弾力的なら，消費者が税金を丸々負担するということだ．需要の価格弾力性の絶対値（$|E^D|$）が無限であれば，消費者の税負担は0になり，生産者が税金を丸々負担することになる．

第3章　需要と供給のツールを使って市場を分析する　　**159**

3.3 解いてみよう

コーラの需要と供給は以下のとおりである.

$$Q^D = 15 - 10P$$

$$Q^S = 40P - 50$$

Q は年間の本数で, 単位は100万本, P は1本あたりの価格で, 単位はドルである. 均衡価格は1本あたり1.3ドルで, 均衡数量は年間200万本である.

a. 均衡価格, 均衡数量における需要の価格弾力性と供給の価格弾力性を求めよ.

b. 消費者と生産者が負担する税金の割合を求めよ.

c. 1本あたり15セントの税金が課されると, 消費者はいくら支払うことになるか. 生産者が受け取る金額は税引き後でいくらになるか.

解答:

a. 需要の価格弾力性の公式は次のとおりである.

$$E^D = \frac{\Delta Q^D}{\Delta P} \times \frac{P}{Q^D}$$

需要曲線から, $\dfrac{\Delta Q^D}{\Delta P}$ を計算することができる. P が1単位変化するごとに, Q^D は10ずつ減る. したがって,

$$\frac{\Delta Q^D}{\Delta P} = -10$$

弾力性の公式に代入すると, 以下のようになる.

$$E^D = \frac{\Delta Q}{\Delta P} \times \frac{P}{Q} = -10 \times \frac{1.3}{2} = \frac{-13}{2} = -6.5$$

供給の価格弾力性の公式は以下のとおりである.

$$E^S = \frac{\Delta Q^S}{\Delta P} \times \frac{P}{Q^S}$$

供給曲線から$\dfrac{\Delta Q^S}{\Delta P}$を計算することができる．$P$が1単位増加する

ごとに，Q^Sは40ずつ増える．すなわち，

$$\frac{\Delta Q^S}{\Delta P} = 40$$

これを弾力性の公式に代入すると，以下のようになる．

$$E^S = \frac{\Delta Q^S}{\Delta P} \times \frac{P}{Q^S} = 40 \times \frac{1.3}{2} = \frac{52}{2} = 26$$

b. 消費者が負担する税金の割合は以下のとおりである．

$$\frac{E^S}{E^S + |E^D|} = \frac{26}{26 + |-6.5|} = \frac{26}{32.5} = 0.8$$

生産者が負担する税金の割合は以下のとおりである．

$$\frac{|E^D|}{E^S + |E^D|} = \frac{|-6.5|}{26 + |-6.5|} = \frac{6.5}{32.5} = 0.2$$

つまり，消費者が税金の80％を負担し，生産者は20％しか負担しないことになる．

c. 1本あたり15セントの税金が課されると，消費者がその80％を負担する．すなわち，

P_bの増加分 $= 0.8 \times 0.15$ ドル $= 0.12$ ドル

消費者が支払う金額は，当初の均衡価格の1.30ドルから0.12ドル増えて1.42ドルになる．

生産者は税金の20％を負担する．すなわち，

P_sの減少分 $= 0.2 \times 0.15$ ドル $= 0.03$ ドル

生産者が受け取る金額は，当初の1.3ドルから0.03ドル減って1.27ドルになる．

第3章 需要と供給のツールを使って市場を分析する　　**161**

3.5 補助金

　補助金（subsidy）は，財やサービスの売り手または買い手に対して政府が支給するものであり，いわば税金の対極にある．実は，補助金の市場への影響を分析する際には，補助金をマイナスの税金として扱うことができる．つまり，買い手が支払う金額は，補助金の支給後に売り手が受け取る金額を下回る．たとえば，ガソリン1ガロンにつき1ドルの補助金が支給されていると，ガソリンスタンドで買い手が1ガロン＝3.5ドル支払うとき，ガソリンスタンドの収入は補助金を加えた4.5ドルになる．この関係は以下で示される．

$$P_b + 補助金 = P_s$$

ここでP_bは買い手が支払う金額（市場価格），P_sは補助金が支給された後に売り手が受け取る金額である．

　政府は多額の税金を徴収する一方，多くの財やサービスに補助金を支給している．ガソリンに混ぜることのできるトウモロコシ由来のエタノール燃料の生産に，米国政府の補助金が与える影響についてみていこう（補助金の一般的な根拠として，輸入原油への依存度の引下げがあげられるが，この政策を強く支持しているのが，トウモロコシ栽培が盛んな州選出の議員であるのは偶然ではない）．政府はエタノール混合ガソリン1ガロンにつき，1ドルの補助金を支給しているものとする．当初の供給曲線S_1が生産者の収入だとすれば，消費者にとっての供給曲線は補助金の分だけ外側にシフトし，S_2になる（図3.17）．消費者にとって供給曲線が外側にシフトするのは，政府が請求書の最後の部分を穴埋めしてくれるので，タンクを満タンにするのに消費者が支払う金額は，ガソリンスタンドが受け取る金額より少なくて済むからだ（税金の効果とちょうど逆になる）．

　補助金がないときの消費者余剰は，需要曲線より下で，消費者が支払う金額（P_1）より上のすべての部分，図3.17の$A+B+C$だった．補助金が導入されると消費者余剰は変化するが，税金の場合と違って，小さくなるのではなく大きくなる．新たな消費者余剰は，需要曲線より下で，消費者が支払う

図3.17 生産者に対する補助金の影響

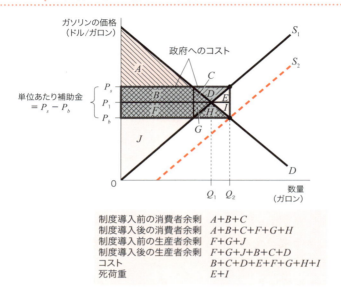

制度導入前の消費者余剰	$A+B+C$
制度導入後の消費者余剰	$A+B+C+F+G+H$
制度導入前の生産者余剰	$F+G+J$
制度導入後の生産者余剰	$F+G+J+B+C+D$
コスト	$B+C+D+E+F+G+H+I$
死荷重	$E+I$

補助金のないガソリン市場では,供給曲線S_1と需要曲線Dとが交わり,均衡価格はP_1,均衡数量はQ_1,消費者余剰は$A+B+C$,生産者余剰は$F+G+J$である.補助金が導入されると,供給曲線はS_1からS_2へ,補助金P_s-P_bの分だけ下方にシフトする.均衡数量はQ_2に増加する.均衡点における供給者の価格はP_s,消費者にとっての価格はP_bになる.消費者余剰は$A+B+C+F+G+H$,生産者余剰は$F+G+J+B+C+D$となる.補助金のコストは$B+C+D+E+F+G+H+I$,死荷重は$E+I$である.したがって,生産者と消費者の便益の合計よりも,補助金に伴うコストのほうが大きいことになる.

べき金額(以前よりも低い価格P_b)より上の部分,当初の消費者余剰$A+B+C$に$F+G+H$を加えたものになる.余剰が増えたのは,価格が下がり,売上げが増えたからである.

補助金がないときの生産者余剰は,供給曲線より上で,生産者が受け取る金額(P_1)より下のすべての部分$F+G+J$だった.補助金が導入されると,生産者余剰も大きくなる.生産者にとっての供給曲線S_1より上で,生産者が受け取る金額(P_s)より下の面積,当初の$F+G+J$に,$B+C+D$を加えたものになる(生産者の供給曲線(S_1)を使って生産者余剰を計算するの

は，S_1が生産者の生産コストを表した供給曲線だからである）．

　このケースでは，消費者余剰と生産者余剰は，$B+C+F+G$の部分が重複している点に気づいてもらいたい．消費者，生産者とも以前に比べて余剰が増えているのだ．だが，これが成り立つのは，第三者が費用を負担してくれる場合だけである．このケースでは，政府がその役割を担う．補助金はコストを伴う．補助金のコストは，補助金の額に生産量をかけたもの，$Q_1 \times (P_s - P_b)$になり，長方形$B+C+D+E+F+G+H+I$の面積になる．

　だが，補助金のコストはこれだけではない．他の何らかの価格規制と同様に，補助金も死荷重を発生させる．補助金が導入されて，消費者も生産者も豊かになったはずなのに，死荷重が発生するのはおかしいと思うかもしれない．要は，増えた余剰の大きさと，政府の補助金のコストのどちらが大きいかの問題だ．消費者余剰は$F+G+H$，生産者余剰は$B+C+D$増えたが，補助金制度に伴う政府のコストは，$(F+G+H)+(B+C+D)+(E+I)$である．したがって補助金の死荷重は，$E+I$になる．補助金が生産者と消費者にもたらした便益を上回るコストを，社会全体で負担しているといえる．政府が何らかの方法で，価格を変えることなく，補助金の収入を消費者に還元できれば，社会は豊かになるだろう．価格を変えることによって，それまで見向きもしなかったエタノール入りガソリンを買う人が増える．

　この章の最初で市場介入を検討した際に学んだのは，税金や規制が存在しなければ購入したはずだが，税金が導入されたり，価格が高すぎたりすれば購入しない人々の余剰が失われることで死荷重が発生する，ということだった．補助金の場合は，この逆のことが起きる．つまり，競争市場では購入しなかったであろう人々が死荷重を発生させる．補助金によって価格が下がったからこそ，彼らは財やサービスを購入する．それによって数量は増えるのだが，その価値は，購入を促すために政府が負担したコストを下回る．

　死荷重が生まれるメカニズムを理解するには，プレゼント交換を考えてみるのもいい．経済学者のジョエル・ウォルドフォーゲルは，クリスマス・プレゼントを受け取った学生に，贈った相手はどれだけのコストをかけていると思うか尋ねた．[14] さらに，心情的な価値は別にして，自分にとってプレゼントはどれだけの価値があるかを尋ねた．すると受け取った学生にとっての

164　第1部　基礎概念

価値は，コストを約15％下回っていた．このクリスマスプレゼントの15％の死荷重が，ちょうど補助金の死荷重に似ている．政府がある製品に補助金を拠出するとき，政府は消費者にプレゼントを贈っている．（消費者余剰で測られる）消費者にとってのプレゼントの価値は，政府がそれを購入するためにかけた費用を下回っているのである．

応用　**黒液の抜け穴のコスト**

　（偶発的な）補助金の最近の失敗例に，代替燃料を使用する企業に対する税制優遇措置——いわゆる黒液の抜け穴，と呼ばれるものがある．優遇税制は，化石燃料の使用量の削減を目的に，燃料源として従来の化石燃料と代替燃料を併用する企業に適用される．

　製紙工場では，紙を製造する過程で副産物として廃油（いわゆる「黒液」）が発生し，従来はこれを自社工場で燃料として再利用していた．政府は，この黒液を代替燃料として法律で定めることにした．だが，製紙会社は，この代替燃料を化石燃料と併用しなければ，税制の優遇を受けられない．そこで，黒液を燃やす前にはまったく使用していなかったディーゼル燃料を少量，加えることにした．この影響は，2つの面で表れた．第1に，化石燃料の使用量削減が優遇税制の狙いだったにもかかわらず，製紙会社では以前よりも化石燃料の使用量が増加した．第2に，製紙会社は，そもそも税の優遇がなくても黒液を燃料として利用していたが，新たに優遇措置の適用を受けることになった．しかも，それは巨額にのぼった．当初，この優遇税制の政府のコストは6,100万ドルと見込まれていたが，2009年で60億ドルから80億ドルにのぼる見通しであり，ほぼすべてが製紙会社に入ることになる．

　この節で行ってきた分析で，この事態はどのように説明できるだろうか．製紙会社にとって優遇税制は，事実上，化石燃料を使用するための補助金になった．代替燃料と化石燃料を併用した場合に優遇税制が適用されるように

---

14)　Joel Waldfogel, "The Deadweight Loss of Christmas," *American Economic Review* 83, no. 5 (1993): 1328–1336. クリスマスプレゼントの死荷重の計算などという野暮なことは経済学者に任せておこう！

第3章 需要と供給のツールを使って市場を分析する　165

したことで，製紙会社が使用する化石燃料の実質価格を引き下げたのだ．かつて市場価格を支払わなければならなかったときは，プラントを稼働させるために化石燃料を使う必要はなく，需要量は0だった．黒液という豊富で安価な代替燃料があったからだ．だが，いまや化石燃料を購入すれば，多額の税の優遇が受けられる．製紙会社にとって，化石燃料の供給曲線が外側にシフトしたのだ．供給価格が下がったことで，化石燃料の需要量がプラスになった．

　この政策の結果，製紙会社と化石燃料の売り手は，補助金によって潤った（とくに，製紙会社が受けた恩恵は大きかった）．だが，コストは莫大だ．第1に，死荷重がある．優れた代替燃料があるため，化石燃料を使っていなかった製紙業界が，化石燃料を使うようになった．しかも，生産コストを下回る金額しか支払わずに，である．第2に，政府が補助金を負担する必要がある．しかも，先ほど述べたように，その額は莫大だ．実は，補助金があまりに巨額にのぼったことから，議会は2010年，コストを賄いきれないと判断し，抜け穴をふさぎ，この制度は廃止された．■

3.4 解いてみよう

　ある小さな町でのエタノールの需要と供給は以下のとおりである．
$$Q^D = 9,000 - 1,000P$$
$$Q^S = 2,000P - 3,000$$
ここで，Qは1日あたりの数量で，単位はガロン，Pは1ガロンあたりの価格で，単位はドルである．現在の均衡価格は4ドル，均衡数量は1日あたり5,000ガロンである．

　エタノールの利用を奨励するため，政府は1ガロンあたり0.375ドルの補助金の導入を検討している．

a. 1ガロンあたり買い手が支払う金額と，売り手が受け取る金額，1日あたりの販売量はどうなるか．

b. 政府（ひいては納税者）が負担する補助金はどのくらいか．

166   第1部　基礎概念

解答:

a. 補助金制度のもとでの売り手と買い手にとっての価格は，課税の場合と同様の方法で計算できる．ただし，大きな違いが1つある．売り手が受け取る金額は，（補助金の分だけ）買い手が支払う金額よりも大きくなる．すなわち，

$P_s = P_b + 補助金$

したがって，ここでは以下のようになる．

$P_s = P_b + 0.375$

当初の需要曲線，供給曲線は以下だった．

$Q^D = 9,000 - 1,000P_b$

$Q^S = 2,000P_s - 3,000$

これを踏まえ，供給曲線の等式にP_sを代入すると，以下のようになる．

$Q^S = 2,000P_s - 3,000$

$Q^S = 2,000(P_b + 0.375) - 3,000 = 2,000P_b + 750 - 3,000$

$\quad = 2,000P_b - 2,250$

ここで$Q^D = Q^S$から，これを解いてP_bを求めることができる．

$9,000 - 1,000P_b = 2,000P_b - 2,250$

$3,000P_b = 11,250$

$P_b = 3.75$

$P_s = P_b + 0.375$

$\quad = 4.125$

補助金が導入された後のエタノールの販売量を求めるには，P_bを需要曲線に代入するか，P_sを供給曲線に代入すればいい（両方に代入すれば，答えが確実になる）．

$Q^D = 9,000 - 1,000P_b = 9,000 - 1,000 \times 3.75 = 9,000 - 3,750$

$\quad = 5,250$

$Q^S = 2,000P_s - 3,000 = 2,000 \times 4.125 - 3,000 = 8,250 - 3,000$

$\quad = 5,250$

つまり，買い手は1ガロン3.75ドルを支払う一方，売り手は1ガロンあたり4.125ドルを受け取り，1日の販売量は5,250ガロンにな

る．これは下の図でも確認できる．

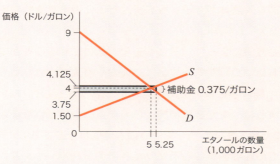

b. 補助金のコストは，1ガロンあたりの補助金に販売量（ガロン）を掛けたものになる．すなわち，

   補助金のコスト＝ 0.375 ドル × 5,250 ＝ 1,968.75 ドル/日

> **コラム ヤバい経済学**
>
> ### 経済的なインセンティブで子どもを産む気にさせられるのか
>
> 世界各国で子どもの数が急激に減っている．1978年に一人っ子政策を導入した中国のように，人口を抑制するために政府が産児制限を行っている国もある．一方，ヨーロッパや日本など多くの国は，出生率の低下で政府がむずかしい問題に直面している．生まれる子どもが少なくなると，人口の高齢化が進む．今後20年で，世界的に年金を必要とする老齢人口が爆発的に増加するが，その財源となる税金を負担する生産年齢人口は減っていく．
>
> 政府はどんな対策が打てるだろうか．1つには，将来の赤字を穴埋めするため，いまのうちに財政を黒字化して積み立てておく方法がある．だが，こうした一種の緊縮策は，選挙で選ばれる政治家には人気がない．というのも，いま政治的な代償を払って高い税金を課しても，成果を刈り取る20年後には引退しているからだ．別の方法として，生産年齢にあたる人たちの移民を促す方法もある．これも，政治的には実現がむ

168 第1部 基礎概念

ずかしい国が多い．そこで，フランスやスウェーデンなどが導入を検討している経済的な解決法が，子どもを産んだ人に現金を支給する方法である．

政府の補助金政策によって，子どもを産む気にさせることができるのだろうか．これはバカげた考えであり，夫婦や恋人が親になるかどうか決断するのは，経済学とは何の関係もないと思うかもしれない．もし，そう思うのであれば，まだ経済学的な思考が身についていないといえる（とはいえ，まだ第3章なので，身につける時間は十分ある）．データによれば，子どもの需要曲線は右下がりだと考えられる．つまり，子どもを持つことの「価格」が下がれば，子どもを増やしたいと考えている人が少なくない．経済学者のアルマ・コーエン，ラジャブ・デヘジア，ドミトリ・ロマノフの研究によれば，1959年以降，子どもを産んだ人に現金を支給してきたイスラエルでは，この政策で出生率にかなりの効果があがったという．＊ 実際，2003年に補助金が減額されたことで，翌2004年の出生数は12％も減ったと推計されている．イスラエルの人口からすると，それまでどおりの高い補助金なら生まれたはずの子どもは5,400人にのぼる．この補助金は，民族や宗教に関係なく，正統派ユダヤ教徒にもイスラム教徒にも同様の効果があった．

旧ソ連の衛星国では，明確な補助金政策はとっていないが，子づくりを奨励する別の方法をとった．チェコスロバキアや東ドイツなど多くの国では，共産政権時代，子育てにかかる費用を無料にし，母親が早期に職場に復帰できる機会を与えた．住宅の割当は，多くの場合，子どもの有無と結びついていた．たとえば，プラハでは，結婚して子どもが1人生まれてはじめて，国営アパートに入居できる資格ができた．

チャウセスク大統領が独裁制を敷いたルーマニアは，別の方法をとった．1966年当時のルーマニアでは，中絶が産児制限の主な手段だったが，何の前触れもなく，その中絶を禁止したのだ．短期的に，子どもの数が爆発的に増えた．1人の女性が生涯に産む子どもの数は，1966年の

＊ Alma Cohen, Rajeev Dehejia, and Domitri Romanov, "Do Financial Incentives Affect Fertility?" *NBER Working Paper*, 2007.

1.9から翌67年には3.7へほぼ倍増した．多くの子どもが生まれたことで，将来，自分の配下の軍に入隊する男児を増やす，というチャウセスク大統領の目的は叶えられた．だが，中絶が突然禁止されたことで，望まれない子どもが生まれる，という事態が起きた．親は不満を募らせ，望まれない子どもは，1966年以前に生まれた子どもにくらべて悲惨な生活を余儀なくされた．中絶禁止から1年後に生まれた子どもは，前年に生まれた子どもに比べて，あらゆる面で劣っている．学力テストの成績が悪く，労働市場であぶれ，犯罪率も高くなった．最終的に，中絶禁止後に生まれた若者が1989年に政権を倒し，チャウセスクは処刑されることになる．

　チャウセスクに経済学の知識がもっとあれば，価格の変更（この場合は，子どもに対する補助金支給）のほうが，中絶を全面禁止するよりも，インセンティブとしてはるかに効果的だと気づいただろう．言い換えれば，経済学はチャウセスクの命すら救ったかもしれないのである．

3.6 結論

　この章では，需要と供給というハンマーを取り出し，目に見える釘を1つひとつ打っていった．市場における売買で生じる消費者余剰や生産者余剰を計算する方法を示し，新たな財の価値を測る方法や，死荷重とは何かを学んだ．需要と供給，さらには総余剰という概念を使って産業を分析した．とくに，価格規制，数量規制，税金，補助金が導入されることによる市場の変化に業界がどう対応するかを分析した．需要・供給モデルは，きわめて単純だが，さまざまな分析ができるため，ミクロ経済学の根幹に据えられている．

まとめ

1. **消費者余剰**とは，消費者が市場取引に参加することで得られる価値であ

170　**第1部　基礎概念**

る．ある財に対して支払ってもよいと考える金額と，実際に支払わなければならない金額の差である．需要曲線と供給曲線のグラフで，消費者余剰は，需要曲線より下で市場価格より上の部分の面積で測られる．**生産者余剰**は，生産者が市場取引に参加することで得られる価値である．生産者が受け取るつもりの最低金額と，実際に受け取る金額の差である．需要曲線と供給曲線のグラフで，生産者余剰は，供給曲線より上で市場価格より下の部分の面積で測られる．[3.1節]

2. 消費者余剰，生産者余剰という概念を使って，需要曲線および供給曲線のシフトが消費者や企業の便益に与える影響を測ることができる．供給曲線が内側にシフトすると，均衡価格が上昇し，均衡数量が減少するという両面の効果で，消費者余剰は減少する．一方，供給曲線が外側にシフトすると，消費者余剰は増加する．需要曲線が内側にシフトすると，均衡価格が低下し，均衡数量が減少するという両面の効果で，生産者余剰は減少する．一方，需要曲線が外側にシフトすると，生産者余剰は増加する．[3.1節]

3. 政府が価格規制を導入する場合——家賃統制のように**上限価格**を設けたり，最低賃金などのように**下限価格**を設けたりする場合，市場価格での供給量と需要量には差が生じ，超過需要ないし超過供給が発生する．また価格規制を導入すると，**死荷重**を発生させる．規制がなければ余剰を生み出していた取引の一部が，規制導入後には成立しなくなるからだ．消費者や生産者を支援するなら，価格を変更せずに，一方から他方に所得を移転するほうがより効率的である．需要と供給が完全弾力的に近いとき，死荷重が最も大きくなる．[3.2節]

4. 政府が生産量に上限を設ける（**数量割当**）か，政府自身が直接，財を供給する場合も，価格規制の場合と同様に，市場を歪め，死荷重を生み出す．ただし，こうした政策は，価格が調整され，取引が成立するので，超過需要や超過供給は発生しない．[3.3節]

5. 税金は，生産量を減らし，価格を押し上げる．それによって，消費者余剰および生産者余剰を減らすが，税収を生み出す．だが，税収では，余剰の減少分を穴埋めできない．この差が，税の死荷重である．**租税帰着**

とは，どの主体が税を負担しているかを示す概念である．法的にどの主体が納税義務を負うかは問題ではない．問題となるのは，あくまで需要と供給の弾力性である．弾力性が高いほうが，税負担は少なくなる．というのは，課税された財やサービスから，課税されていない財やサービスに簡単にシフトできるからだ．[3.4節]

6. **補助金**は，自由市場の均衡に比べて，消費者余剰も生産者余剰も増やす．とはいえ，補助金のコストが，消費者余剰と生産者余剰の増分を上回っているため，死荷重が生まれる．[3.5節]

復習問題

（解答は以下のサイトで入手できる．https://store.toyokeizai.net/books/9784492314951）

1. 消費者余剰，生産者余剰を定義せよ．
2. 需要消滅価格とは何か．需要消滅価格と消費者余剰はどんな関係にあるか．
3. 供給消滅価格とは何か．供給消滅価格と供給者余剰はどんな関係にあるか．
4. 所与の市場において，供給曲線がシフトすると，消費者余剰と生産者余剰にどんな影響を与えるか．供給曲線が内側にシフトする場合，外側にシフトする場合を考えよ．
5. 所与の市場において，需要曲線がシフトすると，消費者余剰と生産者余剰にどんな影響を与えるか．需要曲線が内側にシフトする場合と，外側にシフトする場合を考えよ．
6. 上限価格規制とは何か．上限価格規制はなぜ，財の不足という超過需要を生み出すのか．
7. 下限価格規制とは何か．下限価格規制はなぜ，財の過剰という超過供給を生み出すのか．
8. 死荷重とは何か．財の価格弾力性が大きいとき，死荷重は大きいと考えられるか，小さいと考えられるか．
9. 上限価格規制が実効力を持たないのはいつか．下限価格制が実効力を持たないのはいつか．
10. 数量割当とは何か．上限価格規制や下限価格規制とどう違うか．
11. クラウディングアウトとは何か．なぜクラウディングアウトが起きるのか．
12. クラウディングアウトによる非効率性の大きさが，もっぱら需要の弾力性に依存し，供給の弾力性に依存しないのはなぜか．

13. ある財に課税すると，この財の均衡価格と均衡数量はどうなるか．課税すると，消費者が支払う金額と，生産者が受け取る金額に差が生じるのはなぜか．
14. 税金は消費者余剰，生産者余剰にどんな影響を与えるか．税金が死荷重を生じさせるのはなぜか．
15. 租税帰着とは何か．租税帰着の決定要因とは何か．
16. 補助金とは何か．
17. 補助金は消費者余剰，生産者余剰にどんな影響を与えるか．
18. 補助金によって死荷重が生じるのはなぜか．

演習問題

(＊をつけた演習問題の解答は，以下のサイトで入手できる．https://store.toyokeizai.net/books/9784492314951)

1. 米国でのスノーボードの供給曲線が，以下の等式で与えられている．$Q^S = 400P - 8{,}000$．Qはスノーボードの数，Pはスノーボード1枚あたりの価格である．価格が120ドルのときの生産者余剰を計算せよ．価格が100ドルに下がると，生産者余剰はどうなるか．

2. 空の旅の需要が，以下の等式で与えられている．$Q^D = 800 - 2P$．Qは1四半期あたりの搭乗回数で単位は100万，Pは1搭乗あたりの料金で単位はドルである．燃料費の高騰で，運賃を150ドルから200ドルに引き上げたとき，消費者余剰はどう変化するか．

3. インターネットのブロードバンドの需要が，以下の等式で与えられている．$Q^D = 224 - 4P$．Qはある地域の加入者数で，単位は100．Pは1カ月あたりの料金で単位はドルである．この需要の関係を図示したのが，以下の図である．ブロードバンド・サービスの料金は，1カ月25ドルとする．以下の問い

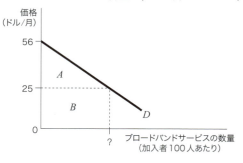

に答えよ．とくに単位に注意すること．
    a. この料金での加入者数．
    b. 加入者が支払う料金の総額．B の面積．
    c. 加入者が享受する消費者余剰．A の面積．
    d. ブロードバンド・サービスの加入者が享受する価値の総計．$A+B$．
4. インターネットのブロードバンド・サービスの供給が，以下の等式で表されている．$Q^S = 12.5P - 150$．Q はサービスの量で，単位は100．P は1カ月の料金で，単位はドルである．1カ月あたりの料金は25ドルだとする．この供給曲線を表した下図を参考に，以下の問いに答えよ．とくに単位に注意すること．
    a. この料金でのサービスの供給量．
    b. プロバイダーの総収入．D と E の面積．
    c. プロバイダーが享受する生産者余剰．D の面積．

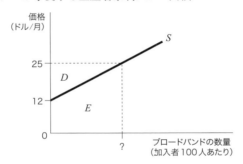

5. 問題3と4のグラフと等式を合わせて，以下の問いに答えよ．
    a. インターネットのブロードバンド・サービスの均衡価格
    b. インターネットのブロードバンド・サービスの均衡数量
    c. 消費者余剰
    d. 生産者余剰
    e. 生産者（プロバイダー）と消費者（加入者）が受け取る余剰の合計
6. 価格と数量が不変だとすると，需要曲線が弾力的になれば，消費者余剰が減るのはなぜか．
*7. パラオ共和国の観光省は，スキューバ・ダイビング・ツアーの需要を以下のとおり見積もっている．$Q^D = 6{,}000 - 20P$．Q は毎月のダイバー数，P はボンベを2本を持って潜るときの料金である．スキューバ・ダイビング・ツアーの供給は，以下の等式で与えられている．$Q^S = 30P - 2{,}000$．

a. 均衡価格と均衡数量を求めよ．
b. パラオを訪れるダイバーの消費者余剰を求めよ（グラフを描くと，わかりやすい）．
c. ダイバー・ショップの生産者余剰を求めよ（グラフを描くと，わかりやすい）．
d. スキューバ・ダイビングの需要が増えて，新たな等式は以下になる．$Q^D = 7{,}000 - 20P$．この需要の変化はaからcの答えにどう影響するか．
e. 需要の増加で，消費者（ダイバー）は得をするか，損をするか．

8. 貧困層の支援を目的とする最低賃金などの規制が，逆に貧困層の所得を減らすことがありうるだろうか．ありうるとすれば，どのような需要，供給状態で起こりうるか．

9. 低熟練労働者が競争的市場で働いている．労働供給は$Q^S = 10W$で表される．Wは時間あたり賃金で測った労働の価格．労働需要は$Q^D = 240 - 20W$．Qは労働量（単位は1,000時間）である．
a. 低熟練労働者の均衡賃金と均衡数量を求めよ．
b. 時間あたり賃金を10ドルとする最低賃金法が成立すると，新たな均衡労働量はどうなるか．労働力は不足するか，過剰になるか．それはどのくらいの規模か．
c. この最低賃金制度（下限価格規制）の死荷重はいくらか．
d. このケースで，低熟練労働者はどのくらい得をし（言い換えれば，生産者余剰はどのくらい変化するか），雇用主はどのくらい損をするか．

*10. 下の図は，牛肉市場を表している．政府が1ポンドあたり4ドルを下限とする，下限価格規制を導入したとする．この制度では，売れ残った牛肉は政府が買い上げ，長期的に不足する時期に放出する．
a. 余剰の喪失という形での消費者のコストはいくらか．
b. 納税者が売れ残った牛肉を購入するために支払うコストはいくらか．

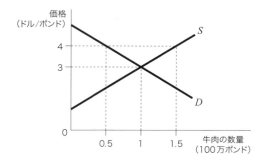

c. 牛肉の売り手にとっての生産者余剰はいくらか.

　　d. この価格支持制度による社会全体の損失はいくらか.

　　e. 全米肉牛業者協会の会長が, 消費者に次のように呼び掛けた.「今後, 毎月220万ドルを当協会に払い続けてくれれば, 価格支持制度を廃止するよう議会にはたらきかける」. 消費者は協会に払うべきか否か. その理由も述べよ.

*11. ある財の市場において, 均衡数量を下回る数量割当を導入した場合, その影響を示すグラフを描け. 財の価格, 生産者余剰, 消費者余剰はどうなるか. この数量割当による死荷重を示せ.

12. 昔は, ギャングが胴元になって, 適当に選んだ3つの数字がそろった人に賞金を贈る「ナンバーズ・ゲーム」を運営していた. 1970年代に州政府の認可を受けた州営宝くじ委員会がナンバーズ・ゲームに似たゲームを提供することになった. 需要曲線と供給曲線を活用して以下の問いに答えよ.

　　a. 州営宝くじの創設は, ナンバーズのようなゲームに興じる人数にどんな影響を与えるか.

　　b. 州営宝くじの創設は, ギャングの運営するナンバーズ・ゲームに興じる人数にどんな影響を与えるか.

　　c. 州営宝くじの創設は, ナンバーズに似たゲームの料金にどんな影響を与えるか.

　　d. ナンバーズ・ゲームは, ほとんどのチケットが1ドルで売られていて, 名目価格が変わらない点で, 通常の財とは異なる. 名目価格が固定されているとすると, cが現実になった場合, 価格はどう変化するか.

13. 規制と同様に, 課税によって死荷重が生まれるのはなぜか. 課税と数量割当で同じだけ価格が上がるとすれば, どちらの死荷重が大きいか. その理由も述べよ.

14. チーズ菓子の市場を考えよう. チーズ菓子の需要は, $Q^D = 30 - P$, 供給は $Q^S = 3P - 10$ で表されている. Q はスナック菓子1袋である. 健全なスナック菓子に関する講座を開設するための財源として, 政府がチーズ菓子1袋あたり4ドルの税金をかけることにした.

　　a. 課税前と課税後では, 消費者が支払う金額, 生産者が受け取る金額, スナック菓子の販売数はどう変わるか.

　　b. この税金による死荷重と税収はどうなるか.

　　c. 政府が健全なスナック菓子講座の拡充を目指し, 1袋あたりの税金を8ドル引き上げた (合計で12ドル). 税金引上げによって, 死荷重と税収はど

176　第1部　基礎概念

のくらい增えるか.

*15. アイスクリームの需要が，$Q^D = 20 - 2P$，供給が $Q^S = 4P - 10$ で与えられている. 単位はガロンである.

　a. 需要曲線と供給曲線を描き，均衡価格と均衡数量を求めよ.

　b. 1ガロンあたり1ドルの税金が課され，消費者から徴収されることになった. 新たな需要曲線を描き加えよ. 課税によって需要は增えるか，減るか.

　c. 課税によって，消費者が支払う金額はどう変化するか. 生産者が受け取る金額はどう変化するか. どのくらいの量が売れるか.

　d. 税負担が大きいのは，消費者か生産者か. その理由も述べよ.

　e. 課税前と課税後の消費者余剰を求めよ.

　f. 課税前と課税後の生産者余剰を求めよ.

　g. この税金による税収を求めよ.

　h. この税金による死荷重を求めよ.

16. 社会保障税は労働サービスに課される税金である. 通常，雇用主と従業員が半分ずつ負担する. 税の徴収の仕組みとして，すぐれた方法だろうか. どちらが，どれだけ負担すべきか政府が決めることができるだろうか. その理由も述べよ.

*17. 需要曲線が弾力的で，供給曲線が非弾力的な競争市場のグラフを描け. 財の生産者に1単位の税金がかけられると，消費者余剰，生産者余剰はどうなるか. 均衡価格，均衡数量はどう変化するか. この税金による死荷重と税収を求めよ. 税負担がより大きいのはどちらか.

18. アメリカ上院は，大統領選出を目ざす人向けのコンピュータ教育プログラムの財源を確保するため，パソコンの販売時に課税する法案を検討している. 議会予算局（CBO）の試算では，1台12ドルという低い税金でプログラム予算を賄う財源がちょうど確保できる. 一方，1台230ドルという高い税金をかけても，ちょうどの財源が確保できると試算している.

　a. 税金が低い場合でも，高い場合でも，教育プログラムの財源が確保できるのはなぜか. グラフを使って示せ.

　b. 上院財務委員会の顧問の立場で，課税の経済効果を分析しているとする. どちらの案を推奨するか. その理由も述べよ.

*19. コーヒーの買い手から売り手へ直接の所得移転を目指す以下の政策を考えよう. 政府はコーヒー1杯あたり1ドル課税し，買い手から徴収し，売り手に1杯あたり1ドル補助金を出すことにした.

a. コーヒーの均衡価格はどうなるか.

b. コーヒーの均衡数量はどうなるか.

c. この制度は，政府がコーヒー1杯につき1ドルずつ徴収し，税収総額をすべてのコーヒーの売り手に等分に支給する制度とどう違うか（コーヒーの売り手に差はないと想定するのが安全だ）.

第**2**部 消費と生産

消費者行動 第**4**章

消費者は，無限に思える製品やサービスを目の前にして，どの製品
やサービスを，どのくらい消費するかを，どうやって決めているのだ
ろうか．この章は，この重要な問いをめぐって展開する．この問い
は単純に思えるが，その答えを理解することが，基本的な需要・供
給モデルにおける需要曲線を構築するのに欠かせない．深く理解す
れば，大きな力になり，幅広く応用できる．

■　2006年当時のアマゾンの最高経営責任者（CEO）ジェフ・ベゾ
　スの立場にたってみよう．翌年の発売に向けて，電子書籍端末キ
　ンドルを開発している最中だ．収益を最大化するには，どんな特
　徴を持たせるべきか．この問いへの答えの大部分は，消費者の選
　好に依存する．何を読みたいのか，どこで読むのか，画面の大き
　さにいくら払うのか，どの程度の重さまでなら持ち運びするのか．
　ざっとあげただけでも，これだけある．アマゾンの収益性は，消
　費者の支払い能力──所得にも依存する．これらの要素のすべて
　が，どう相互作用しているのかが解明できれば，魅力的な電子端
　末をつくって大金持ちになれる（ベゾスは，よほどうまく解明した
　に違いない．アマゾンでは，キンドルの電子書籍の販売数が紙の
　書籍のそれを上回っている．アマゾンはキンドルの販売台数を公
　表していないが，2010年で800万台にのぼり，キンドルが生み出
　す売上げは，端末と書籍の合計で年間50億ドルに迫ると推計され
　ている）．

180 第2部 消費と生産

■　食料品店を経営しているとしよう．ペプシ社から，販促活動を1週間すれば卸売価格を引き下げると提案があった．ペプシの価格を20％引き下げるとすれば，ペプシの棚をどのくらい増やすべきか．どのくらいの顧客がコカコーラからペプシに切り替えるだろうか．販促前はソフトドリンクを一切購入していなかったが，ペプシを買うようになる顧客はどのくらいいるか．こうした状況にどう対応すればいいか．これもまた，消費者行動を理解することが適切な判断を導き，収益に貢献することを示す一例である．

■　途上国開発の非政府組織（NGO）に所属する経済アナリストの立場で考えてみよう．国民が豊かになれば，その国の消費パターンがどう変わるかを予想しなければならない．こうした予測は，その国の成長市場に財を運ぶインフラの整備計画を立て，実行するのに役に立つ．この場合も，消費者の選択を理解することがカギになる．

■　今度の春休みに，お気に入りのアーティストの公演に行くか，友人10人と海辺の別荘を共同で借りるか決めかねている．何にお金を使うべきかについて，人はどのように選択しているのだろうか．いまの決断方法は「正しい」のだろうか．それとも，もっとうまくできるだろうか．この章では，あなたや他の消費者がどのような選択をしているかについて，いくつかの単純なルールを検証していく．あなたの意思決定の方法は，こうしたルールから逸脱しているかもしれない．もしそうだとしたら，行動を変えて，ルールを踏まえることが，日々の幸せや満足を向上させるのに役立つはずだ．

この章では，これらの例のような個別の問題を分析できるようにすることに加え，経済学を学ぶうえでの幅広い観点を取り上げる．経済学（そして人生）における多くの問題がそうであるように，消費者の意思決定は，制約付き最適化の問題である．消費者は，使える予算が限られるなかで（つまり制約があるなかで），最善を尽くそう（最適化しよう）とする．どこかで折り合いをつけなければならないが（トレードオフ），できるかぎり賢明な方法でそうする．消費者の制約付き最適化問題を分析するために，ここで活用する

第4章　消費者行動　　**181**

一連の手法や思考法は，本書全体を通し，あるいはまた将来，経済学のコースを選択する際にも，多少形を変えて異なる状況を設定しながら，繰り返し登場することになる．この章の制約付き最適化問題が難なく解けるようになれば，どんな制約付き最適化問題にぶつかっても対応できるはずだ．

　この章ではまず，消費者選好（何が好きで何が好きでないか）の性質について論じ，消費者の満足感の尺度である「効用」の概念を経済学ではどう扱っているのか，さらに消費者選好を要約した効用関数とはどういうものかを学ぶ．消費者は，最大限の満足感を得るために，他の財をあきらめ，ある財を選択することによって効用を最大化している．こうしたトレードオフが，消費者の選好や予算，財の価格にどの程度依存しているのかをみていく．こうしたツールがそろえば，それらを組み合わせて現実の消費者行動を分析することができる．たとえば，ある財の価格が上昇したとき，その財の購入を減らすのはなぜか（需要曲線はなぜ右下がりなのか），消費者が豊かになったとき，同じ財の購入量を増やすだけでなく，別の財も購入するようになるのはなぜか，といったことがわかるようになる．

4.1　消費者選好と「効用」という概念

　消費者のあらゆる決定のもとにあるのが選好である．経済学では，選択の際に制約があることを前提に，消費者が最も好きなものを合理的に選択すると考える．

消費者選好に関する想定

　何を買い，何を買わないか，消費者は日々多くの選択をしている．選択の対象となる財やサービスは，数多く，幅広い．大好きなお菓子の大袋を買って歩いて家に帰るのか，お菓子はあきらめてバスで帰るのか．ビデオ・ゲームの新作を買うか，洗車用のポンプを買うか．野球の試合を球場に見にいくのか，友人と連れ立ってバーに行き，テレビで観戦するのか．膨大な財と

182　第2部　消費と生産

サービスを前にして，消費者はどのように選択しているのだろうか．それを理解するには，単純化のための想定をおく必要がある．すなわち，何を買うべきかについて，すべての消費者の決定には4つの共通する特性があり，こうした特性が，財とサービスのあらゆる組み合わせに関する選好の決定に役立っていると考えるのである．

1. **完備性と序列性**．これは，消費者が検討対象とするあらゆる財の組み合わせは比較可能である，という想定だ．経済学では，こうした財の組み合わせを**消費バンドル** (consumption bundle)（単に・バ・ン・ド・ルともいう）と呼ぶ．この想定の含意は，任意の2つのバンドルについて，どちらが好ましいのか，2つに差はないのか（同じとみなしているか）を消費者が決められる，ということである．この想定が重要なのは，どんな財のバンドルも議論の対象にし，経済理論を適用できるからだ．バンドル（財の組み合わせ）が，［サファイアとSUV（スポーツ用多目的車）］であれ，［映画，バイク，現代アート，マシュマロ］であれ，［iPod，IKEAの家具，レタス］であれ，消費者はどのバンドルが好きかを決めることができる．だが，この想定は，消費者がどんな種類のバンドルが好きかを示しているわけではなく，あくまで，どちらがより好ましいかを決めることができる，というものだ．

2. **たいていの財は，少ないより多いほうがいい（少なくとも，多いほうが悪いわけではない）**．一般には，より多いほうがいいと思われている．衝突時の安全性が高い車がほしいなら，より安全性の高いほうがいい．[1] ほしくない財については，コストをかけずに捨てられると想定している．経済学で「自由処分（無料処分）」と呼ばれる概念である．要らない

---

1)　ある財が増えてもよいとは思えない時点が訪れる．経済学ではこれを飽和点と呼ぶ．たとえば，1個目のゼリーを食べると幸せな気分になるが，1,437個目のゼリーは食べたら気持ち悪くなり，1,436個を食べた場合より効用は下がる．だが，余分なゼリーは後に取っておいたり，誰かにあげたり，欲しいものと交換したりできるので，実際には飽和点はたいして重要ではない．

ものをタダで処分できるなら，よくはなくても害にならない財は多く持つことができる．現実の世界では，自由処分の想定は厳密に正しいとは言えないが，消費者行動の基本的な経済モデルでは有効な単純化である．

3. **推移性**．任意の3つの財のバンドル (A, B, C) について，消費者がBよりAを選好し，CよりBを選好しているのであれば，CよりAを選好しているはずである．これが推移性である．たとえばクレアが，オレンジよりリンゴが好きで，バナナよりオレンジが好きなら，バナナよりリンゴが好きなはずだと考えられる．この場合もまた比較の際に，他の条件はすべて不変だと想定している点に留意しなければならない．推移性は，どんな状況でもクレアがバナナよりリンゴが好きなことを意味しているわけではなく，任意のある時点でバナナよりもリンゴが好きなことを意味している．消費者に論理的一貫性を求めるのが推移性なのである．

4. **ある財を持てば持つほど，その財をさらに得るために他の財をあきらめる気はなくなる**．この想定を支えているのは，消費者が多様性を好む，という事実である．誕生日のケーキが大好きで，最近，ケーキを食べていないなら，多くのことを犠牲にしてもケーキを手に入れたいと思うだろう．高いお金を払ってケーキを買うかもしれないし，午後いっぱい使ってケーキを焼いたり，最後の1本の牛乳をあきらめてケーキを手に入れたりするかもしれない．これに対し，ケーキの3分の2をたいらげたばかりなら，もっとケーキを食べるために高いお金を払いたくはないだろうし，残りのケーキを売って，先ほどの牛乳を取り戻したくなる可能性は大いにある．ただ自由処分の場合と同様，消費者が多様性を好む，という想定が通用しない特殊なケースは考えられる（たいていの人は，水上スキー板と雪のスキー板を1枚ずつではなく，どちらかの板を2枚ずつを持ちたいと思うものだ）．それでも，消費者が多様性を好む，と想定するのは，大多数の状況にあてはまり，分析が大幅に単純化されるからだ．

184　第2部　消費と生産

効用という概念

　効用に関する以上の想定を踏まえると，ある消費者について，どんなバンドル同士でも，どちらを選好するかのリストをつくることができる．問題は，こうしたリストにはきりがない，ということだ．2つのバンドルごとの比較に基づいて消費者の選択を分析しようものなら，絶望的な迷路にはまり込んでしまう．

　経済学では，効用という概念と，効用関数と呼ばれる数学的関係を使って，選好をもっと正確に記述する．**効用**（utility）とは，消費者がどのくらい満足しているかを表したものだ．実際には，幸福感や満足度といったわかりやすい言葉で考えてかまわない．ここで留意しておくべき重要な点がある．効用とは，消費者がどれだけお金を持っているかの尺度ではない，ということだ．所得は効用に影響を与えうるが，多くの要因の1つにすぎない．

　効用関数（utility function）は，消費者が消費する財と満足度の関係を要約したものである．関数は，一連の投入物と生産物の関係を数学的に示す．たとえば，卵，小麦，砂糖，バニラエッセンス，バター，砂糖衣，ろうそくという投入物を正しく組み合わせると，誕生日ケーキという生産物が手に入る．消費者行動において，効用関数の投入物とは，効用を与えうるさまざまなものを指す．例として，自動車やキャンディバー，スポーツクラブの会員資格，航空券など，伝統的な財やサービスがあげられる．だが，他にもさまざまなタイプの投入物がある．美しい景色，熟睡できること，友人と過ごす時間，慈善活動の喜びも，投入物だといえる．効用関数の生産物は，消費者の効用の水準である．効用関数を使って，消費者が検討しているバンドルと，それがもたらす満足度の水準の尺度をマッピングしていけば，このバンドルはかなりの効用をもたらし，あのバンドルはこれこれの効用をもたらす，といったことがわかる．効用関数は，バンドルを順位づけする簡便な手段なのだ．

　効用関数は，さまざまな数式の形をとる．ジュニアミンツ〔ミント風味の菓子〕とミルクダッズ〔キャラメル菓子〕を食べることで，ある消費者が得る効用をみてみよう．一般に，この効用水準は $U = U(J, M)$ と表すことが

第4章 消費者行動 **185**

できる．$U(J, M)$ が効用関数，Jは消費者が食べるジュニアミンツの数，Mは消費者が食べるミルクダッズの数である．この消費者の具体的な効用関数の一例が，$U = J \times M$である．この場合の効用は，この消費者が食べるジュニアミンツとミルクダッズの数を掛けたものに等しい．だが，この消費者（あるいは別の消費者）の効用は，食べたジュニアミンツとミルクダッズの総数に等しくなることもありうる．その場合，効用関数は$U = J + M$になる．さらに別の可能性として，効用関数は$U = J^{0.7} M^{0.3}$にもなりうる．ジュニアミンツのべき指数 (0.7) が，ミルクダッズのそれ (0.3) より大きいことから，消費量が同じ割合で増えた場合，ミルクダッズよりもジュニアミンツのほうが効用の増分が大きいことになる．

以上は，ほんの一例にすぎない．これらの財や他の財の組み合わせから思いつく効用関数は，数多く，幅広い．消費者行動を分析するにあたり，いまの段階で，効用関数の形式についてあまり厳密に考える必要はない．ただ，効用関数は消費者の選好を示すために活用されるものなので，先に述べた選好に関する4つの想定（完備性と序列性，多いほどいい，推移性，多様性の重視）に合致している必要がある．

限界効用

効用関数に関してとくに重要な概念の1つが**限界効用** (marginal utility) であり，ある財の消費が1単位増えたときに消費者が得る追加的な効用である．[2] 効用関数における財にはそれぞれ，個々の限界効用がある．たとえば，ミルクダッズとジュニアミンツの効用関数におけるジュニアミンツの限界効用MU_Jは以下のとおりである．

$$MU_J = \frac{\Delta U(J, M)}{\Delta J}$$

ここで，ΔJは消費者が食べるジュニアミンツの数の1単位の変化であり，$\Delta U(J, M)$ はそれによって得る効用の変化である．同様に，ミルクダッズ

---

2) 限界効用は，任意の効用関数について計算できる．

を食べることによる限界効用MU_Mは以下のようになる.

$$MU_M = \frac{\Delta U(J, M)}{\Delta M}$$

この章の後半で,消費者選択を理解するうえで限界効用がカギとなることをみていく.

効用と比較

消費者行動に関する4つの想定に関して,重要だが見逃されがちな点を指摘しておこう.それは,ある消費者について,あらゆるバンドルの順位づけをすることはできるが,あるバンドルを他のバンドルよりどの程度好んでいるかを決めることはできない,ということだ.数学的にいえば,財の序数的順位づけはできるが,基数的順位づけはではきない,ということになる(最も好きなものから嫌いなものまで順位づけすることはできるが,あるバンドルが他のバンドルよりどのくらい好きかを正確にいうことはできない).その理由は,基本的に効用を測る尺度が恣意的であるためだ.

具体例で考えればはっきりする.効用を測る尺度の1単位を「ユーティル」(util)と呼ぶとしよう.財のバンドルがA,B,Cの3つあり,ある消費者がいちばん気に入っているのがAで,いちばん興味がないのがCである.3つのバンドルの効用を,$A=8$ユーティル,$B=7$ユーティル,$C=6$ユーティルとする.ややこしいのは,3つのバンドルの効用を8,7,2(あるいは19,17,16または67,64,62)とおいてもかまわない点であり,それでも状況を端的に示している点である.現実の世界では効用を測るのに,ドルやグラム,インチといった単位があるわけではないので,バンドル間の選好の順序を変えないかぎり,観察に基づいた解釈を変えることなく,効用関数を変化させたり,伸ばしたり,縮めたりすることができる.[3]

絶対的ではなく相対的な順位づけしかできないのは問題なのだろうか.たいていの場合,問題ではない.序数的な順位づけしかできなくても,個々の消費者がどのように行動するのか,そして,こうした行動の結果,需要曲線がなぜ右下がりの曲線になるかという重要な問いに答えることができる.

簡単に答えられない問題の1つは，個人間の比較をどうするか，つまり，ある消費者の効用と，他の消費者の効用をどうやって比べるか，という問題である．効用関数だけをもとにしたのでは，消費者がどちらに価値を見出しているのか，たとえば，コンサート・チケットのセットに価値があるのか，ある消費者からチケットを取り上げて，別の消費者に渡したほうが社会全体のためになるのか，を決めることはできない（ただし，次のようには言える．ある人がコンサートBよりコンサートAに魅力を感じ，別の人がコンサートAよりもコンサートBに魅力を感じているなら，前者にはAのチケットを，後者にはBのチケットを渡せば，2人とも満足する）．こうした重要な問題は，**厚生経済学**（welfare economics）という分野で扱われるが，本書では随所で取り上げる．さしあたって，1人の消費者に的を絞ることにしよう．

効用関数に関して想定したことと同じくらい重要なのが，想定しなかったことである．まず，消費者に特定の嗜好を押し付けてはいない．選好に関する4つの想定を無視していないかぎり，ペットとして犬がいいのか，フェレット〔毛長いたち〕がいいのかは個人の自由である．さらに，通常は，消費者が何を好むべきで，何を好むべきでないか，といった価値判断はしていない．R＆Bやクラシック音楽ではなく，ブルーグラスが好きだったとしても，「良い」とか「悪い」といった話ではない．個人の感覚を述べているにすぎない．また選好は時間が経った後も同じである必要はない．今夜は映画を見るより睡眠を取りたいかもしれないが，明日になれば寝るよりも映画を見たくなることもあるだろう．

効用と効用関数という概念は十分に一般的なので，任意の数の財や，財を

---

3) 数学用語では，このように順序を変えずに効用関数をシフトさせたり，縮めたり，伸ばしたりすることを単調変換と呼ぶ．どんな単調変換でも，ある消費者の選好は当初の効用関数とまったく同じになる．ジュニアミンツとミルクダッズの当初の効用関数は，$U = J \times M$だった．これが$U = 8J \times M + 12$になるとしよう．新たな効用関数は，実現可能な任意のバンドルについて，消費者の効用水準の順序が，元の効用関数と同じになることを意味している（具体的な数値を代入して確認するといい）．消費者の相対的な選好は変わらないので，どちらの効用関数でも，各財をどれだけ消費するかの決定は同じになる．

188　第2部　消費と生産

組み合わせたさまざまなバンドルに対する一消費者の選好を説明することができる．ただ，消費者行動に関するモデルを構築するにあたっては，消費者が2つの財のみから成るバンドルを購入するという単純なモデルに的を絞ることにする．この方法だと物事がどう動くかを把握しやすいからだ．しかも，この基本モデルはより複雑な状況にもあてはまる．これがあてはまらない特殊な状況では，2つ以上の財がある場合，物事がどう変わるのか，なぜ変わるのかを指摘していく．

4.2　無差別曲線

　前節で論じたように，効用は相対的な観点で考えるのが適切である．つまり，1人の消費者にとって，ある財のバンドルが，別のバンドルよりも多くの効用をもたらすかどうかと考えるのだ．効用を理解するうえでとりわけ優れているのは，財のバンドル間で消費者の選好が**無差別な**（indifferent）特殊なケース，言い換えれば，各バンドルが同じ水準の効用をもたらすケースに注目する方法である．

　選ぶべき財が2つしかない単純なケースを考えよう．たとえば「アパートの広さ」と「同じ建物に住む友人の数」の2つの財から選択する．ミカエラは広いアパートに住みたいが，友人にも会いやすいほうがいい．まず，広さが750平方フィートで，同じ建物に5人の友人が暮らすアパートを見た．次に見たアパートは，広さが500平方フィートしかない．ミカエラにとって，広いアパートと同じだけの効用を得るには，同じ建物内に住む友人の数が多くなければならない（たとえば10人）．ミカエラは，広さと友人の数の組み合わせから同じ水準の効用を得るので，2つのアパートに差はない．一方，アパートがもっと広く，たとえば1,000平方フィートもあれば，同じ建物内に友人が3人しかいなくても効用が下がるわけではない．

　以上の3通りのバンドルを図示したのが，図4.1である．X軸にはアパートの広さを，Y軸には友人の数をとっている．ミカエラに同水準の効用をもたらすのは，3つのバンドルだけではない．友人の数が整数でないという点

図4.1 無差別曲線を描く

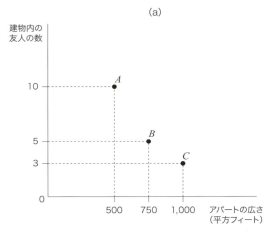

(a) ミカエラは、建物内の友人の数からも、アパートの広さからも効用を得るので、友人が10人で500平方フィートの広さのアパートでも、友人が5人で750平方フィートの広さのアパートでも、同じようにハッピーだ。同様に、友人が2人少ない代わりに（建物内に3人）、広さが1,000平方フィートのアパートならハッピーだ。同じ水準の効用をもたらす友人の数とアパートの広さの組み合わせは数多く存在し、前述のものはそのうちの3つである。

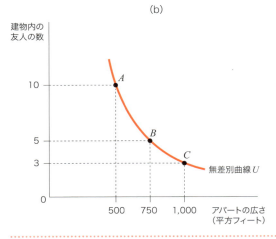

(b) 無差別曲線とは、消費者に同じ水準の効用をもたらす財のバンドルをすべて網羅したものである。バンドルA, B, Cは、ミカエラに同じ水準の効用をもたらす。つまり、無差別曲線は、ミカエラが建物内の友人の数とアパートの広さを交換する意思を示したものである。

を無視するなら（整数でなくても意味があるかもしれないが！）、無数のバンドルが考えられる。

ある消費者に同水準の効用をもたらすバンドルをすべて網羅したのが、**無差別曲線**（indifference curve）である。図4.1bにはミカエラの無差別曲線を描いた。この曲線には、図4.1aの3点が含まれている。これまで議論した3

図4.2 消費者の無差別曲線

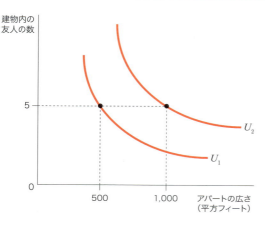

それぞれの効用水準に,異なる無差別曲線が存在する.多いほどいい,という想定をおいているため,右上の無差別曲線ほど効用水準が高い.このグラフでは,U_2 上の組み合わせのほうが U_1 上の組み合わせよりも効用水準が高い.ミカエラにとって,建物内の友人の数が5人で変わらないなら,アパートの広さが500平方フィートよりも1,000平方フィートのほうが効用水準が高い.

通りのバンドルだけでなく,広さと友人の数の数多くの組み合わせが含まれている点に注目したい.もう1つの特徴として,この曲線はつねに右下がりになっている.ミカエラの効用が同じであるためには,友人の数が1人減るごとにアパートが広くなることが必要になる(同じことだが,ミカエラが同じ効用を得るには,アパートが狭くなれば,友人の数を増やさなければならない).

どの水準の効用にも,異なる無差別曲線が存在する.図4.2は,ミカエラの2つの無差別曲線を示している.効用水準が高いのはどちらだろうか.答えを見極めるには,消費者の立場に立って考えるといい.無差別曲線 U_1 上の点は,アパートの広さが500平方フィートで,友人5人が同じ建物内に暮らしていることを表している.無差別曲線 U_2 は,広さが1,000平方フィートで,同じ建物内に暮らす友人が5人のバンドルを含んでいる.「多いほどいい」という想定から,ミカエラにとっては無差別曲線 U_2 の効用のほうが高いことがわかる.アパートの広さは同じで,どちらの曲線のほうが友人の数が多いかを考えても同じ答えが得られる.さらに,同じ答えを得る方法がもう1つある.原点——2つの財の量が共に0の原点から,2つの無差別曲線に直線を引くのだ.直線が最初にぶつかる無差別曲線に,効用の低いバン

ドルがある．無差別曲線の定義から，同一の無差別曲線上では，どの点でも効用は同じだった．そのため，U_1 上のどの点よりも U_2 上のあらゆる点のほうがミカエラの効用が高くなることを確かめるために，2つの曲線上の他の点を調べる必要はない．

無差別曲線の特性

一般に，無差別曲線の位置や形状は，消費者の行動や意思決定に関して多くのことを物語っている．しかしながら，効用関数に関する4つの想定から，無差別曲線が取り得る形状には，いくらか決まりがある．

1. **無差別曲線は描くことができる**．第1の想定——完備性と序列性は，つねに無差別曲線を描くことができることを意味している．すべてのバンドルに効用の水準があり，それらを順位づけすることができる．

2. **どの無差別曲線の効用水準が高く，なぜ曲線が右下がりなのかがわかる**．「多いほどいい」という想定から，いくつかの無差別曲線を比べて，どの曲線の効用の水準が高いかが見極められる．それには，一方の財の量を固定し，他の財について量が多いほうの曲線を選べばいい．これは，まさに図4.2で実践したことだ．「多いほどいい」という想定は，無差別曲線が右上がりになることはないことも意味している．曲線が右上がりだとすれば，消費者にとって2財から成るあるバンドルと，2財の量がより多い別のバンドルの効用が無差別であることになる．多いことがつねにいいことなら，あり得ない話である．

3. **無差別曲線は交わらない**．推移性の想定から，任意の消費者の無差別曲線は決して交わらないことになる．その理由を理解するために，前述のアパートを探しているミカエラの無差別曲線が，図4.3のように交わっていると仮定しよう．「多いほどいい」という想定に基づくと，バンドル E はアパートの床面積が広く，建物内の友人の数も多いことから，ミカエラはバ

図4.3 無差別曲線が交差することはありえない

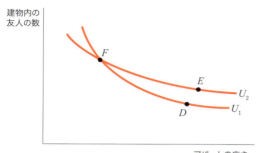

無差別曲線が交差することはありえない。ミカエラは、バンドルDとFを区別せず、バンドルEとFも区別しない。推移性の性質から、バンドルDとEも区別しないことになる。だが、これはありえない。多いほどいい、という想定があり、2つの財（友人の数とアパートの広さ）とも、EのほうがDより多いからだ。

ンドルDよりバンドルEを選好していることになる。ここではバンドルEとバンドルFは同じ無差別曲線U_2上にあるので、どちらかのバンドルを消費することによるミカエラの効用は、その定義上、等しくなければならない。そして、バンドルFとバンドルDは同じ無差別曲線U_1上にあるので、これら2つの効用も同じはずだ。だが、ここに問題がある。総合すると、EとDはFと同じ効用をもたらすので、ミカエラはEとDを区別しないことになる。だが、これが正しくないことはわかっている。Eのほうがアパートの面積も広く、友人の数も多いのだから、DよりEを選ぶはずだ。何かがおかしい。おかしいのは、無差別曲線が交わると仮定して、推移性の想定に反したからだ。交差する無差別曲線は、同じバンドルで2通りの効用水準があることを意味するが、これが正しくないのはあきらかだ。

4. **無差別曲線は原点に対して凸になる**。効用の第4の想定は、ある財の手元の量が増えるほど、他の財をあきらめてまでそれを増やそうとは思わなくなる、ということだった。この想定から、無差別曲線の形状に関することがわかる。具体的には、あたかも原点が無差別曲線を引っ張ろうとするかのように、無差別曲線は原点に対して凸になる。

消費者行動の観点で、この凸の形状は何を意味しているのだろうか。それ

図4.4 無差別曲線上のトレードオフ

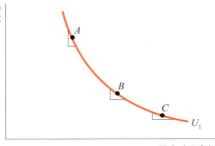

点Aでは，すでに建物内に多くの友人がいるが，アパートは狭いので，ミカエラは，少しの広さを手に入れるために，多くの友人をあきらめる意思がある．点Cでは，アパートは広いが，友人の数が少ないので，友人が減らされるなら，かなりの広さを手に入れられなければ，ミカエラは同じ満足度を得られない．

を知るために，そもそも無差別曲線の傾きは何を表しているかを考えよう．もう一度，ミカエラを例にとろう．図4.4の点Aのように，無差別曲線の傾きがきついなら，ミカエラはほんの少し広いアパートを手に入れるために，多くの友人をあきらめるつもりがある．アパートはごく狭いが同じ建物内に多くの友人がいる点Aにおいて，ミカエラがこのトレードオフに前向きなのは単なる偶然ではない．建物内の友人という財はすでに数多く所有しているので，アパートの広さというもう1つの財をあきらめてまで，友人がもう1人欲しいとは思わない．一方，無差別曲線が比較的平らな部分，図4.4の点Cでは，友人とアパートの広さのトレードオフの関係は逆転する．点Cでは，アパートは十分に広いが，同じ建物内に友人は少ない．そのため，友人が少し減るだけでも，同じ効用を得るには，アパートがかなり広くなければならない．

　一般に，財同士のトレードオフは，バンドルの各財の多寡に依存するため，無差別曲線は原点に対して凸になる．無差別曲線はどれもこの形状になる．だが，後で取り上げるが，無差別曲線が凸状でなく，直線になったり，曲線が大きく曲がり，鋭角になったりする特殊なケースがある．

194 第2部 消費と生産

これで合格

概念を本当の意味で理解するために，いくつか無差別曲線を描いてみよう

　経済学の抽象的な概念の多くがそうであるように，無差別曲線も最初は混乱しやすい概念である．だが，無差別曲線には利点がある．自分自身の無差別曲線を描くのに必要なのは選好（好み）だけであり，誰にでも好みはあるものだ．ほんの少し時間をとって自分を見つめ，無差別曲線を描いてみると，この概念がわかってくる．

　まずは，自分が消費したい2つの財を選ぼう．たとえば，お気に入りのキャンディバーとピザ，フェイスブックにかける時間と映画観賞，といった具合だ．どんな財を選ぶかは，大した問題ではない（ここが経済学のモデルの優れた点だ．ごくごく一般的にできている）．次に，1つの財をX軸に，もう1つの財をY軸にグラフを描いてみよう（ここでも，どの財をどちらの軸に置くかは関係ない）．原点からの距離で，財（キャンディーバー，ピザ，フェイスブックにかける時間）の消費量を測る．

　次に，キャンディーバー12個にピザ3切れ，といった具合に，2つの財を適量含む任意のバンドルをグラフに点を書き込む．ここで，以下の思考実験をしてみよう．第1に，このバンドルからキャンディバーを2個取り除き，キャンディバー12個とピザ3切れがあるときと同じ効用を得るには，ピザがあと何切れ必要かを考えよう．そのバンドルを書き入れる．さらに，キャンディバー2個を取り除き，これを「穴埋め」するには，ピザが何切れ必要かを考えよう．バンドルのその点を書き入れる．次に，キャンディバー12個とピザ3切れの最初のバンドルから，ピザを取り除き，最初のバンドルと同じ満足感を得るには，キャンディバーが何個必要かを考えよう．この新たなバンドルの点を書き込む．これらの点はすべて同じ無差別曲線上にある．点と点をつなげば，無差別曲線ができあがる．

　今度は，別のバンドルを出発点にする．たとえば，2つの財とも最初のバンドルの2倍の量があるバンドルを考える．同じように思考実験を

第4章　消費者行動　195

して，1つの財ともう1つの財がどの程度のトレードオフの関係にあるか
を見極め，第2の無差別曲線を描いてみる．さらに，別のバンドルを出
発点にすることができる．2つの財が多くても，少なくてもいい．同様
にトレードオフの関係を見極め，新たな無差別曲線を描く．

　無差別曲線がどんな形状になるのか，「正しい」答えがあるわけではな
い．選好次第だ．だが，その形は，これまで議論してきた基本的な特性
——右下がりで，交差することなく，原点に対して凸という性質を持っ
ているはずだ．

限界代替率

　無差別曲線とは，ある財をほんの少し余計に手に入れるために，別の財を
どのくらいあきらめるか，というトレードオフを表すものだが，無差別曲線
の傾きは，このトレードオフの関係を見事に捉えている．図4.5に，サラの
Tシャツと靴下の好みを映した無差別曲線上に2点を示した．点Aでは，無
差別曲線の傾きがきついが，追加の靴下1足を手に入れるためには，Tシャ
ツを何枚もあきらめなければいけないことを示している．点Bでは，これが
逆になり，靴下を何足もあきらめなければ，追加のTシャツ1枚が手に入ら
ないことを示している．無差別曲線上を移動するにつれて，サラのトレード
オフへの意欲が変化する結果，無差別曲線は原点に対して凸になる．

　無差別曲線上で，ある財を別の財に代替する意欲が変化することに，最初
は戸惑うかもしれない．曲線の傾き（曲線上のさまざまな点で異なる）より
も，直線の傾き（一定）について考えるほうが慣れているだろう．また，同
一無差別曲線上で選好度が異なるのは，奇妙に思えるかもしれない．そもそ
も，消費者が同一無差別曲線上のある点を別の点より選好するとは考えられ
ていないのに，2つの財の相対的なトレードオフの関係が曲線上で変化する
といっているのだ．これらの問題を，1つずつみていこう．

　第1に，直線と違って曲線の傾きは，曲線上のどこで測るかによって変
わってくる．任意の点の傾きを測るには，曲線にちょうど接する点を通る

196 第2部 消費と生産

（だが，曲線をまたがない）直線を引く．この直線（接線と呼ぶ）が曲線に接する点を接点と呼ぶ．この直線の傾きは，接点の曲線の傾きである．接点 *A*，接点 *B* を通る接線を図4.5に示した．これらの接線の傾きは，接点における無差別曲線の傾きである．点 *A* の傾きは−2で，靴下1足を手に入れるには，Tシャツを2枚あきらめなければならないことを示している．点 *B* の傾きは−0.5で，Tシャツ0.5枚をあきらめるだけで，靴下1足が手に入ることを示している．

　第2に，消費者が同一無差別曲線上の任意の2点間を区別しないのはたしかだが，だからといって，ある財ともう1つの財との相対的な選好度が曲線上でつねに一定なわけではない．すでに述べたように，サラの相対的な選好度は，それぞれの財がどのくらいの数量，手元にあるかによって変化する．

　経済学では，無差別曲線の傾きを，**Xの Yに対する限界代替率**（marginal rate of substitution of *X* for *Y*）（*MRS*_{*XY*}）と呼ぶ．これは，消費者がある財（*Y* 軸）を別の財（*X* 軸）に代替して，同じ効用が得られるような2財の交換比率である．

$$MRS_{XY} = -\frac{\Delta Y}{\Delta X}$$

（専門的注：無差別曲線の傾きはマイナスなので，経済学では傾きのマイナスを使って *MRS*_{*XY*} をプラスにする）．「限界」という言葉は，財のバンドルの構成における小さな変化——つまり限界的な変化のトレードオフと関連している．限界的変化に注目するのが理に適っているのは，2つの財を代替する意思は，消費者が無差別曲線のどこに位置するかに依存しているからだ．

　限界代替率は厳しい名称だが，直観的に理解できる概念である．*X* 軸上の財をほんの少し多く手に入れることに消費者がおく相対的な価値を，*Y* 軸の財の観点から教えてくれる．こうした類いの決定は，四六時中している．レストランのメニューで何を選ぶか，自転車にするか車にするか，どのブランドのジーンズを買うか．こうしたことを決めるときにはつねに，相対的な価値を評価している．この章の後半でみるように，財に価格がつけられているときに消費者が何を買うかの選択は，突き詰めれば，2つの財におく相対的な価値と相対的な価格の比較になる．

図4.5 無差別曲線の傾きは限界代替率

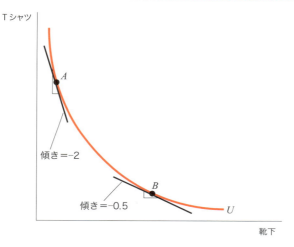

限界代替率とは，消費者がある財を別の財と交換する意思を測る尺度であり，無差別曲線の任意の点の傾きをマイナスにして表される．点 A では，傾きが−2なので，限界代替率は2である．これは，サラが，このバンドルで，靴下を追加で1足手に入れるために，Tシャツ2枚と交換する意思があることを意味する．点 B では，傾きが−0.5なので，限界代替率は0.5である．サラが，靴下を追加で1足手に入れるために，Tシャツを0.5枚しか手放したくないことを示している．

コラム　ヤバい経済学

ミネソタの住民には紫の血が流れているのか

　ミネソタの住民は，地元のアメリカンフットボール・チーム，ミネソタ・ヴァイキングスを熱烈に応援している．シーズンともなれば，ミネソタで紫色と黄色を身にまとった人々にお目にかからない日はない．ミネソタの住民との会話が途切れることがあったら，ヴァイキングスの話題を持ち出せば，会話が弾むこと請け合いだ．ファンにとって，ヴァイキングスの「価値」はいかほどのものか．答えは明白だ．値段のつけようがない．測り知れない価値がある．

　ヴァイキングスのオーナーが現在のスタジアムに不満なので，ミネソ

タから移転する話がたびたび取り沙汰されている．2人の経済学者が，ミネソタの住民がどれだけヴァイキングスを気にかけているかを測る調査を行った．* 注目したのは，新スタジアム建設のために，どれだけ追加的な税を負担してもいいか，という質問への答えだ．彼らはミネソタの数百世帯を対象に調査を行った．スタジアムのために追加的に1ドル税金がかかるごとに，各世帯では他の財にまわせるお金が減ることになるので，この質問は事実上，新スタジアムと他のすべての財の限界代替率を尋ねていることになる．税金が投入されて新スタジアムが建設されなければ，ヴァイキングスがミネソタを去る可能性は現実味があるものと広く認識されているので，質問の答えは，他のすべての財とミネソタ・ヴァイキングスとの限界代替率を考えるうえでの参考になる，とみられた．†

　果たして，ファンの忠誠心にも限度があることが判明した．ミネソタの世帯は，ヴァイキングスをつなぎとめておくために，平均で571.60ドルを支払う意思があった．州の世帯数，約130万をかけると，限界価値は約7億5,000万ドルになる．言い換えれば，ミネソタの住民は，ヴァイキングスをつなぎとめておくために，他の財の消費を7億5,000万ドル分あきらめるつもりがあるのだ．これはかなりの金額だ．ヴァイキングスがスーパー・ボウルで勝とうものなら，一体どれだけ払うのだろう．

　ところが，スタジアムは安い買い物ではない．当局によれば，新スタジアムの建設コストは，約10億ドルだ．結局は，2012年の州議会で，

---

*　John R. Crooker and Aju J. Fenn, "Estimating Local Welfare Generated by an NFL Team under Credible Threat of Relocation," *Southern Economic Journal* 76, no. 1 (2009): 198–223.

†　この研究が興味深いのは，現実のデータではなく仮想のデータを使って消費者の効用を測っている点だ．実際には，ミネソタの住民がヴァイキングスを引き留めるために，他の消費をあきらめる必要はない．選択を迫られたら，いくら払うかという仮定の質問に答えているだけだ．経済学者は現実に消費者が何を選択したかをもとに消費者選好を測ることを好むが（現実の選択のほうが，消費者選好のデータとして信頼性が高いと考えている），財によっては仮想の選択でなければ測れない場合がある．この例は，種の多様性といった抽象的な環境財の価値を測ろうとする際にみられる．

新スタジアムの建設は認めるものの，税金から拠出するのは5億ドルで，残りはチームの負担とする法律が可決されることで落ち着いた．

ロサンゼルス・ヴァイキングスになる可能性はあるだろうか．ミネソタの住民との会話では，そんなことをおくびにも出してはいけない．571.60ドルの小切手を差し出す用意がなければ．

限界代替率と限界効用

図4.5の点Aを考えてみよう．点Aの限界代替率は2に等しい．というのは，点Aにおける無差別曲線の傾きは−2だからである．すなわち，

$$MRS_{XY} = -\frac{\Delta Y}{\Delta X} = -\frac{\Delta Q_{Tシャツ}}{\Delta Q_{靴下}} = 2$$

これは，サラが靴下をもう1足得る代わりに，Tシャツ2枚をあきらめるということだ．点Bの限界代替率は0.5であり，靴下を1足得るために，サラはTシャツ0.5枚しかあきらめないことを意味している（同じことだが，Tシャツ1枚をあきらめて，靴下を2足手に入れる，とも言える）．

このように，限界部分で財を代替する意思が変化するのは，手元の財が増えるにつれて，その財をもう1単位得ることによる効用が低下するからだ．食べられるだけのバナナが手元にあり，キウィがなければ，バナナをやめてキウィを手に入れようとするだろう．

これを理解するために，もう1つ方法がある．無差別曲線上のある点から出発し，曲線上をわずかに移動することで，効用がどう変化するか（ΔU）を検討するのだ．点Aから出発し，曲線上をわずかに右に下がるとしよう．この動きによって起こる効用の変化は，靴下の限界効用（靴下の数のわずかな増加によって得られる効用の増分，$MU_{靴下}$）に，この動きによる靴下の数の増分（$\Delta Q_{靴下}$）を掛けたものと，Tシャツの限界効用（$MU_{Tシャツ}$）にこの動きによるTシャツの数の減少分（$\Delta Q_{Tシャツ}$）を掛けたものの合計になる．効用の変化は以下の式で表される．

$$\Delta U = MU_{靴下} \times \Delta Q_{靴下} + MU_{Tシャツ} \times \Delta Q_{Tシャツ}$$

$MU_{靴下}$と$MU_{Tシャツ}$は，点Aにおける靴下とTシャツの限界効用である．ここにヒントがある．（効用が一定の）無差別曲線上を移動しているので，この動きによる効用の変化の合計は0になるはずである．等式を0とおけば，以下のようになる．

$$0＝\Delta U＝MU_{靴下}\times\Delta Q_{靴下}＋MU_{Tシャツ}\times\Delta Q_{Tシャツ}$$

少し変形すると，重要な関係が見えてくる．

$$－MU_{Tシャツ}\times\Delta Q_{Tシャツ}＝MU_{靴下}\times\Delta Q_{靴下}$$

$$－\frac{\Delta Q_{Tシャツ}}{\Delta Q_{靴下}}＝\frac{MU_{靴下}}{MU_{Tシャツ}}$$

この等式の左辺は，無差別曲線の傾き（MRS_{XY}）をマイナスにしたものと等しいことに気づいてほしい．ここできわめて重要な関係に気づく．無差別曲線上の任意の点における2財の限界代替率（MRS_{XY}）は，2財の限界効用の比を逆にしたものに等しい．すなわち，

$$MRS_{XY}＝－\frac{\Delta Q_{Tシャツ}}{\Delta Q_{靴下}}＝\frac{MU_{靴下}}{MU_{Tシャツ}}$$

もっと基本的な点で，限界代替率は，われわれが当初から強調してきた点を示している．すなわち，消費者が何かを得るために何をあきらめるかの選択によって，当人がそれにどれだけの価値を見出しているかがわかる．何かをあきらめる率から，財の限界効用がわかるのである．

　無差別曲線がなぜ原点に対して凸になるかを理解するうえで，前述の等式は重要なヒントになる．先ほどの例に戻ろう．図4.5の点Aでは，$MRS_{XY}＝$2だった．これは靴下の限界効用が，Tシャツの限界効用より2倍高いことを意味する．だからサラは，この点AでTシャツと引き換えに靴下を入手することに前向きなのだ．Tシャツを手放すよりも，靴下を手に入れることによってより多くの効用が得られる．一方，点Bでは$MRS_{XY}＝0.5$であり，Tシャツの限界効用が靴下のそれより2倍高い．この点Bで，サラは多くの靴下を手放し，それより数の少ないTシャツを手に入れようとする．

　この章全体をとおしてみていくことになるが，限界代替率と財の限界効用との関係は，消費者行動を左右する重要な役割を果たしている．

図4.6 無差別曲線の傾き具合

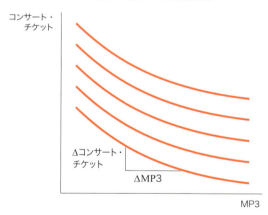

(a) 傾きがきつい無差別曲線

限界代替率とは，ある財を別の財と交換する意思を測る尺度なので，無差別曲線の形状から選好について多くのことがわかる．

(a) 傾きが比較的きつい無差別曲線は，消費者がX軸上の財を手に入れるために，Y軸上の財を多く手放す意思があることを示している．この例では，MP3を手に入れるために，多くのコンサート・チケットを手放す意思がある．

(b) 傾きが緩やかな無差別曲線

(b) 傾きが緩やかな無差別曲線は，消費者がY軸の財を1単位手放すには，X軸の財を大量に手に入れる必要があることを示している．この例では，1枚のコンサート・チケットを手に入れるために，多くのMP3を手放す意思がある．

無差別曲線の傾き

ここまでで，2つの財の消費者の選好と無差別曲線の傾き，すなわち限界代替率（MRS_{XY}）との関係があきらかになった．無差別曲線の傾きは，消費者がある財を別の財と交換してもいいと考える意欲の度合い，各財の相対的

202 第2部 消費と生産

な限界効用を示していることがわかった．この関係を逆にすると，無差別曲線の形状から，消費者の効用関数に関してわかることがある．この小節では，無差別曲線の2つの特性——傾きと湾曲度についてみていこう．

図4.6に，コンサートのチケットとMP3の選好に関する，2通りの無差別曲線を示した．パネルaの無差別曲線の傾きはきつく，パネルbの無差別曲線の傾きは緩やかである（これら2つの無差別曲線の湾曲度は同じである．傾きと湾曲度を混同してはならない）．

無差別曲線の傾きがきついとき，消費者はX軸の財を少量手に入れるために，Y軸の財を多く手放すことを厭わない．つまりパネルaの傾きがきつい無差別曲線で表されている消費者は，MP3をもっと手に入れるために，多くのコンサート・チケットを手放そうとする．傾きが緩やかなパネルbは逆で，コンサート・チケットをさらに1枚手に入れるために，多くのMP3を手放す．これらの関係は，前に紹介したMRS_{XY}という概念を言い換えたものにすぎない．

4.1 解いてみよう

マリアは，音楽のダウンロード（M）とコンサートのチケット（C）を消費する．効用関数は$U=0.5M^2+2C^2$であり，$MU_M=M$，$MU_C=4C$である．

a. 限界代替率（MRS_{MC}）の等式を記せ．

b. バンドル（$M=4$，$C=1$）と（$M=2$，$C=2$）は，同一無差別曲線上にあるか．なぜ，そういえるか．

c. $M=4$で$C=1$の場合と，$M=2$で$C=2$の場合の限界代替率（MRS_{MC}）を計算せよ．

d. bの答えに基づけば，マリアの無差別曲線は原点に対して凸だろうか．（ヒント：Mが増えれば，MRS_{MC}は低下するだろうか．）

解答：

a. 限界代替率$MRS_{MC}=MU_M/MU_C$であることはわかっている．

$MU_M = M$, $MU_C = 4C$ だったので，$MRS_{MC} = \dfrac{MU_M}{MU_C} = \dfrac{M}{4C}$ になる．

b. 同一の無差別曲線上のバンドルは，消費者に同じ水準の効用をもたらすはずである．したがって，バンドル $(M=4, C=1)$ と $(M=2, C=2)$ について，マリアの効用水準を計算する必要がある．

$M=4$，$C=1$ のとき，$U = 0.5 \times 4^2 + 2 \times 1^2 = 0.5 \times 16 + 2 \times 1 = 8 + 2 = 10$

$M=2$，$C=2$ のとき，$U = 0.5 \times 2^2 + 2 \times 2^2 = 0.5 \times 4 + 2 \times 4 = 2 + 8 = 10$

　2つのバンドルはいずれもマリアに同じ効用をもたらすので，同一の無差別曲線上にあるといえる．

c. と d. マリアの無差別曲線が凸かどうかを確かめるには，2つのバンドルについて限界代替率を計算する必要がある．無差別曲線を右下方に動くにつれ，限界代替率 (MRS_{MC}) が下がるかどうか確認できる．（例：M が増え，C が減る）

$M=2$，$C=2$ のとき，$MRS_{MC} = \dfrac{2}{4 \times 2} = \dfrac{2}{8} = \dfrac{1}{4} = 0.25$

$M=4$，$C=1$ のとき，$MRS_{MC} = \dfrac{4}{4 \times 1} = \dfrac{4}{4} = 1$

　これらの計算から明らかなことは，効用が一定なら，音楽のダウンロードが2から4に増えると，限界代替率 (MRS_{MC}) は0.25から1に上昇する．これは，マリアがダウンロード数を増やし，コンサート・チケットを減らすほど，追加でダウンロードを増やすために，コンサート・チケットと交換する意欲が高まる，ということだ．たいていの消費者はこのようにはしない．これは，M が増えるほど，無差別曲線の傾きが緩やかになるのではなく，きつくなることを意味している．言い換えれば，この無差別曲線は，原点に対して凸ではなく，凹であることになり，前述した無差別曲線の第4の特性に反している．

204　第2部　消費と生産

▌▌ 理論とデータ

電話サービス利用者の無差別曲線

　ブロードバンドがいまだ目新しかった昔——1999–2003年に戻ろう．家庭でインターネットを利用しようと思うと，ダイヤルアップ・サービスを使うしかなかった．インターネットに接続したいときだけ，パソコンを家庭の電話線につないで，パソコンが最寄りのインターネット・サービス・プロバイダー（ISP）の番号をダイヤルする．黒板を爪で引っ掻くような音を聞きながら，しばらく待ってつながるのがふつうだった．ISPに接続すると電話線がふさがるので，インターネットを利用しているあいだ電話は使えず，通常の電話と同じように料金がかかった．

　経済学者のニコラス・エコノミデス，カハ・セイム，ブライアン・ヴィアードは，1999–2003年のニューヨークの消費者の固定電話サービスの利用データを使って，市内通話（local）と市外（州内）通話（regional）という2財に関する効用関数と無差別曲線を調べる調査を行った．＊ この調査は，消費者のタイプによって，同じ財の限界代替率がいかに違うかを示す明確な例を提供してくれる．重要な結果の1つを図で示した．市内通話をX軸，市外通話をY軸にした場合，インターネット加入世帯の無差別曲線（図4.7a）は，加入していない世帯（図4.7b）に比べて，傾きがかなりきつくなる．一般的な世帯（世帯人数と所得が平均並みで，携帯電話を最低1台所有し，市内通話と市外通話の回数が平均的な世帯）について，市内通話の市外通話に対する限界代替率をみると，インターネットに加入している世帯が約1.0であるのに対し，未加入世帯は0.5だった．つまり，インターネット加入世帯は，市内通話を1回増やすために，市外通話を1回あきらめる意思があり，しかも効用が変わらないことを意味する．一方，インターネットに加入していない世帯は，市外通話を1回あきらめても効用が変わらないためには，市内通話が2回増えなければならない（市内電話をX軸に，市外電話をY軸にした

　＊　Nicholas Economides, Katja Seim, and V. Brian Viard, "Quantifying the Benefits of Entry into Local Phone Service," *RAND Journal of Economics* 39, no. 3 (2008): 699–730.

図4.7 ニューヨーカーの市内通話と市外通話の選好，1999–2003年

(a) インターネット・サービスの加入世帯

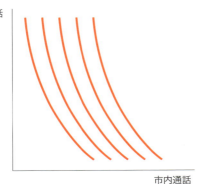

ダイアルアップのインターネット・サービスに加入している世帯(a)は，未加入の世帯(b)よりも限界代替率が大きい（そして，無差別曲線の傾きがきつい）．そのため，サービスの加入世帯は，インターネットを利用するために市内通話をより多く使う可能性が高く，市外通話との交換には意欲的ではない．

(b) インターネット・サービスの未加入世帯

ことに意味はない．逆にしてもかまわない）．

インターネットの利用で，市内通話の市外通話に対する限界代替率が上がった理由がわかるだろうか．思い出してほしいが，限界代替率は，家計の市内通話の限界効用と市外通話の限界効用の比である．

$$MRS_{LR} = \frac{MU_{市内通話}}{MU_{市外通話}}$$

インターネット加入世帯の限界代替率が高いとすれば，市外通話の限界効

用に比べて市内通話の限界効用が大きいことになる．言い換えれば，インターネット未加入世帯よりも市内通話の限界効用が大きいのだ．この限界効用の差は，もっぱらインターネット接続にダイヤルアップ・サービスを利用していることによる．インターネットに接続するたびに，プロバイダーに市内通話をかけることになるからだ．つまり，ホームページを見る，電子メールを送るというニーズが，市内通話の限界効用を高めており，エコノミデス，セイム，ヴィアードが見出したパターンも，これで説明がつくのである．

無差別曲線の湾曲度──代替財と補完財

　無差別曲線の傾きの度合いから，消費者がある財を別の財と交換してもいいと考える比率がわかる．無差別曲線の湾曲度にも意味がある．図4.8のパネルaに示したように，ほぼ垂直な無差別曲線を考えてみよう．この場合，消費者（イヴァンと呼ぼう）は，第1の財（黒い靴下）を第2の財（青い靴下）の手持ちの量に関係なく，黒い靴下の一定量と青い靴下の一定量を交換する用意がある．限界代替率を使って述べれば，黒い靴下の青い靴下との限界代替率は，無差別曲線上を移動してもさほど変わらない，ということになる．現実には，イヴァンの効用関数において，2つの財は互いに近い代替財だといえる．つまり，消費者が2つの代替財におく価値は一般に，手元にある2財の相対的な量にさほど反応しない（この例では，2つの財として，あえて色違いの靴下を取り上げた．これらを代替可能と考える人は多いはずだ）．

　一方，図4.8のパネルbのシャツとズボンのように，代替性が低い2財の場合，10本のズボンは持っているが，シャツをほとんど持っていないときよりも，10枚のシャツを持っていて，ズボンをほとんど持ってないときのほうが，ズボンもう1本分の相対的な価値は大きくなる．こうしたケースでは，図に示したように，無差別曲線は鋭い湾曲を描く．ズボンに対するシャツの限界代替率は，（ズボンをほとんど持っていない）無差別曲線の左上できわめて高く，（ズボンが余るほどある）右下できわめて低い．

完全代替財　最も極端なケース──**完全代替財**（perfect substitute）と**完全**

図4.8 無差別曲線の湾曲度

(a) ほぼ垂直な無差別曲線

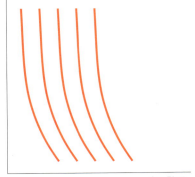

無差別曲線の湾曲度は，傾き具合と同様，2財のあいだの消費者の選好度を表す．(a) 黒い靴下と青い靴下のように，代替性がきわめて高い場合，無差別曲線は湾曲が少なく，直線に近くなる．これは，無差別曲線上を移動しても，限界代替率がほとんど変わらないことを意味する．(b) 補完的な財では，湾曲した無差別曲線になる．たとえば，シャツはたくさん持っているが，ズボンを数本しか持っていない場合，1本のズボンを手に入れるのに多くのシャツを手放してもいいと思う．逆に手持ちのズボンは多いが，シャツをほとんど持っていなければ，ズボンを手に入れるためにシャツを手放そうという気はなくなる．

(b) かなり湾曲した無差別曲線

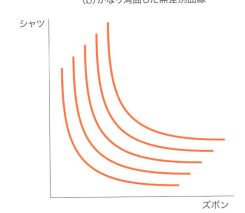

補完財（perfect complement）に注目すると，無差別曲線の湾曲の意味が直感的に理解しやすいだろう．図4.9は，完全代替となる2つの財の例を示したものである．ポテトチップの12オンス入りの大袋と3オンス入りの小袋だ．消費者がポテトチップスの総量だけを気にするなら，手元の数量に関係なく，大袋1つと小袋4つを交換しても効用は変わらない．こうした完全代

図4.9 完全代替財の無差別曲線

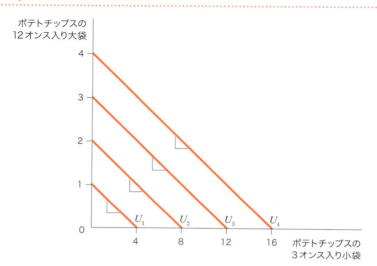

2財が完全代替の関係にあるとき,無差別曲線は直線になる.この例では,手元のポテトチップスの量に関係なく,消費者は12オンス入りの大袋と3オンス入り小袋を喜んで交換し,無差別曲線上のどの点でも選好は変わらない.この例では,限界代替率は一定である.

替の選好では,無差別曲線は直線になり,効用関数は一般に $U = aX + bY$ の形をとる.aはXが,bはYが1単位増えたときの限界効用を表す.これが,まさしく図4.9で示した状況である.無差別曲線は直線になり,傾きは$-1/4$で一定である.MRS_{XY}も一定で,$1/4$に等しいことを意味する.ここでaとbがどのような数字をとるかはわからず,aとbの比率が1対4,つまり$a/b = 1/4$だといえるだけである.たとえば,$a = 1$,$b = 4$でも,$a = 40$,$b = 160$でも,無差別曲線の形は同じになる.これは,先に論じた点を別の形で示したものである.消費者が選好する財の順序を変えずに変形した効用関数は,同じ選好で選択していることを意味している.

サイズ違いの袋に入った同一の財は,2財が完全代替になる一例にすぎない.[4] もう1つの完全代替の例として,一部の消費者には差が感じられない財があげられる.たとえば,歯ブラシなら,色はなんでもいい消費者はいる

だろうし，ミネラルウォーターなら，「アクアフィナ」だろうが「ダサーニ」だろうが，銘柄を気にしない消費者もいるだろう．こうした消費者にとって，赤と緑の歯ブラシを比較したり，アクアフィナとダサーニを比較したりする際，無差別曲線は直線になる．一方，歯ブラシの色やミネラルウォーターの銘柄を気にする消費者は，2財を完全代替とはみなさず，無差別曲線は曲線になる．

　ここで理解すべき重要な点がある．2つの財が完全代替であるということは，消費者がそれぞれの財の違いを気にしない，ということを必ずしも意味しない．たとえば，前に述べたポテトチップスの例でいえば，消費者は小袋よりも大袋をはるかに好んでいる．だからこそ，小袋1個ではなく4個もらわないことには，大袋を1個差しだす気にはならない．完全代替を支える考え方とは，あくまで，消費者が行おうとする2つの財の交換――限界代替率が，手元にあるそれぞれの財の多寡に依存することなく，無差別曲線上のどの点でも一定である，ということにすぎない．

完全補完財　ある財から得る効用が，もう1つの財と一定比率で使用される量に依存するとき，2つの財は完全補完であるという．図4.10に，完全補完の（少なくとも，それにごく近い）例として，右足用の靴と左足用の靴の無差別曲線を描いた．A（右足用2個，左足用2個）とB（右足用3個，左足用2個）を比べてみよう．Bでは，右足用の靴が余分にあるが，左足用がないため役に立たない．したがって，消費者にとって，これら2つのバンドルに違いはなく，2つのバンドルは同じ無差別曲線上にある．同様に，AとCを比べてみよう．Cは，左足用の靴が余計にあるが，右足用がないため役に立たない．したがって，AとCも同じ無差別曲線上にある．だが，左足用と右足用が1個ずつ増えたDでは，消費者の効用は上がる．このため，点Dはより高い無差別曲線上に位置する．

　完全補完財は，明確なL字型の無差別曲線になる．数学的には，$U=$

---

4)　サイズ違いの財が完全代替になりえない理由を考えてみよう．小袋なら，食べかけを保管する心配がないといった利便性があるだろう．だが，こうしたささいな違いはあるにせよ，サイズ違いの財は，完全代替にかなり近い．

図4.10 完全補完財の無差別曲線

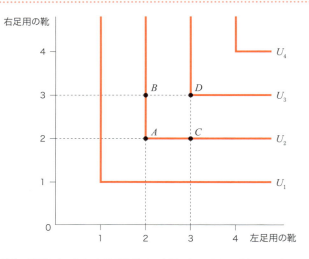

2財が完全補完の関係にあるとき、無差別曲線はL字型になる。たとえば点Aで、手元には左足用の靴が2個、右足用の靴が2個ある。右足用が1個増えても、消費者の効用が増すわけではないので、点Bは点Aと同じ無差別曲線上に位置する。同様に左足用が1個増えても、消費者の効用が増すわけではないので、点Cは点Aと点Bと同じ無差別曲線上に位置する。靴はつねに左右そろって消費されるものなので、両足ともに増えた場合（点Aから点Dに移動したとき）にのみ、消費者の効用が高まる。

$\min\{aX, bY\}$ で表され、aはXの、bはYの消費が1単位増えたとき効用に与える影響を表している。この数式は、消費者が所与の効用水準に達するために必要なXとYそれぞれの最小単位であることを意味している。たとえば、無差別曲線U_2上にいるためには、消費者は少なくとも左足用2個、右足用2個持っていなければならない。無差別曲線の屈折点は、消費者がこの効用水準で各財を最小限、消費する点である。

このL字型は、無差別曲線の屈折で最も極端なケースである。完全代替の直線の無差別曲線も極端な例だが、完全補完の場合、その形状からMRS_{XY}が興味深い結果になる。無差別曲線の水平部分のMRS_{XY}は0だが、垂直部分では無限である。すでに述べたように、一般的な無差別曲線の形状は、完全代替財の無差別曲線と完全補完財の無差別曲線のあいだのどこかにおさま

図4.11 同一の消費者が，異なる形状の無差別曲線を持つことがありうる

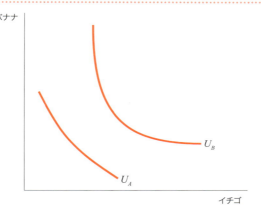

同一の消費者の無差別曲線が，効用水準に応じて，さまざまな形状をとることがありうる．たとえば，効用が低い水準では，バナナとイチゴが代替財になりうる．消費者は果物を買えればよく，バナナかイチゴかにこだわらない可能性がある．この場合，U_Aのように，無差別曲線は直線に近くなる．だが，効用が高い水準では，消費者はさまざまな果物を欲しくなる．手元にバナナがたくさんあるときには，多くのバナナを手放してもイチゴを1個手に入れたいと思うが，手持ちのバナナが少なければ，そうは思わない．この場合，U_Bのように，無差別曲線は湾曲する．

り，湾曲率は中間的な値になる．

完全補完で消費される2財の比率は，左足と右足の靴のケースのように，1対1である必要はない．たとえば，一部の消費者にとって，箸と中華ビュッフェの昼食は完全補完になりうるが，その比率は，箸2本（1膳）に対しビュッフェ1になるだろう．1本の箸で食べるのは至難の業なのだから．

1人の消費者の多様な無差別曲線　無差別曲線の湾曲について，最後に1点指摘しておきたい．1人の消費者についても，効用の水準次第で無差別曲線はさまざまな形をとりうる，ということだ．すべてが同じ形である必要はない．

たとえば，図4.11でU_Aはほぼ直線である．この消費者にとって，効用が低い水準では，バナナとイチゴはほぼ完全代替である．最初のバナナの本数が，イチゴに比べて多くても少なくても限界代替率はほとんど変わらない．

212   第2部　消費と生産

命をつなぐことだけが目的なら（その場合，効用水準はU_Aで示されるようにきわめて低くなる），味などどうでもよい．どの果物をどれだけ食べようなどとこだわっていられない．そのため，無差別曲線はU_Aのように，ほぼ真っ直ぐな直線になる．

　一方，無差別曲線U_Bは，かなり湾曲している．これは効用が高い水準で，2つの財が完全補完に近いことを意味している．果物がふんだんにあるなら，いろいろ楽しみたいと思う．同じものをたくさん食べるより，少しずつ全種類食べるほうがいい．ある財をすでに大量に手にしているとすれば，その財を追加的に大量に獲得しないかぎり，手元の量が少ない財をあきらめる気にはならない．このため，無差別曲線の湾曲がきつくなる．ただし，1人の消費者の無差別曲線が効用の水準によってさまざまな形をとるにせよ，無差別曲線が交わることは決してない点は改めて念を押しておきたい．

4.2 解いてみよう

　ジャスミンは，テレビでは野球（B）かリアリティ番組（R）を見る．野球を長く見られるほうがうれしいが，リアリティ番組の良し悪しはさほど気にならない．野球とリアリティ番組の視聴時間に関するジャスミンの無差別曲線を図示せよ（リアリティ番組をX軸にすること）．ジャスミンがそれぞれの財を1単位消費するとき，限界代替率（MRS_{RB}）はいくらか．

解答：
　ジャスミンの選好を図示する簡便な方法は，リアリティ番組と野球から成るさまざまなバンドルを検討し，それらが同じ無差別曲線上にあるか，別の無差別曲線上にあるかを見極めることである．たとえば，ジャスミンはリアリティ番組を1時間，野球を1時間見るとする．これを図Aに点Aとして書き込む．今度はリアリティ番組1時間，野球を2時間，見るとする．これを点Bとする．ジャスミンは野球を長く見られるほうがうれしいので，点Bは点Aよりも高い無差別曲線上にあるはずだ．

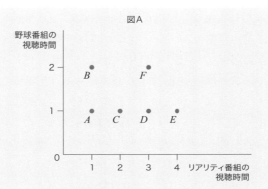

図A

今度は，リアリティ番組を2時間，野球を1時間見るとする．これを点Cとして，点Aと比べる．点Cは，野球の視聴時間が点Aと同じだが，リアリティ番組の視聴時間は長い．だが，リアリティ番組は好きでも嫌いでもないので，視聴時間が長くなったからといって効用が高まるわけではない．したがって，点Aと点Cは同じ無差別曲線上にある．

図Aを見ると，点A，C，D，Eをとおる水平の無差別曲線に気がつく．すべての無差別曲線は水平になるのだろうか．それを確かめるために，別のバンドルを検討しよう．点Fのように，リアリティ番組を3時間，野球を2時間見るとする．リアリティ番組の視聴時間が同じなら，野球の視聴時間が長いほうがいいので，ジャスミンが点Dより点Fを好むのはあきらかだ．また点Bと点Fでは，野球の視聴時間は同じで，リアリティ番組は効用に関係ないので，満足度が同じなのもあきらかなは

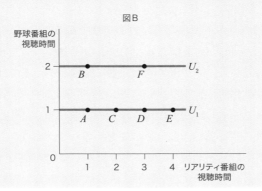

図B

ずだ．図Bに示したように，点Bと点Fは同じ無差別曲線（U_2）上にあり，下方の無差別曲線（U_1）上のバンドルに比べて高い効用をもたらす．

ジャスミンが各財を1単位消費しているときの限界代替率を計算するには，点AでのU_1の傾きを計算する必要がある．無差別曲線は水平なので，傾きは0である．したがって限界代替率（MRS_{RB}）は0である．これは理に適っている．リアリティ番組はジャスミンに効用をもたらさないので，野球を見る時間を減らして，リアリティ番組を見る時間を増やすつもりはない．思い出してほしいが，MRS_{RB}はMU_R/MU_Bと等しかった．MU_Rが0なので，MRS_{RB}も0になる．

応用 「バッズ」（bads）の無差別曲線

これまで描いてきた無差別曲線はすべて，消費者が気に入り，消費したい財に関するものばかりだった．だが，大気汚染や病気，通勤時間，お化けカブといった消費者に嫌われるものに関する行動を分析したくなることがある．これらは，グッズ（goods，良き財）ではなく，より多くを消費すれば，効用が低下する**バッズ**（bads，**悪しき財**）である．

図4.2のミカエラとアパートの例に戻って，部屋の広さではなく通勤時間を考えてみよう．通勤時間が長くなるので，職場までの距離が遠くなるのは悪しきことだ．通勤時間（悪しき財）と居住する建物内の友人の数（良き財）の無差別曲線を図4.12に示した．

無差別曲線は右下がりではなく，右上がりであることに気づく．なぜか．まずは同じ無差別曲線U_1上にあるバンドルAとBについて検討しよう．BはAより通勤時間が長い．ミカエラは通勤に時間がかかるのは嫌なので，点Bで点Aと同じ効用を得るには（同一の無差別曲線上にいるには），友人の数が多くなければならない．点Bのほうが両方の財が多い（財という用語を緩やかな定義で使っている）にもかかわらず，ミカエラはバンドルAとバンドルBから同じ水準の効用を得るのだ．バンドルCは，通勤時間はAと同じだが，友人の数が多いので，Aより選好されるはずである．無差別曲線で，よ

図4.12 「バッズ」があるときの無差別曲線

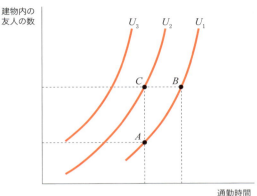

経済学的に「バッズ」(bads) とは，消費者の効用を減らすものである．この例では，通勤時間が長くなると，消費者（ミカエラ）の効用は低下する．そのため，ミカエラの通勤時間が長くなっても効用を維持するには，建物内の友人の数を増やさなければならない．無差別曲線は右上がりになる．無差別曲線 U_2 のほうが，U_1 にくらべて効用が高い．友人の数が同じなら点 B のほうが点 C より通勤時間が長く，ミカエラの効用は小さいからだ．点 A と点 C では，通勤時間は同じだが，点 C のほうが友人の数が多いので，U_2 上の点 C のほうが，U_1 上の点 A より効用水準は高い．

り上（友人が多く）で，より左寄り（通勤時間が短い）は，効用の水準が高い．要するに，悪しき財は，「多いほどいい」という想定と合致しないのだろうか．必ずしも，そうではない．個別の良き財を，悪しき財がないこと，あるいは悪しき財が減ったこと，と定義し直すことによって，当初の想定をすべて適用することができる．通勤時間のケースでは，「節約された通勤時間」は良き財である．ミカエラの無差別曲線を，悪しき財とは逆の「節約された通勤時間」の観点から描くことによって，図4.13のように一般的な右下がりの無差別曲線ができあがる．■

図4.13 「バッズ」がないときの無差別曲線

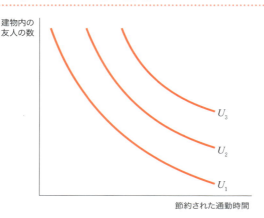

経済学的な「バッズ」(bads)は,「グッズ」(goods)に転換することができる.経済学的にはバッズである「通勤時間」を,グッズである「節約された通勤時間」に変えることによって,ミカエラの効用を高める2財を生み出し,右下がりで,原点に対して凸の一般的な無差別曲線をつくることができる.居住する建物内の友人の数が増えるか,節約された通勤時間が増えた場合に,ミカエラの効用は高まる.

4.3 消費者の所得と予算制約線

　これまでの節でみてきたのは,(1)消費者の選好を効用関数でどう描けるか,(2)効用を考えるうえで無差別曲線が便利なのはなぜか,(3)無差別曲線の傾き——いわゆる限界代替率によって,消費者が異なる財から限界的に得る相対的な効用をどう捉えるか,であった.この章の最終的な目的は,消費者が財のバンドルの選択によって,いかに効用を最大化するかを理解することである.お金は無限にあるわけではなく,財はタダではないのだから,どの財をどれだけ消費するかを決めるにあたって,折り合いをつけなければならない.こうした決定は,各財から得られる効用だけでなく,予算(所得)や財の価格に依存する.これら要因のすべての相互関係を分析しなければならない.

第4章 消費者行動　**217**

　まず，いくつかの想定をおくことによって，効用，所得，価格の相互作用
をみていこう．単純化のために，引き続き2財のみから成るモデルに着目
する．

1.　それぞれの財には定価があり，どの消費者も所得で賄えるなら，定価で
　　ほしい量を買うことができる．この想定をおくのは，各消費者はその財
　　の市場のごくごく一部を占めるにすぎず，消費者の意思決定が市場の均
　　衡価格に影響を与えるとは考えられないからである．
2.　消費者は，所得の一定比率を支出に回す．
3.　現時点で，消費者は貯金や借金ができない．借金できなければ，任意の
　　期間に，所得以上に支出することはできない．貯蓄ができないとは，使
　　われなかったお金が永遠に失われることを意味する．つまりお金は，使
　　うか失うかのどちらかしかない．

　財の価格と消費者の所得を，消費者行動モデルに導入するにあたって，**予
算制約線**（budget constraint）という概念を活用する．この予算制約線は，
消費者が手持ち資金をすべて使った場合に購入できる消費バンドルを網羅し
たものである．ここで，サラのTシャツと靴下の例に戻ろう．Tシャツは1
枚10ドル，靴下は1足5ドルで，サラの所得は50ドルだとする．この例に
対応した予算制約線を示したのが，図4.14である．X軸に靴下の数を，Y軸
にTシャツの枚数をとってある．サラが所得のすべてを靴下に費やすとすれ
ば，靴下は10足（5ドル/1足×10足＝50ドル）買えるが，Tシャツは1枚も
買えない．これは点Aである．逆に，全予算をTシャツに費やす場合，T
シャツは5枚買えるが，靴下は買えない．これが点Bである．サラは，点A
と点Bを結んだ直線上の任意の組み合わせで，Tシャツと靴下を購入するこ
とができる．たとえば，Tシャツ3枚，靴下4足が買える．これは点Cである．
　予算制約を数式で表すと以下のようになる．

$$所得＝P_X Q_X ＋P_Y Q_Y$$

P_XはX財（靴下）の，Q_YはY財（Tシャツ）の1単位あたりの価格であり，
Q_X, Q_Yはそれぞれの財の数量である．この等式は単純に，2つの財への支

図4.14: 予算制約線

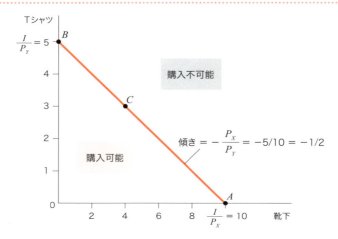

予算制約線は，消費者の所得と2つの財の価格を所与とした場合の選択肢を示している．X軸の切片は，消費者が所得（I）をすべて靴下に費やした場合に買える靴下の数量$I/P_{靴下}$である．Y軸の切片は，所得をすべてTシャツに費やした場合に買えるTシャツの数量$I/P_{Tシャツ}$である．これを踏まえると，予算制約線の傾きは，2財の価格の比率をマイナスにしたもの$-P_{靴下}/P_{Tシャツ}$になる．

出の合計（各財の単価に購入数量を掛けたもの）が消費者の所得に等しいことを示している．

予算制約線上，あるいはその下の財の任意の組み合わせ（原点から予算制約線上までの任意の点）は**購入可能なバンドル**（feasible bundle）であり，消費者の所得で賄える．予算制約線の右側の任意の点は，**購入不可能なバンドル**（infeasible bundle）である．これらの財のバンドルは，消費者の現在の所得では手が出ない．図4.14は，予算制約式が$50 = 5Q_{靴下} + 10Q_{Tシャツ}$について，購入可能と購入不可能なバンドルを示している．

図4.14の予算制約線が曲線ではなく直線なのは，サラがある財を定価で好きなだけ買えると想定しているからだ．購入する靴下が，1足目であれ，10足目であれ，価格は変わらない．後でみるように，財の価格が購入量に応じて変わるのであれば，予算制約線の形も購入量に応じて変化する．

第4章 消費者行動　219

予算制約線の傾き

　予算制約線の傾きは，2つの財の相対価格によって決まる．消費者が予算制約線上にいるときは，所得を使い切ることになるので，ある財の購入量を増やして，なおかつ予算制約線上にいたいのであれば，もう一方の財の購入量を減らさなければならない．相対価格は，互いにトレードオフの関係にある2財の購入比率を決める．たとえば，Tシャツ（10ドル）を1枚増やしたければ，靴下（5ドル）を2足減らさなければならない．

　予算制約式を変形することによって，相対価格と予算制約線の傾きが等しいことがわかる．すなわち，

$$所得 = P_X Q_X + P_Y Q_Y$$

$$P_Y Q_Y = 所得 - P_X Q_X$$

$$Q_Y = \frac{所得}{P_Y} - \frac{P_X}{P_Y} Q_X$$

この等式は，Q_X（Xの購入量）が1単位増えれば，Q_Y（Yの購入量）がP_X/P_Y減ることを示している．Xの価格のYの価格に対する比率は，予算制約線の傾きをマイナスにした数値になる．この価格比率が予算制約線の傾きを決めることは理に適っている．XがYに比べて高い場合（P_X/P_Yが大きければ），Xの購入量を増やすなら，多くのYをあきらめなければならない．このケースでは，予算制約線はきつくなる．一方，XがYに比べてさほど高くない場合は，Xの購入量を増やすために，多くのYをあきらめる必要はなく，予算制約線の傾きは緩やかになる．

　予算制約線（所得 $= P_X Q_X + P_Y Q_Y$）の数式を使って，その傾きと切片を求めることができる．図4.14の予算制約式（$50 = 5Q_{靴下} + 10Q_{Tシャツ}$）を使うと，以下が得られる．

$$50 = 5Q_X + 10Q_Y$$

$$10Q_Y = 50 - 5Q_X$$

各辺をQ_Yの価格10で割ると，傾きは$-\dfrac{1}{2}$になる．

$$Q_Y = 5 - \frac{1}{2} Q_X$$

220 第 2 部　消費と生産

　前に述べたとおり，サラが所得をすべて靴下に使えば，10足（X軸の切片）買うことができ，すべてTシャツにつぎ込めば，5枚（Y軸の切片）を買うことができる．相対価格と切片は図4.14に示してある．

　次の小節で無差別曲線と予算制約線を重ね合わせるとはっきりするが，消費者の効用を最大化するバンドルを決定するうえで，予算制約線の傾きがきわめて重要な役割を果たしている．

予算制約線をシフトさせる要因

　相対価格によって予算制約線の傾きが決まるので，相対価格が変化すると予算制約線の傾きも変化する．図4.15のパネルaには，靴下1足の価格が2倍の10ドルになった場合の予算制約線の変化を示してある．予算制約線はY軸の回りを時計回りに回転し，傾きは2倍きつくなる．（P_Xが倍になり），P_X/P_Yが倍になるからだ．サラが所得をすべて靴下に費やす場合，靴下の価格が2倍になれば，同じ所得でも半分の量しか買えなくなる（以前は10足買えたが，A'の5足しか買えない）．一方，所得をすべてTシャツに費やす場合（点B），靴下の価格の変化はサラが購入可能なバンドルに影響を与えない．Tシャツの価格は10ドルで変わらないからだ．価格が上昇すると，購入可能なバンドルが少なくなる点に留意したい．サラの所得で賄える財の組み合わせが少なくなるのだ．

　図4.15のパネルbに示すように，Tシャツの価格が2倍の20ドルに上がり，靴下の価格が5ドルで変わらなければ，予算制約線の動きは逆になる．すなわちX軸の回りを反時計回りに回転し，傾きの角度が半分になる．靴下だけをほしい人は影響を受けないが，Tシャツだけをほしい人はバンドルBで当初の半分しか買えない（Tシャツ半枚が買えるものと想定する）．靴下の価格が上昇した場合と同様，Tシャツの価格が上昇した場合も，購入可能なバンドルの組み合わせが少なくなる．価格が・上・昇する場合，予算制約線は原点に向かって回転し，価格が・低・下する場合，原点から遠ざかるように回転することを，つねに頭に入れておかねばならない．

　ここで，サラの所得が半分（25ドル）に減る一方，財の価格は変わらない

図4.15 価格または所得が変化した場合の予算制約線

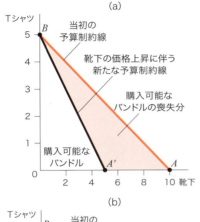

(a) 靴下の価格が高くなると，X軸の切片 $(I/P_{靴下})$ は小さく，傾き $(-P_{靴下}/P_{Tシャツ})$ はきつくなり，予算制約線は原点に近づく．消費者（サラ）にとって，選択できる靴下とTシャツの組み合わせが少なくなる．靴下の価格が高くなるとは，買える靴下の数が減るか，靴下の数を変えなければ，Tシャツにまわすお金が減ることを意味する．

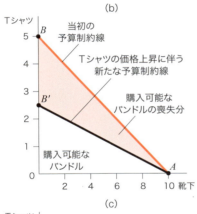

(b) Tシャツの価格が高くなると，Y軸の切片 $(I/P_{Tシャツ})$ が小さく，傾き $(-P_{靴下}/P_{Tシャツ})$ は緩やかになり，予算制約線は原点に近づく．この場合も，サラにとって選択肢が狭まる．Tシャツの価格が高くなるとは，買えるTシャツの数が減るか，Tシャツの数が同じであれば，靴下にまわすお金が減ることを意味する．

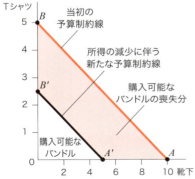

(c) サラの所得が減ると，X軸，Y軸とも切片が小さくなり，予算制約線は内側にシフトする．X軸の切片が小さくなるのは，所得が減り，$I/P_{靴下}$ が小さくなるからだ．Y軸の切片についても同じことが言える．X軸上，Y軸上の動きはいずれも所得の変化によるものなので（Iの減少は，両軸とも同じ），新たな予算制約線は当初の予算制約線に対して平行になる．所得の減少に伴い，サラの選択肢は狭まる．

場合を考えてみよう．半分に減った所得で，サラは以前の半分の靴下とTシャツしか買えない．所得の全額を靴下に費やすなら，5足しか買えない．全額をTシャツに費やすなら，2.5枚しか買えない．だが，Tシャツと靴下の相対価格は変化していないため，トレードオフの関係は変わらない．Tシャツをもう1枚買うには，以前と同じように2足の靴下をあきらめなければならない．つまり，予算制約線の傾きは変わらない．新たな予算制約線を図4.15のパネルcに示した．

靴下とTシャツの価格が2倍になり，所得が変わらないなら，予算制約線は図4.15cに新たに示した図と同じになる．予算制約線の傾きの切片の価格に$2P_X$と$2P_Y$を代入すれば，よりはっきりとわかる．すなわち，

$$Q_Y = \frac{\text{所得}}{2P_Y} - \frac{2P_X}{2P_Y} Q_X$$

$$= \frac{1}{2}\left(\frac{\text{所得}}{P_Y}\right) - \frac{P_X}{P_Y} Q_X$$

図でも等式でも，このタイプの価格の変化は消費者の所得の購買力を減らし，予算制約線を内側にシフトさせる．いずれのケースでも，同じ消費バンドルが購入可能である．サラの所得が減るのではなく増えるのであれば（あるいは，靴下とTシャツの価格が同じ比率で下がるのであれば），予算制約線は内側ではなく外側にシフトする．ただし，靴下とTシャツの相対価格が変わるわけではないので，予算制約線の傾きは変わらない．

ここまで，価格が変わらず所得が変化する場合と，所得が変わらず価格が変化する場合の2通りの状況で，予算制約線に何が起きるかを考えてきた．では，価格と所得が同じ比率で上昇した場合（たとえば，価格が倍になり，所得も倍になった場合），どうなるだろうか．予算制約線は変わらない．手元のお金は倍になるが，コストが倍になるので，以前と同じバンドルしか購入することができない．これは，上述の予算制約式で数学的に確認できる．価格と所得すべてに任意の正の定数をかければ（定数kとする），すべてのkは消去でき，最初の等式に等しくなる．

第4章 消費者行動 **223**

4.3 解いてみよう

　ブラーデンが1週間に使えるのは20ドルである．これを1本5ドルの
ビデオゲームのレンタル（R）と，1個1ドルのキャンディバー（C）に使
う．

a. ブラーデンの予算制約式を書き，ゲームのレンタルをX軸にしてグ
ラフにせよ．Y軸，X軸の切片と予算制約線の傾きを明確にするこ
と．

b. 20ドルを使い切るとして，ゲームを3本借りると，キャンディバー
を何個買うことになるか．

c. ゲーム1本のレンタル料が5ドルから4ドルに下がったとする．新た
な予算制約線を描け（切片と傾きを明確にすること）．

解答：

a. 予算制約線は，現在の価格と所得を所与として，ブラーデンが購入
可能なゲームのレンタル料（R）とキャンディバー（C）の組み合わせ
を示すものだ．予算制約式の一般的な形は，所得 $= P_R R + P_C C$．実
際の価格と所得を代入すると，$20 = 5R + 1C$ になる．

　予算制約式をグラフ化するには，まずX軸とY軸の切片を見つけ
なければならない．X軸の切片は，ブラーデンが20ドルを全額，
ゲームのレンタルに使った場合を示す予算制約線上の点である．X軸
の切片は，予算制約線上の点Aで，4本（20/5ドル）となる．Y軸の
切片は，全額をキャンディバーに費やした場合を示す点である．図の
点Bで示すとおり，ブラーデンは20個のキャンディバーが買える
（20/1ドル）．ブラーデンがどれだけ買っても，キャンディバーや
ゲームの価格は変わらないので，予算制約線は，点Aと点Bを結ぶ直
線になる．

　予算制約線の傾きは，Y軸の増分をX軸の増分で割って求めること
ができる．したがって，$\Delta C / \Delta R = -20/4 = -5$ になる．予算制約線
の傾きが，2財の価格比をマイナスにしたものに等しいことを思い出

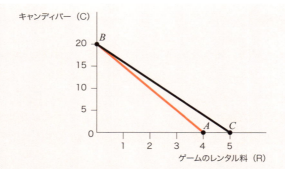

すことによって，答えを確かめることができる．$-P_R/P_C = -5/1 = -5$．念のために言えば，予算制約線の傾きは，ブラーデンがキャンディバーをゲームのレンタル料に交換できる比率を示している．

b. ブラーデンは現在，ゲームを3本レンタルしており，15ドル使っていることになる（15＝5ドル×3）．このためキャンディバーにあてられるのは，5ドルである（20－15）．キャンディバーは1個1ドルなので，5個買える．

c. ゲームのレンタル料が4ドルに下がるとき，Y軸の切片は影響を受けない．ブラーデンが20ドルを全部，キャンディバーに使うとすれば，1個1ドルなら20個買える．したがって，点Bも新たな予算制約線上にある．だが，X軸の切片は4から5に移動する．レンタル料が4ドルのとき，全額をゲームにまわせば，5本のゲームをレンタルできる（点C）．点Bと点Cを結んだ直線が，新たな予算制約線となる．

　新たな予算制約線の傾きは，$\Delta C/\Delta R = -20/5 = -4$になる．念のために言えば，これは，2財の価格比のマイナスである（$-P_R/P_C = -4/1 = -4$）．

一般的でない予算制約線

これまで取り上げてきた例では，予算制約線はすべて直線だった．だが，

図4.16 数量割引と予算制約線

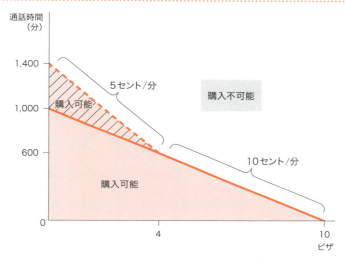

通話料金が1分=10セントで固定されている場合,アレックスの通話時間とピザの予算制約線は,図の実線のように傾きが一定になる.だが,通話時間が長くなると通話料が割引かれる場合,予算制約線は屈折する.アレックスの料金プランが,毎月600分までは通話料が1分=10セントで,それを超えると1分=5セントになる場合,予算制約線は図の破線で示したように,600分で屈折する.当初の予算制約線より上で破線より下の三角形は,1分=10セントの固定料金では購入できなかったが,新たな料金プランで購入可能になった通話時間とピザの組み合わせを示している.

予算制約線が屈折するケースがある.

大量購入による割引　アレックスは所得100ドルを,ピザと電話料金に使うとする.ピザは1枚10ドルである.所得のすべてをピザに使うなら,10枚買える.電話料金が1分=10セントで一定なら,最大で1,000分(16時間40分)通話できる.図4.16にグラフを示した.電話料金が1分間10セントで定額のケースの予算制約線は,[通話0分,ピザ10枚]と,[通話1,000分,ピザ0枚]の点を結んだ直線の実線で示されている.

電話料金は,通話時間が増えると割引されることが多い.ある財の数量割引がある場合,消費者が1単位に支払う金額は,その財の購入量に依存する.

226　第2部　消費と生産

アレックスの1カ月の料金プランが，最初の600分までが1分＝10セントで，その後，1分毎に5セント加算されるとすると，予算制約線は途中で屈折する．600分を超えると通話料金が安くなるので，予算制約線は［通話時間600分，ピザの枚数4枚］の点で屈折する．Y軸（通話時間）の財の価格が相対的に安くなるので，予算制約線はその量で時計回りに回転し，傾きがきつくなる．予算制約線がY軸とどこで交差するかを知るには，アレックスが所得をすべて通話料にまわすときに，どのくらいの時間話せるかをみなければならない．合計で1,400分になる．［（600×0.10ドル）＋（800×0.05ドル）＝100ドル］．図4.16で，最終的な予算制約線は，［ピザ10枚，通話時間0分］の点から出発し，［ピザ4枚，通話時間600分］の点で屈折し（実線の一部），その後，［ピザ0枚，通話時間1,400分］の点に至る（破線）．図からあきらかなように，600分を超えると通話料が安くなることで，通話料が一律10セントだったときには購入不可能だった通話時間とピザの枚数の組み合わせ（当初の予算制約線より上で，破線より下の三角形の部分）が可能になった．

数量制限　　ある財の消費量に限界がある場合も，予算制約線が屈折しうる．たとえば，第二次世界大戦中の米国では，砂糖やバターなど一部の財に配給制が導入され，各家庭は決まった量しか買えなかった．また，1970年代の石油危機の際には，1人あたりの購入量を制限するガソリンスタンドが少なくなかった．こうした数量制限は，予算制約線を屈折させる効果を持つ．[5]

　アレックスの1カ月の通話時間を600分以下に，政府（あるいは家庭では父親）が制限したとする．このケースでは，予算制約線の600分を上回る部分は購入不可能になり，予算制約線は図4.17の実線で示したように，600分で水平になる．この例では，アレックスの所得は変わっていないし，通話料もピザの価格も変わっていない．予算制約線の破線より下で購入不可能と書かれた部分のどれも選択できるだけの十分なお金はある．ただ，使うことが

---

　5)　消費者が購入できる量の上限は，第3章で学んだ数量割当に似ている点に留意したい．違うのは，市場全体ではなく，一消費者にあてはめている点である．

図4.17 数量制限と予算制約線

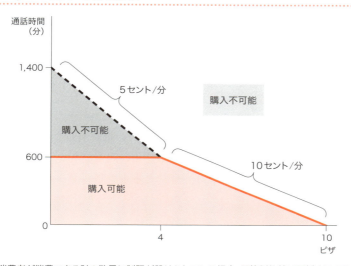

―消費者が消費できる財の数量に制限が設けられている場合，予算制約線は屈折する．アレックスの通話時間が1カ月600分に制限されているとき，予算制約線は600分のところで水平になる．予算制約線の水平部分より上で破線より下の三角形は，アレックスには購入不可能となった通話時間とピザの組み合わせである．アレックスの所得と財の価格は変わっていないので，購入する余力はあるが，数量制限があるがために購入できない点に留意したい．

許されていないだけだ．この結果，予算制約線の平らな部分では，使わないお金が手元に残ることになる．次の節でみるように，実際には，予算制約線の平らな部分上のバンドルを消費したいとは思わない（なぜそうなるのか，こちらが答えを教える前に，自分で理由を考えてはいかがだろうか）．

4.4 効用，所得，価格の組み合わせ ——消費者は何を消費するか

以上で，消費者が効用を最大化するために，どの財をどれだけ消費するかを決めるのに必要な要素がすべて出そろった．効用関数とそれに関連する無

228 第2部 消費と生産

差別曲線から，購入可能領域にある，あらゆる財のバンドルに関する消費者の選好がわかる．予算制約線は，消費者の所得と財の価格を所与とした場合に，購入可能なバンドルと購入不可能なバンドルを教えてくれる．こうした情報を適切に組み合わせさえすればいい．

消費者の最適化問題を解決する

　この章の冒頭で指摘したとおり，どのくらいの量を消費するかの選択は，多くの経済的決定と同じように制約付き最適化の問題である．最大化したいもの（このケースでは効用）があり，得られる量を制約するもの（このケースでは予算制約）がある．そして，次の章でみるように，制約付き最適化問題は，需要曲線の基礎になるものである．

　制約付き最適化問題を解決する前に，この問題がどうして面倒なのかを考えてみよう．所得や価格というドル（通貨単位）で測れるものと，消費者の効用という直接にはドルに換算できないものを比べなければならない．追加の効用を得るために，3ドル支払う意思があるかどうか，どうやってわかるのだろう．実際にはわからない．だが，追加の1ドルを，たとえばゴルフボールに使うことが，単3の電池に使うよりも効用をもたらすかどうかはわかる．この選択を見極めるには，消費者の無差別曲線と予算制約線を用いて制約付き最適化問題を解決するのが正攻法である．

　無差別曲線と予算制約線を紹介したときには，たいして気にとめなかったと思うが，これら2つの異なる概念を描くのに使った軸に注目してもらいたい．Y軸にはある財の数量，X軸には別の財の数量をとっている点は同じである．この配置はきわめて重要だ．というのは，2財の無差別曲線と予算制約線を同じグラフに描くことができるので，消費者の問題を解きやすくなるからだ．

　図4.18には，無差別曲線と予算制約線を組み合わせた例を示した．消費者は，予算の制約を受けながらも，財を消費することによって，できるだけ多くの効用を得たいと考える．どのバンドルを選択するだろうか．点Aのバンドルである．これは，与えられた予算内で手の届く無差別曲線上で最も効

図4.18 消費者の最適な選択

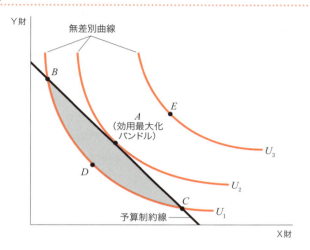

消費者の最適消費バンドルは，予算制約線と無差別曲線の接点Aである．消費者は，点B，点C，点Dのバンドルも購入可能だが，これらはU_2上の点Aより効用水準が低いU_1上にある．点Eは，点Aよりも高い効用水準上（U_3）にあるが，予算制約線の外側なので，購入不可能である．

用水準が高い．

　なぜAが効用を最大化するバンドルなのだろうか．点Aと，他の購入可能なバンドル，たとえばBを比べてみよう．点Bは予算制約線上にあるので，消費者は自分の所得で購入することができる．だが，BはAより低い無差別曲線上（U_1）にあるので，Bの効用はAより低い．バンドルCもDも購入可能だが，やはり効用は低くなる．消費者は，効用水準がU_2を上回る無差別曲線U_3上にあるバンドルEを好むだろうが，残念ながら予算制約線の外側にあり，購入することはできない．

　図4.18の消費者の最適消費バンドルAには特徴がある．これを通る無差別曲線U_2は，1度だけ，まさに点Aで予算制約線に接している．数学的には，U_2と予算制約線は点Aで接しているという．最初においた効用に関する想定が有効だとすれば，この特徴を持つ無差別曲線をさらに描くことはできない．他の無差別曲線は接することなく，予算制約線と2回交差するか，

230 第2部 消費と生産

1度も交差しないかどちらかだ．接する無差別曲線をもう1本描けるとすれば，図4.18で示した無差別曲線と交差することになり，推移性の想定に反することになる（頭の体操になるので，試してみてほしい）．

　接点が1つしかないのは偶然ではない．実は，効用最大化のためには必須である．その理由を理解するために，無差別曲線と予算制約線が接しない場合を考えてみよう．すると，無差別曲線上のどの点でも購入可能ではなく，また定義上，その無差別曲線上のバンドルは，消費者の所得を所与として効用を最大化する方策にはなりえない．次に，無差別曲線が予算制約線と2度交差する場合を考えてみる．これは，無差別曲線上のどの点よりも高い効用をもたらすバンドルが存在し，かつ消費者がそれを購入できることを意味する．たとえば，図4.18の無差別曲線U_1と予算制約線のあいだの影を付けた部分は，購入可能で，かつバンドルB，C，D，あるいはU_1上のどの点よりも高い効用をもたらすバンドルをすべて網羅している．とすると，U_1上のどのバンドルも効用最大化はできないことになり，購入可能で，より高い効用をもたらすバンドルが他に存在することになる．同様の論理で，この結果は無差別曲線U_1だけでなく，予算制約線と2度交差するどの無差別曲線についてもあてはまる．

　これは何を意味するのだろうか．(1)購入可能で，かつ(2)高い効用をもたらすバンドルは，接点に1つだけ存在し，他には存在しない，ということだ．この接点が，消費者にとって効用を最大化するバンドルである．

　無差別曲線と予算制約線の接点の数学的な意味は，最適なバンドルで傾きが同じになるということだ．これは経済学的にきわめて重要であり，最適なバンドルがなぜそこに存在するかを理解するためのカギになる．4.2節では，無差別曲線の傾きをマイナスにした数値を限界代替率（MRS_{XY}）と定義し，MRS_{XY}が2財の限界効用の比を表すことをみた．4.3節では，予算制約線の傾きが2財の価格比のマイナスに等しいことをたしかめた．したがって，消費者の効用を最大化するバンドルが，無差別曲線と予算制約線の接点（予算制約線の内側ではなく線上）に存在するという事実は，次のような重要な発見をもたらしてくれる．消費者が所得のすべてを消費にあてるとき，最適な消費バンドルは，2財の限界効用の比率が，それらの価格の比率とちょうど

等しいものになる.

効用最大化の裏にある, こうした経済学的思考は, 数学的に表現することができる. 接点では,

無差別曲線の傾き＝予算制約線の傾き

$-MRS_{XY} = -MU_X/MU_Y = -P_X/P_Y$

$MU_X/MU_Y = P_X/P_Y$

消費者が効用を最大化するとき, 2財の限界効用の比率と価格の比率が等しくなるのはなぜだろうか. もし等しくなければ, 消費者はある財から別の財にシフトすることによって, 効用を高めることができる. その理由を理解するために, メレディスがスポーツ飲料のゲータレードとプロテインバーで効用を最大化する場合を考えよう. ゲータレードの価格は, プロテインバーの2倍だが, メレディスが考える2財の限界効用は, 価格の比率と異なり, 2対1ではない. ゲータレードとプロテインバーの限界効用を1対1だと考えている. 相対価格を考慮すると, ゲータレードを1本あきらめ, プロテインバーを追加で2本買うと, メレディスの効用水準は高まる. なぜか. 追加の2本のプロテインバーは, 効用の点からみれば, あきらめた1本のゲータレードの2倍の価値があるからだ.

今度は, 1本のゲータレードの限界効用が, プロテインバーの4倍だと想定しよう. このケースでは, メレディスにとってゲータレードとプロテインバーの限界効用の比率（4対1）が, 価格の比率（2対1）より高いので, メレディスは, プロテインバーの購入量を2本減らすのと引き換えに, 追加でもう1本のゲータレードを買うのが得策だ. ゲータレードは, プロテインバー2本で失われた分の2倍の効用をもたらすので, プロテインバーを買う量を減らし, ゲータレードを増やしたほうが効用水準は高まるのだ.

この最適化の状態を, 消費者の支出1ドルあたりの限界効用の観点から書き直すと役に立つ場合が多い. すなわち,

$$\frac{MU_X}{MU_Y} = \frac{P_X}{P_Y} \Rightarrow \frac{MU_X}{P_X} = \frac{MU_Y}{P_Y}$$

ここで, 効用最大化問題は, 消費者が最も得をする消費バンドルを見つけること, と言い換えることができる. 支出1ドルあたりの限界効用 (MU/P)

232   第2部　消費と生産

が，あらゆる財について等しい場合に，これが起きる．もし，そうでない場合には，消費者は効用を高めるように，X財とY財の消費を調整することができる．

4.4 解いてみよう

　アントニオは，ハンバーガーとフライドポテトの2財の消費で効用を得ている．効用関数は，$U=\sqrt{BF}=B^{0.5}F^{0.5}$ で与えられている．B はアントニオが食べるハンバーガーの量，F はフライドポテトの量（セット数）である．アントニオのハンバーガーの限界効用は，$MU_B=0.5B^{-0.5}F^{0.5}$ であり，フライドポテトの限界効用は，$MU_F=0.5B^{0.5}F^{-0.5}$ である．アントニオの所得は20ドル，ハンバーガーは5ドル，フライドポテトは2ドルである．アントニオの効用が最大となるハンバーガーとフライドポテトの量を求めよ．

解答：

　消費者の効用最大化問題の最適解は，限界代替率を決めることだとわかっている．限界代替率（MRS_{BF}）は，2財の限界効用の比であり，2財の価格の比に等しい．

$$MRS_{BF}=\frac{MU_B}{MU_F}=\frac{P_B}{P_F}$$

MU_B はハンバーガーの，MU_F はフライドポテトの限界効用であり，P_B はハンバーガーの，P_F はフライドポテトの価格である．したがって，効用を最大化するハンバーガーとフライドポテトの量を求めるには，限界効用の比が価格の比に等しいとおく．

$$\frac{MU_B}{MU_F}=\frac{P_B}{P_F}$$

$$\frac{0.5B^{-0.5}F^{0.5}}{0.5B^{0.5}F^{-0.5}}=\frac{5}{2}$$

$$\frac{0.5F^{0.5}F^{0.5}}{0.5B^{0.5}B^{0.5}} = \frac{5}{2}$$

$$\frac{F}{B} = \frac{5}{2}$$

$$2F = 5B$$

$$F = 2.5B$$

　ここから，アントニオは，フライドポテトとハンバーガーを2対5の割合で消費するとき，効用が最大化することがわかる．最適な数量の比はわかったが，アントニオの実際の消費量が正確にわかったわけではない．それを知るには，予算制約式を使うことができる．予算制約式はアントニオが使える予算を決めるので，消費可能な各財の合計がわかる．

　アントニオの予算制約式は，以下のように書ける．

　　　所得 $= P_F F + P_B B$，または

$$B = \frac{\text{所得}}{P_B} - \frac{P_F}{P_B}F$$

問題の数字をこの式に代入すると，

$$B = \frac{20}{5} - \frac{2}{5}F$$

$$B = 4 - 0.4F$$

ここで，効用が最大になる状態 $F = 2.5B$ を予算制約式に代入して，アントニオが消費するハンバーガーの量を求めると以下になる．

$$B = 4 - 0.4F$$

$$B = 4 - 0.4 \times 2.5B$$

$$B = 4 - B$$

$$B = 2$$

そして，$F = 2.5B$ だったので，$F = 5$ になる

　つまり，アントニオの予算制約式を前提にすると，ハンバーガーを2個，フライドポテトを5セット消費することで，アントニオの効用は最大化する．

234 第2部 消費と生産

効用最大化が意味するもの

　2財の限界効用の比率が価格の比率（相対価格）に等しいという結果には，もう1つ驚くべき含意がある．それは，2人の消費者の2財に対する選好がかなり違ったとしても，2人の2財の限界効用の比率は等しくなる，というものだ．なぜなら，効用最大化は，2財の限界代替率（限界効用の比率）が2財の価格の比率に等しいことを意味するからだ．[6]

　これは奇妙な話に思えるかもしれない．たとえばジャックが，［ガム9個，iTunesのダウンロード1回］の組み合わせで消費するとき，メグは［ダウンロード9回，ガム1個］の組み合わせで消費する．ジャックはガムが大好きなので，さらにガムを手にするために（ダウンロードの回数を減らして）お金を使おうとする意欲はメグより強いだろう．このように2人の2財の限界代替率が等しくならないのは，ジャックとメグが同一の無差別曲線上のバンドルを消費する場合だが，必ずしもそうである必要はない．それぞれ，どの財をどれだけ消費するかは，自分で決めることができる（それぞれ，別の無差別曲線を持つことができる）．ジャックはガムが好きだから，ガムをたくさん消費することで限界効用を低下させる．そうこうするうち，ジャック，メグの2人とも，効用を最大にする財のバンドルに到達する．そこで2人の2財に対する限界効用比率は等しくなる．結局，2財（の限界部分）におく2財の相対的価値は，相対価格によって決まる．ジャックとメグに与えられた相対価格は同じなので，限界価値（限界効用比率）も等しくなる．

　この状況を示したのが図4.19である．単純化のために，ジャックとメグの所得は同額であると仮定した．2人にとって2財の相対価格も同じなので，予算制約線も同じになる．ジャックはiTunesで曲をダウンロードするよりも，ガムのほうがよほど好きなので，無差別曲線はほぼ平らになる．ガムが少しでも減るなら，iTunesで大量の曲をダウンロードできないと穴埋めできない．メグの好みは正反対だ．iTunesでのダウンロードを1曲あきらめ

　6）　専門的にいえば，これは2財とも正の量を消費する消費者，あるいは経済学用語では「内点解」にいる消費者にのみあてはまる．この問題については，次の小節で扱う．

図4.19 2人の消費者の最適な選択

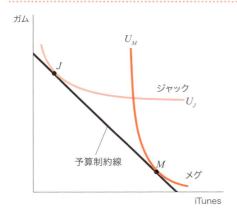

ジャックとメグは，予算制約線は同じだが，選好が異なるため，効用が最大となる最適消費バンドルが異なる．ジャックは，iTunesで音楽をダウンロードするよりもガムが好きなので，無差別曲線（U_J）は平らで，最適消費バンドルの点Jでは，iTunesよりもはるかに多いガムを消費する．これに対して，メグはガムよりもiTunesに興味があり，無差別曲線（U_M）は傾きがかなりきつい．最適消費バンドルは，点Mである．ジャックとメグの消費バンドルは異なるが，点Jと点Mで限界代替率は等しくなる．

るなら，大量のガムをもらわないことには効用が維持できない．つまり，メグの無差別曲線は傾きがきつい．にもかかわらず，ジャックとメグの効用を最大化するバンドルは同じ予算制約線上にあり，そのバンドルの限界代替率も同じである．ジャックの無差別曲線（U_J）とメグの無差別曲線（U_M）が予算制約線に接し，したがって効用最大化バンドルを含むように描いてある．

両者の限界代替率（MRS_{XY}）は同じだが，それぞれがバンドルのなかで消費する各財の量は異なる．ガムが大好きなジャックは，ガムの量は多いが，iTunesのダウンロード数は少ないバンドル（J）を選ぶことによって効用を最大化する．一方，メグの効用を最大化する最適消費バンドル（M）は，iTunesのダウンロード数が多く，ガムはわずかだ．つまり，効用最大化バンドルで，2人の消費者の限界代替率が同じになるのは，各自がより選好する財を多く消費するからだ，という点を念押ししておきたい．ジャックとメグはそのように行動することで，限界効用の比率が価格の比率と等しくなるまで，選好する財の相対的な限界効用を引き下げていく．

以前に無差別曲線が交差することはないと学んだが，これらの2つの無差別曲線は交差する可能性がある点に注意してもらいたい．1人の消費者の無差別曲線が交差するとすれば，その消費者の選好には推移性がなく，無差別

236 第2部 消費と生産

曲線の交点に位置するバンドルは2通りの異なる効用をもたらすことになる．だが，図4.19は，選好が異なる2人の消費者の無差別曲線を示したものである．推移性は，異なる人間にあてはまる必要はない．あなたが iTunes よりガムが好きで，友達は iTunes よりコーヒーが好きなとき，あなたがコーヒーよりガムが好き，という話にはならないのだ．つまり，同一消費バンドル（たとえばガム3個と iTunes の5曲ダウンロード）がもたらす効用は，人によって異なるのである．

理論とデータ

電話サービス利用者の無差別曲線，再論

前にとりあげたエコノミデス，セイム，ヴィアードの調査では，インターネット加入世帯は，未加入世帯に比べて市内通話の限界効用が相対的に高いことがわかった．インターネット加入世帯にとって，市外通話の限界効用は低いことから，限界代替率（*MRS*）は未加入世帯に比べて高かった．この論理を使って，加入世帯と未加入世帯の予算制約が同じだとすれば，図4.20のようなグラフを描くことができる．先ほど論じたジャックとメグのように，選好が異なる消費者は結局，異なるバンドルを消費する．インターネット加入世帯は，未加入世帯に比べて無差別曲線の傾きがきついので，バンドル *I* のように，市内通話の利用量が多くなる（$U_{\text{加入世帯}}$ は予算制約線に接する無差別曲線である）．だが，すべての世帯の予算制約線は同じ（したがって，相対価格が等しい）と想定しているので，最適バンドルでの限界代替率（*MRS*）はいずれも等しくなるはずである．

この市場で興味深いのは，実際には各世帯に相対価格の選択肢がある点だ．というのは，競合する電話会社が提供する多様な料金プランから選んでいるからだ．こうした料金プランは一般に，月額の固定料金を高くする代わりに，追加の限界的な通話料金を安くしている．たとえば，市内通話の固定料金は高いが，限界的な通話料金は安く，市外通話の固定料金は安いが，限界的な通話料金が高いプランを申し込むことができる．あるいは，この逆も可能だ．

図4.20 インターネット・サービスの加入世帯と未加入世帯の最適な選択

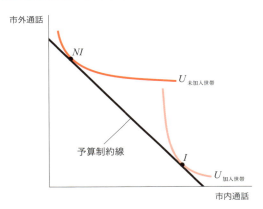

インターネット・サービスの加入世帯と未加入世帯では，予算制約線は同じでも，最適バンドルは異なる．未加入世帯は効用最大化点（NI）で，市内通話よりも市外通話をより多く消費する．というのは，市内通話がどの水準であっても，市外通話から，より高い効用を得るからだ．これに対して，加入世帯は，市内通話の限界効用がより高いため，市外通話より市内通話をより多く消費する（点I）．

こうした類いの選択は，われわれの分析にどのように表れるだろうか．限界的な通話料金の差は，市内通話と市外通話のどちらが相対的に高くなるかによって，予算制約線の傾きがきつくなるか緩やかになるかに表れる．固定料金は，図に描いた世帯の選択にどんな影響を与えるだろうか．固定料金の支払いは，所得を減らすものとして考えることができる．高い固定料金自体は相対価格に影響を与えるわけではなく，予算制約線の傾きを変えることはない．だが，世帯の所得は減るので，市内通話と市外通話にあてられる予算は減る．したがって，高い固定料金を選択した世帯の予算制約線は原点に向かって内側にシフトする．

大量に消費したい財の価格が大幅に下がる料金プランがあるなら，喜んで高い固定料金を支払う可能性がある．これは，所得と価格の変化の組み合わせで，予算制約線がシフトし（所得の変化の結果），回転する（価格の変化の結果）ので，シフト前よりも高い効用水準に達するからである．

この例を図4.21に示した．図4.20では，Iとしたインターネット加入世帯の当初の最適バンドルはI_1として，当初の予算制約線（BC_1）上の無差別曲線（$U_{加入世帯,1}$）との接点にある．ここである世帯が限界的な市内通話の料金を引き下げて支払うとき，図に示したように予算制約線は内側にシフトし，

図4.21 固定料金を支払って，市内通話料金を引き下げる

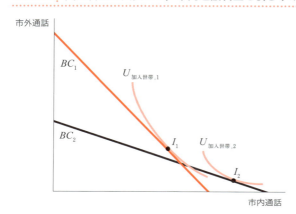

インターネット・サービスの加入は，固定料金を支払うことで，限界部分の市内通話料金を引き下げることができる．これにより市内通話の相対価格が下がるので，予算制約線はBC_1からBC_2にシフトする．所得は失われるが，新たな最適バンドル(I_2)は，当初のバンドル($U_{加入世帯,1}$上のI_1)よりも効用水準が高い無差別曲線($U_{加入世帯,2}$)上に存在する．

反時計回りに回転する．固定料金を支払うことでこの世帯の所得は減り，最適バンドルのI_1すら賄えなくなる．にもかかわらず，新たな最適バンドルI_2は，以前よりも効用水準の高い無差別曲線（$U_{加入世帯,2}$）上に存在する．

　固定料金の支払いで所得を減らすことになっても，強く選好する財の価格を下げることによって，より高い効用を得ることができるのである（次の章では，所得と相対価格が同時に変化したときに，消費者がどう変化するかをじっくり検討していく）．

特殊なケース──コーナー解（端点解）

　ここまでは，2財それぞれをある程度消費するものと想定し，最適化の状況を分析してきた．ある財を持てば持つほど，それをさらに手に入れるために他の財をあきらめようとはしなくなる，という効用関数の特性を踏まえれば，この想定はおおむね理に適っている．この状況では，ある財がほんの少し手に入った当初の効用が最大になるので，消費者は，2財それぞれについて少なくとも何がしかの量を求めるのが一般的だと考えられる．

　だが，消費者の選好や相対価格によっては，全予算を1つの財に注ぎこみ

たくなる場合がある．予算制約のなかで，消費者が1つの財に全額を費やし，他の財にまわさないで効用を最大化することを**コーナー解（端点解）**（corner solution）と呼ぶ（この名前は，消費最適化バンドルが，予算制約線と軸が交わる「コーナー（端点）」に存在することに由来する）．ちなみに，これまでみてきたように，消費最適化バンドルの財がどちらもプラスの場合は，**内点解**（interior solution）と呼ぶ．

図4.22は，コーナー解（端点解）を表している．われわれ経済学者の顧客でもあるグレッグは，所得が240ドルで，恋愛小説と経済学の教科書の消費水準を選択する．単行本の恋愛小説が20ドル，経済学の教科書が120ドルで，教科書のほうが高い．グレッグは恋愛小説なら12冊買えるが，教科書は2冊しか買えない．それでも，所得を所与とすれば，グレッグの効用が最大化するのは，すべてを教科書に費やし，恋愛小説は買わないバンドルAである．

どうしてAが最適なバンドルだとわかるのだろうか．購入可能な別のバンドルBについて考えてみよう．グレッグの所得で賄うことはできるが，無差別曲線U_1上にあり，効用水準がU_2より低い．同じ論理は，U_1とU_2のあいだの任意の無差別曲線上のバンドルにあてはまる．さらに，U_2よりも高い効用をもたらすバンドルU_3（U_2より右上）は，グレッグの所得で賄うことができない．そのため，グレッグが手に入れることのできる効用の最高水準はU_2になり，バンドルAを消費することによってのみ達成できる．というのは，この無差別曲線上で唯一，グレッグの所得で賄えるバンドルだからだ．

コーナー解（端点解）で，効用水準の最も高い無差別曲線が予算制約線に1度だけ接するが，それは前述の内点解の場合と同じである．コーナー解が唯一違うのは，バンドルAは接点ではないということだ．無差別曲線は，この点で（そして他のどこでも），予算制約線よりも傾きが緩やかになる．つまり，グレッグの限界代替率——教科書の限界効用に対する恋愛小説の限界効用の比率は，2財の価格の比率と同じではなく，下回っている．言い換えれば，恋愛小説から得られる限界効用はきわめて低いので，たとえ1冊も持っていなくても，それを買うためにお金を使おうとはしない．教科書の消費を減らすことであきらめなければならない限界効用は，教科書に使うお金

図4.22 コーナー解

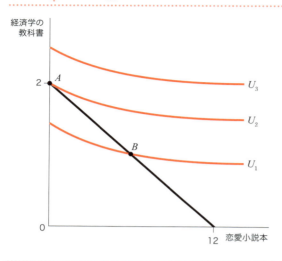

消費者が全所得を1つの財に費やすとき，コーナー解（端点解）が生まれる．グレッグの所得および恋愛小説と経済学の教科書の相対価格を所与とすると，経済学の教科書2冊を購入し，恋愛小説本は買わない点Aが，グレッグの最適消費バンドルになる．点Bのような，他の購入可能なバンドルはすべて，点Aが存在する効用曲線U_2よりも効用水準が低い．また，グレッグの現在の所得では，U_3のような効用水準の高いバンドルを購入することはできない．

の一部で恋愛小説を買えるという事実で穴埋めされることはない．実は，恋愛小説のマイナスの消費（恋愛小説を書いて他の人に売る，といった類いのこと）が許されるのであれば，グレッグはそうしたいと思うだろう．

4.5 解いてみよう

あるピザ・チェーンが最近，次のようなキャンペーンを行っている．「ピザを1枚定価で買えば，あと3枚は1枚＝5ドルでお得にゲット！」．定価は10ドル，1日の所得は40ドル，ピザ以外の財の価格は，1単位1ドルとする．

a. ピザと他のすべての財について，キャンペーンの前後の予算制約線を描け（ピザの量をX軸にすること）．予算制約線のX軸とY軸の切片および，傾きを明確にすること．
b. このキャンペーンで，購買行動はどう変わるか．
c. bの答えは，無差別曲線の形状にどの程度依存しているか．

解答：
a. 予算制約線を描くには，キャンペーン前とキャンペーン中に購入可能なピザとそれ以外の財の組み合わせを見つけなければならない．まずは，X軸とY軸の切片を見つける．

キャンペーン前は，所得をすべてピザにまわすとすれば，1日4枚のピザを買うことができる（40/10ドル）．これがX軸の切片である（図A）．同様に，ピザを一切買わず，全額を他の財にまわすとすれば，40単位買えることになる（40/1ドル）．これがY軸の切片である．予算制約線は，図Aに示すように，これらの2点を結んだ直線であり，傾きは $-40/4 = -10$ になる．この傾きは，追加でピザを1枚手に入れる場合，手放さなければならない他の財の量である．これは以下に等しい． $-P_X/P_Y = -10$ ドル$/1$ ドル $= -10$

キャンペーンが始まっても，ピザを買わなければ，他の財は40単位買える．キャンペーンの影響が出るのは，ピザを買う場合だけである．これは，キャンペーンがあってもY軸の切片は変わらないことを意味している．ここで，ピザを1枚買うとしよう．この場合，ピザに10ドル支払わなければならず，残りの30ドルで他の財を買うことになる．このバンドルが，図の点Aである．2枚目のピザを買うつもりなら，5ドル払うだけでいい．あわせて2枚のピザに15ドル支払うと，他の財にまわせるのは25ドルである（40−15ドル）．これがバンドルBである．3枚目，4枚目のピザも同じく5ドルである．3枚ピ

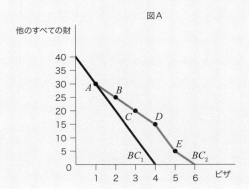

図A

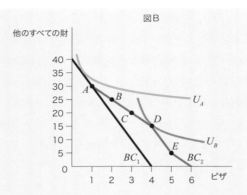

図B

ザを買うと，他の財にまわせるのは20ドル，4枚なら15ドルになる．これが点Cと点Dである．

キャンペーンでは，2枚目以降の3枚が5ドルなので，5枚目は定価の10ドルになる．つまり，ピザを5枚買うつもりなら，他の財に回せるのは5ドルしかない．これが点Eである．ここでもう一度，ピザを定価で買っているので，6枚目以降の3枚は5ドルで買えることができる．

だが，残念ながら，あと1枚5ドルで買えるだけの予算しかない．結局，予算をすべてピザにまわすとすれば，4枚ではなく6枚買えることになる．

キャンペーンによってX軸の切片は6まで外側に動き，キャンペーンによる購買力の向上を背景に，予算制約線は折れ曲がりながら外側にシフトした（何枚ピザを買うかで相対価格が変化するので，変則的な動きになる）．

b. キャンペーンによって，ピザの消費量は増えるとみられる．新たな予算制約線の大半は，当初の予算制約線の右側に位置し，購入可能なバンドルの数は増える．より多いことはいいことなので，最適消費バンドルのピザの数量は以前より多くなるとみられる．

c. 無差別曲線の傾きがきわめて緩やかなら，ピザよりも他の財を強く選好していることになる．たとえば，図Bの無差別曲線U_Aを見てほしい．U_Aの傾きは，（絶対値で）比較的小さい．これは，ピザと他の

第4章 消費者行動　**243**

財の限界代替率が小さいことを意味する．このような無差別曲線の消費者は，ピザをさらに得るために他の財を手放す気がほとんどなく，最適消費バンドルは，新たな予算制約線と当初の予算制約線が重なる部分に存在する．キャンペーンによって，消費行動が変わることはない．横ばいの無差別曲線が示すように，ピザの優先順位は高くないのだ．

　　これに対して，U_Bのように無差別曲線の傾きがきついなら，限界代替率は比較的大きく，他の財を大量にあきらめてもピザを消費する意欲があることを示している．このキャンペーンで，ピザを買う量が増えるのは確実だ．

消費者問題の代替的な解法——支出の最小化

　これまで，消費者がどのバンドルを選択するかは，所得を上回る支出はできないという制約を踏まえたうえで，効用を最大化するように決まる，という解法についてみてきた．すでに述べたとおり，これは制約付き最大化問題の一例である．

　この解法はごく自然で直観的なものだが，制約付き最大化問題は，予算制約線と効用最大化関数の役割を逆転させることで解くこともできる．つまり，消費者がどのバンドルを選択するかを「制約付き最小化」問題としてみることができる．消費者は，（予算制約によって）支出を最小に抑えたいが，この支出で与えられた効用水準を達成しなくてはならない．図で説明すると，効用最大化は，予算制約線に接する最も高い無差別曲線を見つけることであるのに対し，支出最小化は，所与の無差別曲線に接する予算制約線の中で最も低いものを見つけることだといえる．

　経済学では，この支出最小化を，効用最大化問題に対する「双対」（dual）アプローチという．両者は，数学の鏡像の一種である．

　図4.23は，これら2通りのアプローチを図示したものである．パネルaは，標準的な効用最大化アプローチの一例である．消費者の所得は一定で，

予算制約線がBC^*で示され，効用水準はさまざまで，3通りの無差別曲線で示されている．予算制約線と無差別曲線U^*の接点Aは，購入可能で効用を最大化するバンドルである．

　パネルbは，同じ問題を支出最小化アプローチで解いたものである．このケースでは，まず消費者が達成したい効用水準U^*を出発点とする．これはパネルaの効用水準と同じである．次に，さまざまな所得（同じことだが支出）水準で，U^*を達成するのに必要な所得または支出の最小額を探す．それぞれの支出水準は，異なる予算線と結びついている．これらの予算線は，先にみた予算制約線に似ている．2財の相対価格によって傾きが決まる直線である．予算制約線ではなく予算線と呼ぶのは，制約の要因が無差別曲線U^*だからである．

　パネルbでは，3つの予算線を描いた．原点から遠い予算線ほど，所得水準が高いことがわかっている．消費者は最小の所得/支出で，選択した効用水準を達成したいので，U^*に接し，原点に最も近い予算線を見つけなければならない．第1のアプローチと同様に，無差別曲線と予算線との接点を見つければいい．パネルbをみてわかるとおり，その接点とは，パネルaの効用最大化問題と同じバンドルAである．

　2つのパネルの最適解が同じなのは偶然ではない．効用最大化と支出最小化は，同じ問題の2通りの解法なのである．予算制約線を固定し，それに接する最も高い無差別曲線を見つけるのか（効用最大化），無差別曲線を固定し，それに接する最も低い予算線を見つけるのか（支出最小化）の違いである．2つのパネルの最適解が同じバンドルになるのは，パネルbの支出最小化で達成される効用水準を設定するにあたって，パネルaの効用最大化問題と同じ水準を選んでいるからだ．別の効用水準を選んで分析すると，最小支出の予算線はBC^*ではなく，最適な消費バンドルもAにはならない．

4.5 結論

この章では，何をどのくらい消費するかに関する消費者の意思決定をみて

図4.23 効用最大化 対 支出最小化

(a) 効用最大化

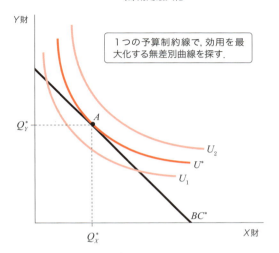

(a) 効用最大化のアプローチでは, 消費者は予算制約線内で効用水準が最大となるバンドルを選択する. それは, 無差別曲線 U^* と予算制約線 BC^* の接点 (バンドル A) である.

(b) 支出最小化

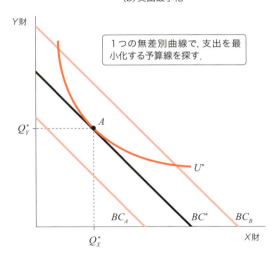

(b) 支出最小化のアプローチでは, 消費者は所与の効用水準 U^* の無差別曲線から出発し, U^* に接する予算線 BC^* を選択する. パネル a と同様に, 消費者はバンドル A を選択し, 消費量は Q_X^* と Q_Y^* になる.

きた．この決定は，選好と所得という消費者に関する2つの指標と，財の価格という市場に関する指標を結びつける．このうち選好は効用関数で表される．

消費者が効用を最大化するのは，2財の限界代替率が2財の価格比に等しい財のバンドルを選択するときである．このバンドルでは，財の効用の比が相対価格の比に等しい．同じことだが，支出1ドルあたりの限界効用は等しい．これがあてはまらないとすれば，消費者は限界効用が高い財の消費を増やし，低い財の消費を減らすことで効用を高めることができる．

消費者が何をどのくらい消費するかを考える方法は，ほかにもある．消費者が予算制約のなかで効用を最大化すると考えるのではなく，所与の効用水準に達するために必要な支出を最小化すると考えるのだ．これを支出最小化アプローチと呼ぶ．なぜ，これが最適消費行動の同じルールにたどりつくのかもみた．財の限界代替率 (MRS) は，それらの価格の比に等しくなければならないのである．

まとめ

1. **効用**とは，消費者の幸福度や満足度を表す経済学の概念であり，**効用関数**とは，財の消費量（投入物）と消費者の効用水準（生産物）を結びつけるツールである．ほぼすべての効用関数には共通する特性がある．消費バンドルの完備性，序列性，推移性，少ないより多いほうがいい，ある財を持てば持つほど，その財をさらに得るために他の財をあきらめる気はなくなる，などだ．[4.1節]

2. 消費者の選好は**無差別曲線**に表れる．無差別曲線には，1人の消費者が同じ効用を得る財の組み合わせが網羅されている．効用関数の特性から，無差別曲線の形状には決まった型がある．具体的には，無差別曲線は右下がりになる．1人の消費者の無差別曲線が交差することはない．原点に対して凸になる．[4.2節]

3. 無差別曲線の傾きをマイナスにしたものが，**X財のY財に対する限界代替率**である（MRS_{XY}）．限界代替率とは，効用関数における2財の限界

効用の比である. [4.2節]

4. 消費者選好によって，無差別曲線の傾きと湾曲度が変わる．消費者が2つの財を**完全代替財**とみなせば無差別曲線は直線になり，**完全補完財**とみなせば無差別曲線は直角になる. [4.2節]

5. 消費者が各財にどれだけ費やすかは，効用だけでなく，消費者の所得，財の価格に依存する．消費決定における所得の役割を分析するにあたり，以下の想定をおいている．各財には定価があり，消費者に十分な所得があるなら，定価でその財を好きなだけ購入することができる．消費者は所得の一定額を支出し，貯金したり，借金したりすることはできない.

   予算制約線は，消費者の所得と財の相対価格の両方を捉えている．予算制約線は，どの消費バンドルが**購入可能**か（消費者の所得で賄えるか），どのバンドルが**購入不可能**かを示している．予算制約線の傾きは，2財の価格比をマイナスにしたものである $(-P_X/P_Y)$. [4.3節]

6. 消費者の決定は，予算制約のなかでいかに効用を最大化するか，という制約付き最適化問題である．一般に効用最大化は，無差別曲線と予算制約線の接点にある財バンドルを消費することで実現する．この最適点で，消費者の限界代替率——財の限界効用の比率は，財の相対価格の比率に等しくなる.

   ある財の最適消費量が0である**コーナー解（端点解）**は，消費者にとって，その財の相対価格に比べて限界効用がきわめて低く，その財をまったく消費しないほうが，効用が高まるときに起こる．こうしたケースでは，消費者は効用最大化バンドルにあっても，限界代替率は価格の比率と等しくならない. [4.4節]

7. 消費者が何をどれだけ消費するかの問題は，支出最小化の問題だと捉え直すことができる．つまり，消費者が予算制約を踏まえて効用を最大化しようとする，と捉えるのではなく，所与の効用水準を達成するのに必要な支出を最小化しようとする，と捉えるのである．2つの問題の最適な選択は，同じルールにたどりつく．2財の限界代替率はそれらの価格の比率に等しいはずである. [4.4節]

248 第2部 消費と生産

復習問題
（解答は以下のサイトで入手できる．https://store.toyokeizai.net/books/9784492314951）

1. 消費者の選好について4つの想定をおいた．すわなち，完備性と序列性，多いほどいい，推移性，消費者は多様性を求める，である．それぞれの想定について簡潔に説明せよ．

2. 「効用」とは何か．効用は効用関数とどう関係しているか．

3. 「無差別曲線」を定義せよ．消費者について，無差別曲線からどんなことがわかるか．

4. 無差別曲線の傾きは，XとYの限界代替率と呼ぶことを学んだ．2つの財に関する消費者の選好について，限界代替率から何がわかるか．

5. 無差別曲線の傾きが曲線上で異なるのはなぜか．傾きのばらつきから，消費者の選好についてどんなことがいえるか．

6. 傾きのきつい無差別曲線は，消費者の選好について，どんなことを示しているか．傾きの緩やかな無差別曲線はどんなことを示しているか．

7. 2つの財が完全代替になるのはいつか．無差別曲線はどんな形状か．無差別曲線の湾曲度合いはどうか．

8. 2つの財が完全補完になるのはいつか．無差別曲線はどんな形状か．

9. 財をどれだけ買うか，効用以外の決定要因を挙げよ．

10. 所得を消費行動モデルに取り入れる際の3つの仮定について説明せよ．

11. 予算制約線とは何か．

12. 予算制約線の傾きを決めるのは何か．予算制約線の傾きを変えるのは，どんな状況か．

13. 消費者の無差別曲線と予算制約線の接点のバンドルを何と呼ぶか．

14. この接点で，財の限界効用の比率と財の価格の比率について，どんなことがいえるか．

15. 効用最大化と支出最小化のアプローチの違いを述べよ．

演習問題
（＊をつけた演習問題の解答は，以下のサイトで入手できる．https://store.toyokeizai.net/books/9784492314951）

1. 以下の例は，消費者選好に関する想定のうち，どの想定に反しているか．

a. ランディは，アメフトよりバスケットが好きで，野球よりアメフトが好きで，バスケットより野球が好きである．

b. ポーラは，オレンジ・ジュースよりプルーン・ジュースが好きだが，グレープフルーツ・ジュースについては決めかねている．

c. サイモンは，ヒーローものの漫画が好きだ．10冊の漫画よりも5冊の漫画のほうがいい．

2. 個人の選好について，BよりAが好きで，CよりBが好きなら，CよりAが好きなはずである，という推移性の想定がある．マーシャ，ジャン，シンディの，オレンジ，リンゴ，洋ナシという3つの財に対する選好にもそれぞれ推移性がある．3人が3種類のうちどれかを「今月の果物」として投票で決めるとすると，全体として選好が推移性を満たさない可能性があることを示せ．

3. アービトラージ市では，オレンジ1個はリンゴ4個と，リンゴ4個はオレンジ1個と交換できる．アービトラージ市の市長はオレンジが大の好物で，店でオレンジ100個とリンゴ1個を買うことにした．市長はレジのカウンターにオレンジを積み上げて，係にこう言った．「私はこのオレンジが気に入っているんだ．私からオレンジ1個を取り上げたいなら，リンゴ3個をくれないといけない．」

a. 賢明な起業家である係は，すぐにカウンター下からリンゴ3個を取り出し，市長に手渡した．それは，なぜか．

b. 市長が効用を最大化していることを踏まえると，1個のオレンジと引き換えに何個のリンゴが必要だと市長は言うべきだったか．市長の選好と価格の関連について，どんな等式が書けるか．

c. 市長が自分の好みを主張したとすれば，係はどうすれば市長の名前に傷をつけずに，オレンジを全部巻き上げることができるか．

*4. 以下のそれぞれの財の組み合わせについて，第1の財の数量をX軸に，第2の財の数量をY軸にして，2通りの無差別曲線を描け．

a. ポールは，鉛筆とペンが好きだ．

b. ロンダは，ニンジンが好きだが，ブロッコリーは嫌いだ．

c. エミリは，ヒップホップが好きで，iTunesでダウンロードするが，ヘビーメタルには興味がない．

d. マイケルは，ワイシャツ1枚にカフスボタン2個がそろっていないと気が済まない．

*5. ジョンにとって，リンゴ4個，桃1個から成るバンドルAと，リンゴ1個，桃4個から成るバンドルBは効用に差がない．ジョンが，バンドルAと，リンゴ

250 第2部 消費と生産

2個，桃3個から成るバンドルCのどちらかを選ばなければならないとき，どちらを選ぶか．（ヒント：1つ，あるいは2つの無差別曲線を描いてみよう）.

6. 下の表は，3人の消費者（エイブ，バーバラ，チャック）について，X財の消費量とその効用$U(X)$を，他が一定としてまとめたものである．

エイブ		バーバラ		チャック	
$U(X)$	X	$U(X)$	X	$U(X)$	X
10	2	10	2	10	2
14	3	10	3	12	3
16	4	10	4	15	4
17	5	9	5	19	5
17.5	6	8	6	24	6

a. 3人の消費者それぞれについて，X財の消費量に応じた限界効用を計算せよ．

b. 表のデータから，3人のうちの誰かが，選好に関する標準的な想定に反していると言えるだろうか．

c. 3人の選好はまったく同じだが，効用を測る単位が恣意的なため効用がばらついているだけ，という可能性はあるだろうか．説明せよ．

*7. 消費者の効用関数が$U=XY$で与えられており，$MU_X=Y$，$MU_Y=X$である．

a. 1単位のXと2単位のYから得られる効用はいくらか．2単位のXと1単位のYから得られる効用はいくらか．

b. 消費者は以下のバンドルを，どのように順位づけするか．

バンドル	Xの数量	Yの数量
A	2	2
B	10	0
C	1	5
D	3	2
E	2	3

c. $U=6$と$U=8$のとき，XとYの無差別曲線をグラフで示せ．XとYは，「多いほどいい」という想定を満足させているか．

d. 以下のバンドルのMU_X，MU_Yを求めよ．

バンドル	Xの数量	Yの数量
F	1	2
G	2	2
H	1	3

e. Xが増えると，MU_Xは減るか，横ばいか，増えるか．（ヒント：他の変数は不変とすること．）

8. ケリーの効用関数は$U=5X+2Y$で与えられており，$MU_X=5$，$MU_Y=2$である．
   a. 限界代替率（MRS_{XY}）はいくらか．
   b. $X=1$，$Y=5$のとき，MRS_{XY}はいくらか．$X=2$，$Y=2.5$ではどうか．
   c. サンプルの無差別曲線を描け．

9. アンドレアは，ブリート〔メキシコ料理のトルティーヤの一種〕に辛いソースをかけて食べるのが好きだ．辛いソース（H）を3回かけなければ，ブリート（B）を楽しめないが，4回以上かけられてうれしいわけでもない．したがって，アンドレアの効用関数は，$U=\min\left|B,\dfrac{1}{3}H\right|$になる．$U=1$と$U=2$について，アンドレアの無差別曲線を描け．

10. ハリーにとってカブスのチケットは「グッズ」で，ホワイトソックスのチケットは「バッズ」である．ハリーの無差別曲線を描け．

11. ジョシーは音楽も花火も好きだ．ジョシーの週給は240ドルである．音楽CDは1枚12ドル．花火は1箱8ドルである．
    a. 音楽CDをY軸に，花火をX軸に，ジョシーの予算制約線を描け．
    b. ジョシーが給料を全額，音楽につぎ込むとすれば，CDが何枚買えるか．それを示す点をグラフに書き込め．
    c. ジョシーが給料を全額，花火につぎ込むとすれば，何箱買えるか．それを示す点を書き込め．
    d. ジョシーが給料の半分を音楽に，残りの半分を花火にあてるとすれば，CDを何枚，花火は何箱買えるか．それを示す点を書き込め．
    e. 点をつなげてジョシーの予算制約線を描け．予算制約線の傾きはどうなるか．
    f. 花火1箱の価格をCD1枚の価格で割ったら，いくらになるか．その数字に見覚えはないだろうか．あるとすれば，どこで見たのか．
    g. ボーナスが出て給料が360ドルに増えたとする．新たな予算制約線を描け．
    h. 新たな予算制約を前提にすると，CDは何枚，花火は何箱買えるだろうか．実現可能なバンドルを示せ．

12. 世界でアイスクリームを販売できるのは1人しかいないものとする．この人は奇妙な価格戦略をとっている．アイスクリームのコーン1個は1ドルで買える．だが，2個ほしければ，1個あたり2ドル，3個ほしければ，1個あた

り3ドル支払わなくてはならない．10個ほしければ，1個あたり10ドル支払うことになる．手元には100ドルあり，これでアイスクリームとチョコレート・ミルクを買う．チョコレート・ミルクは1杯1ドルだ．予算制約線を描け．買えば買うほどコストが上がる，このアイスクリームの価格戦略は，数量サーチャージと呼ばれる．

13. マシューはアパートの改造をしている．椅子とソファから得られる効用を下の表に示した．それぞれの数値は，椅子とソファの組み合わせからどれだけ効用が得られるか（単位はユーティル）を示したものだ．

	椅子1脚	椅子2脚	椅子3脚	椅子4脚
ソファ1個	5	6	8	20
ソファ2個	6	7	10	21
ソファ3個	9	12	16	30

a. マシューが椅子2脚，ソファ2個を持っているとき，追加で購入する椅子1脚の限界効用はいくらになるか．

b. マシューが椅子2脚，ソファ2個を持っているとき，追加で購入するソファ1個の限界効用はいくらになるか．

c. ソファと椅子が同じ価格で，すでに椅子2脚，ソファ2個を持っているが，もう1つ家具を増やしたいとすれば，椅子にするか，ソファにするか．理由も述べよ．

14. X財は4ドル，Y財は2ドルで売られている．現在の消費水準で，XとYの限界代替率は4である．

a. 効用を最大化しているか．

b. 最大化していないとすれば，買いすぎているのはXなのかYなのか．理由も述べよ．

*15. ミッツィにとって，シャンプーとコンディショナーは完全補完の関係にある．髪を洗うときはいつも，シャンプー1押し，コンディショナー1押し分使う．

a. シャンプーとコンディショナーを使うことの効用を示した無差別曲線を描け．

b. シャンプーは4ドル，コンディショナーは2ドルだとする．ミッツィの予算制約線を描き，購買パターンを説明せよ．ミッツィの最適バンドルはどんな形状になるか．（ヒント：ミッツィの所得について任意の水準を想定せよ．）

c. シャンプーが2ドル，コンディショナーが4ドルになったとする．ミッ

ツィの最適バンドルはどう変化するか．理由も述べよ．

d. 髪を洗うときは毎回，シャンプーを2押し，コンディショナーを1押し分使うとすれば，cの答えはどうなるか．

16. 本とコーヒーの2つの財しかないとする．ウォリーは，本とコーヒーの両方から効用を得ているが，2つの財の無差別曲線は原点に凸ではなく，凹の形をしている．

a. ウォリーの無差別曲線を描け．

b. これらの特殊な無差別曲線から，ウォリーの本とコーヒーの限界代替率について，どんなことがいえるか．

c. ウォリーの効用最大化のバンドルは，どのような形状になるか．（ヒント：ウォリーの所得水準と，本とコーヒーの価格を想定し，予算制約線を描くといい．）

d. bの答えと現実の世界の行動を比較せよ．比較の結果から，経済学がなぜ選好に凸の性格を想定しているかがわかるだろうか．

*17. アンソニーは，所得を釣りのルアー（L）とギターのピック（G）に使う．ルアーは2ドルで，ギターのピック1箱は1ドルだ．アンソニーの所得は30ドルである．効用関数は $U(L, G) = L^{0.5}G^{0.5}$ で表される．この効用関数で，$MU_L = 0.5L^{-0.5}G^{0.5}$，$MU_G = 0.5L^{0.5}G^{-0.5}$ である．

a. アンソニーにとって，購入するのに最適なルアーとギター・ピックの数はいくらか．その組み合わせはどれだけの効用をもたらすか．

b. ギターのピックが1箱2ドルに値上がりしたとすると，同じ水準の効用を維持するために，所得がいくら増える必要があるか．

*18. オンラインの映画レンタル・サービス会社が提供するDVD郵送サービスを考えてみよう．このサービスには，2つの料金プランがある．第1のプランは，月額10ドルの固定料金で，DVDを何枚でも借りることができる．第2のプランは，好きなDVDを1枚2ドルで借りることができる．ある消費者の所得が20ドルで，これをDVDレンタルと1単位1ドルの「その他の財」に使うものとする．

a. DVDレンタルをX軸に，消費者の無差別曲線を描け．

b. 第2の料金プランの予算制約線を描け．X軸とY軸の切片を明確にすること．消費者の最適なレンタル量を見極め，点Aとせよ．

c. 第1の定額料金プランの予算制約線を描け．X軸とY軸の切片を明確にすること．消費者の最適なレンタル量を見極め，点Bとせよ．

d. DVDをより多く借りられるのはどちらのプランか．

e. DVDとその他の財の限界代替率が低いのは，どちらのプランか．

f. 史上最悪の映画と言われる『ゴールド・パピヨン』を借りることになる可能性が高いのは，どちらのプランか．

19. 病院の診察料が20ドル，一般的な消費者の所得は100ドルだとする．消費者は所得をすべて，病院での診察と，1単位1ドルの「その他の財」にあてる．

a. 診察をX軸にして，消費者の予算制約線を描け．X軸とY軸の切片を明確にすること．

いま，ある地方自治体が，2通りの医療制度を検討している．A案では，自治体が2回分の無料診察券を交付する．B案では，診療費の50%を補填するクーポンを4枚交付する．

b. A案での新たな予算制約線を描け．

c. B案での新たな予算制約線を描け．

d. A案とB案の選択がさほど重要でないのは，健康な人だろうか，それとも病気の人だろうか．(ヒント：予算制約線に無差別曲線を重ねるといい．)

e. 健康な人が選択を迫られた場合，どちらの案を選択する可能性が高いだろうか．

20. エレーンは花をもらうと幸せな気分になる．デイジーと水仙がお気に入りだ．デイジーと水仙の相対的な選好は，下の図の効用曲線で示されている．それぞれの無差別曲線の下の数字は，曲線上のデイジーと水仙のさまざまな組み合わせからエレーンが得る効用である．ボーイフレンドのジェリーは，できるだけ費用をかけずに，エレーンに200単位の効用を与えたいと考えている．

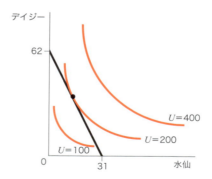

a. デイジーが3ドル，水仙が6ドルで売られているとすると，ジェリーは最小でいくらを支出しなければならないか．

b. ジェリーが花屋の閉店時間に間に合わず，カードで払うつもりだった花代

（aの答え）に相当する現金を無理やりエレーンに手渡した．エレーンがそのお金で花を買うとすれば，どれだけの効用を得るだろうか．

256 第2部 消費と生産

第4章 補論

効用最大化および支出最小化の微分

　ここまで読んできた読者は気づいたと思うが，ミクロ経済学の理論と応用事例を説明するにあたって，いくつか異なる方法を取ってきた．1つは主として直観に訴えるもので，具体的な事例を紹介しながら，経済学の概念を説明し，モデルの論理やその意味を論じる方法である．このように直観で経済を分析する手法は，アダム・スミスと見えざる手に遡る．第2はグラフを使う方法である．「需要と供給」といえば，市場を表す単純だが雄弁なグラフがたちまちできあがる．最後が簡単な数式モデルを使う方法であり，第2章の需要曲線と供給曲線や第4章の消費者の予算制約を表す数式がそれにあたる．これらの方法はそれぞれ，経済学の概念を理解するのに異なる窓を提供してくれる．

　微分がわかる読者には，ミクロ経済学を理解する方法がもう1つある．微分は経済学と相性がよく，経済モデルのほとんどは正式には微分を使って構築されている．だが，とくに経済学者にあてはまることだが，数学に気を取られすぎるあまり，そもそもの経済学的な考え方が疎かになってしまう人がいる．読者にはそうした罠に陥ってほしくない．そのため本論では直観に訴える方法をとり，その補完として，微分を使う手法は補論に収めることにした．補論の微分は，第4章本文で論じた経済的決定や相互作用を検証するための追加的な手段にもなる．モデルの論理や本論で述べた直観的な真実は，この微分にも盛り込まれている．ただ形式が違うだけである．

　そのため，この補論の微分を，ミクロ経済学の説明として本論で使った論理やグラフ，代数に取って代わるものだとは考えないでもらいたい．あくまで，補完的な手段だと考えてほしい．ミクロ経済学の学習が深まるにつれて，異なる方法はどれも有用であり，状況に応じて使い分ければいいとわか

第4章補論：効用最大化および支出最小化の微分　　**257**

るだろう．

消費者の最適化問題

　微分によって新たな知見が得られるトピックの1つが，消費者行動である．まずは，本論でグラフから答えを導いた消費者問題を思い出し，そのうえで微分を使って解く方法をみていこう．消費者の効用$U(X, Y)$が最大化するのは以下のときである．

$$MRS_{XY} = \frac{MU_X}{MU_Y} = \frac{P_X}{P_Y}$$

　気づいたかもしれないが，消費者の最適化問題を解くのに，本論では財X，財Yの限界効用を所与としており，実際にそれらを解いたわけではなかった．限界効用を解くには，これまで使ってきた代数や幾何以上のテクニックが必要だからだ．微分を使えば，消費者の効用関数から直接，限界効用を導出することができる．そして限界効用の値を求めたら，限界代替率を計算することができる．微分を使うと，消費者最適化問題のもう1つの解法「ラグランジュ未定乗数法」が手に入る．これは，効用最大化についての深い洞察力の手助けとなる．

限界代替率と限界効用

　本論では，消費者が1本の無差別曲線上をわずかに移動するとき各財の効用がどう変化するかを考えることで，限界代替率と限界効用の関係を発展させた．ここでは逆に，効用を出発点にして，微分を使って限界代替率を求める方法をみていこう．そうすることで，消費バンドルをわずかに変化させたときに何が起きるかを検証する．

　財X，財Yの効用がUである消費者を考えよう（$U(X, Y)$）．この消費者の任意の無差別曲線は，一定の効用水準を維持するための財Xと財Yの交換比率を示している．任意の無差別曲線を選択し，効用の水準を$\bar{U}$とする．

$$U(X, Y) = \bar{U}$$

258 第2部 消費と生産

　知りたいのは，財Xと財Yの数量を変えたときの各財の効用の変化である．そこで，効用関数を全微分するが，効用水準を一定としているため，効用の総変化dUを0とおく．

$$dU = \frac{\partial U\,(X,\,Y)}{\partial X}dX + \frac{\partial U\,(X,\,Y)}{\partial Y}dY = 0$$

$$\frac{\partial U\,(X,\,Y)}{\partial X}dX = -\frac{\partial U\,(X,\,Y)}{\partial Y}dY$$

$$MU_X dX = -MU_Y dY$$

$$\frac{MU_X}{MU_Y} = -\frac{dY}{dX}$$

　等式の右辺の$-dY/dX$は，無差別曲線の傾きをマイナスにしたものであり，限界代替率である．したがって，

$$MRS_{XY} = \frac{MU_X}{MU_Y}$$

効用最大化

　限界効用の比率はパズルのピースの1つであり——選好を表しているにすぎない．消費者の効用最大化点を求めるには，消費者の選好を財の価格や消費者の所得と関連づける必要がある．まず，効用関数が標準的なコブ=ダグラス関数，$U(X,\,Y) = X^\alpha Y^{1-\alpha}$ $(0 < \alpha < 1)$，所得が$I = P_X X + P_Y Y$で表される消費者をみてみよう．この消費者の効用最大化問題は以下のように書くことができる．

$$\max_{X,\,Y} U(X,\,Y) = X^\alpha Y^{1-\alpha} \qquad \text{s.t.} \quad I = P_X X + P_Y Y$$

　これは制約付き最適化問題と呼ばれる．$U(X,\,Y)$ が目的関数であり，$I = P_X X + P_Y Y$が制約式である〔この式のs.t.は，"subject to"の略で，「条件のもとで」の意である〕．言い換えれば，消費者がどれだけ効用を得るかは，所得をどれだけ使うかによって制約される．第4章本文では，同じ制約付き最適化問題をグラフで解いたが，その際，予算制約線上で無差別曲線の最も

第4章補論：効用最大化および支出最小化の微分　　**259**

高い点を求めた．

　これが制約なしの最適化問題であれば，変数の最適な組み合わせを見つけるのはいたって簡単だ．目的関数の各変数について偏微分をとり，0に等しいとおいて，変数を解けばいい．だが，予算制約があるがために最適化問題の解は複雑になる（ただ，制約がなければ，消費者は各財を無限に消費することができるので，効用最大化の答えは無限になる）．

　微分を使って消費者の効用最大化問題を解くには，2つの方法がある．1つは，すでに本論で論証した事実，すなわち最適な水準では2財の限界代替率が2財の価格比と等しくなるという事実による方法だ．まず，各財について偏微分をとり，限界効用を導出する．

$$MU_X = \frac{\partial U(X, Y)}{\partial X} = \frac{\partial (X^\alpha Y^{1-\alpha})}{\partial X} = \alpha X^{\alpha-1} Y^{1-\alpha}$$

$$MU_Y = \frac{\partial U(X, Y)}{\partial Y} = \frac{\partial (X^\alpha Y^{1-\alpha})}{\partial Y} = (1-\alpha) X^\alpha Y^{-\alpha}$$

　次に，限界効用と限界代替率の関係を使ってMRS_{XY}を求め，式を簡略化する．

$$MRS_{XY} = \frac{MU_X}{MU_Y} = \frac{\alpha X^{\alpha-1} Y^{1-\alpha}}{(1-\alpha) X^\alpha Y^{-\alpha}} = \frac{\alpha}{(1-\alpha)} \frac{Y}{X}$$

MRS_{XY}が価格比に等しいとおいて，Xの関数としてYを求める．

$$\frac{\alpha}{(1-\alpha)} \frac{Y}{X} = \frac{P_X}{P_Y}$$

$$Y = \frac{(1-\alpha) P_X}{\alpha P_Y} X \qquad ここで，\frac{(1-\alpha) P_X}{\alpha P_Y}は一定．$$

これでXとYの最適な関係がわかったので，Yの式を予算制約式に代入して最適な消費バンドルを解けばいい．

$$I = P_X X + P_Y \left[\frac{(1-\alpha) P_X}{\alpha P_Y} X \right]$$

$$I = P_X X \left[1 + \frac{(1-\alpha)}{\alpha} \right] = P_X X \left[\frac{\alpha}{\alpha} + \frac{(1-\alpha)}{\alpha} \right] = \frac{P_X}{\alpha} X$$

$$X^* = \frac{\alpha I}{P_X}$$

$$Y^* = \frac{(1-\alpha)\,P_X}{\alpha P_Y}\left(\frac{\alpha I}{P_X}\right) = \frac{(1-\alpha)\,I}{P_Y}$$

答えの最適消費バンドル $\left(\dfrac{\alpha I}{P_X},\ \dfrac{(1-\alpha)\,I}{P_Y}\right)$ は，消費者問題に関連する3つの要素すべて，すなわち消費者の相対的な選好 $(\alpha,\ 1-\alpha)$，消費者の所得 I，各財の価格 $(P_X,\ P_Y)$ に依存していることがわかるはずだ．

ラグランジュ式を使った効用最大化

　最適な消費バンドルを見つける第1の方法は，本論で使ったのとまったく同じである．唯一の違いは，微分を使って限界効用を導出し，そのうえで限界代替率を求めている点である．第2の方法として，いわゆるラグランジュ乗数 λ を紹介する．ラグランジュ未定乗数法は，目的関数と制約式を1つの等式に取り入れることで，制約付き最適化問題を制約なしの最適化問題に変える手法である．λ は，制約式にかける乗数である．

　たとえば，目的関数が $f(x, y)$，制約式が $g(x, y) = 0$ とすると，ラグランジュ式は以下のようになる．

$$\mathcal{L}(x, y, \lambda) = f(x, y) + \lambda\,[g(x, y)]$$

次に，等式の x, y, λ それぞれを偏微分することで最大化し，それぞれを0と等しいとおく．この形の偏導関数は，1階条件（FOC）と呼ばれる．

$$\frac{\partial \mathcal{L}}{\partial x} = \frac{\partial f(x, y)}{\partial x} - \lambda\,\frac{\partial g(x, y)}{\partial x} = 0$$

$$\frac{\partial \mathcal{L}}{\partial y} = \frac{\partial f(x, y)}{\partial y} - \lambda\,\frac{\partial g(x, y)}{\partial y} = 0$$

$$\frac{\partial \mathcal{L}}{\partial \lambda} = g(x, y) = 0$$

　等式が3つ，未知数が3つなので，これらの連立方程式は解くことができる．3番目の1階条件は，単純な制約式である点に留意してもらいたい．

第4章補論：効用最大化および支出最小化の微分　　**261**

　ラグランジュの未定乗数法が消費者の効用最大化問題にどう応用できるのかみてみよう.

$$\max_{X,\,Y} U\,(X,\,Y) = X^\alpha Y^{1-\alpha} \qquad \text{s.t.} \quad I - (P_X X + P_Y Y) = 0$$

（予算制約式を0と等しくなるように記述している点に留意してほしい．ラグランジュ式を用いるうえで重要である）．この等式は，以下のようにラグランジュ式で書き直すことができる.

$$\max_{X,\,Y,\,\lambda} \mathcal{L}\,(X,\,Y,\,\lambda) = X^\alpha Y^{1-\alpha} + \lambda\,(I - P_X X - P_Y Y)$$

1階条件（FOC）をみてみよう.

$$\frac{\partial \mathcal{L}}{\partial X} = \alpha X^{\alpha-1} Y^{1-\alpha} - \lambda P_X = 0$$

$$\frac{\partial \mathcal{L}}{\partial Y} = (1-\alpha)\,X^\alpha Y^{-\alpha} - \lambda P_Y = 0$$

$$\frac{\partial \mathcal{L}}{\partial \lambda} = I - P_X X - P_Y Y = 0$$

　これらの3つの1階条件に含まれている情報は，すでにみたのと同じで，財Xおよび財Yの限界効用，財Xおよび財Yの価格，消費者の所得である.

　ラグランジュ乗数λは，最初の2つの1階条件にあるので，これらの等式をλについて解く.

$$\lambda = \frac{\alpha X^{\alpha-1} Y^{1-\alpha}}{P_X} = \frac{(1-\alpha)\,X^\alpha\,Y^{-\alpha}}{P_Y}$$

　このラグランジュ乗数をどう解釈すればいいのだろうか．第1に，これらの値は財Xおよび財Yの限界効用である点に気づいてもらいたい．言い換えれば，最適水準では，$\lambda = \dfrac{MU_X}{P_X} = \dfrac{MU_Y}{P_Y}$になる．したがって$\lambda$は，効用と所得の交換比率であり，所得が1ドル増加するときに購入できる財の増分で効用がλ単位増えることを意味する．ラグランジュ式でみると，所得が1ドル増えれば，最大効用はλ単位だけ増える．λは，所得の限界効用を測っているともいえる．たとえばλが0.5だとすると，所得が1ドル増えれば，効

用は0.5単位増えることになる.

このλは，本論で導出した1ドルの支出あたりの限界効用の観点から最適条件を表現したものだと言える. これを変形して，本文のグラフで示したのとまったく同じこと，つまり限界代替率は価格比に等しいという式が得られる.

$$\frac{MU_X}{MU_Y} = MRS_{XY} = \frac{P_X}{P_Y}$$

次に，第1の方法と同様に，最初の2つの条件が等価である事実を使ってXの関数としてYを求めることによって，最適消費バンドル (X^*, Y^*) を解くことができる.

$$\frac{\alpha X^{\alpha-1} Y^{1-\alpha}}{P_X} = \frac{(1-\alpha) X^{\alpha} Y^{-\alpha}}{P_Y}$$

$$\frac{Y^{1-\alpha}}{Y^{-\alpha}} = \frac{(1-\alpha) P_X}{\alpha P_Y} \frac{X^{\alpha}}{X^{\alpha-1}}$$

$$Y = \frac{(1-\alpha) P_X}{\alpha P_Y} X$$

最後の1階条件を使って，求めたYの値を予算制約式に代入する.

$$I - P_X X - P_Y Y = 0$$

$$I = P_X X + P_Y \frac{(1-\alpha) P_X}{\alpha P_Y} X$$

$$I = P_X X \left[1 + \frac{(1-\alpha)}{\alpha} \right]$$

$$I = P_X X \left[\frac{\alpha}{\alpha} + \frac{(1-\alpha)}{\alpha} \right]$$

$$I = \frac{P_X}{\alpha} X$$

$$X^* = \frac{\alpha I}{P_X}$$

$$Y^* = \frac{(1-\alpha) P_X}{\alpha P_Y} \left(\frac{\alpha I}{P_X} \right) = \frac{(1-\alpha) I}{P_Y}$$

第4章補論：効用最大化および支出最小化の微分　　**263**

4A.1 解いてみよう

　4.4の「解いてみよう」をもう一度取り上げよう．アントニオは，ハンバーガー（B）とフライドポテト（F）を消費し，効用関数は以下のとおりである．

$$U(B, F) = \sqrt{BF} = B^{0.5}F^{0.5}$$

　アントニオの所得は20ドル，ハンバーガーの価格は5ドル，フライドポテトの価格は2ドルである．

　アントニオの最適消費バンドルを求めよ．

解答：

　最適消費バンドルを求めるには，消費者の効用最大化問題を解く必要がある．

$$\max_{B, F} U = B^{0.5}F^{0.5} \qquad \text{s.t.} \quad 20 = 5B + 2F$$

　本論では，ハンバーガー（B）とフライドポテト（F）の限界効用から限界代替率（MRS_{BF}）を求める方法を使ってこの問題を解いた．代わりにラグランジュ未定乗数法を使う場合，まずアントニオの制約付き最適化問題を式にして，そのうえで1階条件を解けばいい．

$$\max_{B, F, \lambda} \mathcal{L}(B, F, \lambda) = B^{0.5}F^{0.5} + \lambda(20 - 5B - 2F)$$

　1階条件：

$$\frac{\partial \mathcal{L}}{\partial B} = 0.5B^{-0.5}F^{0.5} - 5\lambda = 0$$

$$\frac{\partial \mathcal{L}}{\partial F} = 0.5B^{0.5}F^{-0.5} - 2\lambda = 0$$

$$\frac{\partial \mathcal{L}}{\partial \lambda} = 20 - 5B - 2F = 0$$

　最初の2つの条件を使ってλを求める．

$$0.5B^{-0.5}F^{0.5} = 5\lambda$$

264 第2部 消費と生産

$$\lambda = 0.1B^{-0.5}F^{0.5}$$
$$0.5B^{0.5}F^{-0.5} = 2\lambda$$
$$\lambda = 0.25B^{0.5}F^{-0.5}$$

λの2つの等式は等しいとおき，Bの関数としてFを求める．

$$\lambda = 0.1B^{-0.5}F^{0.5} = 0.25B^{0.5}F^{-0.5}$$
$$0.1F^{0.5}F^{0.5} = 0.25B^{0.5}B^{0.5}$$
$$F = 10 \times 0.25B = 2.5B$$

つまり最適消費バンドルでは，アントニオはハンバーガー1個につきフライドポテト2.5パックを消費する．$F = 2.5B$を3番目の条件（消費者の予算制約式）に代入して，最適消費バンドル (B^*, F^*) を求めればいい．

$$20 = 5B + 2F$$
$$20 = 5B + 2 \times 2.5B$$
$$20 = 10B$$
$$B^* = 2 個$$
$$F^* = 2.5B = 2.5 \times 2 = 5 パック$$

この補論で示した最初の方法を使って，アントニオの制約付き最適化問題を解いたときは，ここで終わっていた．だが，ラグランジュ未定乗数法を使うと，もう1つの変数，すなわちアントニオが効用を最大化するときの所得の限界効用λを求めることができる．

$$\lambda = 0.1B^{-0.5}F^{0.5} = 0.1 \times 2^{-0.5} \times 5^{0.5} \approx 0.16$$

したがってアントニオの効用は，所得が1ドル増えるごとに0.16単位増加する．

支出最小化

　第4章本文でみたように，所得を所与として最大の効用をもたらす財の組み合わせを見つける効用最大化は，消費者の最適化問題を考える方法の1つにすぎない．もう1つの方法が，効用水準を出発点にして，その効用水準を

第4章補論：効用最大化および支出最小化の微分　　**265**

達成できる最も安価な財の組み合わせを見つける支出最小化である．多くの点で，支出最小化は効用最大化ほど直観的にわかるものではない．実生活では所得は決まっているが，効用水準が契約で決まっているわけではないからだ．だが，最終的には支出最小化も効用最大化と同じ答えにたどり着く．さらに，支出最小化で使うテクニックは，第5章および第7章の補論ですこぶる役に立つ．とりわけ第7章の生産者の費用最小化問題では，この手法を使うほうがはるかに理に適っている．

4A.1の「解いてみよう」のアントニオの効用関数とラグランジュ法を使って，効用最大化と支出最小化が同じであることを検証しよう（最初の方法は，手順の最後で予算制約式の代わりに効用制約式を入れる点を除いて，効用最大化と同じである）．アントニオの支出最小化問題を，効用が$\sqrt{10}$または$10^{0.5}$で一定，すなわち前述の効用最大化問題の最適な消費バンドルの水準と同じだとして書き換えよう．

$$\min_{B,F} I = 5B + 2F \qquad \text{s.t.} \quad 10^{0.5} = B^{0.5}F^{0.5}$$

または

$$\min_{B,F,\lambda} \mathcal{L}(B, F, \lambda) = 5B + 2F + \lambda(10^{0.5} - B^{0.5}F^{0.5})$$

前と同様に，1階条件を求める．

$$\frac{\partial \mathcal{L}}{\partial B} = 5 - \lambda 0.5 B^{-0.5}F^{0.5} = 0$$

$$\frac{\partial \mathcal{L}}{\partial F} = 2 - \lambda 0.5 B^{0.5}F^{-0.5} = 0$$

$$\frac{\partial \mathcal{L}}{\partial \lambda} = 10^{0.5} - B^{0.5}F^{0.5} = 0$$

次に，最初の2つの条件のλを求める．

$$\lambda 0.5 B^{-0.5}F^{0.5} = 5$$
$$\lambda = 10B^{0.5}F^{-0.5}$$
$$\lambda 0.5 B^{0.5}F^{-0.5} = 2$$
$$\lambda = 4B^{-0.5}F^{0.5}$$

2つのλが等しいとおいて，Bの関数としてFを求める．

$$\lambda = 4B^{-0.5}F^{0.5} = 10B^{0.5}F^{-0.5}$$

$$4F^{0.5}F^{0.5} = 10B^{0.5}B^{0.5}$$

$$F = 2.5B$$

今度はBの関数としてのFを効用制約式に代入する．

$$10^{0.5} = B^{0.5}F^{0.5} = B^{0.5}(2.5B)^{0.5} = 2.5^{0.5}B^{0.5}B^{0.5}$$

$$B^* = \left(\frac{10}{2.5}\right)^{0.5} = 4^{0.5} = 2$$

$$F^* = 2.5B^* = 2.5 \times 2 = 5$$

アントニオにとって最適な効用水準である$10^{0.5}$を得るのに必要な最小支出は以下になる．

$$5B^* + 2F^* = 5 \times 2 + 2 \times 5 = 20 \, \text{ドル}$$

答えは同じになるはずなので，支出最小化は費用最小化問題の検証に役立つ．このケースでは，効用最大化問題と同様に，アントニオはハンバーガーを2個，フライドポテト5パックを20ドルで購入するとき，最適な効用水準$10^{0.5}$を得る．

演習問題

1. 以下の効用関数について
   - 各財の限界効用を求めよ．
   - 各財の消費が増加すると，限界効用は低下するだろうか（効用関数で，各財の限界効用は逓減しているだろうか）．
   - 代替限界率（MRS_{XY}）を求めよ．
   - 無差別曲線上でYをXに代替したとき，限界代替率（MRS_{XY}）はどのように変化するだろうか．
   - 効用水準が100に等しい無差別曲線の等式を求めよ．
   - 効用水準が100に等しい無差別曲線をグラフにせよ．
   a. $U(X, Y) = 5X + 2Y$
   b. $U(X, Y) = X^{0.33}Y^{0.67}$
   c. $U(X, Y) = 10X^{0.5} + 5Y$
2. マギーはチャイとベーグルに目がない．マギーの効用関数は$U = CB$で，Cは

第4章補論：効用最大化および支出最小化の微分　　**267**

1日に飲むチャイの杯数，Bは1日に食べるベーグルの個数である．チャイの価格は1杯3ドル，ベーグルの価格は1個1.5ドルである．マギーがチャイとベーグルにかけられる費用は，1日あたり6ドルである．

a. マギーの目的関数は何だろうか．

b. マギーの制約とは何だろうか．

c. マギーの制約付き最適化問題とはどういうことか説明せよ．

d. マギーの制約付き最適化問題を，ラグランジュ未定乗数法を使って解いてみよう．

3. 財Xと財Yの2財があるとする．1単位あたりの価格は財Xが2ドル，財Yが1ドルである．2人の消費者AとBがおり，それぞれの効用関数は以下のとおりである．

$$U_A(X, Y) = X^{0.5}Y^{0.5}$$
$$U_B(X, Y) = X^{0.8}Y^{0.2}$$

消費者の所得は，Aが100ドル，Bが300ドルである．

a. 消費者A，Bの制約付き効用最大化問題を，ラグランジュ法を使って解いてみよう．

b. 消費者A，Bそれぞれについて，最適消費バンドルの限界代替率を計算せよ．

c. もう1人の消費者Cがいるが，Cの効用関数や所得はわからない．財X，財Yの両方を消費することだけはわかっている．Cの最適消費バンドルでの限界代替率について，どんなことが言えるか．その理由も答えよ．

4. ケイティは絵を描くことと日向ぼっこが好きだ．効用関数は$U(P, S) = 3PS + 6P$で表され，Pは絵筆の本数，Sは麦わら帽子の個数である．絵筆の価格は1本1ドル，麦わら帽子の価格は1個5ドルである．ケイティが絵筆と麦わら帽子に使える予算は50ドルである．

a. ラグランジュ法を使ってケイティの効用最大化問題を解いてみよう．

b. ケイティが絵筆と麦わら帽子に使える予算が1ドル増えると，ケイティの効用はどのくらい増えるだろうか．

5. ある消費者の財X，財Yに関する効用関数は以下のとおりである．

$$U(X, Y) = 10X^{0.5} + 2Y$$

1単位あたりの価格は，財Xが5ドル，財Yが10ドルである．消費者は最小の支出で80単位の効用を達成したい．

a. この場合の制約付き最適化問題とは何だろうか．

b. ラグランジュ法を使って支出最小化問題を解いてみよう．

第 **2** 部　消　費　と　生　産

個人の需要と市場の需要

第 **5** 章

第 4 章では，消費者選択の基本を学んだ．消費者の選好と所得，財の市場価格を総合して，効用を最大化する財の最適バンドルが決まる．このうち選好は，消費者の効用関数とそれに関連した無差別曲線で表され，また所得と市場価格は，消費者の予算制約線で表される．多様な選好は無差別曲線の形状に反映され，多様な所得と価格は予算制約線の位置と傾きに反映される．

　消費者選択の枠組みを構築したところで，それが第 2 章，第 3 章で論じた需要曲線の基礎をどう形づくるかを示すことができる．需要曲線はどこから来ているのか，いつシフトするのか，個々の消費者の需要をどう足し合わせれば市場の需要曲線になるのかをみていこう．

　需要の決定要因を深く理解することが重要なのはいうまでもない．どんな市場も，半分は需要で構成されている．消費者の需要を動かす要因を知ることは，以下のようなさまざまな問いと，その答えを理解するうえで欠かせないのである．

- ■　選好の変化は，なぜ価格に影響を与えるのか．
- ■　財は消費者にどのような便益をもたらすのか．
- ■　消費者（あるいは国全体）が豊かになるにつれて，購買パターンはどう変化するのか．
- ■　ある財の価格の変化は，他の財の需要にどんな影響を与えるのか．

270 第2部 消費と生産

■ 価格変化に対する消費者の反応を決定する要因は何か.

　この章ではまず，財の価格は不変で，所得が増加ないし減少したときに，消費者の選択に何が起きるかをみていこう．この分析では，（第4章でみたような）一定の所得水準にとっての最適バンドル（財の組み合わせ）だけでなく，可能性のあるさまざまな所得水準の最適バンドルをみていく.

　次に，消費者が選択した財の組み合わせで，ある財の価格が変化するとき，所得と他の財の価格が不変であるとすれば，最適バンドルがどう変化するかをみていく．ここでも，効用を最大化する最適バンドルを1つだけでなく，可能性のあるすべての価格について探していく．財の価格が変化するとき（他はすべて不変とする），求められる財の数量がどう変化するかを分析することで，この財に関する個々の消費者の需要曲線をマッピングできる．価格変化に伴う消費者の反応には，2つの側面があることがわかる．すなわち財の相対価格の変化と，消費者の購買力の変化である.

　さらに，他の財の価格変化が，ある財の消費量に及ぼす影響をみていく．ある財が他の財の代替財か補完財かによって，その財の消費量は増えることもあれば減ることもある.

　個人の選択について以上のような特性を検討したうえで，同様の変化に市場全体の需要がどう変化するかを考えていく．以上ができれば，第2章，第3章では所与としていた市場全体の需要の決定要因が完全に理解できるだろう.

5.1　所得の変化が個人の消費選択に及ぼす影響

　4.3節では，消費者の所得が変化すると，予算制約線がシフトすることを学んだ．所得が減ると予算制約線は原点に向かって内側にシフトし，所得が増えると外側にシフトする．この節では，所得の変化が，効用を最大化する消費者選択に及ぼす影響をみていく．これは**所得効果**（income effect）と呼ばれる．この効果だけを取り出すには，それ以外はすべて不変として分析す

図5.1 2財がいずれも正常財で，所得が増加したときの消費者の反応

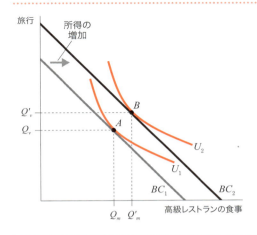

エヴァンは所得を2つの正常財——旅行と高級レストランの食事にあてる．当初の予算制約線BC_1は，最適消費バンドルAで効用曲線U_1に接する．エヴァンの所得が増加すると，予算制約線はBC_1からBC_2に外側に平行にシフトする．財の価格は変わらないので，エヴァンは旅行と食事をより多く消費することができる．新たな最適消費バンドルは，効用曲線U_2が予算制約線BC_2に接するBになる．バンドルBで，エヴァンの消費量は，旅行がQ_vからQ'_vに，レストランの食事がQ_mからQ'_mに増加する．

る必要がある．具体的には，効用関数と関連する無差別曲線に表された消費者の選好と，財の価格は変わらないものとする．

図5.1は，エヴァンについて，所得が増えたときの消費への影響を示したものである．エヴァンは，所得を旅行か高級レストランでの食事にあてるものとする．当初のエヴァンの予算制約線はBC_1で，効用を最大化する最適バンドルは無差別曲線U_1がBC_1に接する点Aにある．旅行と高級レストランの食事の価格が変わらないとすれば，所得が増加すると，これら2つの財をより多く消費できることになる．このため所得が増加すると，予算制約線はBC_1からBC_2に外側に平行に移動する．価格は変わらないと想定しているので，予算制約線の傾き（2財の価格の比）は変わらない点に留意したい．所得が増加したときの新たな最適バンドルは，無差別曲線U_2が予算制約線BC_2に接する点Bになる．

U_2上の財はU_1上の財に比べて効用が高いので，所得が増加することで，エヴァンはより高い効用を得ることができる．念を押しておきたいが，所得の変化が消費行動に及ぼす影響を分析する際は，選好および価格は変わらないものとしている．したがって，無差別曲線U_2は，所得増加に伴う選好の

272 第2部 消費と生産

変化を示すものではない．エヴァンの所得が低くても，U_2は元々そこに存在している．だが，所得が低いときには，点BをはじめU_2上（そしてこれを上回る任意の無差別曲線上）のバンドルは，所得で賄いきれないので，購入不可能なのだ．

正常財と下級財

図5.1に示したとおり，新たな最適バンドルでは，2つの財とも消費量が増える．旅行の回数はQ_vからQ'_vへ，食事の回数はQ_mからQ'_mに増える．これは意外ではない．所得が増える前，エヴァンは旅行と食事の両方にお金を使っていたので，増えた所得も両方にまわすと想定している．経済学では，所得が増えたときに消費が増える財——つまり所得の効果がプラスである財を**正常財**（normal good）と呼ぶ．旅行と食事は，エヴァンにとって正常財である．「正常」という言葉から窺えるように，ほとんどの財は所得効果がプラスである．

これに対して，所得が増加すると消費量が減るのが最適である財もある．第2章で取り上げたように，経済学ではこうした財を**下級財**（inferior good）と呼ぶ．図5.2に，1つの財が下級財である例を示した．消費者の所得がBC_1からBC_2に増えると，ステーキの消費量は増えるが，マカロニチーズの消費量は減る．ステーキと比べてマカロニチーズの消費量が相対的に減るだけ，というわけではない点に注意が必要だ．相対量の変化は，2財が共に正常財の場合でも起こりうる（たとえば両方の消費量が増えるが，ステーキの増分が大きい）．そうではなくて最適消費バンドルがAからBに移るなかで，Q'_{mac}はQ_{mac}より小さく，マカロニチーズの絶対量が減るのだ．この減少は，消費者からみて最適である点にも気づいてもらいたい．Bは予算制約線BC_2を所与としたときに効用を最大化するバンドルである．そして，無差別曲線U_2はU_1よりも効用の水準が高いので，BはAよりも高い効用をもたらす．違いは，2つの財の無差別曲線の形状にある（効用関数に起因している）．

下級財になりやすいのは，どのような財だろうか．たいていは質が低いか，望ましくないとみなされる財である．例として，シリアル，古着，ユー

図5.2 一方が下級財で，所得が増加したときの消費者の反応

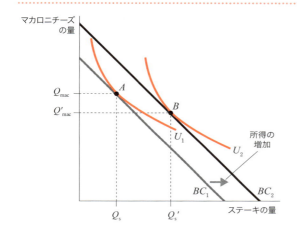

一方が下級財のとき，消費者の所得が増加すると，その財の消費は減少する．ここではマカロニチーズは下級財で，ステーキは正常財であるとする．所得が増加すると，予算制約線はBC_1からBC_2に外側にシフトし，最適消費バンドルではマカロニチーズの数量が減り，ステーキの数量が増える．最適消費バンドルがAからBにシフトするなか，下級財のマカロニチーズの消費はQ_{mac}からQ'_{mac}に減る一方，正常財のステーキの消費はQ_sからQ'_sに増える．

スホステルでの宿泊，スパムといったものがあげられる．ちなみに，ここでいうスパムは，食品店で買えるものであって，いわゆる迷惑メールのスパムではない．迷惑メールはそもそもグッズ（良き財）ではなく，バッズ（悪しき財）なのだから．

とはいえ，ど の財も劣っているはずがないことはわかっている．所得が増加して，あらゆる財の消費量が小さくなるとすれば，所得の増加分は全部使われないことになる．それでは消費者が予算制約線をちょうど満たすバンドルを購入する，という効用最大化と矛盾してしまう（このモデルでは，貯蓄はしないものと仮定したことを思い出してほしい）．

所得の変化が，ある財の消費に正負どちらの効果をもたらすのか（消費が増えるか減るか）は，所得の水準による場合が多い（特殊な例については，この章の後半で扱う）．たとえば，中古車などの財は，所得水準が低ければ正常財になるが，所得水準が高ければ下級財になりうる．所得が極端に低く，中古車すら持てないときは，バイクや公共交通機関が必要不可欠だ．ここまで低い水準であれば，所得が増加するにつれ，中古車が購入される可能性が高まり，中古車が正常財になる．だが，所得が十分に高くなると，中古

274 第2部 消費と生産

車ではなく新車が好まれ，中古車の消費は減る．高所得者層にとって中古車
は下級財である．

所得弾力性と財の種類

　ここまで，所得が正の効果を持つ場合（正常財），負の効果を持つ場合（下
級財）について検討してきた．所得効果の正負だけでなく，第2章で論じた
所得弾力性にも注目することで，財の種類をさらに分類することができる．
おぼえていると思うが，**所得弾力性**（income elasticity）とは，所得のパーセ
ント変化に応じた，ある財の消費量のパーセント変化を測る尺度である．数
式では，以下のように表される．

$$E_I^D = \frac{\%\Delta Q}{\%\Delta I} = \frac{\Delta Q/Q}{\Delta I/I} = \frac{\Delta Q}{\Delta I}\frac{I}{Q}$$

ここで，Qは財の消費量（ΔQは数量の変化），Iは所得（ΔIは所得の変化）
である．以前の議論で述べたように，所得弾力性は需要の価格弾力性に似て
いる．違うのは，検討対象が，価格の変化ではなく，所得の変化に対する消
費の反応だという点である．

　所得弾力性の定義の第1の比率は，所得効果であり，上の等式の所得
$\Delta Q/\Delta I$，すなわち所得変化に応じた消費量の変化で表される．したがって，
所得弾力性の正負の記号は，所得効果の正負の記号と同じになる．正常財に
ついては，$\Delta Q/\Delta I > 0$で，所得弾力性はプラスである．下級財については，
$\Delta Q/\Delta I < 0$で，所得弾力性はマイナスである．

　経済学では，正常財をさらに分類する場合がある．所得弾力性が0と1の
あいだの財（必需品とか**必需財**（necessity good）と呼ばれる）の数量は，所得
とともに増加するが，そのペースは鈍化する．所得弾力性を測る際，価格は
不変としているので，ある財の数量の伸びが所得の伸びを下回るとは，所得
が増えるにつれて，支出に占めるその財の割合が低下することを意味する．
正常財の多くは，このカテゴリーにあてはまる．歯磨き粉や塩，靴下，電気
といった，誰もが利用し必要とする財はとくにそうだ．年収100万ドルの富
豪は，年収1万ドルの画家の卵に比べて，これらの財をより多く（あるいは

第5章 個人の需要と市場の需要 **275**

より高い銘柄を）消費するかもしれないが，年収が画家の卵の100倍あるからといって，歯磨き粉（あるいは塩や靴下）を100倍使うとは考えられない．

所得弾力性が1より大きい財は，**贅沢財**（luxury good）という．これらの財の消費量は，所得を上回るペースで伸びるため，所得が増加するにつれ，支出全体に占める割合が大きくなる．贅沢財とは，必需品ではないが，生活の質を向上させるための財である．ファーストクラスの航空券や宝石，こだわりのコーヒー，海辺の別荘などといったものが，その例である．

所得消費曲線

可能性のあるすべての所得水準について，前小節の分析を繰り返すものとしよう．そうすれば，価格と選好を所与として，実現可能なすべての予算制約線について，効用を最大化する最適バンドルを見つけることができる．ここで各予算制約線は，異なる所得水準に対応している．最適バンドルは，無差別曲線と予算制約線の接点に存在する．前述の2つの例は，いずれもバンドル*A*とバンドル*B*を含む．

図5.3は，こうしたエクササイズの例を示したものだ．メレディスは，所得をバスの乗車とミネラルウォーターにあてる．点*A*，*B*，*C*，*D*，*E*は，図で示した予算制約線に対応する5通りの異なる所得水準で，効用を最大化する最適バンドルである．点*A*は，最も低い所得水準における最適バンドルである．点*B*は下から2番目の所得水準における最適バンドルであり，以下同様である．無差別曲線そのものは，メレディス個人の効用関数から導かれる点に留意したい．ここでは多様な組み合わせのケースを取り上げたが，あくまで最適消費バンドルがさまざまな形で移動しうることを示すためだ．

すべての最適バンドル（図の5つの点と，示さなかった他のすべての点）を結んでできあがるのが**所得消費曲線**（income expansion path）である．この曲線はつねに原点から始まる．というのは，所得が0のときは，2つの財の消費が0になるはずだからだ．図5.3は，バス乗車とミネラルウォーターの消費にあてるメレディスの所得消費曲線である．

2財がいずれも正常財の場合，所得が増えれば消費も増えるので，所得消

図5.3 所得消費曲線

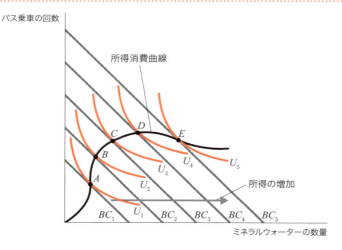

メレディスの所得消費曲線は，それぞれの所得水準についてミネラルウォーターとバス乗車の回数から成る最適消費バンドルをすべて結んだものである．点 A, B, C, D, E は，BC_1 から BC_5 までのそれぞれの予算制約線に対応する最適消費バンドルである．ミネラルウォーターとバス乗車の回数が正常財なら，所得消費曲線は右上がりになる．所得が予算制約線 BC_4 より高く，バンドル D の右側では，バス乗車の回数は下級財になり，所得消費曲線は右下がりになる．

費曲線の傾きはプラスになる．所得消費曲線の傾きがマイナスだとすれば，1つの財は増加するが，もう1つの財の消費量は所得増加に伴って減少することになる．消費量が減る財は，したがって下級財になる．おぼえていると思うが，ある財が正常財か下級財かは，消費者の所得水準に依存する．たとえば図5.3では，バス乗車もミネラルウォーターも，予算制約バンドル D に対応する所得水準までは正常財である．所得がこの水準を超えて増加し，予算制約線が右側にシフトし続けると，所得消費曲線は右下がりに転じる．つまり，メレディスの所得がこの水準を上回ると，バス乗車は下級財になる．ミネラルウォーターの所得消費曲線は左に屈折することはなく，下級財にはならないこともわかる．財が2つしかないとき，所与の所得水準で，両方が下級財になることはありえない．2つとも下級財であれば，所得が増加するにつれて，2財への支出が共に減ることになり，消費者は所得の全額を使

第5章 個人の需要と市場の需要 **277**

い切らないことになるからだ.

エンゲル曲線

　所得の変化に応じた消費者行動の変化を検証するうえで, 所得消費曲線は有効な手段である. だが, 2つの重大な弱点がある. 第1に, X軸とY軸の2つの軸しかないので, 同時に見られるのは2つの財だけである. 第2に, それぞれの財の消費量は簡単に把握できるが, それに対応する曲線上の所得水準を直接, 把握することはできない. 所得水準は, 各財の消費量の合計にそれぞれの価格を掛けたものに等しい (消費量の合計は図で簡単にわかるが, 価格は簡単にはわからない). 基本的な問題は, 消費と所得について議論するとき, 2つの財それぞれの量と所得という3つの数字に注目しているが, 図は二次元でしかない, ということだ.

　2つの財の相対量がどう変化するかではなく, 所得に応じて1つの財の消費量がどう変化するかを把握するには, 所得消費曲線から得られる情報を, 所得をY軸に, 財の量をX軸にしたグラフにプロットしていくのが優れた方法である. 図5.4のパネルaは, 図5.3の例から所得とバス乗車回数の関係を描いたものだ. 図5.4のパネルaにマッピングした5つの点は, 図5.3に点A, B, C, D, Eで示した5つの消費バンドルと同じである. 唯一の違いは, 2つの軸で測られる変数である.

　図5.4で描いた曲線は, **エンゲル曲線** (Engel curve) と呼ばれる. この形で最初にデータを提示した19世紀のドイツの経済学者エルンスト・エンゲルにちなんで名づけられた. エンゲル曲線は, それぞれの所得水準で消費される財の量を示している. このケースではバス乗車とミネラルウォーターの量である. エンゲル曲線の傾きがマイナスなら, その所得水準で下級財になる. 図5.4のパネルaでは, 当初は正常財のバス乗車は, バンドルD以降は図5.3でみたように下級財になる. パネルbでは, ミネラルウォーターはあらゆる所得水準で正常財でありエンゲル曲線の傾きはつねにプラスになる.

　所得が消費に及ぼす影響を理解するうえで, 所得消費曲線とエンゲル曲線のどちらが有用かは, 何を知りたいかによる. 所得による2財の相対量の変

図5.4 エンゲル曲線は所得水準による消費量の違いを示す

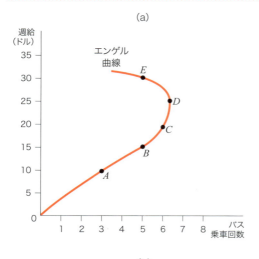

(a) 所得消費曲線とは違って，エンゲル曲線は，同一財に関して，1人の消費者の消費量と所得を比較する．週給が10ドルから25ドルに増えると，メレディスがバスに乗る回数は3回から6回強に増加する．週給が25ドルを超えると，バス乗車回数は下級財になり，乗車回数は減少に転じる．

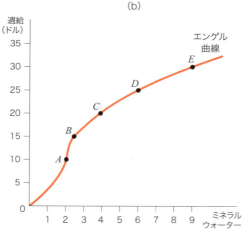

(b) ミネラルウォーターは，どの所得水準でも正常財である．週給10ドルのとき，メレディスは2本のミネラルウォーターを消費する（点 A）．週給が30ドルに増加すると，ミネラルウォーターの消費量は9本に増加する（点 E）．

化をみたいなら，同時に2財の量を把握できる所得消費曲線が便利である．一方，特定の財への影響を調べたいのであれば，エンゲル曲線のほうがはっきりわかる．要するに，軸が2つしかないという制約のため，2つの曲線は所得と最適な消費バンドルの関係という同じ情報を違うグラフで示すことに

なるのだ.

応用　エンゲル曲線と住宅の大きさ

　ここ数十年, 米国の住宅は大型化してきた. 新築住宅の床面積は, 1950年には平均約1,000平方フィート (約93㎡) で, バスケットボール・コートの4分の1弱だったが, 2008年にはその2倍を優に越え, 2,519平方フィートになっている. 住宅市場が崩壊した後も続く「大邸宅」と取り壊しに関する論争から, 大型化のトレンドと, それがゾーニング法などの公共政策の議論に与えた影響がよくわかる.

　大型化のトレンドについては, さまざまな説明がなされている. 住宅保有者の効用関数自体が広さを優先する方向に変化してきたのだとする論者がいる一方, 床面積は正常財であり, 住宅保有者は豊かになるほど広さを求める, という説もある (これらの説明は, 互いに排除するわけではない). 住宅保有者の効用関数が必ずしも変化しなくても, 所得の増加によって, 同じ効用関数上のもとでより広さを優先する選択をするようになった可能性もある.

　歴史的なパターンは, 所得効果によるパターンと一致している. 図5.5に, 1975年から2009年までの新築住宅の平均床面積 (平方フィート) と, インフレ調整後の平均世帯所得 (1,000ドル) をプロットした. 床面積と平均世帯所得は, この間をとおして増加基調にあった. 2つの変数の変化率も似かよっていた. すなわち平均所得が10%増えるごとに, 平均床面積は約11%増加していた.[1]

　こうしたトレンドは, 所得が増えれば大きな住宅を購入したくなる, とする説に合致している. ただ, この解釈に飛びつくのは早計だ. 緊密な関係がなくとも, 長期にわたればトレンドになりうるものはたくさんある (たとえば, この間, 人口も増加していたが, 人口が増えたからといって誰もが大きな家をほしがるようになるとはいえない). また, ここでは所得効果が重要だとしても, 建設コストの低下といった住宅の大型化を促す他の要因も, 時

---

1)　これらのデータは, 米国国勢調査局のさまざまな統計資料から集めたものである.

図5.5 米国における新築住宅の平均面積と家計所得の推移，1975-2009年

1975年から2009年にかけて，住宅の床面積と所得は増加基調にあり，ほぼ同率で伸びている．

間と共に変化しうる．そのため，所得と住宅床面積に関して，単純な長期トレンドを含まない追加的な証拠を見つける必要がある．

追加的な証拠はたしかに存在する．「全米住宅調査」(AHS) では，多くの世帯を対象に住宅と人口構成に関する調査を2年ごとに行っている．ある時点における，世帯間の住宅の広さと所得水準を比較することは，前述の平均トレンドの分析を補完することになる．

図5.6は，2007年調査をもとに，住宅の床面積と年間の家計所得の関係を描いたものである（調査対象は約3万5,000世帯）．これは，住宅床面積のエンゲル曲線とよく似ている．1世帯あたりが購入する住宅床面積（平方フィート）が所得によってどう変わるかがわかる．[2]

---

[2] 正確にはエンゲル曲線ではない．これにはいくつかの理由がある．第1に，家計の選択についてつねにすべてを把握することはできない．図5.6をエンゲル曲線と読むことは，すべての家計について所得水準以外は同じだと想定していることになる．現実には，所得のほかに選好や規模は異なる．さらに，住宅の広さは同じでも，住む場所によって価格が異なる．これらの価格は所得水準と関係しており（都市部の住民は，平均所得が高いが，床面積あたりの価格が高い），価格効果と所得効果の両方を含んでいる．にもかかわらず，図5.6の関係は，床面積についてのエンゲル曲線に近いとみられる．

図5.6 米国における住宅床面積のエンゲル曲線

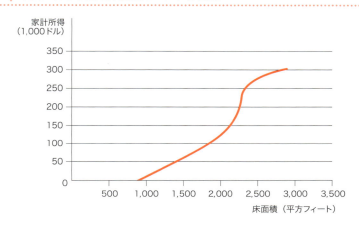

住宅の床面積のエンゲル曲線は右上がりで，住宅が正常財であることを示している．しかし，年間の所得が17万5,000ドルから25万ドルのあいだでは，所得が増加しても床面積はさほど変わっていない．

　このエンゲル曲線はつねに右上がりである．つまり，このデータに基づけば，住宅の床面積はつねに正常財だということになる．だが，所得効果がかなり小さく，所得が増加しても床面積が変わらない世帯の所得は，17万5,000ドルから25万ドルとかなり幅広い．このエンゲル曲線の平均の傾きと，時系列でみた床面積と所得の相関性とを比較するのも面白い．図5.5のタイム・トレンドでは，所得が10％増加すると，床面積は11％増加するという関係があった．図5.6で全世帯についてみると，所得と床面積の相関性は低い．所得が10％多い世帯の床面積は約2％大きいにすぎない．時系列でみた場合よりも全世帯でみた場合の相関性が低いのはなぜだろうか．理由の1つは，全世帯の調査では，新築に限らず，すべての住宅を含んでいるからだ．時間の経過と共に床面積が広くなる傾向があり（実際，1950年から2005年まではそうなっている），かつ，新築住宅を購入するのが高所得世帯に限らないとすれば，床面積と所得の相関性が低くなるのは，一部の高所得世帯が老齢化し，小さな家に住み替えることになるからだと考えられる．所

282　第2部　消費と生産

得の伸び以外に選好といった要因も，過去数十年の住宅大型化を促した可能性がある．とはいえ，2つのデータから，所得の変化が住宅の大型化と強い相関性があるのはあきらかである．■

5.1 解いてみよう

　アニカは所得のすべてをゴルフとパンケーキに使う．地元のゴルフ場のプレー代は1回10ドル，パンケーキ・ミックスは1箱2ドルだ．アニカは週給が100ドルのとき，パンケーキ・ミックスを5箱買い，ゴルフに9回行く．週給が120ドルに上がると，パンケーキ・ミックスを10箱買い，ゴルフに10回行く．これらをもとに，次の記述が正しいか，間違っているかを判断し，その理由も簡単に述べよ．

a. ゴルフは正常財であり，パンケーキ・ミックスは下級財である．

b. ゴルフは贅沢財である．

c. パンケーキは贅沢財である．

解答：

a. 正常財とは，所得が増えたときに消費が増える財の1つであり，下級財とは，所得が増えたときに消費が減る財である．アニカの所得が増えたとき，パンケーキ・ミックスの購入量も，ゴルフの回数も増えている．したがって，アニカにとって2財は共に正常財である．ゆえにaの記述は間違いである．

b. 贅沢財とは，所得弾力性が1より大きい財である．ある財の所得弾力性は，需要量のパーセント変化を所得のパーセント変化で割って求められる．

　アニカの所得は100ドルから120ドルに増えている．したがって，所得のパーセント変化は，$\frac{\Delta I}{I} \times 100 = \frac{20}{100} \times 100 = 20$である．所得が増えると，ゴルフの回数は9回から10回に増えている．ゴルフ

の回数（需要量）のパーセント変化は，$\frac{\Delta Q}{Q} \times 100 = \frac{1}{9} \times 100 = 11.1$ である．所得弾力性は，需要量のパーセント変化を価格のパーセント変化で割って求められるので，$\frac{11.1}{20} = 0.555$ となる．所得弾力性が1より小さいので，アニカにとってゴルフは贅沢財ではない．したがって，bの記述は間違いである．

c. bと同じように，今度はパンケーキ・ミックスの所得弾力性を求めなければならない．アニカは所得が100ドルから120ドルに増えると［bで計算したとおり，20％の増加］，パンケーキ・ミックスの購入量を5箱から10箱に増やしている．パンケーキ・ミックスの需要量のパーセント変化は，$\frac{\Delta Q}{Q} \times 100 = \frac{5}{5} \times 100 = 100$ になる．所得弾力性は，需要量のパーセント変化を価格のパーセント変化で割ったものなので，$\frac{\%\Delta Q}{\%\Delta I} = \frac{100}{20} = 5$ となる．

所得弾力性が1より大きいので，アニタにとってパンケーキ・ミックスは贅沢財である．ゆえに，cの記述は正しい．

5.2 価格変化が消費選択に及ぼす影響

前節では，住宅価格と選好が不変で，所得が変化したときに消費者選択がどう変化するかをみた．この節では，所得と選好，他の財の価格が不変で，ある財の価格（住宅価格）だけが変化したときに，消費選択に何が起きるかをみていこう．この分析で，需要曲線がどのようにしてできるかが正確にわかるはずだ．

需要曲線について学んだのはだいぶ前なので，ここで需要曲線とは何かをおさらいしておこう．第2章で，ある財の消費量に影響を与えるさまざまな

284　第 2 部　消費と生産

要因についてみた．需要曲線は，1 つの財について，他の要因はすべて不変
とし，その財の価格変化が財の消費量に及ぼす影響だけを切り離したもので
ある．所得，選好，他の財の価格といった需要量に影響を与える他の要因の
変化は，需要曲線をシフトさせる．

　ここまでで，需要曲線が右下がりなのは，消費量が増加するにつれて消費
者の購買意欲が減退し，限界効用が逓減するからだ，ということがわかって
いる．この説明は正しいが，1 段階飛ばしている．実は，ある消費者の需要
曲線は，消費者の効用最大化問題から直接導き出されている．需要曲線は，
次の質問に答えてくれる．ある財の価格だけが変化し，他の要因がすべて不
変であるとき，この財の効用最大化バンドルの量はどう変化するか．これこ
そまさに，ここで答えようとする問題である．

需要曲線を導き出す

　効用を最大化する消費者行動がどのように需要曲線につながるかを把握す
るために，具体的な例をみてみよう．キャロラインは，2 リットルのマウン
テンデュー〔炭酸飲料〕と 1 リットルのグレープジュースという 2 つの財に，
所得をどう振り分けるかを考えている．ここで，グレープジュースの需要曲
線が知りたい．キャロラインの所得は 20 ドルで，2 リットルのマウンテン
デューの価格は 2 ドルである．これらの要素は不変とし，キャロラインの選
好は変わらないものとして分析する．そうしなければ，単一の需要曲線（あ
る財の価格と，その財の需要量の関係を示す）を描くことにならず，需要曲
線をシフトさせることになってしまう．

　需要曲線を描くにはまず，グレープジュースの適当な価格における，消費
者の効用最大化バンドルを見極める．最終的にはすべての価格での需要量を
計算することになるので，ここで価格をどうするかは問題ではない．1 リッ
トルのグレープジュース 1 本の価格を 1 ドルにしよう（これだと計算が簡単
だ）．

　図 5.7（a）の上の図は，キャロラインの効用最大化問題を表している．彼
女の予算制約線には，現在の価格で購入可能なマウンテンデューとグレープ

第5章　個人の需要と市場の需要　**285**

ジュースの本数の組み合わせが反映されている．所得が20ドルなので，マウンテンデューだけなら，1本＝2ドルで10本買え，グレープジュースだけなら，1本＝1ドルで20本買えることになる．予算制約線の傾きは，マウンテンデューとグレープジュースの価格の比のマイナスに等しく，このケースでは－0.5になる．予算制約線に接するキャロラインの無差別曲線も図に示してある．2つの線の接点が効用最大化バンドルであることがわかっている．キャロラインの所得，選好，2種類の飲料の価格を所与とすると，キャロラインの最適消費量は，マウンテンデュー3本とグレープジュース14本になる．

　これでキャロラインのグレープジュースの需要曲線上の1点がわかった．すなわち，1リットル＝1ドルのとき，需要量は14本である．図5.7 (a) の上の図で，唯一問題なのは，需要曲線の軸が正しくないことである．思い出してほしいが，ある財の需要曲線は，その財の価格をY軸に，需要量をX軸にして描かれる．だが，図で無差別曲線と予算制約線の接点を求めるときは，Y軸とX軸に2つの財の数量をおく．そこで，図5.7 (a) の下の図のように，グレープジュースの数量は上の図と同じだが，Y軸にグレープジュースの価格をおいた新たな図を描くことにする．下の図のX軸は上の図と同じグレープジュースの量なので，図の軸の長さを，そのまま上から下に下ろすことができる．

　需要曲線を完成させるには，グレープジュースのさまざまな価格について，前述のプロセスを繰り返す必要がある．価格が変われば，2つの財の相対価格を示す予算制約線の傾きも変わる．それぞれの新たな予算制約線について，それと接する無差別曲線を見つけることで，最適消費バンドルが見つかる．選好は不変なので，キャロラインの効用関数に対応する無差別曲線も変わらない．予算制約線がどこにあるかによって，それと接する無差別曲線が決まる．任意の価格でのグレープジュースの最適消費量を決定するたびに，需要曲線上の新たな点が見つかる．

　図5.7 (b) は，グレープジュース1本の価格が，1ドル，2ドル，4ドルの場合について，前述のエクササイズを行った結果を示したものである．マウンテンデューとキャロラインの所得が不変で，グレープジュースの価格が上

図5.7 個人の需要曲線を導き出す

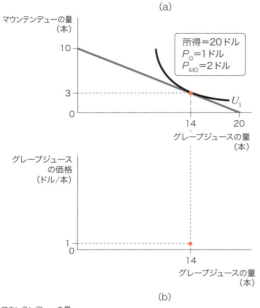

(a) グレープジュースの価格が1本=1ドル,所得が20ドルのとき,キャロラインは最適消費バンドルで14本のグレープジュースを買う.パネル(a)の下の図は,グレープジュースの価格をY軸,グレープジュースの数量をX軸として,キャロラインの需要曲線上に最適消費バンドルをプロットしたものである.

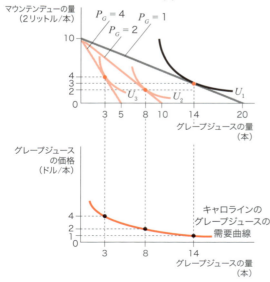

(b) 数量と価格のこうした交点が数多く集まって,完全な需要曲線ができる.ここでは,グレープジュース1本あたりの価格が1ドル,2ドル,4ドルのときの,最適消費量をプロットしている.こうしてできたキャロラインの需要曲線をパネル(b)の下の図に示した.

昇すると，予算制約線の傾きはきつくなり，効用を最大化するグレープ
ジュースの最適消費量は少なくなる．グレープジュース1本の価格が2ドル
のとき，キャロラインの最適消費量は8本である．価格が4ドルでは，消費
量は3本である．こうした価格と数量の組み合わせをプロットしたのが図
5.7（b）の下の図である．これらの点はすべて，グレープジュースに関する
キャロラインの需要曲線上にある．グレープジュースが取りうるすべての価
格について，このエクササイズを繰り返すと，需要曲線全体ができる．下の
図は，それを描いたものだ．価格が上昇するにつれて需要量が減少する点に
留意したい．

需要曲線のシフト

消費者の選好や所得が変われば，あるいは他の財の価格が変われば，需要
曲線はシフトする．だが，状況が変わっても，需要曲線を描くプロセスは
まったく変わらない．購入可能なすべての価格のもとで，効用を最大化する
数量を描き出す．直近の状況でそうするだけのことである．

選好が変わる場合を例にとろう．キャロラインがパーティで知り合った科
学者から，グレープジュースの健康効果は誇張されていて，むしろ歯を赤く
着色するマイナス面のほうが大きいと聞いたとする．キャロラインのグレー
プジュースの需要曲線はどうなるだろうか．この私的な会話から，マウンテ
ンデューやグレープジュースの価格が変わることはなく，キャロラインの所
得も影響を受けないものとする．だが，彼女のグレープジュースに対する選
好は変わる．以前ほど好ましいとは思わない．これはキャロラインの無差別
曲線が平坦化するという形で表れる．というのは，マウンテンデューが減っ
ても効用が変わらないためには，グレープジュースを従来以上に増やさなけ
ればならないからだ．これは，別の方法でも考えられる．限界代替率
（MRS）は限界効用の比のマイナス（$-MU_G/MU_{MD}$）に等しいので，選好の
変化を受けて，グレープジュースの限界効用はどの量でも小さくなり，限界
代替率は低くなり，したがって無差別曲線は平坦になる．

選好が変化した後に，需要曲線を描くエクササイズを繰り返したのが図

図5.8 選好の変化と需要曲線のシフト

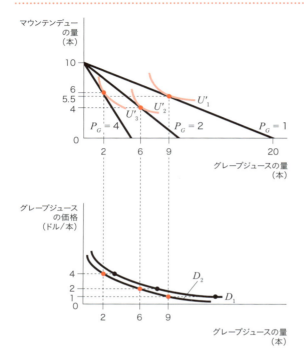

(a) マウンテンデューに比べグレープジュースの選好が低下したとき、キャロラインのグレープジュースの無差別曲線の傾きは緩やかになる。どの水準でも、グレープジュースの消費量は減る。

(b) どの価格帯でもグレープジュースの購入量は減るので、キャロラインのグレープジュースの需要曲線はD_1からD_2に内側にシフトする。

5.8である。無差別曲線が平坦になるなか（U'_1, U'_2, U'_3）、キャロラインの効用最大化バンドルも変わっている。グレープジュースの最適消費量は、1ドルの場合が9本、2ドルの場合は6本、4ドルの場合は2本である。キャロラインの新たな需要曲線D_2上に、これらの点をプロットしたのが、図5.8の下の図である。

キャロラインの選好が変わったので、グレープジュースの需要量はどの価格でも以前より少なくなっていることがわかる。その結果、グレープジュースの需要曲線は、D_1からD_2にシフトしている。この結果から、選好が変わると、なぜ、どのように需要曲線がシフトするかがわかる。キャロラインの所得やマウンテンデューの価格が変化しても、彼女の需要曲線は変化する

第5章　個人の需要と市場の需要　**289**

（所得の変化が需要量に及ぼす影響についてはすでにみた．他の財の価格変化の影響については，5.4節で取り上げる）．だが，思い出してもらいたいが，こうした価格以外の要因が需要に及ぼす影響を所与として，ある財の価格が変化したとき，その財自体の需要量の変化は，需要曲線自体のシフトではなく，需要曲線に沿った動きになって表れる．

コラム ヤバい経済学

動物もセールがお好き

経済学の原理があてはまるのは人間だけだと思っているなら，考え直したほうがいい．猿はもちろんネズミですら，中級ミクロ経済学を学んだのではないかと思われるような行動をとるのだ．

イエール大学の経済学者のキース・チェンらは，動物の経済学的行動について精力的な実験を行った．第1段階として，猿にお金の概念を教えた．「お金」としてコインを渡し，ゼリーやブドウ，マシュマロ・フラフなどのさまざまな食品と交換できるようにした（猿は甘いものが大好物だ）．

半年間，みっちり教え込むと，猿もようやくコインに価値があることに気づいた．チェンによると，猿にもそれぞれ好みがあり，ブドウが一番好きな猿もいれば，ゼリーが好物の猿もいるという．どうして，それがわかったのか．チェンは特定の猿にコインを与え，それと交換にゼリーが3個入ったボウルと，ブドウが6粒入ったボウルのどちらを選ぶかを観察した．

次に，優れた経済学者ならとる行動をとった．猿に相対価格の変化を体験させたのだ．コイン1枚に対して，ゼリー3個とブドウ6粒のどちらかを選ばせるのではなく，ゼリー1個とブドウ6粒のどちらかを選ばせた．ゼリーの相対価格が3倍になったわけだ．猿は経済理論から予想されるとおりに行動した．価格が上昇した財の消費を減らしたのである．*

動物のなかで人間に最も近い猿が，洗練された消費者のように振る

290 第2部 消費と生産

舞っても，意外ではないかもしれない．だが，ネズミが需要と供給の理論を理解しているとすれば意外ではないだろうか．どうも理解しているらしいのだ．経済学者のレイモンド・バタリオとジョン・カーゲルは，ネズミの檻に種類の違う飲み物が出てくる2本のレバーを取り付けた．[†]一方のレバーからは，冷たいルートビアが勢いよく飛び出す．これはネズミのお気に入りになった．もう一方は，キニーネ水が出る．キニーネは苦みがあり，元々，マラリア治療に使われていたが，今はもっぱら独特の風味をつけるためにウォッカ・トニックに使われている．ルートビアと違って，ネズミはキニーネ水にはほとんど興味がない．ルートビアのレバーをしょっちゅう押すことからそれがわかった．バタリオとカーゲルは，シェンと同じように，「価格」（レバーを1回押すたびに出てくる飲み物の量）とネズミの予算制約線（1日あたりネズミがレバーを押せる回数）を変えるとどうなるかを観察することにした．するとネズミは，猿（そして人間）と同じように，相対価格が高くなった飲み物の消費を減らした．さらに興味深いのは，予算が大きく減ったとき（1日にレバーを押せる回数が減ったとき）には，ルートビアをやめてキニーネ水を飲むようになった．バタリオらは，ネズミにとってルートビアが贅沢財で，キニーネ水が下級財であることを発見したのだ！　ネズミにウォッカ・トニックの感想を聞いてみたいものだ．

---

[*]　猿がお金の価値を教えられてとった人間のような行動は，これだけではない．この実験の愉快な顛末は，『ヤバい経済学』〔邦訳版，東洋経済新報社，2000年〕のエピローグを参照のこと．

[†]　バタリオとカーゲルの研究に関する言及は，以下にみられる．Tim Harford, *The Logic of Life: The Rational Economics of an Irrational World*（New York: Random House, 2008）, pp. 18-21.

第5章　個人の需要と市場の需要　**291**

5.2 解いてみよう

クーパーは，週の予算200ドルを娯楽にあて，舞台鑑賞（チケット1枚50ドル）と映画鑑賞（チケット1枚10ドル）の2財で使い切る．

a. 舞台のチケットをX軸にクーパーの予算制約線を描け．X軸とY軸の切片を明確にすること．予算制約線の傾きはどうなるか．

b. クーパーは現在，週に3枚，舞台のチケットを購入しているとする．この選択を予算制約線上に書き込み，点Aとせよ．点Aで予算制約線と接する無差別曲線を描け．クーパーは映画のチケットを何枚購入するだろうか．

c. 舞台のチケットが80ドルに値上がりし，クーパーは購入枚数を2枚に減らしたとする．クーパーの新たな予算制約線を描き，舞台のチケット2枚を購入するクーパーの選択を点Bとして書き込め．点Bで新たな予算制約線と接する無差別曲線を描け．

d. 舞台のチケットが100ドルに再値上げされ，クーパーは購入枚数を1枚に減らしたとする．新たな予算制約線を描き，購入枚数を1枚とするクーパーの選択を点Cとして書き込め．さらに，点Cで新たな予算制約線に接する無差別曲線を描け．

e. これまで描いた無差別曲線の下に，新たな図を描け．すなわち，bからdまでの答えを使って，クーパーの舞台のチケットの需要曲線を描け．価格が50ドル，80ドル，100ドルのときのクーパーの需要量を示せ．価格と需要量は，逆相関になっているだろうか．

解答:

a. まず，クーパーの予算制約線のX軸とY軸の切片を求める必要がある．X軸の切片は，クーパーが予算を舞台のチケットに注ぎこみ，映画のチケットを買わない点である．これは，200/50ドル＝4で，舞台のチケットを4枚買うときに起こる（図A）．Y軸の切片は，予算をすべて映画のチケットに注ぎこみ，舞台のチケットは買わない点である．200/10ドル＝20で，映画のチケットを20枚買うことになる．予

算制約線は，2つの切片を結んだものである．予算制約線の傾きは，垂直の距離/水平の距離であり，−20/4＝−5となる．

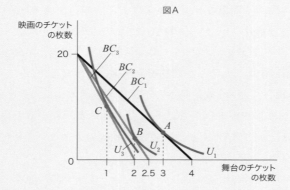

図A

この傾きは，2財の価格の比をマイナスにしたものである点に留意したい．

$$2財の価格比 = \frac{P_{舞台チケット}}{P_{映画チケット}} = -\frac{50ドル}{10ドル} = -5$$

b. 効用の最大化は，無差別曲線が予算制約線に接する接点で起きる．したがって，点Aはこの接点であるはずである．クーパーが週に舞台のチケットを3枚買うとすれば，50ドル×3＝150ドル使うことになり，200−150＝50ドルが映画チケット用に残る．映画のチケットは1枚＝10ドルなので，50ドル/10ドル＝5となり，5枚買うことになる．

c. クーパーの予算制約線は時計回りに回転することになる．クーパーの所得も映画のチケット代も変わらないので，Y軸の切片は影響を受けない．だが，舞台のチケットは80ドルに値上がりしているので，予算をすべて舞台チケットにつぎこむとすれば，200ドル/80ドル＝2.5しか買えなくなる．これがX軸の新たな切片である．クーパーが舞台のチケットを2枚買うことにすれば，無差別曲線は点Bで予算制約線に接することになる．

d. ここでも予算制約線は時計回りに回転するが，Y軸の切片は変わらない．X軸の新たな切片は，200ドル/100ドル＝2になる．点Cは，

クーパーの無差別曲線が，舞台チケット1枚で新たな予算制約線と接する点である．

e. 需要曲線は，舞台チケットの価格とクーパーの需要量の関係を示している．無差別曲線から情報を得て，クーパーの需要曲線上に3つの点を書き入れることができる．

ポイント	価格（ドル）	舞台のチケットの需要量
A	50	3
B	80	2
C	100	1

次に，舞台チケットの数量をX軸，チケットの価格をY軸として，点A，点B，点Cを図中に書き込む．これらの点をつなぎ合わせると，クーパーの舞台チケットの需要曲線ができあがる（図B）．

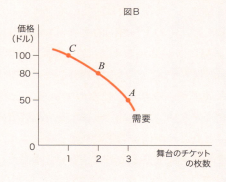

図B

5.3 価格変化に対する消費者の需要量の変化を，所得効果と代替効果に分解する

　ある財の価格が変化するとき，その財の需要量がどう変化するかは，需要曲線をみればわかる．だが，この需要量の総変化量は，消費者の意思決定に影響を与える2つの異なる要因——代替効果と所得効果を合わせたものである．需要量の変化は，つねにこれら2つの効果に分解できる．

294 第2部 消費と生産

1. ある財の価格が，他の財の価格に比べて変化するとき，消費者は相対的に安くなった財の購入量を増やし，相対的に高くなった財の購入量を減らしたいと考える．経済学ではこれを**代替効果**（substitution effect）という．
2. 価格変化は，消費者の所得の購買力——同じ支出で購入できる財の量を変化させる．たとえば，ある財の価格が下がれば，消費者は事実上豊かになり，安くなった財や他の財の購入量を増やすことができる．逆に，ある財の価格が上がれば，消費者の所得の購買力は下がり，購入できる財の量は減る．こうした購買力の変化による消費の変化を，経済学では**所得効果**（income effect）という．

どんな需要量の変化も，代替効果と所得効果の2つに分解することができる．本書では，これらの効果をみていくが，表面をなぞっているにすぎない．率直にいえば，代替効果と所得効果は，この本全体をとおしても区別がつけにくい概念である．経済学のより専門的なコースを取れば，代替効果と所得効果に繰り返しお目にかかるだろう．[3] この議論がむずかしい理由は2つある．第1に，現実の世界では，これらの効果を別々に観察するわけではなく，2つの複合的な効果がみられるだけなのである．2つを分けるのは，人為的な分析ツールにすぎない．またこうも言える．消費者の立場では，どれだけが所得効果で，どれだけが代替効果かわからないまま，あるいは見極めることなく，消費する量を決めることができるし，実際そうしている．第2に，消費者の所得が実質で変わらないときですら，所得効果は発生しうる．実感としてどれだけ豊かであるかを決めるのは，所得と物価である．所得が1,000ドルで変わらなくても，物価が軒並み半分になれば，大いに豊かになる．所得効果とは，実際，ポケットに何ドルあるかではなく，どれだけ

---

3) たとえば，所得効果が存在せず，代替効果だけのとき，需要曲線の特性を説明するのははるかに簡単である．代替効果だけを反映した需要曲線は，経済学者のジョン・ヒックス卿に敬意を表し，「ヒックス型需要曲線」と呼ばれる．代替効果と所得効果の両方が反映された需要曲線——読者に馴染みがあり，本書全体をとおしてみていく需要曲線は，経済学者のアルフレッド・マーシャルにちなんで「マーシャル型需要曲線」と呼ばれる．本書では一貫して，この標準的な需要曲線を扱っているため，修飾語は省き，単に需要曲線と呼ぶことにする．

図5.9　レストランの食事の価格が低下した場合の影響

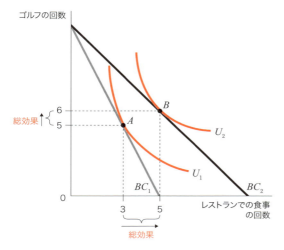

レストランの価格が低下すると，カルロスの予算制約線はBC_1からBC_2に外側にシフトする．この価格変化による総効果は，点Aから点Bへの最適消費バンドルの増分によって示されている．レストランでの食事の回数は3回から5回に，ゴルフの回数は5回から6回に増えている．

豊かさを実感できるかなのである．

　ここではまず，グラフを使って所得効果と代替効果の概略を示す．そして，この章の補論で，これらの効果を数学的に説明することにしよう．

　カルロスは，所得をゴルフとレストランでの食事に使う．図5.9は，レストランの食事の価格が下がったとき，カルロスがどう反応するかを示したものだ．これは5.2節で行った分析と同じである．レストランの食事の価格が下がると，カルロスの所得でレストランに行ける回数は増えるので，予算制約線はBC_1からBC_2に外側にシフトする．この結果，最適消費バンドルは，無差別曲線U_1と予算制約線BC_1の接点Aから，無差別曲線U_2と予算制約線BC_2の接点Bにシフトする．レストランの食事の価格が下がることで，ゴルフの回数は5回から6回に，レストランでの食事の回数は3回から5回に増える．バンドルAとバンドルBのあいだで消費される量の変化の合計が，価格変化の**総効果**（total effect）である．

　5.2節と同様に，所得効果や代替効果という区別なしに最適バンドルを割り出した点に留意したい．次の節では，総効果を所得効果と代替効果に分解

296 第2部 消費と生産

する．すなわち，

総効果＝代替効果＋所得効果

　AからBへの移動を所得効果と代替効果に分解することで，カルロスの需要量の変化の内訳——つまり，2財（ゴルフと食事）の相対価格の低下による割合（代替効果）がどのくらいで，レストランの食事の価格が下がった結果としてカルロスの購買力が上がった割合（所得効果）がどのくらいかを理解するのに役立つ．

　検討する例はすべて，財の価格の低下を前提にしている点を念押ししておきたい．財の価格が上昇するとき，効果は逆方向にはたらく．

代替効果を切り離す

　まず代替効果を切り離そう．需要量の変化は，カルロスの購買力の変化ではなく，財の相対価格の変化の結果として起こる．代替効果を切り離すには，価格が変化した後，所得効果がない場合，つまり，購買力は変わらず，カルロス本人は豊かになったとも貧しくなったとも実感しない場合に，カルロスが消費したいゴルフの回数と食事の回数を求める必要がある．

　カルロスは豊かになったとも貧しくなったとも感じていないので，価格が変化した後にカルロスが消費するバンドルは，価格が変化する前と同じ効用をもたらすはずである．つまり，新たなバンドルは，当初の無差別曲線U_1上になければならない．

　では，代替効果だけのバンドルはU_1上のどこに存在するのだろうか．このバンドルは，財の相対価格が変化したという事実を反映しなくてはならない．新しい相対価格は，新たな予算制約線BC_2の傾きに表れている．問題は，図5.10にみられるように，U_1とBC_2のあいだに接点が存在しないことだ．だが，U_1と，BC_2と同じ傾きの予算制約線（相対価格が同じ）のあいだには接点が存在する．その予算制約線をBC'とし，図5.10のパネルaに破線で表した．接点はA'である．

　バンドルA'は，ゴルフと食事の相対価格が変わるが，カルロスの購買力

図5.10 ２つの正常財の代替効果と所得効果

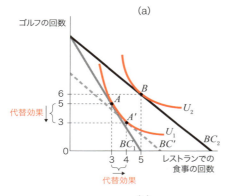

(a) 代替効果とは、レストランでの食事の価格が下がり、ゴルフと食事の相対価格が変化したことによる需要量の変化を指す。予算制約線 BC' はカルロスの新たな予算制約線 BC_2 と平行だが、当初の無差別曲線 U_1 と接している。BC' と U_1 の接点の消費バンドル A' は、相対価格は変化するが、購買力は変わらない場合にカルロスが購入するバンドルである。バンドル A から A' への変化を代替効果という。

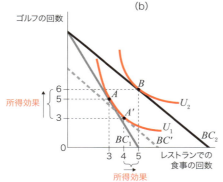

(b) 所得効果とは、価格が変化し、消費者の購買力が変化した結果、起きる需要量の変化を指す。レストランの食事の価格が下がると、カルロスが購入できるバンドルは、価格が変化する前よりも大きくなる。バンドル A' から B への消費量の変化を所得効果という。

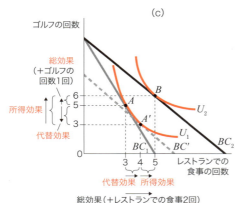

(c) 総効果は、代替効果と所得効果を合わせたものである。この事例では、ゴルフの回数が1回、食事の回数が2回増える。

298　第2部　消費と生産

は変わらないときに，カルロスが購入する量である．これが代替効果の定義
である．つまり，切り離された代替効果は，カルロスの需要バンドルをAか
らA'に動かす．代替効果を見極めるには，価格が変化した後の予算制約線
BC_2を，新たな相対価格を維持するために平行に動かし，また当初の効用水
準を維持するために，価格変化前の無差別曲線U_1に接するまでシフトさせ
なければならない．忘れてならないのは，予算制約線BC'は仮においたもの
であり，カルロスが実際に直面するわけではない，という点だ．概念上の仮
の予算制約線をおくことで，カルロスがこの予算制約を受けた場合，つまり，
相対価格は変化するが，その結果もたらされる所得の増加の影響を取り除い
た場合にカルロスがどのような消費行動をとるかを見極めることができる．

　代替効果に伴う数量の変化に関して，留意すべき点がいくつかある．第1
に，ゴルフの回数が5回から3回に減り，レストランの食事回数が3回から
4回に増える．ゴルフの回数が減るのは，価格の変化でレストランの価格が
ゴルフに比べて相対的に安くなり，カルロスが食事の回数を増やそうとした
からだ．第2に，AとA'は同じ無差別曲線上にあり（したがって，カルロス
はどちらのバンドルからも同じ効用を得ているが），価格が低くなっている
ので，Aに比べて，A'を購入するコストは少なくてすむ．AはBC'より上に
位置しているので，予算制約線がBC'なら，購入することができない（だ
が，A'はBC'上にあるので，A'は購入可能である）．

　レストランの価格が安くなったことで，カルロスはゴルフの回数を減ら
し，その代わりにレストランでの食事の回数を増やした．無差別曲線U_1上
を下方に移動することで，カルロスは事実上豊かになる．少ないコストで，
同じ効用を得ている（同じ効用曲線上にいる）．（A'は購入可能だが，Aを購
入することはできない）．

所得効果を切り離す

　所得効果は，価格変化を受けてカルロスの購買力が変化した結果，変化し
た総消費量の一部である．実際にカルロスが支出する額が変わるわけではな
く，ある財の価格が変わるだけなのに，所得効果が存在するのはなぜだろう

か．これを理解するには，ある財の価格が低下するとき，カルロスは全体として豊かになることに気づくことが重要である．ある財の価格が下がるとは，カルロスの手元に残るお金が増えるので，以前は買えなかったバンドルが買えるようになる，ということだ．元の価格では，BC_1より上か右側の領域はすべて購入できない．価格変化後に購入できないのはBC_2より外側のバンドルだけである（図5.10のパネルbを参照）．

　購買力が向上したことで，カルロスは以前よりも高い水準の効用を得られるようになる．所得効果とは，購買力が向上する一方，相対価格を新たな水準で一定とした場合の選択の変化である．代替効果を分離してしまえば，こうした所得効果による消費の変化は簡単に把握できる．バンドルA'を見つけるために，新たな予算制約線が当初の無差別曲線に接するまで平行に動かしたことを思い出してほしい．この動きを逆にすることが，所得効果を表している．相対価格が変わらない一方（BC_2とBC'の傾きは同じ），カルロスがより高い無差別曲線U_1ではなくU_2に到達することで，消費量は変化する（図5.10のパネルbで，バンドルA'からバンドルBへ）．

　つまり，レストランの食事の価格が下がることによる所得効果は，代替効果のバンドル（A'）からBへの移動で表される．食事の価格の低下で，実質的にカルロスは豊かになるので，より高い無差別曲線U_2に到達でき，両方の財の購入量を増やすことができる．所得効果により，ゴルフの回数は3回（A'）から6回（B）へ，レストランの食事回数は4回（A'）から5回（B）に増える．

　この例では，所得効果により，ゴルフの回数も食事の回数も増えている．これは，2つの財がいずれも正常財であることを意味する．次の小節では，1つが下級財である例を示そう．

これで合格

価格変化による代替効果と所得効果を計算する

　代替効果と所得効果を分析するには，基本的な3つのステップを踏む．

300　第2部　消費と生産

まず，無差別曲線が予算制約線と接する効用最大化点（点A）での消費者を出発点にする．

1. 価格が変化したとき，新たな予算制約線を描く（価格変化は予算制約線を回転させ，傾きを変える）．次に，この新たな予算制約線が新たな無差別曲線に接する点Bにおける最適量を求める．
2. ステップ1から新たな予算制約線に平行で，当初の無差別曲線と点A'で接する新たな線を描く．当初の無差別曲線上の点A（価格変化前の当初のバンドル）から新たな点A'への移動が，代替効果である．この動きは，所得の購買力が不変で，相対価格が変化したときの数量変化を示している．
3. 価格変化による所得効果は，点A'から点Bへの移動にみられる．ここでは，相対価格は不変だが（予算線は平行），所得の購買力が変化している．

総効果

レストランの食事の価格が下がることによる総効果を，図5.10のパネルcに示した．

1. カルロスがゴルフをしたい回数は，当初バンドルAの5回から，最終的なバンドルBの6回へと1回分増える（代替効果による2回の減少分が，所得効果による3回分の増加で相殺され，差し引き1回分の増加となる）．
2. カルロスがレストランで食事をしたい回数は，当初のバンドルAの3回から，最終的なバンドルBの5回へと2回分増える（代替効果による1回分に，所得効果による1回分を加えたものになる）．

第5章　個人の需要と市場の需要　**301**

代替効果と所得効果の大きさを決定する要因

　価格変化に伴う総効果の大きさ（そして，すぐ後にみる方向性）は，代替効果と所得効果の相対的な大きさに依存する．したがって，代替効果と所得効果の大きさに影響を与える要因を理解することが重要になる．以下では，重要性の高い要因の一部を取り上げよう．

代替効果の大きさ　代替効果の大きさは，無差別曲線の湾曲度合いに依存する．図5.11にそれが見てとれる．図の2つのパネルは，2通りの異なる形状の無差別曲線について，ゴルフとレストランでの食事の相対価格が同じだけ変化したときの代替効果を示している．パネルaのように，無差別曲線が大きく湾曲している場合，曲線上を動くにつれて限界代替率（MRS）は大きく変化する．これは，任意の財の価格変化によって消費選択がさほど変わらないことを意味している．というのは，新たな相対価格に合わせるために，無差別曲線上を長く移動して限界代替率を変化させる必要がないからである．したがって，代替効果は小さい．これは意外ではない．第4章で学んだとおり，2財にさほど代替性がないとき，無差別曲線の湾曲度は大きい．パネルaで，相対価格の変化がAからA'への代替を促し，消費者は［食事2回，ゴルフ2回］のバンドルから，［食事3回，ゴルフ1.25回］のバンドルに移行する．

　パネルbのように，無差別曲線がさほど湾曲していないとき，無差別曲線上の限界代替率は大きく変わらないので，相対価格の変化が同じなら，大きな代替効果をもたらす．パネルbのAからA'への代替では，相対価格の変化が同じでも，パネルaに比べてゴルフと食事の回数は大きく変化する．[4]パ

　4）　この論理はまた，完全代替財（第4章で垂直な無差別曲線を持つ特殊ケースとして論じた）の代替効果が，なぜ最も大きくなるかを説明している．このケースでは，ほんの少し相対価格が変化すると，消費者は1つのコーナー解から別のコーナー解にシフトする．つまり，A財だけを消費し，B財を消費しないバンドルから，B財だけを消費し，A財を消費しないバンドルに移行する（これを確認するために，消費者が問題にするのはポテトチップスの量だけであり，3オンス入りの袋と12オンス入りの袋は完全代替だと想定しよう．12オンスの袋の価格が，3オンスの袋の価格の4倍未満なら，12

図5.11 無差別曲線の形状によって，代替効果の大きさが決まる

(a) 湾曲が大きい無差別曲線――代替効果が小さい

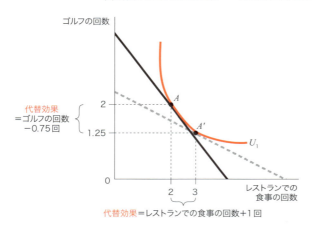

(a) 無差別曲線の湾曲がきついと，曲線上を少し動くだけで限界代替率 MRS は大きく変化する．したがって，任意の価格変化で消費選択はさほど変わらない．この事例では，当初の最適消費バンドル A は，ゴルフ2回，食事2回であった．価格が変化した後の最適消費バンドル A' では，ゴルフ1.25回，食事3回になった．

(b) 湾曲が小さい無差別曲線――代替効果が大きい

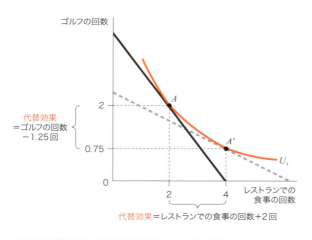

(b) 無差別曲線の湾曲が小さいと，曲線上を移動しても限界代替率 MRS はさほど変わらない．したがって，任意の価格変化が消費選択を大きく左右する．新たな最適消費バンドル A' では，ゴルフは0.75回，食事は4回になる．

オンスの袋だけを買う．だが，12オンスの袋の価格が，3オンスの袋の価格の4倍をほんの少し上回れば，3オンスの袋ばかり買うことになる）．無差別曲線が直角の補完財には，代替効果がない理由もわかる．補完財は，相対価格にかかわらず，つねに一定の割合で消費される（図4.9，図4.10を参照）．

ネルbでは，食事は3回ではなく4回に増え，ゴルフは1.25回ではなく0.75回に減る．これも，第4章で学んだ無差別曲線の湾曲度と関連づけることができる．湾曲度が小さい無差別曲線は，2財の代替効果が大きいことを示している．したがって，価格が変化すると，消費者が選好するバンドルで大きな数量調整が行われることになる．

所得効果の大きさ　所得効果の大きさは，価格が変化する前に消費者が購入していた数量に関連する．価格変化前の購入量が大きければ大きいほど，価格変化によって影響を受ける予算の割合が大きくなる．当初の購入量が多かった財，つまり所得のかなりの割合を費やしていた財は，そうでない財に比べて，価格の下落幅は同じでも，残る所得が多くなる．たとえば，住宅保有者が消費する電気と害虫駆除という2財を考えてみよう．一般的な消費者は，電気に費やす予算がはるかに多い．したがって，価格が同じだけ変化した場合，電力料金のほうが害虫駆除よりも所得と消費に及ぼす影響が大きい（極端な場合，現時点で害虫駆除を行っていなければ，害虫駆除の価格変化は一切，所得効果を持たない）．

5.3 解いてみよう

　パブロはケーキとパイが大好物だ．パブロの所得は20ドルで，ケーキとパイの価格が共に1ドルのときにはケーキを4個，パイを16個食べる（図Aの点A）．だが，パイが2ドルに値上がりすると，ケーキの量を12個に増やし，パイは4個に減らす（点B）．

a. パイが値上がりすると，予算制約線が回転するのはなぜか．

b. 1枚の紙に，図をなぞってみよう．その図上で，パイの消費量の変化を代替効果と所得効果に分解せよ．どちらが大きいか．

c. パイは正常財か，下級財か．なぜ，そう言えるのか．ケーキは正常財か，下級財か．なぜ，そう言えるのか．

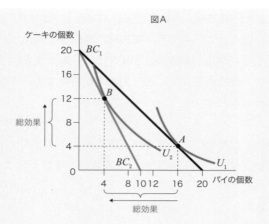

図A

解答:

a. ケーキの価格は変わっていないので，全額をケーキにまわせば20個買える（Y軸の切片）．だが，パイの価格が2ドルでは，パイは20個ではなく10個しか買えない．

b. 代替効果は，財の価格の比率を変えるが，効用は不変とすることで測ることができる（図B）．つまり，1つの無差別曲線上で測らなければならない．パイの価格変化の代替効果を求めるには，パブロの当初の効用曲線U_1に接するまで，価格変化後の予算制約線BC_2を外側にシフトしなければならない．手っ取り早いのは，新たな予算制約線と平行（したがってケーキとパイの価格比を変えることになる）だが，U_1と接する（したがって効用は不変）新たな予算線BC'を描くことだ．接点は点A'とする．点A'は，パイの値上がりでケーキとパイの相対価格が変化するが，購買力が変わらない場合のバンドルである．パイの価格が上がれば，パブロはパイを買う量を減らし，ケーキを買う量を増やす．これが代替効果である．

　所得効果とは，パイの価格が上昇した後，パブロの購買力が変化することによる消費量の総変化の一部である．これは，予算制約線BC'上の点A'から，予算制約線BC_2上の点Bへのシフトに反映されている（所得効果は相対価格を不変にして測られることから，予算制約線は平行である）．

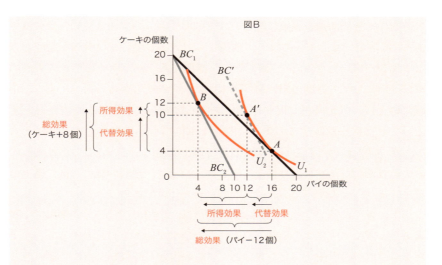

図B

パイでは，所得効果が代替効果を上回っている．代替効果では，パブロが購入するパイの量は16個から12個へと4個減るが，所得効果では12個から4個へと8個減る．

c. パイは正常財である．というのは，価格の上昇で購買力が低下したとき，パブロは購入量を減らしているからである．一方，ケーキは，購買力が低下したとき購入量が増えているので，下級財である．

応用　後方屈曲型の労働供給曲線と余暇の所得効果

　代替効果と所得効果の相対的な大きさは，個人の勤労意欲に興味深い現象を引き起こす場合がある．余暇(レジャー)時間について考えてみよう（授業をスキップするといった冗談はやめて欲しい）．誰にとっても余暇は，ゴルフやレストランの食事，ケーキ，パイ，電気，害虫駆除など，これまで取り上げてきた財と同じように，1つの財とみなすことができる．余暇を消費すればするほど，効用は上がる．

　だが，余暇が財だとすると，その価格は何になるのだろうか．余暇を消費するとは，時間を使うことである．余暇の価格とは，休まなかった場合にそ

306 第2部 消費と生産

の時間にできた活動の価値に等しい．余暇の代わりの主たる活動とは労働である（経済学では，本人の思いに関係なく，労働していない時間を余暇とみなす場合が多い）．では，労働の価値とは何だろうか．働くことそのものの喜びは別にして，労働の価値とは基本的に，労働から得る所得――もっと正確にいえば，労働所得で財やサービスを消費することで得る効用だといえる．これは何を意味するのか．余暇を1単位増やす選択をすることによって，その間，働けば得られたであろう所得を犠牲にしていることになる．この失われた所得は，本人の賃金に等しい．つまり，余暇の価格とは，当人の賃金であり，その所得で購入できた財とサービスである．

以上の考えに基づくと，個人の勤労意欲は，余暇の消費と，労働所得で購入できる財やサービスの消費とのあいだの選択を伴うものと考えることができる．これらの財やサービスをひとくくりの財として扱い，ドルで測られる「消費」と呼ぶなら，余暇と「消費」の相対価格が賃金になる．たとえば，時間あたり賃金が30ドルの人が，余暇を1時間増やせば（つまり，労働時間を1時間減らせば），30ドルの消費をあきらめることになる．

経済学では，どのくらい働くかの選択を，個人の労働供給選択と呼ぶ．というのは，賃金水準の関数として，労働市場にどれだけの時間，労働を供給するかに関わるからだ．労働と余暇の選択は，この章で取り上げてきたツールを使って説明することができる．消費者は，余暇を過ごす時間量と，労働所得によって享受する消費量の双方に依存する効用関数（および関連する無差別曲線）を持っている．この消費者は，余暇と消費の相対価格が労働賃金に等しいという予算制約のなかで効用を最大化する．このケースで，唯一のわずかな違いは，所得――2財に費やす予算を決まった数値として想定していないことだ．所得は，どのくらい余暇時間をとるか，つまり，どのくらい働くかという本人の選択に依存する．このことで状況はやや複雑になるが，これを明示的に扱わなくても，いかなる賃金水準の変化が人間の勤労意欲に影響を与えるか，といった基本的な経済学は理解できる．

昇給などで賃金が上がった場合を考えよう．結果として，消費に対する余暇の相対的な価値は上がる．労働時間を1時間減らすことは，失われる消費の観点からより高くつくことになる．こうした変化は，余暇を減らし（労

働を増やし），財とサービスの消費を増やす選択を促す．これが，余暇と消費という2財に適用された代替効果である．

したがって，賃金が上昇する場合，代替効果は労働を増やす方向にはたらく（逆に，賃金が低下する場合，余暇が相対的に安くなるので，労働を減らす方向にはたらく）．任意の賃金水準における勤労意欲を示した労働供給曲線は右上がりになる．これは，何らかの供給曲線について思い描く一般的な形である．ある財の価格（ここでは賃金）が上がれば上がるほど，生産者（労働者）がその財の数量（労働時間）の供給を増やそうという意欲は高まる．

だが，前にもふれたが，賃金上昇には別の効果がある．任意の労働時間——同じことだが任意の余暇時間の水準で，所得が増加する．つまり，賃金上昇には，代替効果だけでなく所得効果がある．それでは，所得効果は，余暇の選択にどのような影響を与えるだろうか．一般人にとって，余暇は正常財であり，所得が増えるほど余暇を多く消費する．それが自明だと思えないなら，宝くじで1億ドルがあたったのに，仕事は変わらないことを想像してみるといい．これは純粋な所得効果である．余暇と賃金の相対価格が変化せずに，所得が増加するからだ．宝くじがあたったら，休暇を増やし，仕事を減らすだろうか．たいていの人がそうするだろう．

賃金増加に伴う所得効果で重要なのは，仕事をしたくなくなる点だ．これはまさに，代替効果と対極にある．賃金の変化が勤労意欲をどちらの方向に向けるかは，両効果の差による．基本的に，少なくとも所得効果が十分に大きければ，労働供給曲線の傾きはプラスではなくなる．賃金と勤労意欲は相反する関係になる．この例を示したのが図5.12である．賃金がw^*以下のとき，代替効果が上回り，賃金が上昇すれば勤労意欲は高まる．だが，賃金がw^*より上では，所得効果が上回りはじめ，賃金が上がるほど労働を供給する意欲は低下する．経済学では，傾きが途中で右下がりになる労働供給曲線を，後方屈曲型労働供給曲線と呼ぶ．

後方屈曲型労働供給曲線の例がみられる市場を，ある経済学者が発見した．経済史を研究するドラ・コスタは，1890年代のアメリカの男性労働者数千人について労働習慣を調べた．[5] この調査で，低賃金労働者は，高賃金

図5.12 後方屈曲型の労働供給曲線

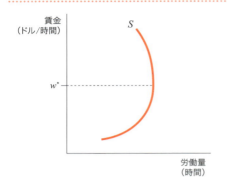

所得効果が大きいとき，労働者は余暇を増やし，労働時間を減らす選択をするため，労働供給曲線は後方屈曲型になる．賃金がw^*より低い水準では，代替効果が大きく，供給曲線は右上がりになる．賃金がどれだけ上がっても，労働時間を増やすことを選択する．賃金水準がw^*を超えると，所得効果が大きくなり，供給曲線は後方屈曲型になる．賃金がどれだけ上がっても，労働者は労働時間を減らすことを選択する．

労働者に比べて1日の労働時間が長いことがわかった．具体的には，低賃金労働者（全賃金グループのうち下位10%）の11.1時間に対し，高賃金労働者（上位10%）は8.9時間にすぎない．賃金の最上位グループは，中位グループより労働時間が5%短く，中位グループは下位グループより14%短かった．つまり，日々の労働供給曲線は後方屈曲型のパターンを描いていた．

面白いことに，コスタによると，1990年代にはこの逆のパターンがみられた．この間，賃金水準を問わず，労働時間は100年前に比べて短くなったが，賃金水準別にみると，高賃金労働者のほうが，低賃金労働者に比べて労働時間が長く，最下位グループの7.6時間に対し，最上位グループは8.5時間だった．つまり，時代が下るにつれ，所得効果に比べて代替効果が大きくなり，ついに上回り始めたのである．

何がこの変化を引き起こしたのか，はっきりとはわからない．1つの可能性として，全労働者の平均労働時間が短くなり（それ自体が，20世紀をとおして国全体が豊かになったことで，全労働者にもたらされた所得効果を反映している可能性がある），1日のなかで自由な時間が増えたため，賃金が上昇したとき，限界的に余暇時間を増やす意欲が低下したことが考えられる．

---

5) Dora Costa, "The Wage and the Length of the Work Day: From the 1890s to 1991," *Journal of Labor Economics* 18, no. 1 (2000): 156–181.

第5章 個人の需要と市場の需要　**309**

もう1つの可能性として，高賃金労働者が余暇時間を増やす意欲がある可能性もあるが，これは日々の労働時間を短くするより，後年，早期の退職年齢を選ぶことで示されている．つまり，このケースでは所得効果は依然として大きいが，日々の労働選択に対するその効果は，生涯への影響に比べて小さいといえる．■

▮▮▮ 理論とデータ

プロゴルファーの後方屈曲型供給曲線

タイガー・ウッズは，おそらく最も有名なプロゴルファーだろう．PGAツアーの優勝回数は71回，メジャーでも14回の優勝を誇る．ナイキやタイトリストと契約を結び，契約金はそれぞれ4,000万ドル，2,000万ドルにものぼる．だが，ウッズと米国の平均的労働者の違いは，アスリートとしての能力だけではない．ウッズは，報酬に対する労働供給曲線が後方屈曲型になる数少ない選手だ．報酬が上がるにつれて，トーナメントの出場回数を減らしているのだ．

PGAのルールでは，出場する大会や年間出場回数はゴルファー本人が決めることができる．つまり，選手は大会ごとに労働と余暇のトレードオフを天秤にかける．1つの大会に出場すれば，4ラウンドするだけで大金が手に入るのだから，考えるまでもないと思うかもしれない．大半の選手にとってはそうだ．一般に，どの大会でも100名前後が登録する．これ以外に，わずか25人の本選出場枠をめぐって，予選でしのぎをけずる1,000人あまりがいる．

機会が与えられれば，こうした前途有望な選手はどの大会にも喜んで出場する．だが，タイガー・ウッズのような選手はそうでないことを，経済学者のオーティス・ギリーとマーク・チョピンが突き止めた．[*] 2000年の論文で，ギリーとチョピンは，1990年代のPGA登録選手で賞金ランキングが中

---

[*] Otis W. Gilley and Marc C. Chopin, "Professional Golf: Labor or Leisure," *Managerial Finance* 26, no. 7 (2000): 33–45.

位から下位の選手が，賞金が増加したときにどう行動したかを調べ，この結果をランキング上位の選手と比較した．下位の選手は，勝てば勝つほど出場する大会が増えていたのに対し，トップ選手は出場する大会が減っていた．トップ選手の労働供給曲線は後方屈曲型になっていたのだ！　とくに，予想される大会賞金が1,000ドル上がるごとに，1シーズン中にトップ選手が出場する大会数は0.05ないし0.1回減っていた．こうした選ばれた選手にとっては，所得効果が代替効果を凌駕しており，余暇と労働のトレードオフに直面すると，余暇を増やすほうを選択した．多くの経済学者もそうだが，一般の人たちは，休みになればゴルフに出かけることが少なくない．だが，プロゴルファーにとって，ゴルフ場での1日は仕事であって，遊びではない．では，プロゴルファーは，大会がないときに何をしているのか．ギリーとチョピンは，既婚の選手のほうが，独身の選手よりも休みを多くとっている事実に気づいた．2人の勤勉な経済学者は，家庭人としての自身の経験を踏まえ，プロゴルファーは妻や子どもと良い時間を過ごすために，仕事を休んでいるに違いない，と結論づけている．だが，タイガー・ウッズの例は，経済理論に基づく予想が，必ずしも現実の世界にあてはまるわけではないことを示している．

下級財の所得効果の例

　図5.13に，数量の変化を所得効果と代替効果に分解した別の例を示した．ただし，この例では，1つの財が，少なくとも調査対象期間には下級財であった．

　図5.13は，ステーキとラーメンの2通りの相対価格について，ジュディの効用を最大化する最適消費バンドルを示したものである．当初価格の最適バンドルはAである．その後，ラーメンの価格が下がり，予算制約線は外側にシフトした．新たな予算制約線BC_2では，ジュディは効用水準がより高い無差別曲線U_2で，バンドルBを選択し，効用を最大化することができる．

　バンドルAからバンドルBへのこの変化を，代替効果と所得効果に分解するために，前の小節で説明した手順に沿って進もう．代替効果を見極めるた

図5.13 下級財の価格の低下

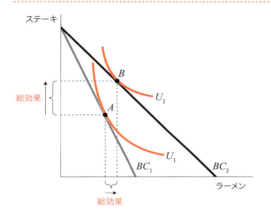

ラーメンの価格が下がると、ジュディの予算制約線はBC_1からBC_2に外回りにシフトする。この価格変化の総効果は、当初の効用最大化バンドルAからBへの消費量の増加で表される。ジュディの消費量は、ラーメン、ステーキともに増えている。

め、価格が変化した後、予算制約線を当初の無差別曲線U_1に接するまでシフトさせた。図5.14のパネルaに、破線BC'で示してある。BC'とU_1の接点が、バンドルA'である。ラーメンの価格は安くなって、当初の最適バンドルAと同じ効用をもたらすので、AからA'へのシフトは代替効果だといえる。先ほどと同様に、代替効果によってジュディは相対的に安くなった財（ラーメン）の消費量を増やし、もう1つの財（ステーキ）の消費量を減らす。

図5.14のパネルbで示したバンドルA'からBへの数量の変化は、所得効果によるものである。前と同様、予算制約線がBC'からBC_2にシフトしたことに伴う数量の変化である。相対価格が不変である一方、ジュディの購買力が上がっている。ラーメンの価格低下で、ジュディは豊かになり、消費可能なバンドルが拡大するにもかかわらず、所得効果は実際のラーメンの消費量を減らす点に留意したい。この所得レンジでは、ラーメンは下級財であり、所得が増えるとラーメンの消費意欲が低下する、ということだ。

所得効果によって、価格が下がっても消費量が減るという事実は、ラーメンの需要曲線が右上がりであることを意味しているのだろうか。そうではない。代替効果による増加分が、所得効果による減少分を上回っているのだ。そのため、ラーメンは下級財であるにもかかわらず、価格が低下すると需要

図5.14 下級財の代替効果と所得効果

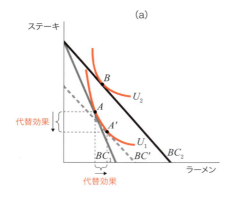

（a） BC' は，価格が変化した後の予算制約線 BC_2 と平行な予算制約線であり，価格が変化する前の無差別曲線 U_1 に接している．BC' と U_1 の接点の A' は，相対価格が変化するが，購買力は変化しない場合に，ジュディが購入する消費バンドルである．バンドル A から A' への消費量の変化は，代替効果を示す．前例と同様，ジュディは安くなった財（ラーメン）の購入量を増やし，他の財（ステーキ）の購入量を減らす．

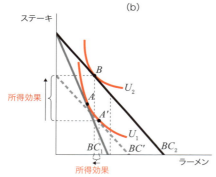

（b） バンドル A' から B への消費量の変化は，所得効果を示す．ラーメンは下級財なので，所得効果によりジュディはラーメンの消費量を減らす一方，ステーキの消費量を増やす．

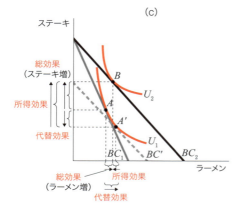

（c） バンドル A から B への消費量の変化は，総効果を示す．代替効果による増加分が，所得効果による減少分を上回るので，新たな最適消費バンドル B のラーメンの消費量は，当初のバンドル A を上回る．

量が増加する．これは図5.14のパネルcに見ることができる．ラーメンの数量に与える総効果はプラスなので，ラーメンの価格が下がった後の最適バンドルBは，価格が下がる前の最適バンドルAにくらべて，ラーメンの消費量は多い．そのため，ラーメンの需要曲線はあくまで右下がりなのである．これは，下級財全般にあてはまる．価格が下がると，所得効果によって消費量は減るが，代替効果がそれ以上に消費量を増やすので，消費量はネットで増えるのである．

だが，所得効果が十分に大きければ，下級財の価格が下がると，消費量がネットで減る可能性がある．こうした特徴を持つ財は，ギッフェン財と呼ばれる．

ギッフェン財

ギッフェン財（Giffen good）とは，価格が低下すると需要量が減少する財である．つまり，ギッフェン財は価格と需要量が逆相関の関係にならず，需要曲線は右上がりになる．価格が高くなるほど，需要量が増えるのである．

一見矛盾するような効果が発生するのは，価格低下に伴う代替効果による需要量の増加が，所得効果による需要量の減少を下回るからだ．つまりギッフェン財はまず下級財でなければならない．下級財であれば，価格下落による所得効果によって，その需要量は減る．これに対して正常財は、価格下落による所得効果によって需要量が増えることを思い出そう．ただ注意が必要なのは，すべてのギッフェン財は下級財だが，すべての下級財がギッフェン財ではない，ということだ．ギッフェン財はきわめて稀である．前述のラーメンの例でみたように，価格が下がれば需要量が純増するのが一般的だ．

図5.15にギッフェン財の例を図示した．2財はジャガイモと肉であり，ジャガイモはギッフェン財である．当初価格での効用最大化バンドルはAである．ジャガイモが安くなると，予算制約線はBC_1からBC_2に外回りに回転し，最適バンドルはAからBにシフトする．このケースで注目すべきは，ジャガイモは安くなっているにもかかわらず，Bのジャガイモ消費量はAより小さくなることである．

図5.15: ギッフェン財の価格の変化

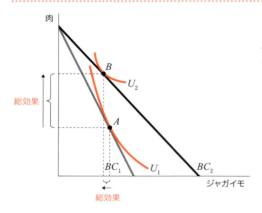

ギッフェン財の場合，価格が下がると，消費者はその財の消費を減らす．この事例では，ジャガイモの価格が下がると，その消費量が減っており，バンドルAからBへの変化に表れている．

　こうした変化の背後にある代替効果と所得効果を，図5.16のパネルaとパネルbに示した．前の例と同じように，代替効果を切り離そう．新たな予算制約線を，当初の無差別曲線に接するまで平行に移動する．これによって，バンドルAからA'へのシフトに対応する消費量の変化が生まれる．いつものように，代替効果によって，価格が相対的に安くなったジャガイモの消費量は増える一方で，相対的に高くなった肉の消費量は減る．

　所得効果は，バンドルA'からバンドルBへのシフトに対応した消費量の変化をもたらす．このケースでは，肉の消費量が増え，ジャガイモの消費量は減っている．したがってジャガイモは，先の例のラーメンと同様，下級財である．だが，ジャガイモの消費量を減らす所得効果が，消費量を増やす代替効果を上回っているため，差し引きでジャガイモの消費量は減る．これは，バンドルAからバンドルBへのシフトにみられる（パネルc）．

　前にも述べたが，ギッフェン財は下級財であり，なおかつ消費者の選好について，所得効果が代替効果を上回らなければならない．こうしたことが予想されるのは，どういう時だろうか．第1に，ギッフェン財は他の財との代替性が限られているはずである．つまり，代替効果が小さく，無差別曲線はかなり湾曲していなければならない．第2に，所得効果は大きくなければな

図5.16 ギッフェン財の代替効果と所得効果

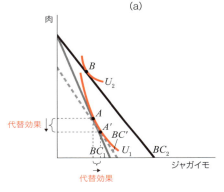

(a) 代替効果は，消費バンドルAからA'への変化として表されている．代替効果によって，消費者はジャガイモの消費を増やす一方，肉の消費を減らす．

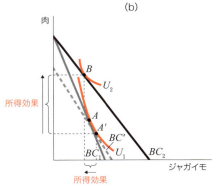

(b) 所得効果は，消費バンドルA'からBへの変化として表されている．所得効果によって，消費者はジャガイモの消費を減らす一方，肉の消費を増やす．ジャガイモの場合，マイナスの所得効果がプラスの代替効果よりも大きいので，消費は全体として減り，ギッフェン財とみなされる．

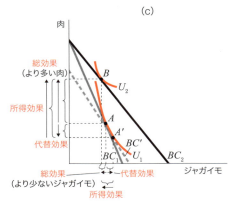

(c) 総効果は，消費バンドルAからBへの変化として表されている．マイナスの所得効果がプラスの代替効果よりも大きいので，新たな最適消費バンドルBのジャガイモの消費量は，当初バンドルAのそれよりも小さくなる．

316　第2部　消費と生産

らない．そうなる可能性が高いのは，価格が変化する前に，予算のかなりの
割合をその財に費やしている場合である．所得のかなりの割合を費やしてい
るので，所得のごく一部を使っている場合に比べて，その財の価格が下がっ
たとき，購買力が大きく向上したように感じられるからだ．

応用　ギッフェン財を探して

　ギッフェン財は，理論的にはありうるが，現実にはかなり稀である．ギッ
フェン財の例として，よく引き合いに出されるのが，1800年代半ばのアイ
ルランド飢饉の際のジャガイモである．話はこうだ．飢饉の影響でジャガイ
モの価格が高騰し，アイルランドの家計の購買力が低下した．典型的な家庭
では，なけなしの現金収入の大半をジャガイモの購入にあてていたので，購
入可能な財のバンドルが小さくなった．アイルランドの家庭では，所得効果
により正常財である肉の需要が減る一方，下級財であるジャガイモの需要が
増え，代替効果（によるマイナス分）を吹き飛ばしてしまった，というので
ある．だが，近年，ジェラルド・ドイヤーとコットン・リンゼイによる再調
査や，後のシャーウィン・ローゼンによる別の研究によれば，この例すら
ギッフェン財とはいえない．[6]

　2つの研究の説明は異なっているが，共通点がある．いわゆるジャガイモ
飢饉に直面した際，アイルランド家庭のギッフェン財と称される需要を単純
に足し合わせたわけではない，ということだ．個々の家庭にとってジャガイ
モがギッフェン財であれば，アイルランド全体のジャガイモの需要曲線も右
上がりになる．つまり，価格が上がれば需要量が増えるはずだ．（個々の需
要曲線を足し合わせると，市場全体の需要曲線になることは，この章の後半
でみていく）．もしそうだとすると，飢饉によって供給が大幅に減少すれば
——この点について歴史的な論争はない——ジャガイモの価格は下がるは
ず，ということになる．しかし，実際の記録はこれと矛盾しており，記録に

---

6)　Gerald P. Dwyer Jr. and Cotton M. Lindsay, "Robert Giffen and the Irish Potato," *American Economic Review* 74, no. 1 (1984): 188–192. Sherwin Rosen, "Potato Paradoxes," *Journal of Political Economy* 107, no. 6 (1999): S294–S313.

よれば，どの価格でもジャガイモは手に入らず，手に入ったとしてもとんでもない高値で売られたという．

近年，ロバート・ジェンセンとノーラン・ミラーが中国・湖南省の農村の貧困家庭を対象に実施した政策実験は，ギッフェン財に関する最も説得力ある結果となった．[7] ジェンセンとミラーは，無作為に選んだ一群の家庭に対して米の購入資金を援助し，事実上，米の売値を引き下げた．そのうえで，補助を受けた家庭と，同水準の所得と人数で，補助を受けていない家庭の米の消費量を比較した．

補助金は米の価格を引き下げたが，消費量を減らしたことがわかった．調査対象の家庭にとって，米はギッフェン財だった（ジェンセンとミラーは，甘粛省で小麦の購入に関する同様の政策実験を行った．一部の家庭にとって，小麦はギッフェン財だったが，その効果は米ほどではなかった）．この結果の背後にあるメカニズムは，先の議論とも一致する．米の購入費は調査対象の家計の所得のかなりの割合を占めていたので，補助金が支給されて家計の購買力は大幅に向上した．所得効果で，家計は豊かな食材を求めて米の消費を減らし，他の食材購入にまわしたのだ．この所得効果は，十分に大きく，代替効果を上回った．やや単純化すると，必要なカロリーを満たすだけの米は買っていたので，残りの所得は献立を増やすための食材購入にあてた．必要なカロリーを安く満たすことができたとき，それまでカロリー供給源だった米に代わる多様な食材を購入するのに食費を使ったのだ．

興味深いのは，貧困家庭にとって米はギッフェン財だったが，最貧困家庭にとってはそうでなかったことだ．補助金の支給前，最貧困家庭は基本的に米しか食べておらず，最低必要カロリーも摂取できていなかった．これらの家庭は，米が安くなると，最低限の健康を維持するために，米の消費量を増やした．要するに，補助金を支給しても，米以外の食材を買えるほど，最貧困家庭の所得が増えることはなかったのである．■

---

7) Robert T. Jensen and Nolan H. Miller, "Giffen Behavior and Subsistence Consumption," *American Economic Review* 98, no. 4 (2008): 1553–1577.

318 第2部 消費と生産

これで合格

所得効果と代替効果について，おぼえておくべきシンプルなルール

　所得効果と代替効果の見極めは一筋縄ではいかない．そこで，おぼえておくべきシンプルなルールがある．まずは，価格が変化する前の消費バンドルに関連する無差別曲線の分析から始めることだ．消費者があるバンドルから別のバンドルに乗り換える理由を知りたいなら，当初のバンドルから始めなければならない．次に，下の表であげた2つの効果の主な違いに注目する．

代替効果	所得効果
同一無差別曲線上のバンドルを比較	2つの無差別曲線上のバンドルを比較
財の相対価格の変化に伴う消費量の変化の方向は明白である	財の相対価格の変化に伴う消費量の変化の方向はわからない．財が正常財か下級財かに依存する．
財の相対価格が下がれば，代替効果によって，その財の消費量は増える	正常財の場合，その財か他の財の価格が下がると，その財の消費量は増える（たとえ別の財であっても，価格が下がると，消費者の実質所得は増える）．下級財の場合，価格が下がると，消費量が減る（あるいは，消費者の購買意欲が減る）．
財の相対価格が上がれば，代替効果によって，その財の消費量は減る	正常財の場合，その財か他の財の価格が上がると，その財の消費量は減る．下級財の場合，どちらかの価格が上がると，消費量は増える．

　最後に，価格変化が消費量に及ぼす総効果は，代替効果と所得効果の相対的な大きさに依存する．ある財の価格が下がれば，両方の財の消費量が増える場合もあれば，一方の財の消費量が増え他の財の消費量が減る場合もある．だが，2つの財の消費量が共に減ることはありえない．これでは消費者が予算を使い切らないことになり，予算制約線上にないことになるからだ．

第5章 個人の需要と市場の需要 **319**

5.4 他の財の価格変化が，ある財の需要量に及ぼす影響──代替財と補完財

　前の2つの節では，ある財の価格変化によって，その同じ財の需要量がどう変化するかを示した．この節では，他の財の価格変化が，ある財の需要量に及ぼす影響をみていく．

　他の財の価格が変化したときの，ある財への影響を検証する方法は，前の節で取り上げた方法にかなり近い．まず所得水準を決めて，消費者の選好を表す無差別曲線を描き，2財の当初価格から出発する．これらの条件のもとで，最適バンドルを計算する．次に，他の財の価格だけを変化させ，それ以外はすべて不変とする．唯一の違いは，他の財の価格を変化させた場合の，ある財の需要量の変化に注目する点である．

代替財の価格変化

　図5.17は，代替財の価格変化の影響を示している．当初の効用最大化バンドルは，ペプシ15クォーツ（1クォーツ＝0.946リットル）とコーク5クォーツから成るバンドルAだった．ペプシの価格が倍になると，消費者は最大で20クォーツではなく10クォーツしか買えない．コークの価格は変わっていないので，消費者が購入できるコークの最大量は20クォーツで変わらない．この結果，予算制約線はBC_2に内側にシフトする．新たな最適バンドルBでは，コークの需要量が増え（10クォーツ），ペプシの需要量は減る（5クォーツ）．

　第2章で学んだように，ある財（ペプシ）の価格が上昇して，他の財（コーク）の需要量が増えるとき，これらの財は**代替財**（substitute）である．もっと一般的には，ある財の需要量は，その代替財の価格と同じ方向に動くといえる．2財が似かよっていればいるほど，代替の可能性が高くなり，一方の財の需要量は，他方の財の価格上昇に反応しやすくなる．ペプシとコークは，たとえば牛乳とコークよりも代替性が高い．

図5.17: 代替財の価格が上昇すると，需要が増加する

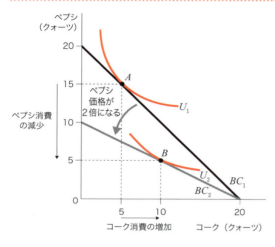

当初価格での効用最大化バンドルで，消費者はペプシ15クォーツ，コーク5クォーツを消費する．ペプシの価格が2倍になると，予算制約線はBC_1からBC_2へと内側にシフトする．新たな最適消費バンドルでは，ペプシは15クォーツから5クォーツに減る一方，コークは5クォーツから10クォーツに増える．ペプシの価格が上がると，コークの需要量が増えることから，コークとペプシは代替財と考えられる．

　ある財の代替財の価格が変化すると，ある財の需要曲線がシフトする．代替財の価格が上がれば，ある財の需要量はどの価格水準でも増加する．この結果，ある財の需要曲線は外側にシフトする（つまり，その財の需要量は増加する）．逆に，代替財の価格が下がれば，ある財の需要量はどの価格水準でも減り，需要曲線は内側にシフトする．

　ある財の需要量が，別の財の価格と逆の方向に動くとき，2財は補完財である．**補完財**（complement）とは，対で使われることの多い財で，ゴルフクラブとゴルフボール，紙と鉛筆，ホームシアター・システムと映写機などがあげられる．バニラ・アイスクリームとホット・ファッジ〔トッピングのチョコレートクリーム〕も補完的な財である．図5.18に，アイスクリームの価格が上がると，ホット・ファッジの需要量が減るプロセスを示した．アイスクリームの価格が高くなると，予算制約線が内側に回転し，効用最大化バンドルはA（30クォーツのホット・ファッジと，20ガロンのバニラ・アイスクリーム）からバンドルB（20クォーツのホット・ファッジと，15ガロンのバニラ・アイスクリーム）にシフトして，2財の需要量は共に減少する．アイスクリームの価格が上昇することで，その需要が減るだけでなく（これ

図5.18 補完財の価格が上昇すると、需要が減少する

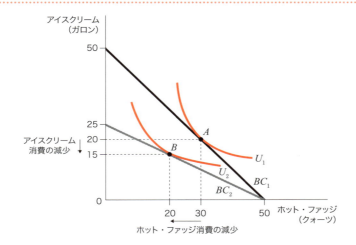

当初価格での効用最大化バンドルで、消費者はアイスクリームを20ガロン、ホット・ファッジを30クォーツ消費する。アイスクリームの価格が上昇すると、予算制約線はBC_1からBC_2に内側にシフトする。新たな最適消費バンドルBでは、アイスクリームの消費量は20ガロンから15ガロンに減り、同様にホット・ファッジの消費量も30クォーツから20クォーツに減る。一方の財の価格が上がったことで、アイスクリーム、ホット・ファッジの消費量が共に減っていることから、両者は補完財と考えられる。

は、この章で学んできた財自体の価格効果)、補完財であるホット・ファッジの需要も減るのである。

　ある財の補完財の価格が上がると、どの価格帯でもある財の需要量は減り、需要曲線は内側にシフトする。補完財の価格が下がると、どの価格帯でもある財の需要量が増え、需要曲線は外側にシフトする。補完財の価格変化は、ある財の需要曲線をシフトさせる。ある財自体の価格変化は、同じ需要曲線上の動きをもたらす。

　代替財と補完財の価格変化が需要に及ぼす影響を、図5.19にまとめた。

図5.19 代替財または補完財の価格変化によって，需要曲線がシフトする

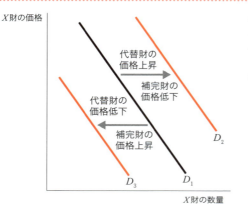

代替財の価格が上がるか，補完財の価格が下がるとき，X財の需要曲線は外側にシフトする．代替財の価格が下がるか，補完財の価格が上がるとき，X財の需要曲線は内側にシフトする．

無差別曲線の形状，再論

　第4章でふれたように，無差別曲線の形状は2財が代替財か補完財に関係している．無差別曲線の傾きがきつければきついほど，2財の代替性は低い（同じことだが，補完性が高い）．

　5.3節では，ある財の価格自体が変化することによる代替効果は，無差別曲線の傾きがきつくない財のほうが大きくなることを学んだ（図5.11を参照）．その論理はこうだ．直線に近い無差別曲線上では，限界代替率（MRS）はさほど変わらないので，相対価格が変化すると，消費者は無差別曲線上の移動距離を長くして，限界代替率を新たな価格比に一致させることになる．この論理は，他の財の価格が変化したときの影響についてあてはまる．代替効果にとって問題なのは，あくまで相対価格であって，変化する価格がA財かB財かは問題ではない．したがって，2財の無差別曲線の傾きが緩やかなとき，ある財の価格が上がれば，代替財へのシフトが大きくなり，逆にある財の価格が下がれば，代替財からのシフトが大きくなる．

第5章　個人の需要と市場の需要　**323**

応用　映画館とホームシアター——代替財か補完財か

　映画館の経営者にとって，ホームシアターが映画館の代替財か補完財かは，経営存続に関わる重大な問題である．大画面の高画質テレビ，ブルーレイ，ダウンロード可能なデジタル映画，コンパクトなサラウンド・サウンド・システムなど，ホームシアター用の機器が改良され，自宅での映画鑑賞コストは大幅に下がった．20～30年前なら富裕層しか手に入らなかったホームシアターが，いまや中間層でも買えるようになった．自宅で見る映画が映画館で上映される映画の代替財であるとすれば，ホームシアターの価格低下によって映画館の入場者は減ることになる．一部の映画館が早晩行き詰まるのは確実だろう．そうではなく，自宅で見る映画が劇場映画の補完財であるとすれば，映画館の入場者は増え，映画館に新たな成長をもたらすだろう．

　どちらのケースもありうる．一方で，代替の余地があるのはあきらかだ．自宅での鑑賞が，劇場での鑑賞と遜色ないのであれば，直接的な支出や便利さといった点で自宅鑑賞のほうがコストが低いと考えられる．他方，自宅で映画を見るようになって，映画そのものへの興味が湧いてくれば——映画鑑賞が習慣になったり，映画の魅力に目覚めたり，お気に入りの俳優ができて出演作品を全部見るようになり，気に入った作品を繰り返し見ることもあるだろう——以前に比べて映画館に通う回数が増えることもありうる．自宅では得がたい体験を映画館が提供する場合はとくにそうだ（一緒に笑ったり叫んだりする観客の存在や，油でベタベタのポップコーンも映画館ならではだ）．

　データでは，代替財か補完財かという問いに対する明確な答えはいまのところない．図5.20には，1980年以降の全米の映画興行収入の推移（2010年を基準にしたインフレ調整後）と1人あたりのチケット販売枚数を示した．[8] この間，興行収入は全体としては増加基調にあるが，1990年代に大きく増加した後，2002年にピークアウトしている．2002年から2010年にかけての減少率は5％弱だが，2009年，2010年が当たり年だったことで減少幅が

---

8)　ここでの「応用」のデータは以下による．www.boxofficemojo.com.

図5.20 米国の映画の興行収入と1人あたりのチケット販売枚数，1980–2010年

期間中，劇場の興行収入は上昇基調をたどったが，2002年にピークアウトしている．

緩和されているとみられる．1人あたりのチケット販売枚数（1人が年間に劇場で鑑賞する平均回数と考えられる）は変動が大きいが，似たようなパターンを描き，1990年代に大きく伸びた後，2002年をピークに減少に転じている．減少幅は興行収入よりも大きいが，2010年には5.5枚から4.3枚に約20％減っている．

2002年以降に劇場での鑑賞回数が減っているのは，自宅での映画鑑賞が代替財である可能性を示唆している．というのは，大画面の高品質テレビとディスクが手に入りやすくなった時期と重なっているからだ．だが，このデータはノイズが多い．年ごとのばらつきが大きいため，これが長期的なトレンドなのか，映画の質やビデオ・ゲームなどの他の娯楽の価格が変化したことによる一時的な現象なのかはっきりしない．さらに，VCR，DVDプレーヤー，初期のサラウンド・サウンド・システムなどは1980年代から90年代にかけて広く普及したが，この間，興行収入も1人あたりチケット販売枚数も増えており，映画業界の打撃にはなっておらず，自宅での映画鑑賞が補完財であった可能性を示している．

おそらく映画館の経営者は，安くて品質の高いホームシアターに助けられ

第5章　個人の需要と市場の需要　　325

るだろう．ここで，もう一度，1946年を振り返ってみよう．テレビがまだ一般家庭に普及していなかった当時，総人口が1億4,000万人に対し，映画のチケット販売枚数は40億枚を上回っていた（現在の人口は3億1,000万人強だ）．1人が平均28回，映画館に通った計算だ！ 1956年には，販売枚数は半分になった．当時，映画館とテレビは代替財であった可能性が高い．映画館とホームシアターについて同じことがあてはまるかどうかは，時が経てばわかるだろう．■

5.5 個人の需要曲線を結合して，市場の需要曲線をつくる

　消費者需要を調べるなら，1人の消費者の需要ではなく，すべての消費者の需要を足し合わせた総需要に関心を持つのが一般的だ．たとえば，二輪車メーカーが生産台数と価格を決めるにあたって，最も重要なのは二輪車市場全体の需要である．[9] 同様に，政府がタイヤの消費税や関税収入を試算する際も，タイヤ市場全体の需要に注目する．

　ある財の市場全体の需要は，その財に対する個人の需要を足し合わせたものである．つまり，ある財の任意の価格での市場全体の需要量は，その価格での消費者の需要量を合計したものである．

　どのように足し合わせるかを図示したのが図5.21である．いま，レーザー・スクーターの消費者は，あなたと従兄だけだとする．市場全体の需要曲線は，それぞれの需要曲線を水平に足し合わせてできる．たとえば，価格が40ドルのとき，それぞれが3台ずつ欲しければ，市場全体の需要は6台になる．価格が20ドルのとき，あなたが4台，従兄が8台欲しければ，市場全体の需要は12台になる．実現可能なすべての価格での個々の消費者の需要

---

9)　この法則の例外は，企業が顧客によって価格を変える場合である（経済学では，価格差別という）．第10章で詳しくみるが，この場合，企業は市場全体の需要だけでなく，個々の顧客の需要曲線を活用することができる．顧客の需要に応じて価格を変えることで，企業は利潤を多く確保できる．

量をすべて足し合わせると，市場の需要曲線ができあがる．

市場の需要曲線

市場の需要曲線に関して留意すべき点が3つある．第1に，市場の需要曲線は，つねに任意の個人の需要曲線の右側になる．任意の価格における，すべての消費者の需要量の合計は，最低でも1人の消費者の需要量と同じになるからだ．第2に，同様の理由で，市場の需要曲線の傾きは，任意の個人の需要曲線との傾きと同じか，緩やかなものになる．ということは，価格が変化すると，市場全体の需要量は，任意の個人の需要量と同じか，それ以上に変化する．[10] 第3に，価格が高すぎて，その財を求める消費者が1人しかいないとすれば，この消費者の需要曲線は，その価格で市場全体の需要曲線に重なることになる．

数式を使って市場全体の需要量を求める

グラフと同じように，数式を使って個人の需要から市場全体の需要を算出することができる．図5.21の2つの需要曲線は，以下の数式で表される．

$$Q_{あなた} = 5 - 0.05P$$

$$Q_{従兄} = 13 - 0.25P$$

市場全体の需要を把握するにはまず，2人の需要曲線を足し合わせる．

$$Q_{市場} = Q_{あなた} + Q_{従兄} = (5 - 0.05P) + (13 - 0.25P)$$

$$Q_{市場} = 18 - 0.3P$$

図5.21（c）の曲線上のAの部分で，需要量が共に0を超えているかぎりは，

---

10) 市場の需要曲線の傾きは，つねに個人の需要曲線のそれよりも緩やかだが，必ずしも市場の需要曲線の弾力性が個人の需要曲線より高いことを意味するわけではない（もっとも，高いケースが多いが）．というのは，弾力性は傾きだけでなく，需要の水準に依存するからである．価格のパーセント変化（弾力性の等式の分母）は，個人も市場全体も同じになる．個人の数量変化は小さいが，需要の水準も低くなる．需要の水準が十分に低ければ，個人の数量のパーセント変化によって，個人の需要の弾力性は，市場全体と同じか大きくなりうる．

図5.21 市場の需要曲線

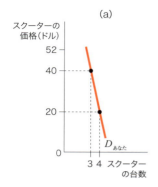

(a) あなたの市場需要曲線 $D_{あなた}$ は，各価格帯でスクーターが何台欲しいかを示す．1台=40ドルなら3台，20ドルなら4台である．

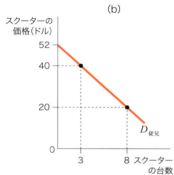

(b) 従兄の需要曲線 $D_{従兄}$ は，従兄があなたより価格に敏感なことを示している．1台=40ドルなら，あなたと同じく3台欲しいが，20ドルなら8台欲しい．

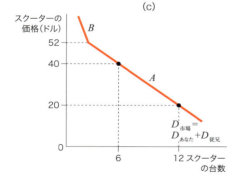

(c) あなたと従兄だけから成る市場全体の需要曲線 $D_{市場}$ は，あなたの需要曲線 $D_{あなた}$ と従兄の需要曲線 $D_{従兄}$ を足し合わせたものになる．1台=40ドルのとき，2人とも3台欲しいので，市場全体の需要 $D_{市場}$ は，合計して6台になる．1台=20ドルのとき，あなたは4台，従兄は8台ほしいので，市場全体の需要は合計で12台になる．1台が52ドルを超えると，従兄の需要は0になるので，市場全体の需要はあなたの需要と重なり，需要曲線は52ドルで屈折することになる．市場全体の需要曲線はつねに，個人の需要曲線よりも傾きが緩やかで，右側に位置することになる．

価格をあてはめると図の需要量と同じになる．等式にしたがうと，価格$P=$40のとき，市場の需要$Q_{市場}=6$に，$P=20$のとき，$Q_{市場}=12$になり，図と同じになる．

だが，これで終わりではない．あなたと従兄では，スクーターを1台も買わない価格——需要消滅価格が異なる．あなたは100ドルで，従兄は52ドルである（これらの価格を等式に代入すれば，需要量が0になることを確認できる）．つまり，価格が52ドルを超えると，従兄の需要量は0になるので，市場の需要はあなたの需要だけになる．マイナスの需要は許されていない．52ドルを超えると，従兄の需要量はマイナスになるが，2人の需要曲線を足し合わせるとき，このマイナスの需要は考慮されない．したがって，価格が52ドルから100ドルでは，市場の需要はあなたの需要と等しく，$Q=5-0.05P$であり，価格が52ドル未満では，市場の需要はあなたと従兄の需要量の合計に等しく，$Q=18-0.3P$になる．つまり，市場全体の需要は$P=52$で屈折する．

これで合格

需要曲線を垂直ではなく水平に足す

個人の需要曲線から市場の需要曲線を導くのは，考え方としてはきわめて単純だ．留意すべき点が1つだけある．価格ではなく量を足していくのだ．グラフでは，個人の需要を垂直ではなく水平に足していくことになる．

水平に足していけば，すべての個人の需要量を足し合わせていることになる．市場の需要は，任意の価格における総需要量なのだから，これがまさに求めるものだ．これに対して，個人の需要曲線を垂直に足すとすれば，需要量は一定として，価格を足し合わせていることになる．考え方としてはまったくの別物であり，少なくとも，このケースでは何の意味もなさない．

同じように，グラフではなく数式を使って，個人の需要曲線から市場の需要曲線を導くのであれば，個人の需要量を価格の関数として書いて

第5章　個人の需要と市場の需要　329

おく必要がある．この需要量を足し合わせたものが，求める市場全体の需要量である．これに対して，価格を数量の関数として表した等式（経済学でいう「逆需要曲線」）を足すのは，個人間で需要量は一定として，価格を足し合わせるという，見当違いのことをしていることになる．

5.4 解いてみよう

　トビー・エーカーズという町に1軒のガソリンスタンドがあり，顧客はジョニーとオリビアの2人しかいないとしよう．ジョニーは四輪駆動のピックアップトラック，オリビアはプリウスに乗っている．ジョニーのガソリン需要は$Q_J = 32 - 8P$，オリビアのガソリン需要は$Q_O = 20 - 4P$で表される．Qの単位はガロン，Pは1ガロンあたりの価格である．
a. トビー・エーカーズのガソリン市場全体の等式を解け．
b. トビー・エーカーズにおけるガソリン市場全体の需要曲線を示すグラフを描け．

解答：
a. 市場全体の需要曲線は，個人の需要曲線を水平に足して求められた．水平に足すとは，それぞれの価格における需要量を足し合わせることである．この例では，ジョニーとオリビアの需要量を足し合わせれば，市場全体の需要量になる．すなわち，

$$Q_{市場} = Q_J + Q_O$$
$$= (32 - 8P) + (20 - 4P)$$
$$= 52 - 12P$$

　しかし，2つの需要曲線を足し合わせただけでは話は終わらない．ガソリンの価格が1ガロン＝4ドル以上に上がると，ジョニーはガソリンを一切買おうとしなくなる．1ガロン＝4ドルが，ジョニーの需要消滅価格である．すなわち，

$$Q_J = 32 - 8P$$

$0 = 32 - 8P$

$8P = 32$

$P = 4$

ガソリン価格が1ガロン＝4ドルになれば，市場にはオリビアしかいなくなる．オリビアの需要消滅価格は，以下のとおり5ドルである．

$Q_O = 20 - 4P$

$0 = 20 - 4P$

$4P = 20$

$P = 5$

つまり，以下のようにまとめられる．ガソリン価格が1ガロンあたり4ドルを下回っているかぎり，市場全体の需要は，ジョニーとオリビアの需要を足し合わせたものである．4ドルから5ドルのあいだでは，市場の需要はオリビアの需要に等しい．5ドル以上になると，需要は0になる．

b. 下図は，トビー・エーカーズの市場全体のガソリン需要を示している．見てのとおり，ジョニーとオリビアの需要消滅価格が異なるため，市場全体の需要曲線は屈折している．Aの部分は，ガソリン価格が4ドル未満のときの市場の需要量で，ジョニーとオリビアの需要量を水平に足し合わせたものである．Bの部分は，ガソリン価格がジョニーの需要消滅価格を上回っているため，市場にオリビアしかいないときの市場の需要量である．価格が5ドル以上になると，需要量は0になる．

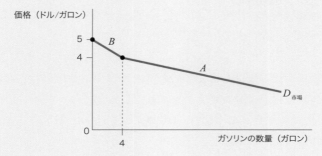

5.6 結論

この章では，第4章で紹介した消費者選択モデルを使って，需要曲線の成り立ちと，需要曲線をシフトさせる要因についてみてきた．ある財について，消費者の需要を動かすさまざまな要因——消費者の所得，ある財の価格，他の財の価格——の変化が，消費者の効用最大化バンドルに及ぼす影響，またそれを通して需要曲線へ及ぼす影響を検証した．

ある財の価格変化に対する消費者の需要の変化を2つの要素——代替効果と所得効果に分類した．代替効果とは，ある財の価格の変化に伴い，2財の相対価格が変化することによる消費量の変化である．所得効果とは，ある財の価格の変化が消費者の購買力に影響を与え，それによって消費者の最適バンドルが変化することを指す．

また，ある財の個人の需要曲線を足し合わせると市場全体の需要曲線ができあがることもみた．

この章の最後に，消費需要を決定する要因に関する問題を掲げている．次の章では，生産者行動と市場の供給サイドをみていこう．

まとめ

1. 価格は不変で，消費者の所得が変化する場合，予算制約線は平行にシフトし，消費者の需要曲線に影響を与える．**エンゲル曲線**は，所得とある財の需要量の関係を示したものである．ある財の価格が上昇したとき，需要量が増えるか減るかは，その財の種類に依存する．**正常財**は，所得が増えれば需要が増加する財である．**下級財**は，所得が増えると需要量が減る財である．正常財のなかで，**所得弾力性**が0と1のあいだの財（支出に占める割合の伸びが，所得の伸びを下回る財）を**必需財**（必需品）という．所得弾力性が1より大きい財（支出に占める割合の伸びが，所得の伸びを上回る財）は**贅沢財**という．[5.1 節]

2. ある財の価格の変化がその財の需要量にどんな影響を与えるかによっ

332 第2部　消費と生産

て，需要曲線の形状が決まる．ある財の価格が変化するとき，他の財の価格や消費者の所得，選好が変わらないものとして，消費者の効用最大化バンドルへの影響を検証することによって消費者の需要曲線を描く．選好や価格が変わらず，所得が変化するとき，需要曲線がシフトしうる．所得や価格が変わらず，選好が変わるときも需要曲線はシフトしうる．[5.2節]

3. ある財自体の価格が変化する場合の需要量への**総効果**は，2つの要素に分解できる．

　　代替効果は，消費者を相対的に安くなった財に向かわせ，相対的に高くなった財を減らす方向にシフトさせる．これは，相対価格の変化による当初の無差別曲線上の動きとして表される．

　　所得効果は，ある財の価格変化によって，消費者の購買力が変化するために起こる．価格が低下すれば，消費者の購買力が向上し，選択できるバンドルが増加する一方，価格が上昇すると，消費者の購買力が低下し，選択できるバンドルは減少する．所得効果は，消費者の効用の変化を反映した新たな無差別曲線への動きとして表される．所得効果が需要量を増やすか減らすかは，財が正常財か下級財かに依存する．正常財の場合は，所得が増えれば需要が増えるが，下級財の場合は，所得が増えれば需要が減る．下級財の場合，所得効果が十分に大きければ，理論的にその価格が上昇したとき，需要量が増加することがありうる．だが，**ギッフェン財**と呼ばれるこの財は，現実の世界ではきわめて稀である．[5.3節]

4. ある財の需要曲線は，他の財の価格が変化するとシフトする．こうした交差価格効果が需要をどちらの方向にシフトさせるかは，2財の関係に依存する．2財が**代替財**の場合，一方の財の価格が上がれば，割高になった財から代替財に切り替えるため，代替財の需要が増える．2財が**補完財**の場合，ある財の価格が上がれば，もう一方の財の需要も減る．補完財とは，一緒に消費されることの多い財である．[5.4節]

5. 個人の需要曲線を足し合わせていくと，市場全体の需要曲線ができあがる．任意の価格での市場全体の需要は，この価格でのすべての個人の需

第5章 個人の需要と市場の需要 **333**

要の合計になる．言い換えれば，市場需要は個人の需要を水平に足し合わせたものである． [5.5節]

復習問題
(解答は以下のサイトで入手できる．https://store.toyokeizai.net/books/9784492314951)

1. 所得効果を定義せよ．所得効果を切り離すには，どの変数を不変にすればいいか．
2. 正常財と下級財，贅沢財の違いは何か．
3. 所得消費曲線もエンゲル曲線も，消費選択に対する所得効果を示している．所得消費曲線を使うのはどんなときか．エンゲル曲線のほうが役に立つのはどんなときか．
4. ある消費者の無差別曲線から需要曲線を導く方法を説明せよ．需要曲線が右下がりになると予想するのはなぜか．
5. ある消費者のピザの需要曲線をシフトさせうる要因を，最低でも3つあげよ．それぞれの要因が需要に及ぼす影響を説明せよ（需要を増やすのか，減らすのか）．
6. 代替効果を定義せよ．所得効果とどのような関係にあるか．
7. 価格が変化したときの消費者の反応を，所得効果と代替効果に分解する方法を説明せよ．
8. 正常財と下級財では，所得効果と代替効果にどんな違いがあるか．
9. ギッフェン財とはどんな財か．
10. 補完財，代替財とはどんな財か．
11. 需要の交差価格弾力性がプラスのとき，2財は補完財か代替財か．交差価格弾力性がマイナスになる財は，どのようなタイプの財か．
12. 2財に関して，無差別曲線の形状からどんなことがいえるか．
13. 市場全体の需要は，個人の需要曲線とどう関係しているか．
14. 市場全体の需要曲線の傾きは，つねに任意の個人の需要曲線と同じかそれ以下になるのはなぜか．

演習問題
(＊をつけた演習問題の解答は，以下のサイトで入手できる．https://store.toyokeizai.net/books/9784492314951)

1. 下級財の具体例をあげるよう指示するミクロ経済学の指導教員に対し，学生は「どんなに貧しくても，ラーメンは下級財である」と答えた．学生の答えが間違いである理由を説明せよ．
2. 1つの無差別曲線の形状だけをみて，正常財か下級財かわかるだろうか．考えを述べよ．
*3. アンドリューの所得は30ドルで，これでカップケーキとふつうのケーキを買う．カップケーキは5ドルである．アンドリューは，下図のような選好をしているとする．

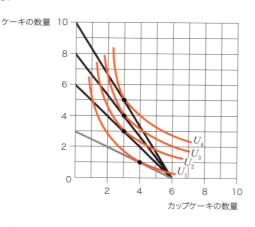

   a. これを念頭に，アンドリューのケーキの需要曲線を描け．
   b. ケーキの価格が変化するとき，所得効果と代替効果のどちらが大きいか．図に描かれたすべての価格変化について答えよ．
   c. アンドリューの選好がケーキとカップケーキを区別しない方向にシフトすれば（ケーキとカップケーキがとくに近い代替財だとすれば），彼の無差別曲線の傾きはすべて緩やかになる．アンドリューのケーキの需要曲線はどう変化するか．
4. 価格は一定で，アリスが購入する本の冊数は以下の表のとおりだとする．

所得（1,000ドル）	購入書箱の最適冊数
5	5
10	6
15	20
20	25
25	26

30	10
35	9
40	8
45	7
50	6

a. アリスの本のエンゲル曲線を描き，本が下級財である範囲と正常財である範囲を示せ．

b. 贅沢財とは所得弾力性が1を上回る財である．アリスにとって，本が贅沢財である範囲を示せ．

*5. 下図のようにパスタの価格が上昇したため，米(コメ)とパスタの2財から成るソーニャの最適消費バンドルは，AからBにシフトした．

a. この図のコピーをトレースして，代替効果と所得効果を図で示せ．

b. 所得効果と代替効果のどちらが大きいか．その理由も述べよ．

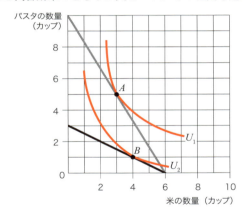

6. キムの効用関数は以下のとおりである．$U = 5X + 2Y$, $MU_X = 5$, $MU_Y = 2$

a. キムは，X財を価格P_X，Y財を価格P_Yで，最適量，消費しているとする．X財の価格をY財の価格で表すとどうなるか．

b. P_Xが倍になる一方，P_Yが変わらないとすれば，キムの消費量はどう変化するか．

7. 市場全体の需要曲線の傾きは，つねに個人の需要曲線のそれより緩やかである．では，市場全体の需要の価格弾力性もまた，つねに個人の需要の価格弾力性より小さいのだろうか．その理由を述べよ．

8. 以下の記述は正しいか，間違っているか，どちらとも言えないか．また，その理由を述べよ．
    a. 時計の価格が10%上がり，時計への支出の対所得比は高まった．時計はギッフェン財である．
    b. 洪水の影響で，トウモロコシと大豆の価格が上昇した．トウモロコシと大豆が代替財なら，トウモロコシの需要量は減る．
    c. 財1と財2は代替財であり，財2と財3は代替財である．したがって，財1と財3は代替財のはずである．
9. グローバーは，クッキーと牛乳の2財を消費する．グローバーの所得消費曲線を下図に示した．この図から読み取れる情報に基づくと，以下の記述は正しいか，間違っているか．理由も説明せよ．

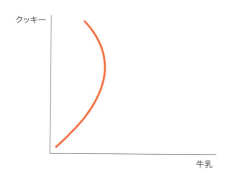

    a. 所得が低い水準では，グローバーにとってクッキーも牛乳も正常財である．
    b. グローバーの所得が増加するにしたがって，クッキーはいずれ下級財になる．
    c. さまざまな所得水準におけるグローバーの牛乳の消費について，エンゲル曲線を直観で描け．
    d. さまざまな所得水準におけるグローバーのクッキーの消費について，エンゲル曲線を直観で描け．
10. ジョシーはお菓子のフランが大の好物だ．フランと豆腐に関するジョシーの選好曲線は，次ページの図のとおりである．
    ここで，ジョシーの所得は40ドル，豆腐は1ドルだとする．
    a. フランが5ドル，8ドル，10ドルの場合について，ジョシーの予算制約線を描け．

b. それぞれの価格でのフランの最適消費量を求めよ．
c. ジョシーのフランの需要曲線は，どのような形状になるか．需要弾力性の観点から説明せよ．
d. フランの価格が変化したときの所得効果と代替効果の大きさについて，どんなことが言えるだろうか．

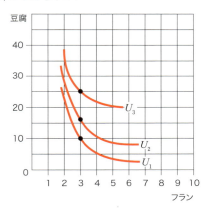

*11. 下の図は，DVD レンタルと映画館での鑑賞を 2 財とするタイラーの効用曲線である．

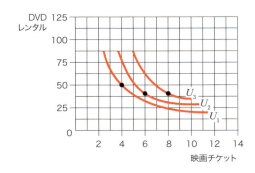

ここで，DVD レンタルは 1 ドルで一定，タイラーの週給は 100 ドルとする．
a. 映画館の入場料が 10 ドルの場合，タイラーの予算制約線を描け．単位に注意すること．タイラーは映画館に何回通うだろうか．
b. 別のグラフで，入場料が 10 ドルのときにタイラーが映画館に通う回数を示す点を書き込め．
c. 映画館の入場料が 12.5 ドルに上がった場合，タイラーは映画館で何回映

画を見るだろうか．bのグラフに書き込め．
d. タイラーは母親から映画館の入場料が7.5ドルになる割引券をもらった．映画館に何回通うだろうか．bのグラフに書き込め．
e. bで作ったグラフの点をつなぎ合わせて，タイラーの映画鑑賞チケットの需要曲線を完成せよ．

12. 下の3つの図は，3人の消費者，ボブ，キャロル，テッドについて，リンゴと桃の選好を示したものである．3人の所得は，それぞれ30ドル，リンゴの価格は2ドル，桃の価格は3ドルとする．

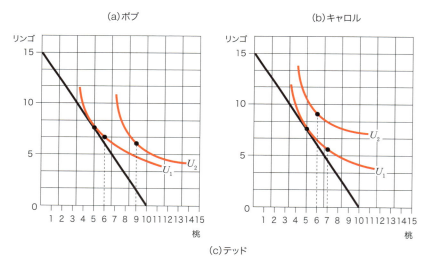

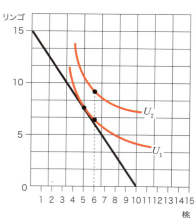

a. 桃の価格が2ドルに下がった場合，それぞれの消費者について新たな予算制約線を描き，それぞれの最適消費バンドルを求めよ．新たな桃の消費量は，当初と比べてどうか．下表の1列目に，1単位増えた場合は＋1として，変化を書き込め．

b. 新たな予算制約線と傾きは同じで，消費者の当初の無差別曲線に接する仮の予算制約線を描くことで，それぞれの消費者について，価格変化による代替効果を求めよ．下表の1列目の変化を示せ．

c. 次に所得効果を加えよう．各消費者の最終的な桃の消費量 (a) を，当初の消費量 (b) と比べよ．下表の右端の列に，変化を書き込め．2列目と3列目を足し合わせると，1列目の数値に等しくなること確認せよ．

d. ボブ，キャロル，テッドにとって桃は，正常財，下級財，所得非弾力的のうちどれにあたるか．

	価格変化の総効果	価格変化の代替効果	価格変化の所得効果
ボブ			
キャロル			
テッド			

*13. カルメンにとって，映画を2回見ることと，バスケットボールの試合を1回見ることの効用は等しい．

a. カルメンの無差別曲線は，どのような形状になるか．

b. カルメンの所得は90ドルである．映画館の入場料が10ドル，バスケットボールの観戦料が18ドルだとすると，カルメンの最適バンドルはどうなるか．

*14. 小豆と米の2財に関する，ガストンの選好を描いた下図について考えよう．ガストンの所得は20ドル．米1膳は2ドルである．

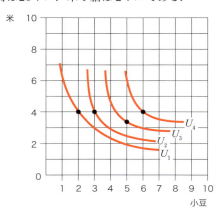

a. 小豆の価格が2ドル，4ドルの場合，ガストンの需要を求めよ．結果をグラフに書き込み，点を結んでガストンの小豆の需要曲線を完成せよ．
b. 米の価格が3ドルに上昇したとする．小豆の価格が2ドルまたは4ドルの場合，ガストンの需要を求めよ．
c. 米の価格が上がると，ガストンの小豆の需要は増えるか減るか．
d. cの答えから，米と小豆は代替財か補完財か答えよ．

15. 下図に示したハリーの無差別曲線について考えよう．

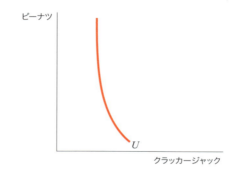

次の記述は，正しいか，間違っているか，その理由も答えよ．
a. ピーナツとクラッカージャック〔糖蜜で固めたポップコーン〕は，明らかに補完財である．
b. ピーナツもクラッカージャックも，明らかに正常財である．

16. 以下の記述は正しいか，間違っているか．ピザとパイの一種カルツォーネが代替財だとすれば，その2財が補完財の場合とは価格変化による代替効果の方向が違ってくる．グラフを使って説明せよ．

17. アーメンが住むワシントン州は，ブドウ栽培が盛んである．双子の兄アレンが住むニューヨークでは，ブドウがワシントン州からトラックで運ばれてくるが，1ポンドあたり0.2ドルの固定費用がかかる．アーメンとアレンの選好はまったく同じだが，アーメンは質の低いブドウを，アレンは質の高いブドウを買う傾向がある．無差別曲線を使って，この奇妙な現象を説明せよ．

18. 筆記用具に関して，ミッチはどれだけ書けるかにしか興味がない．ペンは文書7マイル分，鉛筆は35マイル分書けるので，5対1で完全代替の関係にあると考えている．ペンの価格が$P_{ペン}$，鉛筆の価格が$P_{鉛筆}$で，ミッチの所得がYで与えられている場合，無差別曲線による分析を活用して，鉛筆の需要曲線

第5章 個人の需要と市場の需要 **341**

を描け.

19. 一般的な無差別曲線を持つブレディは,毎年,16オンスの塩を買う.価格が2倍になっても,購入する塩の量は16オンスきっかりで変わらない.

a. 次の記述は正しいか,間違っているか,その理由も答えよ.
ブレディにとって塩は,下級財でも正常財でもない.

b. ブレディにとって塩の価格弾力性はいくらか.

c. ブレディにとって塩の所得弾力性はいくらか.

d. 塩の価格が変化したとき,代替効果と所得効果はどうなるか.

*20.典型的なニューヨーカーであるヨシは,1本3ドルの44オンス入りのソーダを年間200本飲む.肥満の蔓延を懸念したニューヨーク市長は,炭酸飲料1本あたり0.5ドルの税金を課すことにした.さらに,住民1人あたり100ドルを給付し,価格上昇分を補填することを提案した.

a. ヨシのソーダの消費量はどうなるか.ソーダをX軸に,その他の財(価格1ドル)をY軸とする無差別曲線を使って説明せよ.

b. 市当局の政策によって,ヨシの効用は向上するか,低下するか,変わらないか.グラフを使って説明せよ.

c. この政策によって,市の税収は増えるか,減るか,変わらないか.理由も説明せよ.

第5章 補論
所得効果および代替効果の微分

　第5章では，ある財の価格変化が消費者の消費に2通りの影響を与えることをみた．1つは代替効果であり，ある財の相対価格の変化に伴って最適消費バンドルを変化させることで効用水準を維持するという効果である．もう1つが所得効果であり，消費者の購買力の変化に伴う最適消費バンドルの変化を指す．第5章の本論では，横軸に財X，縦軸に財Yをとった下図のようなグラフを使って，これら2つの効果を解明した．当初の最適消費バンドルはAである．財Xの価格が下落し，財Yの価格は変わらないとき，最適消費バンドルはBになる．財Xの価格は下落するが，効用水準はバンドルAと変わらないとき（無差別曲線U_1上），最適消費バンドルはA'である．グラフでは，代替効果はバンドルAからA'への変化，所得効果はバンドルA'からBの変化で表される．また，総効果はこれら2つの効果の合計，あるいはAからBへの変化で表される．

　グラフを使って所得効果と代替効果に分解する方法は，やや煩雑になる．

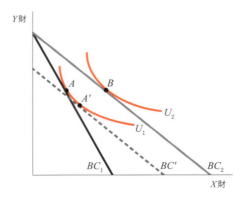

第5章補論：所得効果および代替効果の微分　**343**

というのは，複数の予算制約線，無差別曲線，およびそれぞれのシフトを追わなければならないからだ．グラフにみられる効果を，第4章の補論で学んだ消費者問題の解法に結びつけるのが微分である．これら効果の解を得るには，2段階のプロセスが必要になる．まず，新たな消費バンドルBを見つけることで総効果を導出する．次に消費バンドルA'を解けば，代替効果と所得効果の両方を特定することができる．

予算制約が$I = P_X X + P_Y Y$（グラフのBC_1），効用関数が標準的なコブ=ダグラス型の$U(X, Y) = X^\alpha Y^{1-\alpha}$（$0 < \alpha < 1$）である消費者について考えてみよう．グラフの点$A$は，制約付き最適化問題の解である．

$$\max_{X, Y} U = X^\alpha Y^{1-\alpha} \qquad \text{s.t.} \quad I = P_X X + P_Y Y$$

第4章の補論では，この効用最大化問題の解を求め，最適消費バンドルAは$\left(X_A = \dfrac{\alpha I}{P_X}, \ Y_A = \dfrac{(1-\alpha) I}{P_Y} \right)$であることがわかった．

ここで財Xの価格P_XがP_X'に低下したとしよう．消費者の効用関数は以前と変わらないが，財Xの価格変化に伴って消費者の予算制約線は外側にシフトし，$I = P_X' X + P_Y Y$となる（グラフのBC_2）．今回も，効用最大化を使って最適消費バンドルを求める．

$$\max_{X, Y} U = X^\alpha Y^{1-\alpha} \qquad \text{s.t.} \quad I = P_X' X + P_Y Y$$

この問題の解はわかっているので，財Xの新たな価格を代入して，新たな最適消費バンドル$B\left(X_B = \dfrac{\alpha I}{P_X'}, \ Y_B = \dfrac{(1-\alpha) I}{P_Y} \right)$を求めることができる．これで，財$X$の価格変化が消費バンドルに与える総効果，すなわち新たな消費バンドル$B\left(\dfrac{\alpha I}{P_X'}, \ \dfrac{(1-\alpha) I}{P_Y} \right)$と当初の消費バンドルの差$\left(\dfrac{\alpha I}{P_X}, \dfrac{(1-\alpha) I}{P_Y} \right)$がわかる．この例で，財$X$の価格変化は，消費者が購入する財$Y$の数量には影響しない点に留意したい．各財の需要が，他の財の価格変化と無関係なのは，コブ=ダグラス型の効用関数に特有の性格である．この結

344 第2部 消費と生産

果は，必ずしも他の効用関数にあてはまるわけではない．

効用最大化問題を解くと，最終的な最適消費バンドル B が得られる．だが，知りたいのは，価格変化が消費バンドルに与える総効果だけではない．この総効果を代替効果と所得効果に分解したい．バンドル A' を求めることで2つの効果に分けることができる．

代替効果とは何か．消費者の効用水準が一定のとき，2財の相対価格の変化が需要量に与える効果である．どうやって，この効果を測ればいいのだろう．簡単である．今回のように，当初の効用水準と財の価格がわかっている場合，支出最小化がこの問題の答えを引き出してくれる．当初の効用水準 U_1 を制約条件とする消費者の支出最小化問題は，以下のように書ける．

$$\min_{X,Y} I = P_X'X + P_YY \qquad \text{s.t.} \quad U_1 = X^\alpha Y^{1-\alpha}$$

ラグランジュ式では以下のようになる．

$$\min_{X,Y,\lambda} \mathcal{L}(X, Y, \lambda) = P_X'X + P_YY + \lambda(U_1 - X^\alpha Y^{1-\alpha})$$

1階条件は以下のとおりである．

$$\frac{\partial \mathcal{L}}{\partial X} = P_X' - \lambda \alpha X^{\alpha-1}Y^{1-\alpha} = 0$$

$$\frac{\partial \mathcal{L}}{\partial Y} = P_Y - \lambda(1-\alpha)X^\alpha Y^{-\alpha} = 0$$

$$\frac{\partial \mathcal{L}}{\partial \lambda} = U_1 - X^\alpha Y^{1-\alpha} = 0$$

最初の2つの条件を使って Y を解くと，以下のようになる．

$$\lambda = \frac{P_X'}{\alpha X^{\alpha-1}Y^{1-\alpha}} = \frac{P_Y}{(1-\alpha)X^\alpha Y^{-\alpha}}$$

$$P_X'(1-\alpha)X^\alpha Y^{-\alpha} = P_Y \alpha X^{\alpha-1}Y^{1-\alpha}$$

$$Y^{1-\alpha}Y^\alpha = \frac{(1-\alpha)}{\alpha}\frac{P_X'}{P_Y}X^\alpha X^{1-\alpha}$$

$$Y = \frac{(1-\alpha)}{\alpha}\frac{P_X'}{P_Y}X$$

第5章補論：所得効果および代替効果の微分　345

Xの関数としてのYを制約式に代入して消費バンドルA'を求める.

$$U_1 = X^\alpha Y^{1-\alpha} = X^\alpha \left[\frac{(1-\alpha)}{\alpha} \frac{P'_X}{P_Y} X \right]^{1-\alpha}$$

$$U_1 = X^\alpha X^{1-\alpha} \left[\frac{(1-\alpha)}{\alpha} \frac{P'_X}{P_Y} \right]^{1-\alpha} = X \left[\frac{(1-\alpha)}{\alpha} \frac{P'_X}{P_Y} \right]^{1-\alpha}$$

$$X_{A'} = U_1 \left[\frac{\alpha}{(1-\alpha)} \frac{P_Y}{P'_X} \right]^{1-\alpha}$$

次に，このXの最適値を前出のXの関数としてのYの等式に代入する.

$$Y_{A'} = \frac{(1-\alpha)}{\alpha} \frac{P'_X}{P_Y} X_{A'} = \frac{(1-\alpha)}{\alpha} \frac{P'_X}{P_Y} U_1 \left[\frac{\alpha}{(1-\alpha)} \frac{P_Y}{P'_X} \right]^{1-\alpha}$$

単純化するため，第3の項の逆数をとって，前の項と結合する.

$$Y_{A'} = \frac{(1-\alpha)}{\alpha} \frac{P'_X}{P_Y} U_1 \left[\frac{(1-\alpha)}{\alpha} \frac{P'_X}{P_Y} \right]^{\alpha-1}$$

$$= U_1 \left[\frac{(1-\alpha)}{\alpha} \frac{P'_X}{P_Y} \right]^{\alpha}$$

新たな価格と当初と変わらない効用水準における消費者の最小支出問題を解くことで，代替効果と所得効果のパズルの第3のピース——A'が手に入る.[1] 以上の(A, A', B)の3つのバンドルがあれば，代替効果と所得効果がわかる. 代替効果は，当初の消費バンドルと，新たな価格で購入するが効用水準は変わらない消費バンドルの差であり，AからA'への変化である. 所得効果とは，新たな価格で購入するが効用水準は変わらない消費バンドルと，新たな価格で購入することで購買力が変化した消費バンドルとの差であり，A'からBへの変化である. 総効果は代替効果と所得効果の合計であり，AからBへの変化である.

---

1) バンドルA'の答えを確かめるには，新たな価格，所得，効用関数をもとに効用最大化問題を解いて，最適消費バンドルを求めればいい. 第4章の補論でみたように，答えは同じになる.

346　第2部　消費と生産

5A.1 解いてみよう

　価格変化に伴う総効果を代替効果と所得効果に分解する方法は，具体的な問題を解いてみるとわかりやすい．第4章の「4.4 解いてみよう」に戻って考えてみよう．アントニオは，ハンバーガーとフライドポテトの2財を消費し，効用関数は $U(B, F) = \sqrt{BF} = B^{0.5}F^{0.5}$，所得は20ドルである．当初の価格は，ハンバーガー1個が5ドル，フライドポテト1パックが2ドルであった．

a. 当初価格でのアントニオの最適消費バンドルと効用を求めよ．

b. ハンバーガーの価格が1個10ドルに値上がりし，フライドポテトの価格は2ドルのままだとする．新たな価格でのアントニオの最適消費バンドルはどうなるだろうか．この変化を，総効果，代替効果，所得効果に分解せよ．

解答：

a. この問題は第4章の補論で解いたが，この答えがなければ，問題bの総効果，代替効果，所得効果を求めることができない．ハンバーガーが5ドル，フライドポテトが2ドルのとき，アントニオの制約付き最適化問題は以下のようになる．

$$\max_{B, F} U = B^{0.5}F^{0.5} \qquad \text{s.t.} \quad 20 = 5B + 2F$$

　アントニオはハンバーガー2個，フライドポテトを5パック消費する．この最適消費バンドルの効用は，$B^{0.5}F^{0.5} = 2^{0.5}5^{0.5} = 10^{0.5}$ となる．

b. ハンバーガーの価格が当初の2倍の10ドルになるとき，アントニオの予算制約式は $20 = 10B + 2F$ となり，新たな効用最大化問題は以下のように書き換えられる．

$$\max_{B, F} U = B^{0.5}F^{0.5} \qquad \text{s.t.} \quad 20 = 10B + 2F$$

　このため，制約付き最適化問題をラグランジュ式として書き換え，値上がりしたハンバーガー価格での新たな最適消費バンドルを求めな

ければならない.

$$\max_{B, F, \lambda} \mathcal{L}(B, F, \lambda) = B^{0.5}F^{0.5} + \lambda(20 - 10B - 2F)$$

$$\frac{\partial \mathcal{L}}{\partial B} = 0.5B^{-0.5}F^{0.5} - 10\lambda = 0$$

$$\frac{\partial \mathcal{L}}{\partial F} = 0.5B^{0.5}F^{-0.5} - 2\lambda = 0$$

$$\frac{\partial \mathcal{L}}{\partial \lambda} = 20 - 10B - 2F = 0$$

最初の2つの条件を使ってλを解き,次にBの関数としてFを求める.

$$\lambda = 0.05B^{-0.5}F^{0.5} = 0.25\,B^{0.5}F^{-0.5}$$

$$F^{0.5}F^{0.5} = 20 \times 0.25 \times B^{0.5}B^{0.5}$$

$$F = 5B$$

Fのこの値を予算制約式に代入する.

$$20 = 10B + 2F$$

$$20 = 10B + 2 \times 5B$$

$$20 = 20B$$

$$B^* = 1\ (個)$$

$$F^* = 5B = 5 \times 1 = 5\ (パック)$$

　ハンバーガーが5ドルから10ドルに値上がりしたことを受けて,アントニオはハンバーガーの消費量を減らすが,フライドポテトの消費量は変えない.このため,ハンバーガーの値上がりによる総効果は,ハンバーガーの消費を1個減らすこととなり,フライドポテトの消費は5パックのまま変わらない.

　次に,支出最小化を使って代替効果と所得効果を導出する.求めたいのは,ハンバーガーの価格が10ドルに値上がりする一方,効用水準はハンバーガーが5ドルのときと変わらないとき,アントニオはハンバーガーとフライドポテトをいくらずつ消費するかである.アントニオの第3の制約付き最適化問題は以下のようになる.

$$\min_{B,F} I = 10B + 2F \qquad \text{s.t.} \quad 10^{0.5} = B^{0.5}F^{0.5}$$

前述のようにラグランジュ式を使って解くことができるが，代わりに消費者の最適化問題の解についてわかっていることを使って，ハンバーガーのフライドポテトに対する限界代替率が両者の価格比に等しいとおき，FをBの関数として解いていこう．

$$\frac{MU_B}{MU_F} = \frac{P_B}{P_F}$$

$$\frac{0.5B^{-0.5}F^{0.5}}{0.5B^{0.5}F^{-0.5}} = \frac{10}{2}$$

$$\frac{F}{B} = \frac{10}{2}$$

$$F = 5B$$

このFの値を消費者の効用制約式に代入する．

$$10^{0.5} = B^{0.5}F^{0.5} = B^{0.5}(5B)^{0.5}$$

$$10^{0.5} = B \ (5^{0.5})$$

$$B' = \frac{10^{0.5}}{5^{0.5}} = 2^{0.5} \approx 1.4 \text{個のハンバーガー}$$

$$F' = 5B' \approx 5 \times 1.4 \quad \approx 7\text{パックのフライドポテト}$$

アントニオの支出最小化バンドルは，当初価格ではハンバーガー2個，フライドポテト5パックであったが，ハンバーガーの価格が上がり，効用水準が変わらない場合，ハンバーガー約1.4個，フライドポテトが7パックとなる．直観的にわかるように，ハンバーガーが相対的に高くなるとき，望ましいハンバーガーの消費量は減る一方，フライドポテトは相対的に安くなるため，望ましいフライドポテトの消費量は増える．代替効果が働いているのである．具体的にアントニオにとっての代替効果は，ハンバーガーの消費が0.6個減り（1.4－2＝－0.6），フライドポテトの消費が2パック増える（7－5＝2）ということだ．

第5章補論：所得効果および代替効果の微分　**349**

　このバンドルでアントニオの効用水準は当初バンドルと同じになるが，このバンドルを購入するには8ドル余計に支払わなければならない〔当初の支出が20ドルに対し，新たな支出は10ドル×1.4＋2ドル×7＝28ドル〕．ただし，アントニオが実際にこの28ドルの組み合わせのバンドルを購入するわけではない．あと1歩で，前述の効用最大化問題で得られた最終的な消費バンドル（ハンバーガー1個，フライドポテト5パック）にたどり着く．この最終的な消費バンドルを使って所得効果を導出する．ハンバーガーの値上がりによってアントニオの購買力は低下するため，ハンバーガーの消費が0.4個減り（1－1.4＝－0.4），フライドポテトの消費が2パック減る（5－7＝－2）．これが所得効果だ．アントニオの購買力が低下するので，2財の消費量はいずれも減っている．これはアントニオにとって，ハンバーガーとフライドポテトがどちらも正常財であることを意味する．

　結局，ハンバーガーの価格上昇によって変化するのは，アントニオのハンバーガーの消費量だけである．アントニオの消費バンドルにおよぼす総効果は，ハンバーガーの消費量の1個減（1－2＝－1）であり，これは代替効果（－0.6）と所得効果（－0.4）の合計である．一方，フライドポテトの消費におよぼす総効果は0である．代替効果（＋2）と所得効果（－2）がちょうど相殺するからである．

　ある財の価格変化に伴う総効果を代替効果と所得効果に分解する方法について，学んだことをおさらいしておこう．当初の最適消費バンドルを求めるには，当初の価格と所得における効用最大化問題を解く．次に，当初の効用水準を制約条件とし，新たな価格を使って支出最小化問題を解くことで，価格変化に伴う代替効果を特定する．これで，ある財の価格が変化したとき，効用水準が変わらないとすれば，消費バンドルはどう変わるか——代替効果がわかる．最後に，所得効果を求めるには，新たな価格と消費者の実質所得を使って効用最大化問題を解く．このバンドルと，先の支出最小化問題で解いたバンドルを比較すれば，価格変化に伴う購買力の変化で消費がどう変わ

350 第2部 消費と生産

るか，すなわち所得効果がわかる．

演習問題

1. マラチは，レンタルDVDとコーヒーの2財のみを消費する．効用関数は以下のとおりである．

$$U(R, C) = R^{0.75}C^{0.25}$$

Rはレンタル DVD の枚数，Cはコーヒーの杯数，である．

マラチの手持ちは16ドルで，レンタルDVDとコーヒーで使い切ろうと考えている．

a. DVDのレンタル料は1枚4ドル，コーヒーの価格は1杯2ドルである．マラチの最適消費バンドルを求めよ．

b. マラチの手持ちは変わらないが，レンタル会員になり，DVDのレンタル料が1枚2ドルに安くなるとする．レンタル料の低下が，マラチのレンタルDVDとコーヒーの消費に与える代替効果，所得効果，総効果を求めよ．

c. bの答えから，マラチにとってレンタルDVDとコーヒーは正常財か劣等財かを答え，その理由も説明せよ．

2. ある消費者の効用関数は $U(X, Y) = XY + 10Y$ であり，所得の100ドルを X 財，Y 財に使うものとする．

a. X 財，Y 財の価格はいずれも1単位＝1ドルである．ラグランジュ式を使って最適消費バスケットを求めよ．

b. X 財の価格が1単位＝5ドルに値上がりしたとする．ラグランジュ式を使って，新たな最適消費バスケットを求めよ．X 財の価格変化が各財の消費におよぼす総効果を求めよ．

c. ラグランジュ式を使って，X 財の価格上昇が各財の消費におよぼす代替効果を求めよ．X 財の価格が5ドルに上昇したとき，当初の効用水準を維持するには所得がいくら必要か．

d. X 財の価格上昇が各財の消費におよぼす所得効果を求めよ．各財は正常財か劣等財か．理由も説明せよ．

e. X 財の価格上昇の総効果が代替効果と所得効果の合計に等しいことを示せ．

第 2 部　消費と生産

生産者行動　第 6 章

　第 4 章の冒頭では，アマゾンのジェフ・ベゾスの立場に立って，電子書籍リーダー端末の「キンドル」を消費者に気に入ってもらうために，どんな機能を持たせたらいいかを考えてもらった．市場の分析が終わったところで，生産という概念を考え，その特性を抜き出そう．どんな方法でキンドルを生産するのか，生産量をどうするか，そのための原材料の構成をどうするか，工場の規模はどのくらいか．従業員は何人か．プラスチックはどのくらい必要か．どんな種類のマイクロプロセッサーを使うか．これらの費用を足し合わせた総費用はいくらになるか．キンドルが予想以上の人気で，増産を検討することになったとしよう．工場の規模は簡単に変えられないとすると，従業員の増員によってどれだけ増産できるだろうか．生産量を拡大すると，費用はどれだけ増えるだろうか．

　財やサービスの生産者は，こうした類いの問いにぶつかる．これからの何章かにわたって，こうした問いや答えを導き出す経済学が焦点になる．第 4 章と第 5 章は，市場の需要サイドを決定する消費者行動を扱っていた．この第 6 章では，市場の供給サイドを動かす生産者行動に注目する．

6.1 生産の基本

　財が消費されるには，まず生産されなければならない．**生産**（production）とは，人や企業，政府，あるいは非政府組織が，投入物を使って他の人や企業，政府が代金を支払ってくれるような財やサービスをつくり出すプロセスである．生産はさまざまな形をとりうる．たとえば，消費者が購入する**最終財**（final good）をつくる企業もあれば，電力や砂糖，広告サービスなど，他の企業の投入物になる**中間財**（intermediate good）をつくる企業もある．[1] 生産の範囲はきわめて広いので，一般的でなおかつ使えるモデルを構築するのは簡単ではない．その点は，前の2つの章でみた消費者行動モデルを構築した際と変わらない．

　生産モデルを構築するにあたり，まずは単純化のために，経済学で採用されている，企業の生産決定に関する一般的な想定をあきらかにしておこう．[2] そのうえで，**生産関数**（production function）という概念を紹介する．生産関数は，ある企業がさまざまな投入物の組み合わせから生産できる量を表したものである．つぎに，生産関数を所与として，企業のさまざまな選択について考える．どの投入物を使って生産するのか，従業員を何人雇うのか，設備をどのくらい購入するのか，といった選択である．投入物の構成が，各投入物の価格と生産関数の特性にどのくらい依存しているかをみていく．最後に，生産関数が，技術進歩や規模の違いをどの程度反映しているのか，といった個別のテーマについても検討していく．

　詳しい分析に入る前に，一言アドバイスしておこう．学生は生産者としてではなく消費者としての経験が豊富なので，消費や需要よりも生産や供給をむずかしく考えがちだ．だが，この章でみていくように，消費者と生産者の

　1）　本書全体を通して，「財」（good）という言葉を，トラック，コンピュータ，宝石などの有形物と，散髪，犬の散歩，ファイナンシャル・プランニングなどの無形のサービスの両方の意味で使っている．この使い方だと，有形か無形か，具体的か抽象的かに関係なく，消費者が価値を置くものは何であれ「財」である．

　2）　ここでは，「企業」（firm）を，生産者一般を指す言葉として使っている．生産者の多くは企業だが，財を生産する個人や政府，非営利組織も含めている．

第6章　生産者行動　353

意思決定の経済学には似ている点が数多くある．たとえば，企業が目標数量を生産するための費用を最小化しようとするのは，消費者が一定の効用水準を得るための費用を最小化しようとするのとよく似ている．

企業の生産行動に関する想定を単純化する

　実際に何かを生産するのは，途方もなく複雑な作業だ．街のレストランについて考えてみよう．おそらく何十，何百というメニューがある．仕入れは，肉，魚，果物，飲料，グラス，銀器など多岐にわたる．従業員も何人もいる．テーブルの大きさをどうするか，どこに配置するか，内装はどうするか，食器類はどうするか，広告はどうするか，といった細々したことを決めなければならない．開業するだけでも，これら1つひとつを決めていかなければならないが，いざ開業すれば，その場その場で決めなければならないことが山のようにある．レストランでもそうなのだから，従業員が何十万人といて，世界中に拠点があり，年間の売上げが数十億ドルにのぼるウォルマートやアップル，BMWといった大企業ともなれば，生産プロセスは気が遠くなるほど複雑だ．

　こうした複雑な現実を前に，最適な生産行動に関する一般的な結論を引き出したいのであれば，ある程度，単純化した想定をおく必要がある．それによって本質に的を絞ることができる．いわば，川のさざ波や渦のことは頭から追い出し，どの方向に川が流れているかに焦点を絞るわけだ．経済学ではつねにそうだが，想定をおくのは，あくまで使えるモデルを構築できるようにするためである．現実とかけ離れた想定をおいてモデルを構築したところで，現実の行動を理解するのに役に立たなければ元も子もない．この章で生産者行動をモデル化するにあたっては，以下のような想定をおくことにする．

1. **企業は単一の財を生産している**．企業が多数の品目を生産・販売しているとすれば，各品目の生産に関する意思決定は複雑に絡み合う．ここで取り上げる基本モデルでは，生産品目が1つと想定することで，こうし

354 第2部 消費と生産

た煩雑さを避ける.

2. **企業はすでに生産品目を選択している.** ここで取り上げる企業は,生産品目をすでに決めており,それを最も効率的に生産する方法を考えることにする.何を生産するかは,企業の浮沈のカギを握るきわめて重要な決定だが,本章での分析の範囲からは外れる.生産選択などの企業行動のさまざまな側面については,経済学の一部である産業組織論で学ぶことになる.

3. **企業は選択した生産量にかかわらず,生産費用の最小化を目指す.** 経済学で,費用の最小化が生産プロセスの目標だと考える理由はいくつかある.第1に,大多数の企業がそのように行動している(ただし,例外もある.ミネソタの鉄鉱石の生産者を取り上げた,357ページ以下の「応用」を参照).企業がまったく同じ製品を,もっと安く生産できる方法を知っていて,そうしようとしないかのように行動するのは奇妙な話だ.

　ここで論じる費用は,企業が選択した任意の数量の生産にかかるすべての費用である.企業はつねに生産量を減らすことによって,総費用を引き下げることができる.モデルの構築にあたっては,企業が決まった量をどのように生産するかを分析することにする(企業にとって生産量の選択は,製品の需要や競争相手の数やタイプなど,市場の特性に依存する.生産水準に関する企業の選択については,第8章から第11章で論じる).

　第2に,企業が利潤を最大化しようとすれば,費用を最小化することが不可欠である.利潤の最大化も,企業行動に関する経済学では標準的な想定である.費用の最小化は,利潤最大化の最初のステップと捉えることができる.だが,留意すべき重要な点がある.企業は費用を最小化するために,利潤を最大化していると想定する必要はない.非営利組織や政府などは,利潤以外に優先すべきことがあるだろう.ただ,資源を無駄にして得るものは何もないのだから,費用を最小化しようとするは

ずである.

4. **企業が生産に費やす投入物は, 資本と労働だけである.** 資本とは, 生産に必要な建物, 機械, 原材料である. 労働とは, 工場の作業員から営業担当者, 最高経営責任者 (CEO) まで, 生産に関わるすべての人的資源を指す. モデルを構築するにあたり, 資本, 労働という概念のもとに, あらゆる種類の資本と労働をひとくくりにしている.[3]

5. **企業は短期的に, 必要に応じて労働量を増減できるが, 資本量は簡単に変えることができない. 長期的には, 労働, 資本とも投入量を自由に選択できる** この想定は, 資本を活用するには時間がかかるという事実を踏まえたものである. たとえば, 電力会社が発電所を新設する場合, 関係省庁の認可を得て, 着工するまでには何年もかかる. これに対して, 労働時間については, 従業員に時短や残業を要請することで簡単に調整することができる. また, 新たに従業員を雇って生産に従事させるのもさほどむずかしくない. 新たな従業員を見つけ, 訓練するのにある程度時間がかかるとしても, 工場を新設したり, 統合したりするほどではない.

6. **投入量を増やせば, 生産量も増える.** この想定は, 第4章で論じた消費者の効用関数に関する「多いほどいい」という想定に通じる. 生産について同様の解釈をすれば, 企業が労働量や資本量を増やすほど, 生産量が増えることになる.

7. **企業の生産は, 労働と資本に対して限界収穫逓減となる.** 資本の量が不変とすれば, 追加的な労働者が生み出す生産量はだんだん減っていく.

---

3) 種類の異なる資本や労働をこのようにひとくくりにできるのは, 各投入物の生産性を共通の単位で測るからだ. 経済学では, こうした単位を効率単位 (efficiency units) と呼び, ある企業が活用する資本や労働の種類に関係なく, すべての単位を足し合わせることができる. 生産者が購入する投入物を資本と労働の2つに絞ることで, モデルが単純になる.

逆に，労働量が一定の場合も，追加的な資本が生み出す生産量が減っていく．この想定は，生産の基本概念を捉えたものである．労働のみ，資本のみを活用する場合に比べて，労働と資本を組み合わせたほうが生産性は高い．資本は労働者の生産性向上を助け，労働者は資本の生産性向上を助ける．たとえば，ビルを建設するのに，穴を掘って基礎工事をする．何の資本もなければ——機械やシャベルも資本のうちだ——何百人の労働者を動員しても，穴はさほど掘り進めない．逆に，どんな立派な機械がそろっていても，それを操作する労働者がいなければ作業は進まない．労働と資本という2種類の投入物が適当な量そろってはじめて効率的な作業ができる．この想定は，財が1単位増えるごとに消費者の限界効用が逓減するという，消費者理論の想定と似ている．

消費者行動を理解するのに限界効用の逓減がカギとなったように，企業行動を理解するうえでは，資本の限界収穫逓減がカギになる．

8. **企業は固定価格で資本ないし労働をほしいだけ調達できる**．消費者について，任意の財を固定価格で好きなだけ購入できると想定したのと同様に，企業も固定価格で資本や労働を調達できるものとする．この想定は，2つの点で正当化できる．第1に，ほとんどの企業は，活用する投入物の市場に比べて規模が小さい．大企業といえども，雇用する従業員は労働市場のごくごく一部にすぎない．第2に，企業の投入物の市場が適度に競争的であるかぎり，大企業であっても，資本や労働を固定価格で望むだけ調達できると考えられる．

9. **銀行や投資家など資本市場が十分に機能すれば，企業の予算が制約されることはない**．企業は利潤をあげるかぎり，生産に必要な資本や労働力を確保するための資金を獲得できる．投入物の支払いに必要な現金がなければ，株式を発行するか借入れで資金を調達できる．企業に収益力があると見込めば，社外の投資家が資金を供与したいと考えるはずである．ちなみに，消費者選択理論には，企業の生産に関するこの想定に相当するものがない．消費者の場合はつねに予算に制約があり，それに

第6章 生産者行動 357

よって消費者が獲得できる効用水準の上限が決まる.

気づいたと思うが，消費者モデルに比べると，生産者モデルのほうが単純化した想定の数が多い．これは，生産者行動のほうが消費者行動に比べてやや複雑なためである．たとえば生産者行動は，短期と長期の2通りの時間軸で考える必要がある．生産者理論の多くは，第4章で取り上げた消費者理論に似てはいるが，より複雑なので，モデルをできるだけ単純化するような注意が必要だ.

応用　現実の企業はつねに費用を最小化しているか

企業の生産行動に関する想定の1つに，選択した生産水準を達成するための総費用を最小化する，というものがある．だが，企業の能力が及ばないときもある.

経済学者のジェイムズ・シュミッツは，ミネソタ州北部の鉄鉱石業界の研究で，この点を指摘した．[4] ミネソタの鉱山会社は，五大湖周辺の製鉄所に地理的に近いことから，20世紀半ばには，国内の鉄鋼メーカーにほぼ独占的に原料を供給していた．だが，1980年代になると鉄鋼メーカー各社は，新たに採掘されたブラジルの鉱山から，輸送費を含めてもはるかに安いコストで鉄鉱石を購入できるようになった.

海外からの競争相手の参入に，ミネソタの鉱山会社はどのように対抗したのだろうか．突如として生産性を引き上げた．つまり，単位あたりの生産費用を引き下げたのだ．シュミッツによれば，この費用削減は，新しい技術やコストの高い鉱山の閉鎖によってもたらされたものではない.

費用削減が実現できたのは，機械のオペレーター自身に修理をさせるなど，単純に作業工程を見直したからだ．以前は機械が故障すると，ごく簡単な修理でも専門の修理工に任せることが就業規則で定められていた．こうし

---

4)　James A. Schmitz Jr., "What Determines Productivity? Lessons from the Dramatic Recovery of the U.S. and Canadian Iron Ore Industries Following Their Early 1980s Crisis," *Journal of Political Economy* 113, no. 3 (2005): 582-625.

た修理工は現場を飛び回っているので，すぐに修理できずに機械が遊んでいる時間があった．また，機械や部品によって修理担当が決まっていた．たとえばショベルが故障した場合，ダンプカーの担当者が簡単に修理できるものであっても，担当者がすぐに駆けつけられなければ放置された．

　ブラジルと競合する前は，ミネソタの鉱山会社は費用を最小化していなかったということなのだろうか．ある意味では，そう言える．同じ量の鉄鉱石を採掘しながら，このように作業工程を見直し，コストを大幅に引き下げることは可能だった．もっと大局的にみれば，ブラジルと競争する前は，ミネソタの鉱山会社にとって，労働は実質的に割高だった．契約があるため，作業員には何もしていない時間にも相当な額が「支払われていた」．鉱山会社はすでに取り交わされている契約を前提に費用最小化に努めたかもしれないが，それでも労働は割高だった．契約を見直せば大幅に費用を引き下げられる可能性があった．まさに，そのとおりのことが起きたのである．雇用が危うくなった作業員たちが就業規則の柔軟な運用に同意したことで，勤務時間中に何もしていない時間が減り，労働の実質コストが下がったのだ．ノーベル経済学賞受賞者のジョン・ヒックスが言うように，「独占の最高の利潤は，静かな生活である」．鉄鉱業界で競争が始まると，ミネソタの鉱山労働者は，静かに生活していられなくなったのだ．■

生産関数

　企業の役割は，資本や労働などの生産要素を投入して生産物に変えることである．生産関数とは，さまざまな投入物の組み合わせからどれだけ生産できるかを示した数式である．

　前述のように，われわれの生産モデルでは，現実の企業の多くの投入物や生産物を単純化し，扱いやすくしている．具体的には，生産品目は1つとし，投入物として資本と労働の2つを活用する．資本には，企業が使う設備や構造物が含まれる．その範囲は幅広く，組立ラインの設備からオフィスビル，さらには外出中のCEOが状況確認のために使うiPhoneも資本に含まれる．労働は，企業が活用する人的な投入物を指し，鉱山労働者からプログラ

マー，夏休みの研修生，上級副社長など幅広い．生産関数とは，企業がこうした資本や労働という投入物をいかに生産物に変えるかを要約したものである．生産関数は，生産量（量を表すQとする）を2つの投入物，資本（K）と労働（L）の関数として表した公式である．すなわち，

$$Q = f(K, L)$$

この生産関数でfは，資本と労働をどのように組み合わせて生産物を生み出すかを説明する数学的関数である．生産関数は，$Q = 10K + 5L$といった形で2つの投入物が独立しているものもあれば，$Q = K^{0.5}L^{0.5}$など，投入物が掛け合わされる場合もある．さらに企業が活用する技術次第では，他にも多くの形をとりうる．資本と労働がそれぞれ指数をとり，さらに両者が掛け合わされた生産関数（前述の$Q = K^{0.5}L^{0.5}$など）は，コブ゠ダグラス（Cobb-Douglas）型生産関数と呼ばれる．この名称は，数学者であり経済学者でもあったチャールズ・コブと経済学者から米上院議員に転身したポール・ダグラスにちなんでいる．コブ゠ダグラス型生産関数は，経済学でよく使われる一般的な関数である．

6.2 短期の生産

まず，単純な短期の生産の分析から始めよう．モデルの想定について述べた際に，「短期」とは，企業が資本の量を変更できない期間と定義した．資本ストックは一定だが，企業は生産費用を最小化するために，労働の投入量を選択することができる．表6.1は，短期の生産関数から労働投入量と生産量の一部の数値を書き出したものである．先の例のコブ゠ダグラス型生産関数を使って，資本（$\bar{K}$）を4単位で一定とした．表6.1の数値は，生産関数$Q = f(\bar{K}, L) = \bar{K}^{0.5}L^{0.5} = 4^{0.5}L^{0.5} = 2L^{0.5}$に対応したものになる．

図6.1は，表6.1の短期の生産関数をプロットしたものである．表6.1の数値だけでなく，週0～5時間のすべての労働量と，週5時間以上の労働量に

表6.1 短期生産関数の例

資本 K	労働 L	生産量 Q	労働の限界生産物 $MP_L = \dfrac{\Delta Q}{\Delta L}$	労働の平均生産物 $AP_L = \dfrac{Q}{L}$
4	0	0.00	—	—
4	1	2.00	2.00	2.00
4	2	2.83	0.83	1.42
4	3	3.46	0.63	1.15
4	4	4.00	0.54	1.00
4	5	4.47	0.47	0.89

図6.1 短期の生産関数

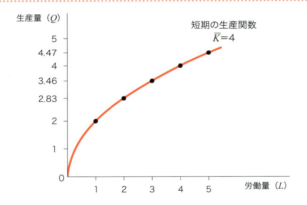

この図は, 表6.1の数値を使って, ある企業の連続的な短期生産関数をグラフにしたものである. 生産関数の傾きがプラスなのは, 労働量が増えれば生産量が増えることを意味する. だが, 労働者の数を増やすほど生産量の増加率は逓減し, 傾きは緩やかになる.

対応する生産量を網羅している.

　資本量は一定でも, 労働投入量を増やせば, 生産量は増えている. これは, 前述の「想定6」を反映している. 投入量を増やせば, 生産量が増える

第6章　生産者行動　**361**

のである．だが，労働量を増やすにつれて，生産量の増加率は低下している
点に留意したい．労働量を追加しても，生産量の増分が減っていくこの現象
は，「想定7」を反映している．生産関数は，投入物に対する限界収穫逓減を
示している．なぜ限界収穫が逓減するのかについては，一方の投入物を固定
し，もう一方の投入物を増やしたときに何が起きるのかを理解する必要があ
る．これが，投入の限界生産物の意味するものである．

限界生産物

　ある投入物を1単位（他方の投入物は固定）追加したとき，どれだけ生産
量が増えるかを示したのが**限界生産物**（marginal product）である．資本は
一定と想定しているので，短期で最も重要な限界生産物は，労働の限界生産
物である．労働の限界生産物（MP_L）は，労働投入量の1単位の変化（ΔL）
がもたらす生産量の変化（ΔQ）である．すなわち，

$$MP_L = \Delta Q / \Delta L$$

　短期の生産関数$Q = 4^{0.5}L^{0.5}$の労働の限界生産物を，表6.1の4列目に示し
た．この生産関数を持つ企業（資本は4単位で固定）は，労働を1単位も使
わないと，生産量も0になる（機械を動かす人がいなければ，何も生産でき
ない）．労働1単位と資本4単位を組み合わせると，生産量は2単位になる．
したがって，労働の最初の1単位の限界生産物は2.00である．労働2単位
（と資本は4単位で変わらず）なら，生産量は2.83になる．したがって，2単
位目の労働の限界生産物は，$2.83 - 2.00 = 0.83$である．労働量3単位なら，
生産量は0.63増加し，3.46になる．したがって労働の限界生産物は0.63で
ある．

　労働量を増やすほど生産量の増分が逓減していくこの現象が，労働の**限界
生産物逓減**（diminishing marginal product）であり，「想定7」に反映されて
いる．これは，どの生産関数にも共通する特徴である．図6.1の生産関数
で，労働量が増えるほど曲線の傾きが緩やかになっているのは，このためで

ある．限界生産物の逓減は，直観的にも理解できる．資本の量が変わらなければ，労働者が増えるたびに，1人の労働者が使える資本は減っていく．コーヒーショップで，エスプレッソマシンが1台あり，店員が1人なら，この店員は勤務時間中，自由にマシンを使うことができる．同じ時間帯に，もう1人店員を増やすと，2人で1台のマシンを使わなくてはならない．このため，2番目の店員が最初の店員と同じ生産物を生み出すとは考えられない．同じ時間帯に，さらにもう1人雇って，エスプレッソマシンは相変わらず1台しかないなら，状況はさらに悪くなる．4人目の店員を雇えば，わずかながら生産量は増えるが，4番目の店員の限界生産物が最初の店員のそれより低くなるのは確実だ（同じことは，2番目と3番目にもいえる）．コーヒーショップがこの問題を解決するには，エスプレッソマシンを増やすこと，つまり資本を増やすことだ．短期的に資本は増やせないと想定したが，長期的には増やすことができるし，実際に増やすだろう．資本の水準を変えたときに何が起きるかは，この章の後半でみていく．

だが，限界収穫の逓減はつねに起こるわけではなく，いずれ起こることになるという点に留意してもらいたい．労働量が低い水準にあるとき，限界生産物逓減の問題に突き当たる前に，限界収穫が増加することもありうる．

限界生産物のグラフによる分析　　限界生産物を，生産関数のグラフにプロットすることができる．限界生産物とは，投入物を1単位増やしたときの生産量の変化であった．すなわち，$MP_L = \Delta Q/\Delta L$．$\Delta Q/\Delta L$は図6.1の短期の生産関数の傾きである．したがって，労働投入の任意の水準における限界生産物は，その点での接線の傾きになる．図6.2のパネルaは，MP_Lが生産関数からどのように導けるかを示している．$L=1$では，生産関数の傾き（$L=1$で生産関数に接する接線の傾き）は比較的きつい．この点で労働量を追加すると，生産量が大幅に増える．$L=4$では，傾きは比較的緩やかであり，労働量を追加したときの生産量の増分は$L=1$のときより小さい．表6.1でみたように，労働の限界生産物は，$L=1$と$L=4$のあいだで減少する．図6.2のパネルbは，パネルaに対応した労働の限界生産物曲線を示している．この生産関数は，労働量がどの水準でも限界収穫が逓減してい

図6.2 労働の限界生産物を導き出す

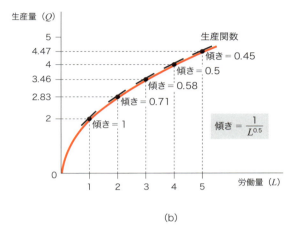

(a) 労働の限界生産物は、生産関数の傾きである。労働量が増加するにつれて限界生産物は逓減し、労働量 $L=1$ のとき限界生産物 $MP_L=1$ だが、$L=5$ のときは $MP_L=0.45$ になる。

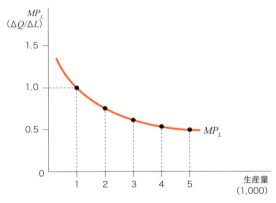

(b) パネルaの生産関数を使って、労働の限界生産物曲線を導き出すことができる。右下がりの曲線は、労働の限界生産物逓減を示している。

とから、限界生産物曲線は右下がりになる。

限界生産物の数式による表示　MP_L を見つけるには、資本量を一定として、労働量を1単位増やしたときに得られる生産量の増分を計算しなければならない。そこで資本量を一定として、L ではなく、$L+\Delta L$ のときの生産量の増分を計算しよう。ΔL は、労働量の増分である。数式で MP_L は以下の

364 第2部 消費と生産

とおりである.

$$MP_L = \frac{\Delta Q}{\Delta L} = \frac{f(\bar{K}, L+\Delta L) - f(\bar{K}, L)}{\Delta L}$$

これを短期の生産関数 ($\bar{K}^{0.5}L^{0.5} = 4^{0.5}L^{0.5} = 2L^{0.5}$) に代入すると,

$$Q = f(\bar{K}, L)$$

$$MP_L = \frac{2(L+\Delta L)^{0.5} - 2L^{0.5}}{\Delta L}$$

ΔLを微分しながら小さくしていくと,何が起きるのか考えてみよう.微分を知らないなら,コブ゠ダグラス生産関数の公式がある.すなわち,

$$MP_L = \frac{1}{L^{0.5}}$$

である.この公式を使ったMP_Lは,図6.2に示してある(この数値は,表6.1と若干異なる.というのは,表では$\Delta L = 1$としているが,数式では増分の単位が1よりかなり小さいからだ.だが,経済学的な考え方は同じである).

平均生産物

　限界生産物は平均生産物とは違う.これは重要な点だ.**平均生産物**(average product)は,総生産量を,それを生産するために使った投入物の単位数で割って求められる.たとえば,労働の平均生産物AP_Lは,生産量Qを,それを生産するために使った労働量Lで割ったものである.

$$AP_L = Q/L$$

　短期的な生産関数における労働の平均生産物を,表6.1の最後の列に示した.見てのとおり,労働の投入量が増えるにつれて,労働の平均生産物は減少している.労働の平均生産物が減少するのは,労働量がどの水準でも,限界生産物は平均生産物よりも少ないので,限界的に労働量を1単位増やすごとに,労働の平均生産物を減らすからだ.自分の成績を例にとるとわかりやすい.中間試験の平均が80点だったとする.新たに試験を受けて90点取った.直近の試験(限界的な試験)の点数が現在の平均よりも高いので,平均点は上がる.逆に,次の試験で65点しか取れなければ,限界的な点数が平均より低いので,平均点は下がる.

第6章 生産者行動　　365

6.1 解いてみよう

　ピザ店の短期の生産関数は，以下のとおりである．$Q = f(\bar{K}, L) = 15\bar{K}^{0.25}L^{0.75}$．ここで，$Q$は1時間あたりに生産されるピザの枚数，$\bar{K}$はオーブンの数（短期では3に固定），$L$は従業員数である．

a. 短期の生産関数の等式を書き，生産量が労働の関数であることを示せ．

b. $L = 0, 1, 2, 3, 4, 5$のとき，1時間あたりに生産されるピザの枚数を求めよ．

c. $L = 1$から$L = 5$について，労働の限界生産物MP_Lを求めよ．MP_Lは逓減しているだろうか．

d. $L = 1$から$L = 5$について，労働の平均生産物AP_Lを求めよ．

解答：

a. 短期の生産関数を等式にするには，$\bar{K} = 3$を生産関数に代入し，生産量が労働の関数であることを示す．すなわち，

$$Q = f(\bar{K}, L) = 15\bar{K}^{0.25}L^{0.75} = 15\,(3^{0.25})\,L^{0.75}$$
$$= 15\,(1.316)\,L^{0.75} = 19.74L^{0.75}$$

b. 総生産量を計算するには，さまざまなLの値を代入してQを解けばいい．

$L = 0$	$Q = 19.74(0)^{0.75} = 19.74(0) = 0$
$L = 1$	$Q = 19.74(1)^{0.75} = 19.74(1) = 19.74$
$L = 2$	$Q = 19.74(2)^{0.75} = 19.74(1.682) = 33.20$
$L = 3$	$Q = 19.74(3)^{0.75} = 19.74(2.280) = 45.01$
$L = 4$	$Q = 19.74(4)^{0.75} = 19.74(2.828) = 55.82$
$L = 5$	$Q = 19.74(5)^{0.75} = 19.74(3.344) = 66.01$

c. 労働の限界生産物とは，資本を一定とし，労働を1単位追加したときの生産量の増分である．bの答えを使って，労働が1単位ずつ追加されたときの労働の限界生産物を計算することができる．

$L=1$	$MP_L=19.74-0=19.74$
$L=2$	$MP_L=33.20-19.74=13.46$
$L=3$	$MP_L=45.01-33.20=11.81$
$L=4$	$MP_L=55.82-45.01=10.81$
$L=5$	$MP_L=66.01-55.82=10.19$

　　Lが増加するにつれてMP_Lは減少しており，労働の限界生産物は逓減している．これは，資本が一定で，労働を追加するとき，生産量の増加ペースが落ちることを意味している．

d. 労働の平均生産物は，総生産量 (Q) を労働量 (L) で割って求められる．

$L=1$	$AP_L=19.74/1=19.74$
$L=2$	$AP_L=33.20/2=16.60$
$L=3$	$AP_L=45.01/3=15.00$
$L=4$	$AP_L=55.82/4=13.96$
$L=5$	$AP_L=66.01/5=13.20$

応用　短期はどのくらい短いか

　　短期の生産関数を考えるとき，どのくらいの期間を想定すべきだろうか．つまり，企業が資本の投入を調整するには，どのくらいの時間が必要だろうか．現時点で保有する資本は，どのくらい固定されるだろうか．答えは，企業によっても産業によっても異なる．資本の調整費用に依存するが，その費用はどんなタイプの資本を使用しているか，どのくらいの変更が必要か，さらに資本を管理する時間の機会費用で決まってくる．

　　経済学者のラッセル・クーパーとジョン・ハルティワンガーは，1972年から1988年にかけて米国の数千の製造工場の資本調整と投資行動を調べた．それによれば，10社に1社の割合で，この期間中，資本の水準をまったく変えていなかった．[5]

　　また，工場が資本の水準を調整する際には，大幅に変更していることもわかった．現実の資本水準と理想の水準の隔たりが大きい工場が，大きな調整

第6章 生産者行動　　367

を実施するのはごく当然のことだ（クーパーとハルティワンガーは，各工場の製品の需要と生産費用をもとに，理想的な資本の水準を，経済理論を使って推計した）．そして，いったん大幅な変更を実施すると，翌年，大きな変更をする可能性は低くなる．投資が「集中的に起きる」このパターンから，工場が資本量を変更する際は，数年かけるのではなく，必要な調整を一気に行う傾向にあることがわかる．

　少なくとも，クーパーとハルティワンガーが調査した工場にとって「短期」とは，資本の大幅変更を必要とする企業の場合の2，3カ月から，微調整しか必要としない場合の1年強の期間になる．　■

6.3　長期の生産

　長期的に企業は，労働量だけでなく資本量も変えることができる．この違いがもたらす重要なメリットは2つある．第1に，限界生産物逓減の度合いを緩和することができる．前にみたように，資本が固定されていると，労働量を増やしても，限界生産物逓減によって生産量の増加は頭打ちになった．もし資本を増やすことによって労働をもっと生産的に使えるならば，資本と労働投入を・あ・わ・せ・て増やすことによって，企業は生産量を拡大することができるかもしれない．

　コーヒーショップの例をもう一度考えてみよう．エスプレッソ・マシンが1台しかないとき，2人目の店員を増やせば，労働の限界生産物が逓減することから，生産量はさほど増えない．さらに同じ時間帯に3人目の店員を増やしても，生産量はほとんど増えない．だが，店員を増やすたびに，エスプレッソ・マシンを購入すれば，生産性が落ちずに生産量が増える．このように，資本と労働を同時に増やすことで，企業は限界生産物逓減の影響を（少なくとも一部は）避けることができる．

---

5)　Russell W. Cooper and John C. Haltiwanger, "On the Nature of Capital Adjustment Costs," *Review of Economic Studies* 73, no. 3 (2006): 611-633.

368　第2部　消費と生産

　長期的に資本を調整できることの第2のメリットは，資本を労働で代替したり，労働を資本で代替したりできることだ．企業は，生産方法を柔軟に見直すなどして，資本と労働の相対価格の変化に対応することができる．たとえば，航空券のチェックイン業務では，販売代理店が割高になり，技術進歩で自動チェックインのコストが下がったことから，航空会社はチェックイン業務を，カウンターで手続きする労働集約型から自動の端末やインターネットで行う資本集約型に変更している．

長期の生産関数

　長期的な生産関数では，すべての投入物が調整可能である．長期の生産関数は，6.2節で紹介した$Q = f(K, L)$で表されるが，短期のように$\bar{K}$の水準が固定され，Lを選択するのではなく，KとLの両方の水準を選択することができる．

　長期の生産関数は表で表すこともできる．表6.2は，生産関数$Q = K^{0.5}L^{0.5}$の投入物と生産物の関係を示したものである．行にさまざまな資本水準をとり，列にさまざまな労働水準をとっている．各セルの数値は，対応する労働と資本から生み出される生産量である．

　表の4行目は，資本量が4単位のときの生産量だが，その値は表6.1の短期の生産関数の数値と一致している．表6.2は，表6.1に，資本量の水準を変更した場合の可能な生産量を加えたものである．長期の生産関数については，可能性のある短期の生産関数をすべて組み合わせ，短期の生産関数それぞれが異なる資本量の水準を取る，と考えるのが1つの方法である．任意のいかなる資本水準に関しても，つまり，短期のいかなる生産関数に関しても，労働の限界生産物は逓減する点に留意したい．たとえば，資本が5単位で固定されているとき，最初の労働者の限界労働生産物MP_Lは2.24であり，2番目の労働者のMP_Lは0.92（＝3.16－2.24），3番目の労働者のMP_Lは0.71（＝3.87－3.16）となる．

表6.2 長期生産関数の例

		労働の単位, L				
		1	2	3	4	5
資本の単位, K	1	1.00	1.41	1.73	2.00	2.24
	2	1.41	2.00	2.45	2.83	3.16
	3	1.73	2.45	3.00	3.46	3.87
	4	2.00	2.83	3.46	4.00	4.47
	5	2.24	3.16	3.87	4.47	5.00

6.4 企業の費用最小化問題

　この章の冒頭で，企業の生産行動に関する想定をいくつかおいた．第3の想定は，選択した任意の生産量について，企業は生産費用を最小化しようとする，というものだった（企業が生産量をどのように決めるかは，第8章から第11章で扱う）．ある財について決まった量をできるだけ安く生産しようとするのが，企業の**費用最小化**（cost minimization）問題である．

　企業の生産決定は，もう1つの制約付き最適化問題である．第4章の議論を思い出してほしいが，こうしたタイプの問題は，選択に制約があるなかで，経済的に最適な選択をしようとすることに関わる問題である．ここでの企業の問題は，制約付き最小化である．企業は生産の総費用を最小化したい．だが，あくまで守らねばならない制約がある．決まった数量を生産しなければならないのだ．つまり，好きなだけ生産量を減らして（あるいは，まったく生産をせずに），費用を最小化することはできない．この節では，企業が制約付き最小化問題を解決するため，等生産量曲線（企業が直面する数量制約）と等費用曲線（その量を生産できるさまざまな費用）という2つの概念をどのように活用しているかをみていこう．

図6.3 等生産量曲線

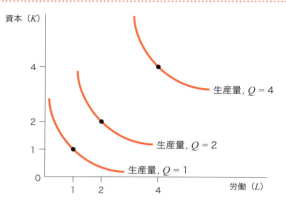

各等生産量曲線は，それぞれ1, 2, 4単位の生産量Qを生産できる労働Lと資本Kの組み合わせを網羅したものである．

等生産量曲線

　第4章で消費者の効用関数について学んだ際に，3つの変数——2財の消費量と消費者の効用に注目した．無差別曲線は，消費者が一定の効用水準を得られる2財の消費量の組み合わせを網羅したものだった．

　企業の生産関数についても，同じことができる．任意の生産量が得られる資本量と労働量の組み合わせをすべてプロットしていくと，1つの曲線になる．図6.3は，この章の生産関数についてそうしたものであり，1単位，2単位，4単位の生産量を得るのに必要な投入量の組み合わせを示している．これらの曲線は**等生産量曲線**（もしくは**等量曲線**）と呼ばれ，英語では"isoquant"と言う．ギリシャ語で「同じ」を意味する接頭語の"iso"と，量を表す"quantity"の短縮形の"quant"を組み合わせてできた言葉である．

　無差別曲線と同様に，等生産量曲線は，原点から遠いほど生産量の水準が高く（なぜならば，より多い資本と労働からはより多い生産量が得られる），曲線同士は交わることはない（交わると，同じ量の投入で2通りの生産量が得られることになる）．また，等生産量曲線は，原点に対して凸である（一

図6.4 技術的限界代替率

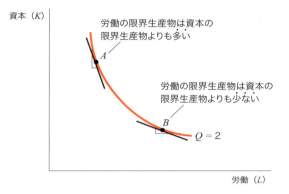

等生産量曲線の傾きをマイナスにしたものが，労働 L の資本 K に対する技術的限界代替率である．点 A では，労働の限界生産物が資本の限界生産物に比べて多く，労働量を少し減らした場合，資本量を大幅に増やさなければ生産量を維持できない．点 B では，労働の限界生産物が資本の限界生産物よりも少なく，資本量を小幅に減らした場合，労働量を大幅に増やさなければ生産量を維持できない．

般に，一方の投入物を極端に増やし，もう一方の投入物がごく少ない組み合わせよりも，2つの投入物をあまねく使う組み合わせのほうが，生産量が多くなるからである）．

技術的限界代替率　　等生産量曲線の傾きは，資本と労働の生産性のトレードオフを捉えたものであり，生産決定の分析において重要な役割を果たす．図6.4の等生産量曲線をみてみよう．点 A での傾きはきつい．これは，資本量を大幅に減らす一方，労働量を少し増やすことで，同じ生産量の水準が維持できることを意味している．これに対して点 B では，資本の量を少し減らしたいなら，労働量を大幅に増やさないと生産量が維持できない．等生産量曲線が湾曲し，原点に対して凸なのは，資本と労働のトレードオフが，両者の組み合わせ次第で変化する事実を反映している．

　等生産量曲線の傾きをマイナスにしたものが，X 軸の投入物の Y 軸の投入物に対する**技術的限界代替率**（marginal rate of technical subsitiution），すな

わち，**MRTS**$_{XY}$である．これは，Yの投入量が変化した場合，生産量を維持するために必要なXの投入量の変化である．この章では，もっぱら労働の資本に対する代替率，$MRTS_{LK}$，つまり，資本量を変えた場合に，生産量を維持するために必要な労働量について扱う．

等生産量曲線上をほんの少し右下に移動したときの生産量の変化は，労働の限界生産物に，移動による労働量の変化をかけたものと，資本の限界生産物に資本量の変化をかけたものの合計になる（等生産量曲線を右下に移動すると，資本を減らすことになるので，資本量の変化はマイナスになる）．しかし，等生産量曲線上を移動しているので（生産量は一定），生産量の変化の合計は0になる．そこで，変化の合計は以下のように記述できる．

$$\Delta Q = MP_L \times \Delta L + MP_K \times \Delta K = 0$$

等生産量曲線の傾き$\Delta K / \Delta L$を求めるために，この等式を変形すると，

$$MP_K \times \Delta K = - MP_L \times \Delta L$$

$$MP_K \times \frac{\Delta K}{\Delta L} = - MP_L$$

$$\frac{\Delta K}{\Delta L} = - \frac{MP_L}{MP_K}$$

$$MRTS_{LK} = - \frac{\Delta K}{\Delta L} = \frac{MP_L}{MP_K}$$

したがって，等生産量曲線の任意の点における$MRTS_{LK}$は，その点における資本と労働の相対的な限界生産物を示している．

技術的限界代替率を支える考え方は基本的に，第4章で学んだ消費者の限界代替率（MRS）のそれと変わらない．両者は密接に結びついているため，名称も同じである．生産者側の問題であることを際立たせるため，「技術」という言葉が頭につけられている．$MRTS$とMRSはともに，限界的なトレードオフに関するものである．MRSは，消費者がある財を別の財と交換して，なおかつ同じ効用水準を得ようとする意欲に関わるものである．これに対して，$MRTS$は，企業がある投入物を別の投入物と交換し，なおかつ同じ生産水準を得ようする能力に関わるものである．どちらのケースでも，曲線の形状から，ある財/投入物を別の財/投入物で代替できる率がわかる．

MRS や *MRTS* に表された限界的なトレードオフの性質は，それらが導かれた曲線の形状について似たようなことを物語っている．消費者サイドで無差別曲線が原点に対して凸なのは，各財の消費量によって *MRS* がさまざまな値をとるからである．生産者サイドで等生産量曲線が原点に対して凸なのは，企業の投入量によって *MRTS* がさまざまな値をとるからだ．図6.4の点 *A* のように，資本の投入量が多く，労働の投入量が少ないなら，多くの資本をほんの少しの労働に置きかえるだけで，同じ生産量が得られる．この点で，労働の限界生産物は資本のそれに比べて高く，等生産量曲線の傾きはきつい．点 *B* では，労働量は多いが，資本量はごくわずかで，資本の限界生産物は比較的高く，労働のそれは低い．$MRTS_{LK}$ が小さいほど，その投入物の組み合わせでは，等生産量曲線の傾きが緩やかであることを意味する．

代替性　等生産量曲線の湾曲度は，ある投入物と別の投入物の代替のしやすさを示している．図6.5のパネルaのように，直線に近い等生産量曲線は，ある投入物（たとえば資本）について，その投入量の多寡に関係なく，別の投入物（労働）と　ほぼ1対1の割合で置き換え，生産量を維持できることを意味する．技術的限界代替率の用語を使って説明すれば，等生産量曲線上を移動しても $MRTS_{LK}$ は変化しないといえる．この場合，生産関数における2つの投入物の代替性は高く，各投入物の使用量で，それぞれの投入物の相対的な有用性がさほど変わるわけではない．

　図6.5のパネルbのように，湾曲度の大きい等生産量曲線は，曲線上を移動すると $MRTS_{LK}$ が大きく変化することを意味する．この場合，2つの投入物の代替性は低い．ある投入物を代替する別の投入物の相対的な有用性は，その投入物の使用量に大いに関係する．

生産における完全代替財と完全補完財　第4章では，消費における完全代替財と完全補完財の極端なケースを取り上げた．完全代替財では，無差別曲線が直線になり，完全補完財では，無差別曲線は「L」字型になった．同じことが投入物にもあてはまる．生産において投入物が完全代替財になりうる場合と，完全補完財になりうる場合がある．これらの2つのケースについて

図6.5 等生産量曲線の形状は，投入物の代替性を表している

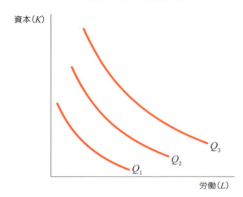

(a) 投入物の代替性が高い

(a) 直線に近い等生産量曲線は，技術的限界代替率 $MRTS_{LK}$ が曲線上でさほど変化しないことを示している．したがって，資本と労働の代替性が高い．

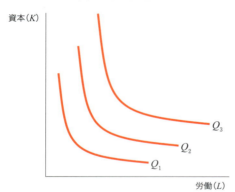

(b) 投入物の代替性は高くない

(b) 湾曲した等生産量曲線は，技術的限界代替率 $MRTS_{LK}$ が曲線上で大きく変化することを示している．したがって，資本と労働の代替性は高くない．

等生産量曲線を描いたのが図6.6である．

パネルaのように，投入物が完全代替財なら，投入物の使用量に応じて $MRTS$ が変化することはまったくなく，等生産量曲線は完全な直線になる．これは，限界収穫を逓減させることなく，投入物を自由に入れ替えることができることを意味する．労働と資本が完全代替財のときの生産関数の例，$Q = f(K, L) = 10K + 5L$ では，現時点で資本と労働をどれだけ使用している

図6.6 生産における完全代替財と完全補完財

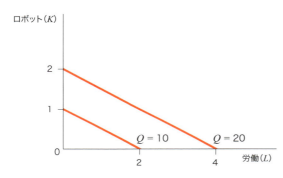

(a) 完全代替財

(a) ロボット K と労働 L は完全代替財である．等生産量曲線は直線となり，技術的限界代替率 $MRTS_{LK}$ は等生産量曲線上で変化しない．この事例では，人間2人がロボット1台を代替できる．

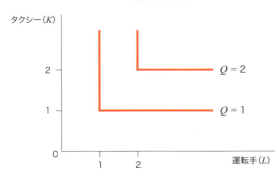

(b) 完全補完財

(b) タクシー K と運転手 L は完全補完財である．等生産量曲線はL字型となり，各生産量 Q を達成する K と L の最適量は，等生産量曲線の角の部分にあたる．この事例では，タクシー1台に運転手1人で生産量 $Q=1$ となり，タクシー2台に運転手2人で生産量 $Q=2$ となる．

かに関係なく，労働1単位はつねに資本2単位に代替でき，生産量を維持することができる．このケースでの資本は，たとえば人間と同じ作業を2倍の速さで行うロボットのようなものを思い浮かべるといい．この場合，現時点のロボットの台数や労働者の数に関係なく，ロボット1台をつねに労働者2人に置き換えることができるし，逆に労働者2人をロボット1台に置き換えることもできる．これが正しいのは，労働の限界生産物 MP_L が5だからである（資本 K を一定とし，労働 L が1単位増加すると，生産量が5増加する）．かたや，労働 L を一定とし，資本 K が1単位増加すると，生産量は10増加

し，資本の限界生産物は$MP_K = 10$になる．企業が選択する資本や労働の水準に関係なく，$MRTS_{LK} = MP_L/MP_K = \dfrac{5}{10} = \dfrac{1}{2}$である．

投入物が完全補完財の場合，等生産量曲線は「L」字型になる．これは，等生産量曲線の角にあたる一定の割合以外で投入物を使用しても，生産量は増えないことを意味している．タクシーを例にとると，ある勤務時間帯のタクシーと運転手の関係は完全補完財にかなり近い．タクシーと運転手が1対1以外の関係では，タクシーの乗車回数を増やすことはできない．たとえば，タクシー会社にタクシーが1台しかない場合，運転手が30人いるからといって，1人のときより乗車回数を増やせるわけではない．あるいは，タクシーが30台あっても，運転手が1人しかいないなら乗車回数を増やすことはできない．生産関数$Q = \min(L, K)$で，"min（最小）"は，労働（L）か資本（K）の最小水準で生産量（Q）が決まることを意味している．もちろんタクシー会社が運転手を30人雇い，タクシーを30台保有すれば，運転手とタクシーの比率を1対1に保つことになるので，乗車回数を増やすことができる．[6]

等費用曲線

ここまで生産関数のさまざまな側面に焦点をあて，投入量と生産量の関係をみてきた．これらは企業が最適な生産行動を決定するうえで重要な役割を果たしているが，生産関数は話の半分にすぎない．前に述べたように，企業はある生産量を達成するのに，生産費用の最小化を目指す．投入物の選択が生産に及ぼす影響についてはさんざん述べてきたが，その選択の費用については無視してきた．この小節では，この点を取り上げよう．

企業の意思決定に費用を取り入れた重要な概念が，**等費用曲線**（isocost line）である．等費用曲線とは，企業の投入物に対する総支出を所与として，資本と労働の組み合わせをすべてつなぎ合わせたものである．前に述べたと

---

6) 1対1の比率にとくに意味はない．他の比率でも投入は完全代替になりうる．

図6.7 等費用曲線

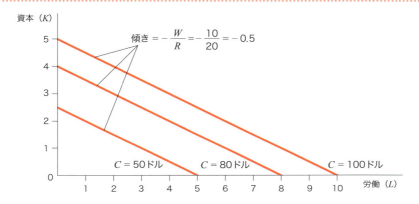

それぞれの等費用曲線は，企業にとって同じ費用となる投入量の組み合わせを網羅している．原点から遠ざかるほど，費用 $C=50$ ドル，$C=80$ ドル，$C=100$ ドルといった具合に総支出は増える．賃金 $W=10$ ドル，資本のレンタル料 $R=20$ ドルでは，等費用曲線の傾きは $-W/R$，すなわち -0.5 になる．したがって，K が1単位増えた場合，費用を一定に保つには，L を2単位減らさなければならない．

おり，"iso" とは，「同じ」を意味する接頭語であり，「等費用曲線」は，同じ費用をもたらす投入の組み合わせを網羅したものである．C の総支出水準に対応する等費用曲線は，以下の数式で表される．

$$C = RK + WL$$

ここで，R は資本1単位あたりの価格（レ・ン・タ・ル・料），W は労働1単位あたりの価格（賃金），K と L は，企業が投入する資本と労働の単位数である．資本の費用は，賃金と同じ単位（時間，週間，年間）のレンタル料として考えるといい．資本は長期にわたって使用されるので，R には設備の購入費用だけではなく，使用者費用（user cost）も含まれると考えることができる．使用者費用は，購入価格に加えて，減価償却額と，購入に充当された資金の機会費用（失われた利子）を考慮する．

図6.7は，資本1単位が20ドル，労働1単位が10ドルのとき，総費用が50ドル，80ドル，100ドルに対応する等費用曲線を示している．この図で気づくことが何点かある．第1に，総支出の水準が高い等費用曲線ほど，原

378 第2部 消費と生産

点から遠くなる．これは，投入物の使用量が多くなれば，それらに対する総支出が増加する事実を反映している．第2に，等費用曲線は平行である．総費用の水準に関係なく，等費用曲線の傾きはどれも同じである．その理由を知るために，そもそも傾きとは何かをみてみよう．

　等費用曲線の等式を，傾きと切片の形に書き直して，Y軸（資本）の価値をX軸（労働）の価値の関数として表そう．

$$C = RK + WL$$

$$RK = C - WL$$

$$K = \frac{C}{R} - \frac{W}{R}\,L$$

等費用曲線のY軸の切片はC/Rで，傾きは投入物の価格比率をマイナスにしたもの$-W/R$ということになる．

　経済学でよくあるケースだが，傾きは限界部分でのトレードオフを表している．ここでの傾きは，ある投入物と代替的な投入物のトレードオフの費用を反映している．投入物の総支出を増やすことなく，一方の投入物を減らすとすれば，代替的な投入物をどのくらい増やせるかを示しているのだ．等費用曲線の傾きがきつければ，労働は資本に比べて割高である．投入物の総支出を増やすことなく，労働者を増やしたいなら，資本量を大幅に減らさなければならない（あるいは，労働者を減らすなら，投入物の総支出を増やすことなく，資本の使用量を大幅に引き上げることができる）．資本に比べて労働の価格が割安なら，等費用曲線の傾きは緩やかになる．この場合，資本量を大幅に減らさなくても，総支出を変えずに労働者を大幅に増やすことができる．

　ここでは，「第8の想定」として，企業は固定価格で資本や労働を好きなだけ購入できるとしたため，等費用曲線の傾きは不変である．等費用曲線が平行な直線になるのは，そのためである．総費用の水準や，企業が選択する各投入物の量に関わりなく，総費用の観点からみた投入物同士の相対的なトレードオフは，つねに変わらない．

　どこかで見たおぼえはないだろうか．じつは，第4章で学んだ消費者行動には，この等費用曲線に似た概念があった．消費者の予算制約線は，各財の

図6.8 労働が相対的に高くなれば、等費用曲線の傾きはきつくなる

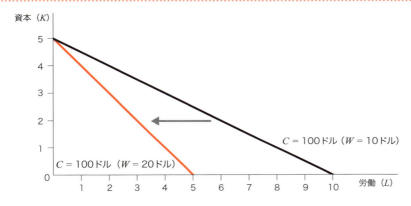

労働の費用 W が10ドルから20ドルに上がる一方、資本のレンタル料 R が20ドルで一定なら、等費用曲線の傾きは $-\frac{1}{2}$ から $-\frac{2}{2}$、つまり -1 になる。したがって、等費用曲線の傾きはきつくなり、100ドルで購入できる投入物の量は減る。

消費量と、それらの財への総支出との関係を示していた。等費用曲線も考え方は同じである。違いは、企業と投入物への支出の関係である点だ。消費者の予算制約線では、傾きをマイナスにしたものが2財の価格比に等しかった。同様に、等費用曲線では、傾きをマイナスにしたものが2つの投入物の価格比に等しくなる。

等費用曲線と投入物の価格の変化　消費者の予算制約線と同様に、相対価格が変化するとき、等費用曲線は回転する。たとえば、労働の価格 (W) が10ドルから20ドルに上がるとしよう。企業が労働者しか使っていないなら、雇える人数は半分になる。図6.8に示したように、等費用曲線の傾きはきつくなる。傾きは $-W/R$ なので、等費用曲線は回転する。W が10ドルから20ドルに上がれば、傾きは $-\frac{1}{2}$ から -1 に変わるので、等費用曲線は時計回りに回転し、傾きがきつくなる。

資本の価格が変化しても、等費用曲線は回転する。図6.9は、資本1単位の価格が20ドルから40ドルに上がり、労働1単位が10ドルで変わらないとき、

図6.9 : 資本が相対的に高くなれば，等費用曲線の傾きは緩やかになる

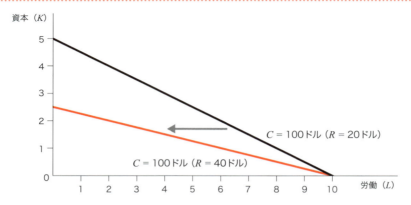

資本のレンタル料 R が20ドルから40ドルに上がる一方，労働の費用が一定なら，等費用曲線の傾きは，$-\frac{1}{2}$ から $-\frac{1}{4}$ になる．等費用曲線の傾きは緩やかになり，100ドルで購入できる投入物の量は減る．

100ドルの等費用曲線に何が起きるかを示している．企業が資本だけしか使わないなら，購入できる資本量は半分になり，等費用曲線の傾きは緩やかになる．つまり，資本価格が上昇すると，等費用曲線は反時計回りに回転する．

6.2 解いてみよう

時間あたり賃金が10ドル，資本のレンタル料が25ドルだとする．
a. 企業にとっての等費用曲線の等式を記せ．
b. 労働を X 軸，資本を Y 軸にして，総費用 $C = 800$ ドルの等費用曲線を描け．X 軸と Y 軸の切片と傾きを明確にすること．
c. 時間あたりの資本のレンタル料が20ドルに下落すると，$C=800$ ドルの等費用曲線はどうなるか．X 軸，Y 軸の切片や傾きは変わるか．

解答：
a. ある企業の2つの投入物の総費用を示す等費用曲線は，つねに $C =$

$RK+WL$ の形で表される．この事例では，賃金 $W=10$ ドル，資本のレンタル料 $R=25$ ドルなので，等費用曲線は $C=10L+25K$ になる．

b. $C=800=10L+25K$ の等費用曲線を描くことができる．簡単なのは，X 軸と Y 軸の切片を求める方法である．X 軸の切片は，労働だけを使う場合，800ドルで投入できる労働量である．したがって，X 軸の切片は，$800/W=800/10=80$ である．Y 軸の切片は，資本だけを使う場合，800ドルで投入できる資本量である．したがって，$800/R=800/25=32$ である．これらの点をグラフに描き込み，2点を結ぶ線を引く．これを $C=800$ の等費用曲線 C_1 とする．

傾きは，さまざまな方法で計算することができる．まず単純に，描いた費用曲線の傾きを計算すればいい．ある直線の傾きは $\Delta Y/\Delta X$（縦の増分/横の増分）なので，傾きは $\Delta Y/\Delta X = -\dfrac{32}{80} = -0.4$ である．

K について解けば，等費用曲線を傾きと切片がわかる形に変形することができる．

$800 = 10L + 25K$

$25K = 800 - 10L$

$K = (800/25) - (10/25)L = 32 - 0.4L$

この等式から，Y 軸の切片が32（これは前に計算していた），傾きが -0.4 であることがわかる．

c. R が20ドルに下落したとしても，X 軸の切片に影響はない．労働力だけを使うのであれば，資本の費用の変化は影響しない．だが，Y 軸の切片は $800/R=800/20=40$ に上がり，等費用曲線の傾きはきつくなる（C_2）．新たな傾きは，$-W/R = -10/20 = -0.5$ である．

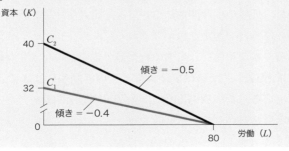

382　第2部　消費と生産

最小費用を見極める──等生産量曲線と等費用曲線を結合する

　これまで論じてきたように，企業は最小限の費用で望ましい生産量を達成することを目指している．この目標を達成する方法を見極めるには，費用最小化問題を解決しなければならない．すなわち，制約のなかで目標を達成する必要がある．標的は投入物の総費用 $RK + WL$ である．企業は，総支出が最小になるように，資本 K と労働 L の投入量を選択する．費用を最小化するうえでの制約とは何だろうか．企業自身が選択した生産量である．ある生産量を達成するためには，十分な資本と労働を活用しなくてはならない．生産関数は，投入物の選択と生産量を関連づけるものなので，企業の費用最小化問題は次のようにまとめることができる．総費用を最小化するように K と L を選択せよ．ただし，所与の生産量を達成するために，十分な K と L を選択しなくてはならない（分析のこの時点で，生産量はすでに選択している点に留意したい．その生産量を達成するための最適な方法を見極めるのが企業の役割である）．

費用最小化──グラフによるアプローチ

　グラフを使って費用最小化問題を解くには，費用に関する情報と生産関数を組み合わせる適切な方法を見極めなくてはならない．企業の費用については，等費用曲線を使ってグラフで示した．だが，等費用曲線は，一定の投入量で生み出せる生産量に関して何の情報も伝えていない．ただ，各投入物の費用を示しているにすぎない．生産関数を表すには等生産量曲線を使う．等生産量曲線は，任意の生産関数について，一定の生産量を得るために，資本と労働がどのくらい必要かを教えてくれる．

　具体例にとりかかる前に，企業の費用最小化問題のロジックについて考えてみよう．企業は，生産量 $\bar{Q}$ を達成するという制約のなかで，費用の最小化を目指している．費用最小化とは，企業が等費用曲線をできるだけ原点に近づけたいと考えていることを意味する．というのは，原点に近い等費用曲線は，支出水準が低いからだ．生産の制約とは，企業がどうにかして $\bar{Q}$ に

図6.10 費用の最小化

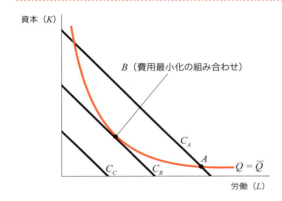

企業は$Q=\bar{Q}$を生産するための費用を最小化したい．Aは等生産量曲線上にあるので，Aの投入物の組み合わせを使って$\bar{Q}$を生産することを選択できる．だが，Aは最小費用ではない．というのは，等費用曲線C_Aより左下のどの点でも，Aより少ない費用で$\bar{Q}$を生産できるからだ．等費用曲線C_Bと等生産量曲線の接点に位置する点Bは，費用を最小化する資本と労働の組み合わせである．C_Cの投入の組み合わせの費用はC_Bよりも小さいが，小さすぎて$\bar{Q}$を生産できない．

相当する等生産量曲線にのることを意味する．したがって，企業にとって最善の選択は，できるだけ原点に近いが，生産量$\bar{Q}$を達成できるだけの資本と労働を供給する等費用曲線上にある．

図6.10は，企業の望ましい生産量$\bar{Q}$の等生産量曲線を示したものである．この生産量を最小費用で達成したい．そのために，資本と労働をどのくらい投入すべきか．いま，企業は，等費用曲線C_A上にあり，点Aで示された投入水準を検討しているとしよう．この点は$Q=\bar{Q}$等生産量曲線上にあるので，企業は望む生産量を達成する．だが，$\bar{Q}$の等生産量曲線上で，C_Aより左下には，投入の組み合わせが数多くある．これらすべてが$\bar{Q}$を達成でき，かつ費用はAを下回る．$\bar{Q}$等生産量曲線上にあって，これ以上低い費用では生産できない投入物の組み合わせは1つしか存在しない．この組み合わせは，等費用曲線C_B上の点Bである．等費用曲線C_C上の任意の組み合わせのように，Bより費用の低い組み合わせもあるが，これらの投入水準は低すぎて，生産量$\bar{Q}$を達成できない．

点Bには特別な性質がある．等費用曲線C_Bと等生産量曲線$\bar{Q}$が接する接点なのだ．言い換えれば，任意の量を生産する総費用が最小のとき，等費用曲線は等生産量曲線に接する．

384 第2部 消費と生産

　この接線の性質に，最適な消費者行動との共通点を見出すことができる．消費者の最適な点も接点にあった．消費者の支出最小化問題を考えると，両者の共通点がよくわかる．消費者は，任意の効用を得るために，総支出を最小化する財のバンドルを選択しようとする．一方，企業は，任意の量を生産するために，総費用を最小化する投入の組み合わせを選択しようとする．

　接線には，もう1つ重要な特性がある．その定義上，等費用曲線と等生産量曲線は，接点で傾きが同じになる．前の議論から，この傾きの意味はわかっている．等費用曲線の傾きは，投入物の相対価格をマイナスにしたもの$-W/R$である．等生産量曲線の傾きは，技術的限界代替率（$MRTS_{LK}$）をマイナスにしたものであり，MP_L対MP_Kの比率に等しい．したがって，任意の量の生産費用を最小化する投入物の組み合わせにおいて，投入価格の比率は$MRTS$に等しくなる．

$$-\frac{W}{R} = -\frac{MP_L}{MP_K}，\quad または$$

$$\frac{W}{R} = \frac{MP_L}{MP_K}$$

この状態は，経済的に重要な意味を持っているが，以下のように変形させるとわかりやすいかもしれない．

$$\frac{W}{R} = \frac{MP_L}{MP_K}$$

$$MP_K \times W = MP_L \times R$$

$$\frac{MP_K}{R} = \frac{MP_L}{W}$$

　このように変形させると，等式の両辺は，投入物の価格に対する限界生産物の比率になる（資本が左辺，労働が右辺）．これらの比率は，各投入物の支出1ドルあたりの限界生産物，「投入物に見合う価値」を測っていると解釈できる．あるいは，ある投入物を活用する際の便益と費用の限界比率だと考えることもできる．

　費用を最小化する場合，各投入物の便益と費用の比率が等しくなるのはなぜだろうか．これがあてはまらない投入物のバンドルを考えてみよう．たと

えば，仮に$\dfrac{MP_K}{R}>\dfrac{MP_L}{W}$だとすれば，企業の資本に対する便益・費用比率は，労働に対するそれを上回る．この場合，労働の一部を資本に置き換え，生産量は維持しながら総費用を引き下げることができる．あるいは，企業が望めば，資本を労働に置き換え，総費用を一定に保ちながら生産量を引き上げることもできることになる．こうした選択が可能になるのは，資本の1ドルあたりの限界生産物が，労働のそれを上回っているからだ．不等式の記号を逆にして$\dfrac{MP_K}{R}<\dfrac{MP_L}{W}$とすると，資本を労働に置き換えることによって，現在の生産量の費用を引き下げる（あるいは，費用を増やすことなく生産量を引き上げる）ことができる．これが可能なのは，労働の1ドルあたりの限界生産物が資本のそれを上回っているからである．すべての投入物の便益・費用比率が等しいときにのみ，投入物の水準を変えても現在の生産量の費用を引き下げることができない．

　このロジックもまた，第4章でみた消費者の最適消費選択と似ている．消費者の支出最小化問題で最適な状態は，2財の限界代替率が2財の価格比に等しい状態だった．MRSに相当するのが$MRTS$であり（前者が限界効用の比率，後者が限界生産物の比率），財の価格比率が投入物の価格比率に相当する．ただし消費者と企業では，類似していない点もある．予算制約は，消費者の効用最大化問題では大きなカギを握っていたが，企業の生産問題にはこれに相当するものがない．あとの章で論じるが，企業の場合，利潤最大化を目指すことが目標の生産量の達成につながる．何らかの理由で，この量を生産するために必要な投入物を購入する資金が足りなければ，誰かが不足分を貸そうとするはずである．貸し手と企業は，利潤を最大化する生産量で得られた追加的な利潤を分け合うことができ，両者とも潤うからだ．つまり，資本市場が十分に機能していれば，企業は投入物への総支出が制限されるはずはないということであり．支出を所得の範囲内に抑えなければならない消費者とは違うのだ．「想定9」に盛り込まれたのが，この考え方である．

386　第2部　消費と生産

6.3 解いてみよう

　ある企業が労働者100人と資本50単位を使っている．労働者の時給は15ドル，資本の時間あたりレンタル料は30ドルである．現在の労働の限界生産物は45，資本の限界生産物は60である．この企業は最小費用で現在の生産水準を達成しているだろうか．それとも，もっとうまくできるだろうか．説明せよ．

解答：

　費用を最小化する投入量の選択が実現するのは，$MP_L/W = MP_K/R$のときである．これが，この企業にあてはまるかどうかを確認すればいい．

$MP_L = 45$，$W = 15$．したがって，$MP_L/W = 45/15 = 3$

$MP_K = 60$，$R = 30$．したがって，$MP_K/R = 60/30 = 2$

　つまり，$MP_L/W > MP_K/R$．ゆえに，この企業は費用を最小化していない．

　$MP_L/W > MP_K/R$なので，労働の限界生産物が資本の限界生産物より多い．このため，資本量を減らし労働量を増やすと，効率が上がる．資本量を減らすと，資本の限界生産物が上がる点に留意したい．同様にして，労働量を追加すると，労働の限界生産物は低下する．最終的に，$MP_L/W = MP_K/R$になる費用最小化の投入量の選択に到達する．

投入物価格の変化

　費用を最小化する投入物の組み合わせは，等費用曲線と，企業の目標生産量に相当する等生産量曲線の接点にあることをみた．言い換えれば，すべての投入物の1ドルあたりの限界生産物が等しいとき，企業は最小の費用で目標量を生産していることになる．この結果を前提に，投入物価格が変化すると，最適な投入物の組み合わせにどう影響を与えるかを問うのは有意義だろう．次の小節で分析していこう．

図6.11 労働価格の変化によって，費用最小化のための投入物の組み合わせは変わる

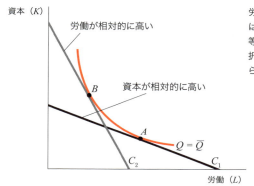

労働が相対的に高くなれば，等費用曲線は C_1 から C_2 にシフトする．傾きのきつい等費用曲線 C_2 では，費用最小化の投入選択は，資本に対する労働比率の高い点 A から，労働比率の低い点 B にシフトする．

投入物の価格変化の影響のグラフによる表示 投入費用の差は，等費用曲線の傾きの差として現れることがわかっている．（労働費用 W が上がるか，資本費用 R が下がるか，その両方で）労働費用が相対的に上がれば，等費用曲線の傾きはきつくなる．逆に労働費用が相対的に下がれば，等費用曲線の傾きは緩やかになる．費用最小化を目指す企業は，等費用曲線の傾きが等生産量曲線の傾きと一致する投入の組み合わせで生産したい．投入物の相対価格が変化すれば，等費用曲線の傾きが変わり，等生産量曲線との接点も変わるはずである．投入物の価格が変われば，企業は等生産量曲線上を望ましい生産量の水準にまで移動し，等費用曲線と等生産量曲線が接する投入の組み合わせを見つけることになる．

図6.11は，この例を示したものである．当初の投入物の価格比率から，等費用曲線 C_1 の傾きが決まる．目標とする生産量は $\bar{Q}$ なので，費用を最小化する当初の投入の組み合わせは点 A になる．ここで，労働費用が相対的に高くなる（同じことだが，資本費用が相対的に安くなる）としよう．この変化で，等費用曲線の傾きはきつくなる．傾きのきつい等費用曲線と，等生産量曲線との接点は点 B に移動する．したがって，労働の相対費用が上がれば，企業は当初より資本を多く，労働を少なくした投入物の組み合わせに移動することになる．

388 第2部 消費と生産

　この結果は理屈に合っている．企業が生産費用の最小化を目指しており，ある投入物の相対価格が割高になるとすれば，割高になった投入物（労働）を割安になった投入物（資本）で代替しようとする．

　同じ製品や類似製品でも，生産方法に大きな違いがみられるのはこのためだ．たとえば，ベトナムの典型的な米農家を観察すると，何十人もの人が小さな水田で作業している．時期にもよるが，手作業で苗を植え，植え替え，実った稲を収穫している．どんな作業も簡単な道具だけを使って行う．一方，テキサスの田んぼを訪ねると，農民1人（および，1人か2人の手伝い）が，さまざまな大型機械を操っている．この機械を使って，ベトナムの労働者と同じ作業をする．米の生産法がこうも違っているのは，主として，ベトナムとテキサスでは，資本と労働の相対価格がかなり違うからだ．ベトナムでは，資本に比べて労働が安い．したがって，ベトナムの米農家の等生産量曲線と等費用曲線の接点は，図6.11の点Aのようになる．点Aでは，多くの労働者とほんの少しの資本を使って米作りを行う．一方，テキサスでは，労働の費用が相対的に高い．テキサスの農民にとって，等費用曲線の傾きはきつく，費用を最小化する投入の組み合わせは，点Bのように資本の比率が高くなる．

理論とデータ

病院の投入物の選択とメディケアの払戻しルール

　メディケアとは，高齢者や障害者を対象とする米国の公的医療保険制度である．その支出は莫大で，2011年時点で5,500億ドル（受給者1人あたり約1万2,000ドル）で，米国の医療関連支出の約5分の1を占める．病院や医師，製薬会社など，メディケアが収益の大きな柱になっている生産者がいるのも不思議ではない（製薬会社にとって，2006年のメディケアのパートD薬の追加が追い風になった）．メディケアが払戻しルールを変更すると，ヘルスケアの提供の仕方に影響を与える，ということでもある．

　2008年，経済学者のダロン・アセモグルとエイミー・フィンケルステインは，メディケアの払戻しルールの変更が医療関係機関の投入物の選択に与

えた影響を調査した.＊メディケアは，1983年にPPS（見込み支払い制度）を導入した．この制度で，メディケアの被保険者の給付に関わる払戻し方法が変わった．制度導入前は，単純に病院の総費用（資本費用と労働費用を含む）に病院のすべての患者の医療費に占めるメディケア被保険者の医療費の割合をかけて払い戻す仕組みだった．つまり，メディケアは，病院の資本と労働の両方に補助金を出していたことになる．

　PPSの導入で，この払戻しルールが改正された．建物や改修費，医療機器などの資本支出は，以前と同様に払い戻される．だが，労働費用については，実際の支出とは関係なく，患者の診断をもとに定額が支払われることになった．たとえば白内障手術では，実際の患者の処置に投入された労働量に関係なく，病院には一定額が支払われる．PPSは事実上，資本と労働の相対価格を変えたのだ．PPSでは資本支出の扱いを変えなかったので，資本の価格は変わらなかった．だが，追加的な労働投入の限界生産物については，病院が全責任を負うことになった．追加的な労働費用は払い戻されず，病院が全額を負担する．つまり，PPSは病院にとって労働の相対費用を引き上げ，図6.11で等費用曲線がC_1からC_2にシフトしたのと同様に，等費用曲線をシフトさせたのである．

　これまでの費用最小化の分析から，労働の相対価格が高くなったので（等費用曲線の傾きがきつくなったので），病院は資本集約的な生産に切り替えるのではないかと予測される．たとえば頭部に軽い怪我をした患者は，以前なら病院で一晩様子をみたが（病院にとっては労働集約的），新たに購入したCTスキャナーで脳を撮影し，大きな損傷がないことを確認すると，入院させるのではなく帰宅させるのではないか．

　われわれのモデルに基づくこうした予想を，データで確認するにはどうすればいいだろうか．PPSの導入前と導入後の病院の資本・労働比率を調べ，上昇しているかどうかを確かめるのが正攻法である．アセモグルとフィンケルステインは実際に調べ，資本集約度が上がっていることを確かめた．彼ら

＊　Daron Acemoglu and Amy Finkelstein, "Input and Technology Choices in Regulated Industries: Evidence from the Health Care Sector," *Journal of Political Economy* 116, no. 5 (2008): 837–880.

は，PPSの導入後，3年以内に資本・労働比率が平均で10%上昇したと推計している．だが，資本・労働比率は，他の理由で長期的に上昇するのではないかと懸念する向きもあるだろう．たとえば，賃金水準は時間の経過と共に上昇するのが一般的である．PPSの導入後に資本集約度が上昇したのは単なる偶然かもしれない．

偶然の可能性を排除するために，アセモグルとフィンケルステインは，より確実な検証を行った．メディケアの対象となる患者の比率は，病院ごとに大きなばらつきがある．PPSはメディケア関連の医療費にしか適用されないので，新たな払戻しルールは，メディケア患者の比率の高い病院への影響が大きいはずである．だとすれば，メディケア患者比率の高い病院のほうが，労働から資本へのシフトが大きいのではないか．実際，そうなっていた．PPSの導入後は，全体的に労働に対する資本比率が上昇したが，メディケア患者比率が75%を占める病院は，25%にすぎない病院に比べて，資本比率が平均で約13%高かった．

アセモグルとフィンケルステインはさらに，病院が購入を増やした資本の種類を特定した．それによれば，メディケア患者の多い病院は，CTスキャナーや心疾患治療機器，がん治療用の放射線など，高度な医療機器の比率が高かった．その一方で，こうした病院では，患者の平均入院日数が短くなっていた．労働集約的な投入を減らしていたわけだ．

これらの結果は，企業の生産行動に関するわれわれのモデルの確かさを裏づけるものだ．9つの想定をおいて単純化したモデルではあるが，現実の世界での企業の選択をしっかり予測できるものになっているといえよう．

6.5 規模に関する収穫

経済学では，すべての投入物を比例的に増加ないし減少させたときの生産量の変化を，**規模に関する収穫**（returns to scale）という用語で表す．

資本と労働が一定の倍率で変化するとき，生産量も同じ倍率で増えるとすれば（たとえば資本と労働が倍になれば，生産量も倍になる場合），生産関

数は**規模に関して収穫一定**（constant returns to scale）である，という．本書で取り上げたコブ＝ダグラス型生産関数 $Q = K^{0.5}L^{0.5}$ は，規模に関して収穫一定である．これは，表6.2〔369ページ〕でもあきらかである．$L = K = 1$，$Q = 1$ のとき，労働と資本が倍になり，$L = K = 2$ になれば，生産量も倍の $Q = 2$ になる．労働と資本がさらに倍の $L = K = 4$ になれば，生産量も倍の $Q = 4$ になる．

すべての投入物が一定の倍率で増加し，生産量がそれ以上に増加するのであれば（資本と労働を倍にしたとき，生産量が倍以上に増えるのであれば），生産関数は**規模に関して収穫逓増**（increasing returns to scale）だという．逆に，**規模に関して収穫逓減**（decreasing returns to scale）も存在する．これは，すべての投入物を同じ倍率で増やしても，生産量がその倍率ほど増えない場合である．

この章の前半で，投入物は収穫逓減——使用量が増えるほど限界生産物は減少する，と想定した．では，投入物が収穫逓減のとき，どうして規模に関する収穫が一定ないし逓増になるのだろうか．違いは，限界生産物では1つの投入物だけが変化し，他はすべて不変であるのに対し，規模に関する収穫では，すべての投入物が同時に変化する点にある．言い換えれば，限界収穫逓減が短期的な変化を表しているのに対し，規模に関する収穫は，すべての投入物を変化させる長期的な現象なのである．

図6.12は，等生産量曲線を使って，こうした規模に関する収穫を示したものである．パネルaでは，投入物を倍にすれば，生産量も倍になっており，技術の規模に関する収穫が一定だといえる．同様に，パネルbの等生産量曲線は規模に関する収穫逓増を，パネルcは規模に関する収穫逓減を示している．

規模に関する収穫に影響を与える要因

生産関数の規模に関する収穫は，生産技術のいくつかの要素により決まる．

生産関数が規模に関して一定なのはある面では自然である．簡単に複製できる生産工程では，投入物の増分に比例して生産量が増加すると予想され

図6.12 規模に関する収穫

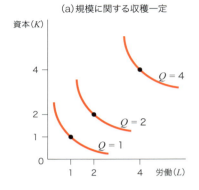

(a) 規模に関する収穫一定

(a) 労働と資本の量を数倍にしたとき、生産量が同じ倍率で増えるのであれば、この生産関数は規模に関して収穫一定である。労働と資本の組み合わせを(1,1)から(2,2)に倍にすれば、生産量Qも1から2に倍増する。

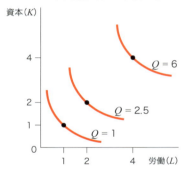

(b) 規模に関する収穫逓増

(b) 労働と資本の量を数倍にしたとき、生産量がそれを上回る倍率で増加するなら、この生産関数は規模に関して収穫逓増である。労働と資本の組み合わせを(1,1)から(2,2)に倍にすれば、生産量は$Q=1$から$Q=2.5$に、2倍以上に増える。

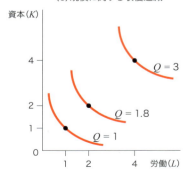

(c) 規模に関する収穫逓減

(c) 労働と資本を数倍にしたとき、生産量がそれを下回る倍率でしか増加しないなら、この生産関数は規模に関して収穫逓減である。労働と資本の組み合わせが(1,1)から(2,2)に倍増するとき、生産量は$Q=1$から$Q=1.8$の増加にとどまり、2倍にはならない。

る．たとえば，ある自動車工場で，労働量3,000単位，資本量4,000単位を使って自動車を1,000台生産しているとすれば，まったく同じ工場をどこかに（隣だっていい）建設して，投入量を倍に増やし，生産量を倍増させることができると考えて差し支えないように思える．さらにまったく同じ3棟目の工場を建て，同じだけ労働者を動員すれば，生産量は3倍に増える．さらに同じことが続く．

だが，生産関数を規模に関する収穫逓増ないし収穫逓減に向かわせる要因がほかに存在する．たとえば，規模に関する収穫逓増をもたらす共通の要因として，**固定費用**（fixed cost）があげられる．固定費用とは，生産量の多寡にかかわらず，たとえ生産が0だったとしても負担しなければならない投入物の費用である（固定費用については，第7章で詳しく論じる）．最初の1単位を生産する前に，一定量の投入物を使用しなければならないとすれば，こうした固定費用を支払った後に投入量を増やせば，生産量はその増分以上に増加する．資本，労働，ウェブ・ページという3つの投入物を使って収穫をあげている企業を例に考えよう．ウェブ・ページは固定費用だと考える．というのは，基本的にウェブ・ページの更新費用は，生産量の多寡にかかわらず変わらないからだ．ウェブ・ページはそのままで，資本と労働の投入を倍にすれば，おそらく生産量も倍になるだろう．したがって，この企業は，すべての投入物を倍にする必要はなくて，生産量を倍にできる．これは，規模に関する収穫逓増を別の形で定義したものである．

学習効果（learning by doing）によっても，企業は規模に関して収穫を逓増できる．製品はつくればつくるほど，生産効率が上がる傾向がみられる．繰り返し行われる作業では，たいていこうした類いの学習が行われている（読者も覚えがあるのではないだろうか）．生産に熟達すれば，最初よりも2巡目は少ない資源で生産できるかもしれない．つまり，投入物を倍にしなくても，生産量を倍にすることができる．

規模に関する収穫逓減もありうるが，その場合，規模に関する収穫一定が自然である理由があてはまらない．投入物が適切に測られ，すべての投入物を調整する十分な時間があるのであれば，現在の生産工程とそっくり同じものをつくることができ，生産量を同じ倍率で増やせるはずである．にもかか

わらず，企業の生産関数を計測すると，規模に関して収穫逓減になっている場合が見受けられる．たいていは，すべての投入物が完全に測られていないからだ．たとえば，1棟目とまったく同じ工場を建て，同じ数の作業員を配置し，同じ設備を導入したが，2棟目の生産効率が低いとする．これは，2棟目の工場の責任者が，1棟目ほど有能でないからかもしれないし，生産性を重視する企業文化が根づいていないからかもしれない．管理能力や企業文化は，生産に関する投入物と考えられるが，計測が困難で，標準的な労働や資本の投入には含めないことが多い．真の意味で規模に関して収穫逓減といえるのは，管理能力や企業文化が同じ水準でも，生産効率が低い場合である．

規模に関する収穫逓減が存在する一因として，規制の負担もあげられる．小規模企業は規制の対象にならない場合が多いが，企業規模が拡大するにつれて，遵守すべき規則や規制が増えていく．こうした規制を遵守するための費用は重くなることがある．企業が一定の水準を超えて規模を拡大しようとすると，それまで免除されていた規制に対応せざるを得なくなるのである．

これで合格

生産関数の規模に関する収穫を確認する方法

中級ミクロ経済学の試験でよく出題されるのが，生産関数の規模に関する収穫が一定か，逓増か，逓減かを答えさせる問題である．この問題は，正しく攻略しさえすれば，試験問題としてはいちばん簡単だ．

与えられた等式で，まず資本と労働が共に1のときの生産量を求める．次に資本と労働を2倍にしたときの生産量を計算する．生産量が2倍であれば，この生産関数は規模に関する収穫が一定である．生産量が2倍より小さければ，規模に関する収穫が逓減する．2倍より大きければ，規模に関して収穫逓増だと推測できる．

もう1つコツを教えよう．生産関数がコブ=ダグラス関数であれば，投入物の指数をすべて足し合わせればいい．合計が1になるなら，この生産関数は規模に関して収穫一定である．合計が1より大きいなら，規模に関して収穫逓増を，合計が1より小さいなら規模に関して収穫逓減を

示している.

　具体例をあげよう. 生産関数$Q = K^{0.3}L^{0.8}$を, まず, 最初の方法で解いてみる. 資本$K = 1$, 労働$L = 1$のとき$Q = 1$であり, $K = 2$, $L = 2$のとき, $Q = 2^{0.3}2^{0.8} = 2^{1.1}$である. $2^{1.1}$は2より大きいので, この生産関数は, 規模に関して収穫逓増である. これはコブ゠ダグラス関数なので, 指数を足し合わせても解ける. $0.3 + 0.8 = 1.1$で1より大きくなる. 最初の方法と答えは同じだ.

6.4 解いてみよう

　以下の3つの生産関数それぞれについて, 規模に関して収穫一定か, 収穫逓減か, 収穫逓増かを確かめよ.

a. $Q = 2K + 15L$

b. $Q = \min(3K, 4L)$

c. $Q = 15K^{0.5}L^{0.4}$

解答:

　生産関数の規模に関する収穫を確認するには, LとKに数値を代入してQを計算し, 次に代入する数値を倍にしたときのQの変化をみるのが手っ取り早い. 生産量がちょうど倍なら, 生産関数は規模に関して収穫一定である. 生産量が倍まで増えなければ, 規模に関して収穫逓減である. 生産量が倍以上に増えれば, 規模に関して収穫逓増である.

　そこで, それぞれの生産関数については, まず$K = L = 1$として, Qを計算する. 次に, $K = L = 2$として, Qを計算する. この解法で必ずしも$K = L$である必要はないが, そう想定すると解きやすい.

a. $L = 1$, $K = 1$なら, $Q = 2K + 15L = 2 \times 1 + 15 \times 1 = 2 + 15 = 17$

　$L = 2$, $K = 2$なら, $Q = 2K + 15L = 2 \times 2 + 15 \times 2 = 4 + 30 = 34$

　　投入を倍にしたとき, 生産量がちょうど倍になるので, この生産関数は規模に関して収穫一定である.

b. $L=1$, $K=1$なら, $Q=\min(3K, 4L)=\min(3\times1, 4\times1)$
$$=\min(3, 4)=3$$
$L=2$, $K=2$なら, $Q=\min(3K, 4L)=\min(3\times2, 4\times2)$
$$=\min(6, 8)=6$$

投入を倍にしたとき, 生産量がちょうど倍になるので, この生産関数は規模に関して収穫一定である.

c. $L=1$, $K=1$なら, $Q=15K^{0.5}L^{0.4}=15\times1^{0.5}\times1^{0.4}=15\times1\times1$
$$=15$$
$L=2$, $K=2$なら, $Q=15K^{0.5}L^{0.4}=15\times2^{0.5}\times2^{0.4}=15\times1.41$
$$\times1.31=27.71$$

投入を倍にしたとき, 生産量が倍より小さいので, この生産関数は規模に関して収穫逓減である.

6.6 技術変化

　長期データを使って企業の生産関数を計測すると, 投入物の量は変わっていないにもかかわらず, 後になるほど生産量が増えているケースが数多く見受けられる. 何らかの理由で, 任意の投入物から得られる生産量が増える形で生産関数が変化したと考えないと, この現象は説明できない. こうした生産関数の変化を, **全要素生産性の上昇**（total factor productivity growth）あるいは**技術変化**（technological change）という.

　この技術変化は, 生産関数に取り込むことができる. さまざまな方法がありうるが, 一般的で簡単なのは, 技術水準を一定（定数）として, 生産関数に掛け合わせることである. すなわち,

$$Q=Af(K, L)$$

ここで, Aは全要素生産性の水準であり, 任意の投入物から得られる生産量に影響するパラメーターである. 通常は, 技術変化を反映していると考える. Aが増えるということは, 任意の労働と資本から得られる生産量が増え

図6.13 技術変化の影響

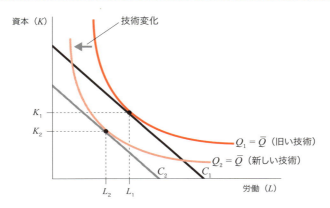

技術変化は,等生産量曲線$Q_1=\bar{Q}$を,$Q_2=\bar{Q}$へと内側にシフトさせる.最小費用の新たな組み合わせ(L_2, K_2)は,Q_2と等費用曲線C_2の接点(L_2, K_2)に位置し,Q_1とC_1の接点に位置する最小費用の当初の組み合わせ(L_1, K_1)よりも,投入物の使用量が少なく,したがって費用も少なくなる.

るということだ.

こうした類いの技術変化は,企業の費用最小化の決定にどう影響するのだろうか.Aの変化が,前述した費用最小化問題の構成要素に与える影響について考えよう.第1に,企業の等費用曲線は変わらない.Aは,生産関数の特性の1つであって,投入物の価格ではない.ただし,Aは生産関数の一部なので,等生産量曲線には影響を与える.Aが増えるということは,同じ投入で得られる生産量が大きくなることを意味する.同じ生産量が少ない投入物で生み出せる,ともいえる.等生産量曲線とは,任意の生産量を生み出す投入物の組み合わせを網羅したものなので,Aが大きくなれば,等生産量曲線は(原点に向かって)内側にシフトする.

これを表したのが図6.13である.以前は,$\bar{Q}$を生産するために,等生産量曲線$Q_1=\bar{Q}$上の投入の組み合わせが必要だった.技術変化によってAが増えると,$\bar{Q}$を生産するのに同じ投入量を必要としない.したがって,Aの等生産量曲線は内側にシフトして,$Q_2=\bar{Q}$となる.

技術変化の後,望ましい生産量が$\bar{Q}$で変わらないなら,企業の投入物の

398 第2部 消費と生産

選択は，図6.13のように，$Q_2 = \bar{Q}$と等費用曲線の接点で決まる．技術変化の前，費用最小化の組み合わせは，$Q_1 = \bar{Q}$と等費用曲線C_1との接点であり，K_1は資本の，L_1が労働の投入量である．技術変化の後，最適な投入物の組み合わせはK_2とL_2になり，$Q_2 = \bar{Q}$と等費用曲線C_2との接点になる．技術変化によって必要な投入物の量が減るので，$\bar{Q}$の生産費用は下がる．

技術変化がいかに大きな力を持つかについては，400ページ以下のコラム「ヤバい経済学」で明快に記述しているので，そちらを参照してほしい．

応用　米国製造業の技術変化

よく知られているように，米国の製造業部門の縮小（一部の辛辣な評論家に言わせれば，消滅の危機）が盛んに論じられている．たしかに製造業の雇用は減っている．それも大幅に．1994年時点で，米国には民間の雇用者数の約18％にあたる1,700万人の製造業従事者が存在していた．このうち1,000万人は，家電，航空機，自動車，金属，木材加工品，電子機器など，耐用年数の長い**耐久財**（durable good）の製造に従事していた．それが2011年になると，製造業従事者は民間の雇用者数の11％弱，1,180万人に減り，そのうち耐久財の製造業従事者は740万人になっている（これは，2008-2009年の金融危機後の景気後退の影響ばかりではない．雇用に占める製造業の割合は，2008年より前から確実に減っていた）．

この事実を踏まえると，同じ期間の米国の製造業生産高が増加していると聞くと意外に思うだろう．しかも，わずかな増加ではない．1994年から2010年にかけて，製造業の生産高は49％増加していた．この間，インフレ調整後の民間部門の生産高は53％増加しているので，ほぼ同じペースだ．さらに，インフレ調整後の耐久財の生産高は，2倍以上増えていたのだ．

製造業の雇用が長期にわたって低下しているのに，同じ期間の同じ部門の生産量が，他の部門と同じか，場合によっては大幅に上回るペースで増えるといった現象が，どうして起こりえるのか．製造業企業が労働から資本へのシフトを進めたことも一因である．だが，それがすべてではない．製造業，とりわけ耐久財の製造における技術変化のペースが他部門を上回っていたと

図6.14 米国の全要素生産性，1994-2009年

米国労働省統計局のデータによれば，1994年から2009年にかけて，製造業の全要素生産性は民間部門全般よりもはるかに高い伸びを示した．とくに耐久財製造業の全要素生産性は37％伸びており，労働者の数を減らしながら，生産性の向上を実現できた．この結果，生産量が増えたにもかかわらず，失業率は上昇した．

いう事実で，ほとんど説明できる．

図6.14は，米国経済の3つのセグメントについて技術（全要素生産性）の伸びを示したものである（データは米国労働省統計局による）．最大のセグメントは民間企業部門で，政府以外のあらゆる生産者を網羅しており，製造業も含まれる．第2のセグメントは製造業を，第3のセグメントは耐久財の製造業を取り出したものである．各セグメントの技術水準は，1994年の当該セグメントの全要素生産性の水準を100とする指数で表している．たとえば，ある年の指数が120だとすれば，そのセグメントの全要素生産性が1994年に比べて20％上昇していることになる．これは，同じ投入物の組み合わせで生産量を20％増やすことができる，ということだ．

技術変化率の比較は，製造業で雇用が減っているにもかかわらず，生産高が増えている理由を説明するのに役立つ．この期間中，民間部門全体の全要素生産性は約18％上昇しており，2009年には，1994年と同じ投入物で18％多い生産量を得ることができる．製造業では，この間，20％以上の全要素生産性の上昇がみられた．しかもこれは，リーマン・ショック後の経済

全般の急激な落ち込みを含めてのことである．この急減の前は，製造業の全要素生産性は1994年以降，25％以上伸びていた．とくに耐久財製造業では，この間の技術変化の伸びがかなり大きく，2009年には，1994年と同じ投入量で生産量を37％増やすことができた．耐久財製造業では，他の部門よりも投入量を減らし，なおかつ同じだけの生産量の伸びを確保できたことになる．製造業が雇用を減らしながら生産量を2倍以上増やせた背景には，資本集約的な生産工程に代替した事実と併せて，こうした相対的な生産性の伸びがあったのだ．■

コラム
ヤバい経済学

インドの漁師が携帯電話を手放せないわけ

　米国の消費者にとって，携帯電話以上に大切な製品はそうそうない．最新のスマートフォンは，まさしく技術の粋の結晶だ．音声通話やデータ通信はもちろんのこと，インターネットのブラウザやカレンダー，GPS，MP3プレーヤー，ビデオ再生などの機能が搭載されている．iPhoneの愛用者なら，携帯電話第1号のモトローラDynaTAC8000がヒットしたのが，わずか25年ほど前だとは想像できないだろう．* 重さが1.75ポンドとiPhoneの6倍近く，バッテリーは60分しかもたない．機能は音声通話だけで，音質もひどい．それでも，インフレ調整後で9,000ドルという高額だった．人類史上，携帯電話ほど技術が急速に進歩した例は少ない．

　経済学で技術進歩というときには，生産関数が変化したことを指す．プラスチックやシリコン，金属，エンジニアや作業員の時間などの投入物を活用して，携帯電話を生産する効率は30年前に比べて格段に上がった．

　技術進歩は，製造業における技術革新（innovation）の点から考えるのが自然だが，こうした技術進歩を促した要因は他にも数多くある．実

---

*　The DynaTAC8000xは，一般に入手できるようになった最初の携帯電話だが，生産第1号ではないし，音声通話に成功した第1号でもない．

は，世界の一部の地域では，携帯電話は技術進歩の恩恵を受けただけでなく，技術進歩を促す重要な要因にもなっている．経済学者のロバート・ジェンセンは，インド南部沿岸のケララ州の漁村を調査した．[†] 調査した地域では，漁師がその日採った魚を地元の住民に直接販売する市場が15あった．冷蔵庫がないので，買い手がつかなければ，余った魚は捨てるしかない．売り手が不足すれば，何も買えない住民が出てくる．日々の需給の変動に応じて，魚の価格は大きく変動した．買い手がつかず，魚を捨てざるをえない漁師が8％にものぼった．

以前，漁師はボートで沖に出て，魚を採り，どの市場に持ち込むかを勘で決めていた．それが携帯電話の登場でガラリと変わった．携帯電話に飛びついた漁師たちは，どの市場に持っていけば高値で売れるかを事前に把握できるようになったのだ．情報が入るようになったことで，売り手と買い手のマッチングの精度が上がった．魚が捨てられることはほとんどなくなった．実際，ジェンセンの調査によれば，携帯電話が普及した後は，魚の買い手を見つけられないことはほぼなくなった．携帯電話がこの市場にいかに影響を与えたかは，グラフをみればわかる．グラフは，ケララ州の3カ所での魚の価格の推移を示したものだ．各市場の価格を色分けしてある．携帯電話の普及した時期には地域ごとにズレがある．普及した時期を縦の線で示しているが，地域Ⅰでは20週，地域Ⅱでは100週，地域Ⅲでは200週目である．

携帯電話が普及する前は，どの地域でも価格が激しく変動していた．ある浜では1キログラム14ルピーの高値がついたのに，同じ日に別の浜ではタダ同然で放出されたこともあった．どの市場が高値で売れるかを予想するのは，不可能とは言わないまでもむずかしかった．だが，どの地域でも，携帯電話サービスが開始されると同時に，市場への影響が目に見えるようになった．携帯電話という新しい技術を使いこなすには数

[†]　Robert Jensen, "The Digital Provide: Information (Technology), Market Performance, and Welfare in the South Indian Fisheries Sector," *The Quarterly Journal of Economics* 122, no. 3 (2007): 879-924. 数字はオックスフォード大学出版局とジエンセン教授の許可を得て掲載．

週間かかったが，携帯電話が導入されておよそ10週間後には，3地域それぞれの浜ごとの価格のばらつきは大幅に減った．

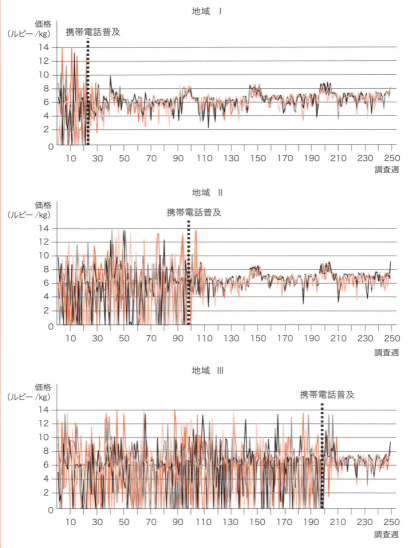

それぞれの地域で，浜ごとの魚の価格を色分けして示した．携帯電話が手に入る前は，価格は激しく変動していた．縦の黒の破線で示したように，携帯電話が普及すると，価格の変動は小さくなった．

6.7 企業の生産拡張経路と総費用曲線

前節までで，企業が最適な生産量で費用をどのように最小化するかをみてきた．そこで学んだ知識を使えば，最適生産量の変化に応じて，企業がどのような生産決定を行い，それによって総費用がどう変わるかがわかる．

図6.15のパネルaは，仮想企業アイボー・エンジン社の等生産量曲線と等費用曲線を示したものである．図には3つの等生産量曲線と等費用曲線が描いてあるが，実現可能なあらゆる生産量の水準に等生産量曲線があり，あらゆる費用水準に等費用曲線がある．思い出してほしいが，任意の生産量の生産費用を最小化する資本と労働の組み合わせは，その生産水準に相当する等生産量曲線と等費用曲線の接点にあった．図には，こうした接点を3つ示している．左下の$Q=10$は，アイボー・エンジン社が10台のエンジンを生産できる投入物の組み合わせに対応する等生産量曲線である．この等生産量曲線は，点Xで，$C=100$ドルの等費用曲線と接している．したがって100ドルが，アイボー社が10台のエンジンを生産できる最小費用になる．エンジンを20台生産できる投入の組み合わせを示した次の等生産量曲線$Q=20$は，点Yで$C=180$ドルの等費用曲線と接しており，アイボー社が20台のエンジンを生産する最小費用が180ドルであることがわかる．$Q=30$の等生産量曲線は，点Zで$C=300$ドルの等費用曲線と接しており，エンジンを30台生産する最小費用が300ドルであることがわかる．

図6.15aで，費用を最小化する投入物の組み合わせ（および，書かれてはいないが，費用を最小化する他のすべての組み合わせ）を結んだ線が，アイボー・エンジン社の**生産拡張経路**（expansion path）である．総生産量の水準に応じて，資本と労働の最適な組み合わせが変わることを示している．

この生産拡張経路と交差する等費用曲線上の総費用と，等生産量曲線上の生産量をプロットしていくと，生産量に応じた生産費用を示す**総費用曲線**（total cost curve）が得られる．図6.15のパネルbは，パネルaの生産拡張経路の費用と数量の組み合わせを示したものであり，生産量が10台，20台，30台のときの費用最小化点も含まれている．総費用曲線は，生産拡張経路

図6.15 生産拡張経路と総費用曲線

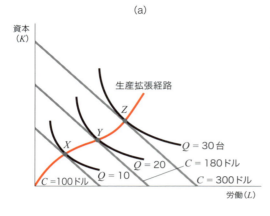

(a) アイボー・エンジン社の生産拡張経路は、各生産量 Q について、最適な投入量の組み合わせをマッピングしたものである。点 X は $Q=10$、点 Y は $Q=20$、点 Z は $Q=30$ のときに、費用を最小化する投入量の組み合わせである。

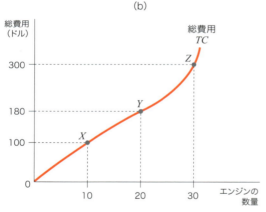

(b) アイボー・エンジン社の総費用曲線は、パネル a の生産拡張経路と交差する等費用曲線上の費用から導くことができる。費用を最小化する投入量の組み合わせの総支出は、生産量 $Q=10$ のとき100ドル、$Q=20$ のとき180ドル、$Q=30$ のとき300ドルである。

によってあきらかにされた情報を別の形で表したものでもある。総費用曲線も生産拡張経路も、企業が任意の生産量で、いつ、どのような形で生産費用を最小化しているか、生産量が変化すると最小費用がどう変化するかを示したものである。

　生産拡張経路とそれに対応する総費用曲線は、等費用曲線に表された任意の投入物価格と、等費用曲線に表された任意の生産関数が前提となっている

第6章 生産者行動 **405**

点に留意したい．前にみたように，投入物価格か生産関数が変われば，費用
を最小化する投入物の組み合わせも変わる．次の第7章では，企業の費用関
数を論じるにあたり，生産拡張経路から導かれた総費用曲線を用いる．

6.8 結論

　消費者が任意の効用水準を得るための支出を最小化しようとしたように
（第4章），企業は任意の生産量を達成するにあたり，費用を最小化しようと
する．企業の最適生産決定は，任意の数量の生産費用を示した総費用曲線に
表れる．第7章では，企業の費用構造に関する理解を深め，個別の費用につ
いて論じる．企業が費用構造に関する知識を活用して，費用を最小化する行
動につなげていることをみていく．

まとめ

1. 企業の**生産**プロセスを検討するにあたって，いくつかの単純化した想定
   をおいている．最も重要なのは，**費用最小化**の想定である．どんな企業
   も，望ましい生産量を達成するために総費用の最小化を目指す，と考え
   る．[6.1節]

2. **生産関数**は，生産者が活用する投入物の数量を，それを使って達成され
   る生産量と関連づける．標準的な生産関数は，$Q=f(K, L)$ という形の
   数式で表示される．一般的に使われる生産関数はコブ゠ダグラス型生産
   関数で，$Q=K^{\alpha}L^{\beta}$ の形をとる（α と β は定数）．[6.1節]

3. 短期的に，企業の資本水準は固定されている．このとき，生産量を変え
   るには，労働投入量だけで調整しなければならない．投入物の**限界生産
   物**や**平均生産物**など，生産関数の性質についてみてきた（資本は固定さ
   れているので，この場合の投入物は労働にかぎられる）．労働を1単位
   増やしても生産量の増分が減ることになる，労働の**限界生産物逓減**の例
   を取り上げた．[6.2節]

406 第2部 消費と生産

4. 企業は長期的に資本を調整することができるが，それには2つの重要な意味合いがある．第1に，同時に資本の量を増やすことによって，労働の限界生産物逓減を緩和することができる．第2に，資本と労働を代替することができる．[6.3節]

5. 等生産量曲線は，所与の生産量を達成できる投入物の組み合わせを網羅したものである．等生産量曲線の湾曲と傾きは，財の生産における投入物の代替性を示している．とくに，等生産量曲線の傾きのマイナスは，労働と資本の**技術的限界代替率**に等しい．[6.4節]

6. 等費用曲線とは，任意の総費用で企業が投入できる資本と労働のすべての組み合わせを網羅したものである．資本と労働の相対費用が，等費用曲線の傾きを決定する．[6.4節]

7. 企業は任意の生産水準で費用を最小化しようとする．最小費用での生産は，等費用曲線と等生産量曲線との接点，あるいは技術的限界代替率が資本に対する労働の相対価格に等しい点で実現する．[6.4節]

8. **規模に関する収穫**とは，生産関数の性質に関するもので，すべての投入物を同時に同量変化させたときの生産量の変化について述べたものである．生産関数は，規模に関する収穫一定（すべての投入物が一定倍で増えれば，生産量が一定倍増える）の場合や，収穫逓増（すべての投入物が一定倍で増えれば，生産量が一定倍以上に増える），収穫逓減（すべての投入物が一定倍増えても，生産量の増加が一定倍を下回る）の場合がある．[6.5節]

9. **技術変化**があると，いずれ生産関数が変わり，同じ投入量でより多く生産できるようになる．これを受けて，生産関数の等生産量曲線は原点に向かってシフトする．[6.6節]

10. 企業の費用曲線は，**生産拡張経路**から導かれる．生産拡大曲線は，等生産量曲線と等費用曲線を使って，生産量に応じて投入物の選択がどう変わるかを示したものである．総費用曲線は，生産拡張経路上の各点で交わる等費用曲線の総費用と，等生産量曲線の生産量の関係をプロットしたものである．生産性の上昇は，総費用曲線を下方にシフトさせる．[6.7節]

第6章 生産者行動 **407**

復習問題
（解答は以下のサイトで入手できる．https://store.toyokeizai.net/books/9784492314951）

1. 短期の生産と長期の生産の違いを述べよ．
2. 生産関数からどんなことがわかるか．
3. 短期では，労働の限界生産物が資本の限界生産物より重要なのはなぜか．
4. 労働の限界生産物逓減から，労働投入と限界生産物の関係について，どんなことが言えるか．
5. 等生産量曲線が原点から遠ざかると，生産量はどう変化するか．
6. 技術的限界代替率とは何か．技術的限界代替率が変化すると，等生産量曲線の形状はどう変わるか．
7. 等生産量曲線の湾曲度は，資本と労働という2つの投入物の組み合わせについて何を表しているのか．
8. 等費用曲線とは何か．等費用曲線の傾きは，労働と資本の相対費用の変化について何を表しているのか．
9. 一方の投入物の相対価格が上昇したとき，企業はどのように対応するか．
10. 生産関数の規模に関する収穫が一定になるとき，収穫逓増になるとき，収穫逓減になるときは，どのようなときか．
11. 技術変化は企業の生産にどんな影響を与えるか．
12. 生産拡張経路とは何か．企業の総費用曲線とどう関連しているか．

演習問題
（＊をつけた演習問題の解答は，以下のサイトで入手できる．https://store.toyokeizai.net/books/9784492314951）

＊1. 下表で示された生産関数について考えよう．

資本（K）		労働（L）					
	0	1	2	3	4	5	6
	1	100	200	300	400	500	600
	2	200	400	600	800	1,000	1,200
	3	300	600	900	1,200	1,500	1,800
	4	400	800	1,200	1,600	2,000	2,400
	5	500	1,000	1,500	2,000	2,500	3,000
	6	600	1,200	1,800	2,400	3,000	3,600

a. 資本6単位，労働1単位を組み合わせると，生産量はいくらになるか.

b. aの答えと同じ生産量を達成できる資本と労働の他の組み合わせには，他にどんなものがあるか.

c. 労働をX軸，資本をY軸にして，aとbの答えを書き入れよ．点を結んで，生産量600単位に対応する等生産量曲線を描け.

2. 下の表は，バーベキュー・ポーク専門のケータリング会社ホグ・ワイルド社の生産関数を示している．各項の数値は，労働と資本のさまざまな組み合わせで対応できる顧客数である.

		労働（L）					
	1	100	132	155	174	190	205
	2	152	200	235	264	289	310
資本（K）	3	193	255	300	337	368	396
	4	230	303	357	400	437	470
	5	263	347	408	457	500	538
	6	293	387	455	510	558	600

a. この生産関数は，短期のものか，長期のものか．なぜ，そう言えるのか.

b. ホグ・ワイルド社は，資本5単位，労働2単位を投入する．何人の顧客に対応できるか.

c. ホグ・ワイルド社は，資本5単位，労働2単位を投入したが，経営者のビリー・ポルシンは甥を従業員の一員にすることを考えている．ビリーの甥の限界生産物を求めよ.

d. ホグ・ワイルド社が資本1単位を使っているとき，5単位目の労働の限界生産物は16である．だが，資本5単位を使うとき，5単位目の労働の限界生産物は43になる．この生産関数は，労働の限界生産物逓減の法則に反しているだろうか．その理由を述べよ.

e. ホグ・ワイルド社では資本5単位，労働を2単位使っているが，経営者のビリー・ポルシンは，キッチンにもう1台，肉の燻製器を導入することを考えている（これで資本の量は6単位になる）．燻製器の限界生産物を求めよ.

f. ホグ・ワイルド社では，資本を5単位，労働を2単位使っている．ビリーは，従業員を1人増やすか，燻製器を1台増やすか検討中である．燻製器が8ドル，従業員の費用が12ドルだとすると，限界的な部分で，ビリーにとって費用効率の高い選択はどちらになるか.

3. 下の表を完成せよ.

労働投入量	総生産物	限界生産物	平均生産物
0	0	—	—
1		70	
2	135		
3			63
4		51	
5			60
6	366		

4. ある企業の生産関数が以下のとおり与えられている.
$Q = K^{0.33}L^{0.67}$, $MP_K = 0.33K^{-0.67}L^{0.67}$, $MP_L = 0.67K^{0.33}L^{-0.33}$
 a. L が増加すると,労働の限界生産物はどうなるか.
 b. K が増加すると,労働の限界生産物はどうなるか.
 c. K が変化すると,MP_L も変化するのはなぜか.
 d. K が増加すると,資本の限界生産物はどうなるか.L が増加すると,資本の限界生産物はどうなるか.

5. ギター・アンプは,中国でも米国でもつくれるが,平均的にみて米国の労働者の熟練度が高いので,生産技術が異なる.下図の2つの等生産量曲線について考えてみよう.曲線はそれぞれ,米国および中国の生産技術を表している.技術的代替限界率 $MRTS$ に基づくと,どちらが米国で,どちらが中国の等生産量曲線か.理由を説明せよ.

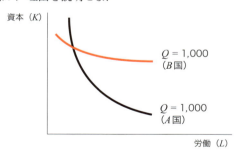

*6. 下の生産関数を対照せよ.
 a. 1個30gのボール・ベアリング・メーカーの生産関数が以下のとおり与えられている.$Q = 4K^{0.5}L^{0.5}$, $MP_K = 2K^{-0.5}L^{0.5}$, $MP_L = 2K^{0.5}L^{-0.5}$. 労働,資本とも限界物生産逓減を示しているだろうか.この生産関数は,技術的

限界代替率の逓減を示しているだろうか．
b. 1個40gのボール・ベアリング・メーカーの生産関数が以下のとおり与えられている． $Q=4KL$, $MP_K=4L$, $MP_L=4K$. 労働，資本とも限界物生産逓減を示しているだろうか．aで描いた等生産量曲線は，技術的限界代替率の逓減を示しているだろうか．
c. 結果を比較せよ．技術的限界代替率が逓減するには，労働と資本の限界生産物が逓減している必要があるだろうか．

*7. マニー，ジャック，モエの3人は，労働者を時給12ドルで雇うか，資本を1時間7ドルで借りることができる．
a. マニー，ジャック，モエの総費用について，何人の従業員を雇い，どれだけの資本を借りるか関数で表現せよ．
b. マニー，ジャック，モエは，総費用をぴったり100ドルで抑えたいと考えている．aの答えを使って，費用がちょうど100ドルとなる等費用曲線の等式を求めよ．等式を変形して，資本を切り離せ．
c. 労働をX軸に，資本をY軸にして，等費用曲線の等式をグラフにせよ．
d. X軸の切片はいくらか．Y軸の切片はいくらか．それぞれ何を表しているか．
e. 等費用曲線の傾きはいくらか．それは何を表しているか．
f. 労働組合と賃上げ交渉を行った結果，時給を14ドルに引き上げることになった．総費用が100ドルの等費用曲線に何が起きるか説明せよ．新たな等費用曲線を描け．

8. ある宝石細工商は，銅と青銅という2つの投入物を使って宝石を製作している．費用を最小化しているときは，銅か青銅のどちらか1つだけを使っていて，両方は使っていないことに気づいた．この宝石細工商の等生産量曲線は，どんな形状になるか．

9. 下図に表された生産と費用の情報を検討しよう．

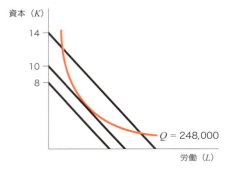

a. 資本の費用は1時間24ドルだとする．それぞれの等費用曲線を，適切な総支出と結びつけよ．

　　b. 労働の費用は1時間36ドルだとする．等費用曲線それぞれに，X軸の切片を描き入れ，傾きを割り出せ．

　　c. この企業は，24万8,000単位を336ドルちょうどで生産できるか．

　　d. 24万8,000単位を生産できる最小費用はいくらか．

　　e. 24万8,000単位の生産費用が240ドルだとする．労働の限界生産物が400単位だとすると，資本の限界生産物はいくらかになるか．

10. ジェイクとポールは製紙業を営んでおり，毎週1,000連（連＝500枚）生産しなければならない．製紙工場の長期の生産関数は以下で与えられている．$Q = 4K^{0.75}L^{0.25}$，ここでQは連を単位とする生産高，Kは資本量，Lは労働量である．この生産関数で，$MP_L = K^{0.75}/L^{0.75}$，$MP_K = 3L^{0.25}/K^{0.25}$である．この工場の週の費用関数は$C = 10K + 2L$であり，$C$は1週間の総費用である．

　　a. この工場の総費用を最小化する資本対労働の投入比率はいくらか．

　　b. 毎週，1,000連を生産するには，資本と労働をどれだけ投入すればいいか．

　　c. これらの投入費用はいくらになるか．

11. 図を使って，以下を説明せよ．完全代替のケースで，投入物価格の比率が技術的限界代替率（$MRTS$）に等しいとすれば，この企業の費用最小化問題の特殊解は存在するか．完全代替のケースで，投入物価格の比率が$MRTS$に等しくないとすれば，この企業の費用最小化問題の解は，グラフのどこに求められるか．

12. グロセスター・オールド・バンクの顧客は，窓口（労働）かATM（資本）で取引を完了できる．この銀行の生産関数は以下で与えられている．

　　　　$Q = 4K + 6L$

　　ここで，Qは顧客数，KはATMの台数，Lは窓口の行員数である．

　　a. 現在，ATMは20台，窓口の行員は20人である．3台のATMが故障したとき，行員を何人増やせば，元のサービスを維持できるか．

　　b. ATMを17台しか使っていなかった場合，aの答えは変わるか．ATMを30台使っていた場合はどうか．

　　c. この銀行の等生産量曲線はどのような形状になるか．（ヒント：200人といった任意の顧客に対応できる行員とATMの組み合わせを考え，グラフにするといい．）

　　d. 行員とATMの関係はどのように説明できるか．

　　e. 1台あたりのATMの設置・維持費用が20ドル，行員を1人雇った場合の

費用が32ドルだとする．行員を2人解雇し，ATMを3台導入すると，この銀行の総顧客数はどうなるか．銀行の総費用はどうなるか．

f. eの考え方を使って，この銀行が総費用を最小化しようとした場合，ATMと行員の最適な組み合わせはどうなるか．

13. ボルダー社のMP_L/MP_Kにおける技術的限界代替率（$MRTS$）は3である．現在の労働と資本の価格比率は$W/R = 4$である．

a. ボルダー社は費用を最小化しているか．

b. この状況を改善するために，ボルダー社に何ができるか．

*14. iPodの生産関数が，以下で与えられている．

$$Q = 20K^{0.5}L^{0.5}$$

労働の限界生産物は10 $(K/L)^{0.5}$，資本の限界生産物は10 $(L/K)^{0.5}$である．

a. 1単位あたりの労働費用は6ドル，資本費用は9ドルだとする．最小費用でiPodを49台生産するとき，技術的限界代替率はいくらになるか．

b. この企業が49台のiPodを生産できる最小費用の労働と資本の組み合わせを求めよ．労働と資本の単位に端数が出ても構わないものとする．

c. 49台のiPodを生産できる最小費用はいくらか．

d. iPodの生産にかけられる総費用は300ドルだとする．この費用で生産できる台数の上限はいくらか．

15. ある大規模な農業法人が，近隣の2つの郡で農場を経営している．最高財務責任者（CFO）の報告によると，ライス郡，レノ郡ともに，農作業員の時給は7.36ドル，農機具の賃貸料は1時間433ドル，土地の賃料は1エーカーあたり50ドルである．また，労働と資本の限界代替率$MRTS_{LK}$は，ライス郡のほうが隣のレノ郡よりも高い．この法人は費用を最小化しているだろうか．理由も説明せよ．

16. 生産関数が$Q = 2\min(K, L)$，費用関数が$C = 2K + 3L$だとする．$Q = 10$の最小費用を実現する投入の組み合わせはどうなるか．答えをグラフで示せ．

17. 若い女子大生が，なけなしの予算で市会議員に立候補した．経済学を共に学ぶ友人が，以下の関数に基づいて，有権者はテレビと新聞の広告に影響されやすいと推定した．票＝$300TV^{0.6}NP^{0.2}$．ここで，TVはテレビ広告の出稿数，NPは新聞広告の出稿数である．新聞広告の限界生産物は，$60TV^{0.6}NP^{-0.8}$，テレビ広告の限界生産物は$180TV^{-0.4}NP^{0.2}$である．テレビ広告の出稿料は400ドル，新聞広告の出稿料は250ドルである．当選するには1,800票が必要だとすれば，そのための新聞広告とテレビ広告の最小費用はいくらになるか．

*18. マッド・マックス・ロード・ウォリアーズ社は，州間幹線道路を修繕する会

社である. 1人の作業員がシャベル1個を使って穴を補修する. 1人の作業員は, 1日に10個の穴を補修する. 1人が2個のシャベルを使っても, 2人で1個のシャベルを使っても, 穴は10個しか補修できない.

a. 30個の穴を補修するのに対応する等生産量曲線を描け.

b. 規模に関する収穫が一定だとした場合, さらに2, 3本の等生産量曲線を描け.

c. シャベルのレンタル料が5ドル, 作業員の日給が25ドルだとして, いくつかの等費用曲線を描け.

d. マッド・マックス社が30個の穴を補修する契約を州と結んだとすると, この契約を履行するための最小費用はいくらか.

e. シャベルのレンタル料が5ドルから6ドルに値上がりしたとする. マッド・マックス社の作業員とシャベルの組み合わせに何が起きるか. 理由も述べよ.

19. 下記の生産関数はそれぞれ, 規模に関して収穫一定か, 収穫逓増か, 収穫逓減か.

a. $Q = 10K^{0.75}L^{0.25}$

b. $Q = (K^{0.75}L^{0.25})^2$

c. $Q = K^{0.75}L^{0.75}$

d. $Q = K^{0.25}L^{0.25}$

e. $Q = K + L + KL$

f. $Q = 2K^2 + 3L^2$

g. $Q = KL$

h. $Q = \min(3K, 2L)$

*20. ヴァイオリンの製作者アルフレッド・バーブーダの生産関数が以下で与えられている.

$$Q = 10K^{0.5}L^{0.5}$$

a. アルフレッドは現在, 機械 (資本) を1台使っているとする. 4人の職人を採用するとすれば, 何台のヴァイオリンが作れるか.

b. 機械を1台ではなく2台使うものとする. aの生産水準を維持するには, 何人の職人を雇う必要があるか.

c. 機械を4台使っているとすれば, aの生産水準を維持するために, 何人の職人を雇う必要があるか.

d. aからcで見つけた労働と資本の組み合わせを, 等生産量曲線として描き入れよ.

414   第2部 消費と生産

e. （数学のスキルのテストとして）資本技術が進化して，アルフレッドの生産
関数が以下のように変化したとする．$Q = 10K^{0.7}L^{0.3}$．アルフレッドが3人
の職人を雇うとすれば，aの生産水準を維持するために，何台の機械を使
う必要があるか．等生産量曲線はどうなるか．

第6章 補論

費用最小化の微分

第4章の補論では，微分を使うと消費者の最適化問題が簡単に解けることをみた．微分を使うメリットは，企業の制約付き最適化問題，すなわち費用の最小化にもおよぶ．企業の費用最小化は，消費者の支出最小化と似ており，生産者の最適化問題は，消費者の制約付き最適化問題の復習になる．

労働の限界生産物と技術的限界代替率

企業の費用最小化問題を解くにあたり，第4章の補論と同様に，コブ=ダグラス型生産関数からはじめよう．このケースでは，生産量 Q を，資本 K と労働 L の投入量の関係で示す次の生産関数を使う．すなわち，$Q = AK^{\alpha}L^{1-\alpha}$（$0 < \alpha < 1$）である．全要素生産性のパラメーターである A は0より大きい．本書の微分に関する議論では，もっぱらコブ=ダグラス型生産関数を使うが，それはこの関数の形が，消費者や生産者に関する本書の想定にかなり近いからである．あくまで単純な公式でありながら，生産者を考える際の，資本，労働，企業の生産量に関する本書の想定をすべて充足している．さらに，この関数が持つユニークな特徴も，コブ=ダグラス型生産関数を使う理由である．資本 K と労働 L の係数（α，$1-\alpha$）の合計が1となるこの関数は，規模に関して収穫が一定であることを表している．

生産者の費用最小化問題に取りかかる前に，コブ=ダグラス型生産関数が労働の限界生産物および資本の限界生産物と技術的限界代替率（$MRTS$）に関する想定を満たしていることを確認しておこう．具体的にはまず，労働の限界生産物および資本の限界生産物がプラスであり，限界収穫は逓減していることを示す必要がある．次いで，技術的限界代替率（$MRTS$）が2つの限

416 第2部 消費と生産

界生産物の比であることを確認する.

まず，資本の限界生産物の概念——資本を1単位追加したときに生産物がいくら増えるかについて考えてみよう．数学的には，資本の限界生産物は，生産関数の資本についての偏微分で表される．偏微分になるのは，労働の量を不変としているからである．資本の限界生産物は，以下のように書くことができる.

$$MP_K = \frac{\partial Q\,(K, L)}{\partial K} = \frac{\partial\,(AK^\alpha L^{1-\alpha})}{\partial K} = \alpha AK^{\alpha-1}L^{1-\alpha}$$

同様に，労働の限界生産物は以下のようになる.

$$MP_L = \frac{\partial Q\,(K, L)}{\partial L} = \frac{\partial\,(AK^\alpha L^{1-\alpha})}{\partial L} = (1-\alpha)\,AK^\alpha L^{-\alpha}$$

資本と労働がいずれも0より大きいとき（生産物が0より大きいとき）はつねに，上記の限界生産物はプラスになる点に留意したい．言い換えれば，コブ=ダグラス型生産関数の資本の限界生産物および労働の限界生産物（MP_K, MP_L）は，投入量を増やすほど生産量が増える，という重要な条件を満たしている.

資本の限界収穫および労働の限界収穫は逓減する，という想定を満足していることも示さなければならない．これは，他の条件が不変なら，資本の投入量および労働の投入量が増加するにつれて限界生産物が逓減していく，ということだ．これを確かめるには，生産関数の各投入物について2度目の偏微分をする．言い換えれば，各投入物の限界生産物を偏微分すればよい.

$$\frac{\partial^2 Q\,(K, L)}{\partial K^2} = \frac{\partial MP_K}{\partial K} = \frac{\partial\,(\alpha AK^{\alpha-1} L^{1-\alpha})}{\partial K}$$

$$= \alpha\,(\alpha-1)\,AK^{\alpha-2}L^{1-\alpha} = -\,\alpha\,(1-\alpha)\,AK^{\alpha-2}L^{1-\alpha}$$

$$\frac{\partial^2 Q\,(K, L)}{\partial L^2} = \frac{\partial MP_L}{\partial L} = \frac{\partial\,[\,(1-\alpha)\,AK^\alpha L^{-\alpha}]}{\partial L}$$

$$= -\,\alpha\,(1-\alpha)\,AK^\alpha L^{-\alpha-1}$$

資本Kと労働Lが共に0より大きいかぎり（生産量がプラスであるかぎり），これら2度目の偏微分はいずれもマイナスで，各投入物の投入量を増やすにつれて，各投入物の限界生産物は逓減していく．したがって，コブ=

第6章補論：費用最小化の微分　　**417**

ダグラス型生産関数は，資本の限界収穫および労働の限界収穫が逓減するとの想定を満足しているといえる．

第6章の本論から，技術的限界代替率と資本の限界生産物および労働の限界生産物には相関性があることもわかっている．そもそも技術的限界代替率とは，資本の量が変化する場合，生産量を維持するために必要な労働量の変化を示したものである（あるいは，労働量が変化する場合，生産量を維持するために必要な資本量の変化を示しているともいえる）．技術的限界代替率は，資本の限界生産物と労働の限界生産物の比に等しい．そこで，微分を使ってこれを証明するには，まず，それぞれの等生産量曲線が，たとえば $\bar{Q}$ といった一定の生産量を表していることに気づかねばならない．つまり，$Q = Q(K, L) = \bar{Q}$ である．まず，この生産関数を全微分する．

$$dQ = \frac{\partial Q(K, L)}{\partial K} dK + \frac{\partial Q(K, L)}{\partial L} dL$$

生産量は $\bar{Q}$ で固定されているので，dQ は0に等しいことがわかる．

$$dQ = \frac{\partial Q(K, L)}{\partial K} dK + \frac{\partial Q(K, L)}{\partial L} dL = 0$$

したがって

$$\frac{\partial Q(K, L)}{\partial K} dK = - \frac{\partial Q(K, L)}{\partial L} dL$$

ここで，式を変形して，$-\dfrac{dK}{dL}$ をまとめると以下のようになる．

$$- \frac{dK}{dL} = \frac{\dfrac{\partial Q(K, L)}{\partial L}}{\dfrac{\partial Q(K, L)}{\partial K}} = \frac{MP_L}{MP_K}$$

この等式の左辺は，等生産量曲線の傾きをマイナスにしたものであり，技術的限界代替率である．[1] したがって

---

1)　等生産量曲線の傾きはマイナスであった点を思い出してもらいたい．等生産量曲線の傾きをマイナスにした技術的限界代替率（*MRTS*）はプラスになる．

418 第2部　消費と生産

$$MRTS_{LK} = \frac{MP_L}{MP_K}$$

コブ=ダグラス型生産関数の $Q = AK^\alpha L^{1-\alpha}$ を微分して，dQ を0とおく．

$$dQ = \frac{\partial Q\,(K, L)}{\partial K}\,dK + \frac{\partial Q\,(K, L)}{\partial L}\,dL$$

$$= \alpha AK^{\alpha-1}L^{1-\alpha}dK + (1-\alpha)\,AK^\alpha L^{-\alpha}dL = 0$$

もう一度，式を変形して $-\dfrac{dK}{dL}$ をまとめる．

$$MRTS_{LK} = -\frac{dK}{dL} = \frac{(1-\alpha)\,AK^\alpha\,L^{-\alpha}}{\alpha AK^{\alpha-1}\,L^{1-\alpha}} = \frac{MP_L}{MP_K}$$

これは，以下のように単純化できる．

$$MRTS_{LK} = \frac{(1-\alpha)}{\alpha}\frac{K}{L}$$

　こうして，コブ=ダグラス型生産関数について，技術的限界代替率が資本と労働の限界生産物の比に等しいことがわかる．また，この式からは，第6章の本文で学んだように，生産量を維持しつつ，労働量を増やして資本量を減らした場合，技術的代替限界率が低下していくことがわかる．なお，微分を使うと，労働と資本が代替される率は，資本の相対的生産性 α によって決まることがあきらかである．

微分を使った費用最小化

　生産モデルとしてコブ=ダグラス型生産関数の有用性が確認できたところで，企業の費用最小化問題をみてみよう．ふたたび，制約付き最適化問題に向き合うことになる．目的関数は生産費用であり，制約条件は生産量である．企業は任意の生産水準を最小費用で達成することを目指す．これは，消費者の支出最小化問題の企業版だといえる．

　消費者の問題でみたように，費用最小化問題を解く方法は2通りある．1つは，第6章の本論で導出した費用最小化の条件をあてはめる方法である．最適解での技術的限界代替率は，投入物の価格比，すなわち賃金 W と資本

のレンタル料Rの比に等しくなる．技術的限界代替率が限界生産物の比に等しいことを示したばかりなので，費用最小化の条件は以下のようになる．

$$MRTS_{LK} = \frac{MP_L}{MP_K} = \frac{W}{R}$$

前述のコブ゠ダグラス型生産関数では，技術的限界代替率と投入価格の関係を使えば最適解を見つけるのは簡単だ．まず前述の技術的限界代替率の等式を使って，Lの関数としてのKを求める．すなわち，

$$\frac{MP_L}{MP_K} = \frac{(1-\alpha)}{\alpha} \frac{K}{L} = \frac{W}{R}$$

$$K = \left[\frac{\alpha}{(1-\alpha)} \frac{W}{R} \right] L$$

次に，Kを生産の制約式に代入し，労働の最適量L^*を求める．

$$\bar{Q} = AK^{\alpha}L^{1-\alpha} = A \left[\frac{\alpha}{(1-\alpha)} \frac{W}{R} L \right]^{\alpha} L^{1-\alpha}$$

$$\bar{Q} = A \left[\frac{\alpha}{(1-\alpha)} \frac{W}{R} \right]^{\alpha} L^{\alpha}L^{1-\alpha}$$

$$L^* = \left[\frac{(1-\alpha)}{\alpha} \frac{R}{W} \right]^{\alpha} \frac{\bar{Q}}{A}$$

今度は，前述のLの関数としてのKの式にL^*を代入してK^*を求める．

$$K^* = \left[\frac{\alpha}{(1-\alpha)} \frac{W}{R} \right] L^*$$

$$= \left[\frac{\alpha}{(1-\alpha)} \frac{W}{R} \right] \left[\frac{(1-\alpha)}{\alpha} \frac{R}{W} \right]^{\alpha} \frac{\bar{Q}}{A}$$

この式は，2番目のカギかっこ［　］内の項の逆数を取ることで単純化できる．すなわち，

$$K^* = \left[\frac{\alpha}{(1-\alpha)} \frac{W}{R} \right] \left[\frac{\alpha}{(1-\alpha)} \frac{W}{R} \right]^{-\alpha} \frac{\bar{Q}}{A}$$

最初の項と2番目の項を結合すると以下のようになる．

$$K^* = \left[\frac{\alpha}{(1-\alpha)} \frac{W}{R} \right]^{1-\alpha} \frac{\bar{Q}}{A}$$

420 第2部 消費と生産

したがって，最小の費用で生産量$\bar{Q}$を達成するには，資本を$\left[\dfrac{\alpha}{(1-\alpha)}\dfrac{W}{R}\right]^{1-\alpha}\dfrac{\bar{Q}}{A}$単位，労働を$\left[\dfrac{(1-\alpha)}{\alpha}\dfrac{R}{W}\right]^{\alpha}\dfrac{\bar{Q}}{A}$単位使用すればよい．

今度は第2の方法を使って，費用を最小化する資本と労働の組み合わせを求めよう．制約付き最適化問題を解くわけである．これまでと同様，企業は自社の生産関数を前提とする費用TCの最小化を目指す．

$$\min_{K,L} TC = RK + WL \qquad \text{s.t.} \quad \bar{Q} = AK^{\alpha}L^{1-\alpha}$$

次に，この制約付き最適化問題をラグランジュ式に書き換え，1階の条件を求める．

$$\min_{X,Y,\lambda} \mathcal{L}(K,L,\lambda) = RK + WL + \lambda(\bar{Q} - AK^{\alpha}L^{1-\alpha})$$

ラグランジュ式の1階の条件を求めると以下のようになる．

$$\frac{\partial L}{\partial K} = R - \lambda\left(\alpha AK^{\alpha-1}L^{1-\alpha}\right) = 0$$

$$\frac{\partial L}{\partial L} = W - \lambda\left[(1-\alpha)AK^{\alpha}L^{-\alpha}\right] = 0$$

$$\frac{\partial L}{\partial \lambda} = \bar{Q} - AK^{\alpha}L^{1-\alpha} = 0$$

λが最初の2つの条件式のいずれにも入っている点に留意したい．式を変形してλを求める．

$$R = \lambda\left(\alpha AK^{\alpha-1}L^{1-\alpha}\right)$$

$$\lambda = \frac{R}{\alpha AK^{\alpha-1}L^{1-\alpha}}$$

$$W = \lambda\left[(1-\alpha)AK^{\alpha}L^{-\alpha}\right]$$

$$\lambda = \frac{W}{(1-\alpha)AK^{\alpha}L^{-\alpha}}$$

ここで，λの2つの式が等しいとおく．

第6章補論：費用最小化の微分　**421**

$$\lambda = \frac{R}{\alpha A K^{\alpha-1} L^{1-\alpha}} = \frac{W}{(1-\alpha) A K^{\alpha} L^{-\alpha}}$$

企業の費用最小化問題で，λをどう解釈すればいいのだろうか．一般に，ラグランジュ乗数は，制約を1単位緩めたときの値である．ここで制約は生産量であり，所与の生産量を1単位増やした場合，最適水準の生産総費用はλドルだけ増加する．言い換えれば，λには経済学上の特別な意味がある．つまりλは，生産の限界費用——企業が費用を最小化するとき，生産量を1単位増やすのに必要な追加費用を意味する．この点は，上式のλで確認できる．すなわち資本（あるいは労働）量の増分を，生産量の増分で割った費用である．第7章では限界費用を求める別の方法を取り上げるが，限界費用はつねに費用を最小化しようとする企業行動を反映したものであることを念頭におくとよい．

λの逆数を取って費用最小化を別の角度からみることができる．

$$\frac{\alpha A K^{\alpha-1} L^{1-\alpha}}{R} = \frac{(1-\alpha) A K^{\alpha} L^{-\alpha}}{W}$$

この関係は，最適解で正しいとわかっていること，つまり$\dfrac{MP_K}{R} = \dfrac{MP_L}{W}$を示しており，これを変形することによって費用最小化の条件を求めることができる．

$$\frac{W}{R} = \frac{MP_L}{MP_K} = MRTS_{LK}$$

費用を最小化する投入の最適バンドルを求めるには，まずLの関数としてのKを求める．

$$\frac{K^{\alpha}}{K^{\alpha-1}} = \frac{W(\alpha L^{1-\alpha})}{(1-\alpha) R L^{-\alpha}}$$

$$K = \left[\frac{\alpha}{(1-\alpha)} \frac{W}{R} \right] L$$

Lの関数としてのKを3番目の1階の条件に代入する．制約式は以下になる．

$$\bar{Q} - A K^{\alpha} L^{1-\alpha} = \bar{Q} - A \left[\frac{\alpha}{(1-\alpha)} \frac{W}{R} L \right]^{\alpha} L^{1-\alpha} = 0$$

422　第2部　消費と生産

今度は，費用を最小化する労働量L^*を求める．

$$A\left[\frac{\alpha}{(1-\alpha)}\frac{W}{R}\right]^{\alpha}L^{\alpha}L^{1-\alpha}=A\left[\frac{\alpha}{(1-\alpha)}\frac{W}{R}\right]^{\alpha}L=\bar{Q}$$

$$L^*=\left[\frac{\alpha}{(1-\alpha)}\frac{W}{R}\right]^{-\alpha}\frac{\bar{Q}}{A}=\left[\frac{(1-\alpha)}{\alpha}\frac{R}{W}\right]^{\alpha}\frac{\bar{Q}}{A}$$

L^*の値をLの関数としてのKの式に代入する．

$$K^*=\left[\frac{\alpha}{(1-\alpha)}\frac{W}{R}\right]L^*=\left[\frac{\alpha}{(1-\alpha)}\frac{W}{R}\right]\left[\frac{(1-\alpha)}{\alpha}\frac{R}{W}\right]^{\alpha}\frac{\bar{Q}}{A}$$

単純化のために，2番目の項を逆数にして結合する．

$$K^*=\left[\frac{\alpha}{(1-\alpha)}\frac{W}{R}\right]\left[\frac{\alpha}{(1-\alpha)}\frac{W}{R}\right]^{-\alpha}\frac{\bar{Q}}{A}$$

$$=\left[\frac{\alpha}{(1-\alpha)}\frac{W}{R}\right]^{1-\alpha}\frac{\bar{Q}}{A}$$

このようにラグランジュ式を使っても，費用最小化条件を使って求めたのと同じ労働と資本の最適水準にたどり着く．すなわち，

$$L^*=\left[\frac{(1-\alpha)}{\alpha}\frac{R}{W}\right]^{\alpha}\frac{\bar{Q}}{A}$$

$$K^*=\left[\frac{\alpha}{(1-\alpha)}\frac{W}{R}\right]^{1-\alpha}\frac{\bar{Q}}{A}$$

6A.1 解いてみよう

　ある企業の生産関数は$Q=20K^{0.2}L^{0.8}$である．ここで，Qは生産量，Kは機械の稼働時間，Lは労働時間である．資本のレンタル料Rは15ドル，賃金Wは10ドルで，この企業が生産量40,000単位を目指すとき，費用を最小化する資本と労働の組み合わせを求めよ．

解答:

　この問題は，費用最小化の条件を使って解くことができるが，プロセスをより深く理解するためにラグランジュ式を使って解いてみよう．ま

ず，企業の費用最小化問題を以下のような式で書き表す．

$$\min_{K, L} TC = 15K + 10L \quad\quad \text{s.t.} \quad 40{,}000 = 20K^{0.2}L^{0.8}, \quad \text{または}$$

$$\min_{K, L, \lambda} \mathcal{L}(K, L, \lambda) = 15K + 10L + \lambda(40{,}000 - 20K^{0.2}L^{0.8})$$

このラグランジュ式の1階の条件を求める．

$$\frac{\partial \mathcal{L}}{\partial K} = 15 - \lambda(4K^{-0.8}L^{0.8}) = 0$$

$$\frac{\partial \mathcal{L}}{\partial L} = 10 - \lambda(16K^{0.2}L^{-0.2}) = 0$$

$$\frac{\partial \mathcal{L}}{\partial \lambda} = 40{,}000 - 20K^{0.2}L^{0.8} = 0$$

最初の2つの条件を使って，Kの関数としてのLの値を求める．

$$\lambda = \frac{15}{4K^{-0.8}L^{0.8}} = \frac{10}{16K^{0.2}L^{-0.2}}$$

$$15(16K^{0.2}L^{-0.2}) = 10(4K^{-0.8}L^{0.8})$$

$$240(K^{0.2}K^{0.8}) = 40(L^{0.2}L^{0.8})$$

$$L = 6K$$

ここでLを3番目の1階の条件に代入し，最適な労働時間L^*，および最適な機械稼働時間K^*を求める．

$$40{,}000 - 20K^{0.2}L^{0.8} = 0$$

$$20K^{0.2} \times (6K)^{0.8} = 40{,}000$$

$$20 \times 6^{0.8} \times K = 40{,}000$$

$$K^* \approx 477 \text{機械/時間}$$

$$L^* \approx 6 \times 477 \approx 2{,}862 \text{労働/時間}$$

最適バンドルでは，機械を477時間，労働を2,862時間を使って40,000単位を生産することになる．だが，ラグランジュ式を使うと，追加的な情報——限界費用λの値がわかる．

$$\lambda = \frac{15}{4K^{-0.8}L^{0.8}} = \frac{15}{4(477^{-0.8})(2{,}862^{0.8})} \approx 0.89 \text{ドル}$$

424 第2部 消費と生産

> したがって，生産量を1単位だけ増やし，40,001単位生産したいので
> あれば，さらに0.89ドルの費用を支出する必要がある．

企業の生産拡張経路

　ここまでは，一定の生産量における企業の費用最小化問題を解いてきたに
すぎない．言い換えれば，企業は生産したい量がわかったうえで，その量を
最小費用で達成する最善の方法を選択する，と想定していたわけだ．だが，
企業の実際の生産決定に即すなら，もっと考え方を広げなければいけない．
具体的に，生産量に応じて投入物の最適な組み合わせがどう変化するかを知
るにはどうすればいいだろうか．これは企業の生産拡張経路の問題であり，
第6章の本論ではグラフで確認した．生産拡張経路とは，達成可能なあらゆ
る生産水準について，費用を最小化する資本Kと労働Lの関係を示すもの
だった．今度は微分を使ってこの生産拡張経路を求めよう．

　今回も，生産関数が一般的なコブ=ダグラス型の$Q=AK^{\alpha}L^{1-\alpha}$である企業
を考える．ここで，資本のレンタル料はR，労働の価格はWである．まず，
制約付き最適化問題とラグランジュ式を書き出す．これまでと違って，生産
量がQで不変だと想定するわけではない．生産拡張経路では，生産量は変
化するものであり，下記の制約付き最適化問題が反映されている．

$$\min_{K,L} \ TC = RK + WL \qquad \text{s.t.} \quad Q = AK^{\alpha}L^{1-\alpha}$$

$$\min_{K,L,\lambda} \mathcal{L}(K,L,\lambda) = RK + WL + \lambda(Q - AK^{\alpha}L^{1-\alpha})$$

ラグランジュ式の1階の条件は以下になる．

$$\frac{\partial \mathcal{L}}{\partial K} = R - \lambda\left(\alpha AK^{\alpha-1}L^{1-\alpha}\right) = 0$$

$$\frac{\partial \mathcal{L}}{\partial L} = W - \lambda\left[(1-\alpha)AK^{\alpha}L^{-\alpha}\right] = 0$$

第6章補論：費用最小化の微分　　**425**

$$\frac{\partial L}{\partial \lambda} = Q - AK^a L^{1-a} = 0$$

前にみたように，最初の2つの条件を解くと，L^*の関数としての資本K^*の最適な値がわかる．すなわち，

$$K^* = \left[\frac{\alpha}{(1-\alpha)} \frac{W}{R}\right] L^*$$

この式から何がわかるだろうか．投入価格の組み合わせを所与とすれば，あらゆる労働投入量に対して費用を最小化する資本量がわかる．次に，労働と資本の組み合わせから生産量が決まる．要するに，生産拡張経路がわかったのだ．同様に，あらゆる資本投入量に対する最適な労働量もわかるが，L^*の関数としてのK^*の生産拡張経路をグラフ化するほうが簡単である．係数がαおよび$(1-\alpha)$のコブ=ダグラス型生産関数では，傾きがつねに

$$\frac{\alpha}{(1-\alpha)} \frac{W}{R}$$

の線形の曲線になる点に留意したい．この線形の拡張経路も，コブ=ダグラス型生産関数のもう1つの有用な特徴である．

6A.2 解いてみよう

6A.1の「解いてみよう」の情報を使って，この企業の生産拡張経路を導出せよ．

解答：

一般的なコブ=ダグラス生産関数の拡張経路はすでにわかっているので，この企業の費用最小化問題におけるパラメーター（$\alpha = 0.2$，$W = 10$ドル，$R = 15$ドル）を前出の生産拡張経路の等式に代入すればいい．

$$K^* = \left[\frac{\alpha}{(1-\alpha)} \frac{W}{R}\right] L^* = \frac{0.2 \times 10}{0.8 \times 15} L^* = 0.167 L^*$$

したがって，費用を最小化するとき，この企業は生産量のいかんにかかわらず，つねに資本1に対して労働量が6となる投入の組み合わせを

426 第2部 消費と生産

選択するはずである.

演習問題

1. 下記の生産関数について
   - 各投入の限界生産物を求めよ.
   - 各投入に対する収穫が限界逓減となるか否かを確認せよ.
   - 技術代替限界率 $MRTS_{LK}$ を求め,生産量を不変とした場合,労働量 L を増やすと,$MRTS_{LK}$ がどう変化するか述べよ.
   a. $Q(K, L) = 3K + 2L$
   b. $Q(K, L) = 10K^{0.5}L^{0.5}$
   c. $Q(K, L) = K^{0.25}L^{0.5}$

2. より一般的なコブ=ダグラス生産関数が以下で与えられている.
   $$Q = AK^{\alpha}L^{\beta}\ (A,\ \alpha,\ \beta はプラスで一定)$$
   a. 資本と労働の限界生産物を求めよ.
   b. α と β の値がいくらのとき,資本と労働に対する収穫が限界逓減になるか.
   c. 技術的限界代替率を求めよ.

3. カタリナ・フィルム社は,デジタル編集装置 (K) と編集者 (L) を使ってビデオを制作している.同社の生産関数は $Q = 30K^{0.67}L^{0.33}$ で,Q は編集されたフィルムの時間,時間あたり賃金は25ドル,資本のレンタル料は50ドルである.同社は最小費用で3,000単位のフィルムを制作したいと考えている.
   a. 同社の制約付き最適化問題を式で記せ.
   b. 費用最小化問題をラグランジュ式で記せ.
   c. ラグランジュ式を使って,最小費用で3,000単位のフィルムを制作するのに必要な資本と労働の量を求めよ.
   d. 3,000単位のフィルムを制作するのに必要な総費用はいくらか.
   e. 生産量を1単位増やすと,総費用はどう変わるか.

4. ある企業の生産関数は $Q = K^{0.4}L^{0.6}$ であり,賃金は60ドル,資本のレンタル料は20ドルである.この企業の長期生産拡張経路を求めよ.

第 2 部　消費と生産

費用　第 7 章

アイルランドで設立されたライアンエア社は，成長著しい世界最大
級の航空会社だ．同社は1985年に運航を開始した後，1990年に経
営不安が表面化したが，その後，成功のカギを見出した．費用構造
をきわめて低く抑え，割高で冴えない国営航空に馴らされていた人
たちに，ライアンエアに乗り換えて欧州全土を飛び回ってもらうの
だ．アイルランドと英国以外の路線に乗り出した1997年から2011年
のあいだに，同社の総旅客数はほぼ20倍に増加した．2005年から
2010年の5年間だけでも3,800万人増加している．これは，ロンド
ンのヒースロー空港を利用するすべての航空会社の7カ月分の旅客
数に相当する．

　ライアンエア社は，徹底したコスト削減で知られる．着陸料を節約
するため，各都市の主要空港ではなく，中心部から遠く離れた第二
空港に乗り入れている．たとえばドイツのハーン空港は，フランクフ
ルトの中心部から126キロも離れている．パイロットには，法定の最
低限の燃料で飛ぶことが求められる．余計な維持費用がかかるという
理由で，座席にはリクライニング機能がない．トレイもついていなけ
れば，座席裏のポケットもない．機体が重くなれば，その分，燃料が
必要になるので，徹底的に無駄を省きたいのだ．機内のトイレを1つ
だけに減らし，座席を6つ増やす案も検討されている．搭乗手続きは
ネットが断然有利だ．空港のカウンターで手続きすると40ユーロ
（2011年当時で約55ドル）もかかる（多くの地上職員を抱えたくない
のだ）．手続きの煩雑さを避けるため，乗り継ぎのチケットは扱わな

い. 乗り継ぎしたければ，路線ごとに予約しなければならない．最初の便の到着が遅れて次の便に乗り遅れても振り替えはされず，新たにチケットを買い直すしかない．それはあんまりだと思うかもしれないが，片道料金がわずか9ユーロ（12ドル強）と聞けば，あきらめもつくかもしれない．

ライアンエアは万人向けの航空会社ではない．快適さと行き届いたサービスは期待できない．だが，ライアンエアの例は，大事なことを思い出させてくれる．事業を営むうえでカギとなるのは費用であり，企業の費用構造は，生産決定や損益を分ける決め手になる．市場の変化にあわせて生産量をどの程度拡大あるいは縮小するのか，最適な生産水準を決めるうえでも，また，新たな製品の生産に円滑に乗り出せるかどうかも，費用がカギを握っているのだ．

第6章の最後で，総生産量に応じた最適な投入物の組み合わせの変化を示した生産拡張経路と，生産量に応じた費用を示した総費用曲線を紹介し，生産費用についてみてきた．生産拡張経路と総費用曲線という2つの概念は，企業の費用構造を理解するうえでの基礎となる．企業を経営するには，費用とはどういうものか，生産量に応じて費用がどう変化するかを理解することが不可欠だ．経済学者や一般の人々にとっても，生産者行動を理解するには，まず費用とは何かを知ることが重要だ．供給曲線の成り立ちを説明するうえでも，費用は重要な役割を果たす（これについては，第8章で扱う）．この章では，投入物の価格を所与として，生産関数と生産水準によって企業の費用がどう決まるのかをみることで，費用の性格をあきらかにする．短期と長期で費用がどう変わるかも検討していく．

7.1 意思決定に関係する費用——機会費用

経済学における費用の捉え方は一般とは異なる．一般に馴染みがあるのは**会計上の費用**（accounting cost）であり，事業を営むうえでの直接的な費用である．原材料や従業員の賃金，オフィスや店舗にかかる賃料などがこれに含まれる．経済学者が注目する**経済的費用**（economic cost）は，会計上の費

用のほかにもう1つの費用——生産者の機会費用を加えたものである. **機会費用**(opportunity cost)とは, 生産者が, ある投入物を使用することによってあきらめたものの価値である. その使用が会計上の費用と関連するかどうかは関係ない. 生産者があきらめた価値とは, 投入物を次善の目的に使用した場合に得られるはずの収穫(リターン)である. 投入物をある用途に使うことは, 何か他の用途に使うことを断念したことになる. この「他の」価値の喪失が, この投入物の機会費用となる.

たとえばライアンエア社では, 予定どおりに運航するため, 燃料をストックしている. 燃料代は支払い済みなので, 燃料関連の費用がそれ以上かかるとは思えないかもしれない. 会計上の費用ならそうだが, 経済的費用はそうではない. 燃料の経済的費用について考えれば, それが機会費用であることにすぐに気づくはずだ. 在庫している燃料は, 自社で使わず, 他社に販売してもいいのだ. どんな時にそうするだろうか. 格安航空の需要が減るとどうなるだろうか(もっと格安の航空会社が市場に参入したかもしれない). ライアンエアは減便し, 在庫の燃料がだぶつくことになる. 無駄なコストは徹底的に排除するライアンエアは, 手を拱(こまね)いてはいない. 余った燃料は他社に売却する. 経営幹部は, それが機会費用だと認識しているのだ.

生産の決定は会計上の費用ではなく経済的費用に基づいてなされるので——少なくともなされるべきなので, 両者の違いを理解しておくことが肝要だ. ライアンエアは, 最も有益な使い方に限って, ジェット燃料を使用すべきだ. 総売上げから会計上の費用を差し引いた**会計上の利潤**(accounting profit)ではなく, 総売上げから経済的費用を差し引いた**経済的利潤**(economic profit)を考えるべきなのだ.

最も費用対効果の高い投入物の利用法を考える際に, 会計上の利潤がプラスかどうかは関係ない. 経済的費用が十分大きければ, 経済的利潤がマイナスになる可能性がある. ライアンエア社のケースでは, 便数を減らして, 余剰燃料を他社に売ったほうが理に適っているかもしれない. 会計上の費用だけを念頭に投入物の利用法を考えると, 利潤を失いかねない.

生産に関する意思決定は, 機会費用を考慮に入れた経済的費用に基づいて行われるべきであるという認識は, この章以降, 本書全体をとおして費用に

ついて論じる際の大前提になっている．とくに明記しないかぎり，本書で企業の費用といえば経済的費用を指している．

応用　本業を休止して大金を稼ぐ——機会費用に関する教訓

2000年夏，カリフォルニア州で電力料金が高騰し，多くの企業や家庭は，普段の何倍もの請求金額に目を剥いた．だが，電力会社は別にして，その夏うまくやった企業がある．アルミメーカーである．なぜか．アルミをつくらないことにしたのだ．顧客がアルミを求めなくなったからではない．ひとえに機会費用の問題だった．

鉄鉱石から電気分解によって金属のアルミニウムを取り出す過程では，大量の電力を消費する．大量の電力を安定的に供給してもらうため，アルミメーカーでは電力会社との間で長期契約を結んで価格を取り決めている．

この長期契約の価格が，電力の本来の経済的費用を反映していないことが理解できれば，電力料金の高騰がアルミメーカーになぜ大きな追い風となったのか，アルミメーカーが生産を休止したのはなぜかがわかる．アルミメーカーが通常どおり精錬に電力を使えば，電力を次善の用途に使うことを断念することになる．この次善の用途の価値が，アルミメーカーの電力の機会費用であり，電力を売り戻す価格である．

2000年の電力価格の高騰期，この電力の売り戻し価格は，長期契約に基づく引き渡し価格と比べて著しく高くなった．アルミメーカーにとって，契約上の電力料金は変わらなくても，電力の機会費用を含んだアルミ精錬の経済的費用はきわめて高くなったことになる．

経済的費用の上昇に，アルミメーカーはどう対応したか．アルミメーカーであることをやめ，電力会社になったのだ．たとえば，カイザー・アルミニウム社は，操業を停止し，メガワット時（MWh）22.5ドルで購入していた電力を，555ドルで売り戻した．買った値段のじつに25倍だ．この年，同社は操業を停止することで，数百万ドルを稼いだ．社員も機会費用を認識することで得をした．労働組合や地元議員，連邦議員から圧力を受けた同社は，操業を停止していたあいだも賃金の満額を支払った．それでもなお利益

第7章　費用　**431**

を出せたのだった. ◼

7.1 解いてみよう

　ダニエル・クックはケータリング会社を経営している. 昨年の売上げと費用は以下のとおりだ.

売上げ	50万ドル
材料費	15万ドル
水道・光熱費	1万5,000ドル
従業員給与	5万ドル
本人の給与	6万ドル

　ダニエルは, いつでも事業を停止したり, 建物を年10万ドルで賃貸にまわしたりすることができる. さらに目下, 他のケータリング会社から年俸4万5,000ドル, 高級レストランから年俸7万5,000ドルで勧誘を受けている. だが, 掛け持ちはできない.

a. ダニエルのケータリング会社の会計上の費用はいくらか.

b. ダニエルのケータリング会社の経済的費用はいくらか.

c. ダニエルのケータリング会社の経済的利潤はいくらか.

解答:

a. 会計上の費用は, 事業を営むうえでの直接的費用であり, 材料費, 水道・光熱費, 人件費が含まれる. すなわち,

　　会計上の費用＝15万ドル＋1万5,000ドル＋5万ドル＋6万ドル
　　　　　　　　＝27万5,000ドル

b. 経済的費用は, 会計上の費用に, 経営者が提供する資源の機会費用を合わせたものである. ダニエルの機会費用は, 建物を賃貸にまわした場合の賃料 (10万ドル) と, ダニエルの時間の機会費用が含まれる. ダニエルはケータリング会社を閉め, 7万5,000ドルという高い年俸で高級レストランで働くことができるので, この7万5,000ドルと現在の年収6万ドルの差を考慮する必要がある. 他のケータリング

会社からの誘いは考えなくてもいい点に留意したい．機会費用とは，次善の策の価値を測るものであり，それは高級レストランで働くことだからだ．したがって，会計上の費用と機会費用を合わせた経済的費用は以下のようになる．

経済的費用＝27万5,000ドル＋10万ドル＋1万5,000ドル

＝39万ドル

c. 経済的利潤は総収入から経済的費用を差し引いたものなので，以下のとおりだ．50万ドル－39万ドル＝11万ドル．ダニエルは自身のケータリング会社を続けるべきである．

コラム ヤバい経済学

テストへの支払い──カンニングの経済学

経済学の教授に関するこんなジョークがある．この教授は4年間，1問も変えずに同じ試験を出し続けた．それが発覚して，学部長室に呼ばれ，こう責められた．「テストの問題を変えないと，学生は前の年の答えを丸暗記するだけで満点がとれるじゃないか」．教授は憤慨して答えた．「そうではありません．問題は同じですが，答えは毎年変わります！」（念のためにいえば，教授はマクロ経済学者でなければならない．ミクロ経済学では答えが変わることは滅多にないのだから）．

大学生のカンニングは他の選択と同じで，経済学のツールを使って理解できる．カンニングをするか否かを決めるうえで，機会費用が断然大きな問題になる．試験に備えて勉強し，問題集を解き，小論文を書くという作業は，どれも時間を食うものばかりだ．そのためにあきらめなければならないことがある．パーティにも行けないし，アルバイトもできない．他の教科の勉強もできない．いうまでもないが，小論文を他の誰かに代筆してもらったり，問題を誰かに解いてもらったりするにも，金銭的な負担を含めてコストがかかる．友人にも機会費用があるので，小論文を代筆してもらうなら対価を支払わなければならない．コストはそ

れだけではない．バレたら厳しく罰せられ，人生が変わってしまうかもしれない．カンニングしたという罪悪感も消えないだろう．そして，実際に学ばなかったことで，知識が身につかないままになってしまう．

現代社会の多くの財やサービスがそうであるように，技術進歩によって，カンニングの経済学もがらりと変わった．インターネットが登場する前は，カンニングを助けるのは顔見知りが多かった．たいていはクラスメートで，カンニングする学生と同じくらい機会費用が高かった．小論文を代筆する費用は高くついた．市場の閉鎖性から，売り手と買い手を調整するのはむずかしかった．

インターネットの登場で状況は一変した．第一世代のカンニングは，提出型の小論文で，大学生の課題にそぐわない題材を選ぶ形をとった．アダム・スミスの『国富論』の経済理論についてとか，ジョージ・オーウェルの『1984年』に登場するビッグ・ブラザーが象徴しているものは何か，といったテーマを選んでグーグルで検索をかければ，無料のものから50ドルするものまで，たちどころに大量の資料が見つかる．だが，この手を使うとバレる確率が高い．ほどなく，インターネット上の元ネタを見つける Turnitin.com といったサービスが，指導教員のあいだで広く使われるようになった．

目端の利いた学生は，自動検出に対抗する小論文の代筆業者に頼った．現代の小論文工房では，世界各地に散らばる書き手が，米国の大学生のために，1枚いくらで代筆を請け負う．こうしたサービスは，コミュニティ・カレッジに入ったばかりの学生から博士号の取得を目指す者まで幅広く対応しており，買い手の指示にしたがって執筆される．米国の製造業企業の多くが，生産拠点を途上国に移すと収益性が上がることに気づいたが，それと同じように，米国の学生は小論文の書き手が海外に大勢いることに気づいたのだ．

代筆された小論文の質は，また別の問題だ．結局のところ，代筆しようという人は，依頼人よりも安い価格で請け負っているのだ．たとえば，誰かに100ドルで依頼する場合，依頼人自身はその金額では書かないはずだ．経済的観点からいえば，代筆者の時間の機会費用は依頼人よ

434　第2部　消費と生産

り低いことになる．代筆者の人的資本が相対的に安く，賃金の低い就業機会しか得られないということなのかもしれない．

　良い小論文を書いてもらうには，経済学者のように考えることが役に立つ．人はインセンティブ（誘因）に反応することを肝に銘じておかなければならない．論文の代筆者も例外ではない．論文でAが取れたら，それなりにボーナスをはずむことを明確にしておくといい．ただし，退学させられないかぎり，という条件がつくが……．

7.2　意思決定に関係しない費用——サンクコスト

　機会費用は生産決定の際につねに考慮しなければならないが，考慮する必要のない費用もある．

　第6章では，企業の費用の一部である**固定費用**（fixed cost）について学んだが，これは生産量の多寡に関係なく，たとえ生産量が0であっても，使用しなければならない投入物の費用であった．レストランの例で考えてみよう．固定費用には，以下のようなものがある．店舗を借りているなら賃料，保険料，認可料，宣伝費，調理道具やコンロや冷蔵庫など厨房機器の費用である．レストランの営業を休止することになったとする．サービスを提供しなくても，固定費用は負担しなければならない．だが，その一部は取り戻すことができる．たとえば，調理道具や厨房機器は売ってもいいし，店舗は他のテナントに又貸しできるかもしれない．店舗や機器を借りているのではなく，所有しているなら，他社に売却したり，貸したりすることによって固定費の一部を回収できる．こうしたタイプの固定費用は，営業を停止すれば支払わなくても済むようにできるので，回避可能な費用だ．

　だが，固定費用のなかには回避できないものがある．この種の固定費用は**サンクコスト**（sunk cost）（または**埋没費用**）と呼ばれる．これはいったん支払われると回収することができない．たとえば先ほどのレストランの例では，認可費用と宣伝費がサンクコストになる．また，店舗や設備について，長期

第7章　費用　**435**

の賃借契約を結んでいて，又貸しが禁止されているなら，契約終了前にレストランを畳んでも，残りの賃料を払いつづけなければならない．このように残った債務はサンクコストである．これは営業をやめても回収できない．

まとめよう．回避可能な固定費用はサンクコストではない．営業を停止しても回収できない費用がサンクコストである．景気が悪化し，営業が不振に陥ったときにどうするかを決めるとき，サンクコストと回避可能費用の違いは決定的に重要だ．

企業のコストの一部がサンクコストであるかどうかは，厨房設備や調理器具などのように固定化され転売できない資本と，転売できる資本の違いによる．レストランの場合，この違いはあまりない．大半のものは，他のレストランでも使えるし，中古市場やレンタル市場が発達していて，簡単に買い手が見つかるからだ．

ただし，テーマパーク型のレストランは別だ．宇宙船の内部を模した内装に，コントロールパネルのようなテーブル，宇宙服にそっくりの制服のレストランでは，同じテーマで事業拡大をしようというレストランでも見つからないかぎり，備品や設備を売りようがない．こうした費用は，営業を止めても回収できないので，限りなくサンクコストに近い．

この例からわかるとおり，サンクコストになるかどうかは，他社が使える資本か否かが決め手になる．当初の用途以外に使い道がない資本は，**特殊資本**（specific capital）という．特定の事業に合わせた建物や機械への支出は，他の用途への転用がむずかしいため，サンクコストになる可能性が高い．

サンクコストと意思決定

サンクコストに関しては重要な教訓がある．いったん支出したら，現在および将来の生産決定がそれに左右されるべきではない，ということだ．理由は単純である．次にどんな行動を選択しようとも戻ってくることはないので，現在および将来の生産決定の相対コストや便益に影響を与えようがないからだ．

コンサートやスポーツの試合，ショーなどを見に行って，途中で飽きた経

験はないだろうか．高いお金を出してチケットを買ったのだから，最後まで見なくてはいけないのだろうか．そんなことはない．会場に行ってしまえば，最後まで見るかどうかには関係なく，チケット代はサンクコストになる．つまり，「とどまるべきか，席を立つべきか」を自問するとき，チケット代によって左右されるべきではない．チケット代が1ドルであれ1,000ドルであれ，チケット代はサンクコストであり，最後までいてもいなくても取り戻すことはできないのだ．途中で席を立つかどうかを決めるなら，唯一，考えるべきは，他にもっと楽しいことがあるかどうかだ．散歩や昼寝，あるいは友達と会うほうがもっと楽しいと思うなら席を立てばいい．

　生産の観点から考えるため，レストランの例に戻ろう．いま経営者として営業を続けるか，閉店するかの決断を迫られている．レストランの費用の一部はサンクコストだ．回避不能の固定費用に加え，取得価格を下回る価格でしか資本を売却できなかった場合の差損がサンクコストになる．こうした費用は回収できず，営業を続けても閉店しても支払わなければならない．営業を続けていれば，料理や飲物を提供するたびに現金が入ってくるというプラス面があるが，人件費や材料費，冷暖房費など必ず出て行く費用もある．このように営業に伴う収入を**営業収入**（operating revenue），コストを**営業費用**（operating cost）と定義できる．営業をやめれば，営業費用はかからないが，営業収入という果実も刈り取ることができない．

　では，経営が行き詰ったとき，営業を続けるかどうか，どうやって判断すべきだろうか．一般に，営業を続ける価値が，やめる価値を上回っているなら続けるべきだ．だが，ここに重要な教訓がある．この判断にサンクコストを入り込ませてはいけない．レストランを続けても続けなくてもサンクコストは失うのだから，将来に関わる判断には関係ない．だから，続けるかどうかの選択は，ひとえに予想される営業収入が予想される営業費用を上回るかどうかにかかっている．入ってくるお金より出て行くお金が多ければ，レストランは閉めるべきだ．サンクコストが1ドルだろうが100万ドルだろうが関係ないのだ．

サンクコストの誤謬　　レストランを続けるかどうかの判断は，単純に思え

るかもしれない．だが，実際にサンクコストの絡む選択を迫られたとき，サンクコストが何たるかを正しく理解していないために苦悩することがある．サンクコストが決断に影響することを許すという間違いを犯しているとすれば，経済学でいう**サンクコストの誤謬**（sunk cost fallacy）に陥っているといえる．経済に関わる判断，財務に関わる判断，人生に関わる決断をするときに，こうした誤謬には陥りたくないものだが，ついそうなってしまうシナリオは容易に想像がつく．

　こんな例を考えてみよう．自社の生産工場の建設責任者に任命された．工事が始まってからすでに3年，3億ドルを費やしている（この工場の用途は限定的で，他社に売却はできないので，工事費は全額サンクコストになるとする）．完成までにあと半年かかり，5,000万ドルが必要だ．そこに同等の質を持つ新技術が登場した．この新技術を導入するには，まったく別の工場を新たに建設する必要があるが，工期は半年で，4,000万ドルしかかからない．新工場を建てるとすれば，現在建設中の工場は一切使えない．どうすべきだろうか．

　最初の工場は建設を中止し，新たな工場を建設するのが正解だ．これまでの3億ドルの工事費と3年の歳月は，サンクコストだからだ．最初の工場を完成させるにせよ，建設を中止するにせよ，取り戻すことはできない．だとすれば，比較すべきは，最初の工場を完成させることと，新たな工場を一から建設することのメリットの大きさだけになる．2つの工場とも，同じ期間で同等の水準のものができるが，当初の工場があと5,000万ドル必要なのに対し，新工場は4,000万ドルで済む．だとすれば，新工場を建設すべきだ（この分析では，最初の工場は，更地に戻すことができ，コストは1,000万ドル未満と想定している）．だが，このように論理的に考えても，3億ドルと3年という歳月をかけたプロジェクトを途中であきらめる気になれない人は少なくない．こうした思い入れだけで，サンクコストの誤謬に陥るのは得策ではないことを認識すべきだ．

438 第2部 消費と生産

理論とデータ

スポーツジム会員

「とどまるべきか否か」という問いは、コンサートに限った話ではない．経済学者のステファノ・デラヴィーニャとウルリク・マルメンディアは、スポーツジムの入会と利用に関する消費者行動を調べた．[*]

その調査結果は、おそらく意外ではないだろう．人は自分がジムに行く回数を過大に見積もっているのだ．利用制限のないフルタイム会員の利用回数は月平均4回で、1回の平均費用は約17ドルだった．10回100ドル（1回あたり10ドル）のお得な回数券があるにもかかわらず、である．利用期間中、余計に払った会費は、1人平均600ドルにのぼった．

会員になれば頻繁に利用する気になるはずだと思って入会するのだが、会員としての権利をフルに活用していないのは、一見、不合理な行動に思える．だが、重要なのは、ジムの会費はサンクコストである、ということだ．ソファに座ってテレビを見ながら、ジムに行くかどうか迷っているとき、会費をいくら払ったかは考えないだろう．結局、会費はサンクコストなのだ．一方、ジムに行くことの機会費用は考える．ジムに行くより経済学の勉強をしなくてはいけないと思うかもしれないし、はたまた、お気に入りの映画を見た方が有意義だと思うかもしれない．理由はどうであれ、ジムに行かないという判断は、サンクコストではなく機会費用に基づくもので、経済学的にいえば健全な判断だ．もっとも医者はいい顔をしないだろうが．

応用 **映画会社は赤字確実の映画をなぜつくるのか**

映画は巨大産業だ．「アバター」のような超大作や、「スター・ウォーズ」「ハリー・ポッター」などの大ヒット・シリーズが映画業界を牽引している．超大作は1本あたりの制作費が数億ドルにのぼるが、大ヒットしてもコスト

---

[*] Stefano DellaVigna and Ulrike Malmendier, "Paying Not to Go to the Gym," *American Economic Review* 96, no. 3 (2006): 694-719.

第7章　費用　**439**

を回収できる保証はない．リスクの高いビジネスなのである．

　制作途中で状況が悪化し，映画を公開しても赤字はほぼ確実，という場合がある．それでも，たいてい制作を続行し，公開に踏み切る．なぜ，そうするかは，サンクコストの存在と，それが意思決定に無関係なことから説明できる．

　「ウォーターワールド」は，史上最低との悪評の高い映画だ．おそらく読者は観ていないだろうが，そもそも観た人自体が多くない．その年の最悪のハリウッド映画に贈られるゴールデンラズベリー賞で，作品賞，主演男優賞，監督賞，助演男優賞の4部門にノミネートされた．

　ユニバーサル・スタジオが制作し，1995年に公開されたSF映画の「ウォーターワールド」は，南極，北極の氷が溶け出し，地球が水没するという設定だ．ケビン・コスナー紛する主人公は水中でも呼吸できる超人的な能力を持つミュータントで，邪悪な武装集団「スモーカー」から，背中に地図の入れ墨がある少女を守り，地図を頼りに目的地を目指す．この映画は，ほとんど水中で撮影された．

　制作費は，当時で史上最高の1億7,500万ドル．これには宣伝費や配給費用は含まれていない．どれだけ観客を動員しても赤字は確実だった．結局，興行収入は米国で8,800万ドル，海外はその倍程度にとどまった．映画会社にはチケット収入のごく一部しか入らないので，大コケもいいところだ．

　この映画を完成させ，公開することを決めたユニバーサル・スタジオの判断について検討しよう．同社では当初，全世界のチケット販売収入を3億ドル，その半分の1億5,000万ドルが同社の収入になると見込んでいた．制作費の予算は1億ドル，制作日数は96日を予定していた．[1]制作がスタートすると，予定の制作費1億ドルのうち，ケビン・コスナーの最低保証出演料1,400万ドルを含む約1,600万ドルがサンクコストになった．

---

1)　映画の経済学は，秘密主義で「融通がきく」ことで悪名高いため，ここでは標準化された映画の経済学を示した．映画の経済学に関する詳しい情報と，映画制作の悲惨な失敗談，過大な制作費，さらには，大量のゴシップ記事が知りたいなら以下を参照．Charles Fleming, "That Sinking Feeling," *Vanity Fair*, August 1, 1995. および "Fishtar? Why 'Water-world,' with Costner in Fins, Is Costliest Film Ever," *Wall Street Journal*, January 31, 1996.

440　第2部　消費と生産

6月時点のウォーターワールドの経済学 (単位：100万ドル)

予想利潤	予想収入	予想追加費用	サンクコスト
+50	+150	−84	−16

　状況はたちまち悪化した．ロケ地となったハワイのビッグアイランドのカウワイ・ハーバーは風が強く，毎日船酔いするスタッフが続出した．酔い止め薬を飲むと，眠気と倦怠感に襲われ機材をうまく操作できない．ダイバーのなかには，長時間潜ったせいで潜水病にかかる者もいた．度重なる長時間の撮影で，契約上のペナルティが250万ドルにのぼる，との噂が立った．わずか1分のアクション・シーンの撮影に5週間もかかった．撮影日数が1日延びれば，制作費は35万ドルずつ加算されていく．撮影開始から2カ月が経つと，制作日数は120日，制作費は1億4,000万ドルにのぼるとみられた．このうち1億ドルはサンクコストだ．だが，それでも多少の利益は出る見込みだった．

9月時点のウォーターワールドの経済学 (単位：100万ドル)

予想利潤	予想収入	予想追加費用	サンクコスト
+10	+150	−40	−100

　そこに最悪の事態が起きた．港に設置していた数トンもの金属製セット「奴隷の植民地」が160フィートも沈んだのだ．引き揚げには多額の費用と，21日もの日数がかかった．撮影も後半に入ったこの段階で，予想される総費用は1億7,500万ドルに膨らんだ．1億4,000万ドルはすでにサンクコストとなり，映画を完成するにはさらに3,500万ドルが必要だった．

12月時点のウォーターワールドの経済学 (単位：100万ドル)

予想利潤	予想収入	予想追加費用	サンクコスト
−25	+150	−35	−140

　この時点で，映画会社は赤字になることは知っていたはずだ．撮影を続行するか，制作を中止するかの判断にあたって，サンクコストを考慮に入れていたら，間違いなく制作を中止していただろう．だが，それは間違いだ．そ

第7章 費用 **441**

の理由を理解するには，映画会社が続行か中止かを判断するうえで直面する
トレードオフを比較するといい．制作を続行し，あと3,500万ドルを負担す
れば，完成した暁には，1億5,000万ドルの収入が見込める．もちろん，サ
ンクコストの1億4,000万ドルは失うが，それは制作を中止しても変わらな
い．一方，制作を中止すれば，残りの制作費の3,500万ドルはかからないが，
予想収入の1億5,000万ドルを手放すことになる．そこで，本来そうすべき
であるように，サンクコストを無視して，映画を完成させた場合の追加収支
1億1,500万ドルのプラス（総収入1億5,000万ドルー費用3,500万ドル）と，
制作を中止した場合の予想追加収支1億1,500万ドルのマイナス（節約した
費用3,500万ドルー失った収入1億5,000万ドル）を比較して選択することに
なった．

　ケビン・コスナーや制作陣が6月の時点で，将来が正確に見通せる水晶玉
を持っていて，不測の事態が発生し，コストがかさむと見通せたら，判断も
違ったものになっただろう．だが，それは費用が取り戻せないサンクコスト
になる前の話である．6月時点で，制作を中止していれば損失は1,600万ド
ルで済んだ．一方，サンクコストが1億4,000万ドルになった後に問題を発
見すれば，これまでのことには目をつむり，制作を続行することで予想利潤
を実現したいと思うのが理に適っている．だからこそ，ウォーターワールド
のDVDがいまだに一般家庭のコレクションとして輝いているのだ．■

7.3 費用と費用曲線

　生産量を決定する際に，企業が経済的費用を検討していることはすでにみ
た．企業の経済的費用は，会計上の費用と機会費用を合わせたものであり，
すべての投入物の費用が考慮されている．

　経済学で費用を分析する際には，費用を固定費用と可変費用の2種類に分
類する．第6章で学んだとおり，**固定費用**（fixed cost）FCとは，生産量の
いかんにかかわらず負担する費用である．まったく生産をしなくても負担し
なくてはならない．**可変費用**（variable cost）VCとは，生産量に応じて変化

する費用である．すべての費用は，固定費用か可変費用に分類され，両者を合わせたものが**総費用**（total cost）TCになる．すなわち，$TC = FC + VC$である．

固定費用

自動車メーカーのBMWは，南カリフォルニアのスパータンバーグの組立工場でSUVを生産している．建物のほか，電力や熱源，警備など，事業を行ううえでの基本的な費用を負担しなければならない．この費用は，1日の生産台数が0でも1台でも1,000台でも変わらない．これらの基本的な費用は，間接費（overhead）と呼ばれることもあるが，固定費用の一種である．

固定費用といえば，もっぱら資本の投入物と関連づけて考えがちだが，労働投入の費用も固定費用になりうる．たとえば，BMWが建物内への侵入を防ぐために，常時，警備員を雇うとすれば，生産量に関係なく給与を支払わなければならない．そのため，警備員の給与は固定費用の一部になる．さらに組立ラインの従業員の賃金が，生産台数に関係なく時間で決まる契約なら固定費用の一部になる．

固定費用がサンクコストでないなら，回避できる可能性もあるが，あくまで事業を停止し，市場から完全に撤退した場合に限られる．市場からの撤退は，生産量が0とは訳が違う．BMWが生産を停止しても，工場や設備を保有し続けるかぎり，資本の投入に対する固定費用を負担しなければならない．資本を自社で保有していたとしても，それらには機会費用が存在し，BMWが負担しなければならないことに変わりはない．完全に撤退するのであれば，工場とすべての設備を売却する必要がある．BMWは資本を売却することによってしか，固定費用の負担を回避することはできないのだ．

可変費用

可変費用とは，生産量の水準に応じて変化するすべての投入物の費用である．生産量を増やすために，投入物の量を増やさなければならないとき，こ

の投入物にかかる費用を可変費用とみなす.

たとえばマクドナルドの場合, ハンバーガー 1 個つくるのに, 材料を仕入れなければならない. パン〔小さな丸いパン〕やケチャップ, 牛肉などを仕入れる費用は可変費用に分類される. ほとんどの労働費用も可変費用である. ハンバーガーの生産量を増やすのに, 従業員を増やす必要があるとき, 患者数が増え診察する医師の数を増やす必要があるとき, プログラムを増やすためにプログラマーを増員する必要があるとき, 増やされた人員の賃金や給与は可変費用に加えられる. 一部の資本費用は可変費用になりうる. 建設会社が, 住宅建設用に時々クレーンを借りることがあるとする. 建設する住宅の軒数が増え, さらにクレーンを借りなければならないとき, 追加的なレンタル料は可変費用と考えられる. クレーンが自社の保有でも, 使用頻度が多く減耗する場合は, その減価償却費 (使用によるクレーンの価値の毀損) も, 生産量に依存するため可変費用と考えられる.

融通性と固定費用 対 可変費用

投入物の費用が固定費用か可変費用かを見分ける目安になるのは, 企業にとって投入物の使用量が変更しやすいかどうかである. 生産量に応じて投入物の量を簡単に変えられるなら, 投入物の費用は可変費用とみなされ, 簡単に変えられないなら固定費用となる.

時間の問題　　投入物の調整のしやすさを決め, ひいては投入物の費用が固定費用か可変費用かを決めるのは, コスト分析の対象となる時間の長さにかかってくる.

ごく短期間では, 生産量を変えても, 投入物の水準を調整できないので, 多くの費用が固定費用になる. だが, 期間が長くなれば, 生産量の変動に合わせて, すべての投入物の水準を調整する余地が生まれる. 時間を十分長くとれば, すべての投入物の費用が可変費用になる. 長期にわたり固定費用であり続けることはない. この考え方は, 第 6 章で取り上げた短期と長期の生産関数の違いにきわめて近い. 資本投入物は, 短期の生産関数では固定され

ているが，長期の生産関数では柔軟に変更できる．

　ふたたび，小さなレストランの例で考えよう．1日単位だと，多くの費用が固定費用になる．来店客数に関係なく，賃料や厨房機器，テーブルの代金は支払わなければならない．コックやウェイターの勤務予定を決めているなら，早めにキャンセルでもできないかぎり，忙しくてもそうでなくても賃金を支払わなければならない．時間単位で唯一，可変費用といえるのは食材費とガス代くらいだ（オムレツを作らないなら，卵を買い足すための費用はかからないし，コンロをさほど使わなければ，ガス代はかからない）．

　1カ月を超える単位でみれば，レストランのほとんどの投入物の費用は可変費用になる．たとえば，忙しい日にスタッフを増やし，そうでもない日は減らす勤務予定を組むことができる．来店客の少ない時間帯の営業を休むこともでき，照明やエアコンの費用も使った分だけ払えばすむ．これらはすべて可変費用になる．だが，1年のリース契約については，営業に関係なく支払い義務があるので固定費用である．

　さらに長期で考えれば，店舗の賃貸料すら可変費用になる．経営が開店当初の思惑とは違った場合，契約を解除することができるし（保有物件なら売却することができる），経営が順調なら店舗を増やしてもいい．長期的にみれば，すべての投入物は調整可能であり，したがって企業の費用は調整できるのである．

その他の要因　　　投入物の調整のしやすさに影響を与え，固定費用および可変費用の相対的水準を決定する要因は他にもある．

　そうした要因の1つが，資本に関する活発なレンタル市場と転売市場の存在である．こうした市場があれば，企業は生産量を増やすときに，必要な機械や建物を調達し，その費用を負担すればよい（先に取り上げた住宅建設にクレーンが必要になる建設会社が好例だ）．レンタル市場がなければ，こうした投入物を買い取らなければならず，生産量に関係なく支払い義務が発生する．レンタル市場は，資本投入物を柔軟にすることで，資本費用を固定費用から可変費用に転換する．

　レンタル市場の存在によって固定費用を可変費用に転換した格好の例が，

航空業界だ．かつては，どの航空会社も航空機を自社で保有していたが，現在では，全世界の商業用ジェットの約半数はリースだ．エアバス社やボーイング社など航空機メーカーから直接リースする場合もあるが，たいていはGEキャピタル航空機サービスやインターナショナルリース・ファイナンス・コーポレーションといったリース専門会社をとおしている．こうしたリース会社がメーカーから機体を購入し（新たに製造された機体のうち，リース会社が購入する比率は30％強にのぼる），増便を計画している航空会社とリース契約を結ぶ．減便する場合，航空会社は機体をリース会社に返却し，返却された機体は，増便が必要な他の航空会社に新たにリースされる．このように大手リース会社が介在することで，民間航空機市場はきわめて柔軟になり，需要の低迷期にも航空会社が機体の購入費で行き詰まることはない．活発な中古市場も，リース・レンタル市場と同様の機能を果たしている．150ドルで買った教科書を，いつでも100ドルで買ってくれる学生がほかにいるなら，教科書を50ドルでレンタルするのと同じになる．

労働契約も，労働費用を固定費用か可変費用に分ける一因になる．労働時間にかかわらず，一定額の賃金の支払いを定めた労働契約の場合，賃金は固定費用になる．たとえば，米国の自動車メーカーは，1980年代半ばに，レイオフした従業員を対象に「ジョブズ・バンクス」プログラムを導入した．これは，レイオフした従業員にも通常の賃金の95％を支払い，健康保険資格を維持し，退職年次まで年金を積み立てる制度だ（ジョブズ・バンクスは，工場の自動化を促進するための従業員向けインセンティブとして，全米自動車労働組合（UAW）との交渉で導入された）．契約で条件が定められていたため，自動車メーカーの労働費用が生産量に応じて変わる余地はほとんどなかった．ジョブズ・バンクスによって，従業員の賃金は固定費用になり，自動車を組み立てようが組み立てまいが，ほとんど関係なくなった．売上げの減少に直面するなか，固定比率の高い費用構造は自動車メーカーにとって致命的だった．2007年から2009年にかけて，デトロイトに本拠をおくゼネラル・モーターズ（GM），クライスラー，フォードの大手3社は経営危機に陥ったが，高い固定費用がその原因の1つだった．おそらく，それを認識していたUAWは，2008年末，ジョブズ・バンクスの停止に同意した．だ

446　第2部　消費と生産

が，それでは十分でなかった．クライスラーとGMは2009年初め，破綻を申請した．同年，連邦政府はクライスラーとGMに284億ドルを融資した．救済の条件として，各社には固定費用の大幅削減と事業の再構築が求められた．両社は，2011年に黒字に転換した．

費用曲線を導き出す

　企業が財やサービスを生産する際，これまで述べてきた種類の費用が発生するが，その水準はさまざまである．利潤最大化を実現するには，費用の性格と大きさがきわめて重要になる．企業行動を理解するには，生産選択，とりわけ生産量の選択に応じて費用がどう変化するかを把握しなければならない．さまざまな種類の費用と生産量の関係を集約したものが**費用曲線**（cost curve）である．

　生産に関連する費用の種類によって，さまざまな費用曲線が存在する．具体例で考えると，種類の違いがわかりやすい．だが，具体例に入る前に指摘しておくべき点がある．費用曲線に要約された費用と生産量は，いずれも一定の期間に測られたものである，という点だ．1時間単位かもしれないし，1日単位，あるいは年単位の場合もあるだろう．どの期間をとるかは状況によるが，前に述べたように，費用が固定か可変かは期間に依存している．

　運動靴メーカーのフリート・フット社（FF社）を例に考えてみよう．短期的にFF社は，機械などの固定投入物と，従業員，原材料などの可変投入物を使って靴を製造する．表7.1は，FF社の1週間あたりの費用をまとめたものである．同じデータをグラフにしたのが図7.1である．

固定費用曲線

　固定費用は生産量に応じては変化しない．そのため一定であり，固定費用曲線は水平になる．何も生産しなくても，固定費用はすぐに支払わなければならず，生産量の多寡にかかわらず，生産量＝0のときと同じになる．表7.1に示したように，FF社の週間の固定費用は50ドルであり，図7.1の固定

| 表7.1 | フリート・フット社（FF社）の固定費用，可変費用，総費用 | | |

生産量Q （靴の生産量/週）	固定費用FC （ドル/週）	可変費用VC （ドル/週）	総費用TC （ドル/週）
0	50	0	50
1	50	10	60
2	50	17.5	67.5
3	50	22.5	72.5
4	50	25	75
5	50	30	80
6	50	37.5	87.5
7	50	47.5	97.5
8	50	60	110
9	50	75	125
10	50	100	150
11	50	150	200
12	50	225	275

費用曲線は，50ドルで水平な直線になる.

可変費用曲線

　可変費用は生産量に応じて変化する．FF社は生産量を増やすにつれて，可変投入物の購入量が増えるので，可変費用が増加する．購入すべき可変投入物の量と生産量の関係から，可変費用曲線VCの傾きはつねにプラスになる．図7.1のFF社の可変費用曲線は，可変費用の増加率が当初は下がり，その後，生産量と共に上がる形状になっている．具体的には，週の生産量が0足から4足になるまでは，可変費用曲線の傾きは緩やかで，生産量を増やせば1足あたりの追加的な生産費用が下がることを示している．だが，週の生産量が4足以上になると，可変費用曲線の傾きはきつくなる．この生産水準では，追加的な生産費用が上昇している．このケースでそうなる理由については，この章の後半でみていく．

図7.1 FF社の固定費用，可変費用，総費用

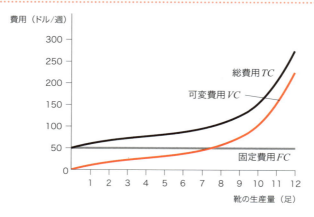

表7.1の数値をプロットしていくと，FF社の総費用曲線，固定費用曲線，可変費用曲線ができあがる．固定費用は週50ドルで一定なので，固定費用曲線は水平になる．可変費用曲線は，生産量が増加するにつれて右上がりになる．生産量が少ない場合，可変費用の増加率は生産量のそれを下回っているが，生産量が多くなると，生産量の増加率を上回っている．総費用曲線は，固定費用曲線と可変費用曲線を結合したものになる．可変費用曲線と平行で，固定費用の分だけ可変費用を上回る．

総費用曲線

　総費用曲線は，ある企業の総生産費用が生産量に応じてどう変化するかを示したものである．すべての費用は，固定費用か可変費用に分類できるので，これら2つの費用の合計がつねに総費用に等しくなる．図7.1にも明確に表れているが，総費用曲線と可変費用曲線は形状が同じで，固定費用の分だけ間隔を保ちながら平行に走っている．生産量が0のとき，総費用は0ではなく，50ドルである点にも留意したい．これはFF社の固定費用であり，生産に取りかかる前でも支払わなければならない．

第7章 費用 **449**

7.4 平均費用と限界費用

　企業の生産行動を分析するには，総費用曲線と，その内訳である固定費用曲線と可変費用曲線を理解することが重要である．その理由を理解するために，生産の決定において重要な役割を果たす別の2つの概念——平均費用と限界費用を紹介しよう．第6章で企業の生産決定を分析した際は，目標とする生産量を所与とした．これからの数章では，企業が生産量を決定するうえで，平均費用と限界費用がカギになる点をみていく．

平均費用の測定

　平均費用はごく単純である．費用を生産数量で割るだけだ．費用には総費用，固定費用，可変費用の3種類があるので，平均費用も3種類存在する．どれも，ある生産量での単位あたり費用を測るものである．これらの数値を表7.2に示し，図7.2でグラフにした．

　平均固定費用（average fixed cost）AFCは，生産量1単位あたりの固定費用であり，以下で表される．

$$AFC = FC/Q$$

表7.2の6列目は，FF社の平均固定費用AFCを示している．生産量が増加するにつれ，平均固定費用は低下している．固定費用は生産量に応じて変化しないため，生産量が増加するにつれ，固定費用が単位あたりで薄まっていく．分子の固定費用は一定だが，分母の生産量が大きくなっており，平均固定費用は小さくなっている．つまり，FF社では靴の生産量が増えるにつれ，1足あたりの平均固定費用は低下する．

　平均可変費用（average variable cost）AVCは，生産量1単位あたりの可変費用である．可変費用を生産量で割って求められる．

$$AVC = VC/Q$$

平均固定費用と違って，平均可変費用は，生産量の変化に応じて増減する．この事例では，5足までは減少するが，それ以降は増加に転じ，平均可変費

450 第2部 消費と生産

表7.2 フリート・フット社（FF社）の費用

(1)	(2)	(3)	(4)	(5)	(6)	(7)	(8)
生産量	固定費用	可変費用	総費用	限界費用	平均 固定費用	平均 可変費用	平均 総費用
Q	FC	VC	TC	$MC(=$ $\Delta TC/\Delta Q$ $=\Delta VC/\Delta Q)$	AFC $(=FC/Q)$	AVC $(=VC/Q)$	ATC $(=TC/Q)$
0	50	0	50	—	—	—	—
1	50	10	60	10	50	10	60
2	50	17.5	67.5	7.5	25	8.75	33.75
3	50	22.5	72.5	5	16.67	7.5	24.17
4	50	25	75	2.5	12.5	6.25	18.75
5	50	30	80	5	10	6	16
6	50	37.5	87.5	7.5	8.33	6.25	14.58
7	50	47.5	97.5	10	7.14	6.79	13.93
8	50	60	110	12.5	6.25	7.5	13.75
9	50	75	125	15	5.56	8.33	13.89
10	50	100	150	25	5	10	15
11	50	150	200	50	4.55	13.64	18.18
12	50	225	275	75	4.17	18.75	22.92

用曲線はU字型になる.

平均総費用（average total cost）ATCは，生産量1単位あたりの総費用TCで，以下の式で求められる.

$$ATC = TC/Q$$

FF社の平均総費用は，表7.2の最後の列に示されている．FF社では，平均総費用は当初，低下するが，その後，生産量の増加と共に上昇する．一般に企業の平均総費用曲線は，このようなU字型を描く場合が多い．その理由を理解するには，まず，平均総費用（ATC）が，平均固定費用（AFC）と平均可変費用（AVC）を足し合わせたものであることに気づかねばならない.

$$ATC = TC/Q = (FC + VC)/Q$$

図7.2 平均費用曲線

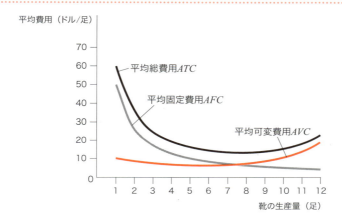

表7.2の数値を使って，FF社の平均固定費用曲線，平均可変費用曲線，平均総費用曲線を描くことができる．FF社では，靴の生産量が増えるにつれて，1足あたりの平均固定費用は低下する．平均可変費用は，当初，小幅低下するが，5足目以降は上昇に転じる．平均固定費用と平均可変費用を合わせた平均総費用曲線はU字型になり，平均固定費用の分だけ平均可変費用から離れている．

$$= FC/Q + VC/Q$$
$$= AFC + AVC$$

（この数式は，生産量の水準に関係なく，平均固定費用が，平均総費用曲線と平均可変費用曲線の垂直の距離であることを示唆している．）当初は，生産量が増加するにつれて，平均固定費用が急激に低下する影響がまさり，平均総費用は低下する．だが生産量が増加しつづけると，平均可変費用が増加しつづけるため，平均総費用はまず低下ペースが鈍化し，やがて増加に転じる．このため，平均総費用曲線はU字型を描く．

限界費用

もう1つの重要な概念が**限界費用** (marginal cost) MCである．生産量を1単位増やすときに，追加的に必要な費用であり，以下の式で表される．

$$MC = \Delta TC / \Delta Q$$

ここで，ΔTCは総費用の変化であり，ΔQは生産量の1単位の変化である．

FF社の限界費用は，表7.2の5列目に示してある．生産される靴が1足増えたときの総費用の変化幅である．だが，他にも気づいてほしい点がある．限界費用は，生産量が1単位増えたときの可変費用の変化幅にも等しいのだ．定義上，生産量が変化しても，固定費用は一定だからである．そのため，固定費用は限界費用に影響を及ぼさない．生産量を1単位増やしたとき，可変費用だけが変化する．つまり，限界費用は，生産量が1単位増えたときの可変費用の変化幅とも定義できる．

$$MC = \Delta VC / \Delta Q \,(= \Delta TC / \Delta Q)$$

このため，平均費用の場合と違って，限界費用を固定費用と可変費用に分解する必要はない．限界費用は限界可変費用なのだ．

FF社の限界費用は当初，生産量が増加するにつれて低下する．生産量がある水準に達すると（表7.2では4足），限界費用は上昇に転じ，生産量がさらに増えると，限界費用は急上昇する．生産量が増加するにつれて，限界費用がこのパターンを描くのはなぜだろうか．生産の開始当初，限界費用が低下するのは，少量の生産に伴う煩雑さが短期間で解消されるからだろう．つまり，生産量が少ない段階での限界費用の低下は，学習効果によるものだといえる．生産量が増えるにつれて，企業はより効率的かつ低コストの生産法を習得していく．だが，図7.3にみられるとおり，さらに生産量が増えると，限界費用の低下は止まり，上昇に転じる．生産量が1単位増えるにつれ，限界費用が上昇する理由はいくつもある．規模に関する収穫逓減に陥る可能性があるし，能力の制約が起こる可能性もあり，投入物の使用量が増えるにつれて，その価格が上昇する可能性もある．

限界費用の概念を理解することは，企業を経営するうえでも（この教科書の，これからの数章を理解するにも！）きわめて重要である．限界費用は，経済学のあらゆる概念のなかでも中核をなす概念の1つである．そして，企業のほとんどの意思決定においてカギを握る費用なのだ．

図7.3 限界費用曲線

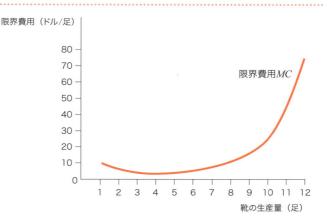

フリート・フット社(FF社)の限界費用曲線 MC は，靴の生産量を1足増やした場合の追加的な費用を示している．当初，平均総費用は低下するが，生産量が増えるにつれて上昇するため，限界費用曲線はU字型になる．

7.2 解いてみよう

フィールズ・フォーエバーは小規模な農場で，イチゴを栽培し，地元の農家市場で販売している．5エーカーの農地は，週200ドルで借りている．また，1人あたり週給250ドルで農作業をする人を雇っている．下の表は，雇う人数によってイチゴの生産量（トラックの台数）がどう変わるかを示したものだ．

イチゴの生産量がトラック1台から5台までの限界費用を計算せよ．

労働量（週あたり労働者数）	イチゴの生産量 （週あたりトラックの台数）
0	0
1	1
3	2
7	3
12	4
18	5

454　第2部　消費と生産

解答：

　最も簡単なのは，前ページの表に列を足していく方法である．固定費用，可変費用，総費用を加えなければならない．生産量に応じて変化しない農地の使用料は，固定費用になる．したがって，固定費用は200ドルである．労働コストは可変費用である．これは，労働者数に1人あたりの週の賃金（250ドル）を掛けて求められる．総費用は固定費用と可変費用の合計である．

週あたり 労働量	イチゴの生産量 （週あたり トラックの台数）	固定費用 *FC* （ドル）	可変費用 *VC=W×L* （ドル）	総費用 *TC=FC+* *VC*（ドル）	限界費用 *MC* （ドル）
0	0	200	250 × 0 = 0	200	—
1	1	200	250 × 1 = 250	450	250
3	2	200	250 × 3 = 750	950	500
7	3	200	250 × 7 = 1,750	1,950	1,000
12	4	200	250 × 12 = 3,000	3,200	1,250
18	5	200	250 × 18 = 4,500	4,700	1,500

　限界費用は，生産量が1単位増えるときの総費用の変化であり，$\Delta TC/\Delta Q$である．生産量が0からトラック1台分に増えるとき，総費用は200ドルから450ドルに増えている．したがって，最初の1台分の限界費用は，$450 - 200 = 250$ドルである．生産量が1台から2台に増えるとき，総費用は450ドルから950ドルに増えている．したがって，限界費用は$950 - 450 = 500$ドルである．生産量が3台分に増えたとき，総費用は950ドルから1,950ドルに増えている．したがって限界費用は$1,950 - 950 = 1,000$ドルである．生産量が4台分に増えたとき，総費用は1,950ドルから3,200ドルに増えているので，限界費用は$3,200 - 1,950 = 1,250$ドルである．生産量が5台分に増えたとき，総費用は3,200ドルから4,700ドルに増えているので，限界費用は$4,700 - 3,200 = 1,500$ドルである．

　総費用の変化ではなく，可変費用の変化だけに注目して限界費用を計算することもできる．農地の面積は決まっているので，フィールズ・

第7章 費用　455

> フォーエバーがイチゴの生産を増やすには，労働者を増やすしかなく，可変費用は増加していく．

平均費用と限界費用の関係

　平均費用も限界費用も総費用から導かれるので，両者は直接的な関係がある．ある数量において，投入物の限界費用が平均費用を下回っていれば，追加で1単位生産することで，平均費用は低下する．追加の1単位の生産費用は，それまでに生産されたすべての平均費用を下回っているからである（この関係は，第6章で学んだ，労働に関する平均生産と限界生産の関係と同じである）．たとえば，ある企業が，1単位＝100ドルの平均費用で9単位を生産していたとする．追加で1単位生産するときの限界費用が90ドルであれば，追加の1単位の限界費用がそれまでの平均費用を下回っているので，平均費用は低下し，99ドルになる．計算式は以下のとおりである．

　　　$(900＋90)/10＝99$ ドル

　以上が意味しているのは，ある数量において，限界費用曲線が平均費用曲線を下回っていれば，平均費用が低下するはずであり，平均費用曲線は右下がりになる，ということである．これは，平均総費用についても平均可変費用についてもあてはまる．というのは，生産量を1単位増やした場合，総費用も可変費用も同じ額だけ増えるからだ．よくあることだが，限界費用が平均費用を下回る一方で，上昇しつつある場合にもあてはまる．生産量の増加にあわせて限界費用が上昇したとしても，追加の1単位の生産費用がその時点の平均費用を下回っているなら，平均費用を引き下げる．念のために定義をおさらいしておこう．限界費用曲線が，一定の生産水準において追加の1単位を生産するための費用を示しているのに対して，平均費用曲線はそれまでに生産した数量にかかった費用の平均を示している．

　この関係を示したのが図7.4である．平均総費用曲線，平均可変費用曲線，限界費用曲線はすべて，1本の総費用曲線から導かれている．数量が少なく，限界費用曲線が平均費用曲線を下回っているとき，平均費用曲線は右

図7.4 平均費用曲線と限界費用曲線の関係

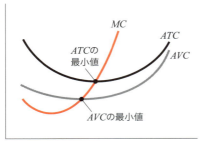

限界費用曲線が平均費用曲線を下回っているとき，平均費用曲線は右下がりである．生産量が増えると，限界費用曲線が平均費用曲線を上回る．したがって限界費用曲線は，平均総費用曲線と平均可変費用曲線とそれぞれの最小値で交差する．

下がりである．

　追加の1単位の限界費用が平均費用を上回っているとき，追加の生産が平均費用を押し上げる．したがって，ある数量で限界費用曲線が平均費用曲線を上回っているならば，平均費用は上昇し，平均費用曲線はその数量で右上がりになる．繰り返しになるが，平均総費用にも平均可変費用にも同じことがいえる．この性質から，平均可変費用曲線と平均総費用曲線がたいていU字型になる理由がわかる．生産量が増えるにつれて限界費用が上昇し続けるなら，いずれ平均費用を上回り，平均可変費用曲線と平均総費用曲線を押し上げることになる．

　生産量を1単位増やしても平均費用が変わらない点が1つだけ存在するが，それは平均可変費用曲線と平均総費用曲線の最小点であり，その点で限界費用と平均費用が等しくなる．こうした最小点を図7.4に示してある（次の章では，平均費用と限界費用が等しく，平均総費用が最小となる点は，競争的な市場において特別な意味があることを学んでいく）．

第7章 費用 **457**

7.3 解いてみよう

　ある企業の総費用曲線TCと限界費用曲線MCが，以下の数式で与えられているとしよう．

$$TC = 15Q^2 + 8Q + 45, \quad MC = 30Q + 8$$

a. この企業の固定費用FC，可変費用VC，平均総費用ATC，平均可変費用AVCを求めよ．

b. 平均総費用ATCが最小となる生産量を求めよ．

c. 平均可変費用AVCが最小となる生産量を求めよ．

解答:

a. 固定費用とは，生産量が変化しても変わらない費用である．生産量を0とおいて総費用を計算することによって固定費用を求めることができる．

$$TC = 15 \times 0^2 + 8 \times 0 + 45 = 45$$

可変費用は，総費用から固定費用を差し引くことで求められる．

$$VC = TC - FC = (15Q^2 + 8Q + 45) - 45 = 15Q^2 + 8Q$$

　本文で学んだように，可変費用は生産量に依存する．生産量が増加するにつれ，可変費用も増加する．

　平均総費用ATCは，生産量1単位あたりの総費用であり，TC/Qで表される．

$$ATC = \frac{TC}{Q} = \frac{15Q^2 + 8Q + 45}{Q} = 15Q + 8 + \frac{45}{Q}$$

　平均可変費用AVCは，生産量1単位あたりの可変費用であり，VC/Qで表される．

$$AVC = \frac{VC}{Q} = \frac{15Q^2 + 8Q}{Q} = 15Q + 8$$

b. 平均総費用ATCが最小になるのは，限界費用MCと等しいときである．

458　第2部　消費と生産

$$15Q + 8 + \frac{45}{Q} = 30Q + 8$$

$$15Q + \frac{45}{Q} = 30Q$$

$$\frac{45}{Q} = 15Q$$

$$15Q^2 = 45$$

$$Q^2 = 3$$

$$Q = \sqrt{3} = 1.732$$

c. 平均可変費用 AVC が最小になるのは，限界費用 MC と等しいときである．

$$15Q + 8 = 30Q + 8$$

$$15Q = 0$$

$$Q = 0$$

7.5　短期費用曲線 対 長期費用曲線

　この章の前のほうで，時間が固定費用と可変費用に及ぼす影響について論じた．時間を長くとるほど，目標の生産量に合わせて，投入量をより柔軟に調整できる．工場などの「堅固な」資本投入物ですら，柔軟性が高まる．柔軟に変えられれば，費用は固定的でなくなり，変動性が高まる．

　第6章で，資本の量を $\bar{K}$ で固定して，生産関数を $Q = F(\bar{K}, L)$ と定義したことを思い出してもらいたい．長期の生産関数 $Q = F(K, L)$ では，資本の量を調整できる．短期と長期の費用曲線には違いがでる．短期の費用曲線は，資本が固定されているなかでの生産費用と生産量の関係である．一方，長期の費用曲線は，企業の資本投入が労働投入と同様に変えられると想定している．

第7章 費用 **459**

短期の生産と総費用曲線

ある企業の**短期総費用曲線**（short-run total cost curve）は，資本を$\bar{K}$の水準に固定したとき，さまざまな生産量に対応した総費用を示したものである．あらゆる資本水準に異なる短期生産関数が存在するのと同じように，あらゆる資本水準に異なる短期の総費用曲線が存在する．

第6章では，ある企業の費用と生産量を結びつける総費用曲線を，費用が最小化される投入量と生産量の組み合わせである生産拡張経路と関連づけて説明した．この関係は，短期にも長期にもあてはまった．だが，短期では資本の水準が固定されていた点を思い出す必要がある．したがって，短期の費用最小化を検証するなら，固定資本を所与として生産拡張経路を検証しなくてはならない．第6章の6.7節でみたアイボー・エンジン社の例に戻ろう．図7.5で示した等生産量曲線と等費用曲線は，第6章で長期の生産拡張経路を描くために用いたのと同じものである．短期的には，アイボー社の資本水準は一定であり，生産拡張経路はこの資本水準で水平になる．図では，$K=6$としている．短期間で生産量を調整したければ，この線上を動かねばならない．短期的に，唯一調整可能な労働投入量を変化させることにより，これを実現する．

アイボー・エンジン社の当初の生産量は，$Q=20$の等生産量曲線で示したように20台だと仮定しよう．加えて，20台のエンジンの生産費用が最小になるのは，資本を6単位投入したときである．つまり，$Q=20$の等生産量曲線は，資本投入量が6のとき，$C=180$ドルの等費用曲線と点Yで接している（資本の投入量を変更できるなかで，同社は20台のエンジンを生産する際，最適な資本水準を選んだと考えることによって，この仮定を正当化できる）．20台のエンジンの生産費用が最小となるときの労働投入量は9単位，$L=9$である．

短期費用曲線と長期費用曲線の違いを見極めるには，資本を固定した短期の生産拡張経路と等生産量曲線の交点を，資本を調整できる長期の生産拡張経路上と等生産量曲線の交点と比較する必要がある．エンジンの生産量が20台のとき，それらは点Yで一致している．資本の水準$K=6$で，費用が最

図7.5: アイボー・エンジン社の長期と短期の生産拡張経路

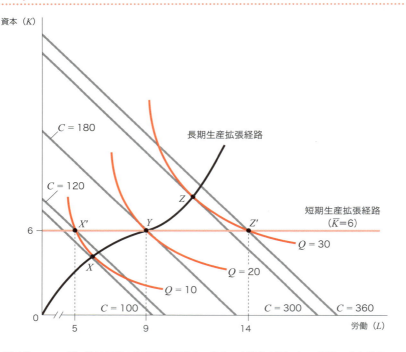

アイボー・エンジン社は長期の生産拡張経路上で資本の水準を変更できる。短期の生産拡張経路上では、資本は6に固定されており、生産拡大曲線は$K=6$で水平になる。労働の投入量を変えることでしか生産量を変更できない。点X', Y, Z'で費用は最小となり、X'では労働力5単位で10台を生産し、費用は120ドル、Yでは労働力9単位で20台生産し、費用は180ドル、Z'では労働量14単位で30台生産し、費用は360ドルである。生産量$Q=20$で費用が最小となる資本と労働の組み合わせYでは、短期と長期の生産拡張経路が一致し、生産費用が180ドルで等しくなる。$Q=10$, $Q=30$では、短期の生産費用が長期の生産費用を上回る。

小化されると想定しているからだ。

だが、$Q=30$の等生産量曲線では、短期と長期の投入の組み合わせは異なる。資本が6単位で固定されている短期で、30単位を生産しようとすれば、投入の最適な組み合わせはZ'で、必要な労働量は14単位になる。しかし、Z'は、長期の費用を最小化するZで接する$C=300$ドルの等費用曲線の外側（原点より遠く）、すなわち$C=360$ドルの等費用曲線上にある。言い

図7.6 アイボー・エンジン社の短期と長期の総費用曲線

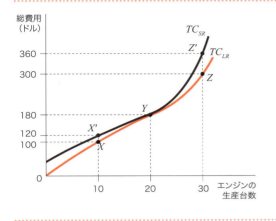

アイボー・エンジン社の短期総費用曲線(TC_{SR})は、図7.5の生産拡張経路と交差する等費用曲線を使って導くことができる。$Q=20$の点Yで、短期総費用曲線(TC_{SR})と長期総費用曲線(TC_{LR})が重なる。Qが20以外の値をとるとき、Qが10でも30でも、TC_{SR}はTC_{LR}より上に位置し、短期総費用が長期総費用を上回る。これは、$Q=0$の場合にもあてはまる。短期的に一部の投入物の費用は固定されるが、長期的にはすべての投入物の費用が調整可能だからである。

換えれば、アイボー・エンジン社にとって、資本の投入量を調整できない短期間で30台のエンジンを製造するのは高くつく。これは、すべての投入物を自由に使える場合よりも、労働量を多く、資本量を少なく使わざるをえないからだ。

同じことは、エンジンを10台つくる場合にもいえる。短期的に資本が固定されているので、X'の投入物の組み合わせ(労働量は5単位)を使わなくてはいけない。この点は総費用が120ドルの$C=120$ドルの等費用曲線上に存在するが、資本が調整できる費用最小化の組み合わせXは$C=100$ドルの等費用曲線上にある。つまり、生産量が10台の場合も、短期の総費用が長期の総費用を上回っている。資本の投入量を調整できる場合よりも、多くの資本を使わざるをえないからだ。

ここでは、生産量が20台以外の2つのケースしかみていないが、これは一般的なパターンであり、あらゆる生産量にあてはまる。目標とする生産量が20台(短期と長期の費用が等しくなる生産量の水準)より多くても少なくても、短期の総費用が長期のそれを上回る。資本の投入量を自由に選べなければ、現在の資本量と労働量がたまたま最適水準にある生産量20台の場合を除き、費用は必ず押し上げられる。

462　第2部　消費と生産

　こうした短期と長期の生産拡張に対応する総費用曲線をプロットすると，図7.6ができあがる．長期の総費用曲線TC_{LR}は，すべての投入物を調整し費用を最小化できると想定した場合と同じである．生産量が20台のとき，この曲線と短期の総費用曲線TC_{SR}とが重なり合う．この生産量で費用を最小化する資本水準になると想定しているからだ（この点は，図7.5の生産量と総費用の組み合わせであるYと一致するので，Yと表示している）．だが，他のすべての生産量で，資本量を固定した短期の総費用曲線が，資本量を調整できる長期の総費用曲線を上回る．生産量$Q = 0$のとき，短期の総費用はプラスだが，長期は0になる点に留意したい．言い換えれば，短期では固定費用が存在するが，すべての投入が調整可能な長期には固定費用は存在しないということだ．

短期の平均総費用曲線 対 長期の平均総費用曲線

　図7.6の総費用曲線から，アイボー・エンジン社の短期と長期の平均総費用曲線を導き出すことができる．これらを図7.7に示した．長期の平均総費用曲線はATC_{LR}，短期の平均総費用曲線は$ATC_{SR, 20}$である（20台の生産費用を最小化する水準で資本が固定されているときの平均総費用曲線であることを示すために，20を下付きに加えてある）．

　総費用曲線と同様に，短期と長期の平均総費用曲線は，$Q = 20$で重なる．資本が6単位で固定されたとき，費用が最小になる点だからだ．この点で，平均総費用は短期，長期ともに180/20＝9ドルとなる．

　生産量が20台以外の場合，短期の平均総費用はつねに長期のそれより高くなる．どの生産水準でも，長期より短期の総費用のほうが高い．平均総費用は，これらの異なる総費用を同じ数量で割ったものなので，短期の平均総費用のほうが高くなるはずである．アイボー社が30台のエンジンを生産し，資本が6単位で固定されているとき，総費用は360ドルで，短期の平均総費用は1単位12ドルである．エンジンを10台生産するときの短期平均総費用は，120/10＝12ドルで，やはり12ドルになる．これらは，短期平均総費用曲線$ATC_{SR, 20}$上の点Z'とX'として表され，図7.6の総費用Z'，X'にそれぞれ

図7.7 アイボー・エンジン社の短期と長期の平均総費用曲線

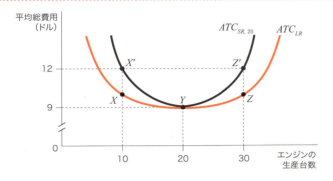

短期と長期の平均総費用曲線（$ATC_{SR,20}$, ATC_{LR}）は、図7.6の短期と長期の総費用曲線（TC_{SR}, TC_{LR}）を使って導くことができる。$Q=20$の点Yでは、費用が最小となる資本は6単位で、ATC_{SR}, ATC_{LR}の平均総費用は9ドルで等しい。Qが20以外の値をとるとき、10でも30でも、ATC_{SR}はATC_{LR}より上に位置し、短期の平均総費用が長期の平均総費用を上回る。

対応している。また、生産量が30台のときの長期平均総費用は点Z、10台のときの長期平均総費用は点Xで表されるが、これらは図7.6の総費用Z, Xに対応している。

ここまで、20台の生産費用を最小化する水準の6単位で資本が固定されているとして、短期と長期の総費用および平均費用の違いを分析してきた。だが、資本が6以外の水準で固定された場合にはどうなるだろうか。たとえば、30台の生産費用を最小化する9単位で固定されているとしよう（これは、図7.6の点Zで示された資本水準である）。

分析は、上述のものとまったく同じである。長期の総費用曲線と長期の平均総費用曲線は変わらない。というのは、長期的に資本の投入量は自由に調整できるため、アイボー社は同じように資本量を選択し、結果的に費用が同じになるからである。だが、固定された資本量が変わっているので、短期の費用曲線は変化する。先の分析と同じ理屈で、ある生産量を除いて、どの生産量でも、総費用曲線、平均総費用曲線とも短期が長期を上回る。ただし、この例で短期と長期の曲線が重なるのは、生産量が20台ではなく、30台で

464 第2部 消費と生産

ある．なぜなら，30台のエンジンの生産費用を最小化する水準で，資本量が固定されているからだ．生産量が30台以外の水準で，短期の総費用および平均総費用が長期のそれを上回るが，理屈は同じだ．アイボー社がその資本水準を選択する場合を除いて，生産量に応じて資本量を変化させないと，どの生産量でも生産費用が高くなるのである．

資本の水準を，10台のエンジンの生産費用を最小化する4単位に固定しても（図7.6の点Xに対応），同様の比較をすることができる．この場合も同じパターンがあてはまる．生産量$Q＝10$以外では，短期の総費用曲線および平均総費用曲線が長期のそれをつねに上回る．

図7.7の短期平均総費用曲線$ATC_{SR, 20}$，長期平均総費用曲線ATC_{LR}に加え，他の生産量の短期平均総費用曲線を描いたのが図7.8である．$ATC_{SR, 10}$は，生産量が10台，$ATC_{SR, 30}$は生産量30台で総生産費用が最小となるように資本が固定されているときの短期の平均総費用曲線である．図7.8を見てもわかるように，長期の平均総費用曲線は，短期の平均総費用曲線の最小値（資本が固定されている水準で唯一の点）を結んだものである．どの資本量でも短期の分析を繰り返すと，短期の平均総費用曲線はつねに長期の平均総費用曲線を上回る．短期の平均総費用曲線をすべて描いていくと，図に示した3通りの短期曲線と同様に，長期の総平均総費用曲線と接することになる．図7.8に見られるように，長期の平均総費用曲線は，すべての短期の平均総費用曲線群を包含する境界線を形成していることから，経済学では「包絡線」（envelop）と呼ばれている．

図7.8には興味深いことがある．短期の平均総費用曲線（$ATC_{SR, 10}$と$ATC_{SR, 30}$）が長期の平均総費用曲線（ATC_{LR}）と接している点は，それぞれの最小点ではないことだ．資本が固定されている状態では，短期的に平均総費用を最小化する生産量の水準（$ATC_{SR, 10}$と$ATC_{SR, 30}$上の最も低い点）であっても，資本の投入量を自由に調整できれば，もっと少ない費用で生産できるからだ．資本が自由に調整できるとしても，短期の資本水準が，費用を最小化する資本水準に固定されているケース（$ATC_{SR, 20}$）では，短期と長期の最小値が一致する．アイボー・エンジン社の場合，生産量が20台の点Yがそれにあたる．

図7.8 長期の平均総費用曲線は短期の平均総費用曲線を包含する

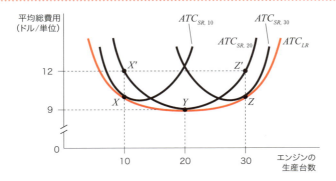

$ATC_{SR,10}$はエンジン10台, $ATC_{SR,30}$は30台の生産費用を最小化する水準に, 資本が固定されている場合の短期平均費用を示している. $\bar{K}=4$のとき$ATC_{SR,10}$は点Xで, $\bar{K}=9$のとき$ATC_{SR,30}$は点Zで費用が最小値となり, 長期平均総費用曲線ATC_{LR}と重なる. だが, XとZは$ATC_{SR,10}$, $ATC_{SR,30}$上の最小点ではない. 資本投入が自由に調整できれば, $ATC_{SR,10}$, $ATC_{SR,30}$が最小点となる生産量で, もっと安く生産できるからだ.

7.4 解いてみよう

スティーブ・アンド・サンズ・ソーラー・パネル社の生産関数は$Q=4KL$で, $MP_L=4K$, $MP_K=4L$である. 現在の賃金(W)は, 時間あたり8ドル, 資本(R)のレンタル料は1時間あたり10ドルである.

a. 短期的に, この工場の資本ストックは$K=10$で固定されている. 200枚のソーラー・パネルを生産するとき, 費用はいくらになるか.

b. ソーラー・パネル200枚の生産費用を長期的に最小化するために, この企業はどんな行動をとるか. どのくらい費用を節減できるか. (ヒント:第6章に戻って, 労働と資本の両方が調整可能なとき, 企業がどのように生産を最適化するかを復習する必要があるかもしれない.)

解答:

a. 資本が$K=10$に固定されているとき, ソーラー・パネル200枚の生産

に必要な労働量を求めるには，生産関数$Q = 4KL$に代入すればいい．

$Q = 4KL$

$200 = 4 \times 10 \times L = 40L$

$L = 5$

したがって，5単位の労働を投入しなければならない．総費用は以下のようになる．

$TC = WL + RK = 8 \times 5 + 10 \times 10 = 40 + 100 = 140$ドル

b. 第6章で，長期的に費用が最小となるのは，資本に対する労働の限界代替率が労働費用（賃金）と資本費用（レンタル料）の比に等しくなる量を生産する場合であることを学んだ．

$MRTS_{LK} = W/R$

$MRTS_{LK} = \dfrac{MP_L}{MP_K} = \dfrac{4K}{4L} = \dfrac{K}{L}$

$\dfrac{W}{R} = \dfrac{8}{10}$

費用を最小化するには，$MRTS_{LK} = W/R$とする．すなわち，

$10K = 8L$

$K = 0.8L$

200枚を生産するには，生産関数にKを代入して，Lを解けばいい．

$Q = 200 = 4KL = 4 \times 0.8L \times L$

$200 = 3.2L^2$

$L^2 = 62.5$

$L = 7.91$

$K = 0.8L = 0.8 \times 7.91 = 6.33$

費用を最小化するために，労働量を5から7.91単位へ増やす一方，資本量を10から6.33単位に減らしたいと考える．総費用は，

$TC = WL + RK = 8 \times 7.91 + 10 \times 6.33 = 63.28 + 63.30$

$\qquad = 126.58$ドル

となる．したがって，$140 - 126.58 = 13.42$ドルで，13.42ドル費用が節減できることになる．

第7章 費用 **467**

短期の限界費用曲線 対 長期の限界費用曲線

　短期の平均総費用曲線と長期の平均総費用曲線が総費用曲線と関連しているのと同様に，短期の限界費用曲線と長期の限界費用曲線も総費用曲線と関連している．長期の限界費用とは，投入物を自由に調整できるときに，生産量を1単位増やした場合の追加的な費用である．

　短期の平均総費用曲線にはすべて，対応する短期の限界費用曲線が存在する．短期の限界費用曲線は，資本がある水準で固定されているとき，生産量を1単位増やした場合の追加的な費用を示している．短期の限界費用曲線はつねに，対応する短期の平均総費用曲線とその最小値で交差する．

　長期の平均総費用曲線は，すべての短期の「平均総費用曲線」を包含しているが，短期・長期の限界費用曲線にはそれはあてはまらない．両者の関係について段階を追ってみていこう．

　図7.9は，図7.8の短期・長期の平均総費用曲線を再掲し，短期の平均総費用曲線それぞれに対応する短期限界費用曲線を加えたものである（短期限界費用曲線$MC_{SR, 10}$は，短期平均総費用曲線$ATC_{SR, 10}$に対応する）．

　長期の限界費用曲線はどのように求めればいいのだろうか．企業が長期生産において，資本が固定されている短期生産と同じ資本水準を選択するときの生産量はただ1つしかなく，この水準で短期の平均総費用曲線は長期の平均総費用曲線に接する．つまり，たとえば生産量$Q = 10$だとすると，アイボー・エンジン社が長期に選択する資本水準（$K = 4$）は，対応する短期の平均総費用曲線$ATC_{SR, 10}$と同じになる．短期の平均総費用曲線と長期の平均総費用曲線ATC_{LR}は，この生産量で重なるので（この生産量でしか重ならないので），短期と長期の限界費用曲線もこの生産量で重なる．言い換えれば，企業は資本量を自由に調整できるとしても短期と同じ資本水準を選ぶので，ここの生産量での長期の限界費用は$MC_{SR, 10}$上の短期の限界費用と同じになる．したがって，生産量$Q=10$の長期の限界費用を求めるには，$Q=10$で短期の限界費用曲線まで上っていけばいい．図7.9の点Aがそれで，生産量$Q=10$のときの長期限界費用を示している．

　同様に，アイボー・エンジン社がエンジンを20台生産するときの長期の

図7.9 短期と長期の限界費用

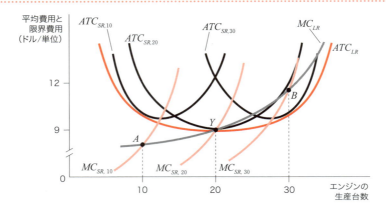

短期限界費用曲線 $MC_{SR,10}$, $MC_{SR,20}$, $MC_{SR,30}$ は,それぞれ短期平均総費用曲線 $ATC_{SR,10}$, $ATC_{SR,20}$, $ATC_{SR,30}$ から導かれる.$K=4, 6, 9$ の場合,長期限界費用曲線は,短期限界費用曲線 $MC_{SR,10}$, $MC_{SR,20}$, $MC_{SR,30}$ と,それぞれの点 A, Y, B で交差するはずだ.これらの点は,生産量 $Q=10, 20, 30$ で資本量 $K=4, 6, 9$ のとき,労働量が費用を最小化する点である.

限界費用は,短期の限界費用 $MC_{SR,20}$ と等しくなる.したがって,$Q=20$ のときの長期限界費用は図7.9の点 Y になる(これは,図7.7と図7.8の点 Y に等しい).この論理を繰り返していけば,生産量が30台のときの長期限界費用は,この量での短期限界費用 $MC_{SR,30}$ と等しく,図の点 B になる.

長期限界費用を示す点 A, Y, B のほか,あらゆる生産量に対応する同様の点を結んでいくと,長期の限界費用曲線 MC_{LR} ができあがる.前述のとおり,平均総費用が低下しているとき(点 A),長期限界費用曲線は長期平均総費用曲線を下回り,平均総費用が上昇しているとき(点 B),長期限界費用曲線は長期平均総費用曲線を上回る.平均総費用が最小となるとき(点 Y),長期限界費用は長期平均総費用と等しくなる.

7.6 生産過程における経済性

　長期の平均総費用を抽出できたところで，企業の規模が拡大すると，これらの平均費用がどう変化していくのかを検証したくなる．長期的にすべての投入物は調整可能なので，企業が事業規模を変えると，単位あたりコストがどう変化するかと考えればいい．言い換えれば，すべての投入物の量を同じ割合で増やすと，長期の平均総費用がどうなるかを考えるのである．

規模の経済

　第6章では，規模に関する収穫について検討した．すべての投入物を2倍に増やしたとき，生産量が2倍よりも大きくなるなら，この生産技術の規模に関する収穫は逓増だといえた．投入量を2倍にしたとき，生産量も2倍になるなら，規模に関する収穫は一定，生産量が2倍より小さいなら，規模に関する収穫は逓減である．

　規模の経済は，規模に関する収穫を費用の面から見たものである．投入量に対して生産量がどう変化するかではなく，生産量に対して費用がどう変化するかに注目する．生産量を2倍にしたとき，費用が2倍に達しなければ，**規模の経済**（economies of scale）がはたらいているといえる．生産量を2倍にすると，費用が2倍より膨らむ場合は，**規模の不経済**（diseconomies of scale）だといえる．生産量を2倍にすると費用もちょうど2倍になるなら，**規模に関する経済一定**（constant economies of scale）である．

　規模の経済は，総費用が生産量に比例して増えないこと，そして，生産量が増加するにつれて長期平均総費用が低下することを意味している．平均総費用は総費用を生産量で割ったものだが（$ATC = TC/Q$），規模の経済では総費用が生産量を下回るペースでしか増加しないので，長期平均総費用曲線は右下がりになる．同様に，規模の不経済では総費用が生産量を上回るペースで増加するので，長期平均総費用曲線は右上がりになる．規模に関する経済一定の場合，長期平均総費用曲線は横ばいになる．

470　第2部　消費と生産

　これらの関係を総合すると，一般的なU型の長期平均総費用曲線は，規模の経済に関するものであることがわかる．生産量が少ない場合（平均総費用が低下し，平均総費用曲線が右下がりになっているグラフの左部分）では，総費用は生産量を下回るペースでしか増加しない．このため，平均総費用が低下し，規模の経済がはたらくことになる．

　平均総費用曲線が平らになる底の部分では，平均費用は変わらず，総費用が生産量と同じペースで増加し，限界費用が平均総費用と等しくなる．したがって，ここでは平均総費用が生産量と同じペースで増加し，規模に関する経済は一定となる．

　生産量が多い場合（平均総費用が増加し，平均総費用曲線が右上がりになっているグラフの右部分），限界費用が平均総費用を上回り，総費用が生産量を上回るペースで増加する．このため，規模の不経済となる．

規模の経済 対 規模に関する収穫

　規模の経済と規模に関する収穫は同じではない．両者は関連があり，費用と生産量の水準は密接に連動しているが，違いがある．規模に関する収穫は，すべての投入物を共通の尺度で増やしたときの生産量の変化を示したものである．だが，費用の最小化を目指す企業が，生産量を増やすとき，投入物の比率を一定にしなければならない，とはどこにも書かれていない．つまり，規模に関する収穫と違って，生産量に応じた総費用の変化をみる規模の経済では，投入物の比率を一定にする必要はない．

　生産量を変えるとき，投入物の比率を変えられるのであれば費用を削減できるので，規模に関する収穫が一定ないし逓減のときですら，規模の経済がはたらくことになる．つまり，ある企業が，投入量を2倍にすると生産量がちょうど2倍になる生産関数を持っていたとしても，投入物の比率を変えることで，総費用を2倍にすることなく生産量を2倍にできる可能性がある．したがって，規模に関する収穫逓増は，規模の経済がはたらいていることを示しているが，規模の経済がはたらいているからといって，規模に関する収穫逓増とはいえないのである．[2]

第7章 費用　　471

7.5 解いてみよう

　ある企業の長期の総費用関数は$LTC = 22{,}600Q - 300Q^2 + Q^3$，長期の限界費用関数は$LMC = 22{,}600 - 600Q + 3Q^2$で与えられている．規模の経済と規模の不経済の分かれ目となる生産水準を求めよ．（ヒント：これらの費用関数から導かれる長期の平均費用曲線は典型的なU字型になる．）

解答：

　長期の平均総費用を最小化する生産量がわかれば，規模の経済，規模の不経済となる生産量が決定できる．長期の限界費用が長期の平均総費用を下回るとき（$LMC < LATC$），長期の平均総費用は低下し，規模の経済がはたらき，長期の限界費用が長期の平均総費用を上回るとき（$LMC > LATC$），規模の不経済になることがわかっている．そのため，長期平均総費用$LATC$が最小となる点を見つけられれば，規模の経済と規模の不経済の分かれ目がわかる．

　平均費用が最小となるのは，$LMC = LATC$のときである．だが，まず$LATC$を決定しなければならない．長期の平均総費用は，長期の総費用を生産量で割ったものなので，以下のようになる．

$$LATC = \frac{LTC}{Q} = \frac{22{,}600Q - 300Q^2 + Q^3}{Q} = 22{,}600 - 300Q + Q^2$$

$LATC$を最小化する生産量を求めるためには，$LATC = LMC$とおく必要がある．すなわち，

$LATC = LMC$

$22{,}600 - 300Q + Q^2 = 22{,}600 - 600Q + 3Q^2$

$300Q = 2Q^2$

$300 = 2Q$

---

2)　2つの概念が一致するのは，生産量を増やすとき，投入物の比率を一定に保つのが最適な場合だけである（これは，原点から直線で延びる生産拡張経路として表れる）．この場合，生産量の変化に応じて投入物の比率を変えても，費用の節減効果はない．

$Q = 150$

　長期平均総費用が最小となり，規模の経済が一定となるのは，生産量が150のときである．生産量が150より少ないとき，規模の経済がはたらき，150より多くなると，規模の不経済となる（長期平均費用の等式に，さまざまな生産量の値を代入し，長期平均費用の増減をみることで答えが確認できる）．

応用　規模の経済とベーコン製造

　ある産業の企業規模について調べていくと，規模の経済についてわかる場合が多い．米国農務省のエコノミスト，ジェイムズ・マクドナルドとマイケル・オリンジャーは，近年，豚肉でとくに目立つ食肉加工工場の大型化の背景を調べた．[3] 年間100万頭を超える豚肉を加工する工場は，1977年には業界の38％だったが，わずか15年後には87％にまで上昇していた．同じ期間に，年間の加工数が5万頭に満たない小規模工場の3分の1が廃業している．

　マクドナルドとオリンジャーは，この間に，食肉加工業界における規模の経済の性格が変化したのではないかとの仮説をたてた．新技術によって，とりわけ生産量が多くなると，コストが下がっていた．こうした新技術によって規模の経済のメリットを受けられる生産量の幅が広がり，工場は平均費用を増加させることなく規模の拡大ができるようになり，平均費用はさらに下がったようにみえる．平均総費用曲線の右下がりの部分を拡大する技術によって，最適な生産水準が押し上げられる例については，後の章で取り上げよう．

　仮説を検証するには，豚肉加工工場の費用曲線を推定する必要があった．同一の工場で，生産量に応じた費用のデータがそろっていれば作業は簡単だっただろうが，そうしたデータはなかった．マクドナルドとオリンジャー

---

[3] James M. MacDonald and Michael E. Ollinger, "Scale Economies and Consolidation in Hog Slaughter," *American Journal of Agricultural Economics* 82, no. 2 (2000): 334 –346.

第7章　費用　473

が入手できたのは，各工場の年間のデータだけで，それも長期間そろって
いたわけではない．そこで，この業界の工場の費用曲線はすべて同じだと
仮定して，全工場と費用の組み合わせから費用曲線を求めた．やや飛躍が
あるが，生産手法が標準化されている点を考慮すれば，理に適った想定で
ある．[4]

　マクドナルドとオリンジャーがデータから推計した長期の平均総費用曲線
を示したのが図7.10である．2通り示されているが，1つは1977年に稼働し
ていた工場のデータ，2つめは1992年に稼働していた工場のデータである．
図には，それぞれの年の工場の平均規模と，95パーセンタイルの規模も示
している（95パーセンタイルの工場とは，工場が100あるとすれば，業界第
5位の規模になる）．この曲線では，平均総費用を，1977年の平均規模の工
場における平均総費用を100とした指数で表している．

　真っ先に気づくのは，食肉加工業界では全要素生産性があきらかに上昇し
ていることだ．生産量を問わず，15年前に比べて平均総費用が低下してい
るのだ．1977年の平均と同じ規模の工場では，1992年の平均総費用が4％
低下している．第2に，規模が大きいほど，費用の低下幅が大きい．1977
年の大規模工場（95パーセンタイル前後）は，規模の経済が効かなくなる水
準で生産していた．これは，1977年の平均総費用曲線の底に近い点に位置
している事実からわかる．だが，1992年の平均総費用曲線を見ると，この
年の平均規模の工場の生産量は，1977年の95パーセンタイルの工場とほぼ
同じで，かつ費用は約7％低かった．第3に，1992年の平均規模の工場で
は，大きな規模の経済がはたらいていた点だ．その背景には，新技術によっ
て，規模の経済がはたらく幅が広がったことがある．第4に，平均規模ばか
りでなく，大規模な工場も成長していた．1992年の95パーセンタイルの工
場の生産量は，規模の経済が効かなくなる水準に近かったが，この生産量は
1977年よりはるかに多かった．1977年時点でそこまで生産量が増えていれ

───────────────

　4)　投入物の価格が工場の費用に影響を与えることはわかっているが，第6章で費用曲
　　線を描くときには一定としていた．このアプローチでは，工場間で投入価格がばらつ
　　くという煩雑さがあった．マクドナルドとオリンジャーは，統計的手法を使い，こうし
　　たばらつきをコントロールし，予想される費用曲線への影響を排除した．

図7.10 1977年と1992年の豚肉加工工場の平均総費用曲線

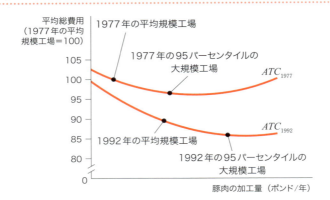

ATC_{1977}とATC_{1992}は，それぞれ1977年と1992年の豚肉加工工場の長期平均総費用曲線である．規模が業界平均の工場と，95パーセンタイルの工場はいずれも，1977年に比べて1992年の平均総費用が大幅に低い．同時に，業界の平均並み工場も95パーセンタイルの工場も，規模が拡大している．これらの発見は，1977年から1992年にかけて業界の費用構造と規模の経済が大きく変わったことを裏づけている．

ば，規模の不経済となる長期平均総費用曲線上の右上がりの部分で操業していたことになる．

これらの結果は，食肉加工業の費用構造と規模の経済の性格の大幅な変化を示すものである．比較的短期間で，生産が大規模工場に大幅にシフトした理由も説明できる．■

範囲の経済

多くの企業は，複数の品目を生産している．規模の経済は，生産量に応じた費用の変化を示していたが，**範囲の経済**（economies of scope）は，複数の品目を生産する場合の費用の変化を示す．範囲の経済が存在するのは，複数の財を同時に生産するほうが，それぞれの財を独立して生産し，費用を足し合わせるよりも，費用が少ない場合である．

具体的にみていこう．財1の生産量をQ_1，財2の生産量をQ_2，それらを同時に生産する費用を$TC(Q_1, Q_2)$とする．財1の生産量がQ_1で，財2の生産量が0のとき，費用は$TC(Q_1, 0)$である．同様に，財1の生産量が0で，財2の生産量がQ_2のとき，費用は$TC(0, Q_2)$になる．この定義に基づくと，$TC(Q_1, Q_2) < TC(Q_1, 0) + TC(0, Q_2)$であれば，この企業には範囲の経済が存在すると考えられる．Q_1とQ_2を同時に生産するほうが，別々に生産するよりコストが安くすむということだ．

範囲の経済は，それが存在するかどうかだけでなく，数量化して企業間で比較することもできる．この指標を$SCOPE$と呼ぶ．これは，単一の品目を生産した場合の総費用〔$TC(Q_1, 0) + TC(0, Q_2)$〕と複数品目を同時に生産した場合の総費用〔$TC(Q_1, Q_2)$〕の差を，同時に生産した場合の総費用で割って求められる．

$$SCOPE = \frac{[TC(Q_1, 0) + TC(0, Q_2)] - TC(Q_1, Q_2)}{TC(Q_1, Q_2)}$$

$SCOPE$が0より大きければ，財1と財2を同時に生産する総費用が，個別に生産する費用を下回るので，範囲の経済が存在する．$SCOPE$が大きいほど，複数品目を生産することによる費用節減効果が大きいことになる．$SCOPE = 0$なら，費用は等しく，範囲の経済は存在しない．$SCOPE$が0より小さければ，個別に生産したほうが費用が少なくてすむ．つまり，**範囲の不経済**（diseconomies of scope）が存在する．

範囲の経済については留意すべき重要な点が2つある．第1に，範囲の経済は，それぞれ個別の財の生産水準によって決まる．たとえば，財1を100，財2を150生産するとき，範囲の経済が存在しても，財1と財2を200ずつ生産するときには存在しないことがありうる（範囲の経済が生産水準によって決まる点は，規模の経済の場合と共通している．この節の前のほうで述べたように，U字型の平均総費用曲線は，生産量の水準によって規模の経済が変化することの表れである．生産量が少ない水準では規模の経済がプラスであり，生産量が多い水準では規模の経済はマイナスである）．第2に，範囲の経済は必ずしも規模の経済とは関係ない．どちらか1つが成立している企業もあれば，両方が同時に成立している企業もある．実は，生産品

目を複数にした場合，規模の経済を定義するのはむずかしい．ただ，その理由に深入りする必要はない．規模の経済と範囲の経済は別物だと認識するだけで十分である．

範囲の経済はなぜ生じるのか

範囲の経済が生じる要因は数多くある．投入物の調整のしやすさと，製品の固有の性格に依存する．

範囲の経済を生み出す共通要因として，複数の製品の原材料に同じ投入物の異なる部分が使えることがあげられる．ブラン・ブリックスと小麦フレークの2種類のシリアルを生産しているメーカーを考えよう．どちらを生産するにも小麦が必要だ．ブラン・ブリックスには，もっぱら小麦の外皮の繊維質を使い，小麦フレークには中身を使う．したがって，両方を生産することで，自然に費用節減になる．購入した小麦を2種類のシリアル用に分ければいい．小麦フレークしか生産しないなら，外皮は廃棄しなくてはならない．

石油精製では，原油の化学的な性質から確実に範囲の経済が存在する．原油は構造が大きく異なる分子の集合なので，これらの分子を分離・精製して使える製品にする．石油精製会社が，ガソリン（ケロシンでもディーゼル油でも，その時点で一番高く売れる石油製品なら何でもいい）だけを生産するのは物理的に不可能だ．各精製会社は，原油1バレルから精製できる製品構成をある程度変更できないわけではないが，そのことで範囲の経済を失う．そのため精製会社は，つねに複数の石油精製物を同時に生産しているのだ．

範囲の経済を生み出す共通の投入物は，原材料である必要はない．たとえば，グーグルの社員は，情報を収集し，流通させる能力を使ってグーグル・アースやグーグル・ドキュメント，グーグル＋など複数の製品を生み出したほうが，主力の検索エンジンだけをつくるよりも生産性が高いはずである．これも一種の範囲の経済だ．

第7章 費用 **477**

7.7 結論

　この章では，企業の費用に関わるあらゆる概念を取り上げた．機会費用，固定費用，可変費用，サンクコスト，限界費用，平均費用，長期費用，短期費用，規模の経済，範囲の経済などだ．学ぶべきことはまだまだあるが，ここで取り上げた概念は，企業が生産決定を行う際に直面する制約を理解するうえできわめて重要である．また，費用の概念を知っていると，第6章で学んだ，生産量を所与として企業は生産をどのように最適化するか，という問題から，そもそも生産量をどのように決めるのか，あるいは生産するか否かをどう決めるのかという問題に発展させることができる．これらの分析については，第8章から第11章で学んでいく．

まとめ

1. **経済的費用**とは，**会計上の費用**に投入物の**機会費用**を加えたものである．機会費用とは，投入物を次善の用途に用いる価値である．意思決定は，機会費用を考慮に入れて，すなわち，会計上の費用ではなく経済的費用をもとに行うべきである．［7.1節］

2. **サンクコスト**とは，事業から完全に撤退しても回収できない費用である．すでにサンクコストとなっている費用は，現時点でどのような選択をするにせよ，支出済みなのだから，将来の意思決定に影響を与えるべきではない．［7.2節］

3. 企業の**総費用**は，固定費用と可変費用に分類できる．**固定費用**は，生産量が変化しても変わらない費用であり，まったく生産しなくても払わなければならない．固定費用を回避できるのは，事業から完全に撤退し，投入物を処分できる場合だけである（この行為は長期的にしか実現できない）．**可変費用**は，生産量に応じて変動する費用である．［7.3節］

4. ある企業の費用と生産量を関連づけるのが費用曲線である．固定費用は生産量が変わっても変化しないので，**固定費用曲線**は水平になり，**総費**

478　　第2部　消費と生産

用曲線は**可変費用曲線**と平行になる（固定費用の分だけ距離がある）． [7.3節]

5. これら以外に重要な費用の概念が2つある．**平均費用**と**限界費用**である．ある生産量における平均費用は，総費用を生産量で割ったものである．**平均固定費用**は，生産量が増加するにつれて，一貫して低下する．**平均可変費用**と**平均総費用**はU字型になることが多く，当初は低下するが，その後，生産量の増加と共に上昇する．限界費用は，生産量を1単位増やすときの追加的な費用である． [7.4節]

6. 短期的に，企業の資本投入量は生産拡張経路に沿って一定に保たれる．生産量の変化は，もっぱら労働投入量の変更によってもたらされる．固定化された資本が費用最小化点以外の水準にあるとき，短期の総費用および平均費用は，長期のそれらを上回ることになる．固定化された資本がどの水準であれ，それに対応する短期費用曲線が存在する．長期の平均総費用曲線は，すべての短期平均総費用曲線を「包含」する．長期の限界費用は，固定化された資本が費用最小化点にあるとき，短期の限界費用と一致する． [7.5節]

7. **規模の経済**は，生産量が変化するときの費用の相対的な変化率を表す．費用が生産量を下回るペースでしか増加しないとき，この企業には規模の経済がはたらいている．規模の経済がはたらいているとき，平均費用は低下し，長期の平均総費用曲線は右下がりになる．費用が生産量を上回るペースで増加するときは，**規模の不経済**が起きている．この場合，平均費用は上昇し，長期平均総費用曲線は右上がりになる．費用が生産量と同じペースで増加するとき，規模の経済も規模の不経済も起きず，長期の平均総費用曲線は一定になる． [7.6節]

8. **範囲の経済**は，複数の品目を生産することによって企業の総費用がどう変化するかを表す．2品目をばらばらに生産するより，同時に生産するほうが，費用が安いなら，範囲の経済が存在する． [7.6節]

第7章　費用　**479**

復習問題
（解答は以下のサイトで入手できる．https://store.toyokeizai.net/books/9784492314951）

1. 会計上の費用と経済的費用の違いは何か．会計上の費用と経済的費用は，会計上の利潤と経済的利潤とどう関連しているか．

2. 機会費用とは何か．機会費用と経済的費用はどう関連しているか．

3. サンクコストの誤謬とは何か．

4. 回避できない固定費用にはどんなものがあるか．例をあげよ．これらはサンクコストとどう関連しているか．企業が意思決定にあたり，サンクコストを考慮すべきでないのはなぜか．理由を述べよ．

5. 固定費用，可変費用，総費用の関係を述べよ．

6. 固定費用曲線が水平になるのはなぜか．可変費用曲線の傾きがプラスになるのはなぜか．

7. 生産量を所与として，1単位あたりの費用を測る3つの指標をあげよ．

8. 生産量を1単位増やす際の限界費用に，固定費用が影響を及ぼさないのはなぜか．

9. 短期の総費用が長期の総費用を上回るのはなぜか．短期の平均総費用が長期の平均総費用を上回る理由についても述べよ．

10. 規模の経済，規模の不経済，規模の経済一定の状態が発生する状況について，それぞれ説明せよ．

11. 企業が範囲の経済，範囲の不経済に直面するのはどのようなときか．

演習問題
（＊をつけた演習問題の解答は，以下のサイトで入手できる．https://store.toyokeizai.net/books/9784492314951）

1. ジェニーは有機食品の販売を始めようとしている．店舗の賃料と商品の仕入れに年間35万ドルの費用がかかる．また，いまの仕事を辞めるため7万ドルの年収がなくなることになる．
   a. ジェニーがこの事業を始めるうえでの機会費用はいくらか．
   b. 有機食品の販売で年間5万ドルの会計上の利潤を確保できるとすれば，ジェニーはこの事業を始めるべきか．

2. ケイシーはポーカーの名手で，オンラインの対戦で1時間あたり35ドルを稼

ぐことができる．土曜日に15ドルの登録料を払って，地元の大会に出場した．4時間の対戦で優勝し，賞金150ドルを稼いだ．ケイシーは，この大会で経済的利潤をあげられただろうか．

*3. 以下の記述は正しいか，間違っているか．その理由も簡潔に述べよ．
   a. 会計上の費用と経済的費用が等しくなる可能性はあるが，経済的費用が会計上の費用を下回ることはない．
   b. 会計上の利潤を出さずに経済的利潤を出すことは可能だろうか．

4. カイルは最近，バー＆グリルを開いた．開業に伴う費用は以下のとおりである．
   a. レストランの建設費用30万ドル．
   b. 酒類取扱いの認可料3万ドル．
   c. 設備，什器の購入費5万ドル．
   d. 2人のコックの賃金，1人につき月額5,000ドル．
   e. 5人のウェイターの賃金，1人につき時給3ドル＋チップ．
   どれが固定費用で，どれが可変費用か．説明せよ．

*5. アマンダが経営する玩具製造工場の生産関数は，以下のとおりである．$Q=100L-3,000$．L は労働時間．従業員に時給7ドルを支払うとすれば，費用関数はどうなるか．

6. トヨタ・カムリは価格が1万9,600ドルで，1ガロンあたりの平均走行距離は27マイルである．これに対し，トヨタ・プリウスは2万3,000ドルで，平均走行距離は50マイルである．ガソリン価格が1ガロン＝4ドルのとき，それぞれの総費用を走行距離の関数として表し，固定費用と可変費用を求めよ．何マイル走行すれば，2台の総費用が等しくなるか．

7. フィロ・T・ファームワースはトウモロコシ農家で，40エーカーの耕作地を保有している．1エーカーあたり100ブッシェルのトウモロコシが収穫できる．植え付けに2万ドル，収穫には1万ドルの費用がかかる．5月にトウモロコシを植え付けたときには，販売価格は1ブッシェル＝10ドルだったが，9月には，1ブッシェル＝2ドルに下落した．フィロはどうすべきだろうか．その理由も述べよ．トウモロコシを市場に出す費用はかからないものと想定する．

8. 次ページの費用の表を完成させよ．

第7章　費用　481

数量	総費用（ドル）	平均総費用（ドル）	限界費用（ドル）
0	0	—	—
1	35		
2			25
3		28	
4	115		
5			40

*9. キャサリンのカップケーキ事業を検討しよう.

数量	固定費用（ドル）	総費用（ドル）
1	50	75
2	50	85
3	50	102
4	50	127
5	50	165
6	50	210

　　上の表に，キャサリンの可変費用，平均総費用，平均固定費用，平均可変費用を書き加えよ.

10. ダニエルズ・ミッドランド・アーチャーズ（DMA）社は，子ども用の木製の矢をつくっている．DMA社の平均可変費用，平均固定費用，平均総費用，限界費用を求め，短期費用曲線を描け.

　　a. DMA社製の木製の矢1本につき39セントが課税されることになった．この税金がDMA社の費用曲線に及ぼす影響を描け．どの曲線がシフトし，どの曲線がシフトしないか.

　　b. DMA社の工場の固定資産税が8万ドルから15万ドルに引き上げられたとする．この税金がDMA社の費用曲線に及ぼす影響を描け．どの曲線がシフトし，どの曲線がシフトしないか.

11. 以下の費用関数から平均固定費用，平均可変費用，平均総費用，限界費用を求めよ.

$$TC = 100 + 10Q$$

*12. ある企業の生産関数は$Q = 2KL$である．この生産関数で資本の限界生産物は$2L$，労働の限界生産物は$2K$である．資本のレンタル料が1日100ドル，労働の費用が1日200ドルで，費用を最小化しているとき，

482　第2部　消費と生産

　　　a. q単位を生産する総費用はいくらか.
　　　b. q単位を生産する平均費用はいくらか.
　　　c. q単位を生産する限界費用はいくらか.

13. あなたはファンネル・ケーキを製造・販売する会社のCEOである. 会計士が費用構造の表を作成してくれたが, うっかり食用油をこぼして, 大半が読めなくなった. 読める数字をもとに, 表を穴埋めせよ.

Q	TC	FC	VC	MC	AVC	AFC	ATC
0				—	—	—	—
1			17				
2				15			
3	101						
4					14.5		
5	122		67			11	
6							21

14. 短期の平均総費用曲線と長期の平均総費用曲線はどう違うか. 説明せよ.

*15. 最低賃金の上昇で, ファストフードのハンバーガー・チェーンの費用構造が変化した. 最低賃金が上昇した結果, マクドナルドの長期生産拡張経路に何が起きるか.

16. 溝を掘るには, 2種類の労働者——未熟練労働者（作業員）と熟練労働者（監督）が必要である. 日給は未熟練労働者が50ドル, 熟練労働者は100ドルである. 建設会社K&B社では, 未熟練労働者をもう1人雇えば, 1日に掘り進められる距離が20フィート延び, 熟練労働者をもう1人雇えれば, さらに30フィート延びる. K&B社は費用を最小化しているだろうか.

*17. オートバイを受注生産する会社では, 製造拠点を1カ所にするか, 2カ所にするか選択を迫られている. 平均総費用は, 1カ所の場合は$ATC_1 = Q^2 - 6Q + 14$, 2カ所の場合は$ATC_2 = Q^2 - 10Q + 30$である. この会社の平均総費用曲線はどんな形状になるか. 関数として表せるだろうか.

18. マイクの自転車工場では, 特注の自転車を製造しており, 長期の費用関数は$TC = 2.5 \times Q^3$である. 生産量が1から5のときの平均総費用曲線と限界費用曲線を描け.
　　　a. どの生産量で, 規模の経済がはたらくか.
　　　b. どの生産量で, 規模の不経済に陥るか.

*19. ある企業の生産関数はコブ=ダグラス型で, 以下のとおりである.

第7章 費用 **483**

$$Q = 12K^{0.75}L^{0.25}$$

   a. 長期の総費用曲線はどんな形状になるか．長期の平均総費用曲線はどうか．

   b. 生産関数が $Q = KL$ の場合，aの答えはどう変わるか．

20. 短期的に，調整できるのは労働量だけである．労働力は1単位あたり5ドル，固定費用は25ドルである．短期の生産関数が下の表で与えられている．

労働の投入量	生産量	労働の限界生産物	労働の平均生産物	総費用	平均総費用	平均可変費用	限界費用
1	5						
2	12						
3	20						
4	28						
5	34						
6	39						
7	43						
8	46						
9	48						

   a. 労働者1人あたりの限界生産物と平均生産物を計算せよ．それぞれ，どのような形状になるか．限界生産物が低下しはじめるのはいつか．平均生産物が低下しはじめるのはいつか．

   b. 表に示された生産量を達成するための総費用をそれぞれ計算せよ．

   c. それぞれの生産量について，平均総費用，平均可変費用，限界費用を計算せよ．限界費用が上がりはじめるのはいつか．平均可変費用が上がりはじめるのはいつか．

   d. aとcの答えには関連があるか．

第2部　消費と生産

第7章　補論

企業の費用構造の微分

　第7章では，機会費用にはじまり，サンクコスト，固定費用，可変費用，限界費用など，企業のさまざまな費用をみた．これらの費用は，特定の生産水準における生産関数と，賃金や資本のレンタル料から直接導出することができる．だが，もっと一般的な形で，任意の最適投入バンドルにおける費用構造がわかれば使い勝手がいい．この補論では，微分を使って，生産関数から総費用曲線と限界費用曲線を導出する方法を学ぶ．

　コブ=ダグラス型生産関数 $Q = AK^{\alpha}L^{1-\alpha}$ を持ち，賃金 W，資本のレンタル料 R，技術のパラメーター A（$0 < \alpha < 1$，$A > 0$）の企業をもう一度取り上げよう．この企業の総費用 TC は以下のとおりである．

$$TC = RK + WL$$

この等式は，この企業が特定の数量を生産したときの総費用を示しており，したがって，その生産量で費用を最小化する資本と労働の組み合わせ，最適バンドルがわかる．しかし，企業が生産量は決めていないが総費用曲線を知りたいとき，つまり任意の生産量における総費用を知りたいときには，どうすればいいのだろうか．企業は，資本と労働に対する需要関数としての総費用を導出したいと考える．そのためには，まず短期か長期かを考えなければならない．短期では，資本はある水準 $\bar{K}$ に固定されており，生産関数は $Q = A\bar{K}^{\alpha}L^{1-\alpha}$ である．短期の労働需要は，この企業の資本量によって決まる．短期の労働需要は，生産関数の L を求めればよいだけである．

$$L^{1-\alpha} = \frac{Q}{A\bar{K}^{\alpha}}$$

$$L = \left(\frac{Q}{A\bar{K}^{\alpha}}\right)^{\frac{1}{(1-\alpha)}}$$

この短期の労働需要と一定の資本量 $(\bar{K})$ を総費用の等式に代入すれば，短期の総費用になる．

$$TC_{SR} = R\bar{K} + WL$$

$$TC(Q)_{SR} = R\bar{K} + W \left(\frac{Q}{A\bar{K}^\alpha} \right)^{\frac{1}{(1-\alpha)}}$$

これに対して長期では，企業は資本，労働とも最適量を選択するので，資本と労働の長期需要は短期とは異なる．第6章補論の企業の費用最小化問題から，生産量が $\bar{Q}$ で一定のとき，この企業の労働需要は $L^* = \left[\dfrac{(1-\alpha)}{\alpha} \dfrac{R}{W} \right]^\alpha \dfrac{\bar{Q}}{A}$，資本需要は $K^* = \left[\dfrac{\alpha}{(1-\alpha)} \dfrac{W}{R} \right]^{1-\alpha} \dfrac{\bar{Q}}{A}$ であることがわかっている．そうだとすると，任意の生産量 Q では，労働需要は $L^* = \left[\dfrac{(1-\alpha)}{\alpha} \dfrac{R}{W} \right]^\alpha \dfrac{Q}{A}$，資本需要は $K^* = \left[\dfrac{\alpha}{(1-\alpha)} \dfrac{W}{R} \right]^{1-\alpha} \dfrac{Q}{A}$ となり，Q の数量は一定ではなく変数になる．

これらは，企業の長期の資本および労働の需要曲線である．あらゆる需要曲線がそうであるように，これらの曲線も右下がりである．他の条件が不変の場合，賃金が上昇すれば企業は労働力を減らそうとし，資本のレンタル料が上昇すれば資本の投入を減らそうとする．資本と労働という企業の2つの投入に関する需要がわかったところで，これらを投入の関数である総費用の等式に代入すれば，生産量の関数である長期の総費用曲線を導出することができる．すなわち，

$$TC_{LR} = RK + WL$$

$$TC(Q)_{LR} = R \left[\frac{\alpha}{(1-\alpha)} \frac{W}{R} \right]^{1-\alpha} \frac{Q}{A} + W \left[\frac{(1-\alpha)}{\alpha} \frac{R}{W} \right]^\alpha \frac{Q}{A}$$

総費用は，生産量が増加したり投入物の価格が上昇したりするにつれて増加するが，全要素生産性 A が上昇するにつれて減少する点に留意したい．

総費用曲線の生産量 Q について微分することで，この企業の限界費用曲線を求めることもできる．だが，慌ててはいけない．短期なのか長期なのかをまず検討する必要がある．短期では資本の費用は固定費用なので，限界費

用曲線には表れない．短期の限界費用は，あくまで労働費用の変化の関数である．すなわち，

$$MC(Q)_{SR} = \frac{dTC(Q)_{SR}}{dQ} = \frac{d}{dQ}\left[R\bar{K} + W\left(\frac{Q}{A\bar{K}^\alpha} \right)^{\frac{1}{(1-\alpha)}} \right]$$

$$= \frac{1}{(1-\alpha)} W \left(\frac{Q}{A\bar{K}^\alpha} \right)^{\frac{1}{(1-\alpha)}} Q^{\frac{1}{(1-\alpha)}-1}$$

$$= \frac{W}{(1-\alpha)} \left(\frac{1}{A\bar{K}^\alpha} \right)^{\frac{1}{(1-\alpha)}} Q^{\frac{\alpha}{(1-\alpha)}}$$

$$= \frac{W}{(1-\alpha)} \left(\frac{Q^\alpha}{A\bar{K}^\alpha} \right)^{\frac{1}{(1-\alpha)}}$$

予想どおり，短期的には限界費用は生産量と共に増加する．なぜだろうか．短期では資本は一定だからである．企業は人手を増やすことでしか増産できない．だが，労働の限界生産物逓減により，追加的な労働力1単位あたりの生産性は低下していくので，企業は生産量1単位を増やすのにより多くの労働力を投入しなければならない．その結果，短期的に他の条件が一定なら，生産が増えると追加的な1単位の生産に要する限界費用は増えていく．

他方，長期的には，企業は資本と労働の両方の投入量を変えることができ，その限界費用曲線には資本と労働の両方の需要が反映される．長期の限界費用を求めるには，長期の総費用を生産量Qについて微分すればいい．

$$MC(Q)_{LR} = \frac{dTC(Q)_{LR}}{dQ}$$

$$= \frac{d}{dQ}\left[R\left[\frac{\alpha}{(1-\alpha)}\frac{W}{R} \right]^{1-\alpha}\frac{Q}{A} + W\left[\frac{(1-\alpha)}{\alpha}\frac{R}{W} \right]^\alpha\frac{Q}{A} \right]$$

$$= \frac{1}{A}\left[R\left[\frac{\alpha}{(1-\alpha)}\frac{W}{R} \right]^{1-\alpha} + W\left[\frac{(1-\alpha)}{\alpha}\frac{R}{W} \right]^\alpha \right]$$

この限界費用の等式は，定数（A, α, W, R）のみでできている点に留意したい．それゆえ，この生産関数について長期限界費用は一定になる．さらに，この生産関数の平均総費用はちょうど限界費用と等しくなる．TCをQで割ってみるといい．「限界費用が一定で，$MC = ATC$」というこれらの結果は，いずれも規模に関して収穫一定の企業に特有のものである．こうした

第7章補論：企業の費用構造の微分　　**487**

企業が生産量を倍にしたければ，労働と資本を倍にしなければならない．これは，企業の費用も倍になることを意味し，総費用を総投入で割った平均総費用は変わらない．規模に関する収穫が一定でないなら，これらの結果はあてはまらない．より具体的にいえば，規模に関する収穫逓減の企業は長期の限界費用が上昇するのに対して，規模に関する収穫逓増の企業は長期の限界費用が低下する．

7A.1 解いてみよう

　7.4の「解いてみよう」をもう一度取り上げよう．スティーブ・アンド・サンズ社の太陽光パネルの生産関数は $Q=4KL$ で，時間あたり賃金は8ドル，資本のレンタル料は10ドルである．短期的に，資本は $\bar{K}=10$ で，一定だとする．

a. この企業の短期総費用曲線を求めよ． $Q=200$ を生産するときの短期の総費用はいくらか．

b. この企業の短期平均総費用，平均固定費用，平均可変費用，限界費用の等式を導出せよ．

c. この企業の長期総費用曲線を導出せよ． $Q=200$ を生産するときの長期の総費用はいくらか．

d. この企業の長期の平均総費用と限界費用の等式を導出せよ．

解答：

a. 短期の総費用関数を求めるにはまず， Q の関数としての L を特定しなければならない．短期生産関数は， $\bar{K}=10$ を代入することによって求められる．すなわち，

$$Q=4\bar{K}L=4\times10\times L=40L$$

したがって，この企業の短期の労働需要は

$$L=0.025Q$$

になる．ここで $\bar{K}$ と L を総費用関数に代入する．

$$TC_{SR}=R\bar{K}+WL=10\times10+8\times0.025Q$$

$$TC_{SR} = 100 + 0.2Q$$

これは，固定費用FCが100，可変費用VCが$0.2Q$に等しい短期総費用曲線の等式である．固定費用は，資本の総費用$R\bar{K} = 10 \times 10 = 100$ドルのみである．200単位を生産するときの短期総費用は次のようになる．

$$TC_{SR} = 100 + 0.2 \times 200 = 140 \text{ドル}$$

b. 平均費用は，企業の総費用を生産量で割ったものである．したがって，この総費用関数の平均総費用，平均固定費用，平均可変費用は以下のようになる．

$$ATC_{SR} = \frac{TC}{Q} = \frac{100 + 0.2Q}{Q} = \frac{100}{Q} + 0.2$$

$$AFC_{SR} = \frac{FC}{Q} = \frac{100}{Q}$$

$$AVC_{SR} = \frac{VC}{Q} = \frac{0.2Q}{Q} = 0.2$$

限界費用は，総費用を生産量について微分したものであり，

$$MC_{SR} = \frac{dTC}{d_Q} = 0.2$$

となる．短期では，資本が固定されているとき限界労働生産物は一定であるため，スティーブ・アンド・サンズ社の限界費用は一定であり，短期的には平均可変費用に等しい．

c. 長期的に，スティーブ・アンド・サンズ社は費用最小化問題を解決する．

$$\min_{K,L} TC = 10K + 8L \qquad \text{s.t.} \quad Q = 4KL, \text{ または}$$

$$\min_{K,L,\lambda} \mathcal{L}(K, L, \lambda) = 10K + 8L + \lambda(Q - 4KL)$$

1階の条件は

$$\frac{\partial \mathcal{L}}{\partial K} = 10 - \lambda(4L) = 0$$

第7章補論：企業の費用構造の微分　　489

$$\frac{\partial \mathcal{L}}{\partial L} = 8 - \lambda\,(4K) = 0$$

$$\frac{\partial \mathcal{L}}{\partial \lambda} = Q - 4KL = 0$$

労働と資本の最適水準を見つけるには，最初の2つの条件が等しいとおいてLの関数としてKを求める．

$$\lambda = \frac{10}{4L} = \frac{8}{4K}$$

$$40K = 32L$$

$$K = 0.8L$$

長期の労働需要を求めるには，Lの関数としてのKの式を生産関数に代入し，Lについて解けばいい．すなわち，

$$Q = 4KL = 4 \times 0.8L \times L = 3.2L^2$$

$$L^2 = 0.31Q$$

$$L = 0.56Q^{0.5}$$

長期の資本需要を求めるには，労働需要をLの関数としてのKの式に代入するだけでいい．

$$K = 0.8L = 0.8 \times 0.56Q^{0.5}$$

$$= 0.45Q^{0.5}$$

長期の総費用関数は，長期の投入需要LとKを長期総費用関数に代入して求めることができる．

$$TC_{LR} = RK + WL = 10 \times 0.45Q^{0.5} + 8 \times 0.56Q^{0.5}$$

$$= 8.98Q^{0.5}$$

したがって，長期的に200単位を生産する費用は次のようになる．

$$TC_{LR} = 8.98 \times 200^{0.5} \approx 127 \text{ドル}$$

d. この企業について長期の限界費用および平均総費用を求めることもできる．

$$MC_{LR} = \frac{dTC}{dQ} = 4.49Q^{-0.5}$$

$$ATC_{LR} = \frac{TC}{Q} = \frac{8.98Q^{0.5}}{Q} = 8.98Q^{-0.5}$$

このケースでは，生産量が増加するにつれ限界費用が逓減していく点に留意したい．さらにどの生産量水準でも，限界費用 MC ＜平均総費用 ATC になる．これはスティーブ・アンド・サンズ社の生産関数 Q ＝ $4KL$ が，どの生産量水準でも規模に関して収穫逓増であるからだ．

演習問題

1. ある企業の生産関数が $Q = 0.25KL^{0.5}$，時間あたりの資本のレンタル料が100ドル，賃金が25ドルである．短期的には $K = 100$ 単位で，一定である．
   a. 短期生産関数はどうなるか．
   b. 短期労働需要はいくらか．
   c. この企業の短期総費用および短期限界費用を求めよ．

2. マルガリータ・ロボティクス社の日次の生産関数は $Q = K^{0.5}L^{0.5}$，ここで K は月間の精密旋盤（資本）の使用時間，L は月間の作業員（労働）の労働時間である．1単位あたりの費用は資本40ドル，労働が10ドルだとする．
   a. 短期的に，K は16,000時間で一定である．短期の労働需要はいくらか．
   b. K が16,000時間で固定されているとき，短期の総費用，平均総費用，平均可変費用，限界費用を求めよ．
   c. 長期の資本需要および労働需要を求めよ．
   d. 長期の総費用，平均費用，限界費用を求めよ．
   e. 生産量が増加すると限界費用と平均費用はどう変化するか．説明せよ．

3. ある企業の生産関数が $Q = 10K^{0.25}L^{0.25}$，ここで1単位あたりの資本のレンタル料は R，労働の費用は W である．
   a. 資本および労働の長期需要を導出せよ．
   b. この企業の総費用曲線を導出せよ．
   c. 長期平均費用曲線および限界費用曲線を導出せよ．
   d. 生産量が増加すると，限界費用と平均費用はどう変化するか．説明せよ．
   e. aの費用最小化問題で求めたラグランジュ乗数の値が，cで求めた限界費用曲線に等しいことを確認せよ．

第3部 市場と価格

競争市場における供給 第8章

地元の食材を愛する人々のあいだでは，最近，都市部での養鶏が流行になっている．意欲的な農家のティは，養鶏に乗り出そうとしているが，何羽の鶏を飼うべきか．毎日，卵を2，3個食べ，時々は鶏肉も自家消費するが，ほとんどは地元の市場で売るつもりだ．養鶏を始めるにあたり，ティはどの企業も直面する生産決定を迫られる．ティが何羽の鶏を飼育しても，市場の卵や鶏肉の供給には目立った影響は与えない．自宅の裏庭で鶏を育てはじめた都市住民が大勢いるし，大規模な養鶏場が市場に供給しているからだ．だが，何羽の鶏を育てるかによってティの利潤は変わってくる．では，ティは——あるいはそもそも企業は，どのように生産量を決定しているのだろうか．

　第6章と第7章では，決まった量を生産するのに，企業は投入物をどう組み合わせて費用を最小化するのか，また，生産量に応じて費用がどう変化するのかを学んだ．この章では，そもそも企業がどのように生産量を決めるのかをみていく．そのなかで，企業が「費用を最小化するためどう行動するか」から，「利潤を最大化するために，どのように生産量を決めるか」という議論に移る．第2章，第3章で学んだ供給曲線が登場することになる．

　どの企業も，限界収入，限界費用，価格といった概念を行動の指針にしているが，利潤を最大化するため，どんな行動をとるかは企業のタイプによって異なる．この章ではまず，さまざまなタイプの市場構造について説明し，競争のほんとうの意味を考えていく．この

492 第3部 市場と価格

章で注目するのはもっぱら，多くの企業が同一の財を生産し，参入障壁のない市場（ないし産業），すなわち**完全競争**（perfect competition）である．完全競争市場で利潤を最大化するために，企業はどう行動するのかを探っていこう．

8.1 市場構造と短期の完全競争

　企業の生産決定について掘り下げるには，企業を取り巻く競争環境あるいは**市場構造**（market structure）について考えることが有効である．これから何章かにわたってみていくが，市場は大きく4つのタイプに分けられる．完全競争市場，独占的競争市場，寡占市場，独占市場である．

　市場または産業は，以下の3つの主な特性によって分類できる．

- **企業の数**　一般に，企業の数が多い市場ほど，競争的である．
- **製品の差別化**　消費者はどの企業の製品か見分けることができるか．それともすべての製品を同一のものとみているか．一般に，製品間の区別がつきにくいほど，競争的な市場だといえる．
- **参入障壁**　新たな企業が参入しやすい市場ほど，競争的な市場である．
  これらの特性を使って，4つの市場構造をまとめたのが表8.1である．

　3つの特性は，産業を問わず企業の生産決定について，多くのことを教えてくれる．たとえば，自社製品を差別化できる企業は，他社製品よりも高い価格で買ってもらえるよう消費者を納得させられる可能性がある．自社製品の価格決定に影響力を持てることは，利潤最大化を目指すうえで大きな意味を持つ．自社製品の価格にまったく影響力を行使できないのは，完全競争市場の企業だけである．より大きな市場の需要と供給で決まる価格を，所与として受け入れている．ほんとうの意味での完全競争市場はほとんど存在しないが，需要と供給の枠組みを使った場合がそうであったように，市場がどう動くかを理解するうえで多くの有用な教訓を与えてくれる．この章では，完

第8章 競争市場における供給 **493**

表8.1 **市場構造の４類型**

	完全競争	独占的競争	寡占	独占
企業数	多数	多数	少数	1
製品差別化	同一	差別化	同一ないし差別化	独自性
参入障壁	なし	なし	ある程度あり	多数あり

全競争市場に焦点をあてる．第9章と第10章では，独占に注目し，独占企業がさまざまな戦略を使って利潤をあげている様子をみていく．そして第11章では，完全競争と独占のあいだに位置する市場の構造を検証していく．

完全競争

完全競争市場とはどういうことだろうか．表8.1から，完全競争市場であるためには，3つの条件を満たさなければならないことがわかる．第1に，多数の企業が存在していなければならない．多数の企業がいれば，1社の動向が市場の均衡価格や生産量に与える影響は軽微である．このため，どの企業も，市場均衡にまったく影響を与えることなく企業行動を変えられる，と想定している．

第2に，すべての企業は同一の財を生産している．同一の財とは，ただテレビを生産しているとか，スムージーをつくっているという話ではない．異なる企業が生産する財が完全代替財とみなされており，消費者がメーカーの違いを気にかけない，という意味だ．これは釘やガソリン，バナナについてはあてはまるが，スマートフォンや自動車にはおよそあてはまらない．

第3に，完全競争市場には参入障壁が存在しない．明日からでも釘を売ろうと思い立った人がいたとしても，阻むものは何もない，ということだ．

多数の企業，同一の財，自由な参入という，これら3つの想定は，経済学的にどのような意味を持つのだろうか．最も重要なのは，企業に価格決定権がない，ということだ．市場価格を上回る価格をつけても，製品は一切売れないだろう（この節の後半で，なぜ売れないのかを数式で示す）．また，市

494　第3部　市場と価格

場規模に比べて企業が十分に小さく，市場価格で好きなだけ販売できると想定しているので，市場価格を下回る価格をつけるという選択もない．このため経済学では，完全競争下の企業を価格受容者 (price taker) と呼ぶ．市場価格はもっぱら需給要因だけで決まり，個々の企業は，意思決定において，この価格を所与のものと受けとめている．

　完全競争下の企業の古典的な例が，トウモロコシや大豆などの市況商品を生産する農家だ．個々の農家の生産量は，市場全体からみれば微々たるものであり，生産量の選択（あるいは，そもそも生産するかどうかの選択）が，産業の需要曲線上の動きを生み出すことはない．1軒の農家が収穫した大豆の一部あるいは全部を売ることにしても，市場全体の価格には影響を与えない．だが，多くの大豆農家の決定を合算した効果は，市場価格に影響を与えることになる．ある都市の住民が一斉に水道の蛇口をひねれば，都市全域で水圧が下がるのと同じである．1人がシャワーを浴びることにしたからといって，都市全体の水圧が下がるわけではないのがミソだ．

　大事な点を指摘しておこう．多数の企業が存在するからといって，その産業が自動的に完全競争的だとはいえない，ということだ．たとえば，液状コンクリートをミキサー車で建設現場に運ぶコンクリート販売の企業は，米国内に2,000社以上存在する．年間の産業全体の販売量と比べれば，1社あたりの販売量は小さい．それでもこれらの企業は，おそらく価格受容者ではない．各社がそれぞれ自社製品に価格をつけているのだ．

　コンクリートの販売会社は，大豆農家とどこが違うのか．なぜ価格受容者ではないのか．市場全体からみれば規模の小さい生コン会社が自社製品に価格をつけられるのは，製品が同一ではないこと，そして，これがおそらく最も重要な点だが，生コンは重くて固まりやすいので，遠方に運搬できないからだ．そのため，ある町の会社の生コンを別の会社の製品に簡単に置き換えることができない（同じ町ですら，距離が離れていれば代替がきかない場合もある）．こうした製品の差別化から，この製品の市場は完全競争にはならず，各社がある程度，市場支配力を持っている．つまり，ある程度自由に自社製品に価格をつけられる．一方，完全競争下の企業の生産物は，消費者に完全代替財とみなされている．大豆はどこまで行っても大豆である．大豆の

第8章　競争市場における供給　495

生産者の素性は問題ではない.

　これほど厳密な基準を満たさなければ, 完全競争下の企業といえないのであれば, そうした企業の生産決定を, 時間をかけて理解する必要はないのではないかと思うかもしれない. 現実の世界で稀な存在なら, 学ばなければならない理由はどこにあるのだろうか. じつは, 完全競争市場の企業行動から学びはじめるのが有用な理由はいくつかある.

　第1に, 最も単純なことである. 完全競争下の企業は, 市場価格を所与のものとして受け入れるので, 最適な生産量を選択するにあたり, どうやって利潤を最大化するかだけ考えればいい. 価格をいくらにするか考えなくても, 市場が決めてくれる.

　第2に, 数は少ないが, 完全競争市場は存在するので, その市場がどう動くかを知ることは役に立つ (大豆農家が思い浮かぶ).

　第3に, 完全競争に近い市場は数多く存在する. 完全競争市場について学ぶことは, それに近い市場について考えるうえで大いに参考になる.

　最後に, 完全競争市場は, 他の市場の効率性を測るうえで重要なベンチマークとなる. 要するに, 最も効率的な市場が完全競争市場なのである (この点については, この章でみていく). 競争市場では, 財が限界費用で売られ, 企業は最小費用で生産し, 生産者余剰と消費者余剰の合計は最大になる. ある市場がどのくらい効率的かを測るには, 完全競争市場と比べるのが有用なのだ.

価格受容者からみた需要曲線

　完全競争下の企業は, 価格受容者である. どんな価格であれ, 市場の需給要因によって決まる価格で生産物を販売しなければならない. 完全競争下では, 各企業の規模が市場全体に比べて小さいことから, 市場価格で好きなだけ生産物を販売することができる.

　ふたたび養鶏農家のティについて考えよう. A級の大きな卵1ダースの価格は, 市場の需給要因によって決まる. 図8.1のパネルaは, A級の大きい卵1ダースの完全競争市場を表している. 1ダース＝1.25ドルの市場均衡価

図8.1 完全競争下での市場の需要と一生産者の需要

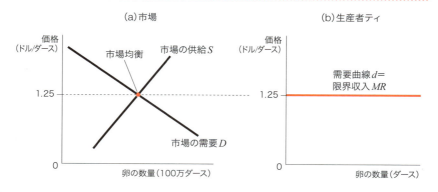

(a) A級の大型卵の完全競争市場において，1ダースあたり1.25ドルの市場価格で数百万個の卵が供給されている．

(b) 個人として数十ダースの卵を市場で販売するティは，市場で決まった価格で売らなければならない．このため，需要曲線は1.25ドルで完全弾力的になる．

格で，需要量と供給量が等しくなっている．

　この市場の生産者であるティは，1ダース＝1.25ドルでなら，鶏が産む卵をいくらでも売ることができる．消費者の目からみれば，A級の卵はどれも違いがないので，ティはこれより高い価格で売ることはできない．1ダース＝1.3ドルにこだわれば，消費者は同じA級の卵を他社から買うだけで，ティは1個も売れなくなってしまう．その一方で，ティが1.25ドルよりも価格を下げるインセンティブ（誘因）はない．ティの鶏が産む卵の数は市場全体のごくごく一部にすぎないので，市場価格の1.25ドルで好きなだけ売れる（供給量を表すX軸をみればわかる．ティが市場に出すのは数十ダース単位だが，市場全体は数百万単位だ）．販売量を数十ないし数百ダース増やしたところで，市場価格を引き下げられるわけではない．

　ティ個人にとっての需要曲線は（他のどの養鶏農家にとってもそうだが），1.25ドルで水平——つまり完全弾力的になる，ということだ（図8.1のパネルb）．この論理は，完全競争下であれば，どの企業にもあてはまる．完全競争市場下の企業にとって，需要曲線は市場均衡価格で完全弾力的になる．

第8章　競争市場における供給　　**497**

8.2　完全競争市場における利潤最大化

　ティは——もっといえば完全競争下の企業は，市場が決めた価格で生産物を販売する．完全競争下の企業は価格を受容するが，決めなければならないことが1つある．供給量だ．経済学では，利潤を最大化するために，生産量をどうするかといった行動を企業自身が決めていると想定している．ある企業の**利潤**（profit）は，その企業の総収入と総費用の差である．利潤を最大化するとはどういうことだろうか．企業は，総収入と総費用の差が最大になるような生産水準を選択することによって利潤を最大化している．この節では，生産の限界費用と市場価格が等しくなる数量を生産するとき，完全競争下の企業の利潤が最大になることをみていく．

総収入，総費用，利潤最大化

　利潤を決めるのは，2つの基本的な要素——収入と費用である．一般に，収入も費用も，生産量と価格次第で変わってくる．完全競争下の企業は市場価格を受け入れるしかないので，生産量の決定だけに注目すればいい．

　企業が獲得する利潤をπとして，数式で表すことにしよう．利潤関数は，総収入TRから総費用TCを差し引いたものになる（どちらも企業の生産量によって決まる）．すなわち，

　　$\pi = TR - TC$

　利潤を最大化する生産量を求めるには，生産量を1単位増やすときに，総費用と総収入がどうなるかを考えなくてはいけない．言い換えれば，限界費用MCと限界収入MRを決定する必要があるのだ．

　第7章で，限界費用は，生産量を1単位増やしたときの総費用の増分であることを学んだ．すなわち，

　　$MC = \Delta TC / \Delta Q$

生産量を増やすには投入が必要なので，限界費用はつねに0より大きい．

　利潤のもう1つの決定要因である収入は，財の価格に生産量を掛けたもの

に等しい. **限界収入**（marginal revenue）は, 追加的な生産量1単位を販売したときに追加的に得られる収入である. すなわち,

$$MR = \Delta TR / \Delta Q$$

完全競争下の企業の限界収入は, 財の市場価格である. その理由を理解するには, 完全競争企業は市場価格Pでしか財を販売できないことを思い出す必要がある. したがって, 販売量が1単位増えるたびに得られる追加的な収入はPになる. これは非常に大事なポイントなので, もう一度, 繰り返しておこう. 完全競争市場では, 限界収入は市場価格に等しい. すなわち, $MR = P$である. したがって,

$$MR_{完全競争} = \frac{\Delta TR}{\Delta Q} = \frac{\Delta (P \times Q)}{\Delta Q} = P \frac{\Delta Q}{\Delta Q} = P$$

この等式の意味について考えてみよう. 総収入は$P \times Q$である. 企業が価格受容者なら, Qがどう変わってもPは変化しない. 価格受容者にとってPは不変であり, Qの関数ではない.

この事実から, 完全競争企業の総収入は生産量に比例するといえる. ある財の生産量が1単位増えれば, 総収入はこの財の価格の分だけ増加する. このため完全競争企業の総収入曲線は, 図8.2に示すように, 原点からのびる直線になる. たとえば, ティが卵の販売量をあと1ダース増やせば, 総収入は市場価格の1.25ドルだけ増加する. さらに販売を続ける場合, 販売量が1ダース増えるごとに総収入は1.25ドル増加する.

第9章でみるが, 完全競争以外の市場構造では, 企業が生産量を増やすにつれて価格は低下する. そのため, これら企業の限界収入の計算には別の要素が加わることになる. だが, 完全競争市場では, 1企業がどんな生産量を選択しても市場価格には影響を及ぼさないので, 価格が低下することはない. このように限界収入が市場価格と等しいケースは特殊であり, 完全競争下の企業にしかあてはまらない.

完全競争下の企業はどのように利潤を最大化するか

限界費用と限界収入については明確になったが, 完全競争下の企業はどの

図8.2 完全競争下の企業の利潤最大化

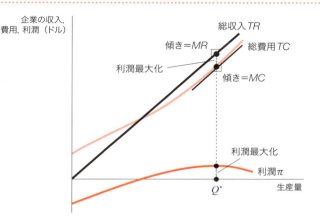

完全競争下の企業にとって市場価格は一定なので、総収入曲線は傾きが限界収入あるいは価格と等しく、原点から延びる直線になる。生産量 Q^* で、総収入曲線の傾き（価格）が総費用曲線の傾き（限界費用）と等しくなり、企業の利潤が最大となる。

ように利潤を最大化するのだろうか。図8.2に示したように、生産量が増えれば、つねに総費用が増加することがわかっている。つまり、限界費用はつねにプラスとなる。同様に、生産量がいくらであっても限界収入は不変であり、財の市場価格に等しいこともわかっている。生産量の変化が企業利潤に及ぼす影響は、限界費用と限界収入のどちらが大きいかに依存している。市場価格（限界収入）が限界費用を上回っているなら、生産・販売をあと1単位増やすと、費用を上回る収入が得られるため利潤が増加する。一方、市場価格が限界費用を下回っているなら、生産量を1単位増やすべきではない。生産量を増やせば収入は増えるが、それ以上に費用が増加するので、利潤が減ってしまうからだ。限界収入と限界費用に及ぼす影響が相殺される水準、つまり、生産・販売量を1単位増やすことによる限界収入（市場価格）が、生産量を1単位増やしたときの限界費用と等しくなる水準が、企業利潤を最大化する点である。図8.2では Q^* がそれにあたる。この点で、総収入曲線の傾き（限界収入、ここでは市場価格）と総費用曲線の傾き（Q^* での限界費

用）が等しくなる．数学的に表せば，限界収入（ここでは市場価格）と限界費用が等しくなる水準が，利潤を最大化する生産量だといえる．すなわち，

$$\frac{\Delta TR}{\Delta Q} = \frac{\Delta TC}{\Delta Q}$$

$$MR = P = MC$$

収入が費用を上回るペースで増えるかぎり（$MR = P > MC$），生産を増やすべきである．逆に，費用が収入を上回るペースで増えるのであれば（$MR = P < MC$），生産を減らすべきである．[1]

　この議論から，生産量を決めるうえで費用がカギを握る理由がわかるはずだ（そして，これはどんな市場構造における企業にもあてはまる）．企業がどのように利潤を最大化するかを，これで半分説明したことになる．ある企業の費用が変化すれば，その企業の利潤を最大化する生産量も変化する．完全競争でない市場における企業を取り上げる次章以降では，価格と限界収入の関係によって利潤最大化がどう影響を受けるかをみていく．

　ここまでの分析で，完全競争市場における生産決定は，ごく単純であることがあきらかになった．企業は限界費用が市場価格に等しくなるまで生産を増やす．第7章で理由を説明したとおり，生産量が増えるにつれて限界費用は上昇することになるが，ある生産量に達すると限界費用が市場価格に等しくなる．これが，完全競争市場において企業の利潤が最大となる生産量である．

　$P = MC$の結果はきわめて有用である．というのは，市場価格を企業の費用曲線（より正確には，限界費用曲線）と結びつけることで，市場価格が変化するとき，完全競争企業の生産量がどう変化するかを割り出すことができるからだ．図8.3の限界費用曲線を持つ企業について考えてみよう．当初の市場価格がP_1だとすれば，この企業の需要と限界収入曲線は，P_1で水平になる．この企業は，$MR = P_1 = MC$とおき，Q_1^*を生産することによって，

---

1) 専門的には，若干注意が必要だ．$MR = P = MC$は，この条件があてはまる数量で限界費用が上昇するかぎりにおいて利潤を最大化するといえる．規模の経済性が大きく，生産量が増加するにつれて限界費用が低下するなら，企業は生産量をさらに増やして，利潤を増やすことができる．

図8.3: 完全競争下の企業の利潤最大化は，限界収入 MR = 市場価格 P = 限界費用 MC で実現する

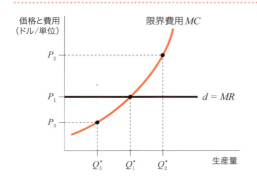

当初の市場価格 P_1 のとき，完全競争企業は，市場価格 P が限界費用 MC と等しくなる生産量 Q_1^* で利潤を最大化する．価格が P_2 に上昇すれば，生産量を Q_2^* に増やさなければならない．価格が P_3 に下落すれば，生産量を Q_3^* に減らして利潤を最大化する．

利潤を最大化する．市場価格が P_2 に上がれば，生産量を Q_2^* に増やすべきである．なぜだろうか．P_2 で需要曲線および限界収入曲線が水平になり，限界費用が市場価格 P_2 に等しくなるこの点まで生産を増やすべきだからだ．価格が P_2 まで上昇しているのに Q_1 しか生産しない企業は，Q_1 と Q_2^* のあいだの量を生産していれば，これらの量については限界費用より高い限界収入の水準（新たな市場価格 P_2）で売れたはずだ．この追加的な販売が，企業の利潤を押し上げる．

逆に市場価格が P_1 から P_3 に下がれば，生産量を Q_3^* に減らすべきである．低下した限界費用はこの点で P_3 に等しくなる．生産量を減らさなければ，Q_3^* から Q_1 のあいだは，限界収入が限界費用を下回るので，損をしながら生産することになる．

応用　企業はつねに利潤を最大化しているか

豪華なオフィスやパーティなどに会社のお金をつぎ込んだ経営者の例は，枚挙にいとまがない．たとえば，タイコの元CEO（最高経営責任者）のデニス・コズロフスキーは，放蕩を重ね，利潤を流出させ悪名を馳せた．イタリアで妻の豪華誕生パーティを開くために200万ドル，自宅のシャワーカーテ

ンを購入するのに6,000ドル使ったといわれる．本人は贅沢三昧を楽しんだ
だろうが，会社にとっても株主にとってもいいことは何もなかった．

　こうした例があることを考えれば，そもそも企業は利潤を最大化すると想
定していいのだろうか．規模の小さな企業が利潤を最大化しようとする理由
はわかりやすい．小規模な企業では，経営者が所有者であることが多く，会
社の利潤を最大化することが個人の利潤に直結している．だが，規模の大き
な企業では一般に，経営と所有が分離されている．そのため，経営者が会社
の利潤を最大化しない行動に走る恐れがある．こうした利潤を損なう行為は，
必ずしもコズロフスキーのようにあからさまなものとは限らない．微妙なも
のもある．経営者の報酬が短期の利潤をもとに決まる場合，将来の利潤を犠
牲にして目先の利潤を確保しようとするかもしれない．こうした逸失利潤は，
経営者が去った後に初めて認識される．あるいは，利潤はまったく失われて
いないかもしれない．そもそも利潤がどうあるべきかを定義するのはむずか
しいからだ．経営者が権限の拡大を狙って買収や合併に乗り出すものの，会
社（と株主）の負担が買収による価値を上回る，といったこともありうる．

　経営者は時に利潤を最大化しない行動をとる場合があるが，企業には，そ
うした行動の影響を最小限に抑えるメカニズムが導入されている．株主の利
潤を代表して経営陣と対立する強力な取締役会，物言う株主，経済系のマス
コミ，時には学者が，経営陣の行動に目を光らせる．こうした勢力は，株主
（資本の所有者）が望むように，背後から経営陣に利潤最大化を促す役割を
果たしている．

　おそらく，それ以上に重要な点として，競争市場そのものが企業に利潤最
大化を促している．競争市場では，利潤を最大化する企業（あるいは，それ
に近い企業）が成功する一方，経営者が利潤を損なう行為をする企業は成功
できない．利潤を最大化している企業は，追加の資本を調達しやすく，投資
資金が豊富で，利潤を最大化していない企業から市場シェアを奪う．一貫し
て利潤の最大化ができない企業は，いずれ利潤率の高い競争相手から締め出
されることになる．

　それでもまだ，企業は利潤を最大化する，という想定に自信が持てないと
すれば，ニューヨーク州の矯正施設（刑務所）にコズロフスキーを訪ねると

第8章　競争市場における供給　**503**

いい. コズロフスキーが利潤を最大化していないと気づいたタイコの株主は, 迅速な行動をとった. 2005年, コズロフスキーは, 重窃盗・共謀, 財務記録の改竄, 企業法違反で有罪となった. 企業の利潤最大化を確実にするために, 株主はどんな苦労も惜しまないと, コズロフスキーは教えてくれるだろう. ■

企業の利潤を測る

　完全競争市場において利潤を最大化しようとする企業は, 市場価格Pと限界費用MCが等しくなる数量を生産することで利潤を最大化することを学んだ. だが, この時点では, この企業の利潤水準については何も言っていないし, 利潤がプラスかどうかもわからない. 利潤πを測るには, 総収入TRから総費用TCを差し引かなければならない. すなわち,

　　　$\pi = TR - TC$

　図8.4のパネルaには, 企業の平均総費用曲線, 限界費用曲線, 需要 (限界収入) 曲線を示した. 総収入は, 底辺Q^*, 高さPの長方形の面積に等しい. 総費用は, 底辺Q^*, 高さATC^* (Q^*が利潤最大化の水準にあるときのATC) の長方形の面積に等しい. Q^*では, 総収入が総費用を上回っているので, この企業はプラスの利潤を確保している. 利潤の数式で, 総収入TRと総費用TCを代入とすると, 以下のようになる.

　　　$\pi = TR - TC$
　　　　$= (P \times Q) - (ATC \times Q)$
　　　　$= (P - ATC) \times Q$

したがって図8.4でこの企業の利潤は, 底辺が利潤を最大化するQ^*に等しく, 高さが ($P - ATC^*$) の長方形になる.

　利潤の数式から, 利潤$\pi = (P - ATC) \times Q$であり, $P > ATC^*$のときだけ利潤がプラスになり, $P = ATC^*$なら利潤は0, $P < ATC^*$なら利潤はマイナスになることがわかる. これらのシナリオを示したのが, 図8.4のパネルbとパネルcである. パネルbは, $P = ATC^* = MC$のとき, 利潤が0であることを示している. 第7章で, 平均総費用ATCが最小値をとる場合にのみ,

図8.4 利潤を測定する

(a) 利潤がプラス

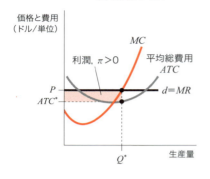

企業の限界費用曲線 MC, 平均総費用曲線 ATC, 市場価格 P を所与とすると, 企業の利潤 π は, Q^* を底辺, (価格 P − 平均総費用 ATC^*) を高さとする長方形の面積になる.

(a) 生産量 Q^* で市場価格が自社の平均総費用を上回っている企業は, 経済的利潤 π がプラスになる. $\pi > 0$

(b) 利潤がゼロ

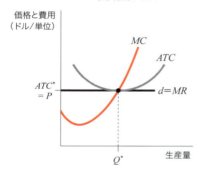

(b) 生産量 Q^* で市場価格が自社の平均総費用と等しい企業は, 経済的利潤が0になる.

(c) 利潤がマイナス(損失)

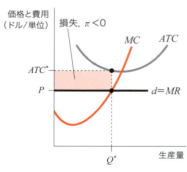

(c) 生産量 Q^* で市場価格が自社の平均総費用を下回っている企業は, 経済的利潤がマイナス(損失)になる. $\pi < 0$

第8章 競争市場における供給 **505**

ATCは限界費用MCと等しくなることを学んだ（この事実をしっかり頭に入れておいてもらいたい．この章を進めるうえできわめて重要な点だ）．図8.4のパネルcは，価格が平均総費用を下回っているため（$P<ATC^*$），利潤がマイナスの企業を示している．当然ながら，なぜ赤字を出してまで生産するのか疑問になる．この疑問には，次の節で答えよう．

8.1 解いてみよう

髪はどこで切っても同じだと思われていて，市場には何百軒もの理髪店があるとしよう．現在の市場均衡価格は15ドルである．ボブの理髪店の1日の短期総費用は$TC=0.5Q^2$，限界費用曲線は$MC=Q$で与えられている．

  a. ボブが利潤を最大化するには，1日に何人の散髪をすればいいか．

  b. 利潤を最大化するとき，1日あたりの利潤はいくらかになるか．

解答：

a. 完全競争下の企業は，価格Pが限界費用MCと等しくなる生産量で利潤を最大化する．すなわち，

$$P=MC$$
$$15=Q$$

b. ボブが15人の髪を切り，1人あたり15ドルもらうと，総収入TRは以下のようになる．

$$TR=P\times Q$$
$$=15ドル\times 15=225ドル$$

ボブの理髪店の総費用関数を使って，15人散髪するときの総費用TCを求めることができる．

$$TC=0.5Q^2=0.5\times 15^2=112.50ドル$$

利潤πは総収入TRから総費用TCを差し引いたものなので，以下になる．

$$\pi=225-112.50=112.5ドル/日$$

506　第3部　市場と価格

表8.2 短期的に赤字でも生産を継続するか停止するかを決める

	停止	継続
収入	なし	ある程度の総収入（TR）
費用	固定（FC）	固定（FC）＋可変（VC）
損失	$-FC$	$TR-FC-VC$

利潤がマイナスなら生産を停止すべきか　完全競争企業は，赤字を出しても生産を継続するほうがいいのか，生産を停止して生産量を0にするのがいいのか，どうやって見極めるのだろうか（思い出してほしいが，短期的な生産停止は，事業の完全撤退とは異なる．短期的に生産を停止しても，一部の固定費用は支払わなければならない）．答えは，〔赤字でも生産継続か，生産停止かの〕2通りのシナリオのもとでの費用と収入次第である．表8.2に，判断に必要な情報をまとめた．

　一時的に操業を停止し，生産量を0とするなら，収入も0になる．それでも固定費用を支払わなければならないので，赤字は固定費用と等しくなる．

$$\pi_{停止}=TR-TC=TR-(FC+VC)$$
$$=0-(FC+0)=-FC$$

短期的には赤字でも操業を続ける場合は，ある程度収入は入るが，固定費用と可変費用の両方を負担する必要がある．操業利潤は，総収入から固定費用と可変費用の合計を差し引いたものである．

$$\pi_{操業}=TR-TC=TR-FC-VC$$

この2つのシナリオの違いは何だろうか．「収入と可変費用」と答えたら正解である．

$$\pi_{操業}-\pi_{停止}=TR-FC-VC-(-FC)$$
$$=TR-VC$$

　したがって短期的には，収入が可変費用と等しいか大きいかぎり（$TR\geqq VC$），生産を継続すべきだ．総費用ではなく可変費用である点に注意が必要である．というのは，工場を稼働してもしなくても，固定費用は払わなくてはならないので，生産を継続するか停止するかの判断に固定費用は関係な

図8.5: 短期的に生産を継続するか停止するかを決める

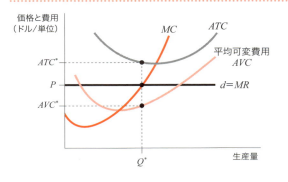

市場価格 P での企業の経済的利潤は, 底辺 Q^*, 高さ $(P-ATC^*)$ の長方形の面積に等しく, マイナスになる. だが, 価格がこの企業の平均可変費用 AVC^* を上回っているため生産を継続する. 生産を継続することによって, 少なくとも可変費用を賄うことができるからだ.

いからだ. 可変費用を賄えるだけの収入をあげられるのであれば, 固定費用を全額賄えなくても, 短期的に生産を続けることは正当化される. だが, 総収入が可変費用を下回るのであれば ($TR<VC$), 生産を停止すべきである. この時点で可変費用が賄えないなら, 生産を1単位増やすごとに赤字を出すことになる. 生産を継続するか停止すべきかの判断は, 以下のようにまとめられる.

$TR \geqq VC$ なら, 生産を継続する.

$TR < VC$ なら, 生産を停止する.

これらのルールをまとめたのが図8.5である. ここには, 完全競争企業の平均総費用曲線 ATC, 平均可変費用曲線 AVC, 限界費用曲線 MC, 限界収入 $MR=$ 市場価格 P が示されている. この図に示されたケースでは, 総収入が総費用を下回っているので ($TR<TC$) 赤字を出しているが, 総収入が可変費用を上回っているので ($TR>VC$) 生産を続けている. この図から, それがどうやってわかるのだろうか. 総収入 TR は, Q^* を底辺, P を高さとする長方形の面積であり ($TR=P \times Q$), 可変費用 VC は底辺を Q^*, AVC^* を高さ (AVC が Q^* にある) とする長方形 ($VC=AVC \times Q$) であることがわかっている. TR と AVC の両方に Q^* が含まれるので, Q^* は消去され, 生産を続けるか停止するかの判断には関係がない. 前述のルールを, 利潤を最大化する (このケースでは損失を最小化する) 市場価格 P と平均可変費用 AVC^*

508　第3部　市場と価格

の観点から書き直すことができる．すなわち，

$P \geqq AVC^*$なら，生産を続ける．

$P < AVC^*$なら，生産を停止する．

したがって，市場価格が限界費用と等しい生産量で，少なくとも平均可変費用と等しいか上回っているかぎり，生産を続けるべきである．この原則は，市場構造のタイプを問わず，あらゆる産業のすべての企業にあてはまる点に留意したい．

8.2 解いてみよう

　完全競争市場で段ボールが生産されている．どの企業も短期総費用曲線は同じで，$TC = 3Q^3 - 18Q^2 + 30Q + 50$である．$Q$は1週間あたりの生産量で，単位は1,000個．限界費用曲線は$MC = 9Q^2 - 36Q + 30$である．短期的に企業が生産を停止する価格を計算せよ．

解答：

　短期的に，市場価格が平均可変費用AVCの最小値を下回ると，企業は生産を停止する．どのように平均可変費用の最小値を求めればよいか．第7章で，平均可変費用は限界費用MCと等しいときに最小値をとることを学んだ．まず，平均可変費用の数式を解き，そのうえで平均可変費用を最小化する生産量を解く必要がある．

　平均可変費用は，可変費用を生産量で割ったものである．すなわち，$AVC = VC/Q$である．また，総費用TCは，固定費用FCと可変費用VCの合計だった．

$TC = FC + VC$

固定費用は総費用の一部で，生産量の変化に応じて変化しない（生産量の変化は固定費用に影響を与えない）．したがって，$TC = 3Q^3 - 18Q^2 + 30Q + 50$ならば，固定費用$FC$は50になるはずである．だとすれば可変費用は$VC = 3Q^3 - 18Q^2 + 30Q$になる．$AVC = VC/Q$なので，

$$AVC = VC/Q = \frac{3Q^3 - 18Q^2 + 30Q}{Q} = 3Q^2 - 18Q + 30$$

次に，平均可変費用AVCが限界費用MCと等しいとおいて，平均可変費用が最小値となる生産量を求める．

$$AVC = MC$$
$$3Q^2 - 18Q + 30 = 9Q^2 - 36Q + 30$$
$$18Q = 6Q^2$$
$$18 = 6Q$$
$$Q = 3$$

これは，1週間の生産量が3,000のとき，平均可変費用AVCが最小値をとるということだ．この生産量の平均可変費用を求めるには，AVCの数式に$Q = 3$を代入する．

$$AVC = 3Q^2 - 18Q + 30$$
$$= 3 \times 3^2 - 18 \times 3 + 30 = 27 - 54 + 30 = 3 \, \text{ドル}$$

したがって，価格が最低3ドルなら生産を継続すべきある．3ドルを下回れば，短期的に生産を停止し，固定費用だけを支払うべきだ．

これで合格

3つの曲線の話

完全競争企業の費用曲線のグラフを理解する手っ取り早い方法は，3つの費用曲線がそれぞれ果たしている役割の違いを知ることだ．

利潤を最大化する生産量とは何か．ここで登場するのが限界費用曲線である．任意の企業について利潤を最大化する生産量を知りたいなら，その企業の限界費用曲線を使って，限界収入と限界費用が等しいとおく．完全競争市場では限界収入が市場価格と等しいので，完全競争企業にかぎっては市場価格に限界費用が等しくなるまで生産すると，利潤が最大となる．

企業の利潤はプラスだろうか．ここで登場するのは，平均総費用曲線

である．最適な生産水準がわかれば，平均総費用曲線を使って市場価格と平均総費用を比較し，利潤がプラスかどうかを確認することができる．利潤は，生産量を底辺，市場価格と平均総費用の差を高さとする長方形の面積で測られる．完全競争企業の利潤がプラスであれば，話はそこで終わる．この企業の平均可変費用曲線を考える必要すらない．

生産を継続するか停止するか．問題になるのは，平均可変費用曲線である．市場価格が平均総費用を下回り，損失を出しているなら，短期的に生産を継続するか否かの判断は，もっぱら価格と平均可変費用の関係になる．平均可変費用曲線に注目し，利潤最大化／損失最小化する生産量で，市場価格と平均可変費用の関係を比較する．価格が上回っていれば生産を継続すべきであり，平均可変費用が上回っていれば生産を停止すべきである．

どの質問にどの曲線を使えばいいかがわかっていれば，複雑なグラフの分析や，宿題や演習問題が楽にできる．それぞれの曲線には役割があるということ，分析を単純化するために1つの曲線に集中するのが大事であることを念押ししておきたい．

8.3 短期の完全競争

前節では，完全競争下の企業は，限界収入 MR，市場価格 P，限界費用 MC が等しくなる生産量（$MR = P = MC$）で利潤を最大化し，市場価格が平均可変費用と同じか上回っているかぎり，短期的に赤字が出ていても生産を続けることを学んだ．この節では一歩進んで，完全競争下の企業の短期供給曲線を導き出そう．

完全競争市場における企業の短期供給曲線

供給曲線は任意の価格での供給量を示したものであり，企業は市場価格 P

図8.6 完全競争下の企業の短期供給曲線

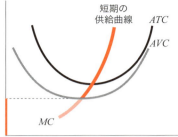

市場価格が自社の平均可変費用曲線 AVC を上回っているとき、企業は短期的に生産を継続するので、完全競争企業の短期供給曲線は限界費用曲線 MC のうち平均可変費用 AVC を上回っている部分になる。AVC を下回る価格では、企業は生産を停止し、供給量は0になる。このとき供給曲線は Y 軸で表される。

と限界費用 MC が等しくなる生産量を選択するので、短期の限界費用曲線が、この企業の短期の供給曲線になるはずである。ただ1点気をつけたいのは、限界費用曲線のうち平均可変費用の最小値を上回る部分だけがこの企業の供給曲線になる、ということである。なぜだろうか。平均可変費用の最小値を下回る価格では、いくらであっても企業は生産を停止し、供給量は0となるからだ。

図8.6では、企業の短期供給曲線は、限界費用曲線 MC のうち、平均可変費用 AVC と同じか上回る部分であり、平均総費用 ATC を下回る部分が含まれることが示されている。図にあるように、平均可変費用 AVC を下回る価格では、供給量は0である。供給曲線を導くとき、価格と生産量以外はすべて不変としている点に留意したい。

企業の限界費用と短期供給曲線のこの関係から、限界費用曲線をシフトさせる何らかの要因が供給曲線をシフトさせることになる。第7章を思い出していると思うが、限界費用曲線をシフトさせる要因には、投入価格の変化や技術変化がある。一方、固定費用は、企業の限界費用に影響を与えない。このため、固定費用が変化しても短期供給曲線はシフトしない。長期的には、どんな費用も固定的でないことがわかっている。完全競争市場における企業の長期的行動が、短期的行動とどう違うかは、この章の後半で取り上げよう。

512　第3部　市場と価格

応用　電力会社の供給曲線

　2008年，経済学者のアリ・ホルタシュとスティーヴン・プラーは，テキサスの電力産業に関する詳細な研究を発表した。[2] このデータを使って，電力会社1社の供給曲線を導くことができる（図8.7）．この供給曲線は，同業他社の供給曲線と併せて，この章の後半で導きだす電力産業全体の供給曲線の一部を構成している．

　ある企業の供給曲線を描くのに最も重要な最初のステップは，限界費用曲線を決めることである．電力業界の限界費用は，1時間あたり1メガ・ワット（MW）の電力を発電するための費用を反映したものだ（1メ・ガ・ワ・ッ・ト・時〔MWh〕と呼ばれるこのエネルギー量は，1時間に約1,000軒の家庭が使用する電力量である）．この限界費用は，さまざまなタイプの発電所を稼働させる可変費用から導かれる．可変費用には，発電装置を稼働し，維持する労働費用，環境基準の認証費用，そして最も重要な点として燃料代が含まれる．

　3つの発電所を持つ電力会社について考えよう．発電所Aは，石炭を動力源とし，発電容量は200MWである．発電所BとCは，いずれも天燃ガスを燃料とし，発電容量はそれぞれ25MWである．一般に，石炭発電のほうが天然ガス発電よりも稼働費が安い．

　石炭発電所Aの限界費用は，1MWhあたり18ドルであり，発電量が200MWまで一定である．この発電所の発電量は200MWが上限なので，これより大きい発電量では，Aの限界費用は事実上，無限になる．天然ガス発電のBでは，（発電量25MWまで）限界費用が1MWh＝37ドルで一定である．発電所Cでは，限界費用が最も高く，（25MWまで），1MWh＝39ドルで一定である．

　この電力会社の発電量が200MW以下なら，石炭を動力源とする発電所Aだけを稼働させて発電する．この発電量を賄うには，コストが最小となる方

---

2)　Ali Hortaçsu and Steven Puller, "Understanding Strategic Bidding in Multi-Unit Auctions: A Case Study of Texas Electricity Spot Market," *RAND Journal of Economics* 39, no. 1 (2008): 86-114.

図8.7 電力会社の限界費用曲線（企業1）

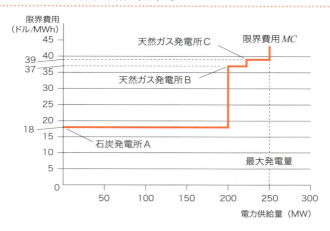

テキサスの電力会社の限界費用曲線は階段状になっている．この会社の発電量が200MW以下のときは，石炭を動力源とする発電所Aだけを稼働させ，その限界費用は18ドル/MWhで水平になる．発電量が200MWを上回ると，限界費用が37ドル/MWh，39ドル/MWhの天然ガス発電所B，Cをそれぞれ稼働させる．

法だからだ．このため図8.7に示したとおり，発電量が0から200MWhまで，限界費用曲線は1MWhあたり18ドルで横ばいとなる．

200MWhを超えて発電するなら，他の発電所のどちらか1つを使用しなくてはならない．200MWhから225MWhを発電するなら，天然ガスを動力源とする発電所を1つだけ稼働させればよく，限界費用が1MWh＝37ドルと相対的に低い発電所Bを稼働させる．このため発電量200MWhで，限界費用曲線が1MWh＝37ドルに跳ね上がる．発電量が225MWhに達するまでは，限界費用はこの水準で横ばいとなる．225MWhを超えて発電するには，発電所Cを稼働させる必要があるが，その限界費用は39ドルである．したがって，限界費用曲線は1MWhあたり39ドルに跳ね上がる．発電量が250MWhまでは，限界費用は1MWhあたり39ドルで推移する．この時点で，この電力会社の発電能力は限界であり，これ以上発電はできない．250MWhを上回ると，会社の限界費用は事実上，無限大になるといえる．図8.7では，250MWhで，垂直にのばした破線で示してある．

この限界費用曲線のうち，この企業の平均可変費用と等しいか上回る部分が，供給曲線である．第7章で，ある企業の任意の生産量における総可変費用は，生産量1単位あたりの限界費用をその生産量まで足し合わせものであることを学んだ．したがって，この電力会社が最初の1MWhを生産する可変費用は18ドルであり，この量を生産するための平均可変費用は1MWhあたり18ドルである．2MWhを生産する総可変費用は36ドルであり，平均可変費用は36/2＝18で，18ドルである．したがって，発電量200MWhまで，平均可変費用は1MWhあたり18ドル/MWhになるのは明白である．言い換えれば，この量までは，限界費用曲線は平均可変費用曲線と一致する．201MWhを発電するのに限界費用が37ドル/MWhに上昇するとき，総可変費用は37ドルに上昇するが，平均可変費用の上昇は（18×200MHh＋37）/201MWh＝18.09で，1MWh＝18.09ドルにとどまる．この論理から，この電力会社では，発電量が200MWhを上回る水準では，限界費用曲線がつねに平均可変費用曲線を上回ることになる．そのため，少なくともこの会社の場合，限界費用曲線全体が供給曲線になる．■

完全競争産業の短期供給曲線

完全競争市場における個々の企業は，自社の生産量を変えることによって，その生産物の価格に影響を与えることはできないことがわかっている．では，完全競争市場において，何が価格を決めるのだろうか．市場のすべての企業の生産量を合算したもの，すなわち産業の供給曲線が価格を決めるのだ．この小節では，生産量の合計がどのように決まるかをみていこう．

その前に，企業の「合算された」（combined）生産決定の定義をはっきりさせておかなければならない．これは「調整された」（coordinated）を意味しない．完全競争市場における企業は，年次総会で集まってその年の生産量を決めることなどしないし，同様の機能を果たす業界のニュースレターやウエブサイトも存在しない（こうした行為を行う経営幹部は，価格カルテルで有罪になる）．ここでの「合算」は，総計――個々の企業が独自に決めた生産量を足し合わせたもの（aggregated）を意味する．だとすれば，産業の供給曲

第8章　競争市場における供給　　515

線は，任意の価格で産業全体が供給する総生産量を示したものになる．

　企業の短期供給曲線をどう足しあわせればいいかは，具体例をみればわかりやすい．企業の合算された生産量は，投入物の価格に目立った影響を与えないと想定しており，産業の短期供給曲線は，企業レベルの短期供給曲線を合算したものになる．ある完全競争産業に100社が存在し，各社の供給曲線は同じだとする．市場価格が1単位あたり1ドルより低ければ，平均可変費用を下回っているため，どの企業も生産をしない．市場価格が1ドル以上で2ドル未満なら，各社は1単位ずつ生産する．市場価格が2ドル以上になると，各社2単位ずつ生産するが，能力の限界から生産量はそれ以上増えない（この例は恐ろしく単純だが，だからこそ，計算ではなく考え方に集中できる）．

　こうした個別企業の供給曲線から産業の短期供給曲線を導くには，実現可能な市場価格ごとの各企業の生産量を足し合わせなければならない．市場価格が1ドル未満では，平均可変費用を賄える企業は1社もないため，産業の生産量は0になる．市場価格が1ドルから2ドルのあいだでは，各社が1単位ずつ生産するが，100社あるので，産業全体の生産量は100単位になる．市場価格が2ドル以上の場合，各社が2単位ずつ生産するので，産業全体の生産量は200単位になる．したがって，この産業の短期供給曲線は，市場価格が1ドル未満では0，1ドル以上2ドル未満では100単位，2ドル以上では200単位になる．

短期供給曲線——グラフによるアプローチ

グラフによるアプローチを活用して，産業の短期供給曲線を表すと，1社の供給曲線は次ページの図8.8の左部分のようになる．ここに描いたのは，業界100社に共通する短期供給曲線である．産業全体の短期供給曲線を描くには，各社の短期供給曲線を水平に足していく．任意の価格で，個々の企業の生産量を足していき，産業全体の供給量を求める．そうしてできあがるのが，グラフの右側にある短期供給曲線だ．産業全体の供給曲線を求めるために，個々の企業の供給曲線を垂直ではなく水平に足していくのは，第5章で，市場全体の需要曲線を求めるのに，個々の消費者の需要曲線を水平に足していったのと同じである点に留

図8.8 各企業の費用曲線が同じ場合の，産業の短期供給曲線を導き出す

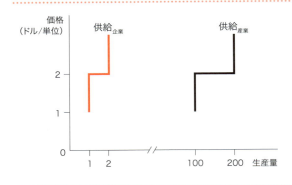

供給$_{企業}$は，業界内の100社それぞれの短期供給曲線である．産業全体の短期供給曲線は，各社の供給曲線を水平に足し合わせたものになる．

意してもらいたい．

　図8.8では，産業のすべての企業は同じ短期供給曲線を持っている（これは，すべての企業が同じ費用曲線を持っていると言うのと同じである）．完全競争産業において，各社の費用曲線が異なれば，分析は複雑になる．この場合，産業の供給曲線を決定するため，個々の企業の供給曲線を足し合わせるプロセスは同じだが，個々の企業の供給曲線が産業全体の供給曲線の形状に影響を与える要因はほかにある．

　この点をあきらかにするため，業界内の企業数は100社で変わらないが，このうち50社が図8.8のような供給曲線を持ち，あと50社は異なる供給曲線を持っているとしよう．後者の50社は，コストが高く，市場価格が2ドル未満では生産しないものとする．市場価格が2ドル以上3ドル未満では1単位，3ドル以上では2単位生産する．市場価格が1ドル未満なら，採算がとれる企業は存在しないので，産業全体の供給も0になる．価格が1ドル以上2ドル未満なら，産業全体の供給量は50単位になる．この価格帯なら，低コストで生産できる50社だけが1単位ずつ生産する．価格が2ドル以上3ドル未満なら，産業全体の供給量は150単位になる．低コストの50社が2単位ずつ生産する50×2＝100単位と，高コストの50社が1単位ずつ生産する50単位の合計だ．価格が3ドル以上になると，すべての企業が2単位ずつ生産するので，産業全体の供給量は200単位になる．

図8.9 各企業の費用曲線が異なる場合の，産業の短期供給曲線を導き出す

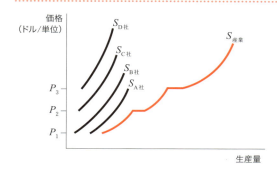

産業が4社で構成され，各企業の費用曲線が異なる場合，費用の差は各企業の供給曲線に表れる（$S_{A社}, S_{B社}, S_{C社}, S_{D社}$）．産業全体の供給曲線$S_{産業}$は，4社の供給曲線を水平に足し合わせたものになる．価格がP_1からP_2のあいだでは，A社とB社だけが生産する．価格P_2で，C社も製品を市場に供給しはじめる．価格P_3で，4社すべての供給量がプラスになる．

　一般に，産業の供給曲線は，その産業の個々の企業の供給曲線を水平に足し合わせたものになる．前述の例では，企業レベルの供給曲線として，ごく単純な「階段状」のものを使ったが，よくある標準的なタイプの供給曲線の場合でも，考え方は変わらない．個々の企業の供給曲線は，図8.9の左方に描いたような形状になる．ここでは業界内に4社が存在していると想定している．コストが最も低いのはA社で，次いでB社，C社，D社の順になる．この場合も，産業全体の供給曲線は，個々の企業の供給曲線を水平に足し合わせたものになる．価格がP_1を上回ってはじめて生産する企業が登場するので，産業全体の供給量も価格がP_1以上になってはじめてプラスになる．価格がP_1からP_2のあいだでは，産業の供給曲線は，A社とB社の供給曲線を合わせたものになる．価格P_2でC社が生産を開始する．この時点の業界の供給曲線は，C社の生産分だけ右側にシフトする．価格がP_2以上のときも，C社の供給分が産業全体の供給曲線に加えられる．最後に価格P_3でD社が生産を開始する．これまでと同じように，D社の生産量が加えられ，業界全体の供給曲線は水平にシフトする．

　これらの例から，興味深い点が浮かび上がる．価格が上昇すると，産業全体の供給量が増加する理由は2つある．1つは，個々の企業の供給曲線が右上がりである場合が多く，市場価格が上昇すると生産量を増やす傾向がある点だ．もう1つは，他社に比べてコストが高い企業があり，これらの企業は

518　第3部　市場と価格

価格が上がった段階で生産を始めるということである.

応用　原油の短期供給曲線

　米国の政治家は, 常々, 石油の中東への依存度を引き下げるよう訴えている. 米国が消費する石油の約25％は石油輸出国機構（OPEC）加盟国からの輸入であり, その半分弱（米国の消費量の約10％）を中東諸国に依存している. 多くの政治家は, この事実を取り上げ, 中東の原油依存度を引き下げる方法は簡単だと主張する. 石油の消費量を10％減らせば, 中東からの輸入を排除することになる, というのだ. そうすれば, カナダなど「友好的な」国からの輸入のシェアを高めることになる.

　こうした類いの主張は, 完全競争企業の生産決定に関して, これまで学んできたことを無視している. 競争企業の短期供給曲線は, 限界費用曲線のうち平均可変費用曲線の最小値を上回る部分である. 市場価格が限界費用曲線と平均可変費用曲線の交点の価格を下回れば, 企業は短期的に生産を停止することになる.

　原油市場は完全競争的ではないが, 市場価格と平均可変費用との同様の関係は, あらゆる企業にあてはまる. 原油の消費量を減らした場合, 需要の減少とそれに伴う価格下落で打撃を受けるのは, コストがとくに高い国である. こうした国では, 真っ先に平均可変費用が市場価格を上回る. 原油の生産コストが高いのはどこか. 中東諸国だろうか, カナダだろうか. じつはカナダだ. サウジアラビアは, 1バレルあたりわずか2ドル前後の平均可変費用で原油を抽出・精製できる. これに対し, カナダでは技術的に原油抽出の難易度が高いオイルサンドが多いため, 平均可変費用は1バレルあたり30ドル超と大幅に高い. 米国が原油の消費量を減らせば, サウジアラビア産の消費を減らす前に, カナダ産の消費を減らすことになる.[3]

　そうなることは歴史が裏づけている. 原油価格が比較的高値水準にあった

---

3)　Austan Goolsbee, "Refined Thought: Dependency Paradox," *Fortune*, August 22, 2005. http://money.cnn.com/magazines/fortune/fortune_archive/2005/08/22/8270013 /index.htm.

第8章 競争市場における供給 **519**

2012年時点では，米国の輸入量は中東産よりもカナダ産のほうが多い．これに対して，原油価格が歴史的な安値水準にあった1990年代後半には，米国の石油輸入量のうちカナダ産は約7%にすぎず，中東産が約15%を占めていた．つまり，中東への依存度を引き下げたいなら，石油の消費量を多少減らすことは正解ではないのだ．■

競争企業の生産者余剰

産業全体の短期供給曲線と市場全体の需要曲線の交点で，市場均衡価格が決まる．完全競争下の各企業は，この価格を所与として，利潤を最大化するように生産量を選択する（そもそも生産すべきかどうかを選択する）．企業の短期利潤をどのように測るかは，前に示した．同じように重要なのが，第3章で最初に取り上げた生産者余剰である．思い出してもらいたいが，生産者余剰は市場価格と供給曲線の垂直の距離であり，これは企業の限界費用を反映していることを学んだ．

市場価格が最低水準にある場合は別にして，企業は自社の生産の限界費用を上回る価格で，生産物を売ろうとする．たとえば512ページの「応用」でみたテキサスの電力会社の場合，市場価格が1MWhあたり37ドル以上なら，限界費用18ドルの石炭を燃料に発電した電力を，かなり高値で売ることができる．

より一般的なケースにしたのが図8.10で，ある企業の生産決定を示している．利潤を最大化するとは，限界費用が市場価格Pと等しくなる数量Q^*を生産することを意味する．Q^*を下回る生産量ではどんな量でも，限界費用が市場価格を下回る点に留意してほしい．企業は生産物1単位ごとに利幅（markup）を獲得する．

こうした市場価格から限界費用を差し引いた利幅を，生産物の全量について足し合わせていけば，この企業の生産者余剰が得られる．これは，図8.10のパネルaでカラーで影をつけた部分に等しい（よく理解できないなら，生産物が1単位ずつになるように，カラーで影のついた部分を垂直に細かく切り分けると想像してみるといい．一片は，生産量1単位あたりの価格と限界

図8.10 完全競争下の企業の生産者余剰

(a) 生産者余剰：価格－限界費用の利幅をすべて合算

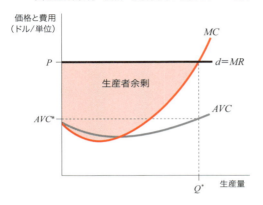

(a) 市場価格では，完全競争企業はQ^*を生産する．Q^*未満の生産量について，限界費用MCが市場価格を下回っており，その数量分だけ生産者余剰を獲得する．生産者余剰の合計は，需要曲線より下で限界費用曲線MCより上の面積に等しくなる．

(b) 生産者余剰：総収入－可変費用

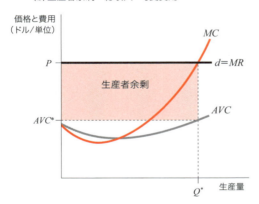

(b) 生産者余剰は，企業の総収入から可変費用を差し引いて計算することもできる．企業の総収入は高さP，底辺Q^*の長方形の面積，可変費用は高さAVC^*，底辺Q^*の長方形である．したがって生産者余剰は，高さ$(P-AVC^*)$，底辺Q^*の長方形の面積になる．

費用の差である．これをすべて足し合わせると，この企業の生産者余剰が得られる）．

生産者余剰を計算する方法はほかにもある．第7章で学んだことだが，まず，限界費用には可変費用しか含まれず，固定費用は含まれない点を思い出してもらいたい．ある企業の生産物すべてについて限界費用を足し合わせれば，その企業の可変費用が得られる．そして，この企業の生産物1単位の収

入を足し合わせれば，総収入が得られる．この企業の総収入 TR から可変費用 VC を差し引いたものは，1単位販売すれば得られる利幅（価格－限界費用）の合計に等しく，つまり生産者余剰 PS になる．すなわち，

$$PS = TR - VC$$

図8.10のパネルbで，企業の総収入は，底辺を Q^*，高さを P とする長方形の面積である．可変費用は生産量に平均可変費用を掛けたものなので，この企業の可変費用は底辺 Q^*，高さ AVC^*（利潤を最大化する生産量での平均可変費用）の長方形の面積である．これら2つの面積の差は，底辺 Q^*，高さ $(P - AVC^*)$ とするカラーで影をつけた長方形である．この長方形の面積も，この企業の生産者余剰に等しい．

生産者余剰と利潤

生産者余剰 PS が利潤 π と密接な関連があると聞いても驚かないだろうが，生産者余剰が利潤と同じで・な・いことは，よくよく認識しておく必要がある．その違いは，生産者余剰が固定費用を差し引かないのに対し，利潤は差し引く点だ．数式では以下のように表される．

$$PS = TR - VC$$
$$\pi = TR - VC - FC$$

設立まもない企業は，赤字を出しても事業を続けるだろう．だが，生産者余剰がマイナスなら，事業を停止するだろう．というのは，固定費用がなくても，1単位生産するたびに赤字が出ることを意味しているからだ．

競争産業の生産者余剰

産業全体の生産者余剰は，一企業にとっての生産者余剰と考え方は同じである．市場価格より下で短期供給曲線より上の部分が生産者余剰となるが，この場合は，一企業ではなく産業全体の供給曲線である（図8.11）．産業全体の生産者余剰は，生産費用が販売価格を下回ることにより得られる産業の利得を反映している．

図8.11: 産業の生産者余剰

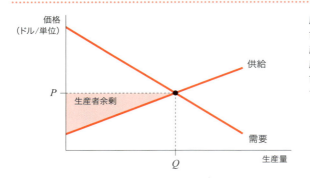

産業全体の生産者余剰は，市場価格を下回る費用で生産された分の合計である．産業の供給曲線より上で，市場価格Pより下のカラーで影をつけた部分にあたる．

8.3 解いてみよう

ピクルス製造業は完全競争産業であり，150社が存在している．このうち100社は「高コスト」の生産者であり，各社の短期供給曲線は$Q_{hc}=4P$である．残りの50社は「低コスト」の生産者であり，短期供給曲線は$Q_{lc}=6P$である．数量は瓶単位，価格は1瓶あたりのドルで表示される．

a. ピクルス業界全体の短期供給曲線を導出せよ．
b. ピクルスの市場の需要曲線が$Q^D=6{,}000-300P$で与えられているとき，市場の均衡価格とピクルスの数量（瓶）を求めよ．
c. bで求めた価格で，高コスト企業1社あたりの生産量はいくらか．低コスト企業1社あたりの生産量はどうか．
d. bで求めた価格で，産業全体の生産者余剰はいくらになるか．

解答：

a. 産業全体の短期供給曲線を導出するには，各社の短期供給曲線を水平に足し合わせなければならない．言い換えれば，価格ごとの各社の供給量を合算するのである．供給曲線が同じ高コスト企業は100社存在するので，単純に1社の供給曲線を100倍することができる．

$Q_{HC} = 100Q_{hc} = 100 \times 4P = 400P$

同様に，低コスト企業50社についても，供給曲線は同じだと考えられるので，1社の供給曲線を50倍すればいい．

$Q_{LC} = 50Q_{lc} = 50 \times 6P = 300P$

産業全体の短期供給曲線は，高コスト企業と低コスト企業を合わせたものである．

$Q^S = Q_{HC} + Q_{LC} = 400P + 300P = 700P$

b. 市場が均衡するのは，需要量が供給量と等しくなるときである．

$Q^D = Q^S$

$6{,}000 - 300P = 700P$

$1{,}000P = 6{,}000$

$P = 6$ ドル

均衡数量は，$P = 6$ドルを需要または供給の数式に代入して求められる．

$Q^D = 6{,}000 - 300P \qquad Q^S = 700P$
$ = 6{,}000 - 300 \times 6 \qquad = 700 \times 6$
$ = 4{,}200$ 瓶 $\qquad = 4{,}200$ 瓶

c. 価格が6ドルのとき，高コスト各社の生産量は$Q_{hc} = 4P = 4 \times 6 = 24$瓶，低コスト各社の生産量は$Q_{lc} = 6P = 6 \times 6 = 36$瓶である．

d. 産業全体の生産者余剰を計算するには，産業の供給曲線を描くのが手っ取り早い．生産者余剰は，市場価格より下で，業界全体の短期供給曲線の上の部分である．下の図では，底辺を4,200 (6ドルでの均衡数量)，高さを6とする三角形の面積になる．すなわち，

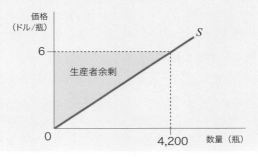

$$\text{生産者余剰} PS = \frac{1}{2} \times \text{底辺} \times \text{高さ} = 0.5 \times 4,200 \times 6 = 12,600 \text{ドル}$$

応用　発電事業における産業全体の短期供給曲線と生産者余剰

　この節の初めにみたテキサスの電力業界の事例で，企業1は他の2社とともに業界を形成しているとしよう（実際には，テキサスの電力業界には多数の企業が存在するが，単純化のために3社としている）．企業1と同様，企業2にも石炭と天然ガスを動力源とする2種類の発電所があり，発電量が675MWまでは，生産コストが相対的に低い石炭の発電所に頼っている．企業2がそれ以上を発電するには，天然ガスの発電所を稼働させなければならない．一方，企業3には天然ガスの発電所しかないが，それぞれ限界費用は異なっている．図8.12は，各社の限界費用曲線を示したものだ．

　3社の個々の限界費用曲線を水平方向に足し合わせることで，産業全体の限界費用曲線を求めることができる．図8.13にこれを示した．企業1の限界費用曲線がそうであったように，電力業界全体でもまずは，限界費用が相対的に低い発電所を活用する．言い換えれば，産業全体ではまず，石炭を動力源とする発電所をフル活用する．発電量が675MWまでは，稼働しているのは企業2の石炭発電だけだ．その限界費用は15ドル/MWhで，業界のすべての発電所のなかで最も低いからだ．発電量を増やすために，企業1が200MWの石炭発電を稼働させると，産業の限界費用は18ドル/MWhに上昇する．発電量が産業全体の石炭発電の合計の875MWを超えると，最も限界費用が低い天然ガス発電（23ドル/MWh）を持つ企業3が，発電を開始する．発電量がこの装置の上限の1,500MWhに達すると（産業全体の発電量は2,375MWh），他の発電所を稼働させなければならないので，産業全体の限界費用曲線はふたたび上方にシフトする．産業の限界費用曲線が（24ドル/MWhに上昇する）この次のステップは，企業2，企業3の2つの発電所の総発電量を反映している点に留意したい．というのは，これらの発電所の限界費用は等しいからだ．発電量を増やすために，次々と発電所を稼働させて

図8.12 電力会社間で異なる限界費用曲線

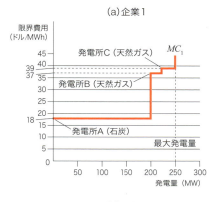

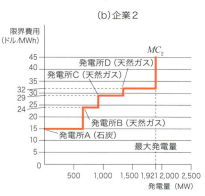

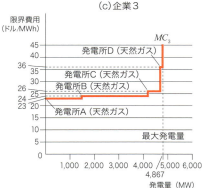

企業1, 企業2, 企業3の限界費用曲線を, それぞれパネルa, b, cに示した.
企業1, 企業2は, 石炭と天然ガスの発電所を保有しているが, 企業3には, 相対的にコストが高い天然ガスの発電所しかない.

いくのにしたがい, 3社の供給曲線を水平に足していく. 稼働中の発電所の限界費用が高まるにつれ, 産業全体の限界費用曲線は上方にシフトする. 産業全体の発電容量が限界に達し, 7,000MWhを超えると, 限界費用は無限大になる. 図では, この発電量での垂直な限界費用曲線として表されている.

1MWhの市場価格が18ドル以上になると, 少なくとも1カ所の発電所は, 市場価格を下回る限界費用で稼働することになる. たとえば, 1MWhの市場価格が23ドルの場合, 企業1と企業2の石炭発電所は, 市場価格を下回る限界費用で稼働することになる. 言い換えれば, 市場価格は, 限界的な発

図8.13 テキサスの電力業界の短期供給曲線

テキサスの電力業界の短期供給曲線は，図8.12の各社の限界費用曲線を水平に足し合わせたものである．1MWhの市場価格が15ドルになると，企業2が供給を開始する．市場価格が18ドル以上になると，企業1，企業2が供給する．市場価格が23ドルになると，天然ガスのみを動力源とする企業3が電力供給を開始し，3社が出そろう．

電所（その価格で電力を供給するために稼働させる必要がある最後の発電所）の限界費用と等しくなる．1MWhの市場価格が23ドルで限界的な発電所は，企業3でコストが最も低い天然ガスの発電所である．そのため，2カ所の石炭発電所は，限界費用を上回る価格で電力を売り，限界費用を上回る利幅を確保することができる．この利幅（markup）が生産者余剰である．■

8.4 長期の完全競争産業

すでにみたとおり，企業レベルの短期の供給曲線と長期の供給曲線には違いが存在する．短期的には，企業は限界費用と市場価格が一致する数量を生

産する．この価格は，企業の平均総費用を下回る可能性があるが，最低でも短期平均可変費用以上でなければならない．言い換えれば，企業は生産者余剰を確保するか，生産を停止するかのどちらかになる．したがって短期の供給曲線は，短期の限界費用曲線のうち，短期平均可変費用曲線を上回る部分か，0かのどちらかだ．

しかし，長期的には，企業は長期の限界費用と市場価格が等しくなる点で生産する．さらに，長期的には，すべての投入物と費用は変更可能なので，長期の供給曲線は，長期の限界費用曲線のうち長期平均総費用曲線を上回る部分になる（長期では固定費用は存在しないので，長期平均総費用 $LATC =$ 長期平均可変費用 $LAVC$）．

産業レベルでは，短期の供給曲線と長期の供給曲線の違いはほかにもある．最たる違いは，長期では企業が自由に参入や退出ができる点である．短期では，産業内の企業数は変わらないと想定しており，すでに市場に存在する企業だけが生産決定を行う．この想定は理に適っている．というのは，一部の投入物は短期的に固定されているため，新たな企業が勢いで参入したり，既存企業が固定費用の支払いを回避したりするのはむずかしいからである．だが，長期でみると，収益性の変化に応じて，企業は自由に参入や退出ができる．この節では，このプロセスの仕組みと，それが長期的に競争産業に与える意味について検討する．

参入

企業は，採算に乗るかどうかで市場への参入や退出を決める．

完全競争市場への参入を検討している企業について考えてみよう．さしあたって，この企業および参入の可能性のある他の企業も含め，市場のすべての企業の費用曲線は同じだと想定する（費用曲線が異なる場合にどうなるかは，あとで取り上げる）．

図8.14には，現在の市場価格と，この産業の典型的な企業の長期費用曲線を示した．利潤を最大化する企業は，生産量を長期限界費用曲線が市場価格と等しくなる水準にする．この生産量は，長期の限界費用曲線が長期の平均

図8.14 プラスの長期利潤

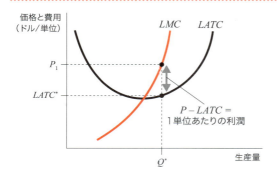

長期的に，完全競争下の企業が生産するのは，市場価格が自社の長期平均総費用$LATC^*$以上になる場合だけである．生産量がQ^*のとき，市場価格P_1は長期限界費用LMCと等しく，1単位あたりの長期経済的利潤は(P_1-LATC^*)に等しい．

総費用曲線と等しか上回る部分にあるはずだ．市場価格がP_1だとすれば，利潤を最大化する生産量は長期限界費用LMCがP_1と等しくなるQ^*になる．P_1は，長期平均総費用$LATC$の最小値を上回っているので，1単位生産するごとに利潤(P_1-LATC^*)を獲得する．

この産業の企業はプラスの利潤を持っているので，新たにこの産業に参入し，利潤を得ようとする企業が出てくる．どうなるだろうか．産業への**自由参入**（free entry）が可能なら，市場価格は平均総費用の最小値と等しくなるまで低下する（ここでの"free"とは，「ただ」という意味ではない．初期費用はかかる．特別な法律や技術的障壁で参入が阻害されない，という意味だ）．なぜ，そうなるのか．まず，新たな企業の参入で，産業全体の短期供給曲線に何が起きるのかを考えてみよう．この供給曲線は，産業内のすべての企業の限界費用曲線を足し合わせて求められるので，新規参入が起きると，それら企業の生産分が加わるため，どの価格帯でも産業全体の生産量が増加する．言い換えれば，新規参入によって，産業の短期供給曲線はS_1からS_2に外側にシフトする（図8.15）．この外側へのシフトによって，市場価格はP_1からP_2へ低下する．

P_2が引き続き平均総費用の最小値を上回っていれば，この産業に参入することによって利潤が得られるので，新規参入のインセンティブは残る．先に参入した場合に比べて利潤は少ないが，それでも傍観しているよりも参入

図8.15 企業の新規参入で供給が増加し,均衡価格が下落する

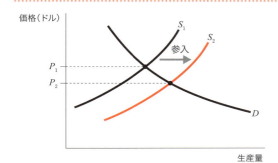

ある産業で企業がプラスの経済的利潤を獲得していると,新規参入する企業が現れる.その結果,供給曲線がS_1からS_2に外側にシフトし,市場価格はP_1からP_2に下落する.

したほうがいい.新規参入によって,産業の供給曲線はさらに外側にシフトし,市場価格は一段と低下する.

このプロセスは,最後発の企業が市場価格を平均総費用の最小値と同じになるまで引き下げ,参入しても利潤が出なくなるまで続く.この時点で,参入してもしなくても違いはなくなるので,企業の参入は止まり,市場は**長期の競争的均衡**(long-run competitive equilibrium)状態になる.要するに,完全競争産業において自由に新規参入ができると,市場価格を平均総費用の最小値まで引き下げ,どの企業も利潤が出なくなるのだ.

これは重要な考え方だが,奇妙にも思える.利潤が出ないことがありうるのだろうか.利潤が出ないとすれば,なぜ,あえてそうするのか.完全競争の世界は厳しい,というのが答えだ.いいアイデアを持っていても,利潤を確保できるのは,他の企業が参入して模倣するまでのあいだだけだ.この利潤が出ない状態について念を押しておきたいことがある.これは・経・済・的利潤であって,会計上の利潤ではない.経済的利潤は,時間という機会費用を含んでいる.企業経営者は最低限,事業を続けられるだけの利潤を得る.退出するよりはましだが,それ以上よくもないということである.

530 第3部 市場と価格

退出

　今度は，市場価格が平均総費用の最小値を下回っているとしよう．生産すれば赤字になるのだから，参入しようとする企業はいない．さらに，既存企業も損失を出しているので，この状況は長続きしない．この市場から**自由退出**（free exit）が可能なら，一部の既存企業は事業を停止し，市場から退出するだろう．産業内の企業はすべて同じだと想定していたので，すべての企業は同じように損失を出し，退出したいと考える．どの企業が真っ先に退出するのだろうか．企業がどのように退出を決定するかを見ると，二通りある．1つは，他社に先駆けて損失に気づき，真っ先に退出する幸運な企業が少数存在する．もう1つ，より現実的に可能性が高いのが，企業ごとにコストの違いが存在し，最もコストの高い企業が最初に退出する場合である（このケースについては，あとで詳しく述べる）．

　この退出は，産業の供給曲線を内側にシフトさせ，市場価格を押し上げる．市場価格が平均総費用の最小値と同じ水準に下がるまで参入が続いたのと同じで，市場価格が平均総費用の最小値と同じ水準に上がるまで退出が続く．市場価格が平均総費用の最小値と等しくなると，どの企業にとっても退出は得にならない．

　完全競争産業において，自由な参入と自由な退出は，市場価格を長期平均総費用の最小値に誘導する要因である．この結果から，完全競争市場における長期均衡の重要な性質が2つ浮かび上がる．第1に，産業の短期供給曲線は右上がりでも，産業の長期供給曲線は，長期平均総費用の最小値で水平になる．言うまでもないが，供給曲線はすべての価格帯での供給量を示したものである．長期の競争的均衡状態では，生産量が，価格と平均総費用の最小値が等しくなる水準にある，ということである．

産業の長期供給曲線をグラフ化する

　図8.16には，産業の長期供給曲線をグラフ化する方法を示した．パネルaで，ある産業が価格P_1で均衡状態にあるとする．各企業はこの価格を所与

図8.16 産業の長期供給曲線を導き出す

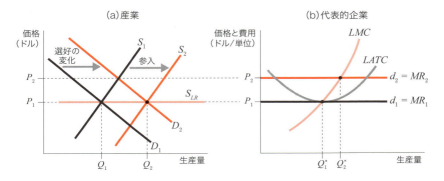

(a) 産業の当初の長期均衡価格 (P_1, Q_1) は，長期供給曲線 S_{LR} と当初の需要曲線 D_1 の交点である．選好が変わり需要が D_2 に増加し，価格が P_2 に上昇すると，企業は短期的にプラスの経済的利潤を獲得する．長期的には，新たな企業が参入するため，短期の供給曲線が S_2 にシフトし，新たな均衡数量 Q_2 で長期均衡価格が P_1 となる．

(b) 長期市場価格 P_1 で，代表的企業の経済的利潤は0，生産量は Q_1^* になる．市場の需要が増加し，市場価格が P_2 に上昇すると，生産量は Q_2^* に増加する．この組み合わせでは，企業の経済的利潤はプラスになる．市場への新規参入が起きると，価格は P_1 に下落し，企業は生産量を Q_1^* に減らす．この時点で企業の経済的利潤は0になる．

とし，価格 P_1 が長期限界費用 LMC と等しくなるように生産することで，利潤を最大化する．価格は長期平均総費用とも等しいので，企業の利潤は0である．これでは，市場に参入・退出するインセンティブが存在しない．そのため，この産業は価格 P_1 で長期の競争的均衡にあるといえる．

ここで，消費者の選好が変化した結果，製品の需要が増加したとする．この変化で，どの価格帯でも需要量が増加し，需要曲線は D_1 から D_2 にシフトする．価格は一時的に P_2 に上昇する．これを受けて，各企業は供給曲線上を上方に移動し，$P_2 = LMC$ となる水準に生産量を増やす．この増産を反映して，パネルaで産業全体の生産量は D_2 と S_1 の交点になる．だが，既存企業の生産量が増加した後も，市場価格は長期平均総費用 $LATC$ の最小値を上回っている．このため，この経済的利潤を享受しようと，新たに市場に参入する企業が出てくる．これを受けて，どの価格帯でも供給量が増加し，産業

の短期供給曲線は右方にシフトする．短期供給曲線が S_2 にシフトし，市場価格が長期平均総費用の最小値（P_1）に下がると，この産業は長期均衡状態に戻る．2つの長期均衡点を結べば，P_1 で水平な産業の長期供給曲線 S_{LR} ができあがる．

理論とデータ

市場における参入と退出の実際——住宅用不動産

　米国の住宅用不動産仲介業は，特殊な産業だ．1つには，不動産仲介の手数料が基本的にどこでも一律で，都市によって市場が異なるにもかかわらず，売値の6%前後に決まっているという事情がある．これは仲介業者の共謀ではないかと訝る向きも多いが，理由はどうあれ，たとえばマサチューセッツ州ボストンで住宅を販売した仲介業者の手数料率は，ノースダコタ州ファーゴの仲介業者と同じだ．

　全米の不動産仲介業者の手数料が，販売価格に同じ料率をかけたものであるなら，ボストンやロサンゼルスといった住宅価格が高い都市の仲介業者のほうが有利に思える．住宅1軒あたりの平均販売価格が40万ドル強のボストンでは，仲介手数料は約2万4,000ドルになる．ノースダコタでは，住宅1軒あたりの平均販売価格は20万ドルで，仲介手数料は1万2,000ドルだ．だが，不動産仲介業者の年俸をみると，ボストンとファーゴはほぼ同水準だ．全米でも同じパターンがあてはまり，住宅価格は都市によってばらついているのに，仲介業者の平均年俸は全米でほぼ同じなのだ．

　なぜ，不動産仲介業者の年俸がほぼ同じ水準になるのだろうか．その秘密は自由な市場参入にある．チャン–タイ・シャーとエンリコ・モレッティは2003年に，この現象を徹底的に調べた．[4] その結果，年俸が同じ水準であることの説明要因として最も適切なのは，年間販売件数の違いであることがわかった．つまり，住宅価格が高い都市ほど仲介業者の生産性が低く，年間の

---

4) Chang-Tai Hsieh and Enrico Moretti, "Can Free Entry Be Inefficient? Fixed Commissions and Social Waste in the Real Estate Industry," *Journal of Political Economy* 111, no. 5（2003）: 1076-1122.

販売件数の少なさが，1件あたりの仲介料の高さをちょうど相殺している．ボストンの1件あたりの平均手数料はファーゴの2倍だが，年間の販売件数はファーゴの半分程度にすぎない．その結果，仲介業者の年俸はほぼ同じになっているのだ．

　ボストンをはじめとする住宅価格が高い都市の不動産仲介業者は，ただ怠けているだけなのだろうか．そんなことはない．生産性が低いのは，不動産市場への参入が自由に行われた結果である．不動産仲介業者になるのはむずかしくない．30時間から90時間の講習を受け，試験に合格すれば，免許を取得できる．そのため，住宅価格が高く，1件あたりの販売手数料が高い都市では，不動産仲介業者になろうという人が多くなる．仲介業者が増えれば，1人あたりの販売件数が減ることになる．それによって仲介業者の平均年俸は低下し，住宅価格が低い都市のそれと同水準に並ぶ．

　シャーとモレッティは，このパターンが，住宅価格が異なる都市間ばかりでなく，同一都市内の経年変化にもあてはまることを見出した．ある都市で住宅価格が上昇すると，住宅販売を手がける仲介業者の数も増えるため，仲介業者の平均年俸は住宅価格と歩調を合わせて上がらない．住宅価格が下がれば，逆の現象が起きる．市場から退出する仲介業者が出て，残った仲介業者の平均生産性が上昇し，年俸は元の水準に戻る．こうして市場への参入と退出が繰り返されることで，仲介業者が扱う住宅の平均価格（ひいては年俸）が，長期的にほぼ一定にとどまっているのである．一定の手数料率が住宅用不動産仲介業を特異な産業にしているが，自由に市場に参入できることで，平均年俸が同じになっているのである．

そう単純ではない「恐喝」の経済学

　2006年，ペプシの本社に怪しい封筒が届いた．封筒に炭疽菌が塗られていたわけではないし，爆発物が入っていたわけでもないが，ペプシの最大のライバル，コカ・コーラに致命的な打撃となりそうなものが入っていた．差出人はコカ・コーラ社の3人の従業員で，同社が厳重に

534　第3部　市場と価格

守ってきた秘密のレシピを売ろうと持ちかけてきたのだ．ペプシにとっ
て，この情報の価値は測りしれない．手紙の差出人は，とんでもない大
金持ちになるだろう．少なくとも，本人たちはそう思っていたに違いな
い．ところが，FBI（米国連邦捜査局）のおとり捜査で捕まり，共謀罪
で最高8年の刑務所暮らしになった．

　レシピを盗んだ従業員にとっては，予想外の展開だったに違いない．
中級ミクロ経済学をしっかり学んでいれば，はるかにましな選択をした
はずなのだが．

　ペプシコとコカ・コーラは，少なくとも1970年代にはペプシが全米
の食品店で「ペプシ・チャレンジ」を売りだし，目隠しの味覚調査では
ペプシの味が好まれていると主張して以来，泥沼のコーラ戦争を戦って
きた．1985年にコカ・コーラが投入した「ニュー・コーク」が，マー
ケティング史上最大の失敗と評されるなど，ペプシが何度か勝利したこ
とはあるが，概してコカ・コーラが優勢を保ってきた．現時点での米国
市場でのシェアは，ペプシの30％に対し，コカ・コーラは40％だ．

　こうした事実を踏まえれば，ペプシが秘密のレシピを買い取って公開
し，コカ・コーラを弱体化させようとしてもおかしくない．公開された
レシピをもとに，続々と新たなメーカーがコーラ市場に参入し，コーク
の完全な代替品を提供するシナリオが考えられる．ちょうど医薬品の特
許が切れると，ジェネリック医薬品メーカーがこぞって市場に参入する
ように．すべての模倣品が本家のコーラの味と変わらず，市場への参入
が自由なら，コーク版コーラ市場はほとんど完全競争に近い市場にな
る．コークの価格は大幅に下落する（実際には，まったく完全競争市場
と同じになる可能性は低い．というのは，コークが買われるのは巧みな
広告があるからだ．だが，議論のために，この点はとりあえず無視しよ
う）．

　このようなシナリオは，ペプシの利潤にどう影響するのだろうか．
コークとペプシは似通った代替品だ．コークの価格が下がれば，ペプシ
の需要が減り，それに伴ってペプシの利潤も減る．コークが完全競争市
場（あるいはそれに近いもの）になるのは，ペプシにとって大打撃であ

第8章 競争市場における供給　535

り，レシピを盗んだ従業員が思い描いていたような恩恵を被ることには
ならない．

　そのためペプシの幹部は，秘密のレシピの売却を持ちかける手紙をコ
カ・コーラに引き渡し，同社がFBIに通報したのも意外ではない．犯人
と違って，ペプシの幹部はしっかり経済学が身についていたに違いな
い．

　コカ・コーラを裏切った3人の従業員が経済学をよくわかっていた
ら，違う行動を取っていただろうか．そもそも手紙をペプシではなく，
コーラ市場への参入を考えている別の会社に送っただろう．そうした企
業なら，コークのレシピを知ることに多大な価値をおき，莫大な金額を
支払ったかもしれない．要するに，仮に犯罪に手を染めるにしても，ミ
クロ経済学をしっかり学んでおいたほうがいい，ということだ．さもな
ければ刑務所送りになるのだから．

長期均衡間の調整

　理論上，完全競争の長期的な意味ははっきりしている．市場への参入と退
出が自由に行われることで，産業全体の供給量が調整される結果，企業の平
均総費用をちょうど賄える水準で価格が安定するのだ．現実に長期均衡状態
に達するには長い時間がかかる．ある産業を支える需要ないし費用に変化が
起きるとき，産業が当初の長期均衡から新たな長期均衡に移行するあいだに
は興味深いことが起きる．

需要の増加　　ある産業が長期均衡状態にあるところに，製品需要が予想外
に盛り上がったとしよう．以前と同様，この需要の増加は消費者の選好の変
化に起因している．つまり，どの価格帯でも，消費者の需要が増加する．図
8.16で見たように，この変化で産業の需要曲線は外側にシフトする．図
8.17のパネルaとパネルbはこれを再掲したものである．短期的に市場参入
が限られているときの産業全体の短期供給曲線がS_1である．需要の増加に

図8.17 完全競争産業における需要増加に対する長期的な調整

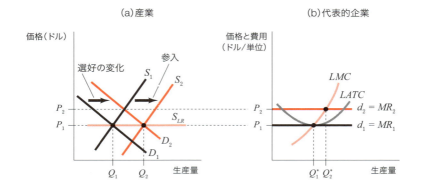

(a) 図8.16で示したように, 需要の増加で市場価格は一時的にP_1からP_2に押し上げられ, 利潤獲得を狙う企業の新規参入を促す.
(b) 完全競争企業にとって, 需要の増加は短期的な経済的利潤につながる.
(c) 需要の増加は, 短期的に価格の上昇につながる. 長期的には, 新たな企業が参入し, 均衡数量がQ_2に増え, 市場価格は長期均衡価格のP_1に戻る.

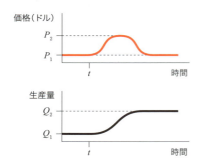

対する当初の反応は, 産業全体が短期の供給曲線上を移動することで, 均衡生産量が増加し, 市場価格も上昇する.

この短期的な反応のあいだに, 企業はプラスの経済的利潤と生産者余剰を獲得する. 当初, 長期平均総費用の最小値にあり, したがって, 企業の経済的利潤が0となるぎりぎりの水準にあった市場価格は, この水準を上回る.

市場価格が平均費用を上回っているので, 利潤はプラスであり, 新たな企業が市場に参入する. 新規参入により, どの価格帯でも産業全体の生産量が増加し, 産業の短期供給曲線はS_1からS_2に外側にシフトする. 需要曲線が新たな水準D_2で安定し, 固定化されているなかで, 供給曲線がシフトする

ことで産業の生産量は増加し，市場価格は低下し，消費者は需要曲線上を動く．価格が平均費用の最小値のP_1に下落するまで，新規参入は続く．需要が増えていることから，新たな長期均衡における産業全体の生産量Q_2は増加するが，価格はもとの長期均衡のときと変わらない．2つの長期均衡点を結んだ水平の線が産業の長期供給曲線になり，自由に参入，退出できると想定したときの産業の供給量の変化を反映している．

　この2つの長期均衡点に挟まれた調整期間における産業全体の生産量と市場価格をプロットすると，図8.17のパネルcのようになる．産業は当初，生産量Q_1，価格P_1で均衡している（P_1は産業内企業の長期平均総費用の最小値に等しい）．t時点で需要がシフトすると，業界全体が短期供給曲線上を移動して，生産量が増加し，価格が上昇しはじめる．市場への新規参入が起きはじめると，産業全体の短期供給曲線は外側にシフトし，生産量は増え続け，価格は下落する．やがて価格は当初の均衡水準のP_1まで下落する．一方，生産量は新たな均衡量Q_2に増加する．

　需要が減少する場合の反応も基本的には同じだ．だが，影響の方向はすべて逆になる．需要が減少すると，当初の供給曲線に沿って価格が下落し，生産量も減少する．企業の利潤はマイナスになり，市場から退出する企業が出てくる．そうなると供給が減り，生産量Qが減り，価格が反発する．需要が減少する場合，企業の市場からの退出が，もとの長期平均総費用の最小値に価格を戻す（押し上げる）要因になる．

費用の低下　今度は，企業の費用が低下する場合，何が起きるかを検討しよう．費用低下を促す要因としては，技術革新や，ある投入物の費用低下などが考えられる．いずれの場合も，費用の低下によって，企業の限界費用曲線と平均総費用曲線が共に下方にシフトする．

　限界費用が低下するので，各企業はどの価格帯でも生産量を増やそうとして，各企業の短期供給曲線は外側にシフトする．その結果，産業全体の短期供給曲線も外側にシフトする．

　こうした変化が図8.18に見てとれる．企業レベルで何が起きるのかをみたのが，パネルbである．当初の限界費用曲線はLMC_1，平均総費用曲線は

図8.18 完全競争産業における費用低下に対する長期的な調整

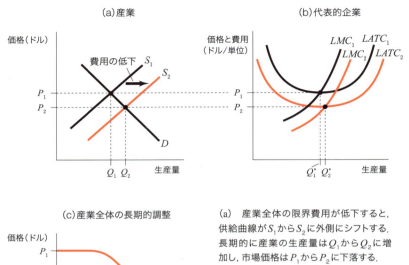

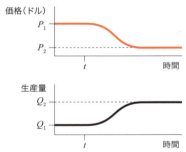

(a) 産業全体の限界費用が低下すると，供給曲線が S_1 から S_2 に外側にシフトする．長期的に産業の生産量は Q_1 から Q_2 に増加し，市場価格は P_1 から P_2 に下落する．
(b) 産業全体の限界費用が低下すると，企業の長期限界費用曲線は LMC_1 から LMC_2 にシフトし，長期平均総費用は $LATC_1$ から $LATC_2$ にシフトする．長期的に企業の生産量は Q_1^* から Q_2^* に増加する．
(c) 供給の増加で，長期的に価格は P_1 から P_2 に下落し，生産量は Q_1 から Q_2 に増加する．

$LATC_1$ である．当初の長期均衡状態では，市場価格 P_1 は企業の平均総費用の最小値に等しい．こうした市場状態を所与として，企業は Q_1^* を生産する．費用が低下すると，限界費用曲線は LMC_2 に，平均総費用曲線は $LATC_2$ にそれぞれシフトする．当初の市場価格 P_1 は，企業の平均総費用を上回ることになる．

産業レベル（パネルa）では，供給曲線が外側にシフトする．この背景には，費用の低下で既存企業の最適な生産量が Q_2^* に増加したこと，高価格 P_1 が新規参入を招いたことがある．供給曲線の外側へのシフトで，産業全体の供給量が増え，市場価格は下落する．これは，供給が S_2 に達するまで続く．

この点で，市場価格は，新たな平均総費用の最小値P_2に下落する．

図8.18のパネルcのように，このケースでの数量と価格の変化をプロットすると，高コストの長期均衡から低コストの長期均衡へと移行するあいだ，一貫して数量が増加し，価格が下落している．需要のシフトに対する反応と違って，長期の市場価格は下落したまま元には戻らない．長期費用が低下したからである．

応用　トウモロコシの需要拡大

米国のエタノール・ブームを背景とした最近のトウモロコシの需要拡大は，われわれの分析の正しさを占う格好の機会となる．小規模のトウモロコシ農家は，事実上，完全競争市場状態にあるため，トウモロコシの総生産量と市場価格は完全競争産業を反映しているとみることができる．

エタノール・ブームの契機となったのは，「2005年エネルギー政策法」の成立だといわれる．同法では，エタノールを含むバイオ燃料の消費拡大を義務づけると共に，エタノール向けの補助金が引き上げられた．米国内のエタノール工場は，2005年1月には81カ所だったが，2011年1月には204カ所に急増し，既存工場の多くが規模を拡大した．[5] この法律は，米国内のエタノール生産の主原料であるトウモロコシの需要を外側にシフトさせる要因となったとみることができる．前述のわれわれの分析に基づくと，短期的にトウモロコシの生産量が増え，価格が上昇すると予想される．

データは，この予想を裏づけている．2010年の米国内のトウモロコシの生産量は推計3億1,300万トンで，2005年から10％増加している．生産量が増加する一方，価格はそれを上回るペースで上昇している．シカゴ商品取引所で取引される1ブッシェルあたりのトウモロコシの価格は，2005年より前の10年は，長期平均で2.5～3.0ドル前後で推移していたが，2011年には6ドルを超えていた．[6]

---

5)　Renewable Fuels Association, "Ethanol Industry Overview," 2012年3月28日にアクセス．http://www.ethanolrfa.org/pages/statistics#EIO.

6)　生産データおよび価格データは米国農務省の飼料穀物データベース．

540　**第3部　市場と価格**

　われわれの分析では，長期的に価格がここまで高ければ，新規参入を促し，生産量が増え続けることで価格はいずれ下落すると予想される．新たな収益機会を生かそうと，他の作物を栽培していた農家がトウモロコシ生産に切り替えることもあるだろう．需要が（エタノール・ブーム以降の高い水準で）固定されていたとしても，業界全体の供給がシフトして，生産量がさらに増え，価格が下落する．

　われわれの分析が正しいかどうかは，時間が経てばわかる．いくつかの理由から，正しくない可能性がある．第1に，エタノール産業のさらなる拡大（工場建設は計画されているが，まだ実現していない）は，需要曲線のさらなるシフトを生む．そうなると，短期的には価格がさらに上昇し，価格が元の水準に戻るのが遅れる可能性がある．第2に，トウモロコシ栽培のコストが長期的に上昇する可能性がある．たとえば，トウモロコシを植え付け，栽培し，収穫するための機械の需要が増え，価格が上がる可能性もあり，トウモロコシ栽培が収穫に適さない限界地にまで広がる恐れもある．

　とはいえ，歴史をみれば，市場参入（および多少の生産性向上）が価格を引き下げる要因になることがうかがえる．たとえば，1970年代に穀物価格が大幅に上昇したことがある．1ブッシェルあたりの価格は，1974年に3ドル以上に上昇した（2011年価格では，14ドル近くなる計算だ）．3年経たないうちに2ドルに下落した．現在に比べると高いが，1974年と比べると30％低い．その後，2005年まで，1ブッシェルあたり2.5〜3.0ドル前後（2011年価格）にとどまっていた．原油市場でも似たような事態が起きた．原油価格が上昇すると，市場に参入しようと，新たな油田を求めて，石油掘削業者が世界中を駆け回ったのである．■

8.4 解いてみよう

　マスクメロンの市場は現在，1個3ドルで，長期の競争的均衡状態にある．リステリア菌の感染で，マスクメロンの需要が激減した．

a. 短期的に，マスクメロンの価格はどうなるか．グラフを使って説明せよ．

b. aで答えた価格に対し，短期的に生産者はどう反応するか．短期的に各生産者の利潤はどうなるか．グラフを使って説明せよ．
c. bで示された状況で，長期的にマスクメロン業界の生産者数はどうなると考えられるか．
d. マスクメロンの長期的な価格はどうなるか．

解答：

a. 下図のパネルaでわかるとおり，マスクメロンの需要が減少すると，マスクメロンの市場均衡価格が下落する（3ドルからP_2に下落する）．

b. パネルbでわかるとおり，価格がP_2に下落すると，各生産者は長期限界費用曲線上を移動して生産量を決めるが，生産量はQ_1^*からQ_2^*に減少する．問いの前提によれば，マスクメロン業界は長期の競争的均衡状態にある．1個3ドルで，各生産者の経済的利潤は0だった．したがって，価格がP_2に下落すると，生産者の平均総費用を下回っているはずである．需要が減少すると，生産者にとって経済的損失（経済的利潤はマイナス）になる．

c. 損失を抱えると，市場から退出する生産者が出てくると予想される．そのため，生産者数は減り，マスクメロンの生産量が減り，価格は上昇すると考えられる．

d. マスクメロンの価格は，平均総費用の最小値3ドルに戻るまで上昇を続ける．3ドルになると，業界は長期の競争的均衡になり，生産者

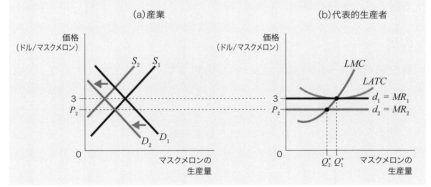

にとって参入，退出いずれのインセンティブもなくなる．

費用一定・費用逓増・費用逓減産業の長期供給

すでにみたとおり，完全競争産業の長期供給曲線は，価格が生産者の平均総費用の最小値と等しくなる水準で水平になる．だが，この分析では，産業全体の生産量が変化しても，企業の総費用曲線は変化しないことを暗黙の想定にしている．つまり，**費用一定産業**（constant-cost industry）だと想定していた．

現実には，必ずしもそうならない．**費用逓増産業**（increasing-cost industry）では，産業全体の生産量が増加すると，企業の費用曲線が上方にシフトする．その原因として，投入物の需要が増加して，その価格が上昇するといったことが考えられる．供給が限られる特殊な資本設備が必要な産業を思い浮かべるといい．産業全体の生産量が増えると，各企業がこの希少な資本を手に入れようとしのぎを削るため，その価格がつり上がる．これは，産業全体の生産量が増えると，各社の平均総費用が長期的にも上昇することを意味する．このため，費用逓増産業の長期供給曲線は右上がりになる．長期では参入，退出が考慮されるため，短期供給曲線ほど傾きがきつくはないが，水平になるわけでもない．

需要の増減に応じて，ある長期均衡状態から新たな長期均衡状態へシフトする様子は，前述の費用一定産業の場合に似ている．唯一の違いは，参入によっても，より高くなった新たな長期平均総費用水準までしか価格が下がらないということだ．

費用逓減産業（decreasing-cost industry）では，産業全体の生産量が増えるにつれ，企業の費用水準が低下する．その背景として，産業レベルで規模に関する収穫逓増がはたらいている場合もあれば，投入物の生産において規模に関する収穫逓増がはたらいている場合もあるだろう．こうした産業の長期供給曲線は，右下がりになる．需要の増加に応じて，ある長期均衡状態から新たな長期均衡状態へシフトする短い移行期は，費用一定産業の場合に似

第8章　競争市場における供給　　**543**

ているが，このケースでは，市場価格はかつての長期平均費用水準を下回り，以前より低い平均総費用の最小値に下落するまで参入が続く．

8.5　生産者余剰，経済的レント，経済的利潤

完全競争の分析では，完全競争市場の企業は長期的に経済的利潤が0になることを示した．

完全競争下の費用格差と経済的レント

なおその際，完全競争市場における長期のパフォーマンスをみるうえで，すべての企業の費用曲線は同じだと想定していた．これは，あまり現実的ではない．さまざまな理由から，企業の生産費用は異なっている．投入物の価格に差がある場合もあれば，生産効率を高めるノウハウや生産技術の違いもある．あるいは，歴史の偶然で幸運にも立地に恵まれるとか，良質な資源が入手しやすい，といった場合もあるだろう．完全競争産業において，企業間に費用の格差が存在するとき，効率性の高い生産者は，**経済的レント**（economic rent）と呼ばれる特殊なリターンを獲得する．

8.3節では，企業間の費用の差が，産業の限界費用曲線（ひいては，産業の短期供給曲線）が右上がりになる一因であることをみた．市場価格が高いときにのみ，費用が高くつく企業が生産を行う．

長期において企業が異なった費用曲線を持っているときに何が起きるかをみるために，まず費用が変動するときに生産量がどう変動するかをみよう．企業間の費用に差がなければ，各企業の限界費用曲線は同じになる．したがって，利潤を最大化する生産量も，市場価格が（各企業共通の）限界費用に等しい水準で同じになる．だが，各企業の限界費用曲線がばらばらなら，各企業の利潤を最大化する生産量も違ってくる．

各企業の費用に違いをもたらす要因が，特定の資産である例について検討しよう．つまり，これらの費用は企業の行動に左右されないし，他企業に売

図8.19: 長期限界費用が異なる企業

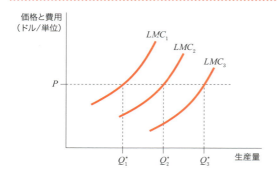

同一産業で，長期限界費用が異なる企業は，市場価格での生産量が異なる．各企業の利潤は，市場価格が長期限界費用と等しくなる水準（$P=LMC$）で最大となるため，低コスト企業の生産量（Q_3^*）が高コスト企業の生産量（Q_1^*）を上回る．

却することもできない．具体的には，特殊な技術や絶好の立地といったことが考えられる．いずれにせよこうした要因は，特定の企業の費用構造にのみ影響を与える．図8.19には，ある産業の3つの企業の長期限界費用を示した．企業1は，限界費用曲線LMC_1で示されるとおり，限界費用が高い．企業2の限界費用曲線はLMC_2であり，限界費用は高くも低くもない．企業3の限界費用曲線はLMC_3で，限界費用は低い．限界費用曲線が市場価格と交差する生産量は，企業ごとに異なっている．企業1の利潤を最大化する生産量は，最も少ないQ_1^*である．2番目に多いのが企業2で，生産量はQ_2^*である．生産量がQ_3^*で，最も多いのが企業3である．つまり，企業の費用が異なる場合，コストが高い企業ほど生産量が少なく，コストが低い企業ほど生産量が多いことになる．（生産量で測った）企業規模とそのコストの逆相関関係は，多くの産業，多くの国で見受けられる．

最もコストが高い企業について考えてみよう．企業1がそれだが，市場価格はこの企業の平均総費用の最小値を上回っている．すでに論じたように，完全競争市場において，すべての企業の費用曲線が同じであれば，市場価格が平均総費用の最小値を上回っていると，新たな企業の参入を招く．こうした新規参入によって，産業全体の供給曲線は外側にシフトし，市場価格が限界平均総費用に等しくなるまで下落する．これが，まさしく，ここで起きていることである．市場価格が企業1の最小平均総費用を上回っているのであ

れば，市場価格はすべての企業の平均総費用の最小値を上回っていることになる．そのため，新たに市場に参入する企業が出てくる．これらのすべての企業の費用が企業1のそれを下回っているのであれば，市場価格が企業1の平均総費用の最小値と同じ水準に下落するまで，産業全体の供給曲線は外側にシフトする．

　一方，費用が企業1を上回る新規参入企業があるならば，最も費用が高い新規参入企業の平均総費用の最小値と同じ水準に市場価格が下がるまで，新規参入が続く．

　いずれのケースでも認識しておくべき重要な点は，各企業の費用曲線が異なる完全競争市場では，長期の市場価格が産業内の最も費用が高い企業の平均総費用の最小値に等しくなる，ということだ．この最も費用が高い企業では，利潤が0，生産者余剰が0になる．市場の他の企業はどうか．最も費用が高い企業に比べて，他の企業の平均総費用の最小値は低く，したがって市場価格を下回っている．製品を販売するたびに利潤が出て，その利潤は費用が低いほど大きくなる．前述の「応用」で取り上げたテキサスの電力産業の状況によく似ている．市場価格は限界的生産者の限界費用によって決まり，低コストの発電所がその価格で生産者余剰を獲得する．最も費用が高い既存企業よりも低い費用の企業が，なぜもっと市場に参入しないのか不思議に思うかもしれない．そんな企業が存在していれば，参入するだろう．新規参入企業は，平均総費用に上乗せしてプラスの利潤を獲得できる．さらに，新規参入は，産業全体の供給曲線を外側にシフトさせ，市場価格を引き下げ，既存の高コスト企業の退出を促す．長期の市場価格がこれら企業の最小平均総費用を下回るからだ．じつは，産業内で最もコストの高い企業の費用を下回る企業がなくなるまで，参入は続く．既存の低コスト企業が既存の低コスト水準で生産能力を拡大することも，形は違うが市場参入であることに変わりない．

　各企業の費用曲線が異なる産業では，新規参入が止まると，長期的影響が顕在化する．最も費用が高い企業が自社の長期平均総費用を上回る価格で生産物を販売してくれれば，生産者余剰と経済的レントを獲得できると，すべての企業が期待する．この余剰は，より低い費用で生産できる各企業の独自

546　第3部　市場と価格

性と結びついている．前に述べたように，費用が低いのは，特殊な技術を
持っていたり，ある種のノウハウが優れていたり，立地がよいことの結果か
もしれない．このようにコスト面で有利であればあるほど，生産者余剰や経
済的レントは大きくなる．

　経済的レントとは，希少な投入物に対して企業が実際に支払った額を上回
るリターンである．スティーブ・ジョブズのようにすこぶる優秀で，生産プ
ロセスの効率的管理に長けたマネジャーを確保できたため，コストを低く抑
えられる企業があるとしよう．このマネジャーの報酬が他社のマネジャー並
みでいいなら（少なくとも，このマネジャーの手腕によるコスト面の有利さ
を吹き飛ばすほど，報酬を上乗せする必要がなく），そしてこのマネジャー
のように並外れて有能な人材がほかにいないなら，このマネジャーの人的資
本は企業に経済的レントをもたらす．あるいは，顧客サービスに有利な立地
のおかげで，低コストが実現できている企業があるとすれば，その立地はす
べての企業が入手できるものではないので，経済的レントの源泉になる．重
要なのは，経済的レントが同業他社との相対的な費用の違いによって決ま
る，という点である．希少な投入物によって得られる利潤は，その企業の費
用が他社の費用に比べてどのくらい低いかに依存するからである．費用の格
差が大きければ大きいほど，レントも大きくなる．

経済的利潤と経済的レントは等しくない　　この時点で，読者は若干，混乱
しているかもしれない．完全競争市場では長期的に経済的利潤が0になると
前に述べたのに，ここでは，各企業の費用が異なれば経済的レントを得られ
るといっている．経済的利潤が0になるのは，すべての企業の費用が等しい
ときだけなのだろうか．

　完全競争市場における企業は，費用が異なっていたとしても，経済的利潤
は0になる．経済的利潤と経済的レントには違いがある．経済的利潤が投入
物の機会費用を差し引くのに対し，経済的レントはそれを生みだす投入物の
機会費用を含んでいる．これは，投入物が他の企業に帰属していたとして
も，レントを稼ぐことに変わりないからだ．前に述べたように，有能なマネ
ジャーや有利な立地が他企業にあれば，その企業のコストは低くなる．した

第8章　競争市場における供給　　547

がって，その企業はそのレントを生み出す投入物に，より多くの対価を支払ってもいいと考える．このような固有の投入物に対する支払い意欲（経済的レント）が，現時点でその投入物を保有している企業にとっての機会費用を高める．この企業は，投入物を他企業に売ることを断念して，それを利用しているのだ．企業の収入からこの機会費用を差し引けば，経済的利潤は，投入物のレントがまったくない場合と変わらなくなる．

　実際，この点はきわめて重要である．優秀なプログラマーやエンジニアがいるおかげで低コストを実現している企業は，この希少な人材に支払う報酬がつり上がって，優位性を失いかねない．こうしたケースのレントは，企業ではなく，希少な資源そのもの（この場合はプログラマーやエンジニア）にもたらされるのである．

8.6　結論

　この章では，完全競争産業における企業の利潤最大化行動について学んだ．完全競争産業の特徴は，参入障壁がないこと，同一の財をつくる企業が多数存在すること，企業が価格受容者であること，だった．完全競争下の企業は，市場価格（完全競争市場における限界収入と等しい）が限界費用と等しくなる水準で生産することにより，利潤を最大化する．ある企業の供給曲線は，限界費用曲線のうち平均費用曲線と同じか上回る部分であり，個々の企業の供給曲線を結合すれば産業全体の供給曲線ができあがる．

　現実の世界では，たいていの企業は市場価格に何らかの影響を与えており，多くの産業は完全競争を目指しているが，ほんとうの意味での完全競争産業はないに等しい．とはいえ，ここで構築した利潤最大化の枠組みは，シンプルな基礎として有用であり，ここから，より複雑な市場構造の分析に発展させることができる．第9章，第10章では，完全競争とはほど遠い企業——独自製品を販売する独占企業を取り上げる．独占的競争企業と寡占企業は，独占企業や完全競争企業に共通する特徴がある．これらについては，第11章で検証する．

まとめ

1. ある産業の**市場構造**は，その産業内の企業数，製品タイプ，参入障壁の度合いによって特徴づけられる．これらの尺度で考えると，市場構造は4つのタイプに分類できる．完全競争，独占的競争，寡占，独占である．**完全競争**産業には参入障壁がなく，同一製品を販売する多数の企業が存在する．こうした特徴から，完全競争下の企業は価格受容者であり，水平な需要曲線は限界収入曲線と等しくなる．[8.1 節]

2. 企業は**利潤**の最大化，すなわち総収入と総費用の差の最大化を目指している．完全競争企業は，**限界収入**が市場価格と等しくなる生産量で利潤を最大化する．[8.2 節]

3. 短期的に，企業が事業を行うのは市場価格が自社の平均可変費用以上のときに限られるので，企業の短期供給曲線は，限界費用曲線のうち平均可変費用曲線と同じか上の部分になる．それを下回る価格では，生産量が0となるので，供給曲線はY軸で垂直になる．[8.3 節]

4. 産業全体の供給曲線は，個々の企業の供給曲線を水平に足し合わせたものになる．つまり，任意の価格での産業全体の供給量は，その価格での各企業の供給量の合計になる．一企業の供給曲線と同様に，産業全体の供給曲線は一般に右上がりになるが，これは2つの要因による．第1に，市場価格が上がれば，個々の企業が供給量を増やす．第2に，価格が上がれば，よりコストの高い企業が供給を開始し，産業全体の供給量が増える．[8.3 節]

5. 企業の生産者余剰は，総収入から可変費用を差し引いたものに等しい．一方，企業の利潤は，総収入から総費用を差し引いたものに等しい．生産者余剰を図で表すと，一企業，産業ともに，市場価格より下で，企業あるいは産業の短期供給曲線より上の部分になる．[8.4 節]

6. 完全競争産業が**長期の競争的均衡**状態にあるとき，企業の経済的利潤は0になる．完全競争産業では，参入障壁がないためである．企業は**自由参入**，**自由退出**が可能で，そうすることが利潤になる場合に参入あるいは退出を選択する．長期的には，需要の変化や費用の変化で，長期均衡

第8章 競争市場における供給 **549**

状態の供給量は変わってくる. **費用一定産業**では, 長期供給曲線は水平
である. **費用逓増産業**では, 長期供給曲線が右上がりとなり, **費用逓減
産業**では, 長期供給曲線が右下がりになる. [8.4節]

7. 完全競争下の企業は長期的に経済的利潤が0だが, プラスの**経済的レン
ト**を得ることはできる. 経済的レントがプラスになるのは, 費用が他企
業より低い場合である. [8.5節]

復習問題

(解答は以下のサイトで入手できる. https://store.toyokeizai.net/books/9784492314951)

1. 経済学では産業を, 産業内の企業数, 製品のタイプ, 参入障壁の3つの基準
で分類する. これらの基準を使って, 完全競争産業を説明せよ.
2. 完全競争下の企業では, 需要曲線が水平になるのはなぜか.
3. 企業の利潤を定義せよ.
4. 完全競争下の企業が利潤を最大化するとき, 市場価格と限界費用の関係はど
うなっているか.
5. 赤字を出している企業は, 市場価格と自社の平均可変費用の関係に基づいて,
生産を停止するかどうかを決める. 生産を継続するのはどんなときか. この
決定にあたって, 固定費用を無視するのはなぜか.
6. 完全競争下の企業の短期供給曲線はどうなるか.
7. 個別企業の短期供給曲線から, 産業全体の短期供給曲線を導出するにはどう
すればいいか.
8. 企業の固定費用が変化するとき, 産業の短期供給曲線はどうなるか.
9. 生産者余剰を定義せよ. 利潤, 生産者余剰, 固定費用の関係を説明せよ.
10. 完全競争産業では, 長期的に参入と退出が自由である. 企業が参入を決める
のはどんなときか. 退出を決めるのはどんなときか.
11. 経済学でいう市場の長期競争的均衡とはどのような状態を指すか.
12. 経済的レントとは, 希少な投入物に対し企業が支払った対価を上回るリター
ンである. 企業が経済的レントを得るのはどんなときか.
13. 完全競争下の企業は, 長期的に経済的利潤が0になる. 企業の経済的利潤が0
で, 経済的レントがプラスになるのはなぜか.

550 第3部 市場と価格

演習問題

（＊をつけた演習問題の解答は，以下のサイトで入手できる．https://store.toyokeizai.net/books/9784492314951）

*1. ナンシーは，完全競争市場で蜜ろうを1ポンドあたり50ドルで販売している．ナンシーの固定費用は15ドルで，年間6ポンドまで蜜ろうを生産できる能力がある．これらの情報を使って，下の表を穴埋めせよ．（ヒント：総可変費用は，限界費用を任意の生産量まで単純に合計したものである．）

数量	総収入	固定費用	可変費用	総費用	利潤	限界収入	限界費用
0	0	15				—	—
1							30
2							35
3							42
4							50
5							60
6							72

    a. ナンシーが総収入の最大化を目指すなら，何ポンドの蜜ろうを生産すべきか．

    b. ナンシーが利潤を最大化するには，何ポンドの蜜ろうを生産すべきか．

    c. 利潤を最大化する生産量の水準で，限界収入と限界費用はどうなるか．

    d. ナンシーの固定費用が突然30ドルに跳ね上がったとする．この突然の費用の増加に対し，ナンシーは生産量をどう変えるべきか．

    e. 養蜂業の組合が賃上げを要求し，蜜ろう生産の限界費用がどの生産量でも8ドル増加した．この突然の費用の増加に，ナンシーは生産量をどう変えるべきか．

*2. 次ページの図は，アロエベラのジェル〔化粧水の一種〕の市場を表したものであり，図のパネルaは市場全体の需要曲線と供給曲線，パネルbは業界の代表的企業の長期費用曲線である．

    a. この産業における企業の経済的利潤はプラスかマイナスか．なぜ，そう言えるのか．

    b. aの状態を受けて，市場に参入するか，市場から退出することになる．参入，退出のどちらになるか．それによって業界にはどのような影響があるかを示せ．

    c. 市場のこの変化により，価格が変化することになる．パネルbの代表的企

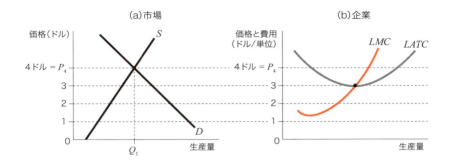

業に価格変化が与える影響を示せ．
　　d. 参入，退出が止まる価格はいくらか．その理由を簡潔に説明せよ．
3. 鶏卵業界では，多くの企業が同一商品を生産している．下図のパネルaに市場全体の需要曲線と供給曲線を，パネルbには代表的企業の長期費用曲線を示した．現時点で，卵1ダースの市場価格は2ドルであり，この価格で1日に80万ダースの卵が消費されている．
　　a. 利潤の最大化を目指すなら，各企業はどれだけ卵を生産すべきか．
　　b. 現在，卵を供給している企業は何社か．
　　c. 卵の長期均衡価格はいくらになるか．説明せよ．
　　d. 長期的に，一般的な企業の卵の生産量はいくらになるか．
　　e. 長期的に，業界を構成する企業は何社になるか．

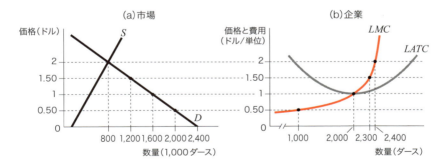

4. 次ページの図は，ウオッカをつくるメーカーの収入と費用を示している．
　　a. 生産量が20単位のときの利潤はいくらか．生産量が120単位のときの利潤はいくらか．
　　b. 生産量を70単位から60単位に減らすことにした．利潤はどうなるか．

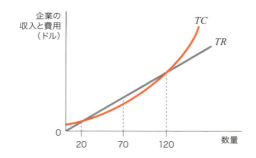

c. 生産量を70単位から80単位に増やすことにした．利潤はどうなるか．

d. 生産量70単位の水準で，総費用曲線に接する接線を描け．この線は総収入曲線に似ているだろうか．総収入曲線の傾きは，何を表しているだろうか．総費用曲線の傾きは，何を表しているだろうか．

5. ジョシーのプッシーキャッツでは，陶器製の子猫を販売している．生産の限界費用は，生産量に依存し，$MC = 0.8Q$の等式で与えられている．つまり，1個目の限界費用は0.8ドルであり，2個目の限界費用は1.6ドルである．この業界は完全競争であり，市場価格の16ドルで好きなだけ販売できる．

a. 1個販売することによるジョシーの限界収入はいくらになるか（等式の形で答えよ）．

b. ジョシーが利潤を最大化するつもりなら，何個生産すべきか．この生産水準で，どのくらい利潤を得られるか（固定費用は0と考える．ジョシーの限界収入と限界使用のグラフを描くといい）．

c. ジョシーがbで求めた量を生産しているとする．追加でもう1個生産すると，利潤はどうなるか．

d. cの答えを生かして，「多ければ良いわけではない」という命題について説明せよ．

6. エロイーズとアベラールは手紙の代筆を職業にしている．この業界は完全競争市場である．エロイーズの方が，アベラールよりもはるかに優れていて，平均して費用はアベラールの半分だ．以下の記述は，正しいか間違っているか，説明せよ．エロイーズとアベラールが共に利潤を最大化しているのであれば，エロイーズの限界費用は，アベラールの限界費用の半分になる．

*7. ハックはベリー類の生産農家である．短期の総費用曲線は，$TC = Q^3 - 12Q^2 + 100Q + 1{,}000$で与えられている．

a. ハックの固定費用の水準はいくらか．

b. ハックの短期平均可変費用はいくらか（平均可変費用AVCを生産量Qの関数として表せ）．

c. ベリーの価格が60ドルだとすれば，ハックはどれだけベリーを生産すべきか．そう考えた理由も説明せよ．（ヒント：bで求めた平均可変費用AVCの関数を，注意深くグラフにしてみよう．）

d. ベリーの価格が73ドルなら，ハックはベリーを生産すべきだろうか．説明せよ．

*8. ミニーは真珠の生産者であり，この業界は完全競争である．ミニーの費用曲線を下図に示した．真珠の価格は100ドルで，ミニーは月間1,000個の真珠を生産し，利潤を最大化している．

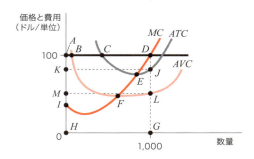

a. 1個＝100ドルで1,000個販売したとき，グラフ内の総収入にあたる部分を示せ．

b. 生産量が1,000個のとき，グラフ内の可変費用にあたる部分を示せ．

c. 生産量が1,000個のとき，グラフ内の固定費用にあたる部分を示せ．

d. bとcで求めた部分を合わせて，生産量が1,000個のときの総費用を示せ．

e. 1,000個を販売したときの利潤を，総収入から総費用を差し引いて求めよ．利潤にあたる部分をグラフで示せ．

9. 次の記述は正しいか間違っているか．その理由を説明せよ．「利潤があがっていないなら，短期的に生産を停止すべきである．」

10. 完全競争下の企業の費用曲線を描いた次ページの図について検討しよう．市場価格（および限界収入）は7ドルである．

a. この企業の経営者は，生産量が11単位で，限界費用と限界収入が等しくなることに気づいた．生産量が11単位のとき，この企業の利潤または損失はいくらになるか．

b. 生産を停止して，可変費用を0にすることにしたとする．この企業の利潤

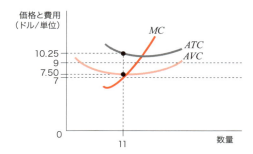

　　　または損失はいくらかになるか．
　c. 価格が7ドルの場合，11単位生産するのと，何も生産しないのとどちらがいいか．価格が9ドルではどうか．
11. マーティは，完全競争市場で次元転移装置を販売している．限界費用は$MC = Q$で与えられている．マーティが生産する1台目の装置の限界費用は1ドル，2台目の限界費用は2ドルである．
　a. 生産量が1台増えるごとの限界費用を示すグラフを描け．
　b. 装置の価格が2ドルだとすれば，マーティの利潤を最大化する生産台数はいくらか．
　c. 装置の価格が3ドル，4ドル，5ドルのとき，利潤を最大化する生産台数はいくらか．
　d. 企業の供給曲線は，さまざまな価格でこの企業が生産，供給する数量を示したものである．（b, cで解いたように）マーティが利潤を最大化する数量を選択したと想定し，供給曲線を描け．
　e. 描いた2つのグラフを比較せよ．完全競争下の企業の供給曲線について，どんなことが言えるか．
*12. 完全競争市場のジャガイモの生産者の費用曲線を描いた，下図について考えてみよう．ジャガイモの現在の価格は，1ポンドあたり3ドルである．

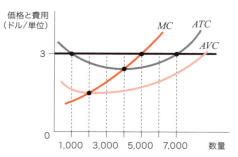

a. 利潤を最大化するために，何ポンドのジャガイモを生産すべきか．
   いま，銀行がジャガイモの生産農家の変動モーゲージ・ローンに適用される金利を引き上げたとする．これにより生産農家の毎月の返済額が増加する．
b. 該当する費用曲線をシフトさせて，ローン返済額の変化を示せ．
c. どの曲線がシフトし，どの曲線がシフトしないか．その理由も述べよ．
d. 金利の変化が，農家の生産量にどのような影響を与えるか．
e. 金利が上昇した結果，ジャガイモ生産農家の利潤はどうなるか．
f. 金利の変化によって，生産農家の短期供給曲線の形状と位置はどう変化するか．

13. ジョン，ポール，ジョージの3人は作曲家であり，この業界は完全競争である．下図は，3人の供給曲線である．

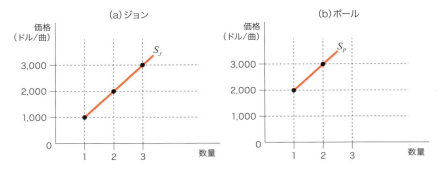

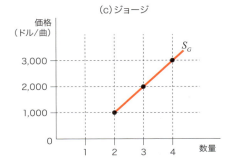

a. 1曲の価格が1,000ドルのとき，ジョンは何曲作るか．ポール，ジョージはどうか．3人合わせると何曲になるか．
b. 1曲の価格が2,000ドルのとき，ジョンは何曲作るか．ポール，ジョージ

はどうか．3人合わせると何曲になるか．
c. 1曲の価格が3,000ドルのとき，ジョンは何曲作るか．ポール，ジョージはどうか．3人合わせると何曲になるか．
d. この業界には，ジョン，ポール，ジョージしかいないものとする．aからcの答えを使って，産業全体の短期供給曲線を描け．

14. 下図に示された，真珠の生産者ミニーの費用曲線について考えてみよう．真珠の価格が100ドルのとき，ミニーは1,000個の真珠を生産する．

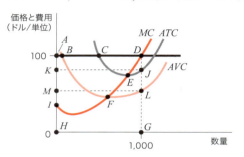

a. 真珠の価格が100ドルのとき，ミニーの生産者余剰にあたる部分を指し示せ．
b. ADIとADLMの面積は等しくなるはずである．その理由を述べよ．

15. 過去9カ月，イリアナはシカゴで小さなアイスクリーム・ショップを営んできた．この間，収支はトントンで，経済的利潤は0である．今朝，イリノイ州の保健省から，酪農製品の取扱い認可料を営業開始日に遡って年間，2倍に引き上げるとの通告があった．
a. 短期的に，この認可料の引上げは，イリアナの生産量にどのような影響を与えるか．イリアナの利潤には，どのような影響を与えるか．
b. 長期的に，この認可料の引上げは，イリアナの生産量にどのような影響を与えるか．
c. 保健省は認可料を2倍に引き上げるのではなく，イリアナにバクテリアの繁殖を抑えることを義務づけたとする．この規制は，短期および長期的に，イリアナの生産決定と利潤にどのような影響を与えるか．

16. マーサは，完全競争市場でゼリーを生産している．昨年は，マーサ自身も競合各社も，経済的利潤を獲得した．
a. 業界への参入，退出が自由だとすれば，長期的に業界の生産者の数はどうなると予想されるか．

b. aで述べた参入・退出により, 業界全体のゼリーの供給量に何が起きるか. 説明せよ.

c. bで述べた供給量の変化の結果, ゼリーの価格はどうなるか. その理由も述べよ.

d. cで述べた価格変化の結果, マーサは生産量をどのように調整するか.

*17. キャノーラ油生産は完全競争産業である. すべての生産者の長期の総費用関数は, 以下の等式で表される. $LTC = 2Q^3 - 15Q^2 + 40Q$. Q はキャノーラ油の生産量で, 単位はトンである. これに対応する限界費用関数は, $LMC = 6Q^2 - 30Q + 40$ で与えられている.

a. Q が1から10のとき, 各社の長期平均総費用を計算し, グラフにせよ.

b. キャノーラ油の長期均衡価格はどうなるか.

c. 長期的に, 各社の生産量はどうなるか.

d. キャノーラ油の需要が, $Q = 999 - 0.25P$ で与えられている〔P は価格〕. 長期均衡価格で市場全体の需要量はいくらになるか.

e. dの答えを前提にすると, 業界が長期均衡状態にあるとき, 何社が存在するか.

18. レストラン産業は完全競争的だとする. すべてのレストランが同じ費用曲線を持ち, 業界は現在, 長期均衡状態にある. 各レストランは, 長期の平均総費用の最小値8ドルで供給している.

a. レストランの食事に対する需要が突然増加すると, レストランの食事の価格に何が起きるか. 個々のレストランは, この価格変化にどう反応するか. 業界への参入あるいは業界からの退出は起きるだろうか. 説明せよ.

b. 市場全体として, 均衡数量の変化が大きいのは短期と長期のどちらか. 説明せよ.

c. 個々のレストランの供給量の変化は, 短期と長期でどちらが大きいか. その理由を説明し, bの答えとの整合性を考えよ.

19. 卵の市場は当初, 長期均衡状態にあったとする. ある日, 儲けに飢えた野心家のアトキンスが, 卵を産みそうな雌鶏にピンクのコンタクトレンズをさせることを思いついた. 天才的な思いつきで, 一夜にして雌鶏が産む卵の数が増え, アトキンスの費用は低下した.

a. アトキンスはこの思いつきを利用して, 短期的に利潤を増やすことができるだろうか. その理由も述べよ.

b. アトキンスの右腕のアブナーが地元のバーで, うっかりアトキンスの発明を漏らしてしまった. ほどなくNBCの有名キャスターから夕方のニュー

ス番組用にインタビューを受けることになった。このニュースを見て、ラ
イバルの農家は短期的にどうすると考えられるか。卵の生産農家の利潤は
どうなるか。

c. 長期的に卵の価格はどうなるか。アトキンスも含めて、卵の生産農家の利
潤はどうなるか。

d. 長期的にみた場合、競争と利潤の追求の結果、生産者はごく短期間しか有
利にならないが、消費者はずっと恩恵を受け続けることになる。その理由
を説明せよ。

20. アイスクリーム産業は完全競争産業である。各メーカーは製造責任者を雇う
必要がある。有能なマネジャーは50人しかいないが、平均的な能力のマネ
ジャー候補ならいくらでもいる。マネジャーは全員、年俸20万ドルをもらっ
ている。

●有能なマネジャーを擁する企業の長期の総費用は、$LTC_E = 200 + Q^2$で与
えられている（Qは、5ガロン入りのアイスクリーム鉢1,000個）。また限界費
用関数は$LMC_E = 2Q$、長期平均総費用関数は$LATC_E = 200/Q + Q$である。

●平均的なマネジャーを擁する企業の長期的総費用は、$LTC_A = 200 + 2Q^2$で
与えられている。限界費用関数は$LMC_A = 4Q$、長期平均総費用は$LATC_A = 200/Q + 2Q$である。

a. 有能なマネジャーを擁する企業の供給曲線を導出せよ。

b. 平均的な能力のマネジャーを擁する企業の供給曲線を導出せよ。

c. 平均的な能力のマネジャーを擁する企業の長期平均総費用$LATC_A$の最小
値は40ドルで、10単位を生産したときに達成される。有能なマネジャー
を擁する企業の長期平均総費用$LATC_E$の最小値は28.28ドルで、14単位
を生産したときに達成される。この情報だけでは、5ガロン入りのアイス
クリーム鉢の長期均衡価格を求めることができない。その理由を説明せ
よ。

d. cに関して、アイスクリームの市場需要は$Q^d = 8,000 - 100P$で与えられ
ている。長期的に、市場需要を、有能なマネジャーを擁する企業だけで賄
うことはできないが、その理由を説明せよ。（ヒント：有能なマネジャー
を擁する企業全体の供給量を割り出したうえで、需要曲線を使って均衡価
格を求める。この価格は長期的に維持できるだろうか。）

e. dでは、供給側が有能なマネジャーを抱える企業と、平均的マネジャーを
抱える企業の両方で構成される理由を説明した。アイスクリームの長期均
衡価格はどうなるか。

第8章　競争市場における供給　**559**

f. eで求めた価格では，有能なマネジャーを抱える50社はすべて業界にとどまる．平均的なマネジャーを抱える企業は何社がとどまるか．

g. eで求めた価格では，平均的マネジャーを抱える企業の利潤はいくらになるか．

h. eで求めた価格では，有能なマネジャーを抱えた企業の利潤はいくらになるか．有能なマネジャーが自社にもたらす経済的レントはいくらになるか．

561

用語集*

> * 基礎編，発展編共用．本文該当箇所の記述と異なって
> いる場合は，原著用語集の記述を採用．

【ア 行】

悪しき財　→バッズ

アットパー（額面どおり）（at par）　価格
が額面に等しいか，利回りがクーポン
レートに等しい債券．

アンカリング（anchoring）　フレーミン
グのバイアスの一種で，与えられた特定
の情報に意思決定が左右されること．

アンダーパー（額面以下）（below par）
価格が額面を下回るか，利回りがクーポ
ンレートを上回っている債券．

一括移転（lump-sum transfer）　個人の
選択に左右されない額の個人への移転ま
たは個人からの移転．

一般均衡分析（general equilibrium analy-
sis）　市場行動に関する研究で，すべ
ての市場が同時に均衡したときの市場間
の影響と状態を説明．

移転（transfer）　価格規制の結果生じる，
生産者から消費者，または消費者から生
産者への余剰の移転．

後ろ向き帰納法（backward induction）
マルチステップ・ゲームで，まず最終ス
テップを解いた後，後ろから解いていく
プロセス．

永久懲罰トリガー戦略（grim trigger strate-
gy（or grim reaper strategy））　1人の
プレーヤーが裏切ると，協力的なプレー

が一切とられなくなる戦略．

営業収入（operating revenue）　生産物
を販売することにより得られる収入．

営業費用（operating cost）　生産物を生
産・販売するのに伴って発生する費用．

XのYに対する限界代替率（MRS_{XY}）（mar-
ginal rate of substitution of X for Y
（MRS_{XY}））　消費者がある財（X軸の
財）を，他の財（Y軸の財）と交換する意
欲があり，なおかつ交換によって効用が
変わらない率．

エッジワース・ボックス（Edgeworth box）
2つの経済主体と2つの財から成る経済
のグラフで，市場の効率性を分析するた
めに使われる．

エンゲル曲線（Engel curve）　消費者の
所得と財の消費量の関係を表した曲線．

オーバーパー（額面以上）（above par）
額面価格を上回るか，利回りがクーポン
レートを下回っている債券．

【カ 行】

会計上の費用（accounting cost）　原材
料費など，事業に関わる直接的な費用．

会計上の利潤（accounting profit）　企業
の総収入から会計上の費用を差し引いた
値．

回収期間（payback period）　将来の
キャッシュフローを割り引くことなく，グ

ロスの将来の利益で投資の初期費用が回収できるまでの期間.

外部経済　→正の外部性

外部限界費用（external marginal cost）　財が追加的に1単位生産ないし消費される際に, 第三者が被る費用.

外部限界利益（external marginal benefit）　財が追加的に1単位生産ないし消費される際に, 第三者にもたらされる利益.

外部性（externality）　経済取引に直接関与しない第三者に影響を与える費用または利益.

外部不経済　→負の外部性

価格差別（price discrimination）　市場支配力を持つ企業が, 顧客の支払い意欲に応じて同じ財の価格を変える戦略.

価格支持　→下限価格

価格戦略（pricing strategy）　市場の特性に基づいて自社製品の価格を決定する方法.

下級財（劣等財）（inferior good）　所得が増えると需要量が減る財.

確実性等価（certainty equivalent）　個人が受け取る不確実な収入の期待効用と同等の確実な収入の水準.

学習効果（learning by doing）　生産量が増えるにつれて生産効率が上がるプロセス.

額面（face value or par value）　債券の発行体が利子を支払うもとになる元本.

額面以下　→アンダーパー

額面以上　→オーバーパー

額面どおり　→アットパー

下限価格（価格支持）（price floor（price support））　ある財やサービスについて, 法的に下限価格を定める価格規制.

寡占（oligopoly）　少数の企業が競合する市場構造.

可変費用（variable cost）　生産量に応じて変動する投入物にかかる費用.

カルテルまたは共謀（cartel or collusion）　寡占モデルの一種で, 複数の企業が協調して独占企業のようにふるまい, 独占的利潤を得る行動.

間接の価格差別（第2種価格差別）（indirect price discrimination（second-degree price discrimination））　企業が提示するさまざまな選択肢のなかから顧客に価格を選択させる戦略.

完全価格差別（第1種価格差別）（perfect price discrimination（first-degree price discrimination））　直接の価格差別の一種で, 企業が各顧客の支払い意欲に等しい価格を課す戦略.

完全競争（perfect competition）　多くの企業が同一財を生産し, 参入障壁がない市場.

完全情報（complete information）　経済取引において, すべての当事者が関連する情報を把握している状況.

完全代替財（perfect substitute）　ある財と他の財を一定の比率で交換することで, 同水準の効用が得られる財.

完全弾力的（perfectly elastic）　価格弾力性が無限大. 価格が少しでも変化すると, 需要量または供給量が無限に変化する.

完全非弾力的（perfectly inelastic）　価格弾力性がゼロ. 価格がどう変化しても, 需要量または供給量は変化しない.

完全補完財（perfect complement）　効用水準が他の財の一定比率の使用量に依存する財. ある財から得られる効用が, 他の財と一定比率で使用される量に依存するときの2つの財.

完全保険（complete insurance or full insur-

用語集　　**563**

ance)　どのような結果になっても, すべての被保険者に同額の所得を保証している保険証券.

元本 (principal)　利払いの対象となる資産の額.

機会費用 (opportunity cost)　ある投入物を使用することで生産者があきらめた価値.

技術的限界代替率 ($MRTS_{XY}$) (marginal rate of technical substitution ($MRTS_{XY}$))　生産量を一定とした場合の, 投入物Xと投入物Yの交換比率.

技術変化　→全要素生産性の上昇

期待値 (expected value)　確率加重平均した配当.

ギッフェン財 (Giffen good)　価格と需要量が正の関係にある財.

規模に関して収穫一定 (constant returns to scale)　すべての投入物を同じ比率で変化させると, 生産量が同じ比率で変化する生産関数.

規模に関して収穫逓減 (decreasing returns to scale)　すべての投入物を同じ比率で変化させると, 生産量がそれを下回る比率で変化する生産関数.

規模に関して収穫逓増 (increasing returns to scale)　すべての投入物を同じ比率で変化させると, 生産量がそれを上回る比率で変化する生産関数

規模に関する経済一定 (constant economies of scale)　総費用が生産量と同じペースで増加する.

規模に関する収穫 (returns to scale)　すべての投入物を同じ比率で増減させたときの生産量の変化.

規模の経済 (economies of scale)　総費用が生産量を下回るペースでしか増加しない.

規模の不経済 (diseconomies of scale)　総費用が生産量を上回るペースで増加する.

逆供給曲線 (inverse supply curve)　価格を供給量の関数の形で表した供給曲線.

逆需要曲線 (inverse demand curve)　価格を需要量の関数の形で表した需要曲線.

逆選択 (adverse selection)　市場の特性から, 高品質の財が淘汰され, 低品質の財が増える状況.

供給 (supply)　ある市場において, すべての生産者が販売したいと考える財の総計.

供給曲線 (supply curve)　他の要因が一定として, ある財の供給量と価格との関係を表した曲線.

供給消滅価格 (supply choke price)　生産しようとする企業が存在せず, 供給量がゼロとなる価格. 逆供給曲線の縦軸切片.

供給の変化 (change in suppy)　価格以外の供給決定要因の変化によって生じる, 供給曲線そのもののシフト.

供給量の変化 (change in quantity supplied)　財の価格が変化した結果生じる, 供給曲線上の (供給曲線に沿った) 動き.

共有資源 (common resource)　すべての個人が自由に利用でき, 他の人の利用が増えるにつれて個々人にとっての価値が低下する財.

共有地の悲劇 (tragedy of the commons)　私有の資源よりも共有の資源が濫用される現象.

均衡価格 (equilibrium price)　需要量と供給量が一致する唯一の価格.

クーポンレート (coupon rate) 一定期間毎に債券保有者に支払われる利子の大きさ.

クールノー競争 (Cournot competition) 寡占モデルの一種で, 各社が自社製品の生産量を決定する競争.

クラウディングアウト (crowding out) 市場で政府のプレゼンスが高まることによる民間活動の低下.

クラブ財 (club good) 競合しないが排除可能な財.

繰り返しゲーム (repeated games) 同じ経済主体のあいだで何度も繰り返される同時ゲーム.

グループ別 (セグメント別) 価格差別 (第3種価格差別) (segmenting (third-degree price discrimination)) 直接の価格差別の一種で, 異なる顧客グループに異なる価格を課す.

経済的費用 (economic cost) 生産者の会計上の費用と機会費用の合計.

経済的利潤 (economic profit) 企業の総収入から経済的費用を差し引いた値.

経済的レント (economic rent) 企業が特定の投入物に対して支払う対価を上回るリターン.

計量経済学 (econometrics) 数学的手法および統計的手法を開発・活用して経済理論を検証する分野.

ゲーム理論 (game theory) 2つまたはそれ以上の経済主体の戦略的相互作用を研究する学問.

限界効用 (marginal utility) ある財やサービスを追加的に1単位消費することで消費者が得られる追加的な効用.

限界削減費用 (MAC) (marginal abatement cost (MAC)) 排出量を1単位削減する費用.

限界収入 (marginal revenue) 生産物の販売を1単位増やすことで得られる追加的な収入.

限界生産物 (marginal product) ある投入物を追加的に1単位増やすことにより (他の投入物の量は一定) 得られる追加的な生産物.

限界生産物逓減 (diminishing marginal product) ある投入物を増やすにつれて, その限界生産物が減少していく, という生産関数の特徴.

限界費用 (marginal cost) 生産量を1単位増やすのに必要な追加的な費用.

限界変形率 (marginal rate of transformation (MRT)) 市場における任意の財の生産のトレードオフ.

現在割引価値 (present discounted value (PDV)) 現在価値に換算した将来の支払い額.

交換の効率性 (exchange efficiency) 消費者間の財のパレート効率的な配分.

公共財 (public good) 消費意欲を持つ人は誰でも利用可能で, 他の人が消費しても有用性が変わらない財.

交互ゲーム (sequential games) まず1人のプレーヤーが動き, 他のプレーヤーはその動きを見ながら自分の行動を決めるゲーム.

厚生経済学 (welfare economics) 社会全体としての経済的幸福を研究対象とする経済学の領域.

厚生経済学の第一基本定理 (First Welfare Theorem) 一般均衡状態にある完全競争市場において, 資源の配分はパレート効率的になる, という定理.

厚生経済学の第二基本定理 (Second Welfare Theorem) 完全競争市場における任意のパレート効率的な資源配分は,

用語集 565

当初の配分の一般均衡の結果である，という定理．

行動経済学（behavioral economics）　人間心理に関する知見を経済行動モデルに取り入れた経済学の一分野．

購入可能なバンドル（feasible bundle）　ある消費者が購入可能なバンドル．その解は，消費者の予算制約線上か下に位置する．

購入不可能なバンドル（infeasible bundle）　ある消費者が購入不可能なバンドル．その解は，予算制約線の右上に位置する．

効用（utility）　消費者の満足度を測る尺度．

効用関数（utility function）　実際の消費量と消費者の満足度の関係を表した数学的関数．

功利主義型社会的厚生関数（utilitarian social welfare function）　社会全体の厚生を個人の厚生の合計として計算する数学的関数．

効率的な汚染水準（efficient level of pollution）　外部性と関連する財が効率的な量だけ生産される排出水準．

コースの定理（Coase theorem）　誰が所有権を持っているかにかかわらず，費用のかからない市場参加者同士の交渉によって，効率的な生産量が実現されるという定理．

コーナー解（端点解）（corner solution）　ある消費者が2財のうち1財しか買えない，予算制約線上の「コーナー（端点）」に存在する効用最大化バンドル．

心の会計　→メンタル・アカウンティング

固定費用（fixed cost）　生産量のいかんにかかわらず変化しない投入物の費用．

コモディティ（commodities）　市場で取引されている財で，消費者にとって種類による違いがほとんどなく，替えが効く財．

混合セット販売（mixed bundling）　セット販売の一種で，2つ以上の製品を個別に購入するかセットで購入するかの選択を，顧客に同時に提供する価格戦略．

混合戦略（mixed strategy）　プレーヤーがランダムな行動をとる戦略．

【サ 行】

債券（bond）　発行体が購入者に債務を負っていることを示す金融証書．

最終財（final good）　消費者が購入する財．

裁定取引（arbitrage）　当初の販売価格よりも高い価格で転売する行為．

最適戦略（optimal strategy）　最大の利得が期待できる行動．

先送りの現在価値（option value of waiting）　投資収益に関する不確実性が完全にまたは部分的に解消されるまで投資判断を先送りできる場合に生み出される価値．

差別化された製品市場（differentiated product market）　一般的な製品で，さまざまな種類から選択できる市場．

サンクコスト（sunk cost）　いったん支払うと取り戻すことができない費用．

サンクコストの誤謬（sunk cost fallacy）　サンクコストが，将来に関する意思決定に影響してしまう過ち．

産出の効率性（output efficiency）　交換の効率性と投入の効率性を同時に実現する，生産物の組み合わせ．

参入障壁（barriers to entry）　巨額の生産者余剰が存在する市場への参入を阻む要因．

残余限界収入曲線（residual marginal revenue curve) 残余需要曲線に対応する限界収入曲線.

残余需要曲線 (residual demand curve) クールノー競争において, 競争相手の生産量決定を前提にした場合, 自社に残された生産量に対する需要曲線.

死荷重 (DWL) (deadweight loss (DWL)) 市場の非効率に起因する総余剰の減少.

時間整合的 (time-consistent) 経済取引が遠い先か, たった今かにかかわらず, 消費者の選好に整合性があること.

シグナリング (signaling) 情報の非対称性の問題の解決策. 情報を保有する側が, 保有しない側に情報を開示し, 観察できない財の性質への注意を促す.

シグナル (signal) 経済主体が費用をかけて観察のむずかしい事柄をあきらかにする行為.

市場均衡点 (market equilibrium) 需要量と供給量がちょうど一致する (均衡する) 点.

市場構造 (market structure) 企業が事業を行ううえでの競争環境.

市場支配力 (market power) 企業が自社製品の市場価格に影響を与える力.

自信過剰 (overconfidence) スキルや判断力が実際よりも優れていると思うこと, あるいは, 実際の確率以上に良い結果が起きると考えること.

自然実験 (natural experiment) 偶然によって生じたランダム化あるいは疑似ランダム化.

自然独占 (natural monopoly) 1社がその産業全体の生産を一手に担うことが効率的である市場.

実験経済学 (experimental economics) 実験によって経済行動を解き明かす経済学の分野.

実効性のない下限価格 (nonbinding price floor) 均衡価格を下回る水準に設定された下限価格.

実効性のない上限価格 (nonbinding price ceiling) 均衡価格を上回る水準に設定された上限価格.

実質利子率 (real interest rate) 購買力で表した収益率.

実証的 (empirical) データ分析や実験を活用して現象を解明する.

しっぺ返し戦略 (オウム返し戦略) (tit-for-tat) プレーヤーが毎回, 直前の相手の行動をまねる戦略. たとえば, 直前に相手がウソをつけばウソをつき, 協力的であれば協力する.

私的財 (private good) 競合性があり, 1人の消費が他の人の消費に影響を及ぼし, 排除可能で, 個人の消費を阻止できる財.

支配戦略 (dominant strategy) 他のプレーヤーがどんな戦略を選ぶかに関係なく, 勝てる戦略.

社会的厚生関数 (social welfare function) 個人の効用水準を, 社会全体の効用水準を表す単一の尺度に結びつける数学的関数.

社会的費用 (social cost) 経済取引によって社会全体が被る費用. 私的費用と外部費用の合計.

社会的利益 (social benefit) 経済取引が社会全体にもたらす利益. 私的利益と外部利益の合計.

奢侈財 →贅沢財

自由参入 (free entry) 法的または技術的な障壁にぶつかることなく, 企業がある産業に参入できること.

囚人のジレンマ (prisoner's dilemma) すべての参加者にとって, ナッシュ均衡

の結果が, その均衡以外の (不安定な) 結果よりも悪くなる状況.

自由退出 (free exit)　法的または技術的な障壁にぶつかることなく, 企業がある産業から退出できること

シュタッケルベルク競争 (Stackelberg competition)　寡占モデルの一種で, 各企業が順次, 生産量を決定することで競争する.

需要 (demand)　ある市場において, すべての消費者が購入したいと考える財の総計.

需要曲線 (demand curve)　他の要因が一定として, ある財の需要量と価格の関係を表した曲線.

需要消滅価格 (demand choke price)　ある財を買おうとする消費者が存在せず, 需要量がゼロとなる価格. 逆需要曲線の縦軸切片.

需要の価格弾力性 (price elasticity of demand)　価格が 1 ％変化したときの需要量の変化率 (％).

需要の交差価格弾力性 (cross-price elasticity of demand)　他の財の価格が 1 ％変化したときのある財の需要量の変化率 (％).

需要の自己価格弾力性 (own-price elasticities of demand)　ある財の価格が 1 ％変化したときの, その財の需要量の変化率 (％)〔単に価格弾力性という場合は, 自己価格弾力性のことを意味する〕.

需要の所得弾力性 (income elasticity of demand)　所得が 1 ％変化したときの需要量の変化率 (％).

需要の変化 (change in demand)　価格以外の需要決定要因の変化によって生じる, 需要曲線そのもののシフト.

需要量の変化 (change in quantity demanded)　財の価格が変化した結果生じる, 需要曲線上の (需要曲線に沿った) 動き.

純現在価値 (NPV) 分析 (net present value (NPV) analysis)　現在割引価値を使った, 長期の予想投資収益率の計算.

純粋セット販売 (pure bundling)　セット販売の一種で, セット商品のみを提供する価格戦略.

純粋戦略 (pure strategy)　プレーヤーが確実に特定の行動をとる戦略.

上限価格制 (price ceiling)　ある財やサービスについて, 法的に上限価格を定める価格規制.

消費契約曲線 (consumption contract curve)　消費者のあいだのパレート効率的な財の配分を網羅した曲線.

消費者余剰 (consumer surplus)　ある財やサービスについて, 消費者が買いたい価格と実際に支払わなければならない価格〔市場価格〕の差.

消費バンドル (consumption bundle)　消費者が購入を検討している財・サービスの組み合わせ.

所得効果 (income effect)　消費者の所得の購買力が変化した結果生じる, 消費者の消費選択の変化.

所得消費曲線 (income expansion path)　各所得水準の消費者の最適バンドルを網羅した曲線.

所得弾力性 (income elasticity)　所得が 1 ％変化したときの財の消費量の変化率 (％).

信用できない脅し (noncredible threat)　ゲームで使われる脅しで, 深追いする根拠のないもの. 空脅し.

信用できる約束 (credible commitment)　ある状態が発生した場合, プレーヤーが特定の行動をとることを保証する選択,

ないし選択の制限.

数量割当　→割当制

数量割引（quantity discount）　間接の価格差別の一種で, 大量に購入する顧客に対して, 単価を安くする戦略.

生産（production）　個人や企業, 政府あるいは非営利組織が, 投入物を使って他の人たちが代金を支払ってくれるような財やサービスをつくり出すプロセス.

生産拡張経路（expansion path）　生産量に応じて変化する最適な投入物の組み合わせを網羅した曲線.

生産可能性フロンティア（production possibilities frontier（PPF））　2財の効率的な生産の組み合わせを網羅した曲線.

生産関数（production function）　投入物のさまざまな組み合わせと, それからつくられる生産量の関係を表した数式.

生産技術（production technology）　ある財の生産, 流通, 販売に使われるプロセス.

生産契約曲線（production contract curve）　生産者のあいだのパレート効率的な投入の配分を網羅した曲線.

生産者余剰（producer surplus）　ある財やサービスについて, 生産者が売りたい価格と実際に受け取る価格〔市場価格〕の差.

正常財（normal good）　所得が増えると需要量が増える財.

贅沢財（奢侈財）（luxury good）　所得弾力性が1より大きい財.

正の外部性（外部経済）（positive externality）　経済取引に直接関与しない第三者にもたらされる利益.

製品差別化（product differentiation）　完全には代替できないよう製品間に差異を設ける行為.

税負担　→租税帰着

セット販売（bundling）　企業が2つ以上の自社製品をセットにして1つの価格で販売する価格戦略.

先行者利得（first-mover advantage）　シュタッケルベルク競争において, 最初に生産量を決定する企業が得る優位性.

全要素生産性の上昇（技術変化）（total factor productivity growth（or technological change））　技術変化によって生産関数が変わり, 同じ投入量でより多く生産できるようになる現象.

戦略（strategy）　経済ゲームでプレーヤーがとる行動プラン.

戦略的決定（strategic decision）　他者の行動を予想して決定される行動.

戦略的行動（布石）（strategic move）　ゲームの早い段階でとられ, 最終的な結果を有利に導く行動.

双曲割引（hyperbolic discounting）　近い将来ですらなく, たった今を重視して経済決定を行う傾向.

総限界効用（total marginal benefit）　ある公共財のすべての消費者の限界効用の縦軸の合計.

総効果（total effect）　財の価格が変化した結果生じる, 消費者の最適バンドルの総変化（代替効果と所得効果の合計）.

総費用（total cost）　企業の固定費用と可変費用の合計.

総費用曲線（total cost curve）　生産量に応じて変化する企業の生産費用を表した曲線.

租税帰着（税負担）（tax incidence）　実際に税金を負担する主体.

損失回避（loss aversion）　フレーミングのバイアスの一種で, 失うことへの恐怖が得ることによる喜びを上回る参照点を

消費者が選択すること.

【タ 行】

第1種価格差別　　→完全価格差別
第2種価格差別　　→間接の価格差別
第3種価格差別　　→グループ別価格差別

耐久財 (durable good)　　長期にわたって使用される財.

代替効果 (substituion effect)　　2財の相対価格が変化した結果生じる, 消費者の消費選択の変化.

代替財 (substitute)　　他の財の代わりに消費される財.

単位弾力的 (unit elastic)　　価格弾力性の絶対値が1である.

短期総費用曲線 (short-run total cost curve)　　一定の資本水準における生産量ごとの総費用を数学的に表したもの.

端点解　　→コーナー解

弾力性 (elasticity)　　ある変数の変化率と, 別の変数の変化率の比.

弾力的 (elastic)　　価格弾力性の絶対値が1より大きい.

中間財 (intermediate good)　　他の財の生産に使用される財

超過供給 (excess supply)　　市場価格が均衡価格より高いとき, 需要量を上回る供給量.

超過需要 (excess demand)　　市場価格が均衡価格より低いとき, 供給量を上回る需要量.

長期の競争的均衡 (long-run competitive equilibrium)　　市場価格が最小平均総費用に等しく, 企業が市場に参入しても利益が得られない均衡点.

直接の価格差別 (direct price discrimination)　　観察可能な顧客の特性に基づいて, 顧客ごとに異なる価格を課す価格戦略.

展開型またはデシジョンツリー (extensive form or decision tree)　　交互ゲームにおけるプレーヤーの行動の選択とタイミングを示した図表.

投資 (investment)　　将来, 利益を享受することを目的に, 現時点で資本を購入すること.

同時ゲーム (simultaneous game)　　プレーヤーが対戦相手の戦略を知らずに同時に戦略を決定するゲーム.

等生産量曲線 (isoquant)　　決まった生産量を生産するための投入物の組み合わせをすべて網羅した曲線.

投入の効率性 (input efficiency)　　生産者間の投入のパレート効率な配分.

等費用曲線 (isocost line)　　同じ費用となる投入物の組み合わせをすべて網羅した曲線.

独占 (monopoly)　　1社だけが支配する市場.

独占企業 (monopolist)　　市場に存在するある財の唯一の供給者であり価格決定者.

独占的競争 (monopolistic competition)　　多数の企業が差別化された製品を販売し, 参入障壁が存在しない市場構造. 各企業がある程度の市場支配力を持つが, 長期的に経済的利潤はゼロになる.

特殊資本 (specific capital)　　当初の用途以外に転用できない資本.

【ナ 行】

内点解 (interior solution)　　2財がいずれも正の量である効用最大化バンドル.

ナッシュ均衡 (Nash equilibrium)　　競争相手の行動を前提に, 各企業が最善の行動をとったときに実現する均衡.

570 用語集

２部料金制 (two-part tariff) 料金が固定料金と単位あたりの価格の２部で構成される価格戦略.

ネットワーク財 (network good) 消費者の数が増えるにつれて, 各消費者にとって価値が増していく財.

【ハ 行】

バージョニング (versioning) 異なるタイプの顧客を惹きつけるために, 異なる製品オプションを提供する価格戦略.

排出許可証 (tradable permit) 生産時に一定量の汚染物質の排出を企業に認める政府発行の許可証で, 他企業に売却できる.

排除不可能性 (nonexcludability) 共有資源を特徴づける性質. 個人の消費を阻止することはできない.

バッズ (bads) (悪しき財) 消費者にマイナスの効用をもたらす財やサービス.

パレート効率性 (Pareto efficiency) 財を再配分すると, 必ず少なくとも１人の効用を低下させることになる資源配分の状態.

範囲の経済 (economies of scope) 複数の生産物をばらばらに生産するより, 同時に生産するほうが費用が安くて済むこと.

範囲の不経済 (diseconomies of scope) 複数の生産物を同時に生産すると, かえって費用が高くつくこと.

反トラスト法 (antitrust law) 競争を制限する行動を企業に禁止することにより, 競争的市場の促進を目指した法.

反応曲線 (reaction curve) 競争相手がとりうる行動に対して, 自社の最善の反応を示した関数. クールノー競争においては, 競争相手がとりうる生産量決定を前提にした場合, 自社の最善の反応を示した生産量決定の関数.

非競合性 (nonrival) 公共財を特徴づける性質であり, １人が消費しても他の人の効用が逓減するわけではない.

ピグー税 (Pigouvian tax) 負の外部性を発生させる活動に課される税.

ピグー補助金 (Pigouvian subsidy) 正の外部性を発生させる活動に支給される補助金.

被支配戦略 (dominated strategy) 他のプレーヤーがどんな戦略を選ぶかに関係なく, 負ける戦略.

非対称情報 (asymmetric information) 経済取引において, 当事者間に情報の不均衡が存在する状況.

非弾力的 (inelastic) 価格弾力性の絶対値が１より小さいこと.

必需財 (necessity good) 所得弾力性が０と１のあいだの正常財.

費用一定産業 (constant-cost industry) 企業の総費用が産業の総生産量に合わせて変化しない産業.

費用曲線 (cost curve) 企業の生産費用と生産量の関係を数学的に表したもの.

費用最小化 (cost minimization) 決まった生産量を最小費用で生産するという企業目標.

標準型 (normal form) 経済ゲームの共通体系であり, 利得表にプレーヤー, 戦略, 利得をあてはめていく.

費用逓減産業 (decreasing-cost industry) 企業の総費用が産業の総生産量とともに減少する産業.

費用逓増産業 (increasing-cost industry) 企業の総費用が産業の総生産量とともに増加する産業.

平等主義 (egalitarian) 個人が等しく豊

かな社会が理想であるとする考え方.

フィールド実験（field experiment）　現実の世界でランダム化を行う研究手法.

不完全競争（imperfect competition）　完全競争と独占の中間の特性を持つ市場構造.

複利（compounding or compound interest）　経過期間の利子を元本に繰り入れ, その合計額をもとに利子を計算.

布石　→戦略的行動

負の外部性（外部不経済）（negative externality）　経済取引に直接関与しない第三者が被る費用.

部分均衡分析（partial equilibrium analysis）　他市場へのスピルオーバーがないと想定される特定市場の均衡の決定.

フリーライダー問題（free-rider problem）　個人が対価を支払わずに公共財や公共サービスを消費することにより生じる非効率.

プリンシパル－エージェント関係（principal-agent relationships）　プリンシパル（依頼人）とプリンシパルが起用したエージェント（代理人）のあいだに情報の非対称性が存在する経済取引で, プリンシパルはエージェントの行為を完全に把握することはできない.

プレーヤー（player）　経済ゲームの参加者. 他の参加者の行動を前提に, 自身の行動を決定する.

分散（diversification）　不確実な結果を組み合わせて, リスクを軽減する戦略.

ペイオフ　→利得

平均可変費用（average variable cost）　生産量1単位あたりの可変費用.

平均固定費用（average fixed cost）　生産量1単位あたりの固定費用.

平均生産物（average product）　投入物1単位あたりの生産量.

平均総費用（average total cost）　生産量1単位あたりの総費用.

別払い　→利得の譲渡

ベルトラン競争（Bertrand competition）　寡占モデルの一種で, 各社が自社製品の価格を決定する競争.

補完財（complement）　他の財と併せて購入され利用される財.

保険（insurance）　ある経済主体が直面するリスクを軽減する目的で, 別の経済主体に対価を支払うこと.

保険数理的に公正（actuarially fair）　予想純支払い額がゼロに等しい保険の説明.

補助金（subsidy）　ある財やサービスの買い手または売り手に対する政府からの金銭支払い.

保有効果（endowment effect）　単にある財を保有しているだけで, その財の価値が高まる現象. 保有者は, 最初の購入額を上回る金額を支払ってもらわなければ手放すことができない.

【マ 行】

マークアップ率（markup）　ある企業の価格が限界費用をどれだけ上回っているかを示す比率.

マクシミン戦略（maximin strategy）　プレーヤーが失敗しても, 自身の持ち分の損失を最小化する戦略.

まとめ売り価格（block pricing）　顧客がまとめ買いをする場合, その製品の単価を安くする戦略.

満期（maturity）　債券の有効期限.

ミクロ経済学（microeconomics）　消費者や生産者の選択について学ぶ経済学の一分野.

無差別（indifferent） 2財以上の消費バンドルそれぞれから得られる効用が同水準である特殊なケース.

無差別曲線（indifference curve） ある消費者に同一の効用をもたらす, すべての消費バンドルを網羅した曲線.

無リスク利子率（risk-free interest rate） 利回りが保証された資産の投資収益率.

名目利子率（nominal interest rate） 通貨価値で表した収益率.

メンタル・アカウンティング（心の会計）（mental accounting） フレーミングのバイアスの1種で, 現在および将来の資産を一体と考えて購入を決定するのではなく, 切り離して譲渡不可能な部分に分けること.

モラルハザード（moral hazard） 経済取引において, 一方の当事者が相手方の行動を把握できないときに生じる状況.

【ヤ 行】

誘因両立性（incentive compatability） 間接の価格差別戦略のもとで, 各消費者グループに提示された価格が, そのとおりグループに選択されるための要件.

予算制約線（budget constraint） ある消費者が所得の全額を使えるとき, 購入できる消費バンドルを網羅した曲線.

【ラ〜ワ行】

ラーナー指数（Lerner index） ある企業の価格に占めるマークアップの比率, あるいは市場支配力の水準を示す尺度.

ラボ実験（lab experiment） 実験室における経済理論の検証.

利子（interest） 借りた資産あるいは貸した資産の額に応じた, 定期的な支払い.

利潤（profit） 企業の総収入と総費用の差.

利子率（interest rate） 元本に対する利子の比率.

リスク回避（risk-averse） 不確実性に起因する期待効用の低下に甘んじること. 同じことだが, そうしたリスクを軽減するために進んで対価を支払うこと.

リスク・プレミアム（risk premium） 個人が期待効用の低下に甘んじることなく, リスクに耐えるために必要とする対価.

利他主義（altruism） 他者の厚生への配慮を主な動機とする行為.

利得（ペイオフ）（payoff） プレーヤーがゲームを戦うことで受け取る報酬.

利得の譲渡（別払い）（side payment） 戦略的ゲームの結果に影響を与える賄賂の一種.

利得表（payoff matrix） 経済ゲームにおけるプレーヤー, 戦略, 利得の組み合わせを示した表.

利払い（coupon payments） 債券の満期までの期間を通して予定されている利子の支払い.

利回りあるいは最終利回り（yield or yield to maturity） 債券の現在割引価値を時価と等しくする利子率.

理論とモデル（theories and models） 社会の仕組みを理解し, 経済主体がどう行動するか, なぜそのように行動するかを予想するのに役立つ説明.

劣等財 →下級財

レモンの問題（lemons problem） 売り手が売ろうとする財の品質について, 買い手よりもよく知っているときに生じる情報の非対称性の問題.

レントシーキング（rent-seeking） ある企業が, 政府が認める独占力を獲得し, ひいては生産者余剰を増やそうとする試

み.

ロールズ型社会的厚生関数 (Rawlsian social welfare function)　最も貧しい個人の効用を社会的効用として計算する数学的関数.

割当制（数量割当）(quota)　（負の外部性の場合）財の生産または消費を一定量に制限する規制.（正の外部性の場合）財の生産または消費を一定量義務づける規制.

索　引

【ア　行】

iTunes　　10, 234
iPad　　38
iPhone　　400
iPod　　182, 412
アイルランド危機　　316
Accuウェザー　　138
悪しき財　　→バッズ
アセモグル（Acemogle, Daron）　　388, 390
アタリ社　　55, 57
アップル（社）　　353
アバター（映画）　　438
アマゾン　　20, 179, 351
イーベイ（eBay）　　11, 19, 20
IKEA　　182
1 階条件（FOC）　　260, 344, 420
移転　　122
イノベーション　　106
インセンティブ　　167, 434
インターネット　　204, 237, 433
ヴィアード（Viard, V. Brian）　　204, 236
ウェザー・チャネル　　138
ウォーターワールド（映画）　　439
ウォルドフォーゲル（Waldfogel, Joel）　　163, 164
ウォルマート　　7, 353
ウッズ（Woods, Tiger）　　309
売上げ　　82
売上税　　144
エアバス社　　444
営業収入　　436
営業費用　　436

エコノミデス（Economides, Nicholas）　　204, 236
エタノール・ブーム　　538
XのYに対する限界代替率　　196, 246
MP3　　202
エリソン, グレン（Ellison, Glenn）　　72
エリソン, サラ（Ellison, Sara）　　72
L字型等生産量曲線　　376
L字型無差別曲線　　209, 373
エンゲル（Engel, Ernst）　　277
エンゲル曲線　　277-279, 281, 331
オーウェル（Orwell, George）　　433
大型税　　152
オバマ（大統領）（Obama, Barack）　　48
オリンジャー（Ollinger, Michael E.）　　472

【カ　行】

カーゲル（Kagel, John）　　290
会計上の費用　　428, 477
会計上の利潤　　429
回避可能な固定費用　　435
価格　　25, 34, 39
価格感応度　　69, 71
価格規制　　119
　下限――　　129, 130
　上限――　　99, 120, 121
価格差別　　325
価格支持　　129
　――政策　　131
価格受容者　　494, 495
価格弾力性　　71, 73, 127
下級財　　85, 91, 272, 311, 313, 331
　――の所得効果　　310, 312
学習効果　　393

家計所得　280
下限価格　43, 170
　実効力のない──　133
　──規制　129, 130
課税後の消費者余剰　150
課税後の生産者余剰　150
寡占市場　492
カトラー (Cutler, David M.)　142
可変費用 (VC)　441, 443, 447, 448, 477
　──曲線　447, 448, 478
カムリ (トヨタ)　480
間接費　442
完全競争　492, 548
　──市場　492, 493, 495, 500
完全代替財　206, 247, 373, 375
　──の無差別曲線　209
完全弾力的 (な曲線)　74, 80, 81
完全非弾力的 (な曲線)　74, 80, 81
完全補完財　206, 247, 373, 375
　──の無差別曲線　210
カンニングの経済学　432
完備性　182
機会費用　429, 430, 477
企業　352–354
　──の数　492
技術革新　400, 537
技術的限界代替率　371, 384, 405, 417
技術変化　396–398, 405
　──率　399
ギッフェン財　313–316, 332
規模に関して収穫一定　391
規模に関して収穫逓減　391
規模に関して収穫逓増　391
規模に関する経済一定　469
規模に関する収穫　390, 392, 405, 470
規模の経済　469, 470, 472, 478
規模の不経済　469, 478
逆供給曲線　37
逆需要曲線　29
9.11同時多発テロ　113, 114
給与税　155
恐喝の経済学　533
供給　22
　──が弾力的な市場　158

──が非弾力的な市場　156
──に影響を与える要因　34
──の価格弾力性　70
──の変化　38
供給曲線　20, 36, 58, 90, 103
　個別企業の──　515, 516
　産業の──　514
　──の傾き　61, 62, 69
　──のシフト　37, 38, 50, 54, 59, 60, 112
供給消滅価格　37, 104
競争環境　492
ギリー (Gilley, Otis W.)　309
均衡価格　40, 43, 90
　──の変化　62
均衡数量の変化　62
均衡点　41
キンドル (Kindle)　179, 351
グーグル (社)　433
クーパー (Cooper, Russell W.)　366
グールズビー (Goolsbee, Austan)　518
グッズ (goods)　214, 273；財もみよ
クライスラー　445
クラウディングアウト　140–142
グラバー (Gruber, Jonathan)　142
クルーカー (Crooker, Hohn R.)　198
経済的費用　428, 477
経済的利潤　429, 546
経済的レント　543, 546, 549
携帯電話　400
ゲータレード　231
限界効用　185, 200, 257
　──の比　230, 287
限界収穫逓減　355
限界収入　498, 499, 501, 507, 548
限界生産物　360, 362, 404
　資本の──　416
　労働の──　360, 363, 416
　──逓減　361, 404
限界代替率　195, 197, 199, 200, 230, 257, 287, 301
　X の Y に対する──　196, 246
限界費用 (MC)　451, 455, 478, 497, 499, 501, 509

———曲線　446, 453, 455, 456, 507, 509, 525

原油の短期供給曲線　518

航空業界　114

厚生経済学　187

公的医療保険　141, 142, 386

購入可能なバンドル　218, 247

購入不可能なバンドル　218, 247

購買力の変化　270

後方屈曲型労働供給曲線　305, 307–309

効用　184, 188, 246

効用関数　184, 246, 343

効用最大化　230, 234, 245, 300

———問題　258, 284, 349

効率単位　355

コーエン (Cohen, Alma)　168

コーク　→コカ・コーラ

コーナー解　239, 240, 247, 301

コカ・コーラ (社)　180, 319, 533

小型税　152

黒液の抜け穴　164

国立衛生研究所 (NIH)　138

個人間の比較　187

個人の勤労意欲　306

個人の需要曲線　325, 328

個人の労働供給選択　306

コスタ (Costa, Dora)　307, 308

コスナー (Costner, Kevin)　439

コズロフスキー (Kozlovski, Dennis)　501

固定価格　356

固定費用 (FC)　393, 434, 441, 443, 447, 477

———曲線　477

コブ (Cobb, Charles)　359

———＝ダグラス型生産関数　359, 391, 394, 415, 484

個別企業の供給曲線　515, 516

コモディティ　23

【サ　行】

サーチ・コスト　21

財　23, 352；グッズもみよ

———の価格変化　284

———の基数的順序づけ　186

———の種類　274

———の序数的順序づけ　186

———の相対価格の変化　270

最終財　352

最小費用　382

最低賃金制度　132

最適消費バンドル　229, 262, 270, 275, 295, 343

産業組織論　354

産業の短期供給曲線　515–517, 524

産業の長期供給曲線　531

サンクコスト　434, 435, 477；埋没費用もみよ

———の誤謬　437

サンダース (Sanders, Seth)　16

参入　527, 532

　自由———　528, 548

　新規———　529

参入障壁　492

ジェンセン (Jensen, Robert T.)　317, 401

死荷重　122, 126, 128, 151, 156, 170

　増税による———　153

時間的視野　73

嗜好の変化　31

支出　82, 84

———最小化　243, 245, 247, 265, 344, 349

市場　21

市場価格　495, 498, 501, 507, 509

市場環境の変化　111

市場均衡　20, 40, 90

———価格　123, 496

———の変化　65

市場構造　492, 493, 548

市場支配力　494

市場の需要曲線　325–328, 332, 496

———の傾き　326

実効力のない下限価格　133

実効力のない上限価格　129

実証的学問 (研究)　16, 18

資本　355

———の限界収穫逓減　356

——の限界生産物　416
——のレンタル料　377, 424
資本市場　356
資本集約度　390
資本需要　485
シャー（Hsieh, Chang-Tai）　532
ジャガイモ危機　316
奢侈財　86；贅沢財もみよ
従価税　145
自由参入　528, 548
自由処分（無料処分）　182
自由退出　530, 548
住宅価格　61
住宅の供給曲線　61
住宅の床面積　280
従量税　145
出生率の低下　167
シュミッツ（Schmitz, James A., Jr.）　357
需要　22
——が弾力的な市場　156
——が非弾力的な市場　158
——の価格弾力性　72
需要・供給モデル　21-23, 34, 89
需要曲線　20, 27, 28, 58, 90, 102, 270, 284, 286, 496
個人の——　325, 328
市場の——　325-328, 332, 456
——と供給曲線の同時シフト　66, 67
——に沿った動き　46
——の傾き　61, 62, 69
——の形状　332
——のシフト　29, 30, 45, 46, 54, 59, 60, 113, 287, 288, 322
需要消滅価格　29, 102, 329
需要増加に対する長期的調整　536
上限価格　43, 170
——規制　99, 120, 121
使用者費用　377
消費者　10, 25
——の数　25
——の最適化問題　257
——の最適な選択　229, 270
——の嗜好　26

——の資産　25
——の所得　25
——の税負担　158
消費者行動　185, 186
消費者需要　108
消費者選好　181
——に関する想定　181
消費者余剰　100-102, 118, 147, 161, 169
課税後の——　150
消費バンドル　182
最適——　229, 262, 270, 275, 295, 343
ショック　58, 60
所得効果　270, 294, 297, 298, 307, 312, 315, 318, 332, 342
——の大きさ　303
所得消費曲線　275, 276
所得弾力性　274, 331
所得の変化　270
ジョブズ・バンク・プログラム　445
序列性　182
新規参入　529
新製品の導入　106
推移性　183
数量サーチャージ　252
数量制限　226, 227
数量割当　133, 135, 170
数量割引　225
SCOPE　475
スターウォーズ（映画）　438
スターバックス　3, 310
スミス（Smith, Adam）　44, 256, 433
税金　144, 151
生産　352, 404
——の継続　510
——の停止　507, 510
生産拡張経路　403-405
生産関数　352, 404
コブ゠ダグラス型——　359, 391, 394, 415, 484
短期——　359, 360
長期——　368, 369
——の規模　394

生産技術　35, 90
生産コスト　35
生産者　34, 103, 154
　——の数　35
　——の税負担　158
生産者余剰　103, 119, 147, 162, 170,
　519–522, 524
　　課税後の——　150
正常財　86, 91, 271, 272, 282, 297, 331
贅沢財　86, 275, 282, 331；奢侈財もみよ
製品の差別化　492
セイム (Seim, Katja)　204, 236
制約付き最小化問題　243
制約付き最大化問題　243
制約付き最適化問題　180, 228, 258,
　369, 418, 420
石油輸出国機構 (OPEC)　518
ゼネラル・モーターズ (GM)　445
線形供給曲線　75
　——の弾力性　77
線形需要曲線　75, 84
　——の弾力性　75, 76
選好の変化　288
全米科学財団 (NSF)　138
全米自動車労働組合 (UAW)　445
全米住宅調査 (AHS)　280
全要素生産性の上昇　396
総効果　295, 297, 300, 332, 342
総収入　497, 503
増税による死荷重　153
双対アプローチ　243
総費用 (TC)　442, 447, 448, 477, 497,
　503
　——曲線　403, 404, 448, 455, 478
ゾーニング規制　134
ゾーニング法　279
租税帰着　154, 157, 170

【タ　行】

耐久財　398
タイコ (社)　501
退出　530, 532
　自由——　530, 548

代替効果　294, 296, 297, 307, 315, 318,
　332, 342
　——の大きさ　301
代替財　26, 72, 89, 319, 320, 323, 332
　完全——　206, 247, 373, 375
　——の価格変化　319
タイトリスト　309
ダグラス (Douglass, Paul)　359
他の条件はすべて不変　8
単位弾力的　74, 91
短期　366
　——の完全競争　510
　——の生産　459
短期供給曲線　511, 514, 515
短期限界費用　486
　——曲線　467, 468
短期生産拡張経路　460
短期生産関数　359, 360
短期総費用曲線　459, 461
短期平均総費用曲線　462, 463, 465
単調変換　187
端点解　239, 247；コーナー解もみよ
弾力性　68, 75, 91, 128, 157
　——の大きさ　74
弾力的　74, 91
チェン (Chen, Keith)　289
中間財　352
超過供給　42
超過需要　42
長期供給曲線　530
長期限界費用　486, 544
　——曲線　467, 468
長期生産拡張経路　459, 460
長期生産関数　368, 369
長期総費用曲線　461
長期の競争的均衡　529, 548
長期平均可変費用　527
長期平均総費用　527
　——曲線　462, 463, 465
チョピン (Chopin, Marc C.)　309
賃金　306, 377
テイラー (Taylor, Lowell)　16
デヘジア (Dehejia, Rajeev)　168
デラヴィーニャ (DellaVigna, Stefano)

438
デ・ワルク (de Walque, Damien) 32
転売市場 444
ドイヤー (Dweyer, Gerald P.) 316
等生産量曲線 370, 382, 405, 459
　L字型—— 376
　——の傾き 371, 384, 417
　——の形状 374
　——の湾曲度 373
投入物 355
　——価格の変化 386, 387
　——の相対価格 384, 537
等費用曲線 377, 382, 405, 459
　——の傾き 379, 380, 384
等量曲線 370
独占市場 492
独占的競争市場 492
特殊資本 435

【ナ 行】

ナイキ 309
内点解 239
ニューヨークの住宅事情 63
ネヴォ (Nevo, Aviv) 86, 87
ネット・オークション 11

【ハ 行】

パイク・プレース・マーケット 25, 34, 65, 100
バタリオ (Battallio, Raymond) 290
バッズ (bads) 214–216, 273
ハリー・ポッター (映画) 438
ハルティワンガー (Haltiwanger, John C.) 366
範囲の経済 474, 476, 478
範囲の不経済 475
バンドル 182；消費バンドルもみよ
BMW 442, 353
非弾力的 74, 91
ヒックス (Hicks, John R.) 294, 358
　——型需要曲線 294
必需財 274, 331
必需品 274, 331
ビデオゲーム 54

微分 256, 418
ヒューストンの住宅事情 63
費用 354
　会計上の—— 428, 477
　経済的—— 428, 477
費用一定産業 542, 549
費用格差 543
費用曲線 446
費用最小化 354, 357, 369, 382, 383, 404, 415, 418
費用逓減産業 542, 549
費用逓増産業 542, 549
費用の低下要因 537
フィンケルステイン (Finkelstein, Amy) 388, 390
フェデラル・エクスプレス 138
フェン (Fenn, Aju J.) 198
フォード (社) 445
付加価値税 144
プラー (Puller, Steven) 512
ブラック (Black, Dan A.) 16
プリウス (トヨタ) 329, 480
プロクター・アンド・ギャンブル (P&G) 11
プロゴルファー 309
平均可変費用 (AVC) 449, 478
　——曲線 507, 510
平均固定費用 (AFC) 449, 478
平均生産物 404
平均総費用 (ATC) 450, 478
　U字型—— 475
　——曲線 507, 509
平均費用 449, 455, 478
　——曲線 451, 455, 456
米国製造業 398
米国の全要素生産性 399
ベゾス (Bezos, Jeff) 179, 351
ペプシ社 180, 319, 533
偏微分 259
包絡線 464
飽和点 182
ボーイング社 445
補完財 26, 320, 321, 323, 332
　完全—— 206, 247, 373, 375

補助金　161, 162, 171, 317
　——政策　168
　——のコスト　163
　——の死荷重　163
保全休耕プログラム (CRP)　132
ホルタシュ (Hortaçsu, Ali)　512

【マ　行】

マーシャル (Marshall, Alferd)　294
　——型需要曲線　294
マイナスの利潤　506
埋没費用　434；サンクコストもみよ
マクドナルド (MacDonald, James M.)　472
マクドナルド (社)　482
マクロ経済学　4
マルメンディア (Malmendier, Ulrike)　438
見えざる手　44
ミクロ経済学　4, 18, 256
ミネソタ・ヴァイキングス　197
ミラー (Miller, Nolan H.)　317
民間医療保険　141
無差別曲線　188-190, 192, 193, 228, 246, 257, 271, 285, 295, 300
　L字型——　209, 373
　——の傾き　195, 197, 199, 201, 231
　——の形状　302, 322
　——の特性　191
　——の歪曲度　206, 207, 301, 302
メディケア　141, 386
メディケイド　141
モキア (Mokyr, Joel)　107
モデル　5, 18
モレッティ (Moretti, Enrico)　532

【ヤ　行】

家賃統制　170
優遇税制　164
U字型平均総費用曲線　475
郵政公社　138
ユーティル (util)　186
UPS　138

ユナイテッド航空　11
ユニバーサル・スタジオ　439
余暇　305
　——の価格　306
　——の消費　306
　——の所得効果　305
良き財　→グッズ, 財
予算制約線　217, 221, 225, 227, 228, 244, 247, 271, 285, 295, 300
　——の傾き　218, 231
　——のシフト　220
予算線　244

【ラ〜ワ行】

ライアンエア社　427-429
ラグランジュ式　260, 344, 420
　——の1階条件 (FOC)　260, 344, 420
ラグランジュ乗数　260, 261, 421
リース専門会社　445
リーマン・ショック　399
利潤　104, 503, 509, 521, 548
　会計上の——　429
　経済的——　429, 546
　——の最大化　354, 497, 499, 501, 502
　——の測定　504
利潤関数　497
理論　5, 18
リンゼイ (Lindsay, Cotton M.)　316
レンタル市場　444
連邦給与税　144
連邦保険拠出法 (FICA)　155
労働　355
　——の価格　424
　——の価値　306
　——の限界生産物　360, 363, 416
　——の平均生産物　364
労働供給曲線　307
　後方屈曲型——　305, 307-309
労働契約　345
労働需要　485
ロマノフ (Romanov, Dmitri)　168
ワーナー・コミュニケーションズ　57

著者紹介

スティーヴン・レヴィット（Steven Levitt）

シカゴ大学経済学部ウィリアム・オグデン特別功労教授．シカゴ価格理論ベッカー・センター理事．ハーヴァード大学で学士号を，マサチューセッツ工科大学（MIT）で博士号を取得．1997年以来，シカゴ大学で教鞭をとる．2004年，40歳以下の優秀なアメリカ人経済学者に贈られるジョン・ベイツ・クラーク賞を受賞．2006年には，タイム誌の「世界で最も影響力がある100人」の1人に選ばれる．共著に『ヤバい経済学』『超ヤバい経済学』があり，人気ブログ"Freakonomics"（ヤバい経済学）を共同で執筆している．

オースタン・グールズビー（Austan Goolsbee）

シカゴ大学ブース・ビジネススクール，ロバート・P・グウィン経済学教授．イェール大学で経済学の学士号，修士号を，マサチューセッツ工科大学（MIT）で博士号を取得．ニュー・エコノミー，政策，税制，技術を主な研究テーマとしている．2010年に大統領経済諮問委員会（CEA）委員長に指名され，2011年8月にシカゴ大学に復帰．国勢調査諮問委員会委員やアメリカ法曹財団のリサーチフェローとしても活動している．

チャド・サイヴァーソン（Chad Syverson）

シカゴ大学ブース・ビジネススクール経済学教授．研究テーマは多岐にわたるが，とくに企業構造，市場構造，生産性の相互作用に注目している．全米科学財団（NSF）から複数回の受賞歴あり．いくつかの経済学・経営学の専門誌で編集委員を務め，全米経済研究所（NBER）の研究員でもある．ノースダコタ大学で経済学と機械工学の学士号を，メリーランド大学で経済学の博士号を取得．2001年よりシカゴ大学で教鞭をとる．

【監訳者紹介】
安田洋祐（やすだ　ようすけ）
大阪大学大学院経済学研究科准教授。1980 年生まれ。2002 年東京大学経済学部卒業。2007 年プリンストン大学より Ph.D. 取得（経済学）。政策研究大学院大学助教授を経て、2014 年 4 月から現職。専門は戦略的な状況を分析するゲーム理論。主な研究テーマは、現実の市場や制度を設計するマーケットデザイン。編著に『改訂版　経済学で出る数学　高校数学からきちんと攻める』（日本評論社）、『学校選択制のデザイン　ゲーム理論アプローチ』（NTT 出版）。

【訳者紹介】
高遠裕子（たかとお　ゆうこ）
東京大学教養学部卒業。銀行系シンクタンク勤務を経て翻訳業。主な訳書に、ターナー『債務、さもなくば悪魔』、ジョンソン『チャーチル』（共訳）（以上、日経 BP 社）、キンドルバーガー、アリバー『熱狂、恐慌、崩壊』（日本経済新聞出版社）、シーリグ『20 歳のときに知っておきたかったこと』（CCC メディアハウス）など。

レヴィット　ミクロ経済学　基礎編
2017 年 5 月 4 日発行

著　　者——スティーヴン・レヴィット／オースタン・グールズビー／
　　　　　チャド・サイヴァーソン
監訳者——安田洋祐
訳　　者——高遠裕子
発行者——山縣裕一郎
発行所——東洋経済新報社
　　　　　〒 103-8345　東京都中央区日本橋本石町 1-2-1
　　　　　電話 = 東洋経済コールセンター　03(5605)7021
　　　　　http://toyokeizai.net/
ＤＴＰ…………アイランドコレクション
カバー写真……James Meyer/Getty Images
装　丁…………重原　隆
印刷・製本……丸井工文社
編集担当………矢作知子
Printed in Japan　　　ISBN 978-4-492-31495-1

　本書のコピー、スキャン、デジタル化等の無断複製は、著作権法上での例外である私的利用を除き禁じられています。本書を代行業者等の第三者に依頼してコピー、スキャンやデジタル化することは、たとえ個人や家庭内での利用であっても一切認められておりません。
　落丁・乱丁本はお取替えいたします。